Grundlagen der Rechtswissenschaft

herausgegeben von

Marietta Auer, Horst Dreier und Ulrike Müßig

48

Philip Maximilian Bender

Grenzen der Personalisierung des Rechts

Mohr Siebeck

Philip Maximilian Bender, geboren 1989; Studium der Rechtswissenschaft in München und Paris; Referendariat im Bezirk des OLG München mit Wahlstation in Teheran; LL.M.-Studium an der Yale Law School; Wissenschaftlicher Mitarbeiter am Lehrstuhl für Bürgerliches Recht, Handels- und Gesellschaftsrecht, Privatrechtstheorie der Ludwig-Maximilians-Universität München sowie am Max-Planck-Institut für Steuerrecht und Öffentliche Finanzen; derzeit Notarassessor in Bayern.
orcid.org/0000-0002-8750-9875

Gedruckt mit Unterstützung des Max-Planck-Instituts für Steuerrecht und Öffentliche Finanzen

Zugleich Inaugural-Dissertation zur Erlangung der Doktorwürde der Hohen Juristischen Fakultät der Ludwig-Maximilians-Universität zu München; 2022

ISBN 978-3-16-162423-0 / eISBN 978-3-16-162424-7
DOI 10.1628/978-3-16-162424-7

ISSN 1614-8169 / eISSN 2569-3964 (Grundlagen der Rechtswissenschaft)

Die Deutsche Nationalbibliothek verzeichnet diese Publikation in der Deutschen Nationalbibliographie; detaillierte bibliographische Daten sind über *http://dnb.dnb.de* abrufbar.

Das Buch wurde von Gulde Druck in Tübingen aus der Times gesetzt, auf alterungsbeständiges Werkdruckpapier gedruckt und von der Buchbinderei Spinner in Ottersweier gebunden.

Printed in Germany.

Meinen Eltern

Vorwort

Die Arbeit wurde im Wintersemester 2022/23 von der Juristischen Fakultät der Ludwig-Maximilians-Universität München als Dissertation angenommenen. Literatur konnte bis März 2023 berücksichtigt werden.

Die Idee zum Thema der Dissertation ist aus einem zusammen mit meinem verehrten Doktorvater, Professor *Hans Christoph Grigoleit,* verfassten Beitrag im Sammelband *Algorithmic Regulation and Personalized Law* hervorgegangen.[1] Gerade in der Anfangsphase meines Promotionsvorhabens ergab sich so ein intensiver und in vielerlei Hinsicht weichenstellender Austausch. Hierfür bedanke ich mich herzlich. Meinen Dank beschränke ich allerdings keineswegs auf die Promotionszeit: In den mehr als zehn Jahren Mitarbeit an seinem Lehrstuhl habe ich Professor Grigoleit als einen Mentor erlebt, der stets als nahbarer Diskussionspartner zur Verfügung stand und mich so in meinem juristischen Denken entscheidend geprägt hat, der mir aber gleichzeitig alle erdenklichen Freiheiten ließ.

Mein besonderer Dank gebührt außerdem Professor *Wolfgang Schön* für die zügige Erstellung des Zweitgutachtens, insbesondere aber für die mich in ihrer Vielseitigkeit immer wieder beeindruckenden Anregungen, die ich aus den zahlreichen Gesprächen mit ihm mitnehmen durfte. Während der zwei Jahre, die ich von November 2019 an in seiner Abteilung am Max-Planck-Institut für Steuerrecht und Öffentliche Finanzen als Wissenschaftlicher Mitarbeiter tätig war, habe ich bei idealen Arbeitsbedingungen das Manuskript im Wesentlichen fertiggestellt.

Im Rahmen dieser idealen Arbeitsbedingungen ermöglichte das Max-Planck-Institut für Steuerrecht und Öffentliche Finanzen auch eine Reihe von Forschungsaufenthalten und Vorträgen außerhalb Münchens, die die Arbeit jeweils bereichert haben. Zu nennen sind etwa die Teilnahme am Global Private Law Workshop des European University Institute unter der Leitung von Professor *Daniel Markovits* (Oktober 2019), der Forschungsaufenthalt am Information Society Project der Yale Law School (Februar und März 2020) oder am Max-Planck-Institut für ausländisches und internationales Privatrecht in Hamburg in

---

[1] *Grigoleit/Bender,* in: Busch/De Franceschi (Hrsg.), Personalized Law, 2021, S. 115–136.

der Arbeitsgruppe von Professor *Reinhard Zimmermann* (November 2020) sowie die Teilnahme am Law & Economics-Kurs des Studienzentrums Gerzensee der Schweizer Nationalbank unter der Leitung von Professor *Jennifer Arlen* (Juli 2021). Neben der Förderung in der eigentlichen Schaffensphase gebührt dem Max-Planck-Institut mein Dank für den großzügigen Druckkostenzuschuss.

Wichtige Impulse, für die ich dankbar bin, hat die Arbeit auch durch mein LL.M.-Studium an der Yale Law School (2018/2019) erhalten. Prägend war vor allem der Einfluss von Professor *Guido Calabresi,* Professor *Daniel Markovits* und Professor *Robert Post,* aber auch ein Treffen mit Professor *Omri Ben-Shahar* der Chicago Law School, einem der bedeutendsten Vertreter des „Personalisierungsprojekts".

Bedanken möchte ich mich außerdem bei den Herausgebern der Schriftenreihe „Grundlagen der Rechtswissenschaft", Professorin *Marietta Auer,* Professor *Horst Dreier* und Professorin *Ulrike Müßig,* für die Aufnahme meiner Arbeit in ihre Reihe.

Aus dem Freundes- und Kollegenkreis schulde ich einer Vielzahl von Personen Dank, die die Arbeit durch ihre Gesprächsbereitschaft und die Durchsicht des Manuskripts verbessert haben. Nennen möchte ich insbesondere *Daniel Deranco, Victor Jouannaud, Konstantin Suttner* und *Benjamin Velten.* Wertvoller ökonomischer Input kam außerdem von *Philipp Reiser,* wichtiger Informatik-Input von *Dr. Corinna Coupette* und *Dr. Bernhard Waltl.* Besonders bedanken möchte ich mich bei *Franz Bauer,* der seit dem ersten Semester mein juristischer Weggefährte und Diskussionspartner ist. Das gilt insbesondere auch für diese Arbeit.

Ein ganz besonderer Dank gebührt schließlich meiner Frau *Beatriz Granziera,* die alle geographischen und intellektuellen Reisen des Promotionsprozesses begleitet hat, sowie meinen Eltern, die ich in allen Bereichen als liebevolle Ratgeber schätze und denen ich diese Arbeit widme.

München, im März 2023 Philip Maximilian Bender

Inhaltsübersicht

Inhaltsverzeichnis

Abbildungen

Abkürzungsverzeichnis

a. A.	andere Ansicht
a. E.	am Ende
AA	Akademie-Ausgabe
ACM	Association for Computing Machinery
Admin. L. Rev.	Administrative Law Review
Advocates' Q.	Advocates' Quarterly
AG	Amtsgericht
AGB	Allgemeine Geschäftsbedingungen
AGG	Allgemeines Gleichbehandlungsgesetz
AI	Artificial Intelligence
AKG	Archiv für Kulturgeschichte
AktG	Aktiengesetz
allg.	allgemein
Am. Econ. J.: Appl. Econ.	American Economic Journal: Applied Economics
Am. Econ. Rev.	American Economic Review
Am. J. Comp. L.	American Journal of Comparative Law
Am. L. & Econ. Rev.	American Law and Economics Review
Am. Psychol.	American Psychologist
Anm.	Anmerkung
Ann. Anat.	Annals of Anatomy
Ann. Rev. Psychol.	Annual Review of Psychology
Ann. Rev. Stat. Appl.	Annual Review of Statistics and Its Application
AöR	Archiv des öffentlichen Rechts
AP	Arbeitsrechtliche Praxis – Nachschlagewerk des Bundesarbeitsgerichts
ArchSozWiss	Archiv für Sozialwissenschaft und Sozialpolitik
ARSP	Archiv für Rechts- und Sozialphilosophie
Auckl. U. L. Rev.	Auckland University Law Review
ausf.	ausführlich
Az.	Aktenzeichen
B.C.L. Rev.	Boston College Law Review
B.U. Pub. Int. L.J.	Boston University Public Interest Law Journal
Bad Homburg v.d.H.	Bad Homburg vor der Höhe
BaFin	Bundesanstalt für Finanzdienstleistungsaufsicht
BAG	Bundesarbeitsgericht
BauGB	Baugesetzbuch
BayBO	Bayerische Bauordnung
BayStrWG	Bayerisches Straßen- und Wegegesetz

BayVGH	Bayerischer Verwaltungsgerichtshof
BeckOGK	beck-online.GROSSKOMMENTAR
BeckOK	Beck'sche Online-Kommentare
BeckRS	Beck-Rechtsprechung
Begr.	Begründer
Bell J. Econ.	Bell Journal of Economics
Berkeley Tech. L.J.	Berkeley Technology Law Journal
BeurkG	Beurkundungsgesetz
BGB	Bürgerliches Gesetzbuch
BGHZ	Entscheidungen des Bundesgerichtshofes in Zivilsachen
Bing NC	Bingham's New Cases
BISE	Business & Information Systems Engineering
Buff. L. Rev.	Buffalo Law Review
BUrlG	Bundesurlaubsgesetz
Bus. Econ.	Business Economics (The Journal of the National Association for Business Economics)
BVerfGE	Entscheidungen des Bundesverfassungsgerichts
BWahlG	Bundeswahlgesetz
bzgl.	bezüglich
Cal. L. Rev.	California Law Review
Cardozo L. Rev.	Cardozo Law Review
Case W. Re. L. Rev.	Case Western Reserve Law Review
Cato J.	Cato Journal
CCPA	California Consumer Privacy Act
Chi.-Kent L. Rev.	Chicago-Kent Law Review
Cir.	Circuit
Colum. L. Rev.	Columbia Law Review
Common Mark. L. Rev.	Common Market Law Review
Comp. Polit.	Comparative Politics
Const. Comment.	Constitutional Commentary
Cornell Int'l L.J.	Cornell International Law Journal
Cornell L. Rev.	Cornell Law Review
CP	common pleas
Crim. & Just.	Crime & Justice
CRR-VO	Capital Requirements Regulation Verordnung (Verordnung [EU] NR. 575/2013)
darst.	darstellend
DASH	Digital Access to Scholarship at Harvard
Democracy	Democracy: A Journal of Ideas
dems.	demselben
ders.	derselbe
dies.	dieselbe(n)
Dig. L.J.	Digital Law Journal
DÖV	Die Öffentliche Verwaltung
DSRITB	Deutsche Stiftung für Recht und Informatik Tagungsband
Duke L. & Tech. Rev.	Duke Law & Technology Review
Duke L.J.	Duke Law Journal
DVBl.	Deutsches Verwaltungsblatt

Econ. & Philos.	Economics and Philosophy
Econ. Journal	The Economic Journal
EG	Europäische Gemeinschaft
EGBGB	Einführungsgesetz zum Bürgerlichen Gesetzbuche
Einl. SachenR	Einleitung zum Sachenrecht
Eng.	England
ER	Elisabeth Regina
Erasmus L. Rev.	Erasmus Law Review
ERCL	European Review of Contract Law
ErfKomm	Erfurter Kommentar
EuGH	Gerichtshof der Europäischen Union
Eur. Compet. L. Rev.	European Competition Law Review
Eur. Econ. Rev.	European Economic Review
Eur. J. Soc. Theory	European Journal of Social Theory
Eur. J.L. & Econ.	European Journal of Law and Economics
Eur. L.J.	European Law Journal
Eur. Rev. Priv. L.	European Review of Private Law
EUVR	Zeitschrift für Europäisches Unternehmens- und Verbraucherrecht – Journal of European Consumer and Market Law
f.	folgend
F.	West's Federal Reporter
FamRZ	Zeitschrift für das gesamte Familienrecht
FAT 2019	Proceedings of the 2019 Conference on Fairness, Accountability, and Transparency
Fed. Sent. R.	Federal Sentencing Reporter
ff.	folgende
Finanzdienstleistungs-Fernabsatz-RL	Finanzdienstleistungsfernabsatzrichtlinie (Richtlinie 2002/65/EG)
Fla. St. U. L. Rev.	Florida State University Law Review
Fn.	Fußnote
Fordham L. Rev.	Fordham Law Review
FS	Festschrift
Geo. L.J.	Georgetown Law Journal
Geo. Wash. J. Int'l L. & Econ.	George Washington Journal of International Law and Economics
Geo. Wash. L. Rev.	George Washington Law Review
GG	Grundgesetz
ggf.	gegebenenfalls
GmbH	Gesellschaft mit beschränkter Haftung
GmbHG	Gesetz betreffend die Gesellschaften mit beschränkter Haftung
GMS	Grundlegung zur Metaphysik der Sitten
GoA	Geschäftsführung ohne Auftrag
GRCh	Grundrechte-Charta
GS	Gedächtnisschrift
GWB	Gesetz gegen Wettbewerbsbeschränkungen
h.M.	herrschende Meinung

Harv. Bus. Rev.	Harvard Business Review
Harv. Int. L.J.	Harvard International Law Journal
Harv. J.L. & Pub. Pol'y	Harvard Journal of Law and Public Policy
Harv. L. Rev.	Harvard Law Review
Hastings L.J.	Hastings Law Journal
Hist. Polit. Econ.	History of Political Economy
Hrsg.	Herausgeber
Hum. Nat.	Human Nature
Human Rights Comm.	Human Rights Commission
i.e.S.	im engeren Sinn
i.w.S.	im weiteren Sinn
IEEE	Institute of Electrical and Electronics Engineering
IfSG	Infektionsschutzgesetz
IJICL	Indonesian Journal of International & Comparative Law
Ind. L.J.	Indiana Law Journal
Inj. Prev.	Injury Prevention
insb.	insbesondere
InsO	Insolvenzordnung
Int. J. Ethics	International Journal of Ethics
Int'l & Comp. L.Q.	International & Comparative Law Quarterly
Int'l J. Forecast.	International Journal of Forecasting
Issues Leg. Scholarsh.	Issues in Legal Scholarship
ISTAS	The Institute of Electrical and Electronics Engineering (IEEE) International Symposium on Technology and Society
J. Bus. Ethics	Journal of Business Ethics
J. Bus. Res.	Journal of Business Research
J. Econ. Behav. & Organ.	Journal of Economic Behavior & Organization
J. Econ. Issues	Journal of Economic Issues
J. Econ. Methodol.	Journal of Economic Methodology
J. Econom.	Journal of Econometrics
J. Empir. Leg. Stud.	Journal of Empirical Legal Studies
J. Leg. Stud.	Journal of Legal Studies
J. Mark. Res.	Journal of Marketing Research
J. Pers. & Soc. Psychol. Monogr. Suppl.	Journal of Personality and Social Psychology Monograph Supplement
J. Pers.	Journal of Personality
J. Philos.	Journal of Philosophy
J. Polit. Econ.	Journal of Political Economy
J. Political Philos.	Journal of Political Philosophy
J. Public Econ.	Journal of Public Economics
J. Risk Insur.	Journal of Risk and Insurance
J. Risk Uncertain.	Journal of Risk and Uncertainty
J. Tech. L. & Pol'y	Journal of Technology Law & Policy
J.L. & Econ.	Journal of Law and Economics
J.L. Econ. & Org.	Journal of Law, Economics, and Organization
J.L. Med. & Ethics	Joiurnal of Law, Medicine & Ethics
JA	Juristische Arbeitsblätter

JBCS	Journal of Business Case Studies
JEL	Journal of Economic Literature
JEP	Journal of Economic Perspectives
Jerus. Rev. Leg. Stud.	Jerusalem Review of Legal Studies
JITE	Journal of Institutional and Theoretical Economics/ Zeitschrift für die gesamte Staatswissenschaft
JjZRW	Jahrbuch Junge Zivilrechtswissenschaft
JLEP	Journal of Law, Economics and Policy
JLS	The Journal of Libertarian Studies
JSE	Jura, Studium & Examen
Jura	Juristische Ausbildung
JuS	Juristische Schulung
JW	Juristische Wochenschrift
JZ	JuristenZeitung
KI	Künstliche Intelligenz
krit.	kritisch
KritV	Kritische Vierteljahresschrift für Gesetzgebung und Rechtswissenschaft
KWG	Kreditwesengesetz
L. & Contemp. Probs.	Law and Contemporary Problems
L. & Hist. Rev.	Law and History Review
La. L. Rev.	Louisiana Law Review
Law & Soc'y Rev.	Law & Society Review
Law Libr. J.	Law Library Journal
LDR	Law and Development Review
LG	Landgericht
Lit.	Literatur
lit.	littera
Log. et Anal.	Logique et Analyse
Loy. L.A. L. Rev.	Loyola of Los Angeles Law Review
LR Ex	Law Reports, Exchequer Cases
m. w. N.	mit weiteren Nachweisen
Maastricht J. Eur. & Comp. L.	Maastricht Journal of European and Comparative Law
Masaryk U.J.L. & Tech.	Masaryk University Journal of Law and Technology
McGill L.J.	McGill Law Journal
Mich. App.	Michigan Court of Appeals
Mich. L. Rev.	Michigan Law Review
Mich. St. L. Rev.	Michigan State Law Review
MiFID II	Markets in Financial Instruments Directive II/Richtlinie über Märkte für Finanzinstrumente (Richtlinie 2014/65/EU)
Minn.	Minnesota
Minn. L. Rev.	Minnesota Law Review
Minn. S.C.	Minnesota Supreme Court
MM	MieterMagazin
Mod. L. Rev.	Modern Law Review
Mot.	Motive
MR-Int	Medien und Recht International (MR-Int)
MS	Metaphysik der Sitten

MünchKomm	Münchener Kommentar
N.C. L. Rev.	North Carolina Law Review
N.E.	North Eastern Reporter
N.W.	North Wester Reporter
N.Y.	New York
N.Y.U. J.L. & Liberty	New York University Journal of Law & Liberty
N.Y.U. L. Rev.	New York University Law Review
Nachw.	Nachweise
NJW	Neue Juristische Wochenschrift
NJW-RR	Neue Juristische Wochenschrift – Rechtsprechungs-Report
Notre Dame J.L. Ethics & Pub. Pol'y	Notre Dame Journal of Law, Ethics & Public Policy
Notre Dame L. Rev.	Notre Dame Law Review
Nr.	Nummer
NuR	Natur und Recht
NVwZ	Neue Zeitschrift für Verwaltungsrecht
NVwZ-RR	Neue Zeitschrift für Verwaltungsrecht – Rechtsprechungs-Report
NVZ	Neue Zeitschrift für Verkehrsrecht
Nw. J. Tech. & Intell. Prop.	Northwestern Journal of Technology and Intellectual Property
Nw. U. L. Rev.	Northwestern University Law Review
NZA	Neue Zeitschrift für Arbeitsrecht
NZA-RR	Neue Zeitschrift für Arbeitsrecht – Rechtsprechungs-Report
ÖBA	Österreichisches Bankarchiv
öJBL	Österreichische Juristische Blätter
OLG	Oberlandesgericht
Or. L. Rev.	Oregon Law Review
ORDO	Jahrbuch für die Ordnung von Wirtschaft und Gesellschaft
OVG	Oberverwaltungsgericht
PAS	Proceedings of the Aristotelian Society
Pepp. L. Rev.	Pepperdine Law Review
Pers. Individ. Differ.	Personality & Individual Differences
Pers. Ubiquitous Comput.	Personal and Ubiquitous Computing
Perspect. Psychol. Sci.	Perspectives on Psychological Science
Philos. Issues	Philosophical Issues
Philos. Public Aff.	Philosophy & Public Affairs
Philos. Rev.	The Philosophical Review
Philos. Trans. R. Soc.	Philosophical Transaction of the Royal Society of London
PMLR	Proceedings of Machine Learning Research
PNAS	Proceedings of the National Academy of Sciences of the United States
Politics Philos. Econ.	Politics, Philosophy & Economics
PolR	Polizeirecht
Proc. Br. Acad.	Proceedings of the British Academy
Proc. Int. Conf. WWW	Proceedings of the 26th International Conference on World Wide Web

Prot.	Protokolle
PrOVG	Preußisches Oberverwaltungsgericht
PrOVGE	Entscheidungen des Preußischen Oberverwaltungsgerichts
Psychol. Bull.	Psychological Bulletin
Psychol. Pub. Pol'y & L.	Psychology, Public Policy and Law
Psychol. Rev.	Psychological Review
Psychol. Sci.	Psychological Science
Pub. Admin.	Public Administration
PVS	Politische Vierteljahresschrift Sonderhefte
Q. J. Econ.	The Quarterly Journal of Economics
Queen Mary L.J.	Queen Mary Law Journal
RabelsZ	Rabels Zeitschrift für ausländisches und internationales Privatrecht
RAND J. Econ.	RAND Journal of Economics
RAND	Research and Development
RdA	Recht der Arbeit
Real Prop. Tr. & Est. L.J.	Real Property, Trust & Estate Law Journal
Rech. Econ. Louvain	Recherches Économiques de Louvain
Reg. & Gov.	Regulation & Governance
Rev. Austrian Econ.	Review of Austrian Economics
Rev. hist. fac. droit sci. jurid.	Revue d'histoire des facultés de droit et de la science juridique
Rev. Soc. Econ.	Review of Social Economy
RGZ	Entscheidungen des Reichsgerichts in Zivilsachen
Rn.	Randnummer
Rspr.	Rechtsprechung
RW	Rechtswissenschaft – Zeitschrift für rechtswissenschaftliche Forschung
S. Cal. Interdisc. L.J.	Southern California Interdisciplinary Law Journal
S.	Seite
SEA	Schadensersatzanspruch
Secur. Dialogue	Security Dialogue
SMU L. Rev.	Southern Methodist University Law Review
Soc. Choice Welf.	Social Choice and Welfare
sog.	sogenannte/r
SRC	Supreme Court Reports (Canada)
ST&HV	Science, Technology, & Human Values
Stan. L. Rev.	Stanford Law Review
Statut. L. Rev.	Statute Law Review
StPO	Strafprozessordnung
StudZR	Studentische Zeitschrift für Rechtswissenschaft Heidelberg
Syracuse L. Rev.	Syracuse Law Review
Theoretical Inq. L.	Theoretical Inquiries in Law
Tul. L. Rev.	Tulane Law Review
Tulsa L. Rev.	Tulsa Law Review
TzBfG	Teilzeit- und Befristungsgesetz
U. Chi. L. Rev.	University of Chicago Law Review
U. Chi. L. Rev. Online	University of Chicago Law Review Online

U. Pa. L. Rev.	University of Pennsylvania Law Review
U. Tol. L. Rev.	University of Toledo Law Review
u. a.	und andere/r
U.C. Davis L. Rev.	University of California at Davis Law Review
U.C.C.	Uniform Commercial Code
U.S.	United States Reports
UCLA	University of California, Los Angeles
UCLA J. Int'l L. & Foreign Aff.	UCLA Journal of International Law and Foreign Affairs
UCLA L. Rev.	UCLA Law Review
US	United States
urspr.	ursprünglich
Urt. v.	Urteil vom
USA	United States of America
Utah L. Rev.	Utah Law Review
v.	versus (bei Zitat von Fällen)
Va. L. Rev.	Virginia Law Review
Vand. L. Rev.	Vanderbilt Law Review
Var.	Variante
Verbraucherkredit-RL	Verbraucherkreditrichtlinie (Richtlinie 2008/48/EG)
VerbrRRL	Verbraucherrechterichtlinie (Richtlinie 2011/83/EU)
VerfBlog	Verfassungsblog
VersR	Versicherungsrecht
VerwArch	Verwaltungsarchiv
vgl.	vergleiche
Vor	Vorbemerkung
vs.	versus (im Text)
VVDStRL	Veröffentlichungen der Vereinigung der Deutschen Staatsrechtslehrer
VwGO	Verwaltungsgerichtsordnung
WI	Wirtschaftsinformatik
Wis. L. Rev.	Wisconsin Law Review
WM	Zeitschrift für Wirtschafts- und Bankrecht
Wm. & Mary L. Rev.	William & Mary Law Review
WRV	Weimarer Reichsverfassung
WuM	Wohnungswirtschaft und Mietrecht
Yale J. Int'l L.	Yale Journal of International Law
Yale J.L. & Tech.	Yale Journal of Law and Technology
Yale Law Journal	Yale L.J.
ZaöRV	Zeitschrift für ausländisches öffentliches Recht und Völkerrecht
ZEuP	Zeitschrift für Europäisches Privatrecht
ZEuS	Zeitschrift für europarechtliche Studien
ZEV	Zeitschrift für Erbrecht und Vermögensnachfolge
ZfPW	Zeitschrift für die gesamte Privatrechtswissenschaft
ZfRV	Zeitschrift für Europarecht, internationales Privatrecht und Rechtsvergleichung
ZGB	Zivilgesetzbuch
ZIP	Zeitschrift für Wirtschaftsrecht

zit.	zitiert
ZNR	Zeitschrift für Neuere Rechtsgeschichte
ZPO	Zivilprozessordnung
ZRP	Zeitschrift für Rechtspolitik
ZStW	Zeitschrift für die gesamte Strafrechtswissenschaft
zust.	zustimmend
zutr.	zutreffend
zw.	zweifelhaft

§ 1

Einleitung: Das Personalisierungsprojekt

Für den Einzelfall passende Regelungen lassen sich auf zwei Arten erzielen: durch *autonome* Rechtssetzung und durch personalisierte *heteronome* Rechtssetzung. Kraft seiner Autonomie entscheidet das Individuum selbst über die vertraglichen Bindungen, die es eingeht, und die Handlungen, die es vornimmt.[1] Die so geschaffenen Regelungen sind bereits deshalb maximal personalisiert, weil sie Selbstgesetzgebung sind. Heteronomes Recht ist für andere gesetztes Recht. Der Grad an Personalisierung heteronomen Rechts folgt also nicht schon aus der Beteiligung des betroffenen Individuums am Rechtssetzungsakt. Vielmehr ergibt er sich aus den Anwendungsbedingungen der heteronomen Regelung. Die Personalisierung des heteronomen Rechts lässt sich somit definieren als die Zunahme der Anzahl an Faktoren, die bei der rechtlichen Beurteilung einer Handlung berücksichtigt werden müssen *(Personalisierung im weiteren Sinne)*. Am Ende dieses Prozesses steht die auf das einzelne Individuum zugeschnittene Regelung *(Personalisierung im engeren Sinne* oder *hyper-tailoring*[2]*)*. Ist in dieser Arbeit ohne Spezifikation von Personalisierung die Rede, ist Personalisierung im weiteren Sinne gemeint.

Alle Legitimationsaspekte heteronomen Rechts lassen sich auf den ersten Blick durch Personalisierung optimieren. Das gilt zunächst für dispositive Vorschriften, die nach der Theorie des vollständigen Vertrages *(complete contingent contract)* darauf abzielen, die Individuen zu entlasten und potentielle Selbstgesetzgebung im Rahmen einer Serviceleistung zu antizipieren[3]: Ein personalisiertes dispositives

---

[1] Zu Autonomie und Selbstgesetzgebung vgl. *Kant,* GMS, AA 4, 385, 341 f., 433, 440. Zur vertraglichen Bindung als Ausfluss der Souveränität *Jellinek,* Die Lehre von den Staatenverbindungen, 1882, S. 23.

[2] Vgl. *Bender,* ERCL 16 (2020), 366, 370 (Fn. 4), 372 f.

[3] Vgl. *Schwartz,* Yale L.J. 97 (1988), 353, 361; *Porat/Strahilevitz,* Mich. L. Rev. 112 (2014), 1417, 1425 f.; *Grigoleit,* Mandatory Law, SSRN 2011, S. 2; *Schmidt-Kessel,* in: Riesenhuber (Hrsg.), Europäische Methodenlehre, ³2015, 373, 385 (Rn. 26); *Shavell,* Bell J. Econ. 11 (1980), 466, 466 f.; *Cziupka,* Dispositives Vertragsrecht, 2010, S. 291 ff., 339 ff.; *Möslein,* Dispositives Recht, 2011, S. 91 ff.; *Schäfer/Ott,* Ökonomische Analyse, ⁶2020, S. 426; *Tobisch,* Dispositives Recht und Grundgesetz, 2021 S. 141–143.

Recht, das sich nicht an einem *typischen* Parteiwillen, sondern an den *individuellen* Präferenzen der Vertragsparteien orientiert, perfektioniert gewissermaßen den Service, der in der Bereitstellung von Normen liegt, die die Parteien entlasten sollen. Das gilt aber auch für das zwingende Recht, das sich entweder über den Schutz des Individuums vor sich selbst (kurz: Paternalismus) oder über die Vermeidung negativer und die Förderung positiver Externalitäten (kurz: Internalisierung von Externalitäten)[4] rechtfertigen lässt. Ökonomisch gesprochen ließen sich durch die Feinsteuerung der *cost-benefit-analysis* Wohlstandsgewinne erzielen.[5] Verfassungsrechtlich gesprochen könnte der im Erlass einer zwingenden Norm liegende Eingriff in die Freiheitssphäre auf das gerade noch Erforderliche beschränkt und die *over-* und *underinclusiveness* von Normen reduziert werden.[6]

Bisher waren aber einer umfassenden Personalisierung *ex ante*, also durch Gesetz im Vorfeld der Handlungssituation des Individuums, Grenzen gesetzt, die sich aus einem doppelten Informationsproblem ergaben: Den Rechtssetzern fehlte die notwendige Information für eine im eigentlichen Sinne, also vollkommen, personalisierte Regelung und die Rechtsunterworfenen wären angesichts der beschränkten menschlichen Informationsverarbeitungskapazitäten durch diese personalisierte Rechtssetzung überfordert gewesen.[7] Zumindest die Personalisierung im engeren Sinne erschien vor diesem Hintergrund als unerreichbares Desiderat.

---

[4] Vgl. nur *Ayres/Gertner,* Yale L.J. 99 (1989), 87, 88f.; *Wagner,* ZEuP 2010, 243, 257; *Bernardo/Schwartz/Welch,* J.L. Econ. & Org. 32 (2016), 395, passim, insb. 396. Genau genommen kann das Externalitätenproblem auch durch ein Zustimmungserfordernis der betroffenen Individuen gelöst werden. Der zwingende Charakter ist dann angesichts der Vielzahl der betroffenen Individuen bisweilen nur faktischer Natur (vgl. etwa *Hellgardt,* Regulierung, 2016, S. 74 [Fn. 344 m.w.N.], S. 549 [Fn. 159]; *Calabresi/Melamed,* Harv. L. Rev. 85 [1972], 1089, 1106; *Dari-Mattiacci,* J. Leg. Stud. 38 [2009], 21, 22). Das zeigt sich besonders deutlich an den deliktsrechtlichen Sorgfaltspflichten, die oft als zwingend bezeichnet werden (etwa *Hacker,* Eur. Rev. Priv. L. 25 [2017], 651, 666 [Rn. 22, Table 1]), die aber ausnahmsweise dann, wenn die Zustimmung aller Betroffenen möglich ist, auch abbedungen werden können, vgl. BGH NJW 1982, 1144, 1144f. (Badeanstalt); OLG Bamberg NJW 1984, 929, 930 (Autowaschanlage); OLG Karlsruhe VersR 1975, 381 (Trimm-dich-Pfad); OLG München VersR 1974, 200 (Schwimmbad). Dazu MünchKomm – *Grundmann,* BGB, [9]2022, § 276 Rn. 183.

[5] Für deliktische Sorgfaltsregeln vgl. *Ben-Shahar/Porat,* N.Y.U. L. Rev. 91 (2016), 627. Für das zwingende Vertragsrecht vgl. *dies.,* U. Chi. L. Rev. 86 (2019), 255.

[6] Zu *over-* und *underinclusiveness* allg. *Tussman/tenBroek,* Cal. L. Rev. 37 (1949), 341, 348–351; *Schauer,* Playing by the Rules, 1991, S. 31–34; *ders.,* Harv. J.L. & Pub. Pol'y 14 (1991), 645, 685; *Ehrlich/Posner,* J. Leg. Stud. 3 (1974), 257, 268ff. Aus dem Personalisierungsdiskurs vgl. *Porat/Strahilevitz,* Mich. L. Rev. 112 (2014), 1417, 1454; *Hacker,* Eur. Rev. Priv. L. 25 (2017), 651, 658 (Rn. 10); *Ben-Shahar/Porat,* U. Chi. L. Rev. 86 (2019), 255, 262; *Bender,* ERCL 16 (2020), 366, 403, 405.

[7] *Ben-Shahar/Porat,* Personalized Law, 2021, S. 201f.; *Busch,* U. Chi. L. Rev. 86 (2019), 309, 314. Für das dispositive Recht ausf. *Schwartz/Scott,* Va. L. Rev. 102 (2016), 1523, 1556f.

Es überrascht somit nicht, dass mit der Annahme, technischer Fortschritt werde das beschriebene Informationsproblem lösen, auch die Personalisierung des heteronomen Rechts an Attraktivität gewinnt. Wenn es die algorithmische Auswertung großer Datensätze *(Big Data)* ermöglicht[8], Werbung und Preise zu personalisieren[9] – warum sollte Personalisierung dann nicht auch für rechtliche Regelungen möglich sein? Und wenn es moderne Kommunikationstechnologien *(Big Link)* ermöglichen, jedes Rechtssubjekt nahezu permanent zu erreichen[10] – warum sollten nicht auch Rechtsnormen unter Nutzung dieser Technologien publik gemacht werden?[11] Bei alledem scheinen *ex ante* personalisierte Verhaltensvorgaben die Vorteile von Regeln (bestimmten Rechtsbegriffen) und Standards (unbestimmten Rechtsbegriffen) zu kombinieren, indem sie die Feinsteuerung erlauben, die bisher nur über Standards im Wege der richterlichen Konkretisierung *ex post* um den Preis erhöhter Rechtsunsicherheit möglich war.[12]

Gerade im rechtsökonomischen Bereich wurden diese Erwägungen aufgegriffen und die datenbasierte Personalisierung in Bezug auf nahezu alle Rechtsbereiche und Rechtsinstitute als Chance gesehen – vom dispositiven Recht[13] und dessen Abänderungsregeln *(altering rules)*[14] über den deliktischen Sorgfaltsstandard[15] bis hin zum zwingenden Vertragsrecht[16] und zu Informationspflichten[17],

---

[8] Dazu *Casey/Niblett,* Ind. L.J. 92 (2017), 1401, 1403 f.; *Grigoleit/Bender,* in: Busch/De Franceschi (Hrsg.), Personalized Law, 2021, S. 115, 118 (Rn. 11).

[9] Allgemein zu der von ihr als Überwachungskapitalismus beschriebenen Wirtschaftsordnung, die der Personalisierung von Werbung und Preisen zugrunde liegt, *Zuboff,* Surveillance Capitalism, 2019 (mit prägnanter Zusammenfassung auf S. 93–97). Vgl. auch *Lev-Aretz,* MR-Int 15 (2018), 68.

[10] Dazu *Casey/Niblett,* Ind. L.J. 92 (2017), 1401, 1404; *Grigoleit/Bender,* in: Busch/De Franceschi (Hrsg.), Personalized Law, 2021, S. 115, 115 f. (Rn. 1 f.), 118 (Rn. 11).

[11] Ausdrücklich *Ben-Shahar/Porat,* Personalized Law, 2021, S. 90. Ferner *Mayson,* U. Chi. L. Rev. Online 2022 (unter I.C.).

[12] Vgl. *Casey/Niblett,* Ind. L.J. 92 (2017), 1401 (vor diesem Hintergrund „the death of rules and standards" vorhersagend). Prägnant darst. *Auer,* in: Busch/De Franceschi (Hrsg.), Personalized Law, 2021, S. 137, 137 f. (Rn. 2) mit eingehender Kritik auf S. 151–154 (Rn. 38–44). Ausf. unter § 2.

[13] *Sunstein,* U. Pa. L. Rev. 162 (2013), 1, 48 ff.; *Porat/Strahilevitz,* Mich. L. Rev. 112 (2014), 1417, 1470 ff.

[14] *Hacker,* Eur. Rev. Priv. L. 25 (2017), 651, 671 ff. (Rn. 27 ff.) Zum Begriff der *altering rule* grundlegend *Ayres,* Yale L.J. 121 (2012), 2032, 2036.

[15] *Ben-Shahar/Porat,* N.Y.U. L. Rev. 91 (2016), 627. Ferner *Mayer,* U. Chi. L. Rev. Online 2022; *Sharkey,* U. Chi. L. Rev. Online 2022 (insb. auch die Personalisierung der Schadensbemessung in den Blick nehmend).

[16] *Ben-Shahar/Porat,* U. Chi. L. Rev. 86 (2019), 255.

[17] *Busch,* U. Chi. L. Rev. 86 (2019), 309; *ders.,* in: Twigg-Flesner (Hrsg.), Research Handbook on EU Consumer and Contract Law, 2019, S. 221; *Porat/Strahilevitz,* Mich. L. Rev. 112 (2014), 1417, 1470 ff. Vgl. auch bereits *Thaler/Tucker,* Harv. Bus. Rev. 91 (2013), 44.

von Regulierungsfragen[18] über das Immaterialgüterrecht[19] und das Wahlrecht[20] bis hin zum Strafrecht[21]. Zum Teil wird die (revolutionäre[22]) Umgestaltung des gesamten Rechtssystems gefordert.[23] Für diese Diskursbeiträge, die auf der Grundlage neuer Technologien für eine Personalisierung des Rechts im Sinne des *hyper-tailoring* plädieren *(datenbasierte* oder *algorithmische Personalisierung)*[24], wird im Folgenden der Begriff des *Personalisierungsprojekts*[25] verwendet. Der Projektbegriff erscheint passend, weil die Personalisierung als ein gemeinsames Ziel ausgehend von geteilten Prämissen (neue technische Möglichkeiten lösen das Informationsproblem) und Methoden (ökonomische Analyse) über Veröffentlichungen und Konferenzen[26], aber ohne institutionelle Verfesti-

---

[18] *Barr/Mullainathan/Shafir,* in: Moss/Cisternino (Hrsg.), New Perspectives on Regulation, 2009, S. 25, 41 ff. (insb. 43); *Fennell,* U. Chi. L. Rev. 86 (2019), 433; *Sunstein,* U. Pa. L. Rev. 162 (2013), 1.

[19] *Burk,* U. Chi. L. Rev. 86 (2019), 283; *Libson/Parchomovsky,* U. Chi. L. Rev. 86 (2019), 527.

[20] Vgl. etwa *Kordi,* U. Chi. L. Rev. Online 2022; *Ben-Shahar/Porat,* Personalized Law, 2021, S. 102 f. Die generelle Personalisierung von verfassungsmäßig garantierten Freiheitsrechten wird hingegen kritisch gesehen, vgl. *Barak-Corren,* U. Chi. L. Rev. Online 2022 (unter I.), und zwar auch von Vertretern des Personalisierungsprojekts, vgl. *Ben-Shahar/Porat,* Personalized Law, 2021, S. 103 f.

[21] *Denno,* U. Chi. L. Rev. 86 (2019), 539; *Kugler/Strahilevitz,* U. Chi. L. Rev. 86 (2019), 489; *Davidson,* U. Chi. L. Rev. Online 2022. Ferner jenseits des klassischen Personalisierungsdiskurses mit Blick auf Kriminalprognosen *Sommerer,* Predictive Policing, 2020 (aus einer krit. Perspektive).

[22] So darst. *Grigoleit/Bender,* in: Busch/De Franceschi (Hrsg.), Personalized Law, 2021, S. 115, 121 (Rn. 20 f.).

[23] Vgl. *Casey/Niblett,* Ind. L.J. 92 (2017), 1401; *Casey/Niblett,* U. Chi. L. Rev. 86 (2019), 333. Krit. darst. *Grigoleit/Bender,* in: Busch/De Franceschi (Hrsg.), Personalized Law, 2021, S. 115, 121 (Rn. 20 f.), 131 ff. (Rn. 54 ff.) Für eine systemische Betrachtung vgl. auch *Robinson,* Auckl. U. L. Rev. 23 (2017), 293. Ferner *Scholz,* U. Chi. L. Rev. Online 2022 (für ein als „Cyborg Law" bezeichnetes System personalisierten Rechts, das menschliche und maschinelle Komponenten im Rahmen der Rechtserzeugung kombiniert).

[24] Zu den technischen Grundlagen und ihrer rechtstheoretischen und dogmatischen Erfassung unter § 2 (S. 39–64).

[25] Mit dieser Begrifflichkeit bereits *Grigoleit/Bender,* in: Busch/De Franceschi (Hrsg.), Personalized Law, 2021, S. 115, 136 (Rn. 69); *Bender,* ERCL 16 (2020), 366, 394 („personalization project"); *ders.,* JjZRW 2020, S. 33, 34 („Projekt der Personalisierung"), 35 („Personalisierungsprojekt").

[26] Zu nennen sind: die Konferenz *„Granular" Legal Norms: The End of Typification?* (22.–24.3.2017), die von *Christoph Busch* und *Alberto De Franceschi* organisiert wurde und deren Beiträge im Tagungsband *Busch/De Franceschi* (Hrsg.), Algorithmic Regulation and Personalized Law, 2021, veröffentlicht wurden; das *Symposium on Personalized Law* (27.–28.4.2018), das von *Omri Ben-Shahar*, *Anthony Casey*, *Ariel Porat*, *Lior Strahilevitz* und der U. Chi. L. Rev. organisiert wurde und dessen Beiträge in U. Chi. L. Rev. 86 (2019), 217–609 (Issue 2) veröffentlicht wurden; das *Book Event on Personalized Law: Different Rules for Different People* (12.–13.11.2021), das wiederum von der U. Chi. L. Rev. organisiert wurde

gung, verfolgt wird.[27] Je nach methodischem Ansatz lässt sich ein neoklassisches und ein verhaltensökonomisches Personalisierungsprojekt unterscheiden: Das *neoklassische* Personalisierungsprojekt strebt die Personalisierung des Rechts nach den *Präferenzen* der Individuen mit dem Ziel der *Effizienz* an.[28] Dem *verhaltensökonomischen* Personalisierungsprojekt geht es um die Personalisierung des Rechts nach *Rationalitätsgraden* mit dem Ziel des *Paternalismus*.[29]

Es finden sich allerdings zunehmend kritische Stimmen im Diskurs.[30] Zu diesen Stimmen ist auch diese Arbeit zu zählen. Ihr Ziel ist es, die theoretischen Grundlagen und Prämissen des Personalisierungsprojekts mit einem Fokus auf das Privatrecht herauszuarbeiten und normative Grenzen der Personalisierung aufzuzeigen. Es geht darum, Aussagen über die Personalisierung im weiteren Sinne zu treffen, die unter Betrachtung ihrer Extremform, der Personalisierung im engeren Sinne, erarbeitet werden. Ein zentrales Analyseergebnis betrifft den Zusammenhang zwischen autonomer und heteronomer Rechtssetzung: Die zunehmende Personalisierung des *heteronomen* Rechts schränkt die Personalisierung durch *autonome* Rechtssetzung ein.

Im verbleibenden Text der Einleitung werden zunächst die dieser Arbeit zugrunde liegenden Begrifflichkeiten weiter konkretisiert (I.). Sodann folgen einige historische Tendenzaussagen (II.), ehe das Erkenntnisinteresse dieser Arbeit

---

und dessen Beiträge als Blog-Posts in U. Chi. L. Rev. Online (https://lawreviewblog.uchicago.edu/2022/03/09/bp-series/#evaluate-personalized-law [geprüft am 31.3.2023]) veröffentlicht wurden.

[27] Zum Projektbegriff, vgl. etwa *Möller/Dörrenberg,* Projektmanagement, 2003, S. 3 f.

[28] Dazu unter § 3 (S. 65 ff.).

[29] Dazu unter § 4 (S. 133 ff.).

[30] Etwa *Wagner/Eidenmüller,* U. Chi. L. Rev. 86 (2019), 581 (das Personalisierungsprojekt auf der Grundlage verschiedener verhaltenspsychologischer Effekte kritisierend); *Elkin-Koren/Gal,* U. Chi. L. Rev. 86 (2019), 403 (aus marktwirtschaftlicher Perspektive zu potentiellen negativen Anreizen infolge Datenverwendung); *Auer,* in: Busch/De Franceschi (Hrsg.), Personalized Law, 2021, S. 137 (insb. krit. aus einer philosophischen und rechtstheoretischen Perspektive); *Denozza/Maugeri,* in: Busch/De Franceschi (Hrsg.), Personalized Law, 2021, S. 172 (ähnlich ideengeschichtlich krit. mit einem Schwerpunkt auf ökonomischem Denken); *Barry/Hatfield/Kominers,* Wm. & Mary L. Rev. 62 (2021), 723 (das durch strategisches Verhalten, Datenschutzgesichtspunkte und Transparenzanforderungen verstärkte staatliche Informationsdefizit hervorhebend); *Klass,* U. Chi. L. Rev. Online 2022 (die fehlende Transparenz kritisierend); *Salib,* U. Chi. L. Rev. Online 2022 (auf Diskriminierung und fehlende Verständlichkeit abstellend); *Barak-Corren,* U. Chi. L. Rev. Online 2022 (unter II.) (die mit der Personalisierung verbundene Einschränkung der Autonomie betonend); *Eidenmüller,* U. Chi. L. Rev. Online 2022 (zu potentiell totalitären Konsequenzen); *Grigoleit/Bender,* in: Busch/De Franceschi (Hrsg.), Personalized Law, 2021, S. 115; *Bender,* ERCL 16 (2020), 366; *ders.,* JjZRW 2020, S. 33 (jeweils aus rechtstheoretischer und verfassungsrechtlicher Perspektive). Ferner auch *Południak-Gierz,* Queen Mary L.J. 2017, 25; *dies.,* Masaryk U.J.L. & Tech. 13 (2019), 161; *Misostishkhov,* Dig. L.J. 1 (2020), 56.

jenseits des Personalisierungsprojekts (III.) und jenseits einer konkreten Rechtsordnung (IV.) umrissen und der Gang der Untersuchung (V.) dargestellt wird.

I. Der Begriff der Personalisierung

Ziel dieses Abschnitts ist es, die bereits eingeführte Definition des Begriffs der Personalisierung zu präzisieren und die spezifische Terminologie („Personalisierung") zu erläutern, mit der das definierte Phänomen beschrieben wird.

1. Der Begriff der Personalisierung I: Definition

Die Personalisierung des Rechts im weiteren Sinne wurde definiert als die Zunahme der Anzahl an Faktoren, die bei der rechtlichen Beurteilung einer Handlung berücksichtigt werden müssen, während Personalisierung im engeren Sinne als die Extremform dieses Prozesses beschrieben wurde, bei der diese Faktoren die Identifikation eines bestimmten Individuums erlauben. An dieser Stelle soll klargestellt werden, dass die den Anwendungsbereich einer Vorschrift bestimmenden Faktoren sowohl sachlicher als auch persönlicher Art sein können:

Die zusätzlichen Faktoren können persönlicher Art sein und sich auf die individuellen Eigenschaften und Fähigkeiten einer Person beziehen *(personenbezogene Personalisierung)*.[31] Insofern, als die deliktischen Verkehrspflichten nicht nur nach den äußeren Umständen, sondern auch nach Eigenschaften (Sehvermögen) oder Fähigkeiten (Sonderwissen) differenzieren, liegt eine personenbezogene Personalisierung vor.[32] Im Vertragsrecht lässt sich an die Differenzierung zwischen Verbrauchern und Unternehmern[33] oder zwischen Kaufleuten und Nichtkaufleuten denken. Auch die Geschäftsfähigkeit (§§ 2, 106 BGB) kann als eine krude Form der an das Alter anknüpfenden Personalisierung verstanden werden, die allerdings weniger weit geht als die Personalisierung der Deliktsfähigkeit entsprechend der auf verschiedenen Faktoren beruhenden Einsichtsfähigkeit (§ 828 III BGB).[34] Auf diesen personenbezogenen Personalisierungen liegt der Schwerpunkt des Personalisierungsprojekts.

Die zusätzlichen Faktoren können jedoch auch sachlicher Art sein und sich auf die äußeren Umstände des konkreten Sachverhalts, also den Kontext, bezie-

---

[31] Dies entspricht in etwa dem, was *Ben-Shahar/Porat,* Personalized Law, 2021, S. 23–27 als *personalization* nach *internal personal differences* bezeichnen.

[32] Zur Frage der Individualisierung des Sorgfaltsmaßstabs ausf. unter § 3 (S. 101–119).

[33] Zum Beispiel des Verbraucherrechts als Symptom der Auflösung des generellen Rechts auch sogleich bei Fn. 37.

[34] Vgl. *Canaris,* JZ 1990, 679, 680.

hen *(sachbezogene Personalisierung)*.[35] In diesem Sinne sind etwa die deliktischen Verkehrspflichten weitgehend personalisiert, weil sich die im Verkehr erforderliche Sorgfalt nach den konkreten Umständen des Einzelfalles (etwa den Witterungsverhältnissen) beurteilt.[36] Gleiches gilt im vertraglichen Bereich für die sich immer weiter ausdifferenzierenden Vertragstypen: Ein Recht, das den Bauvertrag (§§ 650a ff. BGB) und die Subkategorie des Verbraucherbauvertrages (§§ 650i ff. BGB)[37] vom allgemeinen Werkvertrag (631 ff. BGB) unterscheidet, ist personalisierter als ein Recht, das nur einen Vertragstyp kennt.

Auch die sachbezogenen Personalisierungen werden von dem hier maßgeblichen, weiten Personalisierungsbegriff (als Oberbegriff für sach- und personenbezogene Unterscheidungen) erfasst. Damit kommt zum einen zum Ausdruck, dass es in letzter Konsequenz immer darum geht, Individuen unterschiedlich zu behandeln[38]: Auch die sachbezogene Personalisierung zielt auf die Differenzierung zwischen dem Schönwetterfahrer und dem Schlechtwetterfahrer oder dem Besteller einer allgemeinen Werkleistung und dem Besteller einer Bauleistung ab. Zum anderen lassen sich sachbezogene Unterscheidungen von vertraglichen Rechten zumindest dann, wenn diese Rechte als staatliche Serviceleistung verstanden werden, auf einer Metaebene über den hypothetischen Willen der Vertragsparteien (also ein personenbezogenes Unterscheidungsmerkmal) rechtfertigen.[39] Bei diesem Rechtsverständnis erscheint die sachbezogene Personalisierung als Konkretisierung einer personenbezogenen Personalisierung – sachbezogene Anknüpfungspunkte spiegeln die unterschiedlichen personenbezogenen Präferenzen rationaler Individuen.

2. Der Begriff der Personalisierung II: Terminologie

Die bisherigen Diskursbeiträge bezeichnen das soeben beschriebene Phänomen überwiegend mit dem Begriff der Personalisierung *(personalization)*.[40] Schon deshalb soll dieser Begriff hier beibehalten werden.

---

[35] Dies entspricht in etwa dem, was *Ben-Shahar/Porat,* Personalized Law, 2021, S. 20–23 als *contextualization* entsprechend dem *external environment* bezeichnen. Auch *Mayson,* U. Chi. L. Rev. Online 2022 (unter II.A.) bezieht *circumstances* in den Personalisierungsbegriff ein.

[36] Zum Bezug zur konkreten Handlungssituation vgl. MünchKomm – *Wagner,* BGB, [8]2020, § 823 Rn. 38. Im Personalisierungsdiskurs vgl. *Grigoleit/Bender,* in: Busch/De Franceschi (Hrsg.), Personalized Law, 2021, S. 115, 124 (Rn. 30).

[37] Zu diesen Neuregelungen *Omlor,* NJW 2018, 817; *Bauer/Bender,* JuS 2020, 585.

[38] Ähnlich *Martini,* Art. 3 Abs. 1 GG als Prinzip absoluter Rechtsgleichheit, 1997, S. 140 ff.

[39] Zu diesem Verständnis des dispositiven Rechts (Theorie des vollständigen Vertrages) bereits auf S. 1 (Fn. 3).

[40] Vgl. die grundlegenden US-amerikanischen Beiträge von *Sunstein,* U. Pa. L. Rev. 162 (2013), 1, 48–55, *Porat/Strahilevitz,* Mich. L. Rev. 112 (2014), 1417; *Ben-Shahar/Porat,* N.Y.U.

Der Personalisierungsbegriff ist darüber hinaus im wirtschaftlichen Kontext des Marketings gebräuchlich. Produkte *(customization),* Preise *(personalized pricing)* und Werbung *(targeted advertising)* werden hier über datenbasierte Techniken *(consumer analytics)* „personalisiert".[41] Die Verwendung des Begriffs der Personalisierung im rechtlichen Kontext ist somit auch deshalb sinnvoll, weil es um die gleichen Technologien geht und die kommerzielle Personalisierung von Produkten, Preisen und Werbung in gewisser Weise für die rechtliche Personalisierung Modell steht.[42]

Schließlich lässt sich der Begriff der Personalisierung auch durch den Bezug auf die *deskriptive* Sprachtradition des Personenbegriffs rechtfertigen. So kann der Begriff der Person auf die antike Bedeutung des etruskischen *phersu* und des lateinischen *persona* zurückgeführt werden, die sich auf die Maske oder Rolle, also das äußerlich Wahrnehmbare eines Individuums beziehen.[43] Auch das griechische *prósopon* (τὸ πρόσωπον) lässt sich als Begriffsursprung betrachten, das die grammatikalischen Rollen (erste, zweite und dritte Person) bezeichnet.[44] In dieser deskriptiven Sprachtradition ist die Person die soziale Rolle des Individuums *(Person als soziale Rolle eines Individuums).*[45] Das datenbasierte Zuschneiden von Rechtsnormen auf das einzelne Individuum beruht gerade auf dessen Erfassung in seiner äußeren, sozialen Erscheinung.

L. Rev. 91 (2016), 627; *dies.,* U. Chi. L. Rev. 86 (2019), 255. Gleiches gilt jedoch auch für den europäischen Diskurs, vgl. *Hacker,* Eur. Rev. Priv. L. 25 (2017), 651; *Bender,* ERCL 16 (2020), 366), und den transatlantischen Dialog, vgl. *Busch/De Franceschi* (Hrsg.), Algorithmic Regulation and Personalized Law, 2021.

[41] Zu *Consumer Analytics* vgl. etwa *Erevelles/Fukawa/Swayne,* J. Bus. Res. 69 (2016), 897; *Boone/Ganeshan/Jain* u.a., Int'l J. Forecast. 35 (2019), 170; *Neslin/Gupta/Kamakura* u.a., J. Mark. Res. 43 (2006), 204. Speziell zur personalisierten Werbung vgl. *Lev-Aretz,* MR-Int 15 (2018), 68. Speziell zur Preispersonalisierung vgl. *Rott/Strycharz/Alleweldt,* Personalised Pricing, 2022; *Bar-Gill,* U. Chi. L. Rev. 86 (2019), 217. Ferner aus dem Personalisierungsdiskurs *Barry/Hatfield/Kominers,* Wm. & Mary L. Rev. 62 (2021), 723, 728. Zur Üblichkeit des Begriffs der Personalisierung in diesem Kontext vgl. etwa *Goldstein/Johnson/Herrmann* u.a., Harv. Bus. Rev. 86 (2008), 99.

[42] Ausdrücklich *Ben-Shahar/Porat,* Personalized Law, 2021, S. 90. Vgl. ferner den Bezug auf kommerzielle Vorbilder in *Porat/Strahilevitz,* Mich. L. Rev. 112 (2014), 1417, 1435f.; *Busch,* U. Chi. L. Rev. 86 (2019), 309, 316.

[43] Vgl. hierzu Person, in: Dudenredaktion (Hrsg.), Herkunftswörterbuch, [6]2020; *Hattenhauer,* in: Klein/Menke (Hrsg.), Der Mensch als Person und Rechtsperson, 2011, S. 39, 41. Ferner *Luhmann,* Soziale Welt 42 (1991), 166, 169f.

[44] Dazu *Lutz-Bachmann,* in: Klein/Menke (Hrsg.), Der Mensch als Person und Rechtsperson, 2011, S. 109, 110; *Auer,* Der privatrechtliche Diskurs der Moderne, 2014, S. 15.

[45] Im Ansatz ähnlich *Luhmann,* Soziale Welt 42 (1991), 166, 170 (Person als „Form, mit der man Gegenstände wie menschliche Individuen beobachtet."). Zur Unterscheidung zwischen deskriptivem und präskriptivem Personenbegriff vgl. *Quante,* in: Klein/Menke (Hrsg.), Der Mensch als Person und Rechtsperson, 2011, S. 69, 76–79.

Der Personenbegriff kann allerdings auch in Anknüpfung an den griechischen Begriff der *hypostasis* (ἡ ὑπόστασις) verwendet werden, das die Realisierung eines Stoffes meint.[46] Insbesondere in der Neuzeit wird der Personenbegriff oft in diesem wertenden, ethischen oder *präskriptiven* Sinne verwendet. Er steht dann für das vernunftbegabte, handlungsfähige und mit Würde ausgestattete Individuum *(Person als in Würde selbstbestimmtes Individuum).*[47] In diesem Sinne ist Personalisierung Selbsterfüllung des würdevollen Individuums oder Erlangung von Personalität.[48] Hieran knüpft der Personalisierungsbegriff dieser Arbeit gerade *nicht* an. Vielmehr soll aufgezeigt werden, dass die datenbasierte Personalisierung des Rechts sogar zu einem Rückgang autonomen, selbstbestimmten Handelns führt.[49]

3. Nachbarbegriffe: Individualisierung, Subjektivierung, Granularisierung

Der an das Individuum anknüpfende Begriff der *Individualisierung* spiegelt – ähnlich wie der Personenbegriff – eine doppelte Begriffsgeschichte wider: Individuum ist zum einen *deskriptiv* der unteilbare Mensch als Einzelwesen[50], zum anderen *präskriptiv* der selbstbestimmte Mensch als Grundlage eines ethischen

---

[46] Vgl. *Lutz-Bachmann,* in: Klein/Menke (Hrsg.), Der Mensch als Person und Rechtsperson, 2011, S. 109.

[47] Diese Bedeutung ist bei *Kant* besonders prominent, vgl. *Kant,* MS, AA 6, 203, 424 f. („Allein der Mensch, als Person betrachtet, d. i. als Subject einer moralisch-praktischen Vernunft, ist über allen Preis erhaben; denn als ein solcher *[homo noumenon]* ist er nicht blos als Mittel zu anderer ihren, ja selbst seinen eigenen Zwecken, sondern als Zweck an sich selbst zu schätzen, d. i. er besitzt eine Würde (einen absoluten inneren Werth), wodurch er allen andern vernünftigen Weltwesen Achtung für ihn abnöthigt, sich mit jedem Anderen dieser Art messen und auf den Fuß der Gleichheit schätzen kann."). Ausf. zur „Entdeckung" des moralischen Personenbegriffs in der Moderne *Auer,* Der privatrechtliche Diskurs der Moderne, 2014, S. 15–22. Ferner *Mohr,* in: Klein/Menke (Hrsg.), Der Mensch als Person und Rechtsperson, 2011, S. 17, 19 f.; *Hattenhauer,* in: Klein/Menke (Hrsg.), Der Mensch als Person und Rechtsperson, 2011, S. 39, 41 (auch darauf hinweisend, dass bereits in der Antike der Personenbegriff mit Vernunftnatur, Individualität und Würde in Verbindung gebracht wurde); *Klingbeil,* AcP 217 (2017), 848, 853 (mit Blick auf Art. 1 I 1 GG). Die Rechtspersönlichkeit nimmt beide Sprachtraditionen auf, indem durch die Anerkennung der sozialen Rolle des Rechtssubjekts selbstbestimmtes Handeln ermöglicht wird.

[48] Es geht dann letztendlich um positive Freiheit. Ausf. dazu unter § 5 (S. 182–186).

[49] Dazu insb. unter § 5 (S. 196 ff.).

[50] Vgl. Individuum, in: Pfeiffer (Hrsg.), DWDS 1993 (1. Bedeutung). In diesem Sinne etwa auch *Deleuze,* October 59 (1992), 3, 4 (Individuum als „single body"). Ferner *Schmitt,* Die geistesgeschichtliche Lage des heutigen Parlamentarismus, 2017, S. 23 („Einzelmensch"). Eine bisweilen mitschwingende negative Konnotation (vgl. Individuum, in: Pfeiffer [Hrsg.], DWDS 1993, 2. Bedeutung) wird hier nicht aufgegriffen.

Wertesystems[51]. Die erste, deskriptive Verwendung des Begriffs der Individualisierung findet sich etwa im dogmatischen Diskurs, wenn es um die Frage der Berücksichtigung individueller Eigenschaften und Fähigkeiten im Rahmen des Fahrlässigkeitsmaßstabs geht.[52] Sofern die Erkenntnisse derartiger Teildiskurse rezipiert werden, wird zum Teil auch hier der Begriff der Individualisierung verwendet. Für die Beschreibung des Personalisierungsprojekts insgesamt erscheint der Personenbegriff allerdings als vorzugswürdig: Es geht bei dem Personalisierungsprojekt gerade nicht um die Erfassung des (vorsozialen) Individuums in seiner Unteilbarkeit, sondern um die behavioristische Auswertung diverser sozialer Rollen, die das Individuum ausübt. Die Personalisierung insgesamt ist insofern also eher Dividualisierung als Individualisierung[53] – genau genommen geht es um die Summe der für ein Individuum relevanten Dividualisierungen.

Der Begriff der *Subjektivierung* findet sich ebenfalls in dogmatischen Teildiskursen – man denke etwa an die Subjektivierung des Fahrlässigkeitsmaßstabs.[54] Subjektivierung und Individualisierung bezeichnen dann oft dasselbe Phänomen *(Subjektivierung als Zunahme des Subjektbezugs)*.[55] Insgesamt drohen bei dem Begriff der Subjektivierung allerdings Missverständnisse, denn der Begriff

---

[51] Zu diesem positive Werte transportierenden Begriff des Individuums als Grundlage des Individualismus aus geschichtlicher Sicht vgl. etwa *Van Dülmen,* Die Entdeckung des Individuums, 1997.

[52] Für das Strafrecht vgl. etwa *Roxin/Greco,* Strafrecht Allgemeiner Teil, [5]2020, S. 1200–1204 (§ 24 Rn. 53–65) („Generalisierung oder Individualisierung des Fahrlässigkeitsmaßstabes?").

[53] So im Personalisierungsdiskurs prägnant *Auer,* in: Busch/De Franceschi (Hrsg.), Personalized Law, 2021, S. 137, 140 f. (Rn. 10) („dividual law"). Allgemein *Deleuze,* October 59 (1992), 3, 5 („The numerical language of control is made of codes that mark access to information, or reject it. We no longer find ourselves dealing with the mass/individual pair. Individuals have become ‚*dividuals*,' and masses, samples, data, markets, or ‚*banks*.'").

[54] Auf der Grundlage dieser Terminologie im Grundsatz für eine Objektivierung Prot. II 604; RGZ 68, 422, 423; 95, 16, 17; BGHZ 39, 281, 283, 286; BGH NJW 1995, 1150, 1151; MünchKomm – *Wagner,* BGB, [8]2020, § 823 Rn. 38, 40, 42; MünchKomm – *Grundmann,* BGB, [9]2022, § 276 Rn. 55; Staudinger – *Löwisch,* BGB, 2019, § 276 Rn. 29; *Larenz,* Lehrbuch des Schuldrechts I, [14]1987, § 20 III Rn. 285 f. Im Ausgangspunkt auch *Deutsch,* AcP 202 (2002), 889, 904, und *Larenz,* FS Wilburg, 1965, S. 119, 125. Im Grundsatz offen für Subjektivierungen hingegen *Koziol,* AcP 196 (1996), 593, 594; *Nipperdey,* NJW 1957, 1777, 1781. Dazu ausf. unter § 3 (S. 101–119).

[55] Ganz allgemein werden die Begriffe des Individuums und des Subjekts in dieser Arbeit synonym und im Sinne eines deskriptiven, ökonomischen Verständnisses (*Varian,* Mikroökonomik, [9]2016, S. 60) verwendet, obwohl sie zum Teil auch mit eigener Bedeutung versehen werden. Ein Beispiel dafür ist die Begriffsbildung bei *Alexander von Hales,* der zwischen Subjekt (physische Natur/Naturwissenschaft), Individuum (Vernunftnatur/Logik) und Person (Würdenatur/Ethik) unterscheidet, vgl. *Hales,* Glossa, 1954, S. 80 (Dist. VI.36). Darst.

der Subjektivierung lässt sich auch als zunehmende Berücksichtigung von inneren Umständen verstehen[56] *(Subjektivierung als Zunahme des Bezugs zu inneren Umständen)* oder als Verlust an gesicherter Erkenntnis begreifen[57] *(Subjektivierung als Zunahme nicht vermittelbarer Erkenntnis).* Die zweite Bedeutung ist für das Personalisierungsprojekt zu eng: auch äußere Umstände wie das Alter oder die Körpergröße sollen zur Grundlage der Personalisierung gemacht werden. Außerdem ist sie auch deshalb nicht passend, weil sich die Datenerhebung letztendlich unmittelbar immer nur auf äußere Umstände beziehen kann. Die dritte Bedeutung ist ebenfalls problematisch, weil mit dem Personalisierungsprojekt eine Algorithmisierung der Rechtssetzung einhergeht[58], die das „subjektive" menschliche Entscheiden gerade zurückzudrängt.

Im Personalisierungsdiskurs finden sich auch die Begriffe der *Granularisierung*[59] oder *Partikularisierung*[60]. Aus zwei Gründen wird hier allerdings auch insofern der Begriff der Personalisierung bevorzugt: Zum einen ist Granularisierung inhaltsärmer als Personalisierung, weil nicht die Person als Adressat jeder rechtlichen Regelung genannt wird. Zum anderen suggeriert Granularisierung die Auflösung jeglicher Form von Kategorienbildung. Dabei müssen individuelle Handlungen aber auch im Falle des *hyper-tailoring* noch (oft binären) Rechtsfolgekategorien (etwa Schadensersatz/kein Schadensersatz) zugeordnet werden. Der Unterschied zum bisher geltenden Recht besteht lediglich darin, dass diese kategoriale Zuordnung unter Berücksichtigung von mehr (insbesondere mehr personenbezogenen) Faktoren erfolgt.[61]

---

hierzu *Auer,* Der privatrechtliche Diskurs der Moderne, 2014, S. 16; *Lutz-Bachmann,* in: Klein/Menke (Hrsg.), Der Mensch als Person und Rechtsperson, 2011, S. 109, 113.

56 In diesem Sinne lässt sich beispielsweise vom „subjektiven Tatbestand" sprechen, vgl. etwa *Roxin/Greco,* Strafrecht Allgemeiner Teil, 52020, S. 407 (§ 10 Rn. 61).

57 Subjektivität bildet hier den Gegensatz zu Objektivität im Sinne von „knowledge that bears no trace of the knower" (*Daston/Galison,* Objectivity, 2010, S. 17 sowie zur Subjektivität auf S. 36 f.). Sie spielt insofern eine Rolle im Rahmen des methodologischen Objektivitätsdiskurses, vgl. hierzu *Bender,* in: ders. (Hrsg), Objectivity and Power, 2022, S. 17, 21, 33–38; *Leiter,* in: Coleman/Shapiro (Hrsg.), The Oxford Handbook of Jurisprudence & Philosophy of Law, 2002, S. 969, 970–976; *Marmor,* Positive Law and Objective Values, 2001, S. 112–134; *Leiter* (Hrsg.), Objectivity in Law and Morals, 2001; *Bäcker,* in: Bäcker/Baufeld (Hrsg.), Objektivität und Flexibilität im Recht, 2005, S. 11.

58 Dazu ausf. unter § 2 (S. 39 ff.).

59 So etwa *Auer,* in: Busch/De Franceschi (Hrsg.), Personalized Law, 2021, S. 137, 137 (Rn. 2) (allerdings ohne Begründung, warum „granular" als „more precise synonym" anzusehen sei und beide Begriffe letztendlich synonym verwendend). Vgl. ferner *Porat/Strahilevitz,* Mich. L. Rev. 112 (2014), 1417, 1434 („granular personalized default rules").

60 So im Titel *Grigoleit/Bender,* in: Busch/De Franceschi (Hrsg.), Personalized Law, 2021, S. 115.

61 So grundsätzlich auch *Auer,* in: Busch/De Franceschi (Hrsg.), Personalized Law, 2021,

II. Geschichtlicher Überblick

Im Folgenden soll im Rahmen eines geschichtlichen Überblicks skizziert werden, wie sich die Personalisierung des heteronomen Rechts und die autonome Rechtssetzung vom Mittelalter über die Neuzeit bis in die Gegenwart entwickelt haben, um das Personalisierungsprojet in seinem historischen Kontext zu begreifen.

1. Mittelalter und Personalisierung

Zwar wurde im Mittelalter die *autonome* Rechtssetzung und die mit ihr einhergehende Personalisierung gerade im wirtschaftlichen Bereich durch eine Ordnung gewerblicher Privilegien weitgehend eingeschränkt.[62] Gleichzeitig war allerdings das *heteronome* Recht weitgehend personalisiert.

Die Personalisierung des heteronomen Rechts folgte zum einen aus dem *Nebeneinander verschiedener Normsetzer:* die Kirche, Zünfte, Familien, Lehns- und Landesherrn, Dorf- und Stadtgemeinschaften bestimmten die Lebenswirklichkeit eines Individuums. Durch die multiplen Zugehörigkeiten war somit das Gesamtpaket der für ein Individuum geltenden Normen von Person zu Person verschieden. Es überrascht vor diesem Hintergrund nicht, dass das Internationale Privatrecht zumindest zu Beginn des Mittelalters, ehe die Statutenlehre auch Raum für territoriale Anknüpfungen schuf, dem Personalitätsprinzip folgte und jeder sein personalisiertes Recht mit sich trug.[63]

Zum anderen war jedoch auch das *materielle Recht* der heteronomen Normsetzer stark ausdifferenziert. Diese Ausdifferenzierung äußerte sich in persönlicher Hinsicht in der personalisierten Zuteilung wirtschaftlicher Macht durch die bereits erwähnten Privilegien. In sachlicher Hinsicht kannte das Delikts- und Schadensersatzrecht Unterscheidungen, die heute nicht mehr Teil des positiven Rechts sind.[64]

S. 137, 138–142 (Rn. 5–14) („The Inevitability of Legal Typification"), die aber dennoch den Begriff der Granularisierung bevorzugt.

[62] Etwa *Böhm,* ORDO 17 (1966), 75, 105. Allg. zu feudalen Privilegien *Mohnhaupt,* FS Wadle, 2008, S. 627; *Dölemeyer/Mohnhaupt* (Hrsg.), Das Privileg im europäischen Vergleich, 1999; *Bien,* in: Baker (Hrsg.), The French Revolution and the Creation of Modern Political Culture, 1987, S. 89. Der historisch-feudale Begriff des Privilegs weicht insofern von dem rechtstheoretischen Begriff des Privilegs ab, wie ihn *Hohfeld,* Yale L.J. 23 (1913), 16, 32 ff., geprägt hat.

[63] *Rauscher,* Internationales Privatrecht, ^{5}2017, S. 7 ff. (Rn. 22 ff.). Auch mit Blick auf diese personalisierten, auf ein Individuum anwendbaren Rechte wird zum Teil der Begriff des Privilegs verwendet.

[64] Vgl. etwa den schadensersatzrechtlichen *arbor super interesse* des *Rebuffus* (dazu

Schließlich konnte durch die persönlichen Beziehungen zwischen Priester und Gläubigem, Meister und Lehrling, *pater familias* und Kind, Lehnsherr und Vasall, den Umständen des Einzelfalles bei der *Rechtsanwendung* weitgehend Rechnung getragen werden, weil dem mit der Konkretisierung des Rechts Betrauten die konkreten Lebensumstände des Rechtsunterworfenen bekannt waren.

2. Neuzeit und Generalisierung

Mit dem Beginn der Neuzeit setzte eine Bewegung der Generalisierung des *heteronomen* Rechts ein. Personalisierung war zunehmend Sache der *autonomen* Rechtssetzung.

Ein erster Grund für diese Entwicklung ist im *Absolutismus* zu sehen, dessen Ziel die Monopolisierung der Rechtssetzungsbefugnis innerhalb eines Territoriums war.[65] Der sich so herausbildende moderne Flächenstaat verdrängte damit die weiteren Instanzen heteronomer Rechtssetzung. Der Absolutheitsanspruch des staatlichen Souveräns drängte darüber hinaus das Entscheiden unter Berücksichtigung der Umstände des Einzelfalles und der persönlichen Beziehungen zurück: Der effektive Durchgriff des Souveräns setzte die maximale Prädetermination von Entscheidungen durch auf seinem Willen beruhende Direktiven voraus.[66] Da der Souverän aber nicht jeden Einzelfall bedenken konnte, mussten diese Direktiven notwendigerweise allgemein formuliert werden. Spätabsolutistische Kodifikationen wie diejenige des Allgemeinen Landrechts für die Preußischen Staaten von 1794 mit ihren über 19.000 Paragraphen wirken zwar aus heutiger Sicht wenig abstrakt.[67] Gerade aufgrund der weitgehenden Außerachtlassung der individuellen Eigenschaften und Fähigkeiten des Individuums und der Geltung im gesamten Staatsgebiet ist jedoch auch dieses Kodifikationsprojekt im Kontext der Generalisierung zu sehen.

Als ein zweiter Grund für die beschriebene Entwicklung lässt sich das Verlangen des erstarkenden Bürgertums nach einer *marktorientierten Wirtschaftsordnung* ausmachen. Der Staat soll lediglich eine generelle Rahmenordnung bereitstellen, Rechtssicherheit garantieren und Handel unabhängig von Konfes-

---

Lange, Schadensersatz und Privatstrafe in der mittelalterlichen Rechtstheorie, 1955, S. 30 f.), sowie die Vielfalt der Fahrlässigkeitsmaßstäbe (dazu *Hoffmann,* Abstufungen der Fahrlässigkeit, 1968, S. 35–67).

[65] *Münkler/Straßenberger,* Politische Theorie und Ideengeschichte, 2016, S. 57 ff.

[66] Vgl. *Kirsch,* Zur Geltung des Gesetzlichkeitsprinzips im Allgemeinen Teil des Strafgesetzbuchs, 2014, S. 38 ff.; *Lassahn,* Rechtsprechung und Parlamentsgesetz, 2017, S. 43–45; *Jesch,* Gesetz und Verwaltung, ^{2}1968, S. 109.

[67] Vgl. dazu im Personalisierungskontext *Grigoleit/Bender,* in: Busch/De Franceschi (Hrsg.), Personalized Law, 2021, S. 115, 117 (Rn. 7).

sionszugehörigkeit, Berufsstand, familiärer Herkunft oder Nationalität ermöglichen.[68] Die Personalisierung erfolgt dann durch autonome Rechtssetzung im Rahmen der einzelnen Markttransaktionen.[69]

Als dritte Triebfeder der Generalisierung kann schließlich das Gedankengut der *Aufklärung* gesehen werden, das sich auf dem europäischen Kontinent im Rahmen der Französischen Revolution von 1789 Bahn brach und die materiell-kapitalistischen Interessen des Bürgertums ideell-politisch ergänzte.[70] Infolge der Emanzipation des Individuums, das im Rahmen der Ersten Moderne[71] als vernunftbegabt und würdevoll wahrgenommen wurde, war das Leitbild des Rechts in erster Linie der Mensch. Dieses Allgemeincharakteristikum ließ die sekundären Anknüpfungsmerkmale wie Religion, Beruf, Familienbande oder Lebensort in den Hintergrund treten. Den Staat konstituierte ein Volk freier und gleicher Bürger.[72] Die Generalisierungstendenz wird dabei besonders deutlich bei der Forderung nach Gleichheit *(égalité)*, die unmittelbar gegen die ständische Ausdifferenzierung und Privilegienordnung gerichtet war.[73] Aber auch die Freiheit *(liberté)* wirkte als Motor der Generalisierung heteronomen Rechts: Wenn das Individuum frei und vernunftbegabt ist, erscheint die Personalisierung durch autonome Rechtssetzung als erstrebenswert.[74] Das heteronome Recht muss dann nur eine generelle Rahmenordnung bereitstellen. Nicht die Kirche, Zünfte und Gilden, Familien, Lehns- und Landesherren sollen Recht heteronom

---

[68] Zur verfassungsrechtlich gewährleisteten Rechtssicherheit BeckOK – *Huster/Rux*, GG, ^{54}2023, Art. 20 Rn. 181.

[69] Vgl. *Grimm*, Verfassung und Privatrecht, 2017, S. 55. Zu den Zusammenhängen zwischen Rechts- und Wirtschaftsordnung vgl. *Polanyi*, The Great Transformation, ^{2}2001; *Schmoeckel*, in: Maetschke/Mayenburg/Schmoeckel (Hrsg.), Das Recht der Industriellen Revolution, 2013, S. 1, 3 f.; *Böhm*, ORDO 17 (1966), 75, 117–121.

[70] Speziell im Personalisierungskontext, vgl. *Auer*, in: Busch/De Franceschi (Hrsg.), Personalized Law, 2021, S. 137, 149–150 (Rn. 33–35) (insb. auf *Hobbes*, *Rousseau* und *Kant* Bezug nehmend). Vgl. ferner *Denozza/Maugeri*, in: Busch/De Franceschi (Hrsg.), Personalized Law, 2021, S. 172 (Rn. 1) (klassisch-liberale, generelle und abstrakte Regeln dem *ancien régime* gegenüberstellend).

[71] Zum Begriff der Ersten Moderne *Beck/Beck-Gernsheim*, Individualization, 2002, S. xxi f. Darst. *Lash*, in: Beck/Beck-Gernsheim, Individualization, 2002, S. vii (Vorwort). Für das Privatrecht *Auer*, Der privatrechtliche Diskurs der Moderne, 2014, S. 13 ff. Im Rahmen der Analyse neuer Technologien *Zuboff*, Surveillance Capitalism, 2019, S. 33–35.

[72] *Grimm*, Verfassung und Privatrecht, 2017, S. 50 ff.; *Böhm*, ORDO 17 (1966), 75, 118 f. Gerade der erste Artikel der *Déclaration des droits de l'homme et du Citoyen* von 1789 nimmt hierauf Bezug: „Les hommes naissent et demeurent libres et égaux en droits." Zur ideengeschichtlichen Aufarbeitung dieser Anknüpfung an das Menschsein vgl. *Repgen*, in: Grundmann/Thiessen (Hrsg.), Von formaler zu materialer Gleichheit, 2021, S. 31; *Grundmann*, in: Grundmann/Thiessen (Hrsg.), Von formaler zu materialer Gleichheit, 2021, S. 1, 9–11.

[73] Hierzu *Grimm*, Verfassung und Privatrecht, 2017, S. 52; *Böhm*, ORDO 17 (1966), 75, 117 f.

[74] *Grimm*, Verfassung und Privatrecht, 2017, S. 55.

setzen, sondern jeder für sich autonom. In diesem Geist erkennen liberale Verfassungsstaaten den Individuen Freiheitsrechte zu.[75] Die allgemeinste Ausprägung dieser verfassungsmäßig abgesicherten Freiheit findet sich in der deutschen Rechtsordnung in der Allgemeinen Handlungsfreiheit aus Art. 2 I GG.[76] Eine einfachgesetzliche Absicherung der ursprünglichen Vertragsfreiheit findet sich in § 311 I BGB.[77]

3. Auflösungstendenzen der neuzeitlichen Triebfedern der Generalisierung

Die Triebfedern der Generalisierung befinden sich allerdings zunehmend in Auflösung. Der *(absolutistische)* Anspruch des Staates auf exklusive heteronome Rechtssetzung in seinem Territorium wird durch nichtstaatliche Akteure wie Plattformen[78], Großkonzerne[79] und Nichtregierungsorganisationen[80] sowie transnationale Phänomene wie Schiedsgerichtsbarkeit[81] und Cyberspace[82] mehr und mehr infrage gestellt.[83] Ebenso brechen weitgehend unabhängig agierende staatliche Emanationen wie Zentralbanken und *agencies* das absolutistische

---

[75] *Ders.,* Verfassung und Privatrecht, 2017, S. 50 ff.

[76] Besonders prägnant auch Art. 4 S. 1 der französischen *Déclaration des droits de l'homme et du Citoyen* von 1789: „La liberté consiste à pouvoir faire tout ce qui ne nuit pas à autrui." Für die US-amerikanische Rechtsordnung kann auf die *due process clause* des 5. und 14. Zusatzartikels der US-Verfassung verwiesen werden.

[77] Besonders prägnant auch Art. 1103 des französischen Code Civil: „Les contrats légalement formés tiennent lieu de loi à ceux qui les ont faits."

[78] Emblematisch ist die Erklärung von Facebook-Gründer *Mark Zuckerberg*: „In a lot of ways Facebook is more like a government than a traditional company." (zitiert nach *Klonick,* Harv. L. Rev. 131 [2018], 1598, 1599). Ähnliche Erklärungen hat auch Google abgegeben. Dazu und zu den politischen Implikationen des Handelns der *Big Five* (Google, Facebook, Amazon, Microsoft, Apple) grundlegend *Zuboff,* Surveillance Capitalism, 2019, S. 178. Vgl. auch *Klonick,* Harv. L. Rev. 131 (2018), 1598; *Andrews,* Facebook, the Media and Democracy: Big Tech, Small State?, 2020; *Kirkpatrick,* The Facebook Effect: The Real Inside Story of Mark Zuckerberg and the Worlds's Fastest Growing Company, 2010; *Warter,* JjZRW 2020, S. 117.

[79] *Arato,* Harv. Int. L.J. 56 (2015), 229.

[80] *Herdegen,* VVDStRL 61 (2003), 9, 12 f.

[81] *Cutler,* in: Mattli/Dietz (Hrsg.), International Arbitration and Global Governance, 2014, S. 140; *Teubner,* Eur. J. Soc. Theory 5 (2002), 199; *Steinhardt,* Geo. Wash. J. Int'l L. & Econ. 25 (1991), 523; *Spanogle,* Geo. Wash. J. Int'l L. & Econ. 25 (1991), 477.

[82] Vgl. *Herdegen,* VVDStRL 61 (2003), 9, 11; *Shipchandler,* Cornell Int'l L.J. 33 (2000), 435; *Engel,* in: Dicke/Hummer/Girsberger u. a. (Hrsg.), Auswirkungen der Entstaatlichung, 2000, S. 353.

[83] Allg. zur rechtstheoretischen Erfassung privaten Rechts *Bachmann,* Private Ordnung, 2006. Ferner *Kirchhof,* Private Rechtsetzung, 1987; *Bumke/Röthel* (Hrsg.), Privates Recht, 2012; *Engler,* Private Regelsetzung, 2017.

Ideal des hierarchischen Durchregierens oder dessen demokratisches Pendant, das Ideal der ununterbrochenen, vom Volk ausgehenden Legitimationskette.[84]

Die bürgerlich-liberale Dualität von durch generelle Normen charakterisierter staatlicher Sphäre und von personalisierter, autonomer Rechtssetzung geprägtem *Marktmechanismus* fand in den USA mit dem *New Deal* ihr Ende, mit dem eine drastische Zunahme staatlicher Regulierung einherging.[85] Der Markt wurde mehr und mehr heteronomen Eingriffen ausgesetzt und nach einem ökonomischen Kalkül gelenkt und reguliert.[86]

Auch das Erbe der *Aufklärung* und der Französischen Revolution wird zunehmend infrage gestellt. Die kritische Selbstreflexion der Vernunftbegabtheit des Menschen im Rahmen der Zweiten Moderne[87] richtet den Blick erneut auf die Unterschiede zwischen den Individuen und hinterfragt die radikale, nur am Menschsein ausgerichtete Gleichheits- und Freiheitskonzeption. Die Herausbildung des Verbraucherschutzrechts etwa ist Ausfluss der Annahme unterschiedlicher Schutzbedürftigkeit der Rechtssubjekte.[88] Auch verhaltensökonomische

[84] Zum Agency-Modell aus rechtsvergleichender Sicht *Kischel,* Admin. L. Rev. 46 (1994), 213, 244. Speziell zum US-amerikanischen Agency-Modell *Aman/Mayton,* Administrative Law, ³2014. Zum Modell der Europäischen Union *Schout/Pereyra,* Pub. Admin. 89 (2011), 418, 420 ff. Zur ununterbrochenen demokratischen Legitimationskette etwa BVerfGE 77, 1, 40; 83, 60, 73.

[85] Allgemein zur zunehmenden Gesetzgebungstätigkeit seit dem *New Deal* vgl. *Gilmore,* The Ages of American Law, ²2014, S. 86 („orgy of statute making"). Ebenso *Calabresi,* Common Law, 1982, S. 1. Zu den Umbrüchen des *New Deal* vgl. auch *Ackerman,* We the People I, 1991, S. 105. Für den deutschen Kontext vgl. etwa *Kirchhof,* in: Isensee/Kirchhof (Hrsg.), Handbuch des Staatsrechts der Bundesrepublik Deutschland, ³2010, S. 697, 796 f. (Rn. 169). Ferner *Huber,* FS Stober, 2008, S. 547, 549–553 (krit. zur zunehmenden Regulierung und staatlichen Intervention).

[86] Speziell mit Blick auf die ökonomische Analyse des Rechts, wie sie etwa von *Richard Posner* betrieben wird, *Mestmäcker,* A Legal Theory without Law, 2007, S. 48 ff. Mit Blick auf die Entwicklung des US-Verfassungsrechts *Aleinikoff,* Yale L.J. 96 (1987), 943. Ferner *Auer,* in: Schumann (Hrsg.), Gesetz und richterliche Macht, 2020, S. 119, 149 (Fn. 130). Ausf. auch unter § 8 (S. 322–328).

[87] Zum Begriff der Zweiten Moderne *Beck/Beck-Gernsheim,* Individualization, 2002, S. xxi f. Darst. *Lash,* in: Beck/Beck-Gernsheim, Individualization, 2002, S. vii (Vorwort). Für das Privatrecht *Auer,* Der privatrechtliche Diskurs der Moderne, 2014, S. 46 ff. Vgl. ferner *Zuboff,* Surveillance Capitalism, 2019, S. 35–37, die den Begriff der Zweiten Moderne aber anders verwendet und statt auf die Selbstreflexivität auf die kapitalistische Massenproduktion abstellt.

[88] Zum Verbraucherschutzrecht allg. Eckpfeiler – *Gsell,* Verbraucherschutz, ⁸2022, S. 641, 642–655 (Rn. K 1–10). Zum Problem der unterschiedlichen Schutzbedürftigkeit allg. *Engel/Stark,* ZEuP 2015, 32; *Schwartz,* Stan. L. Rev. 67 (2016), 1373; *Ben-Shahar/Porat,* U. Chi. L. Rev. 86 (2019), 255; *Hacker,* Eur. Rev. Priv. L. 25 (2017), 651, 658 f. (Rn. 11). Zur Verbindung zwischen Personalisierung und *Consumerism* auch *Auer,* in: Busch/De Franceschi (Hrsg.), Personalized Law, 2021, S. 137, 145–149 (Rn. 22–31).

Erkenntnisse, die die Grenzen rationalen Entscheidens betonen, relativieren die Annahme, autonome Rechtssetzung trage den individuellen Bedürfnissen bestmöglich Rechnung.[89]

Selbst die *grundrechtlichen Garantien* liberaler Verfassungsstaaten, also die Gleichheit und Freiheit, die ursprünglich als Triebfedern der Generalisierung gewirkt haben, entfalten zunehmend eine gegenteilige Wirkung. Der umfassende Schutz der *Freiheitssphäre* der Rechtssubjekte durch die Grundrechte des Grundgesetzes und die damit einhergehende Rechtfertigungslast zwingt den Gesetzgeber zu immer detaillierteren Regelungen. Insbesondere die im Rahmen der Verhältnismäßigkeit zu prüfende Erforderlichkeit staatlicher Maßnahmen fängt diesen Gesichtspunkt ein[90]: Der mildeste Grundrechtseingriff ist derjenige, der passgenau, also personalisiert, ausgestaltet wird. Die Wesentlichkeitstheorie[91] sorgt dafür, dass diese Personalisierung weitgehend vom Parlament selbst vorgenommen wird, sodass die rechtlichen Ausdifferenzierungen notwendigerweise die Ebene des formellen Gesetzes erreichen. Auch der *Gleichheitsgrundsatz* entfaltet mehr und mehr eine der Generalisierung entgegengesetzte Wirkung. Dieser gebietet nicht nur, Gleiches gleich *(erste Komponente),* sondern auch, Ungleiches seiner Eigenart entsprechend *(zweite Komponente)* zu behandeln.[92] Die zunehmend materielle Betrachtungsweise der

---

[89] Für eine Zusammenfassung der verhaltensökonomischen Erkenntnisse vgl. *Kahneman,* Thinking, Fast and Slow, 2011 (allgemein); *Jolls/Sunstein/Thaler,* Stan. L. Rev. 50 (1998), 1471 (im rechtlichen Bereich); *Hacker,* in: Busch/De Franceschi (Hrsg.), Personalized Law, 2021, S. 241, 244 (Rn. 12) (im Kontext der Personalisierung).

[90] Besonders deutlich *Lerche,* in: Isensee/Kirchhof (Hrsg.), Handbuch des Staatsrechts der Bundesrepublik Deutschland, ²2000, S. 775, 785 (Rn. 18) („Das Erforderlichkeitsprinzip äußert damit eine individualisierende Tendenz."). Ebenso, allerdings mit einem Schwerpunkt auf der Zumutbarkeitsprüfung, *Kirchhof,* Die Allgemeinheit des Gesetzes, 2009, S. 224–227, insb. 224 („Die Verhältnismäßigkeitsprüfung dient der Individualgerechtigkeit aus einer Perspektive, die sich auf den Einzelfall und dessen Besonderheiten konzentriert. Insbesondere die Zumutbarkeitsprüfung verlangt, die speziellen Umstände des Einzelfalles hinreichend aufzunehmen."). Ferner *Möllers,* Freiheitsgrade, ²2020, S. 33. Allg. zur Erforderlichkeit BVerfGE 100, 313, 375; Dürig/Herzog/Scholz – *Grzeszick,* GG, ⁹⁹2022, Art. 20 VII Rn. 115–118. Grundlegend zur Verhältnismäßigkeit *Lerche,* Übermaß und Verfassungsrecht, ²1999.

[91] Allg. BVerfGE 33, 125, 158 f.; 33, 303, 336 f.; 34, 165, 193 f.; 41, 251, 259 f.; 45, 400, 417 f.; Dürig/Herzog/Scholz – *Grzeszick,* GG, ⁹⁹2022, Art. 20 VI Rn. 105 f. Speziell für das Privatrecht vgl. BVerfGE 138, 377; *Röthel,* Normkonkretisierung im Privatrecht, 2004, S. 63 ff.; *Grigoleit,* in: Jaestaedt/Lepsius (Hrsg.), Rechtswissenschaftstheorie, 2008, S. 51, 72 f.; *Neuner,* JZ 2016, 435.

[92] Aus der Rspr. vgl. EuGH, Urt. v. 16.9.2010, C-149/10, *Chatzi v. Oikonomikon,* E.C.R. 2010 I-08489, Rn. 64; EuGH, Urt. v. 13.12.1994, C-306/93, *SMW Winzersekt GmbH v. Land Rheinland-Pfalz,* E.C.R. 1994 I-05555, Rn. 30; EuGH, Urt. v. 7.71993, C-217/91, *Spanien v. Kommission,* E.C.R. 1993 I-03923, Rn. 37; BVerfGE 4, 144, 155; 86, 81, 87; 101, 275, 290. Aus der Lit. vgl. BeckOK – *Kischel,* GG, ⁵⁴2023, Art. 3 Rn. 16; *Hacker,* in: Bakhoum/Conde Gal-

Rechtsbeziehungen führt zu einer Betonung eben dieser zweiten Komponente und damit zu einer Bewegung in Richtung Personalisierung.[93]

Das Personalisierungsprojekt ist im Kontext dieser Auflösungstendenzen zu sehen: Generelles Recht hat danach keinen Eigenwert. Es ist lediglich die Folge eines Informationsdefizits. Lässt sich dieses Informationsdefizit durch neue Technologien beseitigen, ist das Recht zu personalisieren.[94]

III. Erkenntnisinteresse jenseits des Personalisierungsprojekts

Obwohl die Vorschläge zu einer Personalisierung des gesamten Rechts weit von ihrer Umsetzung entfernt sind[95], ist die Beschäftigung mit dem Thema schon jetzt von Interesse.

1. Kontextualisierung punktueller, technikbasierter Personalisierungen

Zunächst lassen sich durchaus bereits in der Gegenwart *punktuell* technikbasierte Personalisierungen des Rechts beobachten. Dies gilt zunächst für von privaten Akteuren gesetzte Vertragsnormen, also für Allgemeine Geschäftsbedingungen (AGB) und Preise.[96] Sogenannte *smart contracts* etwa passen Vertragsklauseln an die Bedürfnisse der Vertragsparteien an.[97] Auch außerhalb des vertraglichen Bereichs zeigt sich das Potential datenbasierter Technologien. Dabei ist nicht nur an die bereits erwähnte personalisierte Werbung im Vorfeld des Vertragsschlusses zu denken[98], sondern etwa auch an das Internet der Dinge

lego/Mackenrodt u. a. (Hrsg.), Personal Data, 2018, S. 85, 98 ff.; *ders.*, Eur. Rev. Priv. L. 25 (2017), 651, 659 f. (Rn. 13); *Hacker/Petkova,* Nw. J. Tech. & Intell. Prop. 15 (2017), 1, 7 f. *Verstein,* U. Chi. L. Rev. 86 (2019), 551, 556 f.

[93] Zur Materialisierung des Privatrechts allgemein vgl. *Jakl,* Handlungshoheit, 2019, 5 ff.; *Auer,* Materialisierung, 2005, S. 23 ff.; *Canaris,* AcP 200 (2000), 273, 276 ff.

[94] Vor diesem Hintergrund lassen sich zwischen dem anvisierten System der datenbasierten Personalisierung und der Feudalordnung des Mittelalters gewisse Parallelen erkennen, vgl. *Bender,* ERCL 16 (2020), 366, 406–408; *ders.,* JjZRW 2020, S. 33, 61.

[95] Krit. deshalb *Grigoleit/Bender,* in: Busch/De Franceschi (Hrsg.), Personalized Law, 2021, S. 115, 116 (Rn. 3).

[96] Zur Personalisierung durch private Akteure allg. *Verstein,* U. Chi. L. Rev. 86 (2019), 551. Speziell zur Personalisierung von Preisen *Bar-Gill,* U. Chi. L. Rev. 86 (2019), 217.

[97] Zu *smart contracts* etwa *Zeno-Zencovich,* in: Busch/De Franceschi (Hrsg.), Personalized Law, 2021, S. 264; *Grinzinger,* JjZRW 2020, S. 151. Oft wird der Begriff auch nur für diejenigen Verträge verwendet, die den Vollstreckungsmechanismus bereits in sich tragen, vgl. *Klever,* JjZRW 2020, S. 379.

[98] Vgl. *Zuboff,* Surveillance Capitalism, 2019, insb. S. 93–97; *Lev-Aretz,* MR-Int 15 (2018), 68.

(internet of things)[99] und insbesondere an die Fortschritte im Bereich des autonomen Fahrens: Kann individuelles Verhalten im Straßenverkehr sogar ersetzt werden, so muss erst recht die (das menschliche Fahren lediglich ergänzende) individuelle Verhaltenssteuerung durch Mikrodirektiven[100] als Minus hierzu technisch möglich sein.

Auch der Staat setzt bereits neue Technologien zur Personalisierung heteronomen Rechts ein. Neben „intelligenten" Verkehrsschildern[101] ist im Bereich des Straßenverkehrs an die mögliche Anpassung der Grünphasen von Ampeln an die Bedürfnisse von Fußgängern mit beschränkter Mobilität zu denken, die über eine entsprechende App *(Crosswalk)* kommuniziert werden.[102]

Jede dieser punktuellen Entwicklungen für sich stellt nicht das auf generellem Recht basierende System infrage. Das Phänomen der Personalisierung in seiner Extremform zu betrachten erlaubt es aber, diese punktuellen Personalisierungstendenzen als Teil einer größeren Entwicklung zu begreifen. Durch dieses Bewusstsein kann einem schleichenden Systemwandel entgegengetreten und die Grundlage für eine bewusste Systementscheidung gelegt werden.[103]

2. Personalisierung und Privatrechtsdogmatik

Die Frage nach dem richtigen Grad der Personalisierung ist außerdem ein allgemeines Problem der Privatrechtsdogmatik, das sich ganz losgelöst von neuen technischen Möglichkeiten stellt.[104]

Sollen Lücken im Vertrag durch an typischen Parteien orientierte dispositive Normen *(what* most *parties would have wanted)*[105] oder orientiert am Willen der

---

[99] *Segger-Piening,* JjZRW 2020, S. 87.

[100] Zu diesem Begriff im Kontext der Personalisierung *Casey/Niblett,* Ind. L.J. 92 (2017), 1401, passim, insb. 1407 ff.; *dies.,* U. Chi. L. Rev. 86 (2019), 333, 338.

[101] Vgl. *Grigoleit/Bender,* in: Busch/De Franceschi (Hrsg.), Personalized Law, 2021, S. 115, 124 (Rn. 30).

[102] Zu diesem Beispiel *Busch,* in: Busch/De Franceschi (Hrsg.), Personalized Law, 2021, S. 279, 285 f. (Rn. 16). Allg. *Darroch,* The Guardian 2017. Ausf. mit weiteren Beispielen unter § 2.

[103] Allg. zur Gefahr eines schleichenden Systemwandels infolge des Einsatzes datenbasierter Technologien *Pałka,* L. & Contemp. Probs. 83 (2020), 125, 142 ff. Speziell im Personalisierungsdiskurs *Auer,* in: Busch/De Franceschi (Hrsg.), Personalized Law, 2021, S. 137, 145 (Rn. 21) („We can, of course, accept or even pursue such a course of action as a matter of social policy. But we should then know what we are doing."), 151 (Rn. 37).

[104] Vgl. *Grigoleit/Bender,* in: Busch/De Franceschi (Hrsg.), Personalized Law, 2021, S. 115, 117 f. (Rn. 7–10).

[105] Vgl. etwa *Goetz/Scott,* Cal. L. Rev. 73 (1985), 261; *dies.,* Va. L. Rev. 69 (1983), 967, 971 (die allerdings auf S. 1024 für Individualisierung insofern offen sind, als der Gesetzgeber im Rahmen eines „Wörterbuches" verschiedene Vertragsklauseln zur Verfügung stellen könnte);

konkreten, vertragsschließenden Parteien *(what* those *parties would have wanted)*[106] – in den Kategorien der deutschen Dogmatik also im Wege der ergänzenden Vertragsauslegung[107] – geschlossen werden?[108] Oder sollte einem dritten Ansatz gefolgt werden, nach dem das dispositive Vertragsrecht generellen normativen Leitbildern folgt (man könnte sagen: *what parties* should *have wanted*)?[109] Wenn man eine gewisse Generalität befürwortet, lässt sich weiter diskutieren, wie weit der Kreis der maßgeblichen (empirisch oder normativ in Bezug genommenen) Parteien zu fassen ist. Soll ein dispositives Recht für alle Verträge gelten oder sollen entsprechend der kontinentaleuropäischen Tradition Vertragstypen herausgebildet werden?[110] Wie weit sollen diese Typen ausdifferenziert werden?

Auch im Deliktsrecht (und im Strafrecht) knüpft das Personalisierungsprojekt an einen dogmatischen Klassiker an. Unter den bereits erwähnten Schlagworten der Individualisierung[111] oder Subjektivierung[112] des Fahrlässigkeitsmaßstabs wird hier die Frage diskutiert, inwiefern individuelle Kenntnisse und Fähigkeiten bei der Beurteilung der Fahrlässigkeit eine Rolle spielen sollen.

Hirsch, Fordham L. Rev. 73 (2004), 1031, insb. 1061 (für das dispositive Erbrecht und in Abgrenzung zu normativen Konzepten).

[106] Vgl. Restatement (Second) of Contracts, § 204 (1981) (eine Lückenfüllung mit einer Norm fordernd, die „reasonable in the circumstances“ ist); § 2-202 U.C.C.

[107] Zum Verhältnis von dispositivem Recht und ergänzender Vertragsauslegung insb. *Cziupka,* Dispositives Vertragsrecht, 2010, S. 411–419. Zur funktionellen Gleichwertigkeit von dispositivem Recht und ergänzender Vertragsauslegung *ders.,* JuS 2009, 103, 104; *Kötz,* JuS 2013, 289, 294; *Möslein*, Dispositives Recht, 2011, S. 337 f., 378; *Hesselink*, ERCL 1 (2005), 44, 58; MünchKomm – *Busche,* BGB, ⁹2021, § 157 Rn. 45 f.; *Biehl,* JuS 2010, 195, 199 f.; *Bender,* JjZRW 2020, S. 33, 36 f. Es geht bei ergänzender Vertragsauslegung letztendlich um individualisierende (im Gegensatz zu generalisierender) Gerechtigkeit (*Auer,* Materialisierung, 2005, S. 51). Zum Potential der ergänzenden Vertragsauslegung, der „Individualität des Einzelfalls“ Rechnung zu tragen, *Kötz,* JuS 2013, 289, 294; *Cziupka,* JuS 2009, 103, 105 f.

[108] Beide Ansätze *(tailored vs. untailored default rules)* darst. *Ayres/Gertner,* Yale L.J. 99 (1989), 87, 91 f.; *Ayres,* S. Cal. Interdisc. L.J. 3 (1993), 1, 5.

[109] Zu dieser Vorstellung des dispositiven Rechts aus dem europäischen Kontext BGHZ 41, 151; *Kähler,* Begriff und Rechtfertigung, 2012, S. 131 ff.; *Canaris,* iustitia distributiva, 1997, S. 54; *Hesselink,* ERCL 1 (2005), 44, 58; *Bender,* ERCL 16 (2020), 366, 378–387. Krit. darst. auch *Cziupka,* Dispositives Vertragsrecht, 2010, S. 90 ff. Aus dem US-amerikanischen Kontext vgl. *Hayward v. Postma*, 31 Mich. App. 720, 724, 188 N.W.2d 31, 33 (1971); *Goetz/Scott,* Cal. L. Rev. 73 (1985), 261, 263 (insb. Fn. 5).

[110] Zu diesem Unterschied aus rechtsvergleichender Sicht *Pargendler,* Yale J. Int'l L. 43 (2018), 143, 153–160. Allg. *Ayres,* S. Cal. Interdisc. L.J. 3 (1993), 1; *Geis,* Tul. L. Rev. 80 (2006), 1109. Speziell im Personalisierungskontext *Grigoleit/Bender,* in: Busch/De Franceschi (Hrsg.), Personalized Law, 2021, S. 115, 117 (Rn. 7).

[111] *Roxin/Greco,* Strafrecht Allgemeiner Teil, ⁵2020, S. 1200–1204 (§ 24 Rn. 53–65) („Generalisierung oder Individualisierung des Fahrlässigkeitsmaßstabes?“).

[112] Vgl. die auf S. 10 (Fn. 54) zitierten Beiträge.

Im Sachenrecht schließlich lässt sich der Personalisierungsdiskurs mit der Frage nach der optimalen Anzahl von Rechtstypen im *numerus clausus* verbinden.[113]

3. Personalisierung und Verfassungsdogmatik

Zudem werden eine ganze Reihe von dogmatischen Fragen auf den Plan gerufen, die nicht das Rechtsgebiet betreffen, das Gegenstand der Personalisierung ist, sondern das den normativen Bezugsrahmen für die Grenzen der Personalisierung bildet: das Verfassungsrecht.

Inwiefern verlangt die grundrechtlich geschützte Freiheit Selbstgesetzgebung, inwiefern Bedürfnisbefriedigung?[114] Wie sind die Postulate des Gleichheitssatzes, Gleiches gleich und Ungleiches seiner Eigenart entsprechend zu behandeln, zu gewichten?[115] Wie ist das Erfordernis der Allgemeinheit des Gesetzes aus Art. 19 I 2 GG zu verstehen?[116] Wie ist mit additiven[117] oder kumulativen[118] Belastungen umzugehen? Vor welchen Änderungen schützt die Wesensgehaltsgarantie?[119] Wo verlaufen die Grenzen der Privatisierung der Normproduktion?[120] Eine Beschäftigung mit dem Personalisierungsprojekt erlaubt es, diese unterschiedlichen Diskurse zusammenzuführen, die dogmatischen Einzelprobleme in einem neuen Licht zu betrachten und so neue Lösungsansätze vorzuschlagen, die ganz unabhängig vom technischen Fortschritt Gültigkeit haben.

---

[113] Dazu *Hansmann/Kraakman,* J. Leg. Stud. 31 (2002), 373, 379ff. Allg. zu *numerus clausus* und Typenzwang auch *Schön,* Der Nießbrauch an Sachen, 1992, S. 241ff.

[114] Zu dieser Differenzierung vgl. *Hayek,* The Road to Serfdom, ^{6}2006, S. 13; *Sen,* J. Econom. 50 (1991), 15, 21ff.; *Przeworski,* Econ. & Philos. 19 (2003), 265, 268f.; *Loomes/Sugden,* Econ. J. 92 (1982), 805, 807ff.

[115] Vgl. dazu bereits auf S. 17f. (Fn. 92).

[116] Vgl. *Kirchhof,* Die Allgemeinheit des Gesetzes, 2009; Dürig/Herzog/Scholz – *Remmert,* GG, ^{99}2022, Art. 19 I Rn. 14–22.

[117] So die Terminologie in BVerfGE 112, 304, 320 („‚additive[r]‘ Grundrechtseingriff“); *Lücke,* DVBl. 2001, 1469ff.; *Ruschemeier,* Der additive Grundrechtseingriff, 2019.

[118] So die Terminologie bei *Kirchhof,* Die Allgemeinheit des Gesetzes, 2009, S. 348–351; *dems.,* NJW 2006, 732; *Klement,* AöR 134 (2009), 35, 42 („Belastungskumulation“); *Tobisch,* Dispositives Recht und Grundgesetz, 2021, S. 292–296. Monographisch *Kromrey,* Belastungskumulation, 2018; *Heu,* Kulminierende Grundrechtseingriffe, 2017; *Bronkars,* Kumulative Eigentumseingriffe, 2007. Zuerst mit dieser Terminologie wohl *Kloepfer,* VerwArch 74 (1983), 201.

[119] Vgl. von Mangoldt/Klein/Starck – *Huber,* GG, ^{7}2018, Art. 19 Rn. 148–158 m.w.N.; *Häberle,* Wesensgehaltsgarantie, ^{3}1983.

[120] Grundlegend *Bachmann,* Private Ordnung, 2006; *Spanogle,* Geo. Wash. J. Int'l L. & and Econ. 25 (1991), 477. Aus dem Personalisierungsdiskurs *Verstein,* U. Chi. L. Rev. 86 (2019), 551.

4. Personalisierung und Rechtstheorie

Die Beschäftigung mit dem Phänomen der Personalisierung im Rahmen eines Gedankenexperiments[121] wirft schließlich auch auf einer theoretischen Ebene Ertrag ab. Die Prämissen des Personalisierungsprojekts zu hinterfragen erlaubt es, die Möglichkeiten und Grenzen der *(verhaltens-)ökonomischen Analyse* des Rechts auszuloten.[122] Dies ermöglicht es auch, den Fokus auf bisher kaum beachtete Unterschiede im ökonomisch-liberalen Rechtsdenken zu richten.[123]

Außerdem kann an den rechtstheoretischen Diskurs hinsichtlich des richtigen Verhältnisses von Regeln und Standards *(rules and standards)*[124] und hinsichtlich des richtigen Grades an Komplexität *(complexity)*[125] angeknüpft werden. Rechtstheoretische Erkenntnisse können hier zum einen zur Erfassung des Phänomens der algorithmischen Normsetzung fruchtbar gemacht werden. Zum anderen kann jedoch die Untersuchung der algorithmischen Normsetzung auch den Blick für neue rechtstheoretische Zusammenhänge öffnen. So lässt sich beispielsweise die bisherige Verknüpfung von Regeln und Individualismus einerseits und von Standards und Kollektivismus andererseits[126] kritisch hinterfragen und die liberale Dimension von Standards herausarbeiten.

---

[121] Der Charakter als Gedankenexperiment kommt etwa auch zum Ausdruck bei *Ben-Shahar/Porat,* Personalized Law, 2021, S. 212 („It is a model, not a manual for reform […].").

[122] Grundlegend für den deutschsprachigen Diskurs *Eidenmüller,* Effizienz als Rechtsprinzip, 42015.

[123] Vgl. bisher etwa *Mestmäcker,* A Legal Theory without Law, 2007; *Calabresi,* The Future of Law and Economics, 2016, S. 1–23; *Priest,* Law and Economics, 2020, S. 74–80. Ausf. unter § 8 (S. 305 ff.).

[124] Grundlegend *Kaplow,* Duke L.J. 42 (1992), 557. Mit leicht anderer Akzentuierung jüngst auch *ders.,* Harv. L. Rev. 132 (2019), 992 *(free balancing vs. structured decision-making).* Ausf. unter § 2 (S. 35–38).

[125] Dazu *Kaplow,* Duke L.J. 42 (1992), 557, 565, 586 ff.; *ders.,* J.L. Econ. & Org. 11 (1995), 150; *Geis,* Tul. L. Rev. 80 (2006), 1109, 1117; *Ayres,* S. Cal. Interdisc. L.J. 3 (1993), 1. Ausf. unter § 2 (S. 30–35).

[126] Dazu im US-amerikanischen Kontext insb. die Critical-Legal-Studies-Bewegung. Grundlegend *Kennedy,* Harv. L. Rev. 89 (1976), 1685 (individualistische und altruistische Ideologien unterscheidend). Politischer *ders.,* A Critique of Adjudication, 1997; *Unger,* The Critical Legal Studies Movement, 32015; *Kelman,* A Guide to Critical Legal Studies, 1987. Darst. *Oetken,* Yale L.J. 100 (1991), 2209. Aus dem deutschen Diskurs insb. *Auer,* Materialisierung, 2005, insb. 218 f. (individualistische und kollektivistische Ideologien unterscheidend).

IV. Erkenntnisinteresse jenseits einer Rechtsordnung

Das Personalisierungsprojekt wurde im Wesentlichen in den Vereinigten Staaten entwickelt.[127] Demgegenüber liefert weitgehend die deutsche Rechtsordnung den normativen Bezugsrahmen für die in dieser Arbeit präsentierten Gegenargumente. Gleichwohl wäre es verfehlt, das Personalisierungsprojekt mit den Besonderheiten des US-amerikanischen Rechts, etwa dem *common law* oder dem das Verwaltungsrecht prägende Agency-Modell, zu rechtfertigen. In den wesentlichen Parametern stimmen beide Rechtsordnungen als liberale Verfassungsstaaten vielmehr überein. Diese Gemeinsamkeiten stehen im Folgenden in einer strukturalistischen Tradition[128] im Vordergrund.

1. Personalisierung und Common Law

Es mag zwar auf den ersten Blick naheliegen, das Personalisierungsprojekt mit dem auf Einzelfallentscheidungen aufbauenden *common law* in Verbindung zu bringen.[129] In die auf generellem Gesetzesrecht aufbauende deutsche Privatrechtsordnung könnten die Überlegungen zur Personalisierung dann nicht ohne weiteres transplantiert werden[130] – zumindest nicht, ohne weitreichende Irritationen hervorzurufen.[131]

---

[127] Vgl. nur die überwiegend aus den USA stammenden, auf S. 3 f. (Fn. 13–23) zitierten Beiträge.

[128] Für einen Überblick über den Strukturalismus *Deleuze,* in: Châtelet (Hrsg.), Histoire de la philosophie, 1972, S. 299 ff.; *Sturrock,* Structuralism, ^{2}2003, S. 17–24. Im anthropologischen Kontext insb. *Lévi-Strauss,* The Savage Mind, ^{4}1968, S. 263; *ders.,* Anthropologie structurale, 1958. Ferner *Benedict,* Patterns of Culture, 1971, etwa S. 21 (betonend, dass jede Kultur mit den gleichen Problemen umgehen muss). Im rechtlichen Kontext *Hermann,* Southern Cal. L. Rev. 48 (1975), 1131, 1141 ff.; *Auer,* Zum Erkenntnisziel der Rechtstheorie, 2018, S. 36. Zur Betonung der Gemeinsamkeiten der Rechtssysteme und zum Desiderat der Vereinheitlichung aus rechtsvergleichender Sicht *Rabel,* La. L. Rev. 10 (1950), 431, 446 ff.; *ders.,* La. L. Rev. 10 (1949), 1.

[129] In diese Richtung etwa *Zeno-Zencovich,* in: Busch/De Franceschi (Hrsg.), Personalized Law, 2021, S. 264, 275 (Rn. 82–84).

[130] Zur Idee des *legal transplant* grundlegend *Watson,* Legal Transplants, ^{2}1993, S. 21 ff. Ferner *ders.,* L. & Hist. Rev. 5 (1987), 537; *ders.,* The Am. J. Comp. L. 44 (1996), 335; *ders.,* Legal Transplants and European Private Law, 2000. Aufgrund der soziokulturellen Gebundenheit des Rechts krit. *Legrand,* Mod. L. Rev. 58 (1995), 262; *ders.,* Maastricht J. Eur. & Comp. L. 1997, 111. Zumindest hinsichtlich mancher, organisch gewachsener Rechtsbereiche krit. *Kahn-Freund,* Mod. L. Rev. 37 (1974), 1.

[131] Zu diesem Umgang mit der Legal-Transplant-These vgl. *Teubner,* Mod. L. Rev. 61 (1998), 11 *(legal irritant).* Krit. dazu, wenngleich im Ergebnis ähnlich, *Langer,* Harv. Int. L.J. 45 (2004), 1, 32–35 *(legal translation).*

Der Unterschied zwischen *common law* und *civil law* ist jedoch im Wesentlichen *institutioneller* Art. Er betrifft die Frage, welche Institution (Richterschaft oder Parlament) in erster Linie den Inhalt von Rechtsnormen bestimmt. Der Grad an Personalisierung betrifft hingegen das *Normdesign*. Das Normdesign wird aber grundsätzlich von dem institutionellen Unterschied nicht beeinflusst. In Präzedenzfällen enthaltene und nach dem Grundsatz des *stare decisis* bindende Normen können daher den gleichen Grad an Generalität aufweisen wie in formellen Gesetzen enthaltene Rechtsnormen.[132] Ganz abgesehen davon werden weite Bereiche des *common law* von Gesetzesrecht beherrscht[133], genauso wie Richterrecht in Deutschland – klassisches Beispiel ist das Arbeitskampfrecht[134] – eine bedeutende Rolle spielt.

Wenn aus den *institutionellen* Eigenheiten überhaupt Unterschiede mit Blick auf den Grad an Personalisierung hergeleitet werden können, dann in gerade umgekehrter Richtung: Die Normsetzung in Gesetzesform ist in hohem Maße auf Standards (unbestimmte Rechtsbegriffe) angewiesen, die *ex post* eine Personalisierung erlauben. Die richterrechtlich geschaffenen Normen des *common law* formulieren den Rechtsinhalt hingegen oft durch Regeln (bestimmte Rechtsbegriffe), die nicht selten geradezu formalistisch angewendet werden und einer an den Umständen des Einzelfalls ausgerichteten Personalisierung entgegenstehen.[135]

2. *Personalisierung und Agency-Modell*

Außerdem könnte die US-amerikanische Rechtsordnung aufgrund des im Verwaltungsrecht dominanten Agency-Modells als besonders geeignet für eine Personalisierung gehalten werden: Das an Einzelfallentscheidungen orientierte, auf unabhängigen *agencies* aufbauende Verwaltungsrecht der Vereinigten Staaten wäre dann in weitergehendem Maße offen für Personalisierungen als das deut-

---

[132] Zu *stare decisis* vgl. *Martens,* JZ 2011, 348; *Hasnas,* N.Y.U. J.L. & Liberty 1 (2005), 79, 89 ff.; *Rabel,* La. L. Rev. 10 (1950), 431, 434 ff.; *Peters,* Yale L.J. 105 (1996), 2031. Zu *dictum vs. holding* als Grundlage der Ermittlung, welcher Teil des Urteils Bindungswirkung entfaltet, vgl. *Coale/Couture,* Pepp. L. Rev. 34 (2007), 715, 724 ff. Allg. zur Annäherung von *civil law* und *common law* vgl. *Rabel,* La. L. Rev. 10 (1950), 431, 437 ff.

[133] Dazu insb. *Gilmore,* The Ages of American Law, [2]2014, S. 86 („orgy of statute making"); *Calabresi,* Common Law, 1982, S. 1.

[134] Vgl. *Ricken,* in: Kiel/Lunk/Oetker (Hrsg.), Münchener Handbuch zum Arbeitsrecht, [5]2022, § 267 Rn. 4 a. E.; *Rüthers/Fischer/Birk,* Rechtstheorie, [12]2022, S. 514 (Rn. 822).

[135] Dazu ausf. *Bender,* UCLA J. Int'l L. & Foreign Aff. 27 (2023) (im Erscheinen). Diese Deutung widerspricht allerdings dem herrschenden rechtsvergleichenden Narrativ, das die kontinentaleuropäischen Rechtsordnungen mit wenig flexiblen Regeln in Verbindung bringt, vgl. nur *Damaška,* Yale L.J. 84 (1975), 480, 487, 502–521.

sche Verwaltungsrecht, das durch rechtsstaatliche Bindung und Hierarchisierung geprägt ist.[136]

Auch der Unterschied im Verwaltungsaufbau ist bei näherer Betrachtung allerdings nicht so aussagekräftig, dass er eine auf Informationstechnologien aufbauende Personalisierung in den Vereinigten Staaten erlauben, in Deutschland hingegen von vornherein ausschließen würde: Zum einen unterliegen auch die US-amerikanischen *agencies* einer gesetzlichen Bindung und gerichtlichen Kontrolle mit Blick auf Ermessensfehler.[137] Zum anderen ist das Agency-Modell dem deutschen Rechtskreis keineswegs fremd[138] und auf Unionsebene sogar die Regel[139]. Dass die Gemeinsamkeiten überwiegen, ist angesichts des US-amerikanischen Einflusses auf die Entstehung des Grundgesetzes auch aus historischer Sicht nicht überraschend.[140]

V. Gang der Untersuchung

Ziel dieser Arbeit ist es, aus verschiedenen Perspektiven die Grenzen der Personalisierung des Rechts aufzuzeigen:

Aus einer *rechtstheoretischen* Perspektive geht es darum, die dem Personalisierungsprojekt zugrunde liegende algorithmische Rechtssetzung zu erfassen. Dies erfordert zunächst eine klare Definition von Prinzipien, Regeln und Standards, die sich nach dem Parameter der Auflösung von Wertungskonflikten unterscheiden lassen. Außerdem werden die Begriffe der internen und externen Komplexität eingeführt. Auf der Grundlage dieser Kategorienbildung lassen sich fünf Schritte der Personalisierung als Anwendungsfall der algorithmischen Rechtssetzung unterscheiden.

Aus einer *neoklassischen* ökonomischen Perspektive sollen die Vor- und Nachteile einer an *Präferenzen* ausgerichteten Personalisierung unter dem Gesichtspunkt der *Effizienz* aufgezeigt werden. Der Fokus bei dieser Analyse liegt

---

136 Aus rechtsvergleichender Sicht zur Hierarchisierung als Charakteristikum der deutschen Rechtsordnung grundlegend *Damaška,* Yale L.J. 84 (1975), 480, 483–509 *(hierarchical model),* 509–523 *(coordinate model); Kagan,* Adversarial Legalism, 2001, S. 9–11 *(adversarial vs. bureaucratic legalism).* Speziell zur Bedeutung des Rechtsstaats in Deutschland *Clark,* Southern Cal. L. Rev. 61 (1988), 1795, 1832–1836.

137 Vgl. *Aman/Mayton,* Administrative Law, ^{3}2014, § 13.2, 13.7. Aus rechtsvergleichender Sicht auch *Kischel,* Admin. L. Rev. 46 (1994), 213.

138 Zur Interpretation der mittelbaren Bundesverwaltung als Agency-basiertes Verwaltungsmodell überzeugend *Jann,* in: Reichard/Schröter (Hrsg.), Zur Organisation öffentlicher Aufgaben, 2013, S. 78, 85 ff. Emblematisch hierfür ist die BaFin.

139 Vgl. *Schout/Pereyra,* Pub. Admin. 89 (2011), 418, 420 ff.

140 Dazu *Brugger,* Demokratie, Freiheit, Gleichheit, 2002, S. 20 ff.

auf dispositiven Normen, dem deliktischen Sorgfaltsmaßstab und dem sachenrechtlichen *numerus clausus*.

Aus einer *verhaltensökonomischen* Perspektive geht es um die Personalisierung des Rechts nach *Rationalitätsgraden* zum Zwecke des *Paternalismus*. Den Untersuchungsgegenstand bilden Informationspflichten, Haftungsprivilegien und verschiedene Arten von Metanormen (zwingendes Recht, Formvorschriften, Widerrufsrechte). Entscheidendes Anliegen dieses Kapitels ist es, die Normgebundenheit des Rationalitätsbegriffs zu betonen. Außerdem soll aufgezeigt werden, dass die Verhaltensökonomik nicht nur die Grundlage für das verhaltensökonomische Personalisierungsprojekt liefert, sondern gleichzeitig auch das neoklassische Personalisierungsprojekt infrage stellt: Angesichts der Endogenität von Präferenzen führt eine auf empirischer Präferenzspiegelung aufbauende Personalisierung letztendlich zu einem konservativen Hedonismus und einem sektoriellen Uniformismus.

Im Rahmen einer *freiheitsrechtlichen* Analyse werden zunächst unter Zusammenführung verschiedener Teildiskurse zwei Freiheitsdimensionen unterschieden: die Wahldimension der Freiheit, die grundrechtlich über den *status activus* geschützt ist, und die Realisierungsdimension der Freiheit, der der grundrechtliche *status effectus* zuzuordnen ist. Sodann wird das *Privatrechtsmodell*, das auf generellen Regeln aufbaut und Personalisierungen über Standards verwirklicht, als Regelungsmodell herausgearbeitet, das die Wahldimension der Freiheit in besonderer Weise schützt. Dabei geht es insbesondere darum, die liberale Dimension von Standards zu betonen. Auf der Grundlage dieser Analyse wird sich zeigen, dass das Personalisierungsprojekt zu einer *Verwaltungsaktlichung* des Privatrechts führen und damit die Wahldimension der Freiheit zurückdrängen würde. Einer völligen Verdrängung des Privatrechtsmodells durch das Verwaltungsrechtsmodell steht jedoch die menschenwürderadizierte Wesensgehaltsgarantie entgegen, die sich als sogenannter dynamischer Wesensgehaltsschutz operationalisieren lässt.

Aus einer *gleichheitsrechtlichen* Perspektive wird zunächst die Notwendigkeit betont, gleichheitsrechtliche Fragen mit Blick auf bestimmte normative Leitbilder zu beantworten, die sich in ihrem jeweiligen Grad der Materialisierung unterscheiden können. Derartige Leitbilder werden sodann am Beispiel des Vertragsrechts unter dem Gesichtspunkt der Quersubventionierungen und am Beispiel des Deliktsrechts unter dem Gesichtspunkt der Handlungs-, Risiko- und Kostengleichheit untersucht. Die durch die Verwirklichung eines Leitbildes entstehenden Ungleichbehandlungen müssen sich wiederum am Maßstab des Grundgesetzes rechtfertigen lassen. Hierbei geht es insbesondere darum zu betonen, dass die Multiplikation der Anknüpfungsmerkmale die Rechtfertigungslast des Staates genauso wenig mindert wie ihre empirische Ermittlung im Rahmen der Präferenzspiegelung oder ihre algorithmische Verarbeitung.

Unter Zugrundelegung eines *institutionellen* Ansatzes soll zum einen aufgezeigt werden, dass eine algorithmische, personalisierte Rechtssetzung notwendig zur *Entparlamentarisierung* führt und damit kollektive Freiheit beeinträchtigt. Zum anderen wird betont, dass es durch die algorithmische Personalisierung des Rechts auch zu einem Bedeutungsverlust der Judikative *(Entjudikativierung)* kommt. Vollzieht sich die Personalisierung im staatlichen Bereich, kommt somit der Verwaltung eine Zentralstellung zu. Oft wird jedoch die Personalisierung jenseits des Staates gedacht. Die institutionelle Analyse soll daher mit einer Untersuchung der Privatisierung der personalisierten Rechtssetzung abgeschlossen werden.

Die ökonomischen und politischen Grundannahmen des Personalisierungsprojekts werden abschließend in einer *systemischen* Analyse zusammengeführt. Dazu werden zunächst drei Formen der ökonomischen Analyse unterschieden, denen jeweils drei Formen des Liberalismus zugeordnet werden: Während der Liberalismus I *(economics & law)* Recht als Rahmenordnung versteht, die die individuelle und autonome Präferenzbefriedigung im Rahmen des Marktes fördert, begreift der Liberalismus II *(law & economics)* das Recht als Werteordnung, die der kollektiven und autonomen Rechtssetzung breiten Raum lässt. Der Liberalismus III *(economic analysis of law)* hingegen versteht das Recht als Kalkulationsordnung, in deren Rahmen individuelle Präferenzen heteronom befriedigt werden. In einem zweiten Schritt wird aufgezeigt, dass das Personalisierungsprojekt auf den Prämissen des Liberalismus III aufbaut. Dadurch allerdings, dass die auch im Rahmen des Liberalismus III für generelles Recht sprechenden staatlichen Informationsdefizite durch neue Technologien behoben werden sollen, werden die Auswirkungen des Liberalismus III radikalisiert: Letztendlich entsteht so eine Wirtschaftsordnung, die sich als *Mikrosozialismus* beschreiben lässt. Der Mikrosozialismus des Personalisierungsprojekts konfligiert mit dem Liberalismus des Grundgesetzes, das ein Mindestmaß an Liberalismus I (Rechtsstaat und Grundrechte) und Liberalismus II (Demokratie und Sozialstaat) garantiert. Der Mikrosozialismus des Personalisierungsprojekts ließe sich damit nur auf der Grundlage einer neuen Verfassung verwirklichen.

§ 2

Rechtstheoretische Analyse: Algorithmische Rechtssetzung zwischen Komplexität, Proximität und Approximation

Ziel dieses Kapitels ist es, das Personalisierungsprojekt aus einer *rechtstheoretischen* Sicht zu erfassen. Ein besonderer Fokus liegt dabei auf den technischen Grundlagen der Personalisierung: Erst der Einsatz neuer Informationstechnologien, also die *algorithmische Rechtssetzung*, lässt ein Nachdenken über neue Formen der Personalisierung als naheliegend erscheinen.[1] Das Kapitel beginnt mit der Klärung der für die Analyse wesentlichen rechtstheoretischen Begriffe. Dabei geht es zum einen um Prinzipien, Regeln und Standards (I.), zum anderen um interne und externe Komplexität (II.). Sodann werden die maßgeblichen technologischen Grundlagen skizziert (III.). Aufbauend auf den rechtstheoretischen und technischen Vorüberlegungen kann die algorithmische Rechtssetzung des Personalisierungsprojekts in fünf Schritten dargestellt (IV.) und in den Kategorien der deutschen Dogmatik erfasst werden (V.). Zusammenfassend sollen Komplexität, Proximität und Approximation als drei Charakteristika des Personalisierungsprojekts herausgearbeitet werden (VI.).

---

[1] *Busch,* U. Chi. L. Rev. 86 (2019), 309, 314. Für das dispositive Recht ausf. *Schwartz/Scott,* Va. L. Rev. 102 (2016), 1523, 1556 f. Ausdrücklich *Ben-Shahar/Porat,* Personalized Law, 2021, S. 201 f. und insb. S. 212 („We presented in this book an ideal version of personalized law, where each person has their own personal legal system, where commands vary along a continuum, and even change instantaneously. It is a model, not a manual for reform, and information is its primary limitation.“).

I. Prinzipien, Regeln und Standards

Entsprechend ihrer Regelungsstruktur und dem daraus folgenden Umgang mit Wertungskonflikten lassen sich die im rechtstheoretischen Diskurs immer wieder anzutreffenden Begriffe der Prinzipien, Regeln und Standards unterscheiden.

1. Prinzipien

Prinzipien *(principles)* sind eindimensionale Optimierungsgebote[2], die sich auch als Finalnormen[3] bezeichnen lassen. Es handelt sich nach dem hier maßgeblichen Verständnis um einen Unterfall geschriebener[4] oder ungeschriebener legislativer Zwecke (Zielvorgaben, Interessen), die aufgrund ihrer (historisch erklärbaren) grundsätzlichen Bedeutung über die einfache *policy consideration* hinausgehen.[5]

---

[2] Vgl. insb. *Dworkin,* Taking Rights Seriously, 2013, S. 38–45; *Alexy,* Theorie der Grundrechte, [1]1986, S. 71–103, insb. S. 75 f. Ferner *ders.,* Ratio Juris 13 (2000), 294. Monographisch *Sieckmann,* Recht als normatives System, 2009, S. 21–26; *ders.,* Regelmodelle und Prinzipienmodelle, 1990; *Borowski,* Grundrechte als Prinzipien, [3]2018, S. 116; *Hong,* Abwägungsfeste Rechte, 2019, S. 35 ff. Die berechtigte Kritik von *Klement,* JZ 2008, 756 (nur beschreibender Charakter) und *Poscher,* RW 2010, 349 (Erschöpfung des Gehalts der Prinzipien in Optimierungsgeboten) steht der hier vorgeschlagenen, deskriptiv-graduellen Begriffsbildung nicht entgegen. Zur sprachtheoretischen Kritik von *Auer,* in: Schumann (Hrsg.), Gesetz und richterliche Macht, 2020, S. 119, 121–127 sogleich.

[3] Zur Unterscheidung zwischen Konditional- und Finalnormen grundlegend *Luhmann,* Politische Planung, [4]1994, S. 118–121 (Zweckprogramme und Routineprogramme); *ders.,* Funktion und Folgen formaler Organisation, [4]1995; *ders.,* Recht und Automation, 1997. Der Begriff der Finalnorm wird dabei insb. im Bereich des Planungsrechts rezipiert, vgl. Schoch/Schneider – *Geis,* VwVfG, [3]2022, Vor § 40 Rn. 6–8. Für eine monographische Behandlung *Pfefferl,* Die Dichotomie konditionaler und finaler Normen, 2014, insb. S. 35 ff., der auf S. 29 f. die hier betonte strukturelle Ähnlichkeit von Prinzipien und Finalnormen erkennt, diese Parallelisierung aber letztendlich mit dem tautologischen Hinweis ablehnt, Prinzipien könnten von der „steuerungsorientierten Dichotomie konditionaler und finaler Normen" nicht abgebildet werden.

[4] Die Zweckkodifikation ist etwa im Unionsrecht (in den Erwägungsgründen) oder im Bauplanungsrecht in § 1 IV, V BauGB üblich. Die dort genannten Belange erreichen aber nicht alle die Bedeutung von Prinzipien.

[5] *Dworkin,* U. Chi. L. Rev. 35 (1967), 14, 22 f. unterscheidet ebenfalls Prinzipien i. e. S. (Prinzipien i. w. S. sind bei ihm ein Synonym für Standards) von *policy,* stellt dafür aber maßgeblich auf den moralischen Charakter von Prinzipien i. e. S. ab. Da sich ökonomische Policy-Erwägungen oft auch moralisch rekonstruieren lassen und umgekehrt moralische Erwägungen einer ökonomischen Erklärung zugänglich sind, erscheint es zweckmäßiger, den Prinzipienbegriff – ähnlich wie den Generalklauselbegriff (dazu sogleich) – historisch (über das Kriterium der grundsätzlichen Bedeutung) zu fassen. Für einen ebenfalls über den

2. Regeln

Regeln *(rules)* entscheiden ein mehrdimensionales Wertungsproblem und lösen damit die Kollision von (eindimensionalen) Prinzipien oder Zwecken in einem bestimmten Sinne auf.[6] Es handelt sich dabei um Konditionalnormen[7], die aufbauend auf bestimmten Rechtsbegriffen im Tatbestand bestimmte Rechtsfolgenaussagen treffen. Da Regeln also die bedingte Verwirklichung potentiell widerstreitender Normzwecke anstreben, gibt es den *einen* Normzweck nicht: Deliktische Sorgfaltsregeln dienen beispielsweise nicht eindimensional dem Ziel der Unfallvermeidung (der Sicherheit des Verkehrs), sondern auch dem Ziel, überhaupt die Annehmlichkeit des Fortkommens zu ermöglichen (der Leichtigkeit des Verkehrs).[8]

Der regelhafte Tatbestand einer Norm ist somit niemals nur das wertneutrale Mittel zur Umsetzung der maßgeblichen Zielvorgaben, sondern zugleich die konkrete Entscheidung über die Art der Konfliktbewältigung.[9] Jenseits des re-

---

Zweckbegriff hinausgehenden Prinzipienbegriff vgl. *Canaris,* Lücken im Gesetz, [2]1983, S. 93 ff. Das hier maßgebliche Prinzipienverständnis ist nicht weit entfernt von *Ehrlich/Posner,* J. Leg. Stud. 3 (1974), 257, 260 („Properly understood, ‚principles' are simply the considerations that are relevant in determining the content of a rule."), auch wenn er den Prinzipienbegriff nicht für historisch bedeutsame Zwecke reserviert.

[6] Vgl. *Grigoleit,* FS Canaris II, 2017, S. 239, 263–265. Im (rechtsrealistisch inspirierten) Personalisierungsdiskurs vgl. insb. *Casey/Niblett,* U. Chi. L. Rev. 86 (2019), 333, 338–341 (am Beispiel der Zwecke des Straßenverkehrsrechts). Dieses Regelverständnis entspricht letztendlich dem methodologischen Ansatz der Interessenjurisprudenz, vgl. *Heck,* AcP 112 (1914), 1, 17 („Die Gesetze sind die Resultanten der in jeder Rechtsgemeinschaft einander gegenübertretenden und um Anerkennung ringenden Interessen materieller, nationaler, religiöser und ethischer Richtung. In dieser Erkenntnis besteht der Kern der Interessenjurisprudenz."); *ders.,* Das Problem der Rechtsgewinnung, [2]1932; *ders.,* AcP 142 (1936), 129. Ferner bereits *von Jhering,* Der Kampf um's Recht, 1872. Darst. *Auer,* ZEuP 2008, 517. Außerdem kann es an die Prinzipientheorie von *Alexy* anknüpfen, vgl. *Alexy,* Ratio Juris 13 (2000), 294, 295; *ders.,* ARSP Beiheft 25 (1985), 13, 19 ff.

[7] Vgl. auch *Rüthers/Fischer/Birk,* Rechtstheorie, [12]2022, S. 80–82 (Rn. 115 f.).

[8] Im Personalisierungsdiskurs insb. *Casey/Niblett,* U. Chi. L. Rev. 86 (2019), 333, 338 f. („A speed limit may be imposed to achieve one of many goals, which might include reducing accidents, promoting efficient transportation, or reducing pollution."), 340 („But minimizing car accidents is not the only objective involved in setting a speed limit. An algorithm programmed merely to minimize accidents would simply set the speed limit at zero."). Vgl. dazu auch *Posner,* Stan. L. Rev. 21 (1968), 548, 260; *Ehrlich/Posner,* J. Leg. Stud. 3 (1974), 257, 260. Die Formulierung der Sicherheit und Leichtigkeit des Verkehrs findet sich beispielsweise in Art. 23 II BayStrWG. Dazu BayVGH, NVwZ-RR 2018, 879, 880 (Rn. 13): „[...] die Sicherheit und Leichtigkeit des Verkehrs [hat] zum Ziel [...], dass kein Verkehrsteilnehmer gefährdet (Aspekt der Sicherheit) oder mehr als nach den Umständen unvermeidbar behindert oder belästigt wird (Aspekt der Leichtigkeit)."

[9] Begriffe des Tatbestands lassen sich damit nicht ausschließlich vom übergeordneten

gelhaft gefassten Tatbestands (etwa durch einen vermeintlich wertneutralen Algorithmus) kann der Wertungskonflikt nicht aufgelöst werden. Außerdem ist die Wahl eines bestimmten Mittels ihrerseits mit normativen Konsequenzen verbunden.[10] Allein die (bei der Algorithmisierung notwendig werdende) numerische Bewertung eines Gutes hat normative Implikationen, weil die Gesellschaft damit zum Ausdruck bringt, das in Rede stehende Gut sei bezifferbar.[11] Eine klare Trennung zwischen (normativ relevantem) Normzweck und (normativ neutralem) Mittel gibt es somit nicht. Verzichtet der Gesetzgeber auf das Setzen einer Regel, verzichtet er zugleich auf die Auflösung des Zielkonflikts.

3. Standards

Standards *(standards)* sind Normen, die eine Wertungsfrage nicht (vollständig) auflösen und die Auflösung damit auf einen späteren Zeitpunkt verschieben.[12] Die für Standards charakteristische Vagheit[13] wird hier also über ein rein zeitlich-

Normzweck her verstehen, sondern sie geben ihrerseits Aufschluss über die konkrete Lösung des Problems multipler Normzwecke. Dazu auch *Grigoleit,* FS Canaris II, 2017, S. 239, 245 f., der seine Darstellung allerdings auf die Bedeutung des juristischen Begriffs als „Zweckträger" des übergeordneten Normzwecks konzentriert. Ebenso bedeutsam ist indes ihre Bedeutung für die Festlegung eben dieses Normzwecks: Juristische Begriffe sind nicht nur Zweckträger insofern, als sie über die Normzwecke erst verständlich werden, sondern auch insofern, als sie diese Normzwecke über ihre in anderem Kontext vorgeprägte Bedeutung erschließen helfen. In diese Richtung auch *Bauer,* in: Bender (Hrsg.), Objectivity and Power, 2022, S. 111, 131–133.

[10] Für eine Operationalisierung dieser Einsicht im Kontext des historischen Arguments *Bauer,* in: Bender (Hrsg.), Objectivity and Power, 2022, S. 111, 127–141.

[11] Vgl. *Calabresi/Bobbitt,* Tragic Choices, 1978, S. 32 („costs of costing").

[12] Vgl. insb. *Hedemann,* Die Flucht in die Generalklauseln, 1933, S. 58 („ein Stück offengelassene Gesetzgebung"); *Heck,* Grundriß des Schuldrechts, 1929, § 4 Rn. 1 („Delegationsnormen"); *Rüthers/Fischer/Birk,* Rechtstheorie, [12]2022, S. 523 (Rn. 836) („Leerformeln").

[13] Das Kriterium der Vagheit steht gemeinhin bei der Unterscheidung im Vordergrund. Aus rechtstheoretischer Sicht *Auer,* in: Schumann (Hrsg.), Gesetz und richterliche Macht, 2020, S. 119, 120 ff. (Standards, Prinzipien und Generalklauseln als gleichbedeutende Platzhalter für Vagheit ansehend, die einen nur graduellen Unterschied zu Regeln aufwiesen); *Schlag,* UCLA L. Rev. 33 (1985), 379, 383–390 (die Vor- und Nachteile von Regeln und Standards mit Blick auf Vagheit darstellend); *Schauer,* Playing by the Rules, 1991; *ders.,* Harv. J.L. & Pub. Pol'y 14 (1991), 645 (tendenziell Regeln bevorzugend); *Clermont,* Buff. L. Rev. 68 (2020), 751 (die Nützlichkeit der Unterscheidung infrage stellend). Ferner aus ökonomischer Sicht im Kontext des Verwaltungsrechts *Diver,* Yale L.J. 93 (1983), 65 (Vagheit und Präzision). Aus rechtsstaatlich-verfassungsrechtlicher Perspektive *Scalia,* U. Chi. L. Rev. 56 (1989), 1175; *Nance,* Fordham L. Rev. 75 (2006), 1287; *Merrill,* Admin. L. Rev. 54 (2000), 807 (jeweils tendenziell Regeln bevorzugend); *Greene,* Geo. L.J. 99 (2011), 1289 (tendenziell Standards bevorzugend). Aus rechtssoziologisch-rechtstheoretischer Sicht *Kennedy,* Harv. L. Rev. 89 (1976), 1685, 1776; *Auer,* Materialisierung, 2005, S. 43; *Hellgardt,* Regulierung, 2016,

funktionales Moment und nicht etwa über den sogleich noch zu behandelnden Gesichtspunkt der Komplexität[14] spezifiziert. Die hier zugrunde gelegte zeitlich-funktionale Definition geht damit maßgeblich auf den Unterscheidungsansatz von *Louis Kaplow* zurück, der Regeln als *ex ante* bestimmte Handlungsanweisungen an das Individuum definiert, Standards hingegen als Mittel, um die Inhaltsbestimmung des Rechts *ex post* vorzunehmen.[15] *Kaplow* steht dabei allerdings nur der Richter als Normkonkretisierer vor Augen.[16] Bedenkt man jedoch, dass die Konkretisierung von Standards auch *vor* der eigentlichen Handlungssituation (etwa durch Rechtsverordnung oder Verwaltungsakt) *ex ante* erfolgen kann, dann ist das Charakteristische des Standards nicht das Aufschieben der Regelsetzung auf einen Zeitpunkt *ex post*, sondern generell das Aufschieben der Regelsetzung auf einen späteren Zeitpunkt. Die Verschiebung der Auflösung des Wertungskonflikts auf einen späteren Zeitpunkt kann dabei implizit durch die Verwendung unbestimmter Rechtsbegriffe oder explizit durch Ermessensgewährung erfolgen. Für den Begriff des Standards kommt es somit nicht darauf an, wer letztverbindlich über die Konkretisierung entscheidet: die Gerichte (klassische unbestimmte Rechtsbegriffe)[17], die Verwaltung (unbestimmte Rechtsbegriffe mit Beurteilungsspielraum[18] und Er-

---

S. 631 ff. (jeweils Regeln mit Liberalismus/Individualismus und Standards mit Altruismus/Kollektivismus verbindend); *Sullivan,* Harv. L. Rev. 106 (1992), 22, 58; *Hasnas,* Wis. L. Rev. 1995, 199, 213 (jeweils Standards mit der jeweils dominanten gesellschaftlichen Ideologie verbindend). Dazu ausf. unter § 5 (S. 198–200).

[14] So insb. *Ehrlich/Posner,* J. Leg. Stud. 3 (1974), 257, 258 („A rule withdraws from the decision maker's consideration one or more of the circumstances that would be relevant to decision according to a standard."). Im Anschluss daran *Ayres,* S. Cal. Interdisc. L.J. 3 (1993), 1, 4 („While Kaplow's distinction between complexity and timing is powerful, in this paper I cleave to Ehrlich and Posner's initial distinction between rules and standards which focuses on the number of facts upon which decisions turn [what Kaplow calls complexity].").

[15] *Kaplow,* Duke L.J. 42 (1992), 557, 559 f., insb. 660 („This article adopts such a definition, in which *the only distinction between rules and standards is the extent to which efforts to give content to the law are undertaken before or after individuals act.*"). Aus verhaltensökonomischer Sicht *Korobkin,* Or. L. Rev. 79 (2000), 23, 43.

[16] Emblematisch *Kaplow,* Duke L.J. 42 (1992), 557, 608 ff.

[17] Zur grundsätzlich vollen Überprüfbarkeit von unbestimmten Rechtsbegriffen etwa BVerfGE 15, 275, 282; 84, 34, 49–56; 149, 407, 413 f. Nach Aufgabe der früheren Position auch BVerwGE 15, 275, 282; BVerwG NVwZ 1995, 788. Davor schon die obergerichtliche Rspr., etwa BayVGH DVBl. 1952, 178. Aus der Lit. etwa BeckOK – *Decker,* VwGO, [64]2023, § 114 Rn. 29, 33.

[18] Die h. M. *(normative Ermächtigungslehre)* erkennt der Verwaltung in Ausnahmefällen einen Beurteilungsspielraum zu, wenn die „Funktionsgrenzen der Rechtsprechung" erreicht sind (vgl. BVerfGE 15, 275, 282; 61, 72, 111; 84, 34, 50 ff.; 103, 142, 157; 149, 407, 414 f.; BVerwGE 15, 275, 282; BVerwG NVwZ 1995, 788; BayVGH DVBl. 1952, 178; aus der Lit. vgl. nur Dürig/Herzog/Scholz – *Schmidt-Aßmann,* GG, [99]2022, Art. 19 IV GG Rn. 185 ff.; *Maurer/Waldhoff,* Allgemeines Verwaltungsrecht, [20]2020, S. 169 f. [§ 7 Rn. 63]; BeckOK –

messen[19]) oder das Privatrechtssubjekt (etwa *business judgment rule*)[20]. Der Standard erscheint damit im Verhältnis zu diesen Kategorien der deutschen Dogmatik als Oberbegriff, der die Frage nach richterlichen Entscheidungsbefugnissen nicht prädeterminiert.[21] Dass der Übergang zwischen Regeln und

---

Decker, VwGO, [64]2023, § 114 Rn. 33, 35; *Jesch,* AöR 82 [1957], 163, insb. 246; *Stüer,* DÖV 1974, 257, 258). Diese Ausnahmefälle umfassen durch die Unwiederholbarkeit der Situation geprägte Prüfungsentscheidungen (vgl. BVerwGE 8, 272; 12, 359; 15, 39; 84, 34, 50 ff.; aus der Lit. *Stüer,* DÖV 1974, 257, 259 ff.) und beamtenrechtliche Beurteilungen (vgl. BVerwG VerwRspr 1966, 683, 684 f.) sowie Entscheidungen unabhängiger und sachverständiger, pluralistisch zusammengesetzter Gremien (vgl. BVerwG NJW 1972, 496, 497 f.), technisch geprägte Prognoseentscheidungen (vgl. BVerwGE 72, 300, 316 f.; 81, 185, 190 ff.) und politische Entscheidungen (vgl. BVerwGE 97, 203). Von der h. M. abweichende Positionen fordern entweder (noch weitergehend) eine generelle Überprüfbarkeit (vgl. *Ibler,* Rechtspflegender Rechtsschutz im Verwaltungsrecht, 1999, insb. S. 183 ff.) oder sie wollen den Bereich der unabhängigen Verwaltungsentscheidung stärken. So will die *Lehre vom Beurteilungsspielraum* die Frage der gerichtlichen Prüfungsintensität generell durch Auslegung ermitteln und nicht auf den Ausnahmefall beschränken (vgl. insb. *Bachof,* JZ 1955, 97, 98 ff., der den Begriff des Beurteilungsspielraums geprägt hat und relativ nahe an der h. M. ist; ähnlich *Schmidt-Eichstaedt,* DVBl. 1985, 645; *Meyer,* DÖV 1954, 368; weitergehend hingegen die *Vertretbarkeitslehre*, vgl. *Ule,* in: GS Jellinek, 1955, S. 309, 319 ff.; *ders.,* VerwArch 76 (1985), 1, 16 ff.; *ders.,* DVBl. 1953, 491). Die *Lehre vom Tatbestandsermessen* will sogar generell von einer nicht überprüfbaren Konkretisierungsbefugnis der Verwaltung bei unbestimmten Rechtsbegriffen ausgehen und so zu einem einheitlichen Begriff des Verwaltungsermessens zurückkehren (vgl. urspr. BVerwG NJW 1954, 1054, 1055 f.; aus der Lit. *Flume,* FS Smend, 1952, S. 59, 85 ff., 97 ff.; *Ehmke,* Ermessen und unbestimmter Rechtsbegriff, 1960, insb. S. 38 ff.; *Pache,* Tatbestandliche Abwägung und Beurteilungsspielraum, 2001).

[19] Zur nur eingeschränkten Überprüfbarkeit von Verwaltungsermessen (§ 114 VwGO) auf Ermessensfehler vgl. etwa BVerwG, BeckRS 2017, 139143, Rn. 11; BeckOK – *Decker,* VwGO, [64]2023, § 114 Rn. 26. Zum nur eingeschränkt auf Abwägungsfehler überprüfbaren Planungsermessen vgl. allg. Dürig/Herzog/Scholz – *Schmidt-Aßmann,* GG, [99]2022, Art. 19 IV GG Rn. 208–216; BeckOK – *Dirnberger,* BauGB, [57]2021, § 1 Rn. 136 (speziell zur Abwägungsfehlerlehre im Bauplanungsrecht). Hierbei handelt es sich letztendlich um einen Unterfall des nur eingeschränkt überprüfbaren Normsetzungsermessens, vgl. Dürig/Herzog/Scholz – *Schmidt-Aßmann,* GG, [99]2022, Art. 19 IV GG Rn. 217 f. Lediglich in Ausnahmesituationen kann es zu einer in Leistungssituationen relevanten Ermessensreduzierung auf Null kommen, vgl. dazu ebenfalls BVerwG, BeckRS 2017, 139143, Rn. 11; BeckOK – *Decker,* VwGO, [64]2023, § 114 Rn. 26 (am Ende); *Schoch,* Jura 2004, 462, 468.

[20] Grigoleit – *Grigoleit/Tomasic,* AktG, [2]2020, § 93 Rn. 30, 36 („[...] Anerkennung eines (iW kognitiven) unternehmerischen Beurteilungsspielraums iSe außerpositiven Sachgesetzlichkeit fremdorganschaftlicher Unternehmensleitung.“); *Grigoleit,* Gesellschafterhaftung, 2006, S. 364 ff.

[21] Der Diskurs zu den Funktionsgrenzen der Rspr. findet sich auch im US-amerikanischen Kontext. Hier geht es in erster Linie darum, ob Richter nach einem *private law model* nur einen Einzelfall entscheiden oder nach dem *public law model* darüber hinaus auch gestalterisch tätig werden dürfen, vgl. *Chayes,* Harv. L. Rev. 89 (1976), 1281. Ähnlich die funktionalen Überlegungen von *Ossenbühl,* DÖV 1968, 618; *dems.,* DÖV 1972, 401.

Standards fließend ist und auch scheinbar bestimmte Regeln aufgrund der Vagheit der natürlichen Sprache Wertungsspielräume bei der Anwendung belassen, ist zwar eine wichtige Einsicht[22], spricht aber nicht gegen die normstrukturelle Kategorienbildung als solche, denn anders sind die graduellen Unterschiede und die sich aus ihnen ergebenden normativen Folgen nicht zu erfassen.[23]

Der im deutschsprachigen Diskurs ebenfalls gebräuchliche Begriff der Generalklausel ist am besten für *gewisse* Standards – etwa § 242 BGB (Treu und Glauben) oder § 138 BGB (gute Sitten) – zu reservieren, die aufgrund einer spezifischen historischen Entwicklung zu einer besonderen Bedeutung gelangt sind.[24] Es geht also nicht um normstrukturell, sondern um historisch besondere Standards. Insofern besteht eine Parallele zum Prinzipienbegriff: Prinzipien sind besonders bedeutsame Normzwecke, Generalklauseln besonders bedeutsame Standards.

II. Interne und externe Komplexität

Rechtsnormen können auch nach dem Parameter der Komplexität unterschieden werden. Missverständnisse bei der Verwendung des Begriffs der Komplexität lassen sich am besten vermeiden, indem zwei Arten von Komplexität unterschieden werden: *interne* und *externe* Komplexität.

---

[22] Vgl. *Auer,* in: Schumann (Hrsg.), Gesetz und richterliche Macht, 2020, S. 119, 121–127; *Grigoleit,* FS Canaris II, 2017, S. 239, 241–243. Grundlegend zur Kontextualität der Sprache allg. *Wittgenstein,* Tractatus Logico-Philosophicus, 1922, §§ 43, 198 ff. Grundlegend speziell im rechtlichen Diskurs *Heck,* AcP 112 (1914), 1, 46 f. (Begriffskern und Begriffshof); *Hart,* Harv. L. Rev. 71 (1958), 593, 606 ff. *(core* und *penumbra).* Ferner *Röthel,* Normkonkretisierung im Privatrecht, 2004, S. 26; *B. Schünemann,* Gesammelte Werke I, 2020, S. 308 ff., insb. S. 309 (zur Metapher des Spiegeleis), S. 323 ff. (zur Vagheit und Porosität der Umgangssprache).

[23] Prägnant *Canaris,* Grundrechte und Privatrecht, 1999, S. 46 („Schließlich leugnet ja auch niemand den Unterschied zwischen Tag und Nacht unter Hinweis auf die Dämmerung."). Regeln und Standards beschreiben also ähnlich wie die bestimmten und unbestimmten Rechtsbegriffe das idealtypische Ende eines Kontinuums, vgl. hierzu *Jesch,* AöR 82 (1957), 163, 167 (nur quantitativer Unterschied), sowie aus dem US-amerikanischen Diskurs *Korobkin,* Or. L. Rev. 79 (2000), 23, 25 ff.; *Clermont,* Buff. L. Rev. 68 (2020), 751, 766. Dazu, dass jede Norm aufgrund ihrer Sprachförmigkeit einer Auslegung in Form der Zweckwürdigung bedarf, *Grigoleit,* FS Canaris II, 2017, S. 239, 242 ff., insb. S. 245 („Juristische Begriffe als Zweckträger"); *Auer,* in: Schumann (Hrsg.), Gesetz und richterliche Macht, 2020, S. 119, 121–127; *Jesch,* AöR 82 (1957), 163, 168. Ferner bereits *Heck,* AcP 112 (1914), 1, 172.

[24] Besonders prägnant *Auer,* Materialisierung, 2005, S. 141–143. In *dies.,* in: Schumann (Hrsg.), Gesetz und richterliche Macht, 2020, S. 119 ff. verfolgt sie diese historische Generalklauseldefinition allerdings nicht weiter.

1. Interne Komplexität

Der Begriff der Komplexität lässt sich zunächst als Gradmesser für die Anzahl der Informationen verwenden, die für die Anwendung einer Rechtsnorm vorausgesetzt werden. Dieses wiederum von *Louis Kaplow* geprägte[25] und im ökonomischen Diskurs aufgegriffene[26] Begriffsverständnis wird hier als *interne Komplexität* bezeichnet, weil sie sich auf das innere System[27] des Rechts bezieht. Es geht letztendlich um die Anzahl an Differenzierungen, die für die konkret-individuelle Regelung eines Sachverhalts bei der Anwendung der maßgeblichen Fallnorm[28] nachvollzogen werden müssen. Die interne Komplexität steigt also mit der zunehmenden Anzahl der im Tatbestand einer Norm enthaltenen Anwendungsbedingungen.[29] Diese Definition der internen Komplexität deckt sich mit der in der Einleitung eingeführten Definition von Personalisierung. *Personalisierung* lässt sich also auch beschreiben als *Zunahme interner Komplexität.*

Auf der Grundlage des hier maßgeblichen Begriffsverständnisses besteht kein *notwendiger* Zusammenhang zwischen der Komplexität einer Regelung und ihrer Einordnung als Regel oder Standard[30]: Der Normgeber, der sich für eine Regel entscheidet, kann die Rechtsfolge der Regel entweder von wenigen oder vielen Bedingungen abhängig machen, wobei eine komplexere Ausgestaltung *over*- und *underinclusiveness* vermeidet, gleichzeitig aber auch die Normsetzungs- und Normanwendungskosten erhöht.[31] Auch der Normgeber, der sich für einen Standard entscheidet, prädeterminiert dadurch noch nicht notwendig,

---

[25] Ausf. *Kaplow,* J.L. Econ. & Org. 11 (1995), 150. Zuvor bereits *ders.,* Duke L.J. 42 (1992), 557, 586–590. Grundlegend *Ehrlich/Posner,* J. Leg. Stud. 3 (1974), 257, 281.

[26] *Ayres,* S. Cal. Interdisc. L.J. 3 (1993), 1 (für dispositives Recht). Zur Unterscheidung zwischen *tailored* und *untailored default rules* bereits *Ayres/Gertner,* Yale L.J. 99 (1989), 87, 91.

[27] Zur Unterscheidung zwischen äußerem und innerem System *Heck,* Begriffsbildung und Interessenjurisprudenz, 1932, 142 f. Speziell zum inneren System vgl. *Canaris,* Systemdenken, ²1983, S. 35 ff.

[28] Zum Konzept der Fallnorm vgl. *Fikentscher,* ZfRV 21 (1980), 161.

[29] Vgl. *Kaplow,* J.L. Econ. & Org. 11 (1995), 150 („[...] the complexity of legal rules refers to the number and difficulty of distinctions the rule makes.").

[30] So insb. *ders.,* Duke L.J. 42 (1992), 557, 565–567, 586–593. Grundsätzlich auch *Ayres,* S. Cal. Interdisc. L.J. 3 (1993), 1, 13.

[31] *Kaplow,* Duke L.J. 42 (1992), 557, 591; *ders.,* J.L. Econ. & Org. 11 (1995), 150, 151. Standards implizieren damit im Übrigen nicht immer *free balancing.* Sie können vielmehr auch im Sinne eines *structured decisionmaking* zur Anwendung gebracht werden. Genauso kann eine Regel *free balancing* vorschreiben. Zu dieser dritten Gegenüberstellung (neben Regeln vs. Standards und Einfachheit vs. Komplexität), bei der es um einen spezifischen Entscheidungsmodus geht, vgl. *ders.,* Harv. L. Rev. 132 (2019), 992.

wie viele Informationen der zur Konkretisierung des Standards berufene Normgeber (die Verwaltung oder der Richter) bei der Entscheidung des Einzelfalls heranziehen wird.[32]

Es gibt allerdings eine *typische* Nähebeziehung zwischen Regeln und Einfachheit einerseits und Standards und Komplexität andererseits[33]: Der regelgebende Gesetzgeber agiert grundsätzlich in großem zeitlichen Abstand zu dem zu regelnden Einzelfall. Er muss damit eine Vielzahl von Fällen bedenken und die für den Einzelfall maßgebliche Information gering halten. Der Standardkonkretisierer hat hingegen einen Einzelfall vor Augen und kann mehr Faktoren dieses Einzelfalls für relevant erklären. Außerdem kann er *ad hoc* über die *Gewichtung* der einzelnen Faktoren entscheiden. Gerade weil Standards diese nicht voll artikulierbare, einzelfallbezogene Gewichtung der Faktoren erlauben, kann eine standardbasierte Falllösung typischerweise mehr Information verarbeiten als eine regelbasierte Falllösung. *Kaplows* strikte Trennung der Komplexitätsfrage von Regeln und Standards verkennt diesen typischen Zusammenhang, weil er die für die Falllösung maßgebliche Information einzig in gewissen *Faktoren* sieht, die im Sinne eines Alles-oder-nichts-Prinzips entweder für die Falllösung relevant sein sollen oder nicht.[34]

---

32 Besonders deutlich *ders.,* Duke L.J. 42 (1992), 557, 565 f., insb. 566 („A standard that one not drive at excessive speed might well permit consideration of dozens of factors. But if ninety-nine out of a hundred juries make their decisions based on the same two or three factors, although the other factors are relevant in principle, the *de facto standard* might usefully be described as a rather simple one.“).

33 In diesem Sinne auch *Ayres,* S. Cal. Interdisc. L.J. 3 (1993), 1, 4 (Fn. 14) („[...] Kaplow's strong claim that complexity and timing are independent may not hold. It is difficult to think of truly simple laws that are not knowable ex ante. Thus, there may not be a ‚standard equivalent to a rule‘ that driving faster than 55 is illegal. [...] A certain amount of complexity might be necessary for a law to be given content ex post. Accordingly, there may only be three broad categories [complex standards, complex rules and simple rules] among which policy makers can choose.“). Insb. im Kontext des dispositiven Rechts auch *ders.,* S. Cal. Interdisc. L.J. 3 (1993), 1, 13–15 (aufzeigend, dass sich einfache Regeln und komplexe Standards als Grundtypen herausbilden). Letztendlich auch *Kaplow,* Duke L.J. 42 (1992), 557, 599 ff., indem er von der Schwierigkeit spricht, manche Gesetze als Regeln abzufassen („The Difficulty of Formulating Some Laws as Rules“). Im Personalisierungskontext ferner *Goanta,* U. Chi. L. Rev. Online 2022 (den Good-Faith-Standard als Anwendungsfall personalisierter Rechtssetzung begreifend). Aus dem deutschen Diskurs vgl. etwa *Ule,* DVBl. 1953, 491, 497 (unbestimmte Rechtsbegriffe als der Komplexität geschuldete „Verlegenheitslösung“, die der „Antinomie zwischen rechtsstaatlichen Grundsätzen und wirtschaftlicher Notwendigkeit“, bzw. der „Antinomie zwischen Rechtsstaat und Wirtschaftslenkung“ Rechnung trägt).

34 Vgl. *Kaplow,* Duke L.J. 42 (1992), 557, 595 f.

2. Externe Komplexität

Der Begriff der Komplexität kann sich auch auf die *Zugänglichkeit* des Rechtssystems beziehen.[35] Es lässt sich dann von *externer Komplexität* sprechen, weil das äußere System[36] betroffen ist. In diesem Sinne kann beispielsweise ein von umfangreichen Normen geprägtes Rechtsgebiet als komplex bezeichnet werden, weil in ihm die Orientierung schwer fällt. Externe Komplexität korreliert dabei keineswegs linear mit interner Komplexität. Es ist durchaus möglich, dass ein Rechtsgebiet, das eine Vielzahl von intern einfachen Regeln einsetzt, insgesamt extern komplexer ist als ein Rechtsgebiet, das auf einer Vielzahl von intern komplexen Standards aufbaut, die allerdings die externe Komplexität gering halten. Dazu kann es kommen, wenn die Orientierungsschwierigkeiten, die durch die Unbestimmtheit von Standards ausgelöst werden *(Vorhersehbarkeitsproblem)*, geringer sind als die Orientierungsschwierigkeiten, die durch ein umfangreiches Regel-Ausnahme-Gefüge verursacht werden *(Verständnisproblem)*.[37]

---

[35] Dem Phänomen nach auch beschrieben bei *Sunstein,* Cost-Benefit Analysis and the Knowledge Problem, DASH 2014, S. 9. In diesem Sinne wird der Begriff der Komplexität als Gegenbegriff zu Einfachheit (ohne explizite Definition) etwa verwendet: im Personalisierungsdiskurs von *Grigoleit,* U. Chi. L. Rev. Online 2022 (Komplexität als *transaction cost*); im ökonomischen Diskurs von *Ehrlich/Posner,* J. Leg. Stud. 3 (1974), 257, 271, 274; im (straf-)rechtsvergleichenden Diskurs ferner von *Damaška,* Yale L.J. 84 (1975), 480, 526–529; *Kagan,* Adversarial Legalism, 2001, S. 72, 83; *Weigend,* Crim. & Just. 2 (1980), 381, 411; *Langbein,* Mich. L. Rev. 78 (1979), 204, 205; *dems.,* U. Chi. L. Rev. 46 (1978), 3, 20.

[36] Zur Unterscheidung zwischen äußerem und innerem System, vgl. *Heck,* Begriffsbildung und Interessenjurisprudenz, 1932, S. 142 f. Speziell zum äußeren System, vgl. *Canaris,* Systemdenken, ²1983, S. 19.

[37] Ähnlich *Raban,* B.U. Pub. Int. L.J. 19 (2010), 175, 176 („This acticle examines this fallacy against the specific claims that clear legal rules produce the legal certainty and predictability required by capitalism and liberalism. As we shall soon see, the fallacy consists in identifying people's ability to predict the consequences of their actions with lawyers' ability to predict the consequences of applying the law."), 183 („The claim that bright-line rules produce more predictability derives, ultimately, from a confusion between the certainty that lawyers value and the certainty that economic actors value."); *Almlöf/Bjuggren,* Eur. J.L. & Econ. 47 (2019), 407, 417 (die Notwendigkeit betonend, einen Standard nicht mit einer Regel, sondern mit einer ganzen Gruppe von Regeln zu vergleichen). Ferner im Kontext des dispositiven Rechts *Ayres,* S. Cal. Interdisc. L.J. 3 (1993), 1, 8 („Anyone who has tried to work through the social security disability grids will understand that ex ante precision may increase the costs of making rough estimates."); *Barnett,* Va. L. Rev. 78 (1992), 821, 887–892. Dazu ferner *Kaplow,* Duke L.J. 42 (1992), 557, 567, 596 ff., der indes im Ergebnis dazu kommt, Individuen würden sich sowohl bei überkomplexen Regeln als auch bei Standards von Intuition leiten lassen. Das unterschätzt aber die Suggestivkraft und intuitive Zugänglichkeit gewisser Standards, die damit – anders als überkomplexe Regelwerke – eine die Intuition lenkende und eingrenzende Wirkung entfalten können. Für eine Kritik an der externen Komplexität des modernen Rechtssystems, vgl. *Kirchhof,* in: Isensee/Kirchhof (Hrsg.),

III. Algorithmisierung der Rechtssetzung und Big Data

Je mehr Information dem Rechtssetzer zur Verfügung steht, desto mehr interne Komplexität (Personalisierung) lässt sich im Recht verwirklichen.[38] Um die begrenzten menschlichen Informationsverarbeitungskapazitäten zu überwinden, ist das Personalisierungsprojekt damit auf neue Technologien der Datensammlung und -analyse angewiesen.[39] Diese neuen Technologien werden über verschiedene Schlagworte in Bezug genommen, wobei der begriffliche Schwerpunkt entweder auf der Größe der auszuwertenden Datensätze *(Big Data*[40]*)*, den Analysetechniken zur Auswertung dieser großen Datensätze *(Data Mining)*[41]

Handbuch des Staatsrechts der Bundesrepublik Deutschland, ³2010, S. 697, 796 f. (Rn. 169). Ferner *Braun,* VerwArch 76 (1985), 24, 39 f., insb. 40 („Trend zum bürgerfeindlichen Verwaltungsstaat" – also weg vom regelbasierten Gesetzesstaat – aufgrund übermäßiger Komplexität).

[38] Vgl. *Ben-Shahar/Porat,* Personalized Law, 2021, S. 201 f.

[39] *Busch,* U. Chi. L. Rev. 86 (2019), 309, 314; *Ben-Shahar/Porat,* Personalized Law, 2021, S. 202.

[40] Die Definition erfasst dabei üblicherweise sowohl den Aspekt der Datensammlung als auch denjenigen der Datenanalyse, vgl. *dies.,* Personalized Law, 2021, S. 202 („collection of digital personal information and the development of computerized methods to analyze patterns in it"); *Porat/Strahilevitz,* Mich. L. Rev. 112 (2014), 1417, 1434 f. („Big Data is commonly defined as the process whereby computers shift through enormous quantities of data to identify patterns that can predict individuals' future behavior. It depends on the combination of gigantic databases [typically cataloging consumer behavior] with predictive analytics."); *Cohen,* Harv. L. Rev. 126 (2013), 1904, 1920 („‚Big Data' is shorthand for the combination of a technology and a process. The technology is a configuration of information-processing hardware capable of shifting, sorting, and interrogating vast quantities of data in very short times. The process involves mining the data for patterns, distilling the patterns into predictive analytics, and applying the analytics to new data."). Ferner *Strahilevitz,* Harv. L. Rev. 126 (2013), 2010, 2021; *Busch,* U. Chi. L. Rev. 86 (2019), 309, 312 (insb. Fn. 17); *Hacker,* Eur. Rev. Priv. L. 25 (2017), 651, 654 f. (Rn. 4); *Palka,* Buff. L. Rev. 68 (2020), 559, 591 f.; *Ward/Baker,* arXiv:1309.5821v1 [cs.DB] (2013); *Buhl/Heidemann,* WI 2013, 63; *O'Neil,* Weapons of Math Destruction, 2016, S. 1 ff. Zur Datenauswahl und -strukturierung *Abbott,* The Reasonable Robot, 2020, S. 30 ff.; *Alpayadin,* Machine Learning, 2016, S. 10 ff. („dataquake"); *Varian,* JEP 28 (2014), 3.

[41] Hierzu prägnant *Larose/Larose,* Data Mining and Predictive Analytics, ²2015, S. 4 („*Data mining* is the process of discovering useful patterns and trends in large data sets."). Vgl. auch *Bissantz/Hagedorn,* WI 2009, 139 ff.; *Petersohn,* Data Mining, 2005, S. 8–14; *Frawley/Patetsky-Shapiro/Matheus,* AI Magazine 13 (1992), 57. *Data Mining* meint Datenmustererkennung. Diese ist ein notwendiger Teilaspekt von Big Data (vgl. *Cohen,* Harv. L. Rev. 126 [2013], 1904, 1920). Sie kann allerdings auch außerhalb des Kontexts großer Datensätze und ohne technische Grundlage durchgeführt werden. Dementsprechend wäre es durchaus möglich, den Begriff ‚Big Data' auf das Vorhandensein der Datensätze zu beschränken, vgl. in diese Richtung *Grigoleit/Bender,* in: Busch/De Franceschi (Hrsg.), Personalized Law, 2021, S. 115, 115 (Rn. 1), und den Analyseprozess mit *Data Mining* zu bezeichnen.

oder dem Zweck des Dattensammelns und -auswertens *(Predictive Analytics)*[42] liegt. Informationstechnische und psychologische Erkenntnisse werden dabei zusammengeführt.[43] Im privaten Bereich sammeln und analysieren Unternehmen (oder entsprechende Dienstleister) schon seit Jahren Daten über ihre Kunden *(Consumer Analytics)*.[44] Ziel ist es dabei nicht nur, die eigentlichen Produkte zu verbessern, sondern auch, individuelles Kaufverhalten vorherzusagen und durch personalisierte Werbung gezielt auszulösen *(targeted advertising)*.[45] *Shoshana Zuboff* hat für dieses daten- und vorhersagebasierte Wirtschaftssystem den Begriff des Überwachungskapitalismus *(surveillance capitalism)* geprägt.[46] Zum Teil werden die privaten Unternehmen auch zur Sammlung entsprechender Daten verpflichtet, um organisierte Kriminalität zu bekämpfen *(know your customer)*.[47] Auch Staaten setzen neue Technologien der Datensammlung und -analyse bereits in verschiedenen Bereichen ein: bei der Verbrechensbekämpfung *(predictive policing)*, im Besteuerungsverfahren *(smart taxation)*, im Straßenverkehr *(smart traffic)* oder der Vergabe von Studienplätzen *(predictive schooling)*.[48]

---

[42] Hierzu wiederum prägnant *Larose/Larose*, Data Mining and Predictive Analytics, ²2015, S. 4 („*Predictive analytis* is the process of extracting information from large data sets in order to make predictions and estimates about future outcomes"). Ferner *Zuboff*, Surveillance Capitalism, 2019, S. 65.

[43] Vgl. etwa *Porat/Strahilevitz*, Mich. L. Rev. 112 (2014), 1417, 1437 (auf das sogleich näher darzustellende psychologische Big-Five-Modell Bezug nehmend); *Hacker*, in: Busch/De Franceschi (Hrsg.), Personalized Law, 2021, S. 241, 245 f. (Rn. 15–17) (auf den auf psychologischen Erkenntnissen beruhenden Rationalitätsquotienten Bezug nehmend). Ferner *ders.*, Eur. Rev. Priv. L. 25 (2017), 651, 655 (Rn. 4), 660 f. (Rn. 14).

[44] Vgl. etwa *Erevelles/Fukawa/Swayne*, J. Bus. Res. 69 (2016), 897; *Boone/Ganeshan/Jain* u. a., Int'l J. Forecast. 35 (2019), 170; *Neslin/Gupta/Kamakura* u. a., J. Mark. Res. 43 (2006), 204.

[45] Vgl. *Johnson*, RAND J. Econ. 44 (2013), 128; *Plane/Redmiles/Mazurek* u. a., USENIX Security Symposium 26 (2017), 935. Ferner *Varian*, Bus. Econ. 49 (2014), 27, 28 f. („personalization and customization"); *ders.*, Am. Econ. Rev. 100 (2010), 1, 6; *Zuboff*, Surveillance Capitalism, 2019, S. 65; *Wachter*, Berkeley Tech. L.J. 35 (2020), 367 („affinity profiling"). Aus dem Personalisierungsdiskurs vgl. etwa *Porat/Strahilevitz*, Mich. L. Rev. 112 (2014), 1417, 1468; *Busch*, U. Chi. L. Rev. 86 (2019), 309, 328.

[46] Ausf. *Zuboff*, Surveillance Capitalism, 2019, S. 63 ff. („behavioral surplus"), die die zunehmende kommerzielle Verwendung von Daten jenseits der Produktverbesserung durch Google, Facebook, Microsoft und Telekommunikationsunternehmen sowie das staatliche Überwachungsumfeld nach den Anschlägen vom 11. September darstellt. Für eine Rezeption im Kontext algorithmischer Regulierung vgl. *Yeung*, Reg. & Gov. 12 (2018), 505.

[47] Vgl. *Bilali*, U. Tol. L. Rev. 43 (2012), 319 ff. (mit Blick auf Finanzdienstleistungen).

[48] Zu diesen Beispielen *Hermstrüwer*, AöR 145 (2020), 479, 480. Speziell zum *predictive policing* insb. *Sommerer*, Predictive Policing, 2020; *Rademacher*, AöR 142 (2017), 366; *Martini/Nink*, in: Bertelsmann Stiftung (Hrsg.), Automatisch erlaubt?, 2020, S. 32. Ferner *Kleinberg/Lakkaraju/Leskovec* u. a., Q. J. Econ. 133 (2017), 237 ff. *(bail)*; *Levmore/Fagan*, U.

1. Datensammlung

Für die originäre Datensammlung stehen letztendlich drei Strategien zur Verfügung: Es ist erstens möglich, Daten direkt vom Individuum zu erfragen und es an der Datenerhebung aktiv zu beteiligen. Klassisches Instrument dieser aktiven Datenerhebung sind Fragebögen, die *active choosing* verlangen[49], oder Feedback-Mechanismen[50] (Strategie 1: *Feedback*).

Eine zweite Kategorie betrifft die Fälle, in denen die Datenpreisgabe nicht primärer Zweck, sondern nur sekundäre Nebenfolge der jeweiligen Handlung im Internet, also des Surfverhaltens, ist. Es geht um das Nachverfolgen von Handlungen, die über verschiedene Tracking-Instrumente, allen voran Cookies, besonders einfach nachverfolgt werden können, weil sie bereits in codierter Form vorliegen (Strategie 2: *virtuelles Tracking*).[51] Dabei sind auch die Meta-

---

Chi. L. Rev. 88 (2021), 367, 369–372 *(sentencing)*; *Martini/Nink,* in: Bertelsmann Stiftung (Hrsg.), Automatisch erlaubt?, 2020, S. 44 (Haft). Speziell zu *smart taxation* insb. *Braun Binder,* in: Unger/Ungern-Sternberg (Hrsg.), Demokratie und künstliche Intelligenz, 2019, S. 161. Speziell zu *smart traffic* etwa *Grigoleit/Bender,* in: Busch/De Franceschi (Hrsg.), Personalized Law, 2021, S. 115, 124 (Rn. 30). Speziell zu *predictive schooling* vgl. *Martini/Botta,* in: Bertelsmann Stiftung (Hrsg.), Automatisch erlaubt?, 2020, S. 12; *Levmore/Fagan,* U. Chi. L. Rev. 88 (2021), 367, 396–402.

[49] Allg. zu *active choosing* als Instrument der Präferenzermittlung vgl. etwa *Sunstein,* U. Pa. L. Rev. 162 (2013), 1, 38–47, insb. 44. Im Personalisierungsdiskurs baut das Modell von *Porat* und *Strahilevitz* auf diesem Ansatz auf: Danach soll jedes Individuum (*Porat/Strahilevitz,* Mich. L. Rev. 112 [2014], 1417, 1452) oder zumindest eine kritische Anzahl von Probanden *(guinea pigs)* (*dies.,* Mich. L. Rev. 112 [2014], 1417, 1450–1453) in einem Fragebogen auf ihre Präferenzen befragt werden.

[50] Feedback-Mechanismen sind eine Möglichkeit, Daten-Updates zu verwirklichen. Zu diesen Update-Formen als eigener Schritt auf dem Weg zur Personalisierung vgl. *Hacker,* Eur. Rev. Priv. L. 25 (2017), 651, 657 (Rn. 8 f.); *ders.,* in: Bakhoum/Conde Gallego/Mackenrodt u. a. (Hrsg.), Personal Data, 2018, S. 85, 94 (hierbei auch den Einsatz der Blockchain-Technologie erwägend); *Barry/Hatfield/Kominers,* Wm. & Mary L. Rev. 62 (2021), 723, 739–743 (allerdings krit. aufgrund der Möglichkeit falscher Angaben). Zum Problem der falschen Selbsteinschätzung auch *Mayer,* U. Chi. L. Rev. Online 2022 (unter II.). Allg. zur Bedeutung von Feedback beim Einsatz von Algorithmen vgl. *O'Neil,* Weapons of Math Destruction, 2016, Introduction. Zum dynamischen Charakter personalisierter Rechtsnormen *Robinson,* Auckl. U. L. Rev. 23 (2017), 293, 299 f. („dynamism").

[51] Zu den verschiedenen Tracking-Instrumenten vgl. *Hacker,* Datenprivatrecht, 2020, S. 25–29, 36 („Diese Angewiesenheit auf erhebliche Mengen an Trainingsdaten macht Tracking-Werkzeuge zur idealen Partnertechnologie von Techniken maschinellen Lernens."). Allg. krit. zur verhaltensbasierten Datenerhebung aufgrund der Möglichkeit strategischen Verhaltens *Barry/Hatfield/Kominers,* Wm. & Mary L. Rev. 62 (2021), 723, 743–760 (generelle Darstellung des Problems), 761–762 (auf die Ineffizienz von Gegenstrategien wie Bestrafung hinweisend und damit ein Beispiel dafür liefernd, dass Personalisierung eine Ausweitung staatlicher Regulierung an anderer Stelle nach sich zieht; dazu auch unter § 3 [S. 108]).

daten von Relevanz, die das Posten und Liken im Internet, das Suchverhalten auf Google oder das Kaufverhalten auf Amazon liefern. Von Interesse ist also nicht nur, was geposted, geliked, gesucht oder gekauft wurde (aktiv übermittelte Daten)[52], sondern beispielsweise auch, wie oft die entsprechende Handlung vorgenommen wurde (Metadaten)[53].

Das Tracking ist allerdings nicht auf die virtuelle Sphäre beschränkt. Vielmehr wird drittens das Verhalten in der realen Welt zunehmend ebenso durch verschiedene Mechanismen getrackt (Strategie 3: *reelles Tracking*). Allerdings muss das reale Verhalten erst codiert werden. Das Individuum bewegt sich also nicht von vornherein in einer codierten Welt. Schlagwort für diesen Trackingbereich ist das Internet of Things.[54] *Shoshana Zuboff* spricht von dem *reality business*.[55] Über das Mitführen eines Smartphones kann beispielsweise ein Bewegungsprofil erstellt werden. Über Sensoren in Autos lässt sich das individuelle Fahrverhalten analysieren. Überwachungskameras, Analyseinstrumente zum Verkehrsaufkommen, Sensoren im Smart Home und verschiedene Gesichtserkennungsprogramme sind weitere Beispiele von Tracking in der realen Welt.

Neben diesen drei Strategien der originären Datenerhebung ist es natürlich ebenfalls möglich, die bereits von öffentlichen oder privaten Akteuren erhobenen Daten zusammenzuführen und für Personalisierungszwecke zu recyclen.[56] Primär für bestimmte Zwecke (etwa Verbrechensbekämpfung) erhobene Daten werden dann für sekundäre Zwecke (etwa Personalisierung) eingesetzt.

2. Datenanalyse

Bei der Datenanalyse zu Personalisierungszwecken geht es um die Einteilung von Individuen in verschiedene Segmente *(output)* auf der Grundlage der gesammelten Daten *(input)*. Diese Einteilung kann auf menschlichem Experten-

---

52 *Ders.,* Datenprivatrecht, 2020, S. 25 („bewusste Überlassung von Daten"); *Metzger,* AcP 216 (2016), 817, 821 („‚aktive' Überlassung personenbezogener oder anderer Daten").

53 Vgl. *Hacker,* Datenprivatrecht, 2020, S. 25.

54 Hierzu etwa *Wortmann/Flüchter,* BISE 57 (2015), 221.

55 *Zuboff,* Surveillance Capitalism, 2019, S. 197 ff., insb. S. 200 („Economies of scale were implemented by machine-based extraction architectures in the online world. Now the reality business requires machine-based extraction architectures in the real world.").

56 Vgl. etwa *Ben-Shahar/Porat,* Personalized Law, 2021, S. 209–212; *Hacker,* Eur. Rev. Priv. L. 25 (2017), 651, 656 (Rn. 5); *ders.,* in: Bakhoum/Conde Gallego/Mackenrodt u. a. (Hrsg.), Personal Data, 2018, S. 85, 95–98 (argumentierend, dass gerade der Zugriff auf ohnehin gesammelte Daten weniger problematisch ist als das neue Sammeln von Daten zum Zwecke der Personalisierung). Dazu auch *Busch,* U. Chi. L. Rev. 86 (2019), 309, 328.

wissen beruhen *(expertenbasierte algorithmische Entscheidungssysteme).*[57] Charakteristisch für Big Data ist es jedoch, dass die Segmentzugeöhrigkeit durch einen selbstlernenden Algorithmus nach den Grundsätzen statistischen Lernens bestimmt wird *(fallbasierte algorithmische Entscheidungssysteme).*[58] Für diese Art des Entscheidens wird oft auch der Begriff des maschinellen Lernens *(machine learning)* verwendet, das wiederum ein Unterfall der künstlichen Intelligenz *(artificial intelligence)* ist.[59] Die Relevanz einer Inputvariable für die Kategorienbildung beruht hier nicht auf einer *Kausal*beziehung, sondern auf einer reinen *Korrelation.*[60] Anders gewendet: nicht der nachweisbare Einfluss der verarbeiteten Information auf die gewünschte Segmentbildung im Sinne einer Wenn-Dann-Beziehung, sondern schlicht das statistisch häufige Zusammentreffen der entsprechenden Information mit der angestrebten Zuordnung eines Individuums ist entscheidend.

Es lassen sich grundsätzlich drei Arten des maschinellen Lernens unterscheiden: Bei sog. *supervised learning* werden dem Algorithmus zunächst Ergebnisse vorgegeben, auf deren Grundlage sodann unbekannte Klassifikationsprobleme prädiktiv gelöst werden.[61] Bei sog. *reinforcement learning* wird der Algo-

---

[57] Vgl. *Sommerer,* Predictive Policing, 2020, S. 59–62; *Herold,* Automatisiert erlassene Verwaltungsakte, 2020, S. 52–60; *Hacker,* Datenprivatrecht, 2020, S. 30.

[58] Vgl. *Sommerer,* Predictive Policing, 2020, S. 62–73; *Herold,* Automatisiert erlassene Verwaltungsakte, 2020, S. 60–70; *Hacker,* Datenprivatrecht, 2020, S. 30 f.; *Jordan/Mitchell,* Science 349 (2015), 255. Allg. zu statistischem Lernen *Hastie/Tibshirani/Friedman*, Statistical Learning, ²2017.

[59] Der Begriff der Künstlichen Intelligenz bezieht sich auf die Nachahmung natürlicher Intelligenz, ohne auf eine bestimmte Technik beschränkt zu sein, vgl. *Zech,* ZfPW 2019, 198, 199; *Hacker,* Datenprivatrecht, 2020, S. 29 f.; *Villasenor/Foggo,* Mich. St. L. Rev. 2020, 295, 300. Er ist insofern grundsätzlich ebenfalls offen für Expertensysteme, vgl. *Hacker,* Datenprivatrecht, 2020, S. 30; *Sommerer,* Predictive Policing, 2020, S. 59. Allerdings ist das fallbasierte Lernen zunehmend dominant auf dem Gebiet der Künstlichen Intelligenz, vgl. *Hacker,* Datenprivatrecht, 2020, S. 30 f.; *Jordan/Mitchell,* Science 349 (2015), 255 („Within artificial intelligence [AI], machine learning has emerged as the method of choice for developing practical software for computer vision, speech recognition, natural language processing, robot control, and other applications. Many developers of AI systems now recognize that, for many applications, it can be far easier to train a system by showing it examples of desired input-output behavior than to program it manually by anticipating the desired response for all possible inputs."). Dementsprechend werden zunehmend ausschließlich fallbasierte Entscheidungssysteme als Künstliche Intelligenz bezeichnet, vgl. etwa *Villasenor/Foggo,* Mich. St. L. Rev. 2020, 295, 300–302.

[60] Vgl. *Hermstrüwer,* in: Hoffmann-Riem (Hrsg.), Big Data – Regulative Herausforderungen, 2018, S. 99, 103.

[61] *Hastie/Tibshirani/Friedman*, Statistical Learning, ²2017, S. 9 f.; *Jordan/Mitchell,* Science 349 (2015), 255, 257 f.; *Hacker,* Datenprivatrecht, 2020, S. 31–33; *Sommerer,* Predictive Policing, 2020, S. 65–69. Im Personalisierungsdiskurs *Hacker,* Eur. Rev. Priv. L. 25 (2017),

rithmus nicht anhand von vorgebenen Ergebnissen trainiert, sondern durch eine interaktive Lernumgebung, die mit Belohnungssignalen arbeitet.[62] Bei sog. *unsupervised learning* werden bekannte Daten ohne Output-Vorgaben auf gewisse Muster untersucht und zu Clustern zusammengefasst, die im Nachhinein menschlich interpretiert werden.[63] Da sich personalisierte Rechtssetzung als ein prädiktives Klassifikationsproblem begreifen lässt, steht im Folgenden das insofern besonders geeignete *supervised learning* im Vordergrund, wenn es um fallbasiertes Entscheiden geht.[64]

Im Personalisierungsdiskurs werden in der Regel konkrete Umsetzungsperspektiven nicht untersucht, sodass auch die hier dargestellten technischen Grundlagen nicht rezipiert werden. Die Analyse der wenigen, allgemein gehaltenen Umsetzungsvorschläge zeigt jedoch, dass eine Kombination von fall- und expertenbasierten Entscheidungssystemen zur Anwendung kommen soll. Dies gilt im Rahmen des *neoklassischen*, an Präferenzen orientierten Personalisierungsprojekts beispielsweise für das „Guinea-Pig-Modell" von *Ariel Porats* und *Igor Strahilevitz*[65]: Danach werden einzelne Individuen auf ihre Rechtspräferenzen hin befragt. Den nicht befragten Individuen werden sodann die Rechtspräferenzen derjenigen befragten Individuen zugeordnet, die ihnen vom Persönlichkeitstyp nach dem Fünf-Faktoren-Modell *(Big Five)*[66] her am ähnlichsten sind. Die Parameter der Einteilung sind nach diesem Modell Offenheit für Erfahrungen (Aufgeschlossenheit), Gewissenhaftigkeit (Perfektionismus), Extraversion (Geselligkeit), Verträglichkeit (Kooperationsbereitschaft) und Neurotizismus (Verletzlichkeit). Während die Zuordnung der Individuen zu Persönlichkeitstypen alleine *fallbasiert* erfolgt[67], findet mit Blick auf die Erfragung von Rechtspräferenzen und die Annahme, Individuen mit gleichem Persönlichkeitstyp hät-

---

651, 656 (Rn. 5); *ders.*, in: Bakhoum/Conde Gallego/Mackenrodt u. a. (Hrsg.), Personal Data, 2018, S. 85, 93.

[62] *Jordan/Mitchell,* Science 349 (2015), 255, 258; *Hacker,* Datenprivatrecht, 2020, S. 33.

[63] *Hastie/Tibshirani/Friedman,* Statistical Learning, ^{2}2017, S. 485–487; *Jordan/Mitchell,* Science 349 (2015), 255, 258; *Hacker,* Datenprivatrecht, 2020, S. 33 f.

[64] Zu den verschiedenen Begriffen und Ansätzen ausf. *Hastie/Tibshirani/Friedman*, Statistical Learning, ^{2}2017, S. 9 ff. Die Bezeichnung als Klassifikationsproblem erscheint angesichts des qualitativen Outputs als passend.

[65] *Porat/Strahilevitz,* Mich. L. Rev. 112 (2014), 1417, 1433 ff., insb. 1438.

[66] Zu diesem psychologischen Modell *Tupes/Christal,* J. Pers. 60 (1992), 225 (Veröffentlichung des ASD Technical Report von 1961), *McCrae/John,* J. Pers. 60 (1992), 175.

[67] Zur technikbasierten Erkennung von Persönlichkeitstypen *Youyou/Kosinski/Stillwell,* PNAS 112 (2015), 1036; *Chittaranjan/Blom/Gatica-Perez,* Pers. Ubiquitous Comput. 17 (2011), 433; *Back/Stopfer/Vazire* u. a., Psychol. Sci. 21 (2010), 372; *Kosinski/Matz/Gosling* u. a., Am. Psychol. 70 (2015), 543; *Quercia/Kosinski/Stillwell* u. a., Proceedings of the IEEE International Conference 2011, 180. Zur Nutzung dieser Technologien speziell zur Personalisierung des Rechts *Porat/Strahilevitz,* Mich. L. Rev. 112 (2014), 1417, 1437 ff.; *Hacker,* Eur.

ten ähnliche Rechtspräferenzen, *Expertenwissen* Anwendung. Eine Kombination aus fallbasierter und expertenbasierter Zuordnung findet sich auch in den Modellen des *verhaltensökonomischen* Personalisierungsprojekts, dem es um die Unterscheidung von Individuen nach Rationalitätsgraden zum Zwecke des Paternalismus geht. So kann etwa die datenbasierte Ermittlung des für ein Individuum maßgeblichen „Rationalitätsquotienten"[68] als Beispiel für *fallbasiertes* Entscheiden angesehen werden.[69] Das je nach „Rationalitätsquotient" anzuwendende Schutzinstrument wird jedoch wieder *expertenbasiert* bestimmt.

3. Die Notwendigkeit von Approximationsfehlern

Bisher kann zwar ein statistisch relevanter Zusammenhang zwischen Facebook-Verhalten und Persönlichkeitstypen ermittelt werden, der im Rahmen einer kommerziellen Nutzung Gewinn verspricht. Der Aussagegehalt dieser Korrelation ist allerdings ausgesprochen begrenzt und für die Verteilung von Rechten und Pflichten nahezu unbrauchbar: Nach einer von *Ariel Porat* und *Igor Strahilevitz* in Bezug genommenen Studie können nur 33 % der Fälle unter dem Gesichtspunkt der Extrovertiertheit korrekt erfasst werden. Für die anderen

---

Rev. Priv. L. 25 (2017), 651, 654 ff. (Rn. 4); *Hacker,* in: Bakhoum/Conde Gallego/Mackenrodt u. a. (Hrsg.), Personal Data, 2018, S. 85, 93.

[68] Grundlegend *Stanovich/West/Toplak,* The Rationality Quotient, 2016. Ferner für Ansätze zur Quantifizierung von Rationalität *Grubb/Osborne,* Am. Econ. Rev. 105 (2015), 234, 252 f. Im Personalisierungsdiskurs *Hacker,* in: Busch/De Franceschi (Hrsg.), Personalized Law, 2021, S. 241, 245 f. (Rn. 15) (auf den Rationalitätsquotienten Bezug nehmend), S. 246 f. (Rn. 18 f.) („solution to the knowledge problem").

[69] Natürlich kann auch die Ermittlung von Rationalitätsquotienten *expertenbasiert* erfolgen, etwa durch Tests oder durch das Abstellen auf Erfahrungswissen. So können beispielsweise Alter und Geschlecht als *proxy* für *overconfidence* dienen, vgl. *Porat/Strahilevitz,* Mich. L. Rev. 112 (2014), 1417, 1433 f.; *Ben-Shahar/Porat,* Personalized Law, 2021, S. 105 ff. Versicherungen nutzen derartiges Expertenwissen bereits aus, um Unfallwahrscheinlichkeiten vorherzusagen, die bei jugendlichen, männlichen Fahrern am höchsten sind, vgl. Supreme Court of Canada, *Zurich Insurance Co. v. Ontario (Human Rights Comm.)* (1992), SCR 321 (höhere Versicherungspolicen für junge, männliche Fahrer angesichts der überproportionalen Unfallbeteiligung gerechtfertigt). Dazu auch *Kelly/Nielson,* The Geneva Papers 31 (2006), 212, 223; *Williams,* Inj. Prev. 12 (2006), i4 („It is well understood that the extra risk young people have for crash involvement is due to inexperience, characteristics associated with youthful age, and the interaction between these two factors."). Verhaltensökonomische Studien legen im Übrigen einen Zusammenhang zwischen gewissen *biases* und dem Bildungsstand nahe, vgl. *Brown/Kapteyn/Mitchell,* J. Risk Insur. 83 (2016), 139, 156 (speziell zum unterschiedlichen Einfluss von *framing* entlang der Parameter Geschlecht, Alter, Bildung, Reichtum und Wissen um Finanzen); *Ben-Shahar/Porat,* Personalized Law, 2021, S. 105 (im Personalisierungsdiskurs auf Bildung als besonders aussagekräftige Inputvariable abstellend).

Eigenschaften ist der Wert noch deutlich schlechter.[70] Bei dem Schluss von Persönlichkeitstypen auf Rechtspräferenzen geht es schließlich nur noch um Mutmaßungen.[71] Die Existenz von Approximationsfehlern bei der Ermittlung von Präferenzen und Rationalitätsgraden, die zu einer fehlerhaften Einordnung von Individuen in Rechtsfolgensegmente führt, ist allerdings nicht nur dem bisherigen Stand der Technik geschuldet. Vielmehr sind Approximationsfehler *struktureller* Teil der algorithmischen Rechtssetzung.[72] Dies hat im Wesentlichen drei Gründe, die im Folgenden dargestellt werden.

a) Subjektivität

Erstens setzt die Ermittlung von Präferenzen oder Rationalitätsquotienten die Kenntnis der *subjektiven Beweggründe* gewisser Handlungen voraus. Empirische Datenerhebung kann jedoch nur auf *manifestiertem* Verhalten aufbauen.[73] Dass es schwierig ist, einen subjektiven Umstand über manifestiertes Verhalten einzufangen, lässt sich am Beispiel der Investition in die Ausbeutung eines Öl-

[70] Der R^2-Wert liegt für Neurotizismus bei 26 %, für Gewissenhaftigkeit bei 17 % und für Offenheit bei 11 %. Verträglichkeit kann mit nur 1 % und damit im Prinzip gar nicht vorhergesagt werden, vgl. *Bachrach/Kosinski/Graepel* u.a., Proceedings of the 4th Annual ACM Web Science Conference 12 (2012), 24, 31; *Porat/Strahilevitz,* Mich. L. Rev. 112 (2014), 1417, 1439. Vor dem Hintergrund dieser schlechten Werte ebenfalls krit. *Auer,* in: Busch/De Franceschi (Hrsg.), Personalized Law, 2021, S. 137, 141 f. (Rn. 12 f.).

[71] Die Relevanz der Persönlichkeitstypen wird zumeist einfach unterstellt. Wird diese Unterstellung durch empirische Studien überprüft, ist das Ergebnis eher ernüchternd: Der Zusammenhang zwischen Persönlichkeitstyp und der Präferenz, Organspender zu werden, liegt nach einer Studie bei 19 % (*Demir/Kumkale,* Pers. Individ. Differ. 63 [2013], 63, 65, 67), nach weiteren Studien ist der Zusammenhang sogar nicht existent (vgl. nur *Bolt/Eisinga/Venbrux* u.a., Ann. Anat. 132 [2011], 112, 114; *Brackenbury,* Organ Donation, 2019; darst. *Porat/Strahilevitz,* Mich. L. Rev. 112 [2014], 1417, 1442 f., jedoch dennoch nicht das Guinea-Pig-Modell infrage stellend). Krit. wiederum *Auer,* in: Busch/De Franceschi (Hrsg.), Personalized Law, 2021, S. 137, 141 f. (Rn. 12 f.).

[72] Allg. *Hermstrüwer,* AöR 145 (2020), 479, 487–489 (zum Bias-Variance-Tradeoff); *Waldman,* Fordham L. Rev. 88 (2019), 613, 617 f. Im Personalisierungsdiskurs *Hacker,* Eur. Rev. Priv. L. 25 (2017), 651, 662 (Rn. 17) („correlations are never perfect"), 676 (Rn. 35) (zur Fehleranfälligkeit von Big Data); *Auer,* in: Busch/De Franceschi (Hrsg.), Personalized Law, 2021, S. 137, 141 (Rn. 11) („It is important to note that even the most sophisticated contemporary models of algorithmic profiling build on statistical pattern matching, that is, on probabilistic distinctions between social groups which necessarily depart from the single individual as the measure of legal design."); *Bender,* ERCL 16 (2020), 366, 392; *ders.,* JjZRW 2020, S. 33, 54 f.

[73] Dementsprechend geht es in der Mikroökonomik auch in erster Linie um *manifestierte* (im Gegensatz zu normativen oder wirklichen) Präferenzen, vgl. *Varian,* Mikroökonomik, [9]2016, S. 35 ff.; *Beshears/Choi/Laibson* u.a., J. Public Econ. 92 (2008), 1787, 1788. Im Personalisierungsdiskurs vgl. *Bender,* ERCL 16 (2020), 366, 383, 392.

feldes mit über die Jahre abnehmender Rendite veranschaulichen: Die Investition kann eine Vorliebe für kurzfristige Rendite widerspiegeln oder nichts darüber aussagen, wenn das Individuum schlicht die Unternehmung gewählt hat, die den höchsten gegenwärtigen Wert hat.[74] Die Investition kann außerdem Ausdruck einer Geringschätzung klimapolitischer Ziele sein oder nichts darüber aussagen, weil das Individuum die Investitionsentscheidung auf der Grundlage getroffen hat, dass auf dem Kapitalmarkt genügend Investoren bereitstehen und das Investorenverhalten damit – anders als das Konsumentenverhalten – keinen Einfluss auf die Ausbeutung des Ölfeldes nehmen wird. Genauso kann die Entscheidung gegen eine Investition entweder irrational sein, weil sie in Unkenntnis des Kapitalmarkts getroffen wurde, oder rational, weil relevantes Sonderwissen vorliegt, nur prinzipiengeleitet investiert oder ein Imageschaden vermieden werden soll.[75]

b) Inkonsistenz

Die datenbasierte Ermittlung von Rechtspräferenzen und Rationalitätsgraden setzt die *Verallgemeinerungsfähigkeit* einzelner Korrelationen voraus. Approximationsfehler resultieren somit zweitens daraus, dass Präferenzen *inkonsistent* sind. Dabei geht es nicht nur um den in der Verhaltensökonomik aufgedeckten Widerspruch zwischen langfristigen und kurzfristigen Präferenzen und die über das rationale Maß hinausgehende Bevorzugung kurzfristiger Präferenzen *(bounded willpower)*.[76] Vielmehr kann es auch rationalem Verhalten entsprechen, unterschiedliche Präferenzen in unterschiedlichen Bereichen zu verfolgen. Warum sollte ein Individuum nicht in einem Bereich (beispielsweise im Sport) risikofreudig, in einem anderen Bereich (beispielsweise im Recht) risikoavers sein?[77] Auch die Ausbeutung des Ölfeldes und das gleichzeitige politische Engagement für ein Verbot fossiler Brennstoffe kann – je nach der individuellen *cost-benefit-analysis*[78] – rational sein.

---

[74] Die zweite Strategie entspräche im Grundsatz dem Fisher-Separationstheorem (vgl. hierzu insb. *Fisher,* The Theory of Interest, 1930, S. 136, 141, 148): Der über die Zeit ungleichmäßige Kapitalfluss lässt sich über den Kapitalmarkt ausgleichen.

[75] Zum Imageschaden von Unternehmen im strafrechtlichen Kontext vgl. *Alexander/Arlen,* in: Arlen (Hrsg.), Corporate Crime, 2018, S. 87 ff.; *Karpoff/Lott, Jr.,* J.L. & Econ. 36 (1993), 757. Im ökologischen Kontext vgl. *Miles/Covin,* J. Bus. Ethics 23 (2000), 299.

[76] Dazu ausf. unter § 4 (S. 137 f.) und insb. *Jolls/Sunstein/Thaler,* Stan. L. Rev. 50 (1998), 1471, 1479.

[77] Ganz allgemein sind Individuen Teil von verschiedenen Gruppen mit entgegengesetzten Interessen, vgl. *Send,* J. Econ. Behav. & Organ. 177 (2020), 858.

[78] Anders als beim Fisher-Separationstheorem können in diesem Beispiel allerdings nicht einfach beide Präferenzen unabhängig voneinander verfolgt werden, weil sie sich gegenseitig beeinflussen und es keinen neutralisierenden Faktor (wie etwa den Kapitalmarkt) gibt.

c) Instabilität

Drittens schließlich geht es immer um die Vorhersage von Präferenzen und Rationalitätsgraden *in der Zukunft* auf der Grundlage von *in der Vergangenheit* gesammelten, historischen Daten. Dieser Schluss ist notwendig fehlerhaft, wenn Präferenzen oder Rationalitätsgrade nicht als exogen, sondern als endogene, wandelbare Größen begriffen werden *(Instabilität):* das manifestierte Verhalten zum Zeitpunkt t_1 ist nur bedingt aussagekräftig für die Präferenzen oder den Rationalitätsgrad zum Zeitpunkt t_2.[79]

4. Approximationsfehler als Folge eines empirischen Rechtsverständnisses

Dem Problem der Approximationsfehler wird zum Teil mit dem Hinweis begegnet, auch das derzeit geltende Recht müsse aufgrund seiner Generalität Approximationsfehler hinnehmen.[80]

Dieses Argument kann jedoch nur auf der Grundlage eines eindimensionalen, *empirischen* Rechtsverständnisses vorgebracht werden, nach dem die Tatbestandsbildung als (wertneutrale) Approximation von Präferenzen oder Rationalitätsgraden erscheint.[81] Approximationsfehler haben dann eine besondere Bedeutung. Trifft nämlich die Zuordnung nicht die maßgebliche individuelle Präferenz oder den individuellen Rationalitätsgrad, so ist die personalisierte Regel durch keinen darüber hinausgehenden Sachgrund gerechtfertigt. Wird beispielsweise das Erbe aufgrund einer vermeintlichen Präferenz des Erblassers durch Gesetz nur männlichen Erben zugewiesen, so erscheint diese Zuweisung jedenfalls dann willkürlich, wenn die vermeintliche Präferenz des Erblassers falsch ermittelt wurde.[82]

Bei einem *normativen* Rechtsverständnis[83] geht es allerdings nicht um die eindimensionale Verwirklichung von empirischen Präferenzen oder Rationali-

[79] Zur Instabilität von Präferenzen aus der experimentellen Lit. vgl. *Berg/Dickhaut/McCabe,* PNAS 102 (2005), 4209; *Amir/Levav,* J. Mark. Res. 45 (2008), 145. Speziell im Personalisierungskontext *Bender,* ERCL 16 (2020), 366, 383. Zur Präferenzendogenität näher unter § 4 (S. 138 [Fn. 28], 175).

[80] So etwa *Ben-Shahar/Porat,* Personalized Law, 2021, S. 147.

[81] Zu diesem Rechtverständnis vgl. *Bender,* ERCL 16 (2020), 366, 374–378 („Empirical Subjectivism"). Ferner *ders.,* JjZRW 2020, S. 33, 58–60; *Grigoleit/Bender,* in: Busch/De Franceschi (Hrsg.), Personalized Law, 2021, S. 115, 126 f. (Rn. 39–42).

[82] *Bender,* JjZRW 2020, S. 33, 54 f. (Rechtfertigungsprobleme bei der Einschränkung von Freiheitsrechten).

[83] Zu diesem Rechtsverständnis vgl. *Bender,* ERCL 16 (2020), 366, 378–387 („Normative Objectivism"). Besonders deutlich auch *Craig v. Boren,* 429 U.S. 190, 204 (1976) („[...] proving broad sociological propositions by statistics is a dubious business, and it is one that in-

tätsgraden. Vielmehr können generelle Gerechtigkeitserwägungen die Rechtsnorm tragen – etwa der Gedanke, alle Kinder gleich zu behandeln. Selbst wenn die Norm nicht den Erblasserwillen widerspiegelt, ist sie nicht notwendigerweise willkürlich. Dieses normative Rechtsverständnis ist damit offen für die Erkenntnis, dass der Tatbestand nie nur wertneutrales Mittel zur Erreichung eines (eindimensionalen) Zweckes ist, sondern die konkrete Auflösung des Wertungskonflikts zwischen allen potentiell relevanten normativen Gesichtspunkten. Genau genommen werden die Approximationsfehler überhaupt erst bei einem empirischen Rechtsverständnis und eindimensionalen Zweckvorgaben zum Problem.[84] Bei einem normativen Rechtsverständnis, das für multiple normative Erwägungen offen ist, kann letztendlich jeder Approximationsfehler mit Blick auf *einen* Zweck (beispielsweise Privatautonomie) als Verwirklichung eines *anderen* Zwecks (beispielsweise Rechtssicherheit) gedeutet werden.

IV. Algorithmische Rechtssetzung in rechtstheoretischen Kategorien

Unter Auswertung der (wenigen[85]) umsetzungsbezogenen Stellungnahmen des Personalisierungsdiskurses lassen sich fünf für eine Personalisierung des Rechts notwendige Schritte unterscheiden[86], die sich wiederum in Anlehnung

evitably is in tension with the normative philosophy that underlies the Equal Protection Clause.“). Ein weites normatives Kriterium ist dabei der Aspekt der *administrative considerations,* vgl. dazu *Fiss,* Philos. Public Aff. 5 (1976), 107, 115; *Tussman/tenBroek,* Cal. L. Rev. 37 (1949), 341, 349. Dieser Aspekt steht dem Gedanken der Rechtssicherheit nahe.

[84] So im Ansatz bereits *Bender,* JjZRW 2020, S. 33, 54.

[85] Vgl. etwa das Guina-Pig-Modell (S. 44). Konkrete Umsetzungsperspektiven stehen im Personalisierungsdiskurs allerdings nicht im Vordergrund. Zu dieser Beobachtung auch *Grigoleit/Bender,* in: Busch/De Franceschi (Hrsg.), Personalized Law, 2021, S. 115, 116 (Rn. 3) („[...] as of today, the potential of personalization may have been sketched out in rough lines, but has not been described in depth and specificity.“), (Rn. 5) („[...] the discourse on personalization of the law [...] is in a very early and therefore immature stage.“). Oft wird schlicht die Leistungsfähigkeit neuer Technologien beschrieben und daraus der Schluss gezogen, die Personalisierung des Rechts müsse schon irgendwie möglich sein, vgl. etwa *Casey/Niblett,* Ind. L.J. 92 (2017), 1401, 1423 ff.

[86] *Hacker,* Eur. Rev. Priv. L. 25 (2017), 651, 656–658 (Rn. 5–9); *ders.,* in: Bakhoum/Conde Gallego/Mackenrodt u. a. (Hrsg.), Personal Data, 2018, S. 85, 93–95 sowie *Busch,* in: Busch/De Franceschi (Hrsg.), Personalized Law, 2021, S. 279, 288 (Rn. 25) unterscheiden mit leicht abweichender Einteilung ebenfalls fünf Schritte der Personalisierung. Andere Beiträge orientieren sich an einer Zweiteilung, vgl. *Casey/Niblett,* Ind. L.J. 92 (2017), 1401, insb. 1410 ff. *(predictive technology* und *communication technology); Grigoleit/Bender,* in: Busch/De Franceschi (Hrsg.), Personalized Law, 2021, S. 115, 115 (Rn. 1 f.), 118 (Rn. 11) *(rule-elaboration/Big Data* und *rule-communication/Big Link); Bender,* JjZRW 2020, S. 33, 36.

an die im Diskurs zur *algorithmic fairness* übliche Unterscheidung zwischen *pre-process*, *in-process* und *post-process*[87] systematisieren lassen. Diese fünf Schritte sollen im Folgenden skizziert und unter Zugrundelegung der eingeführten rechtstheoretischen Begrifflichkeiten analysiert werden.

1. Schritt 1: Festlegung der Zielvorgaben (pre-process)

Insbesondere *Anthony Casey* und *Anthony Niblett* haben die Bedeutung der Definition von Zielvorgaben *(objectives, output)* für die Personalisierung des Rechts betont: Während in einem System des generellen Rechts die Frage nach den Zielvorgaben vermieden werden könne, bedürfe Rechtssetzung, die auf algorithmische Umsetzung angewiesen ist, einer Offenlegung der teleologischen Grundlagen.[88] In eine ähnliche Richtung weist *Philipp Hackers* „generelles personalisiertes Recht", durch das auf abstrakter Ebene Rechtsfolgen für bestimmte Ziele festgelegt werden.[89] Die Definition dieser gesetzlichen Zielvorgaben wird dabei als die eigentliche Aufgabe des Gesetzgebers der Zukunft angesehen.[90] Dieser erste Schritt kann der Pre-Process-Phase zugeordnet werden.

---

[87] Vgl. nur *Pessach/Shmueli,* arXiv:2001.09784v1 [cs.CY] (2020), S. 7 f.; *Caton/Haas,* arXiv:2010.04053v1 [cs.LG] (2020), S. 3–5. „Process" steht dabei für den Algorithmus, der als Verfahren zur Problemlösung verstanden wird, vgl. etwa *Villasenor/Foggo,* Mich. St. L. Rev. 2020, 295, 301 („An algorithm is a sequence of steps to move towards a goal."); *Mart,* Law Libr. J. 109 (2017), 387, 391. Verstärkt wird die Verfahrensorientierung noch durch den Diskurs zur *algorithmic fairness* vgl. nur *Pessach/Shmueli,* arXiv:2001.09784v1 [cs.CY] (2020). Aus dem rechtlichen Diskurs vgl. *Burk,* U. Chi. L. Rev. 86 (2019), 283; *Yeung,* Reg. & Gov. 12 (2018), 505, 515 („due process"). Der Algorithmus hat aber nichts mit rechtlichen Verfahren zu tun. Sein Verfahrenscharakter erschöpft sich in der Struktur als Arbeitsanweisung zur Problemlösung. Insofern könnten in natürlicher Sprache formulierte Konditionalnormen ebenfalls als *process* aufgefasst werden. Substantielle (materiell-rechtliche) Gerechtigkeitskategorien passen für algorithmische Entscheidungsprozesse somit besser als verfahrensbezogene Gerechtigkeitsvorstellungen („fairness").

[88] *Casey/Niblett,* U. Chi. L. Rev. 86 (2019), 333, 338 f.; *dies.,* Ind. L.J. 92 (2017), 1401, 1437. Ferner *Coglianese,* U. Chi. L. Rev. Online 2022 (unter „Completeness"). Außerhalb des Personalisierungsdiskurses vgl. *Sommerer,* Predictive Policing, 2020, S. 48, 59. („Zielvariable"); *Mitchell/Potash/Barocas* u. a., Ann. Rev. Stat. Appl. 8 (2021), 141, 143 („policy question").

[89] *Hacker,* Eur. Rev. Priv. L. 25 (2017), 651, 656 (Rn. 6) („general personalization law"). Ebenso *ders.,* in: Bakhoum/Conde Gallego/Mackenrodt u. a. (Hrsg.), Personal Data, 2018, S. 85, 93 f.

[90] *Casey/Niblett,* U. Chi. L. Rev. 86 (2019), 333, 338–343; *Hacker,* Eur. Rev. Priv. L. 25 (2017), 651, 656 (Rn. 6).

a) Analyse unter dem Gesichtspunkt der Auflösung des Wertungskonflikts

Den Vertretern des Personalisierungsprojekts geht es auf der Pre-Process-Ebene um die Verknüpfung von Rechtsfolgen mit gewissen Zielvariablen im Rahmen eines abstrakten Modells. (i) Der maßgebliche Normgeber entscheidet zunächst über spezifische, konkret definierte, *regelförmige Rechtsfolgen*. Die Variationsmöglichkeiten auf der Rechtsfolgenseite sind grundsätzlich von vornherein begrenzt – oft geht es um die binäre Entscheidung über das Bestehen oder Nichtbestehen eines Rechts, etwa eines Widerrufsrechts oder eines Rechts auf Schadensersatz. Auch ein personalisiertes Recht ist somit – genau wie personalisierte Werbung – auf Typisierung oder Segmentbildung entsprechend den potentiell in Betracht kommenden Rechtsfolgen angewiesen.[91] (ii) Außerdem wählt der maßgebliche Normgeber gewisse Zielvorgaben (einfache Normzwecke oder Prinzipien) aus. (iii) Über die algorithmische Zuordnung der Individuen zu den einzelnen Rechtsfolgensegmenten entscheidet der Normgeber durch die Definition von Zielvorgaben aber nicht. Auf Tatbestandsseite werden in der Pre-Process-Phase damit notwendig *Standards* verwendet, die den Wertungskonflikt gerade nicht auflösen. Die regelförmige Auflösung des Wertungskonflikts erfolgt erst in einem nächsten Schritt durch den konkreten Algorithmus *(in-process)*.

b) Analyse unter dem Gesichtspunkt der Komplexität

Der *pre-process* aktive Normgeber kann durch die Verwendung von Standards einen hohen Grad an interner Komplexität ermöglichen, ohne durch eine Vielzahl von regelförmigen Detailregelungen die externe Komplexität zu erhöhen. Dennoch ist das auf dieser Ebene zur Verfügung stehende Recht durch hohe externe Komplexität gekennzeichnet. Angesichts der Vielzahl von besonders weit gefassten Standards stellt nicht der übermäßige Grad an Detailgenauigkeit *(Verständnisproblem)*, sondern umgekehrt die Vagheit *(Vorhersehbarkeitsproblem)* das entscheidende Problem der Zugänglichkeit dar: Indem im Grundsatz keine Wertungsfragen *pre-process* aufgelöst werden, gibt es *pre-process* auch keine für das konkrete Verhalten relevanten Richtlinien.

2. Schritt 2: Datensammlung (pre-process)

Die ebenfalls *pre-process* stattfindende Datensammlung *(input)* nimmt aus rechtstheoretischer Sicht eine doppelte Funktion wahr: Sie bildet zum einen den

[91] *Auer,* in: Busch/De Franceschi (Hrsg.), Personalized Law, 2021, S. 137, 138–142 (Rn. 5–14); *Hermstrüwer,* AöR 145 (2020), 479, 487–489.

Trainingsdatensatz[92] und damit die Grundlage für die algorithmische Normproduktion. In diesem Sinne entspricht sie empirischen Studien, die im Rahmen des Gesetzgebungsverfahrens durchgeführt werden können. Zum anderen ist die Datensammlung bereits als Sachverhaltsermittlung zu begreifen, auf deren Grundlage die Norm vollzogen und angewendet wird, denn im Rahmen eines vollständig algorithmisierten Normsetzungsvorgangs kommt es nicht noch zu einer erneuten Sachverhaltsanalyse. Es wird bereits mit großem zeitlichen Abstand zur konkreten Handlungssituation festgestellt, welche Charakteristika das jeweilige Individuum prägen. Es kommt also zu einer *antizipierten Sachverhaltsermittlung:* Sie erfolgt nicht *ex post* und *punktuell* (Gerichtsverfahren) oder *ex ante* und *punktuell* (klassisches Verwaltungsverfahren), sondern *ex ante* und *flächendeckend.* Der Umfang der zur Verfügung stehenden Daten beeinflusst dabei den möglichen Grad an interner Komplexität.

3. Schritt 3: Prädiktive Datenanalyse (in-process)

Der dritte Schritt ist in der Gewichtung der Inputvariablen unter dem Gesichtspunkt ihres prädiktiven Aussagegehalts zu sehen, also in der konkreten Ausgestaltung des Algorithmus.

a) Analyse unter dem Gesichtspunkt der Auflösung des Wertungskonflikts

Der Algorithmus ist eine abstrakt-generelle Vorgabe zur Lösung des *pre-process* nicht gelösten Wertungskonflikts. Er determiniert *in-process* die konkrete Aussagekraft der Inputvariablen für die Zuordnung der Individuen zu Rechtsfolgensegmenten. Damit ist der Algorithmus als eine *abstrakt-generelle Regel* zu qualifizieren.[93] Die Inputvariablen und die Funktion, nach der sie mit den Zielvariablen verknüpft sind, bilden die in formeller Sprache formulierten, materiell-rechtlichen Tatbestandsmerkmale. Die Qualifikation des Algorithmus als materiell-rechtliche Regel ist bei *expertenbasierten* Entscheidungssystemen besonders nachvollziehbar: Ähnlich wie im Fall der Rechtssetzung in natürlicher Sprache stehen mit der Fertigstellung des Algorithmus die relevanten Inputvariablen (also die Tatbestandsmerkmale) fest. Im Rahmen von *fallbasierten*

---

[92] Vgl. *Sommerer,* Predictive Policing, 2020, S. 47 („Zusammenstellung der Fallbasis"); *Pessach/Shmueli,* arXiv:2001.09784v1 [cs.CY] (2020), S. 7 („training data").

[93] Nur bei der formalisierten Wiedergabe von Rechtsnormen ist die Redeweise von *code is law* (grundlegend *Lessig,* Code and Other Laws of Cyberspace, 1999, S. 218) zutreffend. *Lessig* versteht den Ausdruck jedoch im Sinne einer Regulierung durch die Internetarchitektur, also die durch *codes* entstehenden faktischen Zwänge. In diesem Sinne ist *code* gerade nicht *law* und allenfalls ein alternatives Regulierungsinstrument (begrifflich klar *ders.,* Harv. L. Rev. 113 [1999], 501, 510, insb. Fn. 32). Auch die Mauer am Straßenrand ist ja kein Recht.

Entscheidungssystemen wird diese Einsicht allerdings verschleiert, indem der algorithmische Entscheidungsvorgang als Verfahren betrachtet[94] oder der Algorithmus gar als Entscheider neben dem Menschen personifiziert wird[95]. Der potentiell dynamische Charakter und die Unabsehbarkeit der Korrelationsbildung[96] dürfen indes nicht darüber hinwegtäuschen, dass (i) mit dem algorithmisch als Optimierungsfunktion ausgedrückten Auftrag, Korrelationen zu finden, und (ii) mit der Zugänglichmachung des Trainingsdatensatzes[97] das Ergebnis durch den Menschen determiniert wird. Jedes Datum ist dabei potentiell für eine Korrelation relevant und damit auch potentielles Tatbestandsmerkmal. Anders gewendet: *die Inputvariablen fallbasierter Entscheidungssysteme sind bedingte, materiell-rechtliche Tatbestandsmerkmale,* deren Gültigkeit nicht (wie üblicherweise) von einem Zeitpunkt abhängt, sondern von ihrer Bedeutung für Korrelationsbildungen. In rechtlichen Kategorien besteht der Unterschied zwischen experten- und fallbasierten Entscheidungssystemen also darin, dass erstere als *bewusst* gesetzte, auf den Zeitpunkt des Inkrafttretens aufschiebend *befristete* Regeln, letztere hingegen als *unbewusst* gesetzte, auf ihre Bedeutung für die Korrelationsbildung aufschiebend *bedingte* Regeln zu qualifizieren sind. In beiden Fällen handelt es sich jedoch um Regeln, deren Zuordnungsmerkmale – Alter, Geschlecht, Einkommen, Bildungsgrad – materiell-rechtliche Tatbestandsmerkmale sind.[98]

b) Analyse unter dem Gesichtspunkt der Komplexität

Unter dem Gesichtspunkt der *internen* Komplexität ist die algorithmische Regelbildung ambivalent zu beurteilen. Im Verhältnis zu klassischen, in natürlicher Sprache abgefassten, abstrakt-generellen Regeln nimmt die interne Komplexität zu.[99] Im Verhältnis zu denjenigen Fällen, in denen bisher keine Regel gesetzt und die Entscheidung durch die Verwendung eines Standards auf die

---

[94] Krit. zum Verständnis des Algorithmus als *process* bereits auf S. 50 (Fn. 87).

[95] Diese Personifizierung ist bereits dem Begriff der *artificial intelligence* (dazu *Zech,* ZfPW 2019, 198, 199; *Hacker,* Datenprivatrecht, 2020, S. 29 f.; *Villasenor/Foggo,* Mich. St. L. Rev. 2020, 295, 300.) oder des *machine learning* (vgl. nur *Jordan/Mitchell,* Science 349 [2015], 255; *Alpayadin,* Machine Learning, 2016; *Caton/Haas,* arXiv 2010.04053v1 [cs.LG] [2020]) immanent.

[96] Vgl. nur *Villasenor/Foggo,* Mich. St. L. Rev. 2020, 295, 300–302.

[97] *Bünau,* in: Breidenbach/Glatz (Hrsg.), Rechtshandbuch Legal Tech, ^{2}2021, S. 71, 74 spricht insofern besonders anschaulich von „implizite[r] Programmierung durch historische Daten".

[98] Zu den sich daraus ergebenden Gleichheitsproblemen speziell mit Blick auf Art. 3 III GG ausf. unter § 7 (S. 251–262).

[99] Diese erste Seite betont das Personalisierungsprojekt, vgl. insb. *Casey/Niblett,* Ind. L.J. 92 (2017), 1401; *dies.,* U. Chi. L. Rev. 86 (2019), 333.

konkrete Handlungssituation (Verwaltungsakt) oder gar auf einen Zeitpunkt *ex post* (Urteil) verschoben wird, nimmt die interne Komplexität tendenziell aber eher ab: Im Verwaltungs- und Gerichtsverfahren kann ein menschlicher Entscheider mit Blick auf den konkret zur Entscheidung gestellten Sachverhalt unter Umständen mehr Informationen berücksichtigen, als das ein abstrakt-genereller Algorithmus weit im Vorfeld der konkreten Handlungssituation kann.[100]

Unter dem Gesichtspunkt der *externen* Komplexität fällt das Urteil klarer aus. Genau wie die Pre-Process-Ebene ist auch die In-Process-Ebene unzugänglich. Nur folgt der hohe Grad an externer Komplexität hier nicht aus der übermäßigen Verwendung von Standards, die den eigentlichen Wertungskonflikt nicht auflösen, sondern aus der Intransparenz des algorithmischen Entscheidungsvorgangs. Diese Intransparenz hat ihre Ursache zum einen in der Verwendung einer formalisierten Sprache auf Tatbestandsebene *(Sprachproblem)*.[101] Zum anderen resultiert die Intransparenz aus der großen Menge an berücksichtigter Information, also der Vielzahl an potentiellen Zuordnungsmerkmalen *(Differenzierungsproblem)*.[102] Drittens schließlich ist es gerade bei fallbasierten Entscheidungssystemen mitunter schwierig, alle maßgeblichen Zuordnungsmerkmale überhaupt zu erkennen *(Black-Box-Problem)*.[103]

---

[100] Jenseits des Personalisierungsprojekts wird dementsprechend in der Algorithmisierung von Entscheidungsvorgängen eine Bewegung weg von Einzelfallgerechtigkeit und hin zur Typisierung gesehen, vgl. etwa *Herold,* Automatisiert erlassene Verwaltungsakte, 2020, S. 75–77; *Hermstrüwer,* AöR 145 (2020), 479, 487–489; *Bull,* DVBl. 2017, 409, 414; *Hoffmann-Riem,* Transformation, 2022, S. 47 f. Ähnlich auch *Fagan/Levmore,* Southern Cal. L. Rev. 93 (2019), 1, die von einer Zunahme von Regeln und einem Rückgang von Standards sprechen. Aus der älteren Lit., vgl. auch *Bull,* Verwaltung durch Maschinen, ²1964, S. 108; *Simitis,* Automation in der Rechtsordnung, 1967, S. 18; *Zeidler,* Über die Technisierung der Verwaltung, 1959.

[101] Zur Formalisierung der natürlichen Sprache im Rahmen der Algorithmisierung vgl. *Herold,* Automatisiert erlassene Verwaltungsakte, 2020, S. 39 ff.

[102] Dazu unter dem Begriff des Verständnisproblems bereits auf S. 38 (Nachw. in Fn. 37). Vgl. insb. *Raban,* B.U. Pub. Int. L.J. 19 (2010), 175, 176, 183; *Almlöf/Bjuggren,* Eur. J.L. & Econ. 47 (2019), 407, 417; *Ayres,* S. Cal. Interdisc. L.J. 3 (1993), 1, 8; *Barnett,* Va. L. Rev. 78 (1992), 821, 887–892; *Kaplow,* Duke L.J. 42 (1992), 557, 567, 596 ff.

[103] Zur Black-Box-Metapher vgl. nur *Leese,* Secur. Dialogue 45 (2014), 494, 503; *Pasquale,* The Blackbox Society, 2015; *Rich,* U. Pa. L. Rev. 164 (2016), 871, 886; *Kroll/Huey/Barocas* u. a., U. Pa. L. Rev. 165 (2017), 633, 638; *Mittelstadt/Allo/Taddeo* u. a., Data & Society 2016, 1, 6 f. (neben dem Problem der *comprehensibility* auch auf das Problem der *accessibility* hinweisend: Algorithmen werden, um Umgehungsstrategien *[gaming]* zu vermeiden, und als Geschäftsgeheimnis oft geheim gehalten). Im Personalisierungsdiskurs vgl. etwa *Salib,* U. Chi. L. Rev. Online 2022 (insb. unter II.C.). Aus dem deutschen Diskurs etwa *Martini,* Black Box Algorithmus, 2019; *Sommerer,* Predictive Policing, 2020, S. 202 f.; *Hoffmann-Riem,* AöR 142 (2017), 1, 29. Ähnlich *Rademacher,* AöR 142 (2017), 366, 388. Krit. *Hermstrüwer,* AöR 145 (2020), 479, 481 f. Ferner *ders.,* in: Hoffmann-Riem (Hrsg.), Big Data – Regulative Herausforderungen, 2018, S. 99, 104.

4. Schritt 4: Erstellung der Mikrodirektive (in-process)

Ein weiterer Schritt der Personalisierung besteht in der Anwendung des Algorithmus auf einen Fall. Es geht also darum, auf der Grundlage des antizipiert ermittelten Sachverhalts die Rechtsfolge entsprechend dem Tatbestand für ihren Adressaten in einer bestimmten Situation festzulegen.[104] Dieser Schritt entspricht letztendlich der *Subsumtion*, nur dass der Wertungskonflikt bereits vollständig mit der abstrakt-generellen Zuordnung *in-process* aufgelöst wird, sodass das sonst der Rechtsanwendung eigene Wertungselement verschwindet.[105] Das Ergebnis jeder Subsumtion ist eine konkret-individuelle Regelung, die im Personalisierungsdiskurs überwiegend als Mikrodirektive *(micro-directive)* bezeichnet wird.[106]

Aus der Einordnung der Mikrodirektive als Subsumtionsergebnis folgt auch, dass sie nicht jenseits der Kategorien von Regeln und Standards angesiedelt ist. Die Proklamation des „Death of Rules and Standards“[107] verschleiert nur, worum es wirklich geht: um das Setzen von Standards *pre-process* und ihre Konkretisierung durch automatisiert angewendete Regeln *in-process*. Die rechtstheoretische Erfassung des Personalisierungsprojekts bedarf also keiner neuen Kategorien.

5. Schritt 5: Kommunikation der Mikrodirektive (post-process)

Der fünfte Schritt besteht in der Kommunikation der Mikrodirektive gegenüber dem einzelnen Individuum.[108] Dieser Kommunikationsschritt muss in natür-

[104] Vgl. *Hacker,* Eur. Rev. Priv. L. 25 (2017), 651, 656 (Rn. 7); *Hacker,* in: Bakhoum/Conde Gallego/Mackenrodt u. a. (Hrsg.), Personal Data, 2018, S. 85, 94.

[105] Das Subsumtionsergebnis ist hier also tatsächlich *bouche de l'algorithme* (zur zweifelhaften Konzeptualisierung des Richters in diesem Sinne als *bouche de la loi* vgl. *Montesquieu,* De l'esprit des lois, 1772, S. 200; zur ähnlichen Metapher des Subsumtionsautomaten grundlegend *Ogorek*, Subsumtionsautomat, 1986, S. 306–314).

[106] *Casey/Niblett,* Ind. L.J. 92 (2017), 1401, passim, insb. 1407 ff.; *dies.,* U. Chi. L. Rev. 86 (2019), 333, 338.

[107] So *dies.,* Ind. L.J. 92 (2017), 1401. Für den (als unwahrscheinlich bezeichneten) Fall einer vollständigen Personalisierung des Rechtssystems auch *Auer,* in: Schumann (Hrsg.), Gesetz und richterliche Macht, 2020, S. 119, 150 f., nach der dann die sprachliche Differenzierung zwischen Regeln und Standards obsolet werde und Recht im „Code“ verschwinde. Ähnlich bereits *dies.,* Zum Erkenntnisziel der Rechtstheorie, 2018, S. 60 f. („Auf einer tieferen Ebene verändert der digitale Wandel jedoch nicht nur einzelne rechtliche Institutionen, sondern vielmehr die gesamte Struktur rechtlicher Normativität und – noch bedeutsamer – die Selbstdefinition des Menschen in der modernen Gesellschaft und damit auch seine Selbstrepräsentation im Recht.“), S. 63 („Recht ist im Begriff, sich im globalen Internet der Dinge aufzulösen […].“).

[108] Vgl. *Hacker,* Eur. Rev. Priv. L. 25 (2017), 651, 657 f. (Rn. 9); *ders.,* in: Bakhoum/Conde Gallego/Mackenrodt u. a. (Hrsg.), Personal Data, 2018, S. 85, 94 (wobei dies allerdings sei-

licher Sprache erfolgen, um verstanden zu werden. Technisch möglich wäre dies durch die Verknüpfung der algorithmischen Segmentzuordnung mit einem Textbaustein oder durch den Einsatz von Chatbots auf der Grundlage von Modellen des *natural language processing.*[109] Es ist in diesem Zusammenhang denkbar, die Kommunikation erst *ex post* durch Urteil vorzunehmen.[110] Um allerdings die dadurch bedingte Rechtsunsicherheit zu vermeiden, wird überwiegend davon ausgegangen, dass die Mikrodirektive dem Individuum bereits *ex ante* mitgeteilt wird. Diese individualisierte Kommunikation *ex ante* hätte bisher allerdings gewisse Probleme bereitet. Die algorithmische Normerstellung muss deshalb durch neue Kommunikationstechnologien ergänzt werden: Erst die ständige Erreichbarkeit des Individuums über sein Smartphone versetzt den Normgeber in die Lage, die maßgeblichen Normen (nahezu) in Echtzeit zu kommunizieren. In Anlehnung an die neuen Möglichkeiten der Datenverarbeitung lässt sich dieses Phänomen der kommunikativen Vernetztheit auch als *Big Link* bezeichnen.[111]

Diese neuen Kommunikationstechnologien lösen allerdings gleichwohl nicht das Problem der externen Komplexität *post-process*. Das personalisierte Recht muss nämlich aufgrund seiner Wandelbarkeit in jedem Einzelfall erneut abgefragt werden, soll es überhaupt zur Kenntnis genommen werden. Bei einfachen Handlungsanweisungen (wie etwa im Straßenverkehr) mag eine fortlaufende Kommunikation zumindest möglich sein. Geht es aber um detaillierte Normen, die zusammen eine konkrete, häufig stattfindende Handlung bestimmen, schei-

---

nem fünften Schritt entspricht). Zum Schritt der Kommunikation vgl. auch *Casey/Niblett,* Ind. L.J. 92 (2017), 1401, 12, 18ff., 37ff.

[109] Zu Chatbots vgl. etwa *Adamopoulou/Moussiades*, in: Maglogiannis/Iliadis/Pimenidis (Hrsg.), Artificial Intelligence Applications and Innovations, 2020, S. 373. Aus der Möglichkeit der Übersetzung des algorithmischen Ergebnisses in natürliche Sprache folgt, dass nicht jede algorithmische Regel eine Verhaltensarchitektur schafft, die ein Andershandelnkönnen ausschließt. Die „Code is Law"-Lit. konzentriert sich allerdings auf diese Art des (architektonischen) Algorithmeneinsatzes (vgl. hierzu *Lessig,* Harv. L. Rev. 113 [1999], 501; *Koops,* in: Brownsword/Yeung [Hrsg.], Regulating Technologies, 2008, S. 157, 159f.; *Dankert,* KritV 98 [2015], 49, 52f.; wohl auch *Hoffmann-Riem,* AöR 142 [2017], 1, 34f., bei dem allerdings nicht ganz klar ist, welche Algorithmen – die rechtserzeugenden oder die architekturerzeugenden – er in Bezug nimmt).

[110] Vgl. hierzu etwa *Ben-Shahar/Porat,* Personalized Law, 2021, S. 207 („Legal commands are promulgated by courts [ex post] or regulators [ex ante]. [...] Courts, of course, are not competent to design personalization algorithms. But they could employ pre-existing tools by plugging ad hoc information, presented by the parties.").

[111] So *Grigoleit/Bender,* in: Busch/De Franceschi (Hrsg.), Personalized Law, 2021, S. 115, 115 (Rn. 1f.), 118 (Rn. 11); *Bender,* JjZRW 2020, S. 33, 36. Allg. zur Bedeutung neuer Kommunikationstechnologien bei der Verwirklichung des Personalisierungsprojekts vgl. *Casey/Niblett,* Ind. L.J. 92 (2017), 1401, 1404.

det ein dauerndes Lesen oder Anhören der maßgeblichen Vorschriften aus. Diese Situation betrifft insbesondere das Vertragsrecht, weil hier zum Zeitpunkt des Vertragsschlusses für zukünftige Eventualitäten Regelungen getroffen werden müssen.[112] Auch bei optimaler Gestaltung der maßgeblichen Regelung bringt somit allein die zeitliche Dimension, also die Omnipräsenz der Kommunikation, ein hohes Maß an externer Komplexität mit sich *(Zeitproblem).*

V. Dogmatische Erfassung von Algorithmus und Mikrodirektive

Bisher wurde die personalisierte Rechtssetzung unter den Gesichtspunkten der Auflösung des Wertungskonflikts (Regeln, Standards, Prinzipien) und der Komplexität untersucht. Im Folgenden soll das Personalisierungsprojekt aus dem Blickwinkel der Handlungsformenlehre der deutschen Dogmatik untersucht werden, wobei andere Rechtsordnungen ähnliche kategoriale Entscheidungen treffen dürften. Da das Setzen von Standards und Prinzipien und das Datensammeln *pre-process* (Schritt 1 und 2) keine Besonderheiten aufwirft, soll der Fokus auf der Erfassung des Algorithmus (Schritt 3) und der Mikrodirektive (Schritt 4 und 5) liegen. Dabei kann es auf dem derzeitigen Stand angesichts der fehlenden Umsetzung des Personalisierungsprojekts von vornherein lediglich um Tendenzaussagen und um das Aufzeigen potentieller Weichenstellungen gehen. Vor diesem Hintergrund erscheint es sinnvoll, drei Möglichkeiten der dogmatischen Erfassung aufzuzeigen: das Verwaltungsaktsmodell (1.), das Rechtsnormmodell (2.) und das Urteilsmodell (3.).

1. Das Verwaltungsaktsmodell (Einzelbetrachtung)

Denkbar ist es zunächst, Algorithmus und Verwaltungsakt isoliert als zwei gesondert zu qualifizierende Phänomene zu betrachten *(Einzelbetrachtung).* Nach diesem Ansatz wäre der Algorithmus als Binnenvorschrift und die Mikrodirektive als Verwaltungsakt zu qualifizieren.

Der Algorithmus – um mit dessen Einordnung zu beginnen – wurde als eine *abstrakt-generelle* Regelung beschrieben, deren Tatbestand in formeller Sprache abgefasst ist. Damit ist jedoch noch nicht gesagt, dass es sich beim Algorithmus auch um eine *Rechtsnorm* handelt. Hinzukommen muss das Merkmal der *Außenwirkung*, also der Verbindlichkeit *eo ipso* für die Individuen ohne Hinzu-

---

112 Für den Bereich des dispositiven Vertragsrechts bereits *Bender,* ERCL 16 (2020), 366, 391 („[...] parties will not be able to acquire knowledge of a comprehensive set of default rules for every single contractual encounter.“).

treten eines Vermittlungsaktes.[113] Fehlt es an dem Merkmal, ist der Algorithmus als *Binnenvorschrift* zu qualifizieren.[114] Die Außenwirkung entscheidet letztendlich darüber, wer das Risiko fehlerhafter Subsumtion trägt: der Bürger (Rechtsnorm) oder der Staat (Binnenvorschrift). Bei einem in formeller Sprache abgefassten Tatbestand wird die Subsumtionsentscheidung nicht menschlich, sondern automatisch vollzogen. Allein durch die Kenntnis des Algorithmus kann sich der Bürger grundsätzlich nicht einem Rechtsfolgensegment zuordnen. Dies spricht dafür, den Algorithmus bei isoierter Betrachtung als Binnenvorschrift zu qualifizieren, die die im Außenverhältnis maßgebliche Regelung lediglich vorbereitet.[115]

Wird der Algorithmus als Binnenvorschrift qualifiziert, so liegt es nahe, die *ex ante* ergehende Mikrodirektive als Verwaltungsakt (§ 35 S. 1 VwVfG) einzuordnen, die erst die Rechtsverbindlichkeit im Außenverhältnis begründet. Die vollständig automatisierte Erstellung der Mikrodirektive steht der Einordnung als Verwaltungsakt dabei ebenso wenig entgegen (vgl. § 35a VwVfG)[116] wie die

[113] Der Rechtsnormbegriff entspricht also grundsätzlich dem materiellen Gesetzesbegriff des Art. 2 EGBGB, vgl. *Maurer/Waldhoff,* Allgemeines Verwaltungsrecht, 202020, S. 71 f. (§ 4 Rn. 17 f.); *Kirchhof,* Die Allgemeinheit des Gesetzes, 2009, S. 174. Zum materiellen Gesetzesbegriff grundlegend *Laband,* Das Staatsrecht des Deutschen Reiches, 1876, S. 30, 253; ferner *Schmitt,* Verfassungslehre, 112017, S. 143 ff. (formeller Gesetzesbegriff), S. 146 ff. (politischer Gesetzesbegriff). Er wird in dieser Arbeit allerdings nicht nur für öffentlich-rechtliche Normen, sondern auch für Normen privaten Ursprungs verwendet (ausf. dazu unter § 7 [S. 292–303]). Zur Unterscheidung von Rechtsnormen (mit Außenwirkung) und Verwaltungsvorschriften (ohne Außenwirkung) vgl. *Maurer/Waldhoff,* Allgemeines Verwaltungsrecht, 202020, S. 66 f. (§ 4 Rn. 4), 659 f. (§ 24 Rn. 2–4).

[114] Gebräuchlich ist der Begriff der *Verwaltungsvorschrift* (vgl. nur *dies.,* Allgemeines Verwaltungsrecht, 202020, S. 66 f. [§ 4 Rn. 4], 659 f. [§ 24 Rn. 2–4]). Hier wird allerdings zunächst der Begriff der *Binnenvorschrift* bevorzugt. Aus der fehlenden Außenwirkung folgt nämlich kein notwendiger Zusammenhang zur *Verwaltung:* Die Verwaltung muss nicht *Urheber* der Binnenvorschrift sein. Vielmehr kann zumindest theoretisch auch das Parlament im Wege eines formellen Gesetzes über sie entscheiden. Die (automatisierte) *Anwendung* muss ebenfalls nicht als Verwaltungsakt zu qualifizieren sein. Vielmehr kann die Binnenvorschrift auch schlicht die Gerichte unterstützten (vgl. etwa *Ben-Shahar/Porat,* Personalized Law, 2021, S. 207, sowie sogleich). Dass das Personalisierungsprojekt im Endeffekt stark auf die Verwaltung zugeschnitten ist, wird unter § 7 (S. 269 ff.) näher erläutert.

[115] Den Algorithmus hinter dem automatisiert erstellten Verwaltungsakt ebenfalls als Binnenvorschrift (Verwaltungsvorschrift) qualifizierend etwa *Polomski,* Der automatisierte Verwaltungsakt, 1993, S. 219. Knapp auch *Hoffmann-Riem,* in: Hoffmann-Riem/Schmidt-Aßmann/Voßkuhle (Hrsg.), Grundlagen des Verwaltungsrechts, 22012, S. 677, 725 (§ 10 Rn. 60). Anders *Tönsmeyer-Uzuner,* Expertensysteme in der öffentlichen Verwaltung, 2000, S. 73 (Fn. 201), 82 f. Darst. *Herold,* Automatisiert erlassene Verwaltungsakte, 2020, S. 124.

[116] Hierzu *Bull,* DVBl. 2017, 409. Monographisch *Herold,* Automatisiert erlassene Verwaltungsakte, 2020.

elektronische Bekanntgabe (vgl. § 41 IIa VwVfG)[117], solange nur eine „Behörde“ und nicht etwa ein Verfassungsorgan über den Algorithmus und die durch ihn hervorgebrachten Mikrodirektiven entscheidet.[118] Auch privatrechtliche (insbesondere auch vertragliche) Pflichten können durch (privatrechtsgestaltenden) Verwaltungsakt festgesetzt werden, ohne dem Merkmal „auf dem Gebiet des öffentlichen Rechts“ zu widersprechen: Dieses Definitionsmerkmal dient einzig der Abgrenzung zu fiskalischem Handeln nach den gängigen Abgrenzungstheorien zwischen Öffentichem Recht und Privatrecht. Nach der insofern herrschenden Sonderrechtslehre wäre also einzig auf die mit der Einzelfallregelung vollzogenen öffentlich-rechtlichen Vorschrift (Rechtsgrundlage) abzustellen, nicht jedoch auf das geregelte Rechtsgebiet.[119] Die individualisierte Höchstgeschwindigkeit[120] kann damit im Ansatz ebenso durch Verwaltungsakt festgesetzt werden wie die dispositive Vertragsregel.

2. Das Rechtsnormmodell (Gesamtbetrachtung)

Die getrennte Betrachtung von Algorithmus und Mikrodirektive ist jedoch nicht zwingend. Vielmehr können Algorithmus und Mikrodirektive auch als Einheit betrachtet werden *(Gesamtbetrachtung)*. Der Algorithmus ist in diesem Fall eine abstrakt-generelle Regelung, die über Mikrodirektiven bekanntgegeben wird und über sie Außenwirkung erlangt. Die einzelne Mikrodirektive ist somit einer von vielen sukzessiv erfolgenden Bekanntgabeakten, deren Zweck es ist, die formale Sprache des Algorithmus für den Einzelfall in natürliche Sprache zu übersetzen. Durch diese einheitliche Betrachtung könnte das dem Algorithmus alleine fehlende Merkmal der Außenwirkung überwunden und

---

[117] Würde es um die algorithmische Konfliktlösung durch automatisiertes Urteil gehen, so wäre der Kommunikationsakt als Verkündung zu qualifizieren (vgl. § 311 II ZPO, § 116 I 1 VwGO, § 268 II 1 StPO).

[118] Zu diesem Definitionsmerkmal des Verwaltungsaktes vgl. etwa Schoch/Schneider – *Knauff,* VwVfG, ³2022, § 35 Rn. 65–86; *Maurer/Waldhoff,* Allgemeines Verwaltungsrecht, ²⁰2020, 213 f. (§ 9 Rn. 23).

[119] Vgl. dazu nur BeckOK – *von Alemann/Scheffczyk,* VwVfG, ⁵⁸2023, § 35 Rn. 202, 207; Schoch/Schneider – *Knauff,* VwVfG, ³2022, § 35 Rn. 102–104; *Maurer/Waldhoff,* Allgemeines Verwaltungsrecht, ²⁰2020, S. 208 (§ 9 Rn. 12). Ähnlich auch *Schmidt-Rimpler,* AcP 147 (1941), 130, 160 („Zwar schlägt der übliche Einwand, daß Recht, insb. gesetztes Recht, also das Gesetz immer eine generelle Regelung darstellen müsse und nicht auf eine Sonderbeziehung beschränkt sein könne, nicht schlechthin durch [...], da es auch Gesetze gibt, die Einzelverhältnisse regeln. Es fragt sich allerdings schon hier, ob nicht etwa diese sog. Gesetze dann eben nur formal Gesetze, sachlich aber Verwaltungsakte darstellen und nicht Recht schaffen“).

[120] Dazu insb. *Ben-Shahar/Porat,* N.Y.U. L. Rev. 91 (2016), 627, 630–632. Ausf. unter § 3 (S. 103 f.).

eine Qualifikation als Rechtsnorm (also als materielles Gesetz) möglich werden.[121]

Eine derartige Qualifikation schließt es im Übrigen nicht aus, die Mikrodirektive im Einzelfall zusätzlich zu ihrer Funktion als partielle Bekanntgabe eines materiellen Gesetzes in natürlicher Sprache auch als Verwaltungsakt zu qualifizieren, wenn dafür – etwa zur Gewährleistung des Bestandsschutzes oder der Vollstreckbarkeit – ein besonderes Bedürfnis besteht. Diese Möglichkeit ist unter dem Schlagwort der *gesetzeswiederholenden Verfügung* allgemein anerkannt, deren Regelungsgehalt und Existenzberechtigung sich gerade aus der Schaffung eines Vollstreckungstitels ergibt.[122] Demgemäß könnten Mikrodirektiven im deliktischen Bereich (etwa Geschwindigkeitsvorgaben) als Verwaltungsakte qualifiziert werden, weil hier unabhängig von ihrer Rechtswidrigkeit aufgrund des Vertrauens Dritter ein Bedürfnis nach Befolgung besteht[123] (Bestandsschutzbedürfnis) und auch der Staat ein besonderes Interesse an einem (sofort) vollstreckbaren Titel hat (Vollstreckungsbedürfnis). Die das dispositive Vertragsrecht konstituierenden Mikrodirektiven lassen hingegen die Notwendigkeit der situativen Vollstreckung *ad hoc* nicht ohne Weiteres erkennen. Sie erfüllen dann lediglich die Funktion der konkret-individuellen Bekanntgabe des abstrakt-generellen Algorithmusgesetzes. Das System des personalisierten Rechts könnte dieser Unterscheidung explizit Rechnung tragen, etwa durch einen mit der Mikrodirektive einhergehenden Warnhinweis bezüglich der Vollstreckbarkeit. Dadurch würde auch die Adressatensicht entprechend vorgeprägt, auf die es für die Einordnung als Verwaltungsakt aus Gründen des Vertrauensschutzes mit Blick auf die maßgeblichen Rechtsschutzmöglichkeiten ankommt.[124]

---

[121] Dass es nahe liegt, diese Rechtsnorm im Rahmen des Personalisierungsprojekts der Exekutive zuzuordnen und somit nicht als formelles Gesetz, sondern als Rechtsverordnung zu qualifizieren, wird unter § 7 (S. 275–280) näher herausgearbeitet.

[122] Zu dieser Möglichkeit vgl. nur BayVGH NJW 2006, 2282 f.; DÖV 1982, 251.

[123] Zu diesem Vertrauensaspekt näher unter § 7 (S. 290 f.). Natürlich könnten diese Bestandsschutzaspekte auch für das Vertragsrecht angeführt werden. Die Nichtigkeit einer gesetzlichen vertragsergänzenden Vorschrift kann nämlich den Preismechanismus ebenso stören wie die Nichtigkeit einer Vertragsklausel, die gem. § 139 BGB ohne gegenteilige vertragliche Regelung die Gesamtnichtigkeit des Vertrages nach sich zieht. Vor diesem Hintergrund wäre es zu erwägen, die Vorschrift des § 139 BGB auch auf vertragsergänzende Mikrodirektiven (oder das nichtige Gesetzesrecht generell im vertraglichen Bereich) anzuwenden.

[124] Vgl. hierzu besonders deutlich OVG Schleswig NJW 2000, 1059, 1060 („Ob ein behördliches Schriftstück einen Verwaltungsakt – gegebenenfalls mit welchem Inhalt – enthält, ist nach den Auslegungsgrundsätzen zu ermitteln, die für Willenserklärungen allgemein gelten [§ 133 BGB]; maßgebend ist danach, wie der Adressat […] die behördlichen Schreiben von seinem Standpunkt aus bei verständiger Würdigung verstehen konnte […]."); BayVGH

Die nach diesem einheitlichen Ansatz zumindest im Ausgangspunkt fehlende formale Qualifikation als Verwaltungsakt ändert allerdings nichts daran, dass nach wie vor eine konkret-individuelle Regelung kommuniziert wird, die in ihren Wirkungen (abgesehen von der fehlenden Vollstreckbarkeit) zumindest verwaltungsakts*ähnlich* ist und die die anhand des Verwaltungsaktsmodells im Folgenden darzustellenden Rechtsschutzprobleme eher noch verschärfen würde.[125]

3. Das Urteilsmodell

Abschließend sei darauf hingewiesen, dass sich die rechtliche Einordnung des Algorithmus und der Mikrodirektive natürlich dann ändert, wenn die Rechtsverbindlichkeit erst *ex post* durch Urteil erzeugt würde.[126] In diesem Fall wäre der Algorithmus zwar nach wie vor eine Binnenvorschrift, die allerdings anders als im Verwaltungsaktsmodell nicht die Verwaltungspraxis, sondern (ähnlich den *Federal Sentencing Guidelines* in den Vereinigten Staaten[127]) die Rechtsprechung lenken würde.

Würde auch die Rechtsprechung automatisiert, wäre die Mikrodirektive in diesem Fall Teil der Urteilsbegründung. Wäre nach wie vor ein Richter mit der

---

NVwZ 2000, 222, 222 („in einer der äußeren Form nach als Verwaltungsakt erkennbaren Art und Weise, die auch dessen Rechtsqualität bedingt"). Ferner BVerwG NVwZ 2002, 718, 719; 2011, 190. Aus der Lit. besonders klar *Detterbeck,* Allgemeines Verwaltungsrecht, [20]2022, S. 159 (Rn. 480); *Schoch,* Jura 2012, 26 f., 30. Die Frage, ob die nach der äußeren Form als Verwaltungsakt zu qualifizierende Handlung die Definitionsmerkmale des § 35 VwVfG erfüllt, ist dann eine Frage der Reichweite der Rechtsgrundlage, die die materielle Rechtmäßigkeit betrifft, vgl. hierzu besonders deutlich BVerwG NVwZ 2011, 190, 190 (Qualifikation als Zuständigkeitsproblem), detaillierter 192 („Eine als materieller Rechtssatz zu qualifizierende abstrakt-generelle Regelung kann nur dann Rechtswirkungen entfalten, wenn sie von der zuständigen Behörde im dafür vorgesehenen Verfahren erlassen wurde. Die [Antragsgegnerin] ist zum Erlass abstrakt-genereller Regelungen im Sinne einer Rechtsnorm jedoch nicht berechtigt, sondern gem. [Rechtsgrundlage] nur zuständig für Einzelfallregelungen im weiteren Sinne des § 35 SaarlVwVfG."). Ferner OVG Saarlouis NVwZ 2011, 190, 192. Letztendlich bereits PrOVG, Urt. v. 14.6.1882, Rep. II B. 23/82 *(Kreuzbergurteil),* PrOVGE 9, 353 ff. Aus der Lit. *Detterbeck,* Allgemeines Verwaltungsrecht, [20]2022, S. 159 (Rn. 482). Allg. zu den Definitionsmerkmalen des Verwaltungsaktes *Maurer/Waldhoff,* Allgemeines Verwaltungsrecht, [20]2020, S. 203–220 (§ 9 Rn. 6–29); *Detterbeck,* Allgemeines Verwaltungsrecht, [20]2022, S. 140 ff. (Rn. 425 ff.); *Schoch,* Jura 2012, 26 f., 30. Grundlegend bereits *Mayer,* Deutsches Verwaltungsrecht, 1895, S. 95.

[125] Zu den Rechtsschutzproblemen insb. unter § 7 (S. 282–292).

[126] Zu dieser Möglichkeit etwa auch *Ben-Shahar/Porat,* Personalized Law, 2021, S. 207.

[127] Zu den *federal sentencing guidelines,* die nach *U.S. v. Booker*, 543 U.S. 220 (2005) und *Blakely v. Washington*, 542 U.S. 296 (2004) nicht (mehr) als bindend angesehen werden, vgl. etwa *Kaspar,* in Ambos (Hrsg.), Strafzumessung/Sentencing, 2020, S. 337, 345–347.

Abfassung des Urteils betraut, könnte die Mikrodirektive (je nachdem, ob nach den soeben genannten Grundsätzen eine getrennte oder eine einheitliche Betrachtung vorgenommen würde) entweder als Weisung an den Richter im (staatlichen) Innenverhältnis[128] oder als Bekanntgabe der (bindend oder als Empfehlung ausgetalteten) Binnenvorschrift qualifiziert werden.

VI. Drei Charakteristika der algorithmischen Personalisierung

Auf der Grundlage der vorangehenden Analyse ist es möglich, drei Charakteristika der algorithmischen Personalisierung des Rechts herauszuarbeiten: Komplexität, Proximität und Approximation.

1. Komplexität

Personalisierung wurde in der Einleitung definiert als Zunahme der Anzahl an Faktoren, die für die Rechtsanwendung notwendig sind. Diese Definition konnte nach Einführung des Begriffs der *internen Komplexität* reformuliert werden: *Personalisierung heißt Zunahme interner Komplexität.* Mit Blick auf den *status quo* des geltenden Rechts würde das Personalisierungsprojekt allerdings gar nicht ausnahmslos mehr Personalisierung fordern: Gerade in den Bereichen, in denen bisher mit Standards gearbeitet wird, die in Ansehung eines Einzelfalls konkretisiert werden, kann der Grad an interner Komplexität bei algorithmischer Rechtssetzung sogar zurückgehen.[129] Für die Analyse besonders interessant sind vor diesem Hintergrund die Fälle, in denen das Personalisierungsprojekt über den *status quo* des geltenden Rechts *hinausgeht.* In normativer Hinsicht ist dann zu untersuchen, warum das Recht bisher auf eine weitergehende Differenzierung verzichtet.[130]

Die *externe Komplexität* wird im Rahmen der algorithmischen Personalisierung des Rechts zunehmen. *Pre-process* liegt das an der Vagheit der zum Einsatz kommenden Standards, die die Wertungskonflikte nicht vollständig auf-

---

[128] Zur Weisung als Verwaltungsinternum in Abgrenzung zum Verwaltungsakt mit Außenwirkung vgl. etwa BeckOK – *von Alemann/Scheffczyk,* VwVfG, [58]2023, § 35 Rn. 225 f.; *Maurer/Waldhoff,* Allgemeines Verwaltungsrecht, [20]2020, 215 f. (§ 9 Rn. 25).

[129] Vgl. *Herold,* Automatisiert erlassene Verwaltungsakte, 2020, S. 75–77; *Hermstrüwer,* AöR 145 (2020), 479, 487–489; *Bull,* DVBl. 2017, 409, 414; *Fagan/Levmore,* Southern Cal. L. Rev. 93 (2019), 1. Allg. dazu bereits auf S. 38.

[130] Dazu bereits *Grigoleit/Bender,* in: Busch/De Franceschi (Hrsg.), Personalized Law, 2021, S. 115, 117 f. (Rn. 7–10) *(technological vs. conventional); Grigoleit,* U. Chi. L. Rev. Online 2022 *(conventional vs. new personalization).*

lösen. *In-process* liegt das an der formalisierten Sprache des Algorithmus *(Sprachproblem)*, der Vielzahl an *ex ante* verarbeiteten Informationen *(Differenzierungsproblem)* und der oft schwer nachvollziehbaren Korrelationsbildung *(Black-Box-Problem)*. *Post-process* kann diese Komplexität jedenfalls im Vertragsrecht nicht durch individualisierte Kommunikation ausgeglichen werden: Anders als bei deliktischen Sorgfaltsanforderungen, die im jeweiligen Moment als Handlungsanweisung denkbar wären, kann es im Vertragsrecht eine ähnlich einfache Kommunikation des dispositiven Rechts nicht geben, weil Regelungen des Vertragsrechts die Verhältnisse zwischen den Vertragsparteien multidimensional und zukunftsgerichtet regeln. Diese komplexen Regelungszusammenhänge würden im Falle der Personalisierung ihrerseits mit jedem Vertragsschluss angepasst und damit abgeändert werden, sodass sich das Individuum angesichts dieses stetigen Wandels personalisierter Normen fortlaufend Kenntnis des gesamten dispositiven Rechts verschaffen müsste. Die dafür notwendige Zeit ist angesichts der Vielzahl von Vertragsschlüssen allerdings zumindest für alltägliche Verträge nicht verfügbar *(Zeitproblem)*.

2. Proximität

Das geltende Privatrecht ist geprägt von Regelungen, die entweder in genereller Form *ex ante* durch den Gesetzgeber als Regel oder in personalisierter Form *ex post* durch den Richter in Anwendung eines Standards ergehen: Sowohl das Gesetz als auch das Urteil regeln einen Sachverhalt in großem zeitlichen Abstand entweder vor oder nach der konkreten Handlungssituation.

Auch der Algorithmus würde zwar nach wie vor in zeitlichem Abstand zur Handlungssituation *ex ante* erarbeitet werden. Die Bekanntgabe der für das einzelne Individuum maßgeblichen, personalisierten Regelung fände aber zumindest im Verwaltungsakts- oder Rechtsnormmodell unmittelbar vor der eigentlichen Handlung statt. Aus der Sicht des Individuums wird das algorithmisch erzeugte Recht somit (i) personalisiert, (ii) *ex ante* (iii) und in unmittelbarem Zusammenhang mit der konkreten Handlungssituation erlassen. Die dominante Handlungsform ist dann nicht mehr das Gesetz oder das Urteil, sondern die Mikrodirektive. Dadurch kommt es zu dem die algorithmische Personalisierung begleitenden Phänomen der *Proximität*, die sich als das *Heranrücken der staatlichen Regelung an die konkrete Handlungssituation* definieren lässt. Wird die Mikrodirektive als Verwaltungsakt eingeordnet, so lässt sich das Phänomen auch als Ausweitung derjenigen Bereiche, die durch Verwaltungsakt geregelt werden, beschreiben *(Verwaltungsaktlichung des Privatrechts)*. Das Phänomen der Proximität ist jedoch unabhängig von dieser Einordnung: Auch wenn die Mikrodirektive als Bekanntgabe einer Rechtsnorm und nicht als Verwaltungsakt gedeutet würde, bestünde die durch sie in Bezug genommene Nähe öffentlich-rechtlicher Regulierung zur individuellen Handlungssituation. Da auch diese durch Mikrodirektiven erfolgenden Bekanntgabeakte – ganz unabhängig davon, auf welche öffentlich-rechtlichen Regelungsinstrumente sie sich beziehen – zumindest verwaltungsaktsähnlich wirken würden, soll der Begriff der Verwaltungsaktlichung insofern ebenfalls Verwendung finden. Er steht also allgemein für eine mikrodirektivenförmige, durch Proximität gekennzeichnete Verwaltungsaktlichung des Privatrechts.[131]

Komplexität, Proximität und Algorithmisierung stehen nicht unabhängig nebeneinander: Hohe interne Komplexität kann Proximität erfordern, um der durch die interne Komplexität bedingten externen Komplexität zu begegnen. Flächendeckende Proximität wiederum lässt sich nur durch eine Algorithmisierung bewältigen. Angesichts dieses Zusammenhangs überrascht die Zentralstellung der *ex ante* erlassenen, zu Proximität führenden Mikrodirektive im Rahmen des Personalisierungsprojekts nicht. Die Ausführungen dieser Arbeit, etwa die neoklassischen Überlegungen zum optimalen Grad an Personalisierung oder die gleichheitsrechtlichen Erwägungen, haben allerdings weitgehend Gültigkeit unabhängig vom Merkmal der Proximität. Ein maßgeblicher Teil der freiheitsrechtlichen Analyse baut hingegen gerade auf dem die Personalisierung begleitenden Aspekt der Proximität auf.

3. Approximation

Ein weiteres Begleitphänomen der algorithmischen Personalisierung ist dasjenige der Approximation. Datenbasierte Rechtssetzung nähert sich der angestrebten Kategorienbildung über statistische Wahrscheinlichkeitsaussagen auf der Grundlage von Korrelationen an. Dieses Vorgehen setzt ein *empirisches* Rechtsverständnis voraus, das die normativen Zielvorgaben auf solche reduziert, die messbar und numerisch fassbar sind. Gerade aufgrund dieses empirischen Rechtsverständnisses und der wahrscheinlichkeitsbasierten Regelungstechnik werden *Approximationsfehler* zu einem besonderen Problem. Sie erschweren es, die mit der Personalisierung einhergehenden Freiheitsbeschränkungen und Ungleichbehandlungen zu rechtfertigen.[132]

---

[131] Zu den sich aus Proximität und Verwaltungsaktlichung ergebenden Freiheitsbeschränkungen ausf. unter § 5 (S. 177 ff.).

[132] Dazu ausf. unter § 5 (S. 177 ff.) und § 6 (S. 235 ff.).

§ 3

Neoklassische Analyse: Effizienz und Präferenzen

Dieses Kapitel betrachtet das neoklassische Personalisierungsprojekt.[1] Es wird dargelegt, warum ein entlang der Präferenzen der Rechtssubjekte personalisiertes Recht zu Wohlstandsgewinnen führen kann und welche Kosten hierdurch drohen. Dazu werden in einem ersten Schritt die Begriffe der Effizienz, der Präferenzen und der Transaktionskostensenkung geklärt (I.). In einem zweiten Schritt wird die Personalisierung des Rechts der freiwilligen Transaktionen untersucht. Es geht also darum, inwiefern die dispositiven und zwingenden Regelungen des Rechts der Rechtsgeschäfte für eine Personalisierung geöffnet werden können (II.). In einem dritten Schritt wird das Potential der Personalisierung im Bereich der unfreiwilligen Transaktionen untersucht. Hier wird es schwerpunktmäßig um die Personalisierung des deliktischen Sorgfaltsstandards gehen (III.). Abschließend wird die Personalisierung des sachenrechtlichen *numerus clausus* in den Blick genommen (IV.).

---

[1] Der Begriff der Neoklassik wird hier verstanden als heute dominanter ökonomischer Ansatz im Sinne der *Chicago School*. Dazu darst. *Mercuro/Medema,* Economics and the Law, ²2006, S. 94–155; *Mercuro,* in: ders. (Hrsg.), Law and Economics I, 2007, S. 1, 3 f.; *Horwitz,* Rev. Austrian Econ. 13 (2000), 23, 36; *Söllner/Stulpe/Schaal,* in: Mause/Müller/Schubert (Hrsg.), Politik und Wirtschaft, 2018, S. 21, 51–55, insb. S. 52 (als Charakteristika Grenzwertbetrachtung, Gleichgewichtsdenken und methodologischen Individualismus nennend). Manchmal wird dieser Ansatz auch als neoliberal beschrieben, vgl. *Denozza/Maugeri,* in: Busch/De Franceschi (Hrsg.), Personalized Law, 2021, S. 172 (Rn. 5), 177–179 (Rn. 40–51) (zum Gegensatz zwischen dem Denken des klassischen Liberalismus und dem neoliberalen Denken des Personalisierungsprojekts, wobei etwa *Hayek* auf S. 177 [Rn. 42] dem klassischen Liberalismus zugeordnet wird). Der Begriff des Neoliberalismus wird hier jedoch vermieden, weil er auch mit Denkern wie *Friedman* oder *Hayek* in Verbindung gebracht wird (vgl. etwa den begriffsprägenden Essay von *Friedman,* Farmand 1951, 89 sowie die Terminologie bei *Michaels,* in: Maduro/Tuori/Sankari [Hrsg.], Transnational Law, 2014, S. 122, 124), die hier gerade nicht dem neoklassischen Denken zugeordnet werden (ausf. unter § 8). Oft erscheint „Neoliberalismus" auch schlicht als konturloser Kampfbegriff. Deshalb krit. *Möllers,* Freiheitsgrade, ²2020, S. 44 f. (Rn. 26).

I. Ökonomische Grundlagen

Die Personalisierung des Rechts entlang der *Präferenzen* der Individuen verspricht, *Transaktionskosten* zu senken und dadurch die *Effizienz* des Rechts zu erhöhen.

1. Präferenzen

Den Ausführungen liegt ein ökonomischer Präferenzbegriff zugrunde, der eine Vorliebe für eine Wahlmöglichkeit *(choice set)* ausdrückt. Bei den Wahlmöglichkeiten geht es grundsätzlich um Güterbündel.[2] Wählt ein Individuum beispielsweise Güterbündel A (Auto/x–y) anstelle von Güterbündel B (kein Auto/x), so manifestiert es eine Präferenz für Güterbündel A. Das erste Gut im Güterbündel (hier: Auto) ist das Gut, auf das sich die ökonomischen Betrachtungen beziehen. Es kann sich entweder um ein Konsumgut handeln (diese Präferenz wird hier als *Konsumpräferenz* bezeichnet) oder aber um ein Recht (diese Präferenz wird hier als *Rechtspräferenz* bezeichnet). Das zweite Gut steht für alle übrigen Güter (hier: x). Veränderungen im Gut 1 führen grundsätzlich auch zu einer Veränderung im Konsum des Gutes 2 (hier: x–y). Das Verhältnis, zu dem ein Individuum bereit ist, Gut 1 gegen Gut 2 einzutauschen, wird als Grenzrate der Substitution oder marginale Zahlungsbereitschaft bezeichnet.[3] Der Anschaulichkeit halber wird im Folgenden die Auswirkung der Veränderung des Gutes 1 auf die Summe aller anderen Güter (Gut 2) in einem Eurobetrag, also einem Preis, ausgedrückt.[4] Das präferierte Güterbündel A lässt sich dann beispielsweise beschreiben als Güterbündel A (Auto/keine 5.000,– EUR). Die 5.000,– EUR sind dabei ein Platzhalter für die Summe aller anderen Güter, die das Individuum mit ihnen kaufen könnte.

2. Effizienz

Der gesellschaftliche Nutzen wird durch die Zuweisung des Güterbündels A an das Individuum jedenfalls dann gemehrt, wenn diese Zuweisung nicht den Präferenzen eines anderen Individuums widerspricht. Diese Aussage ist möglich, ohne individuellen Nutzen kardinal zu bewerten und interpersonell zu verglei-

---

[2] Die Mikroökonomik setzt bei der beobachtbaren Wahl von Güterbündeln an. Es geht also um *manifestierte* (im Gegensatz zu normativen oder wirklichen) Präferenzen, vgl. bereits auf S. 46 (Fn. 73).

[3] Vgl. *Varian,* Mikroökonomik, ⁹2016, S. 50–53.

[4] Zu dieser Möglichkeit vgl. *ders.,* Mikroökonomik, ⁹2016, S. 53.

chen (ordinaler Nutzenbegriff).[5] Der auf dieser ordinalen Grundlage operierende Effizienzbegriff ist derjenige der *Pareto-Effizienz:* Ein Zustand ist Pareto-effizient, wenn kein Individuum (entsprechend dessen Präferenzen) bessergestellt werden kann, ohne ein anderes Individuum (entsprechend dessen Präferenzen) schlechterzustellen.[6] Pareto-Effizienz beruht also letztendlich auf einem Zustimmungsgedanken.

Sobald jedoch eine rechtliche Maßnahme nicht den Präferenzen eines Individuums entspricht, lässt sich nicht mehr mit Pareto-Effizienz arbeiten.[7] Vielmehr wird Effizienz dann als *Kaldor-Hicks-Effizienz* verstanden: Ein Zustand ist Kaldor-Hicks-effizient, wenn Individuen, die bessergestellt werden können, auch bessergestellt werden, solange sie nur die danach schlechtergestellten Individuen zumindest hypothetisch kompensieren könnten.[8] Anders als die Pareto-Effizienz baut die Kaldor-Hicks-Effizienz auf einem interpersonellen Nutzenvergleich auf, der ein kardinales Vergleichsmaß voraussetzt.[9] Dieses Vergleichsmaß wird dadurch geschaffen, dass Güter über die in einer Geldwährung ausgedrückte marginale Zahlungsbereitschaft bewertet werden, sodass es letztendlich um Reichtums- oder Wohlstandsmaximierung *(wealth maximization)* geht.[10] Anders ausgedrückt: Kaldor-Hicks-Effizienz beruht auf einer spezifischen Form der *cost-benefit-analysis*[11], bei der *costs* und *benefits* monetär be-

---

[5] Zum ordinalen Nutzenbegriff der modernen Ökonomik *ders.,* Mikroökonomik, [9]2016, S. 57 f.

[6] Grundlegend *Pareto,* economia politica, 1919, S. 193 ff. (Rn. 128 ff.). Darst. *Eidenmüller,* Effizienz als Rechtsprinzip, [4]2015, S. 48–50; *Sen,* Collective Choice and Social Welfare, [3]2017, S. 67 ff.

[7] Vgl. nur *Posner,* Economic Analysis of Law, [9]2014, S. 14; *Calabresi,* Yale L.J. 100 (1991), 1211.

[8] Grundlegend *Kaldor,* Econ. J. 49 (1939), 549, 550; *Hicks,* Econ. J. 49 (1939), 696, 706 (Rn. 5), 711 ff. (Rn. 7). Darst. *Eidenmüller,* Effizienz als Rechtsprinzip, [4]2015, 51–54; *Posner,* Economic Analysis of Law, [9]2014, S. 14.

[9] Dieser interpersonelle Nutzenvergleich steht auch bei *Kaldor,* Econ. J. 49 (1939), 549 f. im Vordergrund. Zu dabei entstehenden Bewertungsproblemen *Eidenmüller,* Effizienz als Rechtsprinzip, [4]2015, 112 ff., 155 ff. Speziell zum Problem des interpersonellen Nutzenvergleichs auch *Calabresi,* Yale L.J. 100 (1991), 1211, 1223 („Unless one is willing to make interpersonal comparisons, however, it simply cannot be said that such an uncompensated Kaldor-Hicks move is an improvement."); *Hacker,* Verhaltensökonomik, 2017, S. 325; *Gans/Marggraf,* Kosten-Nutzen-Analyse, 1997, S. 17; *Rossi,* Econ. Philos. 27 (2011), 273; *Bradley,* PAS 108 (2008), 85; *List,* Erkenntnis 58 (2003), 229; *Rosenbaum,* J. Econ. Methodol. 2 (1995), 239; *Waldner,* J. Philos. 69 (1972), 87. Speziell für das Deliktsrecht vgl. *Calabresi,* The Costs of Accidents, 1970, 198 ff.

[10] Vgl. insb. *Posner,* J. Leg. Stud. 8 (1979), 103, 119–127; *ders.,* Notre Dame J.L. Ethics & Pub. Pol'y 2 (1985), 85; *ders.,* Economic Analysis of Law, [9]2014, S. 14 ff. Darst. *Eidenmüller,* Effizienz als Rechtsprinzip, [4]2015, S. 54. (Reichtumsmaximierung); *Hacker,* Verhaltensökonomik, 2017, S. 309.

[11] Die deutsche Übersetzung der *cost-benefit-analysis* mit Kosten-Nutzen-Analyse (vgl.

messen werden. Dadurch, dass Wohlstandsmaximierung losgelöst von der distributiven Frage der tatsächlichen Kompensation angestrebt wird, ergeben sich allerdings eine Reihe von Problemen. So kann auf einer abstrakten, gesamtgesellschaftlichen Ebene nicht der individuell abnehmende Grenznutzen großer Vermögen berücksichtigt werden.[12] Außerdem wird die monetäre Bewertung durch das Entfallen des Zustimmungserfordernisses zwingend, was insbesondere nicht monetäre Interessen benachteiligt.[13] Ganz allgemein kann mangels einer *Manifestation* der Präferenzen über die marginale Zahlungsbereitschaft letztendlich nur gemutmaßt werden.[14] Größen wie der Marktpreis dienen dann der vereinheitlichenden Annäherung von Präferenzen.[15]

3. *Transaktionskostensenkung*

Nach dem Ersten Theorem der Wohlfahrtsökonomie stellt sich in einem perfekten Markt ohne Transaktionskosten und ohne Externalitäten ein Pareto-effizienter Zustand von alleine her, und zwar nach dem Zweiten Theorem der Wohl-

---

etwa *Gans/Marggraf,* Kosten-Nutzen-Analyse, 1997) ist deshalb missverständlich, weil dadurch verdeckt wird, dass es im Ergebnis nicht mehr um individuellen Nutzen *(utility)* geht, sondern um Vorteile *(benefits)*. Um den Unterschied zum utilitaristischen Nutzenkalkül herauszustellen, wird in dieser Arbeit von *cost-benefit-analysis* gesprochen.

12 Der Bruch mit dem abnehmenden Grenznutzen großer Vermögen wird besonders deutlich herausgearbeitet bei *Hacker,* Verhaltensökonomik, 2017, S. 322 f. Allg. zum abnehmenden Grenznutzen von Vermögen nach der *Expected Utility Theory* vgl. grundlegend *von Neumann/Morgenstern,* Theory of Games and Economic Behavior, 42007, S. 1 ff.; *Morgenstern,* in: Allais/Hagen (Hrsg.), Expected Utility Hypotheses and the Allais Paradox, 1979, S. 175. Im Ansatz bereits *Bernoulli,* Econometrica 22 (1954), 23. Darst. auch *Kahneman,* Thinking, Fast and Slow, 2011, 270 f.; *Eidenmüller,* Effizienz als Rechtsprinzip, 42015, 43 f.; *Posner,* Economic Analysis of Law, 92014, S. 13; *Briggs,* in: Zalta (Hrsg.), The Stanford Encyclopedia of Philosophy, 2019.

13 Vgl. dazu *von Mises,* ArchSozWiss 47 (1920), 86, 95 f., 120 (zu Tauschwert sowie objektivem und subjektivem Gebrauchswert). In englischer Fassung *ders.,* in: Hayek (Hrsg.), Collectivist Economic Planning, 61963, S. 87, 98 ff., 129 f. Dazu *Michelman,* U. Chi. L. Rev. 46 (1979), 307, 315; *Hacker,* Verhaltensökonomik, 2017, S. 326–328.

14 Besonders deutlich *O'Driscoll, Jr.,* J. Leg. Stud. 9 (1980), 355, 359 („Though to my knowledge no one else has previously noted it, Posner is actually grappling with the socialist calculation problem."). Darst. *Crespi,* Notre Dame L. Rev. 73 (1998), 315, 340 ff.

15 Besonders deutlich zu *Posners* Uniformisierungstendenz auch *Calabresi,* Yale L.J. 100 (1991), 1211, 1223 („The problem with this approach [...] is that we can assume that the winners and losers are the same only if we discuss the issue abstractly, calling the winners *A* and the losers *B*. The moment we deal with a real situation, we know something more about who wins and who loses. Once we are no longer ignorant, any number of differences may cause us to believe that losses or gains to *some* matter more than losses or gains to *others*.").

fahrtsökonomie unabhängig von der ursprünglichen Güterverteilung.[16] Diese Annahmen hat *Ronald Coase* weiterentwickelt: Nach dem *Coase-Theorem*[17] stellt sich ein Pareto-effizienter Zustand in einem perfekten Markt sogar bei der Existenz von Externalitäten her, und zwar wiederum unabhängig von der ursprünglichen Verteilung von Handlungsrechten.[18] Selbst Externalitäten können also über die Verhandlungslösung (Verträge) optimiert werden.[19] Aus dieser ökonomischen Einsicht lässt sich das rechtspolitische Postulat formulieren, Transaktionskosten möglichst gering zu halten, um Transaktionen zu ermöglichen, im Übrigen allerdings auf staatliche Intervention zu verzichten.[20] Diese Art der Transaktionskostensenkung wird hier als *Transaktionskostensenkung I* bezeichnet.

Es gibt allerdings eine weitere Möglichkeit der Transaktionskostensenkung, die hier als *Transaktionskostensenkung II* bezeichnet wird: Das Ergebnis der Transaktion kann vorweggenommen werden *(mimic the market)*.[21] Die Marktimitation kann also nicht nur dann eingesetzt werden, wenn Transaktionskosten prohibitiv hoch sind (etwa, wenn mit einer unbekannten Vielzahl von Individuen eine Lösung gefunden werden müsste)[22], sondern ganz allgemein, um Transaktionskosten zu senken.[23] Besteht im Rahmen der Marktimitation eine Kom-

---

[16] *Varian,* Mikroökonomik, [9]2016, S. 685 (Erstes Wohlfahrtstheorem), S. 689–692 (Zweites Wohlfahrtstheorem).

[17] Vgl. *Coase,* J.L. & Econ. 3 (1960), 1. Zur Bedeutung von Transaktionskosten bereits *Coase,* Economica 4 (1937), 386 (im Rahmen der Begründung der Existenz von Unternehmen). Zur Bezeichnung als „Theorem" erstmals *Stigler,* The Theory of Price, [3]1966.

[18] Vgl. etwa *Coase,* J.L. & Econ. 3 (1960), 1, 15, 19, 31. Ferner bereits *Coase,* Economica 4 (1937), 386 (die Existenz von Unternehmen mit Transaktionskosten begründend).

[19] Konkret wandte sich *Coase* damit gegen die Handhabung von Externalitäten über die sog. Pigou-Steuer, vgl. *Pigou,* The Economics of Welfare, [4]1932.

[20] Dem Recht kommt danach insb. die Rolle zu, Handlungsrechte *(property rights)* klar zu definieren. Dieser Aspekt wurde im Folgenden insb. entwickelt von *Demsetz,* Am. Econ. Rev. 57 (1967), 347. Darst. *Eidenmüller,* Effizienz als Rechtsprinzip, [4]2015, 63 f.; *Posner,* J. Leg. Stud. 8 (1979), 103, 127 (Punkt 1 und 2). Außerdem sind Formalismen zu vermeiden.

[21] Vgl. etwa *Posner,* J. Leg. Stud. 8 (1979), 103, 127. Prägnant darstellend *Priest,* Law and Economics, 2020, S. 76 („Posner's efficiency-of-the-law demonstrations read markets out of the process."). Der Mimic-the-Market-Ansatz wurde insb. (aber keinesfalls ausschließlich) bei der Gestaltung des Inhalts des dispositiven Rechts einflussreich (Theorie des vollständigen Vertrages), vgl. hierzu bereits auf S. 1 (Fn. 3).

[22] Dazu *Eidenmüller,* Effizienz als Rechtsprinzip, [4]2015, 65 f.; *Posner,* J. Leg. Stud. 8 (1979), 103, 125 f., 127 (Punkt 3). Letztendlich liegt dieser Mimic-the-Market-Ansatz auch der Pigou-Steuer (vgl. *Pigou,* The Economics of Welfare, [4]1932) zugrunde.

[23] Dazu schon *Coase,* J.L. & Econ. 3 (1960), 1, 19 („Even when it is possible to change the legal delimitation of rights through market transactions, it is obviously desirable to reduce the need for such transactions and thus reduce the employment of resources in carrying them out.").

pensationsmöglichkeit (entweder, weil die rechtliche Maßnahme selbst nicht nur die Leistungsseite, sondern auch die Gegenleistungsseite imitiert und eine Kompensation vorsieht, oder, weil die Gegenleistungsseite im Rahmen einer tatsächlich stattfindenden Transaktion berücksichtigt werden kann), so führt die Transaktionskostensenkung II im Grundsatz zu Pareto-effizienten Ergebnissen. Es stellen sich aber mangels manifestierter Präferenzen alle Bewertungsprobleme, die sich auch im Rahmen der Kaldor-Hicks-Effizienz stellen. Besteht keine Kompensationsmöglichkeit (wird also nur die Leistungsseite der Transaktion imitiert und hat auch der Markt keine Möglichkeit, die Gegenleistungsseite zu ergänzen), führt die Marktimitation ohnehin lediglich zu Kaldor-Hicks-effizienten Ergebnissen.

Während die Transaktionskostensenkung I durch autonome Rechtssetzung (insbesondere durch Verträge) zu einer Personalisierung gelangt, muss im Falle der Transaktionskostensenkung II die Personalisierung durch heteronomes (also staatliches) Recht vollzogen werden. Das auf die Personalisierung heteronomen Rechts abzielende neoklassische Personalisierungsprojekt verfolgt somit das Ziel der Transaktionskostensenkung II.

II. Personalisierung des Rechts freiwilliger Transaktionen (Rechtsgeschäfte)

Im Folgenden soll das Potential der Personalisierung im Bereich der freiwilligen Transaktionen, also für das Recht der Rechtsgeschäfte, unter dem Gesichtspunkt der Effizienz untersucht werden.

1. Einführende Beispiele der Personalisierung aus dem Erb- und Vertragsrecht

In die Problematik der Personalisierung soll mit zwei Beispielen – einem aus dem Bereich des Erbrechts[24], einem aus dem Bereich des Vertragsrechts[25] – eingeführt werden.

---

[24] Die Personalisierung des Erbrechts wird kursorisch erwogen von *Porat/Strahilevitz,* Mich. L. Rev. 112 (2014), 1417, 1419 f., aber auch 1423, 1477.

[25] Zur Personalisierung des dispositiven Vertragsrechts insb. *Sunstein,* U. Pa. L. Rev. 162 (2013), 1, 48–55; *Porat/Strahilevitz,* Mich. L. Rev. 112 (2014), 1417 (allerdings jeweils ohne systematische ökonomische Analyse). Zur Personalisierung des zwingenden Vertragsrechts *Ben-Shahar/Porat,* U. Chi. L. Rev. 86 (2019), 255 (mit systematischer ökonomischer Analyse). Für eine krit. Diskussion der Personalisierung des dispositiven Vertragsrechts vgl. *Bender,* JjZRW 2020, S. 33; *Grigoleit/Bender,* in: Busch/De Franceschi (Hrsg.), Personalized Law, 2021, S. 115, 125–130 (Rn. 38–51); *Bender,* ERCL 16 (2020), 366, 374 ff.

a) Beispiel 1 (Erbrecht)

Erblasser E1, E2 und E3 sind jeweils im gesetzlichen Güterstand der Zugewinngemeinschaft verheiratet. Sie haben jeweils drei Kinder. Derzeit sieht das dispositive Erbrecht für alle drei Erblasser die gleiche Lösung vor[26]: Der Ehegatte erbt insgesamt die Hälfte (nämlich ein Viertel in Anwendung des § 1931 I BGB und ein weiteres Viertel als pauschalierten Zugewinnausgleich gem. §§ 1931 III, 1371 I BGB).[27] Die drei Kinder erben im Übrigen gem. §§ 1924 I, IV BGB zu gleichen Teilen, also jeweils ein Sechstel.[28]

Diese Lösung des derzeit geltenden dispositiven Rechts *(Modell 1 – M1)* entspricht allerdings nur den Vorstellungen von E1, denn E1 möchte die Hälfte seines Vermögens dem Ehegatten zukommen lassen und die verbleibende Hälfte zu gleichen Teilen unter den Kindern aufteilen. E2 strebt hingegen eine weitergehende Absicherung des Ehegatten an, sodass zunächst der Ehegatte alles erben soll. Erst nach dem Tod des Ehegatten sollen die Kinder von seinem Vermögen profitieren. Er würde also entsprechend der Auslegungsregel des § 2269 I BGB die Einheitslösung des Berliner Testaments wählen *(Modell 2 – M2)*, wonach der Ehegatte Vollerbe und die Kinder Schlusserben werden.[29] E3 möchte sein Vermögen ebenfalls zunächst dem Ehegatten zukommen lassen. Er strebt allerdings außerdem eine Absicherung gegen den Zugriff des Ehegattens auf den Vermögensstamm und eine Minimierung von Pflichtteilsansprüchen der Kinder des Ehegatten aus erster Ehe an. Er würde also womöglich nicht die Einheitslösung, sondern die Trennungslösung[30] wählen *(Modell 3 – M3)*, wonach der Ehegatte Vorerbe wird und die Kinder Nacherben werden (§§ 2100 ff. BGB).

---

[26] Auch das bisherige Erbrecht kennt natürlich gewisse Differenzierungen. Das Erbrecht des Ehegatten (allg. dazu etwa *Fröschle*, Die Entwicklung der gesetzlichen Rechte des überlebenden Ehegatten, 1996; *von Olshausen*, FamRZ 1981, 633) ändert sich beispielsweise in Abhängigkeit von der Ordnung der überlebenden Verwandten (§ 1931 I, II BGB) (vgl. MünchKomm – *Leipold*, BGB, ⁹2022, § 1931 Rn. 25–29; Staudinger – *Werner*, BGB, 2017, § 1931 Rn. 20 ff.), dem Güterstand (§§ 1931 III, 1371 I BGB) (vgl. MünchKomm – *Leipold*, BGB, ⁹2022, § 1931 Rn. 30; Staudinger – *Werner*, BGB 2017, § 1931 Rn. 20 ff.) und der Anzahl der Kinder (§ 1931 IV BGB) (zu dieser bei Gütertrennung geltenden Spezialregelung krit. MünchKomm – *Leipold*, BGB, ⁹2022, § 1931 Rn. 49 f.; Staudinger – *Werner*, BGB, 2017, § 1931 Rn. 43 ff.). Wie erwähnt (insb. § 1 [Text zu Fn. 2, 31–38], § 2 [Text zu Fn. 129]) geht es also immer nur um einen *graduellen* Unterschied, also um mehr oder weniger Personalisierung mit Blick auf einen *status quo*.

[27] MünchKomm – *Leipold*, BGB, ⁹2022, § 1931 Rn. 42.

[28] MünchKomm – *ders.*, BGB, ⁹2022, § 1924 Rn. 38 f.

[29] Staudinger – *Raff*, BGB, 2022, § 2269 Rn. 1, 13–32. Krit. zum Begriff des Berliner Testaments Staudinger – *ders.*, BGB, 2022, § 2269 Rn. 4; MünchKomm – *Musielak*, BGB, ⁹2022, § 2269 Rn. 11. Zum Individualisierungsbedarf vgl. *ders.*, ZEV 2014, 225.

[30] Dazu Staudinger – *ders.*, BGB, 2022, § 2269 Rn. 33–52; *ders.*, ZEV 2014, 225, 227 f.

Die Modelle lassen sich als Gut 1 von drei verschiedenen Güterbündeln verstehen, die sich nur in diesem Gut 1 unterscheiden. Das Gut 2, das die Auswirkungen der Veränderung des Gutes 1 auf das sonstige Vermögen abbildet, bleibt hingegen gleich. Dies liegt daran, dass die Entscheidung über die Verteilung des Nachlasses zumindest im Grundsatz allein dem Erblasser obliegt und keine Kosten *(costs – c)* verursacht. E1, E2 und E3 werden ihre Präferenz somit allein nach dem Wert von Gut 1 bilden: Erblasser E1 hat eine Präferenz für das Güterbündel A (Modell 1/gleiches Vermögen) – etwa weil Modell 1 entsprechend der an der gerechten Verteilung des Nachlasses empfundenen Freude für ihn einen Wert *(value – v)* von 5, Modell 2 hingegen nur einen Wert von 3 und Modell 3 einen Wert von 2 hat. E2 hat eine Präferenz für das Güterbündel B (Modell 2/gleiches Vermögen) – etwa weil er Modell 1 mit 2, Modell 2 mit 6 und Modell 3 mit 3 bewertet. E3 hingegen hat eine Präferenz für das Güterbündel C (Modell 3/gleiches Vermögen) – etwa weil er Modell 1 mit 1, Modell 2 mit 4 und Modell 3 mit 5 bewertet. Die Zuweisung von Modell 1 an E1, Modell 2 an E2 und Modell 3 an E3 würde also zur größten Wohlstandsmehrung führen (5 + 6 + 5). Diese Überlegungen lassen sich in folgendem Schaubild[31] zusammenfassen, in dem das den jeweiligen Präferenzen entsprechende Modell mit einem Asterisk (*) gekennzeichnet ist:

Erblasser E1

	v	c	Saldo
M1	5	0	5*
M2	3	0	3
M3	2	0	2

Erblasser E2

	v	c	Saldo
M1	2	0	2
M2	6	0	6*
M3	3	0	3

Erblasser E3

	v	c	Saldo
M1	1	0	1
M2	4	0	4
M3	5	0	5*

Abbildung 1: Personalisierung des Erbrechts

Darüber, ob der Erblasser sein Vermögen zunächst dem Ehegatten zukommen lassen will (also Modell 2 oder 3 gegenüber Modell 1 bevorzugt), können verschiedene Gesichtspunkte Aufschluss geben. Studien legen beispielsweise nahe, dass das Geschlecht des Erblassers insofern eine Rolle spielt: Männliche Erblasser neigen eher dazu, ihr Vermögen zunächst ihren Ehegatten zukommen zu

31 Die Darstellung ist orientiert an den von *Ben-Shahar/Porat,* U. Chi. L. Rev. 86 (2019), 255, 260 im Bereich des zwingenden Vertragsrechts verwendeten Übersichten.

lassen[32], weil sie diesem mehr Vertrauen entgegenbringen als weibliche Erblasser.[33] Als weitere Faktoren spielen sicherlich die wirtschaftlichen Verhältnisse von Ehegatten und Kindern vor dem Anfallen der Erbschaft[34] und ihre jeweiligen Pläne eine Rolle. Die Frage, *wie* potentiell die Präferenzen der Erblasser ermittelt werden können, wird hier allerdings nicht weiter untersucht.[35] In diesem Kapitel wird schlicht unterstellt, dass technischer Fortschritt die Möglichkeit eröffnet, genügend Informationen über ein Individuum zu sammeln, um bereits über das *heteronome* dispositive Erbrecht (und nicht erst über die *autonome* testamentarische Regelung) individuelle Präferenzen abzubilden.[36]

Natürlich sind die drei dargestellten Modelle nur eine Form der Ausdifferenzierung des dispositiven Erbrechts. Es wäre beispielsweise auch denkbar, von der gleichen Verteilung des Erbes unter den Kindern abzuweichen, wenn beispielsweise die Präferenz des Erblassers auf die Bevorzugung der weiblichen oder der männlichen Erben gerichtet ist.[37]

b) Beispiel 2 (Vertragsrecht)

Käufer K1, K2 und K3 schließen jeweils einen Kaufvertrag mit Verkäuferin V, wobei K1 eine Maschine, K2 ein Auto und K3 eine Gummiente erwirbt. Nach derzeit geltendem Vertragsrecht *(Modell 1 – M1)* hat jeder Käufer einen Anspruch auf Ersatz des Verzögerungsschadens[38] (§§ 280 I, II, 286 BGB). Das dispositive Recht sieht also für jeden Käufer eine Versicherung durch den Verkäufer für die vom Verzögerungsschadensersatz erfassten Schadensposten vor.[39] Wollen die Vertragsparteien den Verzögerungsschadensersatzanspruch aus-

---

[32] Vgl. *Hacker,* J. Empir. Leg. Stud. 7 (2010), 322, 334; *Porat/Strahilevitz,* Mich. L. Rev. 112 (2014), 1417, 1419. Zur Bedeutung des Geschlechts im Erbrecht (einschließlich *trusts*) vgl. ferner *Crawford/Infanti,* Real Prop. Tr. & Est. L.J. 49 (2014), 317, 328; *Gordon,* Wis. L. Rev. 2019, 213.

[33] *Judge,* Hum. Nat. 6 (1995), 291, 307 f.; *Porat/Strahilevitz,* Mich. L. Rev. 112 (2014), 1417, 1419.

[34] Zum potentiellen Einfluss des Vermögens im Allgemeinen auf den Inhalt von Testamenten vgl. *Hirsch,* Fordham L. Rev. 73 (2004), 1031, 1073.

[35] Dazu vielmehr bereits unter § 2 (S. 39–57).

[36] *Ben-Shahar/Porat,* Personalized Law, 2021, S. 212 (Zitat bereits in § 2 Fn. 1).

[37] Zu diesem problematischen Beispiel bereits *Bender,* JjZRW 2020, S. 33, 36; *Grigoleit/Bender,* in: Busch/De Franceschi (Hrsg.), Personalized Law, 2021, S. 115, 127 f. (Rn. 44); *Bender,* ERCL 16 (2020), 366, 399.

[38] Zum Verzögerungsschadensersatz *Grigoleit/Riehm,* AcP 203 (2003), 727, 743 ff.; *Grigoleit/Bender,* ZfPW 2019, 1, 26.

[39] Zum Vertrag als Versicherung *Posner,* Economic Analysis of Law, [9]2014, S. 109 ff. Zu *consequential damages,* zu denen auch der Verzögerungsschadensersatz gehört, *ders.,* Economic Analysis of Law, [9]2014, S. 139.

schließen *(Modell 2 – M2),* so müssen sie eine entsprechende vertragliche Regelung treffen.

Der subjektive Wert *(value – v)* des Verzögerungsschadensersatzanspruchs kann sich jedoch im Fall von K1, K2 und K3 wiederum erheblich unterscheiden. Da es bei der Wertbemessung des Schadensersatzanspruchs um eine Entscheidungssituation unter Unsicherheit geht, werden K1, K2 und K3 ihre Wertbemessung als rationale Individuen nach der *Expected Utility Theory*[40] vornehmen. Der subjektive Wert des Verzögerungsschadensersatzes hängt danach insbesondere ab von (i) der Höhe des drohenden Schadens, (ii) der Wahrscheinlichkeit des Schadenseintritts und (iii) dem Grad an Risikoaversion *(risk aversion).*[41]

K1, der eine Maschine für sein Unternehmen zu erwerben beabsichtigt, erwartet bei verzögerter Lieferung einen relativ hohen entgangenen Gewinn (vgl. § 252 BGB) in Form des Betriebsausfallschadens. Die Verzögerung der Lieferung ist auch aufgrund des schwierigen Transports der Maschine durchaus denkbar. K1 ist außerdem risikoavers.[42] Insgesamt hat der Verzögerungsschadensersatzanspruch für ihn daher einen Wert von 5. K2 plant mit dem Auto eine Urlaubsreise. Im Fall der verzögerten Lieferung müsste er ein Ersatzauto anmieten. Die Wahrscheinlichkeit einer verspäteten Lieferung ist nicht von der Hand zu weisen, aber auch nicht besonders groß. Auch ist K2 etwas weniger risikoavers. Insgesamt hat der Verzögerungsschaden für K2 damit einen Wert von 3. K3 erwartet bei verspäteter Lieferung der Gummiente keinen Verzögerungsschaden. Ihm droht weder ein Gewinn zu entgehen noch würde er bei verspäteter Lieferung eine Ersatzgummiente anmieten. Ganz abgesehen davon ist K3 eher risikofreudig. Der Verzögerungsschadensersatz hat für ihn somit einen Wert von 0.

Diese Bewertung des Verzögerungsschadensersatzanspruchs (des Gutes 1) alleine genügt aber noch nicht, um über die Präferenzen von K1, K2 und K3 eine sinnvolle Aussage treffen zu können. Anders als im erbrechtlichen Beispiel führt im vertraglichen Bereich ein Mehr an Wert in der Regel auch zu gewissen Kosten *(costs – c),* denn die Verkäuferin V wird ihre Kosten über eine Modifikation des Preises an die Käufer weiterreichen.[43] Eine Präferenz für Güterbün-

---

[40] Zur *Expected Utility Theory,* vgl. bereits die Nachw. auf S. 68 (Fn. 12).

[41] Dabei ist angesichts des abnehmenden Grenznutzens großer Vermögensbeträge ein gewisser Grad an Risikoaversion durchaus unter Zugrundelegung der *Expected Utility Theory* zu erklären, vgl. etwa *Posner,* Economic Analysis of Law, 9 2014, S. 13; *Rabin,* Econometrica 68 (2000), 1281 (Ergänzungen vorschlagend).

[42] Zu Personalisierung nach Risikofreude *Porat/Strahilevitz,* Mich. L. Rev. 112 (2014), 1417, 1445 f.; *Bender,* JjZRW 2020, S. 33, 36.

[43] Zu diesem Zusammenhang etwa *Ben-Shahar/Porat,* U. Chi. L. Rev. 86 (2019), 255, 263; *Bar-Gill/Ben-Shahar,* Common Mark. L. Rev. 50 (2013), 109 (Special Issue), 110, 113 ff.

del A (kein Verzögerungsschadensersatzanspruch/geringerer Preis) oder für Güterbündel B (Verzögerungsschadensersatzanspruch/höherer Preis) kann damit nicht ohne die der V entstehenden Kosten gebildet werden.[44] Unter Zugrundelegung eines perfekten Marktes wird V auch *nur* diese Kosten als Preis für den Verzögerungsschadensersatz verlangen können (und nicht etwa mehr).[45] Die Kosten für V entsprechen damit dem für die Käuferpräferenzen relevanten Preis (also dem Gut 2 im Güterbündel).

Diese Kosten können sich – wiederum unter Zugrundelegung der *Expected Utility Theory* – bei K1 auf 6 belaufen, bei K2 hingegen auf 2 und bei K3 auf 0. Dass die Kosten für V bei K1 höher sind als der Wert, den der Verzögerungsschadensersatz für K1 hat, mag damit zusammenhängen, dass V niedrige Liquiditätsreserven vorhält und bei den potentiell großen Summen entweder eine Versicherungsprämie oder Darlehenszinsen einpreisen muss. Bei K2 kann es umgekehrt liegen: Für kleinere Beträge hat V genügend liquide Mittel, um im Schadensfall zu zahlen, ohne Kredit in Anspruch nehmen oder eine Versicherung abschließen zu müssen. Bei K3 belaufen sich die Kosten auf 0: Wenn feststeht, dass K3 den Anspruch nicht nutzen wird, entstehen auch auf Verkäuferseite keine Kosten.

In Kenntnis dieser Kosten wird sich K1 gegen den Verzögerungsschadensersatz entscheiden, weil die in der Erhöhung des Preises liegenden Kosten den Wert um 1 übersteigen, den er dem Verzögerungsschadensersatzanspruch zumisst. Dass K1 im Vergleich zu den übrigen Käufern den Verzögerungsschadensersatzanspruch isoliert betrachtet am höchsten bewertet, ist irrelevant. Bei K2 übersteigt der Wert die Kosten. Es ergibt sich ein Wohlstandsgewinn von 1, sodass er sich für das Güterbündel mit dem Verzögerungsschadensersatzanspruch entscheiden wird. K3 ist indifferent.[46] Unter Beachtung der sogleich näher darzustellenden Regelproduktionskosten kann in diesem Fall auf einen Er-

---

44 Dazu auch *Ben-Shahar/Porat,* U. Chi. L. Rev. 86 (2019), 255, 260 f.

45 Vgl. *Varian,* Mikroökonomik, 92016, insb. S. 470 f. Ist V hingegen eine diskriminierende Monopolistin, so wird umgekehrt der dem Verzögerungsschadensersatz von den Käufern beigemessene Wert den Preis bestimmen, vgl. allg. *ders.,* Mikroökonomik, 92016, S. 12 f. Im Personalisierungskontext *Bar-Gill,* U. Chi. L. Rev. 86 (2019), 217. Anders gesagt: Im ersten Fall kommt den Käufern, im zweiten Fall der Verkäuferin der gemeinsame Vertragsgewinn zu. Deshalb wird im amerikanischen Rechtskreis *Antitrust Law* auch als Verbraucherschutzrecht begriffen, vgl. *Whitman,* Yale L.J. 117 (2007), 340, 372. Im Übrigen entscheidet letztendlich die Verhandlungsstärke. Das Kriterium der Verhandlungsstärke wird dementsprechend bisweilen zum normativen Kriterium des Inhalts rein distributiver Normen erhoben, weil das Kriterium der Wohlstandsmaximierung hier versagt, vgl. *Ben-Shahar,* Stan. L. Rev. 63 (2011), 869, 872 f.; *ders.,* Colum. L. Rev. 109 (2009), 396.

46 Beide Güterbündel sind in seinem Fall perfekte Substitute, vgl. dazu allg. *Varian,* Mikroökonomik, 92016, S. 41.

satz des Verzögerungsschadens verzichtet werden.[47] Ein an Effizienz ausgerichtetes personalisiertes Recht würde den Verzögerungsschadensersatzanspruch also nur im Verhältnis K2–V vorsehen. Die Überlegungen lassen sich wieder in einem Schaubild[48] zusammenfassen, in dem das wohlstandsmaximierende Güterbündel mit einem Asterisk (*) gekennzeichnet ist:

Käufer K1

	v	c	Saldo
M1	5	6	-1
M2	0	0	0*

Käufer K2

	v	c	Saldo
M1	3	2	1*
M2	0	0	0

Käufer K3

	v	c	Saldo
M1	0	0	0
M2	0	0	0

Abbildung 2: Personalisierung des Vertragsrechts

Natürlich gilt die am Beispiel des Verzögerungsschadensersatzes veranschaulichte Personalisierung dispositiver Normen auch für andere dispositive Vertragsrechte: Ein Leistungsort etwa, der in Abweichung von der Grundregel des § 269 I BGB beim Gläubiger liegt[49], hat für Käufer mit Mobilitätseinschränkung oder weiter entfernt wohnende Kunden einen größeren Wert als für andere.[50] Das aus dem Fristsetzungserfordernis (vgl. §§ 281 I, 323 I BGB) folgende „Recht" der Verkäuferin zur zweiten Andienung ist für diese nur dann vorteilhaft, wenn sie die Nacherfüllung tatsächlich unter dem Marktpreis vornehmen kann.[51] Der Wertzuwachs, den ein Käufer aus dem Naturalerfüllungsanspruch, etwa § 433 I 1 BGB, zieht *(specific performance),* hängt insbesondere von dem ideellen Nutzen ab, der nicht durch Schadensersatz nach einem unter rein monetären Gesichtspunkten effizienten Vertragsbruch *(efficient breach)* kompensiert werden kann.[52]

---

[47] Zu Interventionskosten *Eidenmüller,* Effizienz als Rechtsprinzip, ^{4}2015, 106–111. Allg. zu Regelproduktionskosten sogleich auf S. 85 f.

[48] Die Darstellung ist orientiert an den von *Ben-Shahar/Porat,* U. Chi. L. Rev. 86 (2019), 255, 260 im Bereich des zwingenden Vertragsrechts verwendeten Übersichten.

[49] Zu § 269 BGB als Zweifelsregel gegen eine Bringschuld vgl. MünchKomm – *Krüger,* BGB, ^{9}2022, § 269 Rn. 5.

[50] Vgl. dazu *Porat/Strahilevitz,* Mich. L. Rev. 112 (2014), 1417, 1427.

[51] Vgl. *Riehm,* Der Grundsatz der Naturalerfüllung, 2015, S. 228; *Riha,* Ökonomische Analyse, 2007, S. 194 f., 234 f.; *Herresthal/Riehm,* NJW 2005, 1457, 1458.

[52] Vor diesem Hintergrund gewährt das *common law* bei Vertragsbruch *specific performance* als *equitable remedy* nur dann, wenn Schadensersatz in Geld keine hinreichende Kompensation wäre, also insb. bei Immobilienkaufverträgen und Verträgen, die einzigartige

2. Verallgemeinerung der Beispiele

Die beiden Beispiele zeigen, wie das dispositive Erbrecht und das dispositive Vertragsrecht personalisiert werden könnten. Die Überlegungen lassen sich allerdings verallgemeinern. So gelten die für die Personalisierung des Erbrechts sprechenden Erwägungen für den Bereich des gesamten unentgeltlichen Vermögenstransfers (a). Auch spielt die Dispositivität der jeweils betroffenen Rechte bei der Analyse grundsätzlich keine Rolle. Was für dispositive Rechte gilt, kann daher grundsätzlich auf das zwingende Recht übertragen werden (b).

a) Vom Erbrecht zum Recht der unentgeltlichen Transaktionen

Die Besonderheit des erbrechtlichen Beispiels liegt darin, dass das dispositive Erbrecht das *einseitige* Rechtsgeschäft des Testaments nachbildet.[53] Es sind also nur die Präferenzen des Erblassers maßgeblich, sodass eine Verbesserung des dispositiven Erbrechts ohne Kosten möglich ist. Die Rechtspräferenzen des Erblassers können also abgefragt werden, ohne Gut 2 (Preis) zu beachten.

Den Fall, dass lediglich die Präferenzen eines Rechtssubjekts für die Ausgestaltung des Rechts maßgeblich sind, gibt es allerdings nicht nur bei einseitigen Rechtsgeschäften. Auch in den Fällen, in denen es zu einem *unentgeltlichen* Transfer unter Lebenden kommt, sind grundsätzlich nur die Präferenzen des Schenkers maßgeblich, obwohl die deutsche Rechtsordnung die Schenkung als Vertrag ausgestaltet (vgl. §§ 516 ff. BGB).[54] Genauso wenig wie im Fall des Erbrechts schlägt sich nämlich eine Veränderung des Schenkungsrechts in einer Veränderung des zweiten Gutes des Güterbündels nieder. Anders gesagt: Sowohl der Erblasser als auch der Schenker muss für eine Verbesserung seiner Rechte nicht mit einer Veränderung des Preises rechnen. Die unmittelbare Präferenzspiegelung, die am Beispiel des dispositiven Erbrechts eingeführt wurde, lässt sich damit auf alle Fälle des unentgeltlichen Transfers übertragen.

Die Unentgeltlichkeit führt vor diesem Hintergrund also dazu, dass das Schenkungsrecht unter dem Gesichtspunkt der Präferenzverwirklichung anders

---

Güter betreffen, vgl. dazu *Posner,* Economic Analysis of Law, ^{9}2014, S. 145; *Schwartz,* Yale L.J. 89 (1979), 271, 272 ff. Für einen Fokus auf den Parteiwillen zur Entscheidung zwischen beiden Rechten *Markovits/Schwartz,* Va. L. Rev. 97 (2011), 1939. Allg. krit zur Lehre vom *efficient breach* etwa *Riehm,* Der Grundsatz der Naturalerfüllung, 2015, S. 173 ff.

[53] Vgl. im Personalisierungskontext auch *Grigoleit*, U. Chi. L. Rev. Online 2022 *(unilateral vs. bilateral personalization).*

[54] Im *common law* ist hingegen eine irgendwie geartete Gegenleistung für die Wirksamkeit des Vertrages erforderlich, vgl. grundlegend *Currie v. Misa* (1875) LR 10 Ex 893. Aus rechtsvergleichender Sicht vgl. *Fromholzer,* Consideration, 1997. Den Consideration-Gedanken in relativierter Form auch in Vorschriften des deutschen Rechts nachweisend *Grigoleit,* VersR 2018, 769, 770 f.

als die klassischen Austauschverträge zu behandeln ist.[55] Diese Andersartigkeit wird zum Teil mit dem Schlagwort der „Schwäche des unentgeltlichen Erwerbs“[56] zum Ausdruck gebracht. Zur Rechtfertigung dieser schwachen Stellung des Beschenkten wird dann entweder darauf abgestellt, dass der Beschenkte nichts weggegeben hat und damit weniger schutzwürdig ist[57] oder dass der Schenker aufgrund seines fremdnützigen Verhaltens zu privilegieren ist[58]. Der entscheidende Gesichtspunkt ist jedoch nicht die fehlende Schutzwürdigkeit des Beschenkten oder ein *nudge* in Richtung fremdnützigen Verhaltens, sondern vielmehr, dass in Unentgeltlichkeitskonstellationen alleine der Wille des Schenkers den Maßstab liefert: Nicht daraus, dass der Beschenkte nichts weggegeben hat, sondern daraus, dass er alles zu akzeptieren bereit ist, rechtfertigt sich aus ökonomischer Sicht das Haftungsprivileg des Schenkers. Für den vollständig informierten Beschenkten stellt jedes Haftungsprivileg nämlich nur eine Minderung des Erworbenen dar, solange es zum unentgeltlichen Vertragsschluss kommt. Andernfalls hätte er den Vertragsschluss von vornherein abgelehnt.

Sobald die Annahme fehlender Informationsasymmetrien[59] zwischen Schenker und Beschenktem gelockert wird, muss das Recht auch die Interessen des Beschenkten in gewissem Umfang schützen (vgl. §§ 521, 523 f. BGB). Dieser (paternalistische) Schutz ist allerdings grundsätzlich nur dann angezeigt, wenn es um Schäden jenseits des Schadensersatzes statt der Leistung geht. Bei Schäden nämlich, die sich auf das endgültig leistungsersetzende Äquivalenzinteresse[60] beziehen, droht selbst im Falle von Informationsasymmetrien bei einer Schenkung (mangels Erbringung einer Gegenleistung) schlimmstenfalls ein Nullsummenspiel. Dementsprechend sieht das Gesetz für dieses Interesse zumindest im Grundsatz nur eine Arglisthaftung vor (vgl. §§ 523 I, 524 I BGB).

b) Vom dispositiven zum zwingenden Vertragsrecht

Es liegt auf den ersten Blick nahe, die Überlegungen zur Präferenzverwirklichung auf das dispositive Recht[61] zu beschränken. Durch die Deutung des dis-

---

[55] *Grigoleit,* VersR 2018, 769, 781 f. ordnet die Gefälligkeitsschuldverträge vor diesem Hintergrund sogar als gesetzliche Schuldverhältnisse ein und beschränkt das rechtsgeschäftliche Element auf die Rechtsgrundabrede.

[56] Vgl. *Heck,* Grundriß des Schuldrechts, 1929, S. 289 ff. (§§ 92 f.); *Poelzig,* JZ 2012, 425, 428.

[57] In diese Richtung *dies.,* JZ 2012, 425, 428; *Grigoleit,* VersR 2018, 769, 770.

[58] In diese Richtung etwa *ders.,* VersR 2018, 769, 775 ff.

[59] Dazu auch unter § 4 (S. 139).

[60] Zur Zuweisung des endgültig leistungsersetzenden Äquivalenzinteresses zum Schadensersatz statt der Leistung vgl. *Grigoleit/Bender,* ZfPW 2019, 1, 24 f.

[61] Der Begriff des dispositiven Rechts wird hier funktional im Sinne von *default rule* verwendet. Erfasst ist damit jede Status-quo-Regel, die abbedungen werden kann. Zu diesem

positiven Rechts im Sinne der Theorie des vollständigen Vertrages[62] ist der Bezug zu den Präferenzen nämlich besonders präsent: Dispositive Normen sollen den hypothetischen Parteiwillen spiegeln, weil die Parteien andernfalls die dispositive Regel abbedingen würden und durch diesen *opt-out* unnötige Transaktionskosten entstünden. Die Transaktionskostensenkung durch Transaktionsersetzung (Transaktionskostensenkung II) entsprechend dem Grundsatz *mimic the market* ist hier also besonders präsent. Selbst die Frage der Personalisierung wird im Bereich des dispositiven Rechts schon seit längerer Zeit *unabhängig* von neuen technischen Möglichkeiten diskutiert. Soll der hypothetische Parteiwille darüber konkretisiert werden, was die Mehrheit der vertragsschließenden Parteien will *(what* most *parties would have wanted*[63] *– generelles Modell)* oder darüber, was die konkreten vertragsschließenden Parteien gewollt hätten *(what* those *parties would have wanted*[64] *– personalisiertes Modell)*[65]? Bisher determiniert angesichts der begrenzten Informationsverarbeitungskapazitäten die Entscheidung über den Grad an Personalisierung in gewissem Umfang auch den

funktionalen Begriffsverständnis *Bender,* JjZRW 2020, S. 33, 37. Für eine entsprechende Verwendung des Begriffs der *default rule* etwa *Ayres/Gertner,* Yale L.J. 99 (1989), 87, 87 f. Nach einem traditionellen Verständnis ist der Begriff des dispositiven Rechts *(ius dispositivum, diritto dispositivo, droit supplétif, derecho supletorio)* allerdings von seinem Anwendungsbereich her enger und inhaltlich voraussetzungsreicher: Er ist enger, weil er sich oft nur auf das die Vertragstypen ausformende, abdingbare Recht bezieht und damit etwa den Preis oder andere *essentialia negotii* nicht erfasst (in diese Richtung – allerdings für den Begriff der *default rule* – auch *Posner,* Fla. St. U. L. Rev. 33 [2006], 563, 575 f., 578 f.). Er ist inhaltlich voraussetzungsreicher, weil er oft im Zusammenhang mit gewissen Gerechtigkeitsvorstellungen verwendet wird und nicht nur als technische Ausgangsposition bei fehlender Entscheidung (zum technischen Ursprung des Begriffs der *default rule* vgl. *Clark,* Colum. L. Rev. 89 [1989], 1703, 1707). Die unterschiedlichen Sprachtraditionen darst. *Hesselink,* ERCL 1 (2005), 44, 56 ff. Obwohl hier im Ergebnis die normativen Implikationen des dispositiven Rechts betont werden, erscheint auf der begrifflichen Ebene ein möglichst weites, funktionales Verständnis zweckmäßig, um einen „kleinsten gemeinsamen Nenner" für den Diskurs zu schaffen, vgl. bereits *Bender,* ERCL 16 (2020), 366, 371 (Fn. 14). Monographisch zum dispositiven Recht *Kähler,* Begriff und Rechtfertigung, 2012; *Möslein,* Dispositives Recht, 2011; *Cziupka,* Dispositives Vertragsrecht, 2010.

62 Dazu bereits auf S. 1 (Fn. 3).

63 Vgl. etwa *Goetz/Scott,* Cal. L. Rev. 73 (1985), 261; *dies.,* Va. L. Rev. 69 (1983), 967, 971 (die allerdings auf S. 1024 für Individualisierung insofern offen sind, als der Gesetzgeber im Rahmen eines „Wörterbuches" verschiedene Vertragsklauseln zur Verfügung stellen könnte); *Hirsch,* Fordham L. Rev. 73 (2004), 1031, 1061 (für das dispositive Erbrecht und in Abgrenzung zu normativen Konzepten). Im Ansatz auch *Porat/Strahilevitz,* Mich. L. Rev. 112 (2014), 1417, 1423 ff.

64 Vgl. Restatement (Second) of Contracts, § 204 (1981) (eine Lückenfüllung mit einer Norm fordernd, die „reasonable in the circumstances" ist); § 2-202 U.C.C.

65 Allg. darst. *Ayres/Gertner,* Yale L.J. 99 (1989), 87, 91 f.; *Ayres,* S. Cal. Interdisc. L.J. 3 (1993), 1, 5 (insb. auf S. 13 mit einem nuancierenden Ansatz).

Zeitpunkt der Regelproduktion: Der erste, auf generellen Normen beruhende Ansatz erlaubt die Formulierung von Regeln *ex ante*. Der zweite, auf personalisierten Normen beruhende Ansatz lässt sich hingegen bisher nur durch eine einzelfallbezogene richterliche Lückenfüllung *ex post* verwirklichen, die im Wesentlichen dem deutschen Institut der ergänzenden Vertragsauslegung entspricht.[66] Angesichts dieser Vorarbeiten ist es somit nicht überraschend, dass sich auch die ersten Beiträge zur *datenbasierten* Personalisierung des Rechts von *Cass Sunstein*[67] sowie von *Ariel Porat* und *Igor Strahilevitz*[68] gerade mit der Personalisierung *dispositiver* Normen beschäftigen.

Insbesondere *Omri Ben-Shahar* und *Ariel Porat* haben jedoch gezeigt, dass auch die Personalisierung *zwingender* Vertragsnormen entsprechend den Präferenzen der Rechtssubjekte zu Wohlstandsgewinnen führen würde.[69] In der Tat sind bei genauerer Betrachtung die Erwägungen, die für eine präferenzbasierte Personalisierung des Rechts sprechen, völlig unabhängig von dem dispositiven oder zwingenden Charakter der Rechtsnorm *(Irrelevanzthese)*. Dies hängt damit zusammen, dass sich Effizienzgewinne im Falle der Personalisierung des dispositiven Rechts nicht nur durch die Vermeidung der Kosten eines *opt-out* erzielen lassen *(formelle Analyse des dispositiven Rechts)*, sondern auch durch die Treffgenauigkeit der Vorschrift für den Fall, dass es nicht zu einem *opt-out* kommt *(substantielle Analyse des dispositiven Rechts)*: Wer *cheapest cost avoider*[70] ist, hängt eben nicht von der Möglichkeit eines *opt-out* ab.[71] Selbst wenn

---

[66] Nachw. zum Verhältnis von dispositivem Recht und ergänzender Vertragsauslegung bereits auf S. 20 (Fn. 107).

[67] *Sunstein,* U. Pa. L. Rev. 162 (2013), 1, 48–55 beschäftigt sich, soweit ersichtlich, als erster mit der Personalisierung des dispositiven Rechts auf der Grundlage von Big-Data-basierten Persönlichkeitsprofilen. Der Gedanke der personalisierten dispositiven Normen als regulatives Instrument der Verhaltenssteuerung findet sich jedoch bereits bei *Johnson/Goldstein,* in: Shafir (Hrsg.), The Behavioral Foundations of Public Policy, 2013, S. 417, 423 f. und zuvor im kommerziellen Kontext bei *Goldstein/Johnson/Herrmann* u. a., Harv. Bus. Rev. 86 (2008), 99.

[68] Der grundlegende Artikel von *Porat/Strahilevitz,* Mich. L. Rev. 112 (2014), 1417 ist der erste, der sich vollständig der daten- und persönlichkeitsbasierten Personalisierung des dispositiven Rechts widmet. Er baut nicht nur auf der soeben erwähnten Analyse von *Sunstein* auf, sondern insb. auch auf dem neoklassischen Diskurs zum optimalen Zuschnitt dispositiver Normen, vgl. insb. *Ayres,* S. Cal. Interdisc. L.J. 3 (1993), 1, 4 ff.; *Ayres/Gertner,* Stan. L. Rev. 51 (1999), 1591, 1593, 1596 ff.; *Geis,* Tul. L. Rev. 80 (2006), 1109.

[69] *Ben-Shahar/Porat,* U. Chi. L. Rev. 86 (2019), 255.

[70] Zum Begriff *Calabresi,* The Costs of Accidents, 1970, S. 311 (im Bereich des Deliktsrechts).

[71] Zu diesen zwei Arten (formell vs. substantiell) der ökonomischen Analyse des dispositiven Rechts vgl. *Bender,* ERCL 16 (2020), 366, 379. Besonders deutlich zur Verallgemeinerungsfähigkeit der präferenzbasierten *cost-benefit-analysis* vgl. *Patterson,* S. Cal. Interdisc. L.J. 3 (1993), 235, 268 f. und insb. 278 f. („If the purpose of contract law is to achieve efficiency [for example], why do we want something like the parties' actual agreement [as opposed to what they would have agreed to] to get in the way of the achievement of efficiency? The

die Opt-out-Kosten außer Betracht bleiben, so spricht die Reduktion von Approximationsfehlerkosten immer noch für die möglichst personalisierte Gestaltung des Vertragsrechts.[72]

Auch die Einsicht, dass der dispositive oder zwingende Charakter einer Rechtsnorm für die neoklassische ökonomische Analyse unter Effizienzgesichtspunkten gar keine Rolle spielt, ist bei genauerer Betrachtung wiederum keineswegs überraschend: Die ökonomische Analyse operiert grundsätzlich mit der Annahme, ein Vertrag bringe keine Externalitäten hervor.[73] Dann aber kann sich der zwingende Charakter nur aus paternalistischen Erwägungen ergeben, also aus dem Schutz der Parteien vor sich selbst.[74] Diese Schutzerwägungen haben aber erst dann einen Platz in der Analyse, wenn die neoklassische Annahme vollständiger Rationalität aufgegeben wird.[75] Auch das positive Recht behandelt den Inhalt einer Vorschrift und ihre Abdingbarkeit grundsätzlich unabhängig voneinander: Ein und dieselbe Vorschrift (etwa § 437 BGB) ist einmal (halbseitig) zwingend (so im Fall des Verbrauchsgüterkaufs gem. § 476 I BGB) und einmal dispositiv (so im Übrigen entsprechend dem Grundsatz der Vertragsfreiheit, vgl. § 311 I BGB).

3. Abstrakte Analyse

Im Folgenden sollen die anhand der konkreten Beispiele aufgezeigten Vorteile der Personalisierung kritisch gewürdigt werden. Es geht darum, wie sich verschiedene Kosten in Abhängigkeit vom Grad der Personalisierung (also der Zu-

---

justification for Ayres and Gertner's scheme [stellvertretend für einen effizienzbasierten Ansatz] of default rules applies in precisely the same way to what the parties have agreed upon as it does to what they would have agreed upon. On their own terms, there is simply no reason to preclude extension of the logic of their argument to the [actual] agreed-upon terms of agreement."), 279 (Fn. 158) („Put simply, if the purpose of contract law is to achieve efficiency, then the agreement of the parties is superfluous to the degree that it fails to achieve efficiency."), 310–313 (aus ökonomischer Sicht nur auf der Grundlage begrenzter staatlicher Information und hoher Implementierungskosten dagegen argumentierend).

72 Zu den Begriffen der Opt-out-Kosten und der Approximationsfehlerkosten sogleich.

73 Zur (normativen) Annahme, das Vertragsrecht bringe keine Externalitäten hervor, *Posner,* Economic Analysis of Law, 92014, S. 14. Ferner *Holmes, Jr.,* Harv. L. Rev. 10 (1897), 457, 466. Letztendlich auch BVerfGE 105, 252, 265: „Art. 12 Abs. 1 GG sichert [...] die Teilhabe am Wettbewerb nach Maßstabe seiner Funktionsbedingungen. Die grundrechtliche Gewährleistung erfasst dementsprechend nicht einen Schutz vor Einflüssen auf die wettbewerbsbestimmenden Faktoren.").

74 Zu Paternalismus und Externalitäten als Rechtfertigung zwingenden Rechts bereits auf S. 2 (Fn. 4).

75 Zur verhaltensökonomischen Personalisierung des Rechts mit dem Ziel des Paternalismus unter § 4 (S. 133 ff.).

nahme interner Komplexität[76]) in der Tendenz[77] verändern. Dabei geht es im Folgenden (anders als in den einführenden Beispielen) nicht um die *individuellen*, sondern um die *gesamtgesellschaftlichen* Kosten, es sei denn, es wird explizit von individuellen Kosten gesprochen.

a) Die einfache Kostenfunktion des Personalisierungsprojekts

Der Grad an Personalisierung des Rechts lässt sich als x bezeichnen, die in Abhängigkeit vom Grad der Personalisierung entstehenden Kosten als Kostenfunktion f(x).[78]

Das Personalisierungsprojekt beachtet nur *eine* Art von Kosten: die Kosten, die dadurch entstehen, dass eine Regel schon nach ihrem Tatbestand nicht den Präferenzen der Rechtssubjekte entspricht.[79] Es handelt sich also um die Kosten einer bewusst in Kauf genommenen *over-* und *underinclusiveness*[80], die hier als *Approximationsfehler des Typs 1* – $a_1(x)$ – bezeichnet werden. Die Approximationsfehler des Typs 1 nehmen, wie die einführenden Beispiele gezeigt haben, mit zunehmender Detailgenauigkeit ab, weil das Recht dann den individuellen Präferenzen in erhöhtem Maße Rechnung tragen kann. Dabei werden die ersten Differenzierungen mehr Wohlstandsgewinne bringen als spätere Differenzierungen, weil spätere Differenzierungen nur noch die Feinsteuerung innerhalb von im Grundsatz passenden Kategorien betreffen. Die Approximationsfehler des Typs 1 lassen sich also durch eine fallende, konvexe Kurve beschreiben.

Dieser Zusammenhang gilt bereits jetzt – unabhängig von neuen Technologien. Das Neue des Personalisierungsprojekts liegt dementsprechend nicht darin, den (fast schon tautologischen) Zusammenhang zwischen dem Grad an Detailgenauigkeit und dem Rückgang von *over-* und *underinclusiveness* aufgezeigt zu

---

[76] Zu diesem Begriffsverständnis (Personalisierung als Zunahme interner Komplexität) bereits unter § 2 (S. 36).

[77] Zur Möglichkeit bloßer Tendenzaussagen *Ayres,* S. Cal. Interdisc. L.J. 3 (1993), 1, 13. Aus dem deutschen Diskurs vgl. etwa *Larenz/Canaris,* Lehrbuch des Schuldrechts II/2, [13]1994, S. 417 (§ 75 III 4 h) („Insbesondere ermöglicht auch die ‚ökonomische Analyse' in aller Regel nicht, im konkreten Einzelfall eine zahlenmäßige Quantifizierung von Parametern wie Wahrscheinlichkeit einer Verletzung, Größe des mutmaßlichen Schadens und Höhe des [beiderseitigen] Vermeidungsaufwands vorzunehmen; sie ist im Gegenteil geeignet, in dieser Hinsicht illusionäre Erwartungen zu wecken.").

[78] Vgl. auch *Ehrlich/Posner,* J. Leg. Stud. 3 (1974), 257, 272 („social loss function").

[79] Im vertraglichen Bereich geht es also um Maximierung des *joint surplus*, vgl. *Ben-Shahar/Porat,* U. Chi. L. Rev. 86 (2019), 255, 257. Ferner *Porat/Strahilevitz,* Mich. L. Rev. 112 (2014), 1417, 1428. Im außervertraglichen (deliktischen) Bereich geht es um den durch passgenaue Sanktionen verwirklichten Gewinn, also um *optimal deterrence*, vgl. dazu *Kaplow,* J.L. Econ. & Org. 11 (1995), 150; *Ehrlich/Posner,* J. Leg. Stud. 3 (1974), 257, 262.

[80] Zu *over-* und *underinclusiveness* bereits auf S. 2 (Fn. 6).

haben. Neu ist es vielmehr, alle *weiteren* Kosten bei der Analyse unter Verweis auf Big Data zu ignorieren, also anzunehmen: $f(x) = a_1(x)$. Das Personalisierungsprojekt wirft durch diese Vereinfachung allerdings wenig Erkenntnisgewinn ab: Unter der Annahme, (i) das Recht solle Wohlstandsgewinne verwirklichen (Effizienz als Ziel der ökonomischen Analyse) und (ii) personalisiertes Recht führe zu Wohlstandsgewinnen ($f[x] = a_1[x]$), lässt sich natürlich folgern, (iii) dass das Recht personalisiert werden solle. Die eigentliche Aufgabe – zu untersuchen, inwiefern es tatsächlich gerechtfertigt ist[81], alle *weiteren* Kostenfaktoren aufgrund der Existenz neuer Technologien zu ignorieren – wird dadurch allerdings vermieden. Gerade die im vorangehenden Kapitel eingeführten, strukturell mit Big Data verbundenen Approximationsfehler lassen den pauschalen Optimismus des Personalisierungsprojekts mit Blick auf neue Informationstechnologien allerdings wenig begründet erscheinen.

b) Beachtung weiterer Kostenfaktoren

Im Folgenden soll aufgezeigt werden, dass der Grad an Personalisierung Auswirkungen auf weitere Kostenfaktoren hat, sodass im Rahmen einer Betrachtung dieser weiteren Kostenfaktoren tendenziell eher ein leichter bis mittlerer Grad an Personalisierung anzustreben ist. Dabei werden zunächst der Einfachheit halber *Opt-out-Kosten* ausgeblendet *(Vereinfachung 1)*. Es wird außerdem davon ausgegangen, dass die rechtlichen Vorschriften *ex ante* als *Regel* erlassen wurden *(Vereinfachung 2)*.

aa) Approximationsfehlerkosten a(x)

Das Personalisierungsprojekt beachtet nur die bewusst in Kauf genommenen Approximationsfehler, also die *Approximationsfehler des Typs 1* – $a_1(x)$. Zu Approximationsfehlern kann es aber auch unbewusst dadurch kommen, dass die für einen Sachverhalt maßgebliche Regelung falsch ermittelt wird.[82] Es gibt also

---

[81] Vgl. auch *Grigoleit/Bender,* in: Busch/De Franceschi (Hrsg.), Personalized Law, 2021, S. 115, 117 f. (Rn. 8 f.).

[82] Vgl. insb. *Ehrlich/Posner,* J. Leg. Stud. 3 (1974), 257, 260 f., 266 (mit dem Hinweis auf die längere Prozessdauer bei komplexen Normen, die einen größeren Verlust von Beweismaterial herbeiführt). Ferner *Ayres/Gertner,* Yale L.J. 99 (1989), 87, 93 (die Kosten richterlicher Lückenfüllung im Rahmen seines Arguments für *penalty default rules* hervorhebend). Ähnlich (im Kontext von *structured decisionmaking*) *Kaplow,* Harv. L. Rev. 132 (2019), 992, 1059 f. Hingegen diese Kostenart ignorierend *ders.,* J.L. Econ. & Org. 11 (1995), 150 (Fn. 1); *ders.,* Duke L.J. 42 (1992), 557. Ferner *Schlag,* UCLA L. Rev. 33 (1985), 379, 385, 400 (auf den Nachteil der „manipulability" von standards hinweisend); *Schauer,* Harv. J.L. & Pub. Pol'y 14 (1991), 645, 691 („Rules make it harder rather than easier to assert the specialness of the asserter, and make it harder for a decisionmaker to cast aside the decisions of others in

auch *Approximationsfehlerkosten des Typs 2 – $a_2(x)$*. Während sich die Approximationsfehlerkosten des Typs 1 unmittelbar aus dem sicher eintretenden Wohlstandsverlust ergeben, sind die Approximationsfehlerkosten des Typs 2 von der jeweiligen Wahrscheinlichkeit des Eintritts eines Fehlers abhängig. Auf *individueller* Ebene sind die Approximationsfehlerkosten des Typs 2 somit das Produkt aus der Wahrscheinlichkeit eines Fehlers und der Höhe des zu erwartenden Wohlstandsverlusts. Die *gesamtgesellschaftlichen*, hier interesssierenden Approximationsfehlerkosten des Typs 2 ergeben sich durch ihre Kumulation. Die Wahrscheinlichkeit hängt dabei wiederum von x ab. Dies liegt daran, dass die *Wahrscheinlichkeit* eines unbewussten Fehlers mit größerem x steigt, weil die Informationsgrundlage dünner wird und sich außerdem die Rechtsanwendungsvorgänge vermehren (mehr Tatbestandsmerkmale). Der zu erwartende *Wohlstandsverlust* pro Fehler bleibt hingegen tendenziell konstant. Zwar scheint es auf den ersten Blick naheliegend, bei steigendem x von einem geringer werdenden Wohlstandsverlust auszugehen, weil die fehlerhafte Beurteilung nur eines von vielen Tatbestandsmerkmalen geringere Auswirkungen hat. Die Mehrheit der Sachverhalte wird allerdings juristisch durch kumulative Kriterien auf Tatbestandsseite und eine binäre Rechtsfolgenstruktur entschieden: Schadensersatz wird gewährt oder nicht, ein Anspruch auf Übergabe und Übereignung besteht oder nicht, die Genehmigung wird erteilt oder nicht. Angesichts dieser Struktur ist es plausibel anzunehmen, dass sich bei der fehlerhaften Beurteilung nur eines Tatbestandsmerkmals der gesamte Wohlstandsverlust in konstanter Höhe realisiert.[83] Die Approximationsfehlerkostenfunktion hängt damit nicht nur von Approximationsfehlern des Typs 1, sondern auch von Approximationsfehlern des Typs 2 ab: $a(x)=a_1(x)+a_2(x)$. Unter Beachtung der Approximationsfehler des Typs 2 ist das Optimum an Personalisierung nicht mehr das Maximum der Personalisierung. Es erscheint vielmehr plausibel, dass die durch a(x) beschriebene

order to take full control of the situation."); *Schäfer,* LDR 12 (2019), 425 (deshalb Regeln für Entwicklungsländer befürwortend). Speziell im Kontext des dispositiven Rechts vgl. *Schwartz/Scott,* Va. L. Rev. 102 (2016), 1523, insb. 1556 f. (aufgrund des Erkenntnisproblems für einige wenige, *transcontextual default rules* argumentierend); *Ayres/Gertner,* Yale L.J. 99 (1989), 87, 91; *Goetz/Scott,* Cal. L. Rev. 73 (1985), 261; *Goetz/Scott,* Va. L. Rev. 69 (1983), 967, 971. Für das Deliktsrecht vgl. ferner *Posner,* Economic Analysis of Law, [9]2014, S. 196; *Shavell,* Economic Analysis, 1987, 86 ff. Im Personalisierungskontext vgl. *Busch,* U. Chi. L. Rev. 86 (2019), 309, 314.

[83] Die Kostenkurve nähert sich irgendwann dem Kostenniveau an, das besteht, wenn über jedes Tatbestandsmerkmal willkürlich (z. B. durch Münzwurf) entschieden wird. Diese erneute Abflachung spielt in der Analyse aber keine Rolle, weil das willkürliche Niveau auch schlicht ohne rechtliche Differenzierungen billiger erreicht werden könnte. Solange eine rechtliche Regel überhaupt sinnvoll ist, liegt das Optimum nicht bei diesem willkürlichen Kostenniveau.

Kurve zunächst fällt, im Bereich großer x allerdings wieder ansteigt.[84] Anzustreben ist dann ein gewisses Mittelmaß an Personalisierung, auf das die in der nachfolgenden Abbildung durch Pfeile gekennzeichneten, gegenläufigen Tendenzaussagen beider Typen von Approximationsfehlerkosten hinweisen.

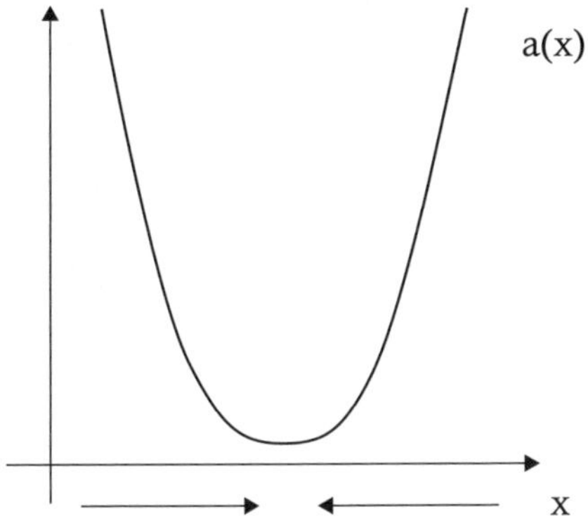

Abbildung 3: Approximationsfehlerkostenfunktion a(x)

bb) Regelproduktionskosten r(x)

Das Personalisierungsprojekt beachtet bei der Analyse nicht die Regelproduktionskosten r(x). Die Regelproduktionskosten sind die Kosten, die durch die Ausarbeitung der konkreten, fallentscheidenden Regelungen entstehen.[85] Sie nehmen mit dem zunehmenden Grad an Personalisierung zu, weil mehr Informationen zur Ausarbeitung der Regel verwertet werden müssen.[86] Dabei ist es plausibel anzunehmen, dass sich zunächst eine Reihe von Informationen leicht abgreifen lassen (etwa Alter oder Geschlecht) und später für die gleichen Vorteile einer Informationseinheit mehr Kosten investiert werden müssen. Die Regelproduktionskosten lassen sich also durch eine konvexe, steigende Kurve

---

[84] Die Funktion a(x) ähnelt also einer U-förmigen Durchschnittskostenkurve, die die Effekte einer konvex fallenden und einer konvex steigenden Kurve addiert, vgl. *Varian,* Mikroökonomik, 92016, S. 442.

[85] Vgl. *Ayres/Gertner,* Yale L.J. 99 (1989), 87, 93 (für das dispositive Recht). Indirekt *Kaplow,* Duke L.J. 42 (1992), 557, 591. Grundsätzlich ignoriert er die Regelproduktionskosten *(promulgation costs)* hingegen (vgl. *ders.,* J.L. Econ. & Org. 11 [1995], 150) im Rahmen seiner Analyse zur Komplexität, in der er nur auf *enforcement costs* abstellt, oder er behandelt die Regelproduktionskosten als nicht vom Grad der Komplexität abhängende Fixkosten (vgl. *ders.,* Duke L.J. 42 [1992], 557, 568 f. im Rahmen seiner Analyse zu Regeln und Standards). Allg. zu Information als Voraussetzung der Regelproduktion *Ben-Shahar/Porat,* Personalized Law, 2021, S. 201 ff.

[86] Vgl. auch *Ehrlich/Posner,* J. Leg. Stud. 3 (1974), 257, 267.

beschreiben. Werden die Regelproduktionskosten im Rahmen der Gesamtkostenkurve f(x) = a(x) + r(x) berücksichtigt, verschiebt sich das Optimum der Personalisierung in Richtung Generalität.

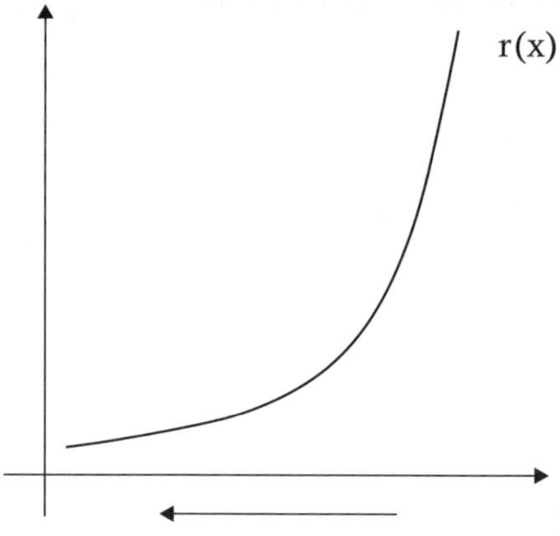

Abbildung 4: Regelproduktionskostenfunktion r(x)

cc) Informationskosten i(x) und Unsicherheitskosten u(x)

Ein weiterer, im Rahmen des Personalisierungsprojekts vernachlässigter Kostenpunkt sind Informationskosten i(x). Informationskosten bestehen auf *individueller* Ebene aus den Kosten, die ein Individuum aufwenden muss, um Kenntnis vom Inhalt des maßgeblichen Rechts und dem zu entscheidenden Sachverhalt zu erlangen.[87] Auf *gesamtgesellschaftlicher* Ebene sind die individuellen Kosten mit der Anzahl n der Individuen zu multiplizieren, die sich tatsächlich informieren. Es gibt darüber hinaus Kosten, die gerade dadurch entstehen, dass sich ein Individuum *nicht* informiert. Diese Kosten lassen sich als Unsicherheitskosten u(x) beschreiben.[88] Ihr genauer Inhalt kann jedoch erst nach Einfüh-

[87] Im Bereich des Regulierungsrechts vgl. *Kaplow,* J.L. Econ. & Org. 11 (1995), 150, 151 („Actors seeking to comply with more complex rules may need to expend resources to learn how the rules apply to their contemplated acts."). Im Kontext von dispositiven Vorschriften *Bar-Gill/Ben-Shahar,* U. Chi. L. Rev. 88 (2021), 531. Im Personalisierungsdiskurs *Bender,* ERCL 16 (2020), 366, 392.

[88] Vgl. *Kaplow,* J.L. Econ. & Org. 11 (1995), 150, 151 („[...] because acquiring information is costly, some will choose not to learn the rules, so their behavior will not be guided by the rules' more precise commands."). Ferner *Ayres,* S. Cal. Interdisc. L.J. 3 (1993), 1, 8 f.; *Kaplow,* Duke L.J. 42 (1992), 557, 592 sowie allg. zum Phänomen der Informationskosten auf S. 569, 572 f., 596 ff.; *Ehrlich/Posner,* J. Leg. Stud. 3 (1974), 257, 270. Etwaige immaterielle, freiheitsspezifische Kosten uninformierter Bürger sollen im Rahmen der ökonomischen Erwägungen hingegen keine Beachtung finden, da sich diese Gesichtspunkte besser unmittelbar durch normative Argumente begründen lassen. Ausf. dazu unter § 5 (S. 177 ff.).

rung der Opt-out-Kosten definiert werden.[89] Ein Individuum wird sich grundsätzlich dann informieren, wenn die individuellen Unsicherheitskosten die individuellen Informationskosten übersteigen. Andernfalls wird es sich nicht informieren *(rational ignorance)*.[90] Natürlich besteht auch die Möglichkeit einer Teilinformation, die sogar den empirischen Regelfall bilden dürfte.

Die Informationskosten i(x) nehmen zunächst mit einem größeren Grad an Personalisierung zu, weil mehr Information verarbeitet werden muss. Es erscheint wiederum plausibel, zunächst einen konvexen Kurvenverlauf anzunehmen, weil einige wenige Differenzierungen leicht zu verstehen sind und dem Individuum einen relativ großen Nutzen bringen, spätere Informationseinheiten aber mehr Kosten bei gleichem Nutzen verursachen. Ab einem gewissen Punkt werden sich die Individuen weniger und schließlich gar nicht mehr informieren *(rational ignorance)*. Die Steigung der Funktion i(x) nimmt also ab. Irgendwann fällt die Kurve, um sich einem niedrigen Kostenniveau anzunähern. Die Informationskosten sind also bei einem besonders niedrigen und einem besonders hohen Grad an Komplexität gering.

Die Unsicherheitskosten u(x) fangen hingegen ab dem x (zunächst schwach, dann stärker) zu steigen an, ab dem das Individuum Kosten der Uninformiertheit in Kauf nimmt, also ab dem x, auf dem der zweite Wendepunkt der Kurve von i(x) liegt. Sie nähern sich ab einem gewissen Punkt dem Kostenniveau an, das sich bei minimaler Informiertheit einstellt. Betrachtet man die Summenfunktion aus i(x) und u(x), so liegt das Optimum im Bereich niedriger x. Informations- und Unsicherheitskosten sprechen also grundsätzlich für generelle Vorschriften.

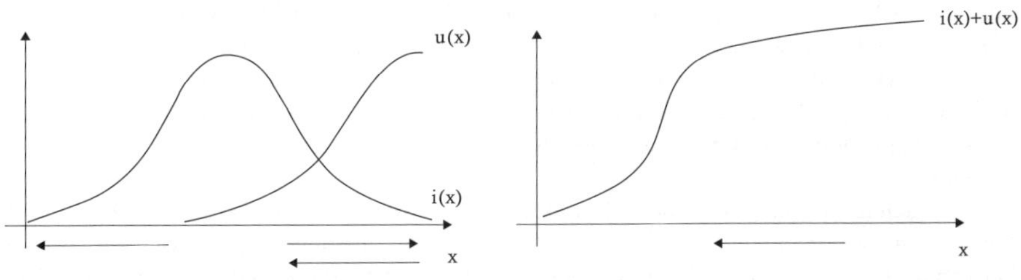

Abbildung 5: Informationskostenfunktion i(x), Unsicherheitskostenfunktion u(x) und ihre Summenfunktion i(x) + u(x)

[89] Dazu sogleich bei Aufgabe der Vereinfachung 1 (S. 91 f.).

[90] Speziell im Kontext des Normdesigns *Kaplow,* Duke L.J. 42 (1992), 557, 572 f.; *Bar-Gill/Ben-Shahar,* U. Chi. L. Rev. 88 (2021), 531, 545 ff. Allg. zu *rational ignorance* bereits *Knight,* Risk, Uncertainty and Profit, 1921, S. 67 Fn. 1 („[…] the rational thing to do is to be irrational, where deliberation and estimation cost more than they are worth.") sowie im Public-Choice-Kontext grundlegend *Downs,* An Economic Theory of Democracy, 1957, S. 220 ff., 260 ff. Ausf. zum Rationalitätsbegriff unter § 4 (S. 134–136).

c) Beachtung von Opt-out-Kosten o(x) (Aufgabe der Vereinfachung 1)

Bisher wurden der dispositive oder zwingende Charakter einer Vorschrift und die gegebenenfalls entstehenden *Opt-out-Kosten o(x)* in der Analyse nicht beachtet. Diese Vereinfachung soll im Folgenden aufgegeben werden. Es wird gezeigt, dass sich entsprechend der bereits eingeführten Irrelevanzthese und entgegen der herrschenden Meinung[91] der anzustrebende Grad an interner Komplexität nicht durch die Dispositivität der Vorschrift verändert. Auch bei einer dispositiven Vorschrift ist im Grundsatz ein mittlerer Grad an Personalisierung optimal. Um die Irrelevanzthese zu begründen, wird im Folgenden das Verhältnis der Opt-out-Kosten zu den bereits eingeführten Kostenkategorien untersucht.

aa) Opt-out-Kosten o(x) und Approximationsfehlerkosten a(x)

Opt-out-Kosten sind diejenigen Kosten, die Individuen für einen *opt-out* aufwenden.[92] Auf *individueller* Ebene handelt es sich um die *Fixkosten b*, die unabhängig vom Grad an Detailgenauigkeit anfallen.[93] Zu diesen Opt-out-Fixkosten gehören die Vertragsabschlusskosten (Notarkosten, Fahrtkosten, Vertragsentwurfskosten, etc.)[94], aber auch etwaige Fehlerkosten, die durch eine falsche Abfassung des Vertrages durch die Parteien oder durch seine falsche Auslegung durch die Gerichte hervorgerufen werden[95]. Der Begriff des *opt-out* ist zwar im

---

[91] Vgl. *Kaplow,* Duke L.J. 42 (1992), 557, 619 („Background laws [dispositive Normen] raise different issues, and therefore would require that yet another framework be created."); *Ayres,* S. Cal. Interdisc. L.J. 3 (1993), 1, 2 („The rather minimal thesis of this paper is that the ability of private parties to contract around rules or standards affects their optimal level of precision."), 10 ff. Allgemein (wenngleich nicht mit Blick auf den Grad an Komplexität) *Bar-Gill/Ben-Shahar,* U. Chi. L. Rev. 88 (2021), 531, 534, 539, 553 f. Ferner *Ehrlich/Posner,* J. Leg. Stud. 3 (1974), 257, 273.

[92] Zu den Kosten eines *opt-out* vgl. *Johnson/Goldstein,* in: Shafir (Hrsg.), The Behavioral Foundations of Public Policy, 2013, S. 417, 421 („effort tax"); *Samuelson/Zeckhauser,* J. Risk Uncertain. 1 (1988), 7, 33 ff.; *Ayres/Gertner,* Stan. L. Rev. 51 (1999), 1591, 1598 f.; *Ayres,* Yale L.J. 121 (2012), 2032, 2076 (am Beispiel der holographischen Form); *Bender,* JjZRW 2020, S. 33, 39 f.; *ders.,* ERCL 16 (2020), 366, 380, 383 f.; *Tobisch,* Dispositives Recht und Grundgesetz, 2021, S. 116 f. Das Unterlassen eines *opt-out* mit *inertia* zu erklären (so *Sunstein,* U. Pa. L. Rev. 162 [2013], 1, 17–20), ist dabei nicht ganz glücklich, weil das in Richtung eines *behavioral bias* weist, obwohl es durchaus rational sein kann, die mit einem *opt-out* verbundenen Kosten zu vermeiden.

[93] Vgl. allg. *Ayres,* Yale L.J. 121 (2012), 2032, 2036; *Posner,* Economic Analysis of Law, 92014, S. 99; *Hesselink,* ERCL 1 (2005), 44, 90. Ferner *Bender,* ERCL 16 (2020), 366, 380.

[94] *Bar-Gill/Ben-Shahar,* U. Chi. L. Rev. 88 (2021), 531, 534 f. (insofern prägnant von *mechanical costs* sprechend).

[95] Dazu *Goetz/Scott,* Cal. L. Rev. 73 (1985), 261, 263.

Zusammenhang mit dispositiven Vorschriften gebräuchlich. Zwingende Vorschriften lassen sich jedoch auch unter diesem Gesichtspunkt analysieren – nur nehmen hier die Opt-out-Kosten die Form von Sanktionskosten an, die sich als das Produkt aus den Kosten der Sanktion für den Verstoß gegen die zwingende Vorschrift (ihre „Abbedingung“) und der Wahrscheinlichkeit der Sanktionierung beschreiben lassen. Diese Sichtweise harmoniert mit dem rechtsrealistischen Verständnis, nach dem Sanktionen ohnehin nur als Preis für einen Rechtsbruch betrachtet werden *(law as price).*[96]

Die *gesamtgesellschaftlichen* Opt-out-Kosten hängen jedoch auch von der *Anzahl* n der *opt-outs* ab, die wiederum durch die jeweilige individuelle Entscheidung für oder gegen einen *opt-out* bestimmt wird. Ein Individuum wird sich grundsätzlich für einen *opt-out* entscheiden, wenn es davon ausgeht, dass die drohenden individuellen Approximationsfehlerkosten größer sind als die bei einem *opt-out* anfallenden individuellen Fixkosten, also wenn gilt: $a_i(x) > b_i$.[97] Da die Approximationsfehlerkosten vom Grad der Personalisierung x abhängen, beeinflusst der Grad an Personalisierung x auch die Anzahl n der *opt-outs*: An dem Punkt, an dem die Approximationsfehlerkosten am geringsten sind, kommt es auch zu den wenigsten *opt-outs*. Das Minimum von a(x) entspricht damit dem Minimum von n(x). Für die gesamtgesellschaftlichen Opt-out-Kosten o(x) gilt: $o(x) = b^* n(x)$. Da der Faktor b keinen Einfluss auf den Tiefpunkt der Funktion hat, liegt auch das Minimum von o(x) bei dem Minimum von a(x). Opt-out-Kostenfunktion und Approximationsfehlerkostenfunktion haben also ein ähnliches Steigungsverhalten.

---

[96] Dieser ökonomische Blick auf Sanktionen geht letztendlich zurück auf den rechtsrealistisch-ökonomischen Ansatz von *Holmes*, vgl. etwa *Holmes, Jr.,* Harv. L. Rev. 10 (1897), 457, 459 („If you want to know the law and nothing else, you must look at it as a bad man, who cares only for the material consequences which such knowledge enables him to predict, not as a good one, who finds his reasons for conduct, whether inside the law or outside of it, in the vaguer sanctions of conscience.“). Für moderne Versionen der Law-as-Price-Theorie (Gegensatz: Law-as-Limit-Theorie) vgl. *Fischel,* Vand. L. Rev. 35 (1982), 1259, 1290; *Easterbrook/Fischel,* Mich. L. Rev. 80 (1982), 1155, 1168 (Fn. 36), 1177 (Fn. 57) („[...] the idea of optimal sanctions is based on the supposition that managers not only may but also should violate the rules when it is profitable to do so.“). Krit. *Williams,* N.C. L. Rev. 76 (1998), 1265, 1267 f.; *Cooter,* Colum. L. Rev. 84 (1984), 1523; im Anschluss daran *Fleischer,* ZIP 2005, 141, 147. Für eine ähnliche Unterscheidung im Bereich des anwaltlichen Berufsrechts *(legal ethics),* vgl. *Pepper,* Yale L.J. 104 (1995), 1545, 1559, 1576 f. *(law as cost vs. law as prohibition).* Allg. darst. *Mercuro/Medema,* Economics and the Law, ²2006, S. 104 *(legal rules as price* als Charakteristium der *Chicago School).*

[97] Vgl. *Bar-Gill/Ben-Shahar,* U. Chi. L. Rev. 88 (2021), 531, 545. Implizit auch *Ehrlich/Posner,* J. Leg. Stud. 3 (1974), 257, 273. Das tiefgestellte i bringt hier zum Ausdruck, dass es um individuelle Kosten geht.

Zusammenfassend lässt sich also sagen: (i) Bei niedriger interner Komplexität, also niedrigem x, werden relativ hohe Kosten durch *opt-outs* entstehen, weil die Vorteile der *opt-outs* hoch sind: durch sie lassen sich die hohen Approximationsfehlerkosten des Typs 1 vermeiden. (ii) Bei mittlerem x sind die Ergebnisse der Opt-out-Kostenfunktion niedrig, weil hier in der Regel die individuellen Kosten eines *opt-out* die individuellen Approximationsfehlerkosten übersteigen. (iii) Bei hohem x sind die Ergebnisse der Opt-out-Kostenfunktion wieder hoch, weil die Approximationsfehlerkosten des Typs 2 durch einen *opt-out* vermieden werden sollen.[98] Aus diesen Überlegungen folgt, dass auch unter Beachtung der Opt-out-Kosten tendenziell ein mittlerer Grad an Personalisierung anzustreben ist. Unterschiede zwischen zwingenden und dispositiven Vorschriften ergeben sich also mit Blick auf die Frage der optimalen Personalisierung nicht.

Bisher wurden die Auswirkungen der Approximationsfehlerkosten auf die Opt-out-Kosten veranschaulicht. Dabei wurde davon ausgegangen, dass die Approximationsfehlerkosten nicht durch die Möglichkeit eines *opt-out* verändert werden. Tatsächlich aber beeinflusst die Möglichkeit eines *opt-out* auch die Approximationsfehlerkosten, weil die Fälle, in denen sich die gesetzlichen Fehler auswirken, abnehmen. In jedem Fall nämlich, in dem es zu einem *opt-out* kommt, fallen nur die Opt-out-Fixkosten, nicht auch die Approximationsfehlerkosten an. Auch dieser Umstand ändert aber nichts daran, dass das anzustrebende Optimum nach wie vor in der Mitte liegt: Die Auswirkungen der Opt-out-Möglichkeit führen nur dazu, dass die von der Approximationsfehlerkostenfunktion beschriebene Kurve weniger stark fällt und steigt. Sie wird also an den Rändern abgeflacht.

bb) Opt-out-Kosten o(x) und Regelproduktionskosten r(x)

Bei *isolierter* oder *absoluter* Betrachtung der Regelproduktionskosten r(x) ergeben sich durch die Dispositivität der Vorschrift gar keine Änderungen, denn Kosten dieser Art hängen von den für die Fassung des Inhalts einer Norm erforderlichen Informationen ab. Der Aufwand für die Informationsbeschaffung für die Fassung des Inhalts der Norm ist jedoch unabhängig von ihrem dispositiven oder zwingenden Charakter. Auch unter Beachtung der Opt-out-Kosten sprechen Regelproduktionskosten also für Generalität.

Bei einer *relativen* Betrachtung der Regelproduktionkosten *als Teil der Gesamtkostenfunktion* kann der dispositive Charakter der Norm allerdings Auswirkungen haben: Ist es möglich, eine Regel abzubedingen, so ist sie in den Fällen, in denen sie abbedungen wird, nicht mehr relevant. Für diese Fälle führen die Regelproduktionskosten also nicht zu einer Verringerung der Approxi-

[98] Zu diesem präventiven *opt-out* vgl. auch *Bender,* ERCL 16 (2020), 366, 391.

mationsfehlerkosten des Typs 1. Im *Verhältnis*, so lässt sich argumentieren, erhalten die Regelproduktionskosten also mehr Gewicht.[99] Dieser Umstand sollte allerdings nicht überschätzt werden, weil ein größerer Grad an Passgenauigkeit nicht nur Approximationsfehler, sondern eben auch Opt-out-Kosten senkt. Aufgrund der Vermeidung von Opt-out-Kosten (Entlastungsfunktion des dispositiven Rechts[100]) schießt also ein pauschales Plädoyer für maximale Generalität bei Dispositivität über das Ziel hinaus.[101]

cc) Opt-out-Kosten o(x) und Unsicherheitskosten u(x)

Nachdem die Opt-out-Kosten eingeführt wurden, lässt sich der Inhalt der Unsicherheitskosten näher bestimmen. Diese sind bei genauerer Betrachtung keine eigenständige Kostenkategorie. Vielmehr fassen sie diejenigen *Mehr*kosten zusammen, die sich durch das suboptimale individuelle Kostenkalkül bei den Approximationsfehlerkosten des Typs 1 und den Opt-out-Kosten einstellen: Durch die Notwendigkeit einer Entscheidung unter Unsicherheit kann es sein, dass ein Individuum eine Vorschrift abbedingt (oder missachtet) und dadurch Opt-out-Kosten (Sanktionskosten) entstehen, obwohl eigentlich die Vorschrift den individuellen Präferenzen entsprochen hätte. Oder ein Individuum kann von einem *opt-out* absehen, obwohl der *opt-out* eigentlich effizient gewesen wäre, und dadurch zusätzliche Approximationsfehlerkosten des Typs 1 verursachen.[102] Unsicherheitskosten tauchen also in der Gesamtkostenfunktion nicht als eigenständiger Kostenpunkt auf.

Es könnte nun sein, dass die Möglichkeit eines *opt-out* die durch Unsicherheit bedingten Auswirkungen auf die übrigen Kostenpunkte – also die Unsicherheitskosten – verändert und sich daraus auch eine Veränderung des optimalen Grads an Personalisierung ergibt. So könnten bei dispositiven Vorschriften die Unsicherheitskosten im Verhältnis zu zwingenden Vorschriften geringer ausfallen. Auf den ersten Blick ist diese Annahme plausibel: Bei dispositiven Vor-

---

99 Dieser Gedanke findet sich bei *Ayres,* S. Cal. Interdisc. L.J. 3 (1993), 1, 10 („It may no longer be efficient to expend the high promulgation costs of a rule if private parties nonetheless intend to contract for an express private provision.“).

100 Vgl. nur *ders.,* Yale L.J. 121 (2012), 2032, 2054 („One of the great values of default rules is that parties, by remaining silent, can costlessly incorporate default rights and duties into their agreement.“). Allg. zu dieser Dimension von *default rules* als Serviceleistung auf S. 1 (Fn. 3).

101 Dementsprechend verweist *ders.,* S. Cal. Interdisc. L.J. 3 (1993), 1, 11 ff. auch auf Fälle, in denen komplexere dispositive Vorschriften effizient sein können. *Kaplow,* Duke L.J. 42 (1992), 557, 619 f. geht von vornherein davon aus, dass dispositive Vorschriften eher Komplexität mit sich bringen. Dazu näher sogleich (S. 92–94).

102 Vgl. im Grundsatz auch *Bar-Gill/Ben-Shahar,* U. Chi. L. Rev. 88 (2021), 531, 545 ff.

schriften lassen sich die Unsicherheitskosten durch einen *opt-out* deckeln[103] und auch die zu erwartenden Approximationsfehlerkosten werden in der Regel hinter den harten Sanktionskosten zwingender Vorschriften zurückbleiben[104].

Auf den zweiten Blick überzeugt diese Analyse allerdings nicht. Sie setzt voraus, dass uninformiertes Verhalten bei zwingenden Vorschriften notwendig zu Sanktionskosten führt oder zumindest die Wahrscheinlichkeit von Sanktionskosten erhöht. Das ist aber nicht so, denn eine naheliegende Strategie besteht mit Blick auf zwingende Vorschriften darin, auf „Nummer sicher" zu gehen. Dieser Umstand ist für das Unsicherheitspotential, das Standards mit sich bringen, als *over-deterrence* bekannt *(chilling effect).*[105] Das Ergebnis lässt sich jedoch für alle Unsicherheitsfälle verallgemeinern, bei denen die Informationskosten besonders hoch sind. Die Strategie, bei zwingenden Vorschriften zur Sicherheit nicht die Grenzen des Erlaubten auszuloten, verursacht nicht *per se* mehr Kosten als ein präventiver Sicherheits-Opt-Out bei dispositiven Vorschriften.

dd) Opt-out-Kosten o(x) und Informationskosten i(x)

Auch die Beachtung von Informationskosten ändert an der grundsätzlichen Irrelevanz der Dispositivität einer Vorschrift hinsichtlich des optimalen Grades an Personalisierung nichts.

(1) Informationskosten und individuelle Opt-out-Kosten (Erhöhung von b?)

Der Einfluss von individuellen Informationskosten auf die individuellen Opt-out-Fixkosten b wird bisher alles andere als einheitlich gesehen. Während etwa *Cass Sunstein* und *Richard Thaler* davon ausgehen, Informationskosten seien zu den Opt-out-Kosten zu zählen[106], argumentieren *Oren Bar-Gill* und *Omri Ben-Shahar*, Informationskosten seien nicht notwendig Teil der Opt-out-Kosten, weil Individuen auch uninformiert zu einem *opt-out* schreiten könnten[107].

---

[103] Implizit *Ayres,* S. Cal. Interdisc. L.J. 3 (1993), 1, 10.

[104] Implizit *Kaplow,* Duke L.J. 42 (1992), 557, 619 f.

[105] Vgl. *Ehrlich/Posner,* J. Leg. Stud. 3 (1974), 257, 263. Besonders klar *Schlag,* UCLA L. Rev. 33 (1985), 379, 385 („Because standards do not draw a sharp line between permissible and impermissible conduct, some risk-averse people will be chilled from engaging in desirable or permissible activities, and some risk-preferring people will be encouraged to engage in anti-social conduct."). Vgl. auch *Kaplow,* Duke L.J. 42 (1992), 557, 571 („[...] informed individuals might choose to undertake acts they would have been deterred from committing if they had remained uninformed.").

[106] *Sunstein/Thaler,* U. Chi. L. Rev. 70 (2003), 1159, 1201. Vgl. auch *Sunstein,* U. Pa. L. Rev. 162 (2013), 1, 20; *Tobisch,* Dispositives Recht und Grundgesetz, 2021, S. 116 f.

[107] *Bar-Gill/Ben-Shahar,* U. Chi. L. Rev. 88 (2021), 531, 537 (gegen die dominante Sicht in der Nudge-Lit., die hohe Informationskosten mit *stickiness* verbindet).

Auch *Ian Ayres* nimmt an, dass es in Fällen hoher Informationskosten schlicht zu einem uninformierten *opt-out* kommt[108], während *Louis Kaplow* zwar in diesem Fall ebenfalls von einer uninformierten Entscheidung ausgeht, er aber umgekehrt annimmt, Individuen würden die dispositive Norm dann akzeptieren[109].

Dieses disparate Analyseergebnis lässt sich damit erklären, dass bisher nicht zwischen zwei unterschiedlichen Arten von Informationskosten unterschieden wird: Informationskosten, die Aufschluss über das dispositive Recht geben, also darüber, was bei Untätigkeit gilt *(Rechtsinformationskosten),* und solchen, die für aktives Handeln notwendig werden *(Tätigkeitsinformationskosten).*

Rechtsinformationskosten sind nicht zu den Opt-out-Kosten zu zählen. Die Frage, ob sich das Individuum über den Rechtsinhalt informiert, und die Frage, ob das Individuum die dispositive Regel abbedingt, sind zwei voneinander unabhängig zu beantwortende Fragen.[110] Während die erste Frage einen Vergleich von Rechtsinformationskosten und Rechtsunkenntniskosten voraussetzt, orientiert sich die Beantwortung der zweiten Frage allein an einem Vergleich von Opt-out-Fixkosten und erwarteten Approximationsfehlerkosten. Wenn sich das Individuum auf informierter Grundlage entscheidet, dann belasten die Rechtsinformationskosten beide Seiten der Abwägung. Wenn sich das Individuum entscheidet, ohne Rechtsinformationskosten aufgewendet zu haben, dann tauchen die Informationskosten auf keiner Seite der Abwägung auf.[111] Für die Rechtsunkenntniskosten verhält es sich spiegelbildlich.

Für *Tätigkeitsinformationskosten* gilt dies aber nicht uneingeschränkt: Die Information über die Abänderungsregeln *(altering rules)*[112], insbesondere auch über die Grenzen des Erlaubten, und die Information, die für eine aktive Ent-

---

[108] Implizit *Ayres,* S. Cal. Interdisc. L.J. 3 (1993), 1, 10.

[109] Vgl. *Kaplow,* Duke L.J. 42 (1992), 557, 619 f.

[110] So besonders klar *Bar-Gill/Ben-Shahar,* U. Chi. L. Rev. 88 (2021), 531, 542 („In essence, people face two decisions: whether to acquire information, and whether to opt out and incur the mechanical costs.“). Obwohl es eines ihrer Anliegen ist, die Wechselwirkung zwischen dispositiven Vorschriften und Informationskosten aufzuzeigen, würdigen sie nicht hinreichend die Verallgemeinerungsfähigkeit ihrer Analyse. Ferner im Kontext des Personalisierungsprojekts *Bender,* ERCL 16 (2020), 366, 391.

[111] Ähnlich *Kaplow,* Duke L.J. 42 (1992), 557, 619 f. Wohl auch *Ayres,* S. Cal. Interdisc. L.J. 3 (1993), 1, 10. Beide Beiträge sind allerdings missverständlich, weil sie aus der Möglichkeit der uninformierten Entscheidung den Schluss ziehen, die Informationskosten würden gar keine Rolle spielen. Richtig ist indes, dass sie nur für die Frage des *opt-out* grundsätzlich keine Rolle spielen, die Gesamtkostenfunktion aber durchaus beeinflussen.

[112] Zu *altering rules* grundlegend *Ayres,* Yale L.J. 121 (2012), 2032, 2036 („Altering rules are the necessary and sufficient conditions for displacing a default legal treatment with some particular other legal treatment.“), 2038 („Instead, it is useful to think of altering rules as the rules that govern the displacement of particular default consequences with alternative consequences“). Ferner *McDonnell,* SMU L. Rev. 60 (2007), 383. Im Personalisierungsdiskurs

scheidungsbildung notwendig ist, gehen zwangsläufig mit einem *opt-out* einher, nicht aber mit einem Verbleiben bei der dispositiven Vorschrift. Aus dieser Verknüpfung von Tätigkeitsinformations- und Opt-out-Kosten kann allerdings nicht gefolgert werden, dass dispositive Vorschriften weniger personalisiert sein sollten, denn die Tätigkeitsinformationskosten hängen gerade nicht vom Detailgrad der den Sachverhalt regelnden, dispositiven Vorschrift ab. Es kann allenfalls ein Verständlichkeitspostulat für die Kategorie der (in der Regel zwingenden) Abänderungsregeln aufgestellt werden.[113]

(2) Informationskosten und gesamtgesellschaftliche Opt-out-Kosten (Erhöhung von n?)

Es könnte allerdings sein, dass die Beachtung von Informationskosten die Anzahl n der *opt-outs* verändert und damit die *gesamtgesellschaftlichen* Opt-out-Kosten beeinflusst, sodass deswegen das Design dispositiver Vorschriften anders ausfallen würde.

Insbesondere *Ian Ayres* geht davon aus, dass sich der uninformierte, präventive *opt-out* gerade bei dispositiven Vorschriften zu einer dominanten Strategie entwickeln kann.[114] Übersteigen die auch ohne Rechtsinformation bekannten Opt-out-Fixkosten die Rechtsinformationskosten, sind aber die Approximationsfehlerkosten unbekannt, so erscheint ihm ein uninformierter *opt-out* eine sichere Handlungsoption im Sinne eines *safe harbors*.[115] Ein rationales Individuum würde aber nicht stets diesen *safe harbor* wählen. Es würde vielmehr die Approximationsfehlerkosten entsprechend der *Expected Utility Theory* mit den Opt-out-Kosten vergleichen. Zu folgern, dass die individuellen, bekannten Opt-out-Kosten *per se* geringer sind als die erwarteten Approximationsfehlerkosten, ist wenig plausibel. Bezeichnenderweise zieht *Louis Kaplow* aus der Existenz von Informationskosten einen ganz anderen Schluss als *Ian Ayres*. Nach *Kaplow* verbleiben Individuen bei hohen Informationskosten uninformiert beim dispositiven Recht.[116] Auch diese Beobachtung lässt sich jedoch nicht verallgemeinern. Vielmehr ist davon auszugehen, dass die Entscheidung unter Unsicher-

---

Hacker, Eur. Rev. Priv. L. 25 (2017), 651, 670f. (Rn. 27); *Bender,* JjZRW 2020, S. 33, 37; *ders.,* ERCL 16 (2020), 366, 403.

113 Verständliche Abänderungsregeln weisen einen *safe harbor* für einen rechtssicheren *opt-out* aus, vgl. insb. *Ayres/Gertner,* Yale L.J. 99 (1989), 87, 123; *Ayres,* S. Cal. Interdisc. L.J. 3 (1993), 1, 8f., 16f.; *ders.,* Yale L.J. 121 (2012), 2032, 2100–2103. Zum Safe-Harbor-Ansatz im Regulierungskontext allg. *Swire,* Va. L. Rev. 79 (1993), 349, 369–378.

114 *Ayres,* S. Cal. Interdisc. L.J. 3 (1993), 1, 10. Auf dem *uninformed opt-out* liegt auch der Fokus von *Bar-Gill/Ben-Shahar,* U. Chi. L. Rev. 88 (2021), 531, etwa 537.

115 Dazu soeben (Fn. 113).

116 Vgl. *Kaplow,* Duke L.J. 42 (1992), 557, 619f.

heit – abgesehen von einem gewissen Faktor der Risikoaversion[117] – keinen Einfluss auf die Anzahl der *opt-outs* haben wird. Die Entscheidung hängt nach wie vor allein von den prognostizierten Approximationsfehlerkosten ab. Nur dann, wenn diese – wie es das Personalisierungsprojekt annimmt – vermieden werden könnten, würde sich die Anzahl der *opt-outs* verändern. Nur in diesem Fall wäre das uninformierte Vertrauen auf die staatliche Regelung die rationale Verhaltensstrategie.[118]

Das Analyseergebnis lässt sich durch folgende Überlegung plausibilisieren: Individuen informieren sich über einschlägige Regelungskomplexe, die aus dispositiven und zwingenden Vorschriften bestehen. Oft wird die Information über den dispositiven oder zwingenden Charakter erst in einem zweiten Schritt erfolgen und sogar teurer sein als die Information über den Norminhalt als solchen. Die Informationsentscheidung wird also völlig unabhängig von dem dispositiven oder zwingenden Charakter einer Vorschrift getroffen. Auch vor dem Hintergrund dieser Erwägung verändert die Möglichkeit eines *opt-out* den optimalen Grad an Personalisierung also nicht.

d) Veränderungen durch Ex-post-Personalisierung (Aufgabe der Vereinfachung 2)

Im Folgenden soll untersucht werden, wie sich das Analyseergebnis verändert, wenn die Annahme aufgegeben wird, dass sich die Regelproduktion notwendig *ex ante* vollzieht. Es wird also auch die Möglichkeit in Betracht gezogen, Regeln *ex post* in Anwendung eines Standards durch den Richter zu setzen.[119] Die Frage lautet somit, ob der Zeitpunkt der Regelproduktion Auswirkungen auf die vom Grad der Personalisierung abhängende Kostenfunktion f(x) hat. Es wird sich zeigen, dass die Irrelevanzthese hier nicht uneingeschränkt gilt, auch wenn sich nach wie vor das anzustrebende Optimum an Personalisierung in einem mittleren Bereich bewegt.

aa) Approximationsfehlerkosten a(x)

Die Approximationsfehlerkosten des Typs 1 werden durch die Möglichkeit der Verwendung von Standards nicht beeinflusst: Ein höherer Grad an Detailgenauigkeit mindert die Approximationsfehlerkosten des Typs 1 unabhängig davon,

---

[117] Vgl. *Posner,* Economic Analysis of Law, 92014, S. 13; *Rabin,* Econometrica 68 (2000), 1281 und bereits auf S. 74 (Fn. 41).

[118] Zu diesem Gesichtspunkt bereits *Bender,* ERCL 16 (2020), 366, 391.

[119] Zum Richter als Konkretisierer von Standards vgl. auch *Kaplow,* Duke L.J. 42 (1992), 557, 608 ff.

ob dieser höhere Grad an Detailgenauigkeit *ex ante* durch den Gesetzgeber oder *ex post* durch den Richter herbeigeführt wird.

Die Approximationsfehlerkosten des Typs 2 werden durch die Möglichkeit der Verwendung von Standards auf den ersten Blick ebenfalls nicht beeinflusst: Ein höherer Grad an Detailgenauigkeit führt zu höheren Approximationsfehlerkosten des Typs 2 unabhängig davon, ob diese Fehler durch den Gesetzgeber *ex ante* oder den Richter *ex post* verwirklicht werden.

Die Analyse ändert sich aber, wenn davon ausgegangen wird, dass Richter bei einem hohen Grad an Personalisierung weniger Fehler machen als der Gesetzgeber. Diese Annahme ist deshalb plausibel, weil der Richter nur die für den zur Entscheidung gestellten Sachverhalt relevanten Informationen rechtlich verarbeiten, der Gesetzgeber hingegen alle potentiellen Fälle bedenken muss und damit bei zunehmender Komplexität schneller überfordert ist. Das Optimum verschiebt sich also im Fall der Regelsetzung *ex post* in Richtung Personalisierung. Irgendwann ist jedoch auch der Richter überfordert und die Approximationsfehlerkosten des Typs 2 steigen ähnlich wie im Falle der Personalisierung *ex ante.*

bb) Regelproduktionskosten r(x)

Die *ex ante* anfallenden Regelproduktionskosten, die jetzt *Regelproduktionskosten des Typs 1* – $r_1(x)$ – genannt werden (Gesetzgebungskosten), steigen mit zunehmendem x an. Gleiches gilt für die *ex post* anfallenden Regelproduktionskosten, die jetzt *Regelproduktionskosten des Typs 2* – $r_2(x)$ – genannt werden (Rechtsanwendungskosten).[120] Die Regelproduktionskosten des Typs 2 sind grundsätzlich geringer als die Regelproduktionskosten des Typs 1, weil für eine Personalisierung nur die für den Sachverhalt relevanten Informationen verarbeitet werden müssen und dies auch nur in den Fällen, die tatsächlich einer rechtlichen Klärung zugeführt werden. Unter diesem Gesichtspunkt verschiebt sich also wiederum das Optimum bei einer Rechtssetzung *ex post* in Richtung Personalisierung. Insofern besteht zwar nicht ein *notwendiger*, aber doch ein *typischer* Zusammenhang zwischen Regeln und Einfachheit einerseits sowie Standards und Komplexität andererseits.[121]

Das Ergebnis verändert sich aber, wenn die *Summe* aller Regelproduktionskosten des Typs 2 betrachtet wird und die Analyse dem Umstand Rechnung trägt, dass die Regelproduktionskosten des Typs 2 bei jedem zu entscheidenden Sachverhalt neu anfallen[122], sie also mit einem Häufigkeitsfaktor zu multiplizie-

---

[120] Vgl. auch *ders.,* Duke L.J. 42 (1992), 557, 570 (von *law enforcement costs* sprechend).

[121] Vgl. dazu bereits unter § 2 (S. 36 f.).

[122] Auch Regelproduktionskosten des Typs 1 fallen allerdings immer wieder an, wenn eine dynamische Perspektive eingenommen und der Notwendigkeit einer Aktualisierung

ren sind.[123] Die Vorteile von Standards steigen also nicht nur mit steigender Komplexität, sondern auch mit fallender Häufigkeit – womit sich beispielsweise „Härtefallklauseln" in Standardform erklären lassen.[124] Insbesondere komplexe Regeln für seltene Sachverhalte und einfache Standards für häufige Sachverhalte sind daher keine sinnvollen Gestaltungsvarianten.[125]

Die Regelproduktionskosten insgesamt sind die Summe aus Regelproduktionskosten des Typs 1 und des Typs 2: $r(x)=r_1(x)+r_2(x)$. Bei niedrigem x werden überwiegend *Regeln* zum Einsatz kommen, sodass zunächst der Kurvenverlauf von r(x) überwiegend von $r_1(x)$ bestimmt wird. Ab einem gewissen Grad an Komplexität überwiegen die Vorteile von *Standards*. Der Kurvenverlauf wird dann überwiegend von $r_2(x)$ bestimmt. Der Übergang von Regeln zu Standards wird nach dem oben Gesagten nicht nur durch den Grad an Komplexität, sondern auch durch die Häufigkeit der Regelanwendung beeinflusst.[126] Insgesamt ermöglicht es die Regelsetzung *ex post* jedoch, den optimalen Grad in Richtung Personalisierung zu verschieben. Standards fungieren letztendlich als Faktoren, die die Steigung der Regelproduktionskostenfunktion kostenmindernd verändern.

cc) Informationskosten i(x) und Unsicherheitskosten u(x)

Standards erhöhen die Unsicherheitskosten u(x), weil sie durch ihre Vagheit ein Unsicherheitselement einführen.[127] Gleichzeitig senken sie aber die Informationskosten i(x), weil sie die Kenntnis eines komplexen Regel-Ausnahme-Gefüges entbehrlich machen.[128] Sie führen also letztendlich einen mittleren Wissens-

---

Rechnung getragen wird, vgl. *Ehrlich/Posner,* J. Leg. Stud. 3 (1974), 257, 277 ff. (auf S. 278 darauf hinweisend, dass diese Kosten mit steigender Komplexität zunehmen).

[123] Besonders klar *Kaplow,* Duke L.J. 42 (1992), 557, 577(„[...] the greater the frequency with which a legal command will be applied, the more desirable rules tend to be relative to standards."). Ferner bereits *Ehrlich/Posner,* J. Leg. Stud. 3 (1974), 257, 274.

[124] Für ein Beispiel vgl. etwa den in Standardform abgefassten § 574 I BGB, nach dem der Mieter der Kündigung widersprechen kann, wenn die Beendigung des Mietverhältnisses „eine Härte bedeuten würde, die auch unter Würdigung der berechtigten Interessen des Vermieters nicht zu rechtfertigen ist."

[125] Vgl. insb. *Ayres,* S. Cal. Interdisc. L.J. 3 (1993), 1, 13.

[126] Dazu bereits soeben und insb. *Kaplow,* Duke L.J. 42 (1992), 557, 577.

[127] Vgl. etwa *Scalia,* U. Chi. L. Rev. 56 (1989), 1175, 1179; *Schauer,* Playing by the Rules, 1991, S. 140; *Sunstein,* Cal. L. Rev. 83 (1995), 953, 1021.

[128] *Almlöf/Bjuggren,* Eur. J.L. & Econ. 47 (2019), 407, 417; *Ayres,* S. Cal. Interdisc. L.J. 3 (1993), 1, 8; *Barnett,* Va. L. Rev. 78 (1992), 821, 887–892. Ausf. ferner *Raban,* B.U. Pub. Int. L.J. 19 (2010), 175, insb. 183 („The claim that bright-line rules produce more predictability derives, ultimately, from a confusion between the certainty that lawyers value and the certainty that economic actors value.").

stand herbei, indem sie eine intuitive Annäherung an die Personalisierung *ex post* erlauben.[129] Aufgrund dieses Zusammenhangs steigt die für die Informationskosten relevante externe Komplexität nicht mit der internen Komplexität an.

Sind die Informationskosten bei Verwendung eines Standards geringer als bei Verwendung einer Regel, so ist unter dem Gesichtspunkt der Informationskosten die Verwendung eines Standards vorzugswürdig. Anders gesagt: Standards ermöglichen es, ab einem gewissen x die Informationskostenkurve unterhalb derjenigen Informationskostenkurve verlaufen zu lassen, die sich bei einer ausschließlich *ex ante* erfolgenden Personalisierung ergibt. Erneut verschieben Standards somit den optimalen Komplexitätsgrad in Richtung Personalisierung.[130] Bei niedrigem x werden Standards hingegen mehr Unsicherheitskosten verursachen als Regeln Informationskosten. Hier kommen Standards deshalb in der Regel nicht zum Einsatz.

dd) Opt-out-Kosten o(x)

Im Folgenden geht es um die Frage, ob sich die Opt-out-Kosten bei der Verwendung von Standards – etwa in Form der ergänzenden Vertragsauslegung[131] – anstelle von *ex ante* definierten dispositiven Vorschriften verändern. Auf den ersten Blick verändern sich die Opt-out-Kosten bei der Möglichkeit der Verwendung von Standards nicht, denn diese hängen von den Approximationsfehlerkosten a(x) und den Opt-out-Fixkosten b ab, die bei der Beachtung der Möglichkeit der Personalisierung *ex post* gleich bleiben.

Bei näherer Betrachtung werden die Vertragsparteien allerdings im Falle eines Standards eher zu einem *opt-out* neigen als im Falle einer Regel, weil sie eine ungerechte Verteilung des Vertragsgewinns durch die Vertragsergänzung *ex post* befürchten. Wird der Standard nämlich erst *ex post* konkretisiert, so erhält eine der Vertragsparteien ein Recht, ohne dass die Parteien dieses Recht bei der Preisgestaltung berücksichtigen können.[132] Der gesamte Wohlstandsgewinn

---

[129] Vgl. auch *Ehrlich/Posner,* J. Leg. Stud. 3 (1974), 257, 271 („[...] precision can be measured only by reference to whom the rule is addressed to.").

[130] Für das Personalisieurngsprojekt spielt dieser Umstand allerdings keine Rolle, weil der Fokus auf den Approximationsfehlerkosten des Typs 1 liegt, für die die Unterscheidung zwischen Regeln und Standards irrelevant ist.

[131] Nachw. zum Verhältnis von dispositivem Recht und ergänzender Vertragsauslegung bereits auf S. 20 (Fn. 107).

[132] Hierzu insb. *Gordon,* Colum. L. Rev. 89 (1989), 1549, 1594 („private wealth maximization as measured ex post" als falscher Maßstab: „The claim is that the parties would have agreed to the rule that maximizes the corporate pie as of the time of decision – that is, ex post – because then each party could have a bigger slice. The gap in this argument, as in

wird also einer Vertragspartei unabhängig von der jeweiligen Verhandlungsstärke zugewiesen.[133] Das Ergebnis ist dann nicht mehr Pareto-effizient, sondern allenfalls Kaldor-Hicks-effizient.[134] Es kann also nur die Leistungsseite, nicht aber die Gegenleistungsseite der Transaktion imitiert werden.[135]

Diese distributive Frage ist für die ökonomische Analyse des Vertragsrechts allein unter dem Gesichtspunkt der Kaldor-Hicks-Effizienz zwar *unmittelbar* irrelevant. Allerdings ist die distributive Frage für rationale Vertragsparteien *nicht* irrelevant, weil aus ihrer *individuellen* Sicht Wohlstandsminderungen durch eine einseitige Zuweisung des Vertragsgewinns an eine Vertragspartei drohen. Diese Kosten werden die Vertragsparteien durch einen präventiven *opt-out* vermeiden, sofern die Kosten, die durch eine falsche Verteilung des Vertragsgewinns drohen, die individuellen Opt-out-Fixkosten b übersteigen. Die Verwendung von Standards führt also bei dispositiven Regeln zu einer Erhöhung der Opt-out-Kosten. Dadurch wird die distributive Frage der Verteilung des Vertragsgewinns *mittelbar* auch für die ökonomische Analyse unter dem Gesichtspunkt der Effizienz relevant.[136]

Diese zusätzlichen Opt-out-Kosten lassen sich auch nicht vermeiden: Zwar wäre es denkbar, dass der Richter *ex post* nur diejenigen Rechte gewährt, von denen er ausgeht, dass sie bei der Preisgestaltung *ex ante* bereits berücksichtigt wurden. Abgesehen von den praktischen Schwierigkeiten erhöhen sich dann allerdings die Approximationsfehlerkosten des Typs 1, weil in den Fällen, in denen die Parteien die eigentlich effiziente Regelung *ex ante* nicht bedacht ha-

---

other Kaldor-Hicks arguments, is that it does not guarantee that each party will in fact receive a bigger slice, or a slice of the right size. Had the parties foreseen the result at the time of contracting, they would have shared the gain […]"). Ferner *Ayres/Gertner,* Yale L.J. 99 (1989), 87, 93 (Fn. 33).

[133] So nochmals *Gordon,* Colum. L. Rev. 89 (1989), 1549, 1594 (Zitat soeben). Ferner *Ayres/Gertner,* Yale L.J. 99 (1989), 87, 93 (Fn. 33). Ähnlich auch *Cziupka,* Dispositives Vertragsrecht, 2010, S. 418 f., der das Problem sieht und es dadurch lösen will, dass im Rahmen der ergänzenden Vertragsauslegung nur auf das Kriterium der Pareto- nicht auf dasjenige der Kaldor-Hicks-Effizienz abgestellt wird. Er diskreditiert allerdings diesen Lösungsweg zu Recht gleich wieder selbst, indem er treffend feststellt, dass das „praktisch kaum je realisierbar sein" wird. Richtig ist es, noch weitergehend zu sagen: Die Füllung einer Vertragslücke *ex post* durch den Richter setzt einen Streit zwischen den Parteien voraus, sodass die Zuerkennung des Rechts immer eine Partei benachteiligt und damit nie ein Pareto-effizientes Ergebnis hergestellt werden kann, wenn der Preismechanismus nicht mehr zur Verfügung steht.

[134] *Gordon,* Colum. L. Rev. 89 (1989), 1549, 1594; *Ayres/Gertner,* Yale L.J. 99 (1989), 87, 93 (Fn. 33). Insofern treffend auch *Cziupka,* Dispositives Vertragsrecht, 2010, S. 418 f.

[135] Dazu bereits auf S. 69 f.

[136] Für das zwingende Recht entstehen die distributiven Ungerechtigkeiten zwar auch. Unter Effizienzgesichtspunkten sind sie allerdings irrelevant, weil sie sich regelmäßig nicht auf die Opt-out-Kosten auswirken.

ben, *ex post* sehenden Auges eine eigentlich nicht effiziente Vorschrift gewählt würde. Eine andere Möglichkeit wäre es, das dispositive Recht nur gegen einen Preisaufschlag zu gewähren, wenn der Richter davon ausgeht, dass der *ex ante* vereinbarte Preis das im maßgeblichen Fall umstrittene Recht *nicht* berücksichtigt hat. Auch dieser Ansatz würde das distributive Problem aber nicht lösen, denn genauso wenig wie eine nur im Schadensfall zu zahlende Prämie als Äquivalent der Versicherungssumme angesehen werden kann, ist dieser Preisaufschlag das Äquivalent des dispositiven Rechts. *Ex post* entspricht der Preis für einen Schadensersatzanspruch der Höhe des Schadens, dessen Ausgleich er bezweckt, weil bei einem Schaden, der sich bereits realisiert hat, kein Wahrscheinlichkeitsabschlag mehr zu machen ist. Eine Zahlung, die *ex post* dem Wert des Schadensersatzanspruchs entspricht, würde aber den Schadensersatzanspruch neutralisieren und damit im Ergebnis darauf hinauslaufen, keinen Schadensersatz zu gewähren.

Im Bereich des unentgeltlichen Vermögenstransfers stellt sich dieses Problem des dispositiven Rechts nicht. Wenig überraschend spielt die ergänzende Vertragsauslegung[137] als Figur der Rechtssetzung *ex post* dort eine wesentlich wichtigere Rolle als im Bereich des Vertragsrechts: Sie beansprucht Vorrang vor den bei funktioneller Betrachtung mit dispositiven Vorschriften gleich zu behandelnden Auslegungsregeln.[138] Auch für das dispositive Gesellschaftsrecht ist grundsätzlich die ergänzende Auslegung vorrangig.[139] Im klassischen, von einem Interessengegensatz geprägten Vertragsrecht ist hingegen in erster Linie das gesetzliche dispositive Recht maßgeblich.[140] Diese Erkenntnis relativiert die durch Standards bedingte Verschiebung des Optimums in Richtung Personalisierung für den Bereich des dispositiven Vertragsrechts.

---

[137] Nachw. dazu bereits auf S. 20 (Fn. 107).

[138] Es ließe sich sagen, Auslegungsregeln füllen besondere Lücken, die sich durch Bedeutungsunklarheiten nach rechtsgeschäftlicher Regelung ergeben. Zur funktionellen Parallelität von Auslegungsregeln, widerleglichen Vermutungen und dispositivem Recht auch *Tobisch,* Dispositives Recht und Grundgesetz, 2021 S. 70–74 m. w. N.

[139] So die Rspr. im Gesellschaftsrecht, vgl. BGH NJW 1993, 3193, 3194 („Ein Rückgriff auf das dispositive Gesetzesrecht kommt, wie der Senat mehrfach betont hat, nur als letzter Notbehelf in Betracht"). Darst. *Kötz,* JuS 2013, 289, 294.

[140] Etwa BGH NJW 2004, 1590, 1591 („Die ergänzende Vertragsauslegung kommt allerdings zumeist nicht in Betracht, wenn das dispositive Recht Regelungen für die offen gebliebene Problematik bereit hält."). Ähnlich i. E. *Kötz,* JuS 2013, 289, 294 f. (Vorrang der ergänzenden Vertragsauslegung, aber hohe Anforderungen); *Cziupka,* JuS 2009, 103, 106 (ergänzende Vertragsauslegung zumindest nicht grundsätzlich nachrangig).

III. Personalisierung des Rechts unfreiwilliger Transaktionen (Deliktsrecht)

Im Folgenden soll die Personalisierung des Rechts des unfreiwilligen Vermögenstransfers[141], also des Deliktsrechts, erörtert werden. Im Grundsatz geht es auch hier um Transaktionskostensenkung II. Die Besonderheit besteht lediglich darin, dass sich Schädiger und Geschädigter *ex ante* zumeist nicht kennen, sodass einem tatsächlichen Vertragsschluss regelmäßig unüberwindlich hohe Transaktionskosten entgegenstehen.[142] Gleichzeitig hat das zur Folge, dass nur Kaldor-Hicks-Effizienz und nicht Pareto-Effizienz angestrebt werden kann, denn mangels Möglichkeit der Verteilung des Wohlstandsgewinns zwischen Schädiger und Geschädigtem durch den Preismechanismus *ex ante* wird der gesamte Wohlstandsgewinn entweder dem Geschädigten oder dem Schädiger zugewiesen.[143] Die (hypothetischen) Präferenzen werden in erster Linie durch die individuellen Eigenschaften und Fähigkeiten der Unfallvermeidung abgebildet.[144]

1. Einführendes Beispiel der Personalisierung des Sorgfaltsmaßstabs

Wie im Falle der Personalisierung des dispositiven Rechts, so kann auch im Falle der Personalisierung des Deliktsrechts an ein klassisches Problem angeknüpft werden: Soll der deliktische Sorgfaltsstandard *generell (objektiv)* formuliert und an dem besonnenen Durchschnittsmenschen *(reasonable person, bon père de famille, bonus pater familias)* ausgerichtet werden oder soll er sich vielmehr an den *individuellen (subjektiven)* Eigenschaften und Fähigkeiten eines jeden Individuums orientieren *(reasonable you)?*[145] Es geht dabei um die aus

---

[141] Für ein entsprechendes Verständnis des Deliktsrechts vgl. *Calabresi/Melamed,* Harv. L. Rev. 85 (1972), 1089, 1122 (Fn. 62) („[…] the holder of an entitlement may be permitted to sell it at his own price or be compelled to sell it at an objective price: he may have an entitlement protected by a property or liability rule.").

[142] Diese Fallgruppe wird typischerweise als „Unfall zwischen Fremden" *(accidents between strangers)* behandelt, vgl. nur *Shavell,* J. Leg. Stud. 9 (1980), 1, 2. Gäbe es keine Transaktionskosten, so würden sie die deliktische Haftung unabhängig von den ursprünglichen Handlungsrechten entsprechend gestalten, vgl. *Coase,* J.L. & Econ. 3 (1960), 1, 8; *Eidenmüller,* Effizienz als Rechtsprinzip, [4]2015, 60 f.

[143] Vgl. insb. *Gordon,* Colum. L. Rev. 89 (1989), 1549, 1594. Ferner *Ayres/Gertner,* Yale L.J. 99 (1989), 87, 93 (Fn. 33). Es wird also nur die Leistungs-, nicht auch die Gegenleistungsseite imitiert (dazu bereits auf S. 69 f.).

[144] Etwa *Hacker,* Eur. Rev. Priv. L. 25 (2017), 651, 666 („capacity to create and control risk"); *Ben-Shahar/Porat,* N.Y.U. L. Rev. 91 (2016), 627, 647 ff. („Skill-Based Personalization"), 650 ff. („Risk-Based Personalization"); *Grigoleit/Bender,* in: Busch/De Franceschi (Hrsg.), Personalized Law, 2021, S. 115, 122 f. (Rn. 26 f.) („capacities").

[145] Dazu grundlegend aus dem US-amerikanischen Diskurs *Diamond,* J. Leg. Stud. 3

dem rechtsgeschäftlichen Bereich bekannte Frage, was der optimale Grad an Personalisierung x mit Blick auf die zwischen Individuen bestehenden Unterschiede ist.[146]

Werden wiederum nur die Approximationsfehlerkosten des Typs 1 betrachtet und auch nur mit Blick auf das maßgebliche Sorgfaltsniveau in der konkreten Handlungssituation, so scheint aus ökonomischer Sicht eine Personalisierung erstrebenswert: Grundsätzlich wird eine Sorgfaltspflichtverletzung dann angenommen, wenn das Produkt aus der Höhe des Schadens H und der Wahrscheinlichkeit des Schadenseintritts p die Höhe der Schadensvermeidungskosten c übersteigt: $p^{*}H>c$ *(Learned Hand Test)*.[147] Wie im vertraglichen Bereich auch verspricht eine personalisierte Anwendung dieser *cost-benefit-analysis* Wohlstandsgewinne.[148] *Omri Ben-Shahar* und *Ariel Porat* haben vor diesem Hinter-

(1974), 107, 149–160 (mathematisches Modell); *Landes/Posner,* The Economic Structure of Tort Law, 1987, S. 123–131 (Personalisierung, sofern Regelproduktionskosten es erlauben); *Shavell,* Economic Analysis, 1987, S. 73–77 (Ergänzung der Analyse um Auswirkungen auf Aktivitätslevel); *Schwartz,* Geo. L.J. 78 (1989), 241 (differenzierter, verschiedene Kostenfaktoren beachtender Ansatz). Im deutschen Diskurs steht bei dem Streit um den objektiven und den subjektiven Fahrlässigkeitsbegriff allerdings eine andere, engere Bedeutung der Subjektivität im Vordergrund (obgleich der Sprachgebrauch keinesfalls einheitlich ist): Es geht um die Frage der Berücksichtigung innerer Umstände des Schädigers, vgl. nur einerseits *Huber,* FS Huber, 1973, S. 253, 254 (subjektiv im Sinne von personalisiert), andererseits *Brodmann,* AcP 99 (1906), 327, 381. Ferner *Deutsch,* Fahrlässigkeit und erforderliche Sorgfalt, ²1995, S. 22 ff. (subjektiv im Sinne von innerer Beziehung des Schädigers zum Verhalten).

[146] Es geht also nicht um die Ausdifferenzierung der Fahrlässigkeitsgrade über einfache, mittlere oder grobe Fahrlässigkeit hinaus *(intrinsic standard tailoring)* oder die Personalisierung des Anwendungsbereichs der Fahrlässigkeitshaftung *(extrinsic standard tailoring),* vgl. dazu *Grigoleit/Bender,* in: Busch/De Franceschi (Hrsg.), Personalized Law, 2021, S. 115, 120 (Rn. 18). Vielmehr geht es um die personalisierte Anwendung eines einheitlichen Fahrlässigkeitsmaßstabs mit dem Ziel der Effizienz.

[147] Vgl. *United States v. Carroll Towing Co.,* 159 F.2d 169, 173 (2d Cir. 1947). Darst. *Posner,* Economic Analysis of Law, ⁹2014, S. 192 ff. Um marginale Wohlstandsgewinne zu erfassen, ist der *Learned Hand Test* zur Grenzkostenfunktion weiterzuentwickeln (dazu *ders.,* Economic Analysis of Law, ⁹2014, 192 [insb. Fn. 2]). Dieser Umstand spielt für das hier maßgebliche Argument allerdings keine Rolle. Auch soll zunächst unbeachtet bleiben, dass der *Learned Hand Test* aufgrund des Ausblendens des Aktivitätslevels nur zur Optimierung eines Teils der gesamtgesellschaftlichen Kosten führt (dazu *Glannon,* The Law of Torts, ⁴2010, 134 f.). Ebenfalls spielt hier zunächst der abnehmende marginale Nutzen großer Vermögen keine Rolle (zu dieser Einsicht der *Expected Utility Theory* bereits auf S. 68 [Fn. 12]).

[148] Zu dieser klassischen, allerdings nur auf eine Kostenart und nur auf die Sorgfaltspflichten fokussierenden Einsicht, vgl. nur *Shavell,* Economic Analysis, 1987, S. 74 („Because the socially optimal level of care will tend to vary among parties, levels of due care must vary among them if they are to be led to act optimally under the negligence rule."); *Landes/Posner,* The Economic Structure of Tort Law, 1987, S. 123 („If the costs of the courts of informing themselves about an individual's ability to avoid accidents were zero, they would set a different due care level for each individual in every accident case.").

grund die Ersetzung des „besonnenen Durchschnittsmenschen“ *(reasonable person)* als Maßstab der Sorgfaltspflichtverletzung durch einen personalisierten Verhaltensmaßstab *(reasonable you)* gefordert.[149] Ihnen geht es insbesondere um die Personalisierung entlang von zwei Dimensionen: der Personalisierung entsprechend der unterschiedlichen Wahrscheinlichkeit des Schadenseintritts p *(risk-based personalization)*[150] und der Personalisierung entsprechend der Schadensvermeidungskosten c *(skill-based personalization)*[151]. Die für eine Personalisierung sprechenden Erwägungen sollen anhand von Geschwindigkeitsbeschränkungen im Straßenverkehr veranschaulicht werden.[152] Dabei wird davon ausgegangen, dass ein Unfall bei einer Geschädigten G zu einem Schaden von 10 führt.[153]

Fahrer F1 ist (etwa aufgrund seines hohen Alters) nicht besonders reaktionsschnell und außerdem (etwa aufgrund des erst kürzlich erworbenen Führerscheins) unerfahren. Er kann den Eintritt eines Unfalls bei einem Ausgangssorgfaltsniveau *(Modell 1)* mit einer Wahrscheinlichkeit von 0,4 nicht vermeiden. Durch langsameres Fahren *(Modell 2)* ist es für ihn möglich, die Wahrscheinlichkeit eines Unfalls auf 0,2 zu verringern. Das langsamere Fahren würde ihm 1 kosten. Der Wert der zusätzlichen Sorgfaltsmaßnahme ($0{,}4^{*}10 - 0{,}2^{*}10 = 2$) übersteigt damit deren Kosten (1), sodass F1 als fahrlässig anzusehen wäre, wenn er nicht langsamer fährt.

Fahrer F2 ist (etwa aufgrund seines jugendlichen Alters) besonders reaktionsschnell, aber unerfahren. Er kann den Unfall bei einem Ausgangssorgfaltsniveau *(Modell 1)* mit einer Wahrscheinlichkeit von 0,2 nicht vermeiden. Durch langsameres Fahren *(Modell 2)* ist es für ihn möglich, die Wahrscheinlichkeit

---

149 Grundlegend *Ben-Shahar/Porat,* N.Y.U. L. Rev. 91 (2016), 627; *dies.,* Personalized Law, 2021, S. 72 ff.

150 *Dies.,* N.Y.U. L. Rev. 91 (2016), 627, 650–652.

151 *Dies.,* N.Y.U. L. Rev. 91 (2016), 627, 647–649.

152 Der Straßenverkehr dient in der ökonomischen Lit. allgemein und insb. auch im Rahmen des Personalisierungsdiskurses immer wieder als Beispiel, vgl. etwa *Ben-Shahar/Porat,* N.Y.U. L. Rev. 91 (2016), 627, 630 f.; *Grigoleit/Bender,* in: Busch/De Franceschi (Hrsg.), Personalized Law, 2021, S. 115, 124 (Rn. 32). Der Straßenverkehr wird deshalb auch hier in Bezug genommen. Dass das deutsche Deliktsrecht hier die Gefährdungshaftung vorsieht (§ 7 StVG), ist dabei von untergeordneter Bedeutung, da die maßgeblichen Erwägungen auf andere Bereiche übertragen werden können und entsprechende Verhaltenspflichten für den Straßenverkehr auch im deutschen Recht formuliert werden (vgl. nur § 3 StVO).

153 Der gleiche Schaden für (homogene) Geschädigte wird auch unterstellt von *Ben-Shahar/Porat,* N.Y.U. L. Rev. 91 (2016), 627, 646, sowie 659 (dort allerdings die Personalisierung des Mitverschuldensstandards erwägend). Da die Geschädigten vor dem eigentlichen Schadenseintritt nicht vorhersehbar sind, können ihre individuellen Besonderheiten keine Rolle für die Definition des Sorgfaltsstandards spielen. Ebenso kann die Heterogenität der Schädiger keine Rolle für die Personalisierung des Mitverschuldensmaßstabs spielen.

eines Unfalls auf 0,05 zu verringern. Das langsamere Fahren würde ihm jedoch 3 kosten (etwa weil für ihn als Arzt das schnelle Fortkommen besonders wichtig ist). Der Wert der zusätzlichen Sorgfaltsmaßnahme (0,2*10 – 0,05*10 = 1,5) bleibt damit hinter den Kosten (3) zurück, sodass F2 im Falle des schnelleren Fahrens nicht fahrlässig handelt.

Fahrer F3 ist (etwa aufgrund seines fortgeschrittenen Alters) nicht besonders reaktionsschnell, gleichzeitig aber (etwa aufgrund seiner langjährigen Fahrerfahrung und besonderer Fahrtrainings) besonders erfahren. Er kann den Unfall bei einem Ausgangssorgfaltsniveau *(Modell 1)* somit – wie F2 – mit einer Wahrscheinlichkeit von 0,2 nicht vermeiden. Durch langsameres Fahren *(Modell 2)* ist es ihm möglich, die Wahrscheinlichkeit eines Unfalls – wiederum wie F2 – auf 0,05 zu verringern. Wie im Falle von F1 würde das langsamere Fahren für ihn nur Kosten von 1 verursachen (etwa weil für ihn die Zeitersparnis durch schnelleres Fahren nicht entscheidend ist). Der Wert der zusätzlichen Sorgfaltsmaßnahme (0,2*10 – 0,05*10 = 1,5) übersteigt damit deren Kosten (1), sodass F3 bei schnellerem Fahren als fahrlässig anzusehen wäre.

Die größten Wohlstandsgewinne lassen sich also durch eine differenzierte Beurteilung des Sorgfaltsniveaus erzielen. Die dargestellten Zusammenhänge werden erneut in einem Schaubild zusammengefasst, in dem das effiziente Ergebnis mit einem Asterisk (*) ausgewiesen ist.

Fahrer F1

	v	c	Saldo
M1	0	0	0
M2	2	1	1*

Fahrer F2

	v	c	Saldo
M1	0	0	0*
M2	1,5	3	-1,5

Fahrer F3

	v	c	Saldo
M1	0	0	0
M2	1,5	1	1,5*

Abbildung 6: Personalisierung des Deliktsrechts

2. Abstrakte Analyse

Die Kostenüberlegungen werden im Folgenden wiederum abstrakt analysiert. Das Personalisierungsprojekt betrachtet auch im Deliktsrecht lediglich die Approximationsfehlerkosten des Typs 1. Das pauschale Postulat der Personalisierung soll im Folgenden unter Beachtung weiterer Kostenkategorien erneut infrage gestellt werden.

a) Bedingte Übertragbarkeit der bisherigen Analyse

Im Grundsatz lassen sich die Überlegungen zu den Grenzen der Personalisierung des Rechts der Rechtsgeschäfte auf den deliktischen Bereich übertragen: Auch im Deliktsrecht nehmen die Approximationsfehlerkosten des Typs 2[154], die Regelproduktionskosten[155], die Informations- und Unsicherheitskosten und die Opt-out-Kosten[156] bei einem höheren Grad an Personalisierung grundsätzlich zu.

Mit Blick auf die Möglichkeiten der Ex-post-Personalisierung besteht allerdings ein wesentlicher Unterschied: Die einseitige distributive Zuweisung des Wohlstandsgewinns an eine Partei erhöht hier regelmäßig nicht die Opt-out-Kosten, weil die Parteien sich regelmäßig erst im Unfallzeitpunkt kennenlernen und damit nicht *ex ante* reagieren können.[157] Im Grundsatz eröffnet der Einsatz von Standards im deliktischen Bereich wie im Bereich des unentgeltlichen Transfers also die Möglichkeit, den Grad an Personalisierung zu erhöhen und dadurch Wohlstandsgewinne zu erzielen. Diese Überlegung lässt sich zudem dadurch abstützen, dass die Sorgfaltsanforderungen besonders heterogen sind und damit bei einer Regelung *ex ante* besondere Schwierigkeiten bestehen.[158]

b) Besondere deliktsrechtliche Probleme der Approximationsfehlerkosten des Typs 1

Die Kategorie der Approximationsfehlerkosten des Typs 1 bedarf im Deliktsrecht allerdings einer besonderen Analyse. Die Analyse darf dabei nicht bei den Sorgfaltspflichten im engeren Sinne stehen bleiben. Vielmehr müssen auch Aktivitätslevel, Vorsorgemaßnahmen und Geschädigtenverhalten in der Analyse berücksichtigt werden.[159]

---

[154] Vgl. nur *Arlen,* in: Parisi (Hrsg.), The Oxford Handbook of Law and Economics, 2017, S. 41, 55 ff.; *Shavell,* Economic Analysis, 1987, S. 79 ff.

[155] Dazu *Schwartz,* Geo. L.J. 78 (1989), 241, 247 („process costs"), 253 f. („costs of devising an optimal single standard"). Dieser Aspekt steht auch bei *Holmes,* The Common Law, 1968, S. 86 im Vordergrund („In the first place, the impossibility of nicely measuring a man's powers and limitations is far clearer than that of ascertaining his knowledge of law […]").

[156] Zum grundsätzlich dispositiven Charakter deliktsrechtlicher Normen bereits auf S. 2 (Fn. 4).

[157] Vgl. nur *Shavell,* J. Leg. Stud. 9 (1980), 1, 2.

[158] Anders gewendet: Die Heterogenität reduziert die Häufigkeit der Anwendung einer einzelnen, spezifischen Sorgfaltsanforderung, sodass sich die Vorzüge von Standards besonders auswirken.

[159] Die Unterscheidung zwischen Sorgfaltsniveau im eigentlichen Sinne, Aktivitätslevel und Vorsorgemaßnahmen ist natürlich nicht trennscharf durchzuführen. So kann eine Verringerung der Geschwindigkeit auch als Verringerung des Aktivitätslevels aufgefasst werden. Das Fehlen von Bremsflüssigkeit kann als Versagen in der konkreten Situation oder als unterlassene Vorsorgemaßnahme aufgefasst werden. Letztendlich geht es um das einheit-

aa) Sorgfaltspflichten

Im Beispiel konnten Wahrscheinlichkeit des Schadenseintritts und Schadensvermeidungskosten unabhängig voneinander beurteilt werden, weil die hohen Schadensvermeidungskosten für F2 nicht aus seinen persönlichen Eigenschaften folgten *(sachbezogener Aspekt).* Insbesondere dann, wenn es um *personenbezogene Aspekte* geht, etwa die besondere Erfahrung des Rennfahrers, wirken sich diese Aspekte sowohl risikomindernd als auch schadensvermeidungskostenmindernd aus. *Risk-based personalization* und *skill-based personalization* weisen also in unterschiedliche Richtungen: Das Ergreifen zusätzlicher Sorgfalt bringt wenig, ist aber auch sehr billig.[160] Natürlich müssen sich *risk-based* und *skill-based personalization* nicht gegenseitig neutralisieren, sodass durch eine entsprechende Personalisierung immer noch Wohlstandsgewinne erzielt werden könnten.[161] Diese Wohlstandsgewinne sind aber bei personenbezogenen Aspekten tendenziell geringer, weil diese sowohl die Vorteile als auch die Kosten von zusätzlichen Sorgfaltsmaßnahmen senken. Wird zudem beachtet, dass zumindest bei unmittelbar nicht wahrnehmbaren Fähigkeiten personenbezogene Unterschiede schwer zu bestimmen sind, also die Regelproduktionskosten besonders hoch sein werden, so verliert bereits unter Beachtung von Sorgfaltspflichten das Personalisierungsprojekt deutlich an Attraktivität.

bb) Aktivitätslevel

Bei der isolierten Betrachtung des effizienten Sorgfaltsniveaus wurde bisher das Aktivitätslevel ausgeblendet. Der gesamtgesellschaftliche Wohlstandsgewinn lässt sich jedoch nur dann beurteilen, wenn auch das Aktivitätslevel in der Analyse Beachtung findet.

Die nur auf den Sorgfaltsstandard *(level of care)* fokussierte Fahrlässigkeitshaftung hat bei Beachtung des Aktivitätslevels *(activity level)* gegenüber der Gefährdungshaftung *(strict liability)* einen strukturellen Nachteil: Dadurch, dass im Falle der Fahrlässigkeitshaftung nicht alle Kosten einer Tätigkeit internalisiert werden (für durch sorgfältiges Verhalten verursachte Schäden wird nicht gehaftet), kommt es zu einem zu hohen Aktivitätsniveau.[162] Die Fahrläs-

liche Anknüpfen an Verhalten zu unterschiedlichen Zeitpunkten. Dazu besonders klar *Diamond,* J. Leg. Stud. 3 (1974), 107, 108 f.

160 So auch *Ben-Shahar/Porat,* N.Y.U. L. Rev. 91 (2016), 627, 652. Allg. zum Umstand, dass ein Mehr an Fähigkeiten die Schadensvermeidungskosten verringert, bereits *Diamond,* J. Leg. Stud. 3 (1974), 107, 150.

161 Vgl. *Ben-Shahar/Porat,* N.Y.U. L. Rev. 91 (2016), 627, 652 („The overall net effect would then be the combination of the two forces.“).

162 *Shavell,* J. Leg. Stud. 9 (1980), 1, 2 f.; *ders.,* Economic Analysis, 1987, S. 84 f.; *Schwartz,* Geo. L.J. 78 (1989), 241, 246; *Adams,* Ökonomische Analyse, 1985, S. 132.

sigkeitshaftung kann damit als Privilegierung schadensträchtiger Tätigkeiten verstanden werden. Die Gefährdungshaftung führt grundsätzlich zu einer Optimierung sowohl des Sorgfalts- als auch des Aktivitätsniveaus.[163] Die Fahrlässigkeitshaftung hat aber ebenfalls einen strukturellen Vorteil: Falsche Bestimmungen der Schadenshöhe wirken sich grundsätzlich nicht auf das Aktivitätslevel aus, weil sich die Haftung durch Beachtung der Sorgfaltsstandards ganz vermeiden lässt.[164] Außerdem führt die Gefährdungshaftung dazu, dass das Geschädigtenverhalten nicht optimiert werden kann.[165]

Indem individuelle Eigenschaften und Fähigkeiten bei der Bestimmung des Fahrlässigkeitsmaßstabs ausgeblendet werden *(objektiver Fahrlässigkeitsmaßstab),* kommt es zu folgender Entwicklung: (i) Für überdurchschnittliche Individuen bedeutet die Objektivierung eine Ausweitung der Privilegierung mit der Folge, dass sich die negativen Auswirkungen auf das Aktivitätslevel noch verstärken. (ii) Für unterdurchschnittliche Individuen stellt sich die Objektivierung hingegen als partielle Gefährdungshaftung dar[166], sodass insofern alle Kosten der Aktivität internalisiert werden. Gleichzeitig kommt es zu einer potentiellen Verzerrung des Aktivitätslevels durch falsche Berechnung der Schadenshöhe. Die für und gegen die Gefährdungshaftung sprechenden Gesichtspunkte sprechen also auch für und gegen eine Objektivierung des Sorgfaltsstandards.[167]

---

[163] *Schwartz,* Geo. L.J. 78 (1989), 241, 245 f.; *Cooter,* Colum. L. Rev. 84 (1984), 1523, 1539; *Shavell,* Economic Analysis, 1987, S. 2 f.; *Landes/Posner,* The Economic Structure of Tort Law, 1987, S. 126.

[164] Vgl. insb. *Cooter,* Colum. L. Rev. 84 (1984), 1523, 1539 („Unlike negligence then, strict liability makes the manufacturer very responsive to imperfections in assessing and computing damages.") Darst. *Arlen,* in: Parisi (Hrsg.), The Oxford Handbook of Law and Economics, 2017, S. 41, 55 (den Grundsatz gleichzeitig für gewisse Fälle einschränkend).

[165] Selbst bei einem am optimalen Sorgfaltsstandard orientierten Mitverschulden können bei der Gefährdungshaftung nämlich nicht alle Kosten der Geschädigtenaktivität internalisiert werden, vgl. dazu nur *Shavell,* Economic Analysis, 1987, S. 84 f.; *ders.,* J. Leg. Stud. 9 (1980), 1, 7.

[166] Insb. *Schwartz,* Geo. L.J. 78 (1989), 241, 249 f. (auf S. 248 f. auch darauf hinweisend, dass es für manche unterdurchschnittliche Individuen ökonomisch sinnvoll sein kann, suboptimal hohe Schadensvermeidungskosten zu investieren, um so jede Haftung zu vermeiden). Zur Interpretation eines objektiven Haftungsmaßstabs als Gefährdungshaftung vgl. etwa *Koziol,* AcP 196 (1996), 593, 594; *Nipperdey,* NJW 1957, 1777, 1781; *Jansen,* Die Struktur des Haftungsrechts, 2003, S. 433, 445 (Garantiehaftung). Ferner *Grigoleit/Bender,* in: Busch/De Franceschi (Hrsg.), Personalized Law, 2021, S. 115, 123 (Rn. 27) („quasi-strict-liability-law"); *Posner,* Economic Analysis of Law, [9]2014, S. 241 („strict liability component of negligence"); *Schwartz,* Geo. L.J. 78 (1989), 241, 249 f.; *Shavell,* Economic Analysis, 1987, S. 75 („[...] for the inept person archery may be regarded as an ultrahazardous activity; thus it makes sense, in effect, to impose strict liability on the inept person who engages in archery."); *Landes/Posner,* The Economic Structure of Tort Law, 1987, S. 128 („pocket of strict liability").

[167] Besonders klar *Landes/Posner,* The Economic Structure of Tort Law, 1987, S. 128

Werden individuelle Eigenschaften und Fähigkeiten bei der Bestimmung des Fahrlässigkeitsmaßstabs beachtet *(subjektiver Fahrlässigkeitsmaßstab),* so fällt die kostensenkende Regulierung des Aktivitätslevels weg. Dieser Nachteil kann natürlich dadurch ausgeglichen werden, dass nicht nur das in der Situation erforderliche Maß an Sorgfalt, sondern auch das Maß an Aktivitäten staatlich bestimmt wird. Der Fahrlässigkeitsvorwurf knüpft dann nicht daran an, bei der Tätigkeit die gebotene Sorgfalt nicht beachtet zu haben, sondern daran, überhaupt die Tätigkeit in dem Umfang ausgeübt zu haben *(Übernahmeverschulden).*[168] Die Personalisierung an einer Stelle zwingt also zur Personalisierung an einer anderen. Sie führt so zu einer Ausweitung staatlicher Regelung privaten Verhaltens. Anders gewendet: Die Personalisierung des Sorgfaltsmaßstabs optimiert nur dann die Approximationsfehlerkosten des Typs 1, wenn gleichzeitig auch das Aktivitätslevel personalisiert wird. Das wiederum führt zu einer Zunahme der Approximationsfehlerkosten des Typs 2 und der Regelproduktionskosten.

cc) Vorsorgemaßnahmen

Da im Falle der Gefährdungshaftung alle Kosten einer Tätigkeit internalisiert werden, kommt es grundsätzlich nicht nur zu einem optimalen Aktivitätslevel, sondern auch zu optimalen Vorsorgemaßnahmen, die die individuellen Eigenschaften und Fähigkeiten verbessern.[169] Diese Vorsorgemaßnahmen führen dann bei Ausübung der Aktivität dazu, dass die Wahrscheinlichkeit des Schadenseintritts und die Schadensvermeidungskosten geringer werden. Über einen *objektiven Sorgfaltsstandard* können diese Vorteile bis zu einem gewissen Grad ebenfalls genutzt werden, weil der objektive Sorgfaltsstandard für unterdurchschnittliche Individuen wie eine Gefährdungshaftung wirkt.[170]

(„[...] the choice between an individual and an aggregate standard of care for high costs of care persons [persons who are insane, clumsy, or otherwise incapable of taking care] is analytically similar to the choice between negligence and strict liability. Arguments that support strict liability in some contexts also support the choice of an aggregate rather than an individual standard of care [...].").

168 Zum Übernahmeverschulden allg. MünchKomm – *Wagner,* BGB, [8]2020, § 823 Rn. 42; *Nipperdey,* NJW 1957, 1777, 1781. Speziell im Personalisierungsdiskurs *Grigoleit/Bender,* in: Busch/De Franceschi (Hrsg.), Personalized Law, 2021, S. 115, 123 (Rn. 27), nach denen die Formulierung von Übernahmeverschulden der kommunikativen Dimension des Rechts (dazu allg. *Sunstein,* U. Pa. L. Rev. 144 [1996], 2021) besser Rechnung trage als ein aus ökonomischer Sicht gleichwertiger, objektiver Standard. Aus strafrechtlicher Sicht zum Übernahmeverschulden vgl. *Roxin/Greco,* Strafrecht Allgemeiner Teil, [5]2020, S. 1196 f. (§ 24 Rn. 36–38).

169 Dazu ausf. *Schwartz,* Geo. L.J. 78 (1989), 241, 254 ff. („prior investment in the ability to take care"); *Shavell,* Economic Analysis, 1987, S. 77 ff. („prior precautions").

170 Dazu *ders.,* Economic Analysis, 1987, S. 78. Im Grundsatz ebenso *Schwartz,* Geo. L.J.

Um im Falle eines *subjektiven Sorgfaltsstandards* den optimalen Grad an Vorsorgeinvestitionen zu erreichen, muss das Vorsorgeinvestitionsniveau durch den Staat festgesetzt werden.[171] Der Anknüpfungspunkt der Fahrlässigkeitshaftung verlagert sich dann noch weiter nach vorne. Wiederum steigen dadurch die Regelproduktionskosten, denn in diesem Fall muss nicht nur (i) das in der konkreten Handlungssituation maßgebliche Sorgfaltsniveau und (ii) das Aktivitätslevel, sondern auch (iii) das Maß der gebotenen Vorsorgeinvestitionen staatlich bestimmt werden. Zwar ist die Wahl zwischen einem objektiven und einem subjektiven Fahrlässigkeitsmaßstab danach mit Blick auf die Approximationsfehlerkosten irrelevant, *wenn* die Subjektivierung des Sorgfaltsniveaus mit einer Regulierung des Aktivitätslevels und der Vorsorgeinvestitionen einhergeht. Sobald allerdings die weiteren Kostenfaktoren, insbesondere die Approximationsfehlerkosten des Typs 2 und die Regelproduktionskosten, beachtet werden, verliert die Personalisierung an Attraktivität.

dd) Geschädigtenverhalten

Sollen die gesamtgesellschaftlichen Unfallkosten minimiert werden, müssen auch die Schadensvermeidungskosten der Geschädigten beachtet werden.[172] Ein Sorgfaltsstandard, der für alle gleiche Verhaltensanforderungen formuliert *(Handlungsgleichheit)*, erlaubt es den Geschädigten, ihr Verhalten bestmöglich auf das Verhalten der potentiellen Schädiger einzustellen.[173] Eine objektive Geschwindigkeitsgrenze von 50 km/h für Autofahrer ermöglicht es Fußgängern beispielsweise, ihr Verhalten beim Überqueren der Straße an dieser für alle gleichen Richtgeschwindigkeit auszurichten. Variieren die Höchstgeschwindigkeiten von Fahrer zu Fahrer, fehlt es an einer entsprechenden Richtschnur. Die Schadensvermeidungskosten auf Geschädigtenseite werden also zunehmen.

Omri Ben-Shahar und *Ariel Porat* argumentieren allerdings, dass im Falle der Personalisierung die potentiellen Geschädigten ihre Schadensvermeidung günstiger organisieren könnten, weil die Personalisierung zu einer Nivellierung des von potentiellen Schädigern ausgehenden Risikos führe *(Risikogleichheit)*[174]: Der reaktionsschnelle Fahrer verursacht für den Fußgänger ein geringe-

78 (1989), 241, 257–259 (allerdings ebenfalls die auch hier entstehenden Missanreize betonend).

171 Implizit *ders.*, Geo. L.J. 78 (1989), 241, 255–257, 259.

172 Allg. dazu *ders.*, Geo. L.J. 78 (1989), 241, 262 ff.

173 Dieser Gesichtspunkt kommt auch bei *Holmes*, The Common Law, 1968, S. 86 als zweiter Aspekt neben den hohen Regelproduktionkosten zum Ausdruck („[...] when men live in society, a certain average of conduct, a sacrifice of individual peculiarities going beyond a certain point, is necessary to the general welfare.").

174 Vgl. *Ben-Shahar/Porat*, Personalized Law, 2021, S. 77 f. Im Ansatz auch *dies.*, N.Y.U.

res Risiko als der reaktionsschwache Fahrer, wenn beide die gleiche (generelle) Handlungspflicht trifft. In einem personalisierten Rechtssystem könne dieser Unterschied durch eine ausdifferenzierte Handlungspflicht ausgeglichen werden. Der Fußgänger müsse sich dann nur auf ein Risikoniveau bei der Schadensvermeidung einstellen.

Dieses Argument ist indes aus zwei Gründen angreifbar: Zum einen führt die von *Ben-Shahar* und *Porat* vorgeschlagene Personalisierung keineswegs zu einer strikten Risikogleichheit, denn die bei einer effizienzbasierten Personalisierung entstehenden Unterschiede etwa bezüglich der Schadensvermeidungskosten[175] bringen Unterschiede im jeweiligen Risiko der einzelnen Fahrer mit sich. Das Ziel des Personalisierungsprojekts ist nicht Risikogleichheit, sondern Effizienz. Effizienz aber führt lediglich zu einer Gleichheit im anzuwendenden Kostenkalkül *(Kostengleichheit)*.

Zum anderen ist die Prämisse nicht plausibel, Individuen würden sich im Rahmen der Schadensvermeidungsmaßnahmen an Risikograden orientieren.[176] Vielmehr werden sie ihr Verhalten an dem Verhalten anderer ausrichten. Nicht die Risikogleichheit, sondern nur die Handlungsgleichheit führt daher zu einer Erleichterung der sozialen Koordination und somit dazu, dass Schadensvermeidungskosten eingespart werden können. Das *Fahrverhalten*, nicht das *Risiko* der anderen Verkehrsteilnehmer bestimmt, welche Maßnahmen ein Individuum zur Schadensvermeidung ergreift.

3. Analyse des positivrechtlichen Rahmens der Personalisierung von Sorgfaltspfichten

Im Folgenden wird dargelegt, dass das deutsche Recht diesen ökonomischen Erwägungen weitgehend Rechnung trägt, sodass eine darüber hinausgehende Personalisierung keine wesentlichen Wohlstandsgewinne verspricht. Durch einzelne Bezüge zum US-amerikanischen Recht lässt sich dieser Befund auch für das *common law* bestätigen.

L. Rev. 91 (2016), 627, 662. Zum Gedanken der Risikogleichheit vgl. auch *Grigoleit/Bender,* in: Busch/De Franceschi (Hrsg.), Personalized Law, 2021, S. 115, 123 (Rn. 28) („The legal system is inevitably called upon to determine the level of risk it tolerates.").

175 Auf Schadensvermeidungskosten wird in *Ben-Shahar/Porat,* Personalized Law, 2021, S. 78 ff. eingegangen.

176 Dass es ökonomisch sinnvoll sein mag, auf das Risiko abzustellen, ist eine andere Frage. Insofern den Risikograd in den Vordergrund stellend *Schwartz,* Geo. L.J. 78 (1989), 241, 264 („The appropriateness of the victim's behavior depends upon the risk of harm that the injurer creates.").

a) Dogmatische Verortung der Personalisierungsproblematik

Im Rahmen des deutschen Deliktsaufbaus werden die Sorgfaltspflichten auf den ersten Blick einerseits auf Tatbestandsebene als Verkehrspflichten relevant, andererseits auf Verschuldensebene als Teil des Fahrlässigkeitsbegriffs (§ 276 II BGB). Verkehrspflichten sind jedoch entsprechend dem Anliegen einer „zweckrationalen und reduktionistischen Dogmatik“[177] einheitlich auf *Tatbestandsebene* zu behandeln.[178] Für die Fälle des Unterlassens und der mittelbaren Verletzungshandlungen entspricht das weitgehend der herrschenden Meinung.[179] Gleiches muss aber für unmittelbare Verletzungshandlungen gelten, deren Tatbestand nicht geringeren Anforderungen unterliegen darf. Auch eine unmittelbare, aber unvorsätzliche Verletzungshandlung ist mithin rechtlich nur relevant, wenn eine Verkehrspflicht verletzt wurde.[180] Auf *Verschuldensebene* sind dann keine Sorgfaltspflichten mehr zu prüfen. Eine Trennung von abstrakt zu fassenden Verkehrspflichten und individualisiert zu fassenden Sorgfaltspflichten (§ 276 II BGB)[181] bringt keinen Mehrwert. Verkehrspflichten und Sorgfaltspflichten meinen dasselbe.[182] Auf Verschuldensebene geht es also nicht mehr um

---

[177] *Grigoleit/Bender,* ZfPW 2019, 1, 3.

[178] Überzeugend *Larenz/Canaris,* Lehrbuch des Schuldrechts II/2, [13]1994, S. 368 (§ 75 II 4 c). Vgl. auch MünchKomm – *Wagner,* BGB, [8]2020, § 823 Rn. 444. Die dogmatische Erfassung der Kategorien des Fahrlässigkeitsdelikts ist noch nicht abschließend geklärt, vgl. allg. *ders.,* Deliktsrecht, [14]2021, S. V („Die dogmatische Struktur des Deliktsrechts ist leider in keinem guten Zustand.“) sowie speziell zur Verkehrspflichtendogmatik auf S. 54 (Rn. 29). Letztendlich geht es um technische Fragen (so MünchKomm – *ders.,* BGB, [8]2020, § 827 Rn. 38).

[179] Vgl. *Looschelders,* Schuldrecht Besonderer Teil, [17]2022, S. 518 f. (§ 59 Rn. 5); *ders.,* FS Martinek, 2020, S. 405 f., 408–410 (einheitlich bei Handlung); *Medicus/Petersen,* Bürgerliches Recht, [28]2021, S. 334 (Rn. 647) (einheitlich bei haftungsbegründender Kausalität); *Larenz/Canaris,* Lehrbuch des Schuldrechts II/2, [13]1994, S. 368 (§ 75 II 4 c) (im Falle von Unterlassen bei Handlung, im Falle von mittelbarer Verletzungshandlung bei haftungsbegründender Kausalität).

[180] Vgl. *Wagner,* Deliktsrecht, [14]2021, S. 48 (Rn. 18). Die Sorgfaltspflichtverletzung ist damit am besten gleich bei der Handlung zu prüfen (Prüfungspunkt: verkehrspflichtenverletzende Handlung). Ähnlich *ders.,* Deliktsrecht, [14]2021, S. 49 (Rn. 20) („Pflichtwidrigkeit“), S. 56 (Rn. 37) („Pflichtverletzung“); *Looschelders,* Schuldrecht Besonderer Teil, [17]2022, S. 518 f. (§ 59 Rn. 5); *ders.,* FS Martinek, 2020, S. 405, 409 f.

[181] So aber *Larenz/Canaris,* Lehrbuch des Schuldrechts II/2, [13]1994, S. 369 f. (§ 75 II 4 d), 426 (§ 75 III 7 a).

[182] So überzeugend *Wagner,* Deliktsrecht, [14]2021, S. 55 (Rn. 33 f.); MünchKomm – *ders.,* BGB, [8]2020, § 823 Rn. 446 f.; *Jansen,* Die Struktur des Haftungsrechts, 2003, S. 424–431; *Brüggemeier,* Deliktsrecht, 1986, S. 95 f. (Rn. 114). Ebenso entbehrlich ist die Unterscheidung zwischen äußerer und innerer Sorgfalt, vgl. *Wagner,* Deliktsrecht, [14]2021, S. 52 (Rn. 26). A. A. etwa BeckOGK – *Spindler,* BGB, 1.2.2023, § 823 Rn. 456. Terminologisch anders auch *Looschelders,* FS Martinek, 2020, S. 405, 412 f. (Krankheitsfälle und Fälle der Rechtsprechungsänderung als Fälle verletzter Verkehrspflichten, aber fehlender Fahrlässigkeit anse-

die Formulierung der Verhaltenserwartung der Rechtsordnung[183], sondern nur noch um die Frage der Zurechnungsfähigkeit.

Der so verstandene Prüfungsaufbau ist auch intradisziplinär und international anschlussfähig[184]: Er lässt sich erstens mit der Prüfung des § 280 I BGB bei Schutzpflichtverletzungen (§ 241 II BGB)[185] in Einklang bringen: Auch hier ist die Verkehrspflichtverletzung auf der Ebene der Pflichtverletzung anzusprechen.[186] Zweitens stimmt der Aufbau auch mit dem strafrechtlichen Verständnis des Fahrlässigkeitsdelikts überein. Dort nämlich wird die objektive Sorgfaltspflichtwidrigkeit schon seit langem im Tatbestand geprüft, während die Frage subjektiver Entschuldigungsgründe erst auf der Ebene der Schuld relevant wird.[187] Drittens entspricht dieses Deliktsverständnis auch dem französischen und dem US-amerikanischen Deliktsaufbau, in dem die Verkehrs- oder Sorgfaltspflichten einheitlich unter dem Gesichtspunkt des *faute* oder der *breach of duty* geprüft werden.[188]

---

hend – dabei sind bereits die Verkehrspflichten unter Beachtung persönlicher Krankheiten zu formulieren und die Fälle der Rechtsprechungsänderung nach eigenen, allgemeinen Grundsätzen zu lösen).

[183] Zur kommunikativen Dimension des Rechts *Sunstein,* U. Pa. L. Rev. 144 (1996), 2021. Im Personalisierungsdiskurs *Hacker,* in: Bakhoum/Conde Gallego/Mackenrodt u. a. (Hrsg.), Personal Data, 2018, S. 85, 105 ff.; *Bender,* ERCL 16 (2020), 366, 383. Im verfassungsrechtlichen Kontext *ders.,* ZEuS 2020, 409, 415.

[184] Vgl. insofern insb. auch *Wagner,* Deliktsrecht, ^{14}2021, S. 49 (Rn. 20), S. 56–58 (Rn. 37–39).

[185] Zu deren Bestimmung mit jeweils unterschiedlichen Akzenten vgl. *Korch,* ZfPW 2020, 189; *Bachmann/Schirmer,* FS Canaris II, 2017, S. 369 ff.; *Grigoleit,* FS Canaris I, 2007, S. 275; *Canaris,* FS Larenz, 1983, S. 27 ff.

[186] So auch MünchKomm – *Wagner,* BGB, ^{8}2020, § 823 Rn. 449. Ähnlich *Looschelders,* FS Martinek, 2020, S. 405, 416. Zu ihrer Konkretisierung über die Verletzung des Integritätsinteresses vgl. *Grigoleit,* FS Canaris I, 2007, S. 275, 277 f. Ferner *Grigoleit/Bender,* ZfPW 2019, 1, 22.

[187] Im Strafrecht ist diese dogmatische Erfassung des Fahrlässigkeitsbegriffs deutlich gefestigter, vgl. nur *Roxin/Greco,* Strafrecht Allgemeiner Teil, ^{5}2020, S. 1201 (§ 24 Rn. 54), S. 1202 (§ 24 Rn. 57 f.). Nach neuerer Auffassung wird jedoch der objektive Teil der Fahrlässigkeitsprüfung in der Prüfung der objektiven Zurechnung aufgelöst, vgl. *dies.,* Strafrecht Allgemeiner Teil, ^{5}2020, S. 1186 f. (§ 24 Rn. 10). Dies überzeugt, solange die Pflichtwidrigkeit unproblematisch ist, also bei unmittelbaren Erfolgsdelikten, vgl. MünchKomm – *Wagner,* BGB, ^{8}2020, § 823 Rn. 21 f. Jedenfalls bei mittelbaren Verletzungshandlungen und Unterlassen ist jedoch die Verletzung einer Verkehrs- oder Sorgfaltspflicht zu erörtern, unabhängig davon, wie man diesen Punkt auch nennen mag (*Roxin/Greco,* Strafrecht Allgemeiner Teil, ^{5}2020, S. 1188 (§ 24 Rn. 14) beispielsweise sprechen von der Schaffung einer unerlaubten Gefahr, erörtern aber sodann genau die Fragen, die sonst auch bei der Bestimmung der Sorgfaltspflicht eine Rolle spielen).

[188] Vgl. *Wagner,* Deliktsrecht, ^{14}2021, S. 56–58 (Rn. 37–39). Die Haftung für Integritätsschäden bei Verkehrspflichtverletzung im Rahmen des § 823 I BGB folgt also dem einheitlichen Schema: (i) Rechtsgutsverletzung *(actual harm),* (ii) Verkehrspflichtverletzende Hand-

b) Personalisierung der Verkehrspflichten auf Tatbestandsebene

Auf der Ebene der Verkehrs- oder Sorgfaltspflichten ist oft schlicht vom objektiven Sorgfaltsstandard des deutschen Haftungsrechts die Rede. Dieser sei am besonnenen, vernünftigen Durchschnittsmenschen auszurichten.[189] Lediglich mit Blick auf Verkehrskreise oder Altersgruppen finde eine Differenzierung statt.[190] Diese Darstellung ist allerdings missverständlich, denn es kommt allein durch den Bezug auf die *Umstände des Einzelfalles* zu einer weitgehenden Personalisierung. Nur mit Blick auf Abweichungen von der Maßfigur des *homo oeconomicus* findet eine Generalisierung statt.

aa) Personalisierung und Umstände des Einzelfalles

Die weitgehende Personalisierung der Sorgfaltspflichten ergibt sich grundsätzlich aus der Orientierung an den Umständen des Einzelfalles.[191] Der „besonnene

lung *(breach of duty)*, (iii) Haftungsbegründende Kausalität *(causation)*. Hinzu kommen die beiden negativen Prüfungspunkte: (iv) Rechtswidrigkeit mangels Rechtfertigungsgründen und (v) Verschulden mangels Entschuldigungsgründen (insb. fehlende Zurechnungsfähigkeit).

[189] Vgl. etwa BGH NJW 2013, 48 Rn. 6: „Die rechtlich gebotene Verkehrssicherung umfasst diejenigen Maßnahmen, die ein umsichtiger und verständiger, in vernünftigen Grenzen vorsichtiger Mensch für notwenig und ausreichend hält, um andere vor Schäden zu bewahren […]" (m. w. N.). Ebenso BGH NJW 1994, 2232, 2233 („Welche Sorgfalt jeweils erfordert wird, ist ohne Rücksicht auf die individuellen Kenntnisse und Fähigkeiten des Betroffenen nach einem objektivierten Maßstab zu beurteilen […]"). In diesem Sinne auch BGHZ 24, 21, 27; 80, 186, 193.

[190] Vgl. zur Aussage, die Fahrlässigkeit sei objektiv (nach Verkehrskreisen) zu bestimnen, etwa Prot. II 604; RGZ 68, 422, 423; 95, 16, 17; BGHZ 39, 281, 283, 286; BGH NJW-RR 2003, 1459, 1460; BGH NJW 1995, 1150, 1151; 1994, 2232, 2233 („Dieser Maßstab ist allerdings, da die Lebenswirklichkeit schematische Gleichsetzung verbietet, nach Verkehrskreisen typisiert, deren speziellen Anschauungen und Bedürfnissen Rechnung zu tragen ist […]."). Ferner BGH NJW 1991, 1535, 1537; MünchKomm – *Wagner,* BGB, [8]2020, § 823 Rn. 38 f., 40, 42; *ders.,* Deliktsrecht, [14]2021, S. 50 (Rn. 22); MünchKomm – *Grundmann,* BGB, [9]2022, § 276 Rn. 55; Staudinger – *Löwisch,* BGB, 2019, § 276 Rn. 29; BeckOGK – *Spindler,* BGB, 1.2.2023, § 823 Rn. 94; BeckOK – *Förster,* BGB, [65]2023, § 823 Rn. 392; *Larenz,* Lehrbuch des Schuldrechts I, [14]1987, § 20 III Rn. 285 f. Im Ausgangspunkt auch *Deutsch,* AcP 202 (2002), 889, 904; *Larenz,* FS Wilburg, 1965, S. 119, 125; *Brüggemeier,* Deliktsrecht, 1986, S. 92 f. (Rn. 106–109), 95 (Rn. 113); *Jansen,* Die Struktur des Haftungsrechts, 2003, S. 451 f.; *Huber,* FS Huber, 1973, S. 253 f. Vor diesem Hintergrund von einem Mischsystem sprechend MünchKomm – *Wagner,* BGB, [8]2020, § 823 Rn. 40; *Grigoleit/Bender,* in: Busch/De Franceschi (Hrsg.), Personalized Law, 2021, S. 115, 122 f. (Rn. 26 f.). Für das Strafrecht im Grundsatz auch *Roxin/Greco,* Strafrecht Allgemeiner Teil, [5]2020, S. 1195 f. (§ 24 Rn. 34 f.), wenngleich weitgehend offen für Differenzierungen, vgl. insb. S. 1202–1204 (§ 24 Rn. 57–65).

[191] Besonders deutlich RGZ 95, 16, 17 („Dabei kommt freilich insofern ein relatives Moment zur Geltung, als der normale Verkehr je nach den begleitenden Umständen größere oder geringere Anforderungen stellen muss, um Verkehrssicherheit zu gewährleisten."); BGH NJW 2004, 1449, 1450 („Welche Maßnahmen zur Wahrnehmung der Verkehrssicherungs-

Durchschnittsmensch" ist keineswegs mit durchschnittlichen Eigenschaften und Fähigkeiten ausgestattet, sondern mit den Eigenschaften und Fähigkeiten des konkret betroffenen Individuums. Bei genauer Betrachtung sind die scheinbar maßgeblichen Verkehrskreise, nach denen anerkanntermaßen personalisiert wird, nichts anderes als eine Zusammentragung der im Einzelfall relevanten Umstände.[192] Gleiches gilt für die Berücksichtigung des spezifischen Alters eines Individuums.[193] Auch ein zur Schadensvermeidung befähigendes, zufällig erlangtes Sonderwissen[194] ist ganz unabhängig vom Verkehrskreis ebenso relevant wie etwa die Blindheit des Individuums.

Die Umstände des Einzelfalles eröffnen so die Möglichkeit, sowohl überdurchschnittliche als auch unterdurchschnittliche Eigenschaften und Fähigkeiten zu berücksichtigen. Nur wird in den Fällen der unterdurchschnittlichen Fähigkeiten bis zu einem gewissen Grad auch das Aktivitätslevel über die Figur des *Übernahmeverschuldens* kontrolliert.[195] Nicht die Nichtbeachtung des Rotlichts, sondern das Autofahren als solches wird dementsprechend dem Blinden vorgeworfen.[196] Gleiches gilt für *Vorsorgemaßnahmen*. Die potentiell hohen Re-

---

pflicht erforderlich sind, hängt stets von den tatsächlichen Umständen des Einzelfalls ab."). Zum Abstellen auf die Umstände des Einzelfalles auch *Jansen,* Die Struktur des Haftungsrechts, 2003, S. 451 (allerdings zu wenig beachtend, dass diese Umstände auch von persönlichen Eigenschaften und Fähigkeiten geprägt werden).

192 Für einen Überblick *Deutsch,* Fahrlässigkeit und erforderliche Sorgfalt, ²1995, S. 30 (Lit.), 40–42 (Rspr.). Gerade vor diesem Hintergrund kann *Huber,* FS Huber, 1973, S. 253, 254 f. von der geringen praktischen Relevanz des Gegensatzes zwischen objektiver und subjektiver Auffassung sprechen.

193 Vgl. BGHZ 39, 281, 283; MünchKomm – *Wagner,* BGB, ⁸2020, § 823 Rn. 40. Vgl. ferner RGZ 68, 422, 423 (allerdings erst im Rahmen der Quotelung nach § 254 BGB).

194 Aus strafrechtlicher Sicht zur Relevanz des Sonderwissens besonders klar *Roxin/Greco,* Strafrecht Allgemeiner Teil, ⁵2020, S. 1203 f. (§ 24 Rn. 62).

195 Zum Übernahmeverschulden bereits auf S. 108 (Fn. 168).

196 *Grigoleit/Bender,* in: Busch/De Franceschi (Hrsg.), Personalized Law, 2021, S. 115, 123 (Rn. 27). Ähnlich BGH JZ 1968, 103. In diesem Fall wurde dem LKW-Fahrer nicht vorgeworfen, dass er den vor ihm fahrenden Radfahrer – infolge eines nicht bekannten Augenfehlers – nicht gesehen, sondern dass er sein Fahrverhalten nicht dem Sehvermögen angepasst hatte. Es handelt sich daher entgegen der Darstellung bei *Koziol,* AcP 196 (1996), 593 (Fn. 4) nicht um ein Beispiel der Unbeachtlichkeit von Sehfehlern. Ferner *Holmes,* The Common Law, 1968, S. 109 („A blind man is not required to see at his peril; [...] he is, no doubt, bound to consider his infirmity in regulating his actions [...]."); Restatement (Second) of Torts, § 283C, comment c; *Speeler v. Sandown* (1872), 52 N.H. 244, 251 f. („[...] although we should not, perhaps, be warranted in saying that a blind man might not make such vigilant use of his remaining senses as to put himself in possession of all the facts relating to the defect which a man with vision would ordinarily acquire. [...] Now if [...] the plaintiff knew or ought to have known that it was dangerous for him to attempt to cross this bridge alone, as he did, his attempt to do so would, beyond all question, be want of due care, and he could not recover for the injury that ensued.").

gelproduktionskosten für die subjektive Bestimmung von Sorgfaltsniveau, Aktivitätslevel und Vorsorgemaßnahmen lassen sich dabei durch die Regelproduktion *ex post* in Anwendung eines Standards – insbesondere der „kleinen Generalklausel" des § 823 I BGB – in den Griff bekommen.[197] Lediglich insofern also, als die Personalisierung mit Blick auf unterdurchschnittliche Fähigkeiten regelmäßig angesichts der Figur des Übernahmeverschuldens nicht von der Haftung freistellt, kann (verkürzend) von einer Individualisierung „nach oben" und einer Objektivierung „nach unten" gesprochen werden.[198] Tatsächlich ist diese Objektivierung „nach unten" allerdings die Folge der allgemeinen Personalisierung durch Berücksichtigung aller Umstände des Einzelfalles, zu denen auch die das Übernahmeverschulden begründenden Tatsachen gehören.

Ganz ähnlich liegt es im US-amerikanischen Deliktsrecht.[199] Auch hier sind physische Beeinträchtigungen[200] und das Sonderwissen des Doktors[201] oder gar

---

[197] Zum Charakter des § 823 I BGB als „kleiner Generalklausel", deren Generalklauselcharakter aus dem Erfordernis der Verkehrspflichtverletzung folge, *Larenz/Canaris,* Lehrbuch des Schuldrechts II/2, [13]1994, S. 354 f. (§ 75 I 3a). Ebenso *Canaris,* FS Larenz, 1983, S. 27, 35; *ders.,* VersR 2005, 577, 581; *Brüggemeier,* Deliktsrecht, 1986, S. 94 (Rn. 111) („Generalklausel für ‚Verkehrswidrigkeit'"). Allg. für die Verortung der Verkehrspflichten bei § 823 I BGB vgl. nur *Larenz/Canaris,* Lehrbuch des Schuldrechts II/2, [13]1994, S. 405 (§ 76 III 2 b); MünchKomm – *Wagner,* BGB, [8]2020, § 823 Rn. 444.

[198] Vgl. *Grigoleit/Bender,* in: Busch/De Franceschi (Hrsg.), Personalized Law, 2021, S. 115, 122 f. (Rn. 26 f.). Ferner MünchKomm – *Wagner,* BGB, [8]2020, § 823 Rn. 40 (zur Personalisierung bei überdurchschnittlichen Fähigkeiten). Ebenso *Looschelders,* FS Martinek, 2020, S. 405, 412, der darauf hinweist, dass es auch bei der Berücksichtigung von Sonderwissen nicht um die Pflicht geht, jeden Schaden zu vermeiden. Es geht also um eine Optimierung, keine Maximierung der Sorgfaltspflichten. In diesem Sinne auch BGH NJW-RR 2003, 1459, 1460; BGH NJW 2013, 48 f. (Rn. 7). Für den Bereich des Strafrechts vgl. *Roxin/Greco,* Strafrecht Allgemeiner Teil, [5]2020, S. 1202–1204 (§ 24 Rn. 57–65), dessen Begründung der Individualisierung „nach oben" vollständig überzeugt. Bei der Begründung der Generalisierung „nach unten" wird allerdings zu wenig beachtet, dass auch im Strafrecht ein Mischsystem aus Generalisierung (bei flüchtigen Eigenschaften) und Individualisierung, kombiniert mit der Figur des Übernahmeverschuldens (bei leicht feststellbaren Eigenschaften) dominiert.

[199] Zu Personalisierungen im US-amerikanischen Haftungsrecht *Ben-Shahar/Porat,* N.Y.U. L. Rev. 91 (2016), 627, 636 ff.; *Grigoleit/Bender,* in: Busch/De Franceschi (Hrsg.), Personalized Law, 2021, S. 115, 123 (Rn. 27, Fn. 30).

[200] *Memorial Hospital of South Bend, Inc. v. Scott,* Supreme Court of Indiana, 261 Ind. 27, 300 N.E.2d 50 (1973).

[201] Vgl. etwa *Martinez v. Cal. Highway Patrol,* Cal CA, Fifth Appellate District, Cal. App. Unpub. Lexis 1317 (2010). Darst. *Ben-Shahar/Porat,* N.Y.U. L. Rev. 91 (2016), 627, 629; *dies.,* Personalized Law, 2021, S. 73; *Grigoleit/Bender,* in: Busch/De Franceschi (Hrsg.), Personalized Law, 2021, S. 115, 122. (Rn. 26). Es geht dabei aber nur um Sonderwissen, nicht um allg. höhere ethische Verhaltenserwartungen (wie es etwa der Verweis von *Ben-Shahar/Porat,* Personalized Law, 2021, S. 73 [Fn. 6] auf *Sawicki,* American Medical Association Journal of Ethics 13 [2011], 718 auch nahelegen könnte).

des Spezialisten[202] ohne Weiteres relevant. Auch werden die Sorgfaltspflichten an den Entwicklungsstand des Minderjährigen angepasst[203], sofern er nicht an Erwachsenentätigkeiten teilnimmt[204] oder die Haftung nach den Grundsätzen des *respondeat superior* nicht ohnehin ein anderes Individuum trifft[205].

bb) Generalisierung und homo oeconomicus

Angesichts dieser ohnehin bestehenden weitgehenden Personalisierung der Verkehrspflichten stellt sich die Frage, welche Bedeutung überhaupt die Maßfigur des besonnenen Durchschnittsmenschen hat und inwiefern Raum für eine noch weitergehende Personalisierung besteht.

(1) Objektivierung in der Bewertung von costs und benefits

Der Objektivierung durch den besonnenen Durchschnittsmenschen kommt erstens Bedeutung zu, sofern es um die *Bewertung* der konkreten Kosten geht. Die sich durch unterschiedliche Freude am schnellen Fahren und die daraus resultierenden Unterschiede in der Anwendung der *cost-benefit-analysis* ergebenden individuellen Unterschiede werden ausgeblendet. Der besonnene Durchschnittsmensch beurteilt die maßgeblichen Werte einheitlich *(wertungsbasierte Objektivierung)*.[206]

(2) Objektivierung hinsichtlich kognitiver (subjektiver) Eigenheiten

Zweitens führt die Maßfigur des besonnenen Durchschnittsmenschen insofern zu einer Objektivierung, als nicht dem typischen Entwicklungsstand entsprechende, *kognitive* Unterschiede ausgeblendet werden. Die Individuen werden also grundsätzlich als in ihrer Lebensphase *rationale* Individuen gedacht *(rationalitätsbasierte Objektivierung)*. Dies lässt sich zum einen mit etwaigen Beweisproblemen erklären[207]: Oft sind kognitive Abweichungen von einem normativen Rationalitätsmaßstab besonders flüchtig und schwer fassbar. Sie lassen

---

[202] Vgl. *Ben-Shahar/Porat,* Personalized Law, 2021, S. 73.

[203] *Charbonneau v. MacRury,* Supreme Court of New Hampshire, 84 N.H. 501, 153 A. 457, 73 A.L.R. 1266 (1931). Dazu auch *Ben-Shahar/Porat,* N.Y.U. L. Rev. 91 (2016), 627, 638 f.; *dies.,* Personalized Law, 2021, S. 73.

[204] Zur Teilnahme am Straßenverkehr *Dellwo v. Pearson,* Minn. S.C. 259 Minn. 452, 107 N.W.2d 859 (1961).

[205] Vgl. *Hill Transp. Co. v. Everett,* 145 F.2d 746 (1st Cir. 1944).

[206] Ähnlich auch *Diamond,* J. Leg. Stud. 3 (1974), 107, 149 („Some of [the differences in the abilities of individuals], such as wealth, are not recognized because of the philosophical stance of the legal system.“). Ferner *Jansen,* Die Struktur des Haftungsrechts, 2003, S. 452.

[207] Vgl. *Ben-Shahar/Porat,* N.Y.U. L. Rev. 91 (2016), 627, 640. Ähnlich *Schwartz,* Geo. L.J. 78 (1989), 241, 270.

sich damit auch nicht durch ein Übernahmeverschulden kontrollieren.[208] Faktoren wie Stress oder schlechter Schlaf können das Schadensrisiko und die Kosten der Schadensvermeidung erhöhen, sind aber in der Regel sowohl mit Blick auf die Kostenberechnung als auch mit Blick auf die Folgen für das Aktivitätslevel zu ungewiss, als dass das Gericht sie berücksichtigen würde.[209] Zum anderen kommt in dem Ausblenden der Abweichungen von Rationalität die normative Entscheidung der Rechtsordnung für das *Leitbild des rationalen Individuums* zum Ausdruck, das für die Kommunikation rechtlicher Handlungspflichten offen ist.[210] Dass physische und kognitive Beeinträchtigungen anderen Grundsätzen unterliegen[211], ist somit kein Mysterium des Haftungsrechts[212], sondern mit Beweisschwierigkeiten und der normativen Leitbildentscheidung im Grundsatz sinnvoll zu erklären.

Entgegen diesen Grundsätzen bei der Bestimmung der Verkehrspflichten kognitive Eigenheiten zu berücksichtigen, würde damit zu einer gegenüber dem geltenden Recht weitergehenden Personalisierung führen. In der Tat wird dieser Ansatz zum Teil verfolgt.[213] Dass neue Informationstechnologien allerdings die bei flüchtigen kognitiven Abweichungen bestehenden Gründe gegen eine Personalisierung überwinden können, wird dabei zumeist nur unterstellt. Ganz abgesehen davon ist die Grundsatzentscheidung für ein Leitbild des rationalen Individuums letztendlich eine normative Frage, auf die neue Informationstechnologien ohnehin keine Antwort geben.[214]

---

208 Ist die Kontrolle des Aktivitätslevels – wie etwa im Straßenverkehrsrecht – besonders schwierig, die Schadenskostenbestimmung aber vergleichsweise einfach, so wählt das deutsche Haftungsrecht die Gefährdungshaftung (§ 7 StVG). Ist die Schadensberechnung hingegen – wie etwa im Umweltrecht – mit weitreichenden Unsicherheiten behaftet, so steht die administrative Festlegung von bußgeldbewährten Sorgfaltsstandards im Vordergrund.

209 In diesem Sinne ist auch *Holmes,* The Common Law, 1968, S. 86 zu verstehen („The standards of the law are standards of general application. […] If, for instance, a man is born hasty and awkward, is always having accidents and hurting himself or his neighbors, no doubt his congenital defects will be allowed for in the courts of Heaven, but his slips are no less troublesome to his neighbors than if they sprang from guilty neglect.“). Ferner darst. *Schwartz,* Geo. L.J. 78 (1989), 241, 269 f.

210 Zur kommunikativen Dimension des Rechts bereits auf S. 112 (Fn. 183).

211 Für das US-amerikanische und englische Recht vgl. *Vaughan v. Menlove* (1837), 132 ER 490 (CP) = 3 Bing NC 468 (Eng.). Für eine Diskussion vgl. *Jansen,* Die Struktur des Haftungsrechts, 2003, S. 441 f.

212 *Ben-Shahar/Porat,* N.Y.U. L. Rev. 91 (2016), 627, 640. Ähnlich *Schwartz,* Geo. L.J. 78 (1989), 241, 270.

213 Vgl. etwa *Ben-Shahar/Porat,* N.Y.U. L. Rev. 91 (2016), 627, 630, die nach der „flüchtigen“ Eigenschaft der Reaktionsfähigkeiten differenzieren und dafür auf den wertungsmäßig problematischen *proxy* des Alters abstellen. Ferner *dies.,* Personalized Law, 2021, S. 109–111.

214 Ähnlich auch *Diamond,* J. Leg. Stud. 3 (1974), 107, 149. Ferner *Jansen,* Die Struktur des Haftungsrechts, 2003, S. 452.

(3) Objektivierung durch ergänzende administrative Verhaltensvorgaben

Drittens schließlich wird die weitgehende Personalisierung des Sorgfaltsstandards durch regelförmige, administrative Mindestsorgfaltsvorgaben *ex ante* ergänzt. Ein Beispiel hierfür ist die Höchstgeschwindigkeit im Straßenverkehr. Dadurch mindert sich das Problem des Geschädigtenverhaltens, weil verlässlich generelle Mindestvorgaben eingehalten werden, hinter denen die Personalisierung der Sorgfaltspflichten angesichts der Umstände des Einzelfalles nicht zurückbleiben darf.

Die Forderung nach einer Personalisierung des Rechts kann in diesem administrativen Kontext zum einen bedeuten, die bereits bestehenden öffentlich-rechtlichen Regelungen (etwa die Höchstgeschwindigkeit) zu personalisieren.[215] Dadurch würde allerdings die vorteilhafte Wirkung von generellen Mindestvorgaben für das Geschädigtenverhalten verloren gehen. Zum anderen kann die Forderung nach einer Personalisierung darauf abzielen, bisher *ex post* vorgenommene Personalisierungen *ex ante* durch Mikrodirektive vorzunehmen, also das richterliche Modell durch ein administratives Modell zu ersetzen.[216] Auch dadurch könnten die administrativen Vorgaben allerdings durch ihre Personalisierung nicht mehr als vorteilhafte Orientierung für das Geschädigtenverhalten fungieren.

c) Verschuldensebene als Anknüpfungspunkt für Abweichungen von Rationalitätsvorgaben

Die soeben beschriebenen Objektivierungen auf Tatbestandsebene werden im Privatrecht im Grundsatz auch nicht mehr durch eine Subjektivierung auf Verschuldensebene ausgeglichen. *Insofern* ist es zutreffend, von einem im Grundsatz objektiven Fahrlässigkeitsmaßstab des Privatrechts zu sprechen.[217] Insbe-

---

[215] Vgl. etwa das von *Ben-Shahar/Porat,* Personalized Law, 2021, S. 4 entworfene Zukunftsbild. Ferner *dies.,* N.Y.U. L. Rev. 91 (2016), 627, 633. Es geht dann nicht mehr um die Personalisierung des Deliktsrechts im eigentlichen Sinne, sondern beispielsweise um die Personalisierung von gesetzlichen Geschwindigkeitsbeschränkungen, wie sie in § 3 III StVO enthalten sind. Vgl. dazu *Grigoleit/Bender,* in: Busch/De Franceschi (Hrsg.), Personalized Law, 2021, S. 115, 124 f. (Rn. 30 ff.).

[216] Dieser Aspekt steht bei den sog. Mikrodirektiven im Vordergrund, vgl. etwa *Casey/Niblett,* Ind. L.J. 92 (2017), 1401, 1403 f., insb. 1404 („We suggest that technological advances in predictive and communication technologies will render this trade-off between rules and standards unnecessary.").

[217] Wie hier MünchKomm – *Wagner,* BGB, [8]2020, § 823 Rn. 45 sowie ferner Rn. 29, 444–446. Hingegen für eine Subjektivierung auf Verschuldensebene *Nipperdey,* NJW 1957, 1777, 1780–1782. Weitgehend auch *Larenz/Canaris,* Lehrbuch des Schuldrechts II/2, [13]1994, S. 370 (§ 75 II 4 d) („Unzweifelhaft ist die Geltung der Verhaltensnorm nämlich zumindest *davon*

sondere verfliegen die für eine Objektivierung sprechenden Gesichtspunkte nicht, nur weil eine andere dogmatische Ebene (Verschulden) geprüft wird.[218] Kommt es jedoch zu besonders starken Abweichungen vom Leitbild des *homo oeconomicus*, kann es zu einer *punktuellen* Subjektivierung der Haftung kommen.[219] Es geht in diesen Fällen nicht um die Personalisierung der Verkehrspflicht, sondern lediglich um die Suspendierung der Schadensersatzhaftung. Das Recht strebt dann nicht mehr Effizienz an. Es trägt vielmehr einer Abweichung von Rationalität Rechnung, die im folgenden Kapitel dargestellt wird.

IV. Personalisierung des Sachenrechts

Anders als das Recht der Rechtsgeschäfte und das Deliktsrecht wird das Sachenrecht[220] bisher im Rahmen des Personalisierungsdiskurses nicht explizit als Objekt der Personalisierung diskutiert. Unter Zugrundelegung des eindimensionalen, auf Approximationsfehlerkosten des Typs 1 abstellenden Ansatzes des Personalisierungsprojekts erscheint jedoch auch eine Personalisierung des Sachenrechts auf den ersten Blick als naheliegend. Die folgenden Ausführungen zeigen indes, dass es auch im Sachenrecht gute Gründe für die Beibehaltung genereller Normen gibt. Dies gilt sowohl für die Normen des Sachenrechts, die das Recht der Rechtsgeschäfte ergänzen (insofern lässt sich das Personalisie-

---

unabhängig, ob der Täter sie in der konkreten Situation erfüllen konnte oder nicht."). Die Verweigerung der gegenüber dem Strafrecht weniger weitreichenden Subjektivierung lässt sich damit erklären, dass mit dem Deliktsrecht kein ethischer Vorwurf einhergeht. Wie hier MünchKomm – *Wagner,* BGB, [8]2020, Vor § 823 Rn. 51. Anders hingegen *Larenz/Canaris,* Lehrbuch des Schuldrechts II/2, [13]1994, S. 429 (§ 76 III 7 c) („Ebensowenig gibt es eine deliktsrechtliche Haftung für Verstöße gegen optimale Sorgfalt ohne ethisch vorwerfbares Verschulden."). Ebenso *Canaris,* VersR 2005, 577, 578 (den Gedanken des vorwerfbaren Verhaltens betonend).

[218] Ein etwaiger durch Fliegeralarm bedingter Schrecken befreit daher beispielsweise den Notar nicht von seiner Haftung, vgl. BGHZ 17, 69. Dazu *Huber,* FS Huber, 1973, S. 253, 254. Ferner BGHZ 24, 21, 27; 39, 281, 283; BGH NJW 1994, 2232, 2233. Aus US-amerikanischer Sicht vgl. insb. *Vaughan v. Menlove* (1837), Common Pleas, 132 ER 490, 3 Bing NC 468 (Eng.). Dazu ferner *Jansen,* Die Struktur des Haftungsrechts, 2003, S. 441 f.

[219] Besonders deutlich BGH NJW 1994, 2232, 2233 („Ist die hiernach objektiv erforderliche Sorgfalt nicht gewahrt, so kann sich der zu ihrer Einhaltung Verpflichtete nur in Ausnahmefällen darauf berufen, nicht schuldhaft gehandelt zu haben […]".).

[220] Nicht alle nach dem äußeren System dem Sachenrecht zugeordneten Normen sind funktionell betrachtet Sachenrecht. Die Regeln zum Eigentümer-Besitzer-Verhältnis etwa (§§ 987 ff. BGB) sind spezielles Leistungsstörungsrecht (Schuldrecht) für den Vindikationsanspruch aus § 985 BGB, vgl. etwa RGZ 56, 313, 316; 61, 430, 432. Darst. *Michalski,* FS Gitter, 1995, S. 577, 642.

rungsproblem als Frage der Berechtigung und optimalen Ausgestaltung des *numerus clausus* auffassen), als auch für diejenigen Normen, die im Zusammenhang mit der deliktischen Abgrenzung von Freiheitssphären zu sehen sind (insofern lässt sich das Personalisierungsproblem als Frage nach den optimalen *Duldungspflichten* begreifen).

1. Ergänzung des Rechts der Rechtsgeschäfte und numerus clausus

Die Frage nach der Personalisierung des Rechts der sachenrechtlichen Transaktionen lässt sich auf zwei Arten reformulieren: Zum einen lässt sich fragen, ob eine Personalisierung durch *autonome* Rechtssetzung über die im Gesetz genannten Typen hinaus möglich sein soll. Diese Frage zielt auf die Berechtigung des *numerus clausus*[221], also den Typenzwang, ab (a). Zum anderen lässt sich fragen, ob die heteronom gesetzte Typenzahl erhöht werden sollte. Diese Frage zielt auf die konkrete Ausgestaltung der gesetzlichen Typenfixierung ab (b).[222]

a) Typenzwang und autonome Personalisierung: Rechtfertigung des numerus clausus

Versuche, den *numerus clausus* zu rechtfertigen, stellen bisher seine limitierende Dimension in den Vordergrund. Diese negativen Theorien können den *numerus clausus* allerdings nicht überzeugend rechtfertigen (aa). Die Bedeutung des *numerus clausus* erschließt sich vielmehr erst, wenn er nicht als Limitierung der Privatautonomie, sondern als staatliche Serviceleistung verstanden wird (bb).

aa) Fehlende Überzeugungskraft der negativen Theorien

Überwiegend wird der die Privatautonomie limitierende Charakter des *numerus clausus* in den Vordergrund gestellt[223] und gefragt, ob diese Beschränkung

---

[221] Der *numerus clausus* betrifft die Ausgestaltung von Erstbestellungen von dinglichen Rechten. Geht es um Zweitübertragungen, ist angesichts des sachenrechtlichen Minimalkonsenses ohnehin wenig Raum für gesetzliche, die *essentialia* der Transaktion ergänzende Regelungen, vgl. insb. *Grigoleit,* AcP 199 (1999), 379, 380.

[222] Typenzwang und Typenfixierung prägen also beide den Begriff des *numerus clausus*, vgl. etwa *Fleischer,* FS Schäfer, 2008, S. 125, 126. Oft wird der Begriff des *numerus clausus* allerdings auch auf den Typenzwang beschränkt, vgl. etwa *Füller,* Eigenständiges Sachenrecht?, 2006, S. 14; *Baur/Stürner,* Sachenrecht, [18]2009, S. 3 (§ 1 Rn. 7); *Kern,* Typizität als Strukturprinzip des Privatrechts, 2013, S. 19. Im Ansatz auch MünchKomm – *Gaier,* BGB, [9]2023, Einl. SachenR Rn. 11.

[223] *Canaris,* FS Flume, 1978, S. 371, 376; *Hellgardt,* Regulierung, 2016, S. 135 f.; *Kern,* Typizität als Strukturprinzip des Privatrechts, 2013, S. 19.

der Gestaltungsfreiheit gerechtfertigt ist. Die so formulierten Ansätze können den *numerus clausus* allerdings nicht überzeugend rechtfertigen:

Das gilt erstens für die Idee, der *numerus clausus* solle einer (feudalen) Rechtszersplitterung entgegenwirken und Hold-up-Probleme lösen, die dadurch entstehen, dass viele Individuen bei der Vollrechtsübertragung zustimmen müssen *(Antifragmentationsmodell)*.[224] Der *numerus clausus* limitiert nämlich gerade nicht die Anzahl der Rechtsinhaber an einer Sache. Insbesondere ließe sich die Ausschaltung gewisser unerwünschter Strukturen durch deren punktuelles Verbot verwirklichen, ohne überschießend alle Gestaltungen zu verbieten, die nicht im Gesetz geregelt sind.[225]

Zweitens überzeugt auch der Ansatz nicht, nach dem der *numerus clausus* der Senkung der Informationskosten für potentielle Schädiger dient, weil diese erkennen müssten, wo die Grenzen der Rechte anderer verlaufen *(Deliktsmodell)*.[226] Für potentielle Schädiger ist nämlich einzig der für sie leicht einzusehende Umstand relevant, dass sie selbst nicht berechtigt sind.[227]

Drittens kann es nicht überzeugen, den *numerus clausus* aus den generell steigenden Informationskosten des Rechtsverkehrs herzuleiten, weil bei Aufga-

---

224 So *Heller,* Yale L.J. 108 (1999), 1163, 1176–1178; *Hellgardt,* Regulierung, 2016, S. 129 („Schaffung eines ungeteilten Eigentums"), S. 132 (Lösen von „hold up-Problemen").

225 So überzeugend *Merrill/Smith,* Yale L.J. 110 (2000), 1, 6 („But whatever the merits of this anti-fragmentarian view for other property doctrines, it does not fully explain the *numerus clausus*, which is aimed at limiting *types* of rights, not the number of rightholders.") sowie 51–54. Ebenso *Lewinsohn-Zamir,* N.Y.U. L. Rev. 78 (2003), 1669, 1731. Ähnlich schließlich *Schmolke,* WM 2010, 740, 744, 747 (allerdings in erster Linie aufgrund des Vertrauens in die Verhandlungslösung); *Rudden,* in: Eekelaar/Bell (Hrsg.), Oxford Essays in Jurisprudence, 1987, S. 239, 248 (sowohl auf die Verhandlungslösung als auch auf die Möglichkeit punktueller Verbote verweisend).

226 Etwa *Merrill/Smith,* Yale L.J. 110 (2000), 1, 26 („When individuals encounter property rights, they face a measurement problem. In order to avoid violating another's property right, they must ascertain what those rights are."). Ähnlich auch *Hellgardt,* Regulierung, 2016, S. 131 f.; *Stadler,* Gestaltungsfreiheit und Verkehrsschutz durch Abstraktion, 1996, S. 111.

227 So überzeugend *Schön,* Der Nießbrauch an Sachen, 1992, S. 245 („Der Schädiger oder Störer weiß ohnehin, daß er im Zweifel zumindest dem Eigentümer zur Unterlassung oder Ersatzleistung verpflichtet ist – die jeweilige Ausgestaltung der dinglichen Rechte am Grundstück betrifft aus seiner Sicht nur die Aufteilung der deliktischen oder negatorischen Anspruchsberechtigung auf die verschiedenen Sachberechtigten."). Ebenso *Hansmann/Kraakman,* J. Leg. Stud. 31 (2002), 373, 410 f., insb. 411 („[...] if a person is to avoid trespassing on land, it is sufficient for that person to know that she owns no right in the land."). Ähnlich auch *Schmolke,* WM 2010, 740, 742. Die Gegenkritik bei *Hellgardt,* Regulierung, 2016, S. 131 f., die auf die Relevanz der Aufteilung in prozessualen Situationen abstellt, in denen der potentielle Schädiger im Wege der negativen Feststellungsklage die Initiative ergreift, betrifft allenfalls Ausnahmekonstellationen, die eine generelle Beschränkung der Vertragsfreiheit schwerlich zu rechtfertigen vermögen.

be des *numerus clausus* jeder kontrollieren müsse, welches Recht er erwerbe *(Drittinformationsmodell)*.[228] Die Verständlichkeit der vom Gesetz bereitgestellten Typen verliert nämlich nichts an Aussagekraft, nur weil daneben noch weitere Typen zugelassen werden.[229] Bestellt ein Individuum einen klassischen Nießbrauch, weiß der Rechtsnachfolger des Eigentümers, was mit diesem Nießbrauch gemeint ist, auch wenn es daneben noch andere gesetzlich geregelte Nießbrauchsformen gäbe. Genauso wenig beeinträchtigt die Existenz der Rentenschuld oder der Hypothek die Verkehrsfähigkeit der Grundschuld.[230]

Viertens könnte auch das bloße Informationsinteresse der Rechtsnachfolger *(Rechtsnachfolgerinformationsmodell)* den *numerus clausus* nicht rechtfertigen. In der Tat kann diesem Informationsinteresse in atypischen Fällen durch individuelle Information mit einer entsprechenden Preisanpassung Rechnung getragen werden.[231] Eine derartige individuelle Information erfolgt auch im Rahmen des geltenden Rechts bereits durch grundbuchrechtliche Bezugnahme auf die notariellen Bestellungsurkunden, in der die Einzelheiten der Nutzungsbefugnisse, etwa im Falle von Dienstbarkeiten, geregelt sind. Auch bei der Abtretung einer Forderung befriedigen die Parteien das Informationsbedürfnis des Rechtsnachfolgers durch individuelle Information.

Fünftens schließlich kann auch eine inhaltliche Erklärung des *numerus clausus* nicht überzeugen, die die sachenrechtlichen Typen als gesetzlich vorgegebene, wirtschaftlich sinnvolle Nutzungsordnung versteht *(Kollektivismus-*

---

[228] Grundlegend *Merrill/Smith,* Yale L.J. 110 (2000), 1, 31–34. Ähnlich auch *Stadler,* Gestaltungsfreiheit und Verkehrsschutz durch Abstraktion, 1996, S. 112.

[229] So insb. *Hansmann/Kraakman,* J. Leg. Stud. 31 (2002), 373, 380 f., insb. 381 („So long as there are clear definitions and labels for the forms most needed, the ability of parties to transact in those forms will not be compromised by the availability of additional forms."); *Fleischer,* FS Schäfer, 2008, S. 125, 133.

[230] Zumindest dann, wenn zusätzliche Typen ins Gesetz aufgenommen werden (wie etwa die Hypothek und Rentenschuld neben der Grundschuld), entstehen allerdings Informationskosten dadurch, dass sich der *Gestalter* mit mehr Typen auseinandersetzen muss. *Rudden,* in: Eekelaar/Bell (Hrsg.), Oxford Essays in Jurisprudence, 1987, S. 239, 255 bezeichnet diese spezifischen Informationskosten als *screening costs.* Das ist allerdings kein Problem des *numerus clausus* im eigentlichen Sinne, sondern der optimalen Personalisierung der gesetzlichen Typen (dazu sogleich).

[231] So *Epstein,* Cal. L. Rev. 55 (1982), 1353, 1355 (insb. mit Blick auf *record notice*); *Schön,* Der Nießbrauch an Sachen, 1992, S. 244 f. (insb. mit Blick auf das Grundbuch); *Schmolke,* WM 2010, 740, 745 (bei öffentlicher Information die Erhebung einer Gebühr erwägend), 746 (aufgrund des Vertrauens in die Verhandlungslösung). Zur Idee der Gebühr ebenso bereits *Fleischer,* FS Schäfer, 2008, S. 125, 136; *Shavell,* Foundations of Economic Analysis of Law, 2004, S. 32 (Fn. 7); *Merrill/Smith,* Yale L.J. 110 (2000), 1, 35 („pollution tax" als Lösung des Problems, wobei sie das Rechtsnachfolgerinformationsmodell auf S. 30 f. als paternalistisch bezeichnen); *Rudden,* in: Eekelaar/Bell (Hrsg.), Oxford Essays in Jurisprudence, 1987, S. 239, 246.

modell).[232] Dann nämlich wäre nicht erklärbar, warum der Eigentümer die Sache auch in Ansehung eines großen Nutzens für potentielle Erwerber vernichten oder die Verkehrsfähigkeit durch exzentrische Umbaumaßnahmen mindern darf, die Bestellung eines Nießbrauchsrecht an einzelnen Räumen hingegen verboten ist.[233]

Angesichts der Schwächen aller negativen Rechtfertigungsansätze überrascht es nicht, dass der *numerus clausus* aus ökonomischer Sicht zunehmend infrage gestellt wird.[234]

bb) Rechtfertigung des numerus clausus als Serviceleistung (positive Theorie)

Der *numerus clausus* lässt sich jedoch im Rahmen einer positiven Theorie rechtfertigen – oder besser: erklären. Nach dem hier vorgeschlagenen Erklärungsmodell ist der *numerus clausus* in erster Linie keine *Beschränkung* der

---

232 Für diesen kollektivistischen Ansatz *Schön,* Der Nießbrauch an Sachen, 1992, S. 245–248, insb. 248 („materielle[s] Verständnis des numerus clausus und Typenzwangs im Sinne einer ‚Verdinglichung' von kollektiv als sinnvoll anerkannten Strukturen"), aufbauend auf *Ehrlich,* Das zwingende und nichtzwingende Recht im Bürgerlichen Gesetzbuch für das Deutsche Reich, 1899, S. 105 („Das obligatorische Recht hat dem individuellen Bedürfnis zu dienen, des dinglichen Rechts hat sich das Individuum so zu bedienen, wie es durch das gesellschaftliche Kollektivbedürfnis zurechtgehämmert worden ist."). Aus dem US-amerikanischen Diskurs insb. *Lewinsohn-Zamir,* N.Y.U. L. Rev. 78 (2003), 1669, 1733 („A more plausible justification for the [*numerus clausus* principle] rests on the objective theory of well-being."); *Reichman,* Cal. L. Rev. 55 (1982), 1177, 1231 („The common denominator of most servitudes is the promotion of the efficient utilization of land resources."). Ebenso der regulatorische Ansatz von *Davidson,* Vand. L. Rev. 61 (2008), 1597, 1601 („Rather, legal systems standardize property law because regulating the variety of allowable forms provides platforms onto which property law's competing social and political goals can be engrafted onto private ordering. Put another way, standardization is a near-universal feature of property systems because the phenomenon facilitates the use of property law to define, control, and regulate the *public* aspects of *private* legal relations with respect to things – the foundational top-down element of property law.").

233 Hinsichtlich des gewählten Beispiels so zumindest die h.M., vgl. etwa BGH NJW 2006, 1881, 1883. Krit. hierzu BeckOK – *Reischl,* BGB, [65]2023, § 1030 Rn. 34. Zum Argument gegen das Kollektivismusmodell so auch *Merrill/Smith,* Yale L.J. 110 (2000), 1, 27 (am Beispiel eines zeitlich beschränkten, dinglichen „Montagsnutzungsrechts"), 29–31 (das Kollektivismusmodell als paternalistisch bezeichnend). Im Ansatz ebenfalls krit. *Füller,* Eigenständiges Sachenrecht?, 2006, S. 424; *Rudden,* in: Eekelaar/Bell (Hrsg.), Oxford Essays in Jurisprudence, 1987, S. 239, 260.

234 Für das Liegenschaftsrecht *Schmolke,* WM 2010, 740, 747; *Fleischer,* FS Schäfer, 2008, S. 125, 138; *Epstein,* Cal. L. Rev. 55 (1982), 1353, 1354. Allg. *Hansmann/Kraakman,* J. Leg. Stud. 31 (2002), 373, 417. Tendenziell auch *Rudden,* in: Eekelaar/Bell (Hrsg.), Oxford Essays in Jurisprudence, 1987, S. 239, 262. Zumindest für eine Aufweichung des *numerus clausus* durch die vom Belegenheitsort der Sache unabhängige Zulassung der in irgendeinem Staat der USA anerkannten Eigentumsrechte *Bell/Parchomovsky,* Yale L.J., 103–105.

privatautonomen Gestaltungsfreiheit nach den Grundsätzen des Vertragsrechts, sondern notwendige Folge einer Serviceleistung des Staates, die in der Anerkennung dinglicher Rechte zu sehen ist und eine *zusätzliche* Freiheit schafft *(Serviceleistungsmodell).* Ein nicht den sachenrechtlichen Typen entsprechendes Rechtsgeschäft ist nicht verboten, sondern lediglich nicht mit Blick auf die Drittwirkung privilegiert[235] und damit nach den allgemeinen Grundsätzen des Schuldrechts zu behandeln.

Dieser Gedanke ist von der Überlegung aus zu entwickeln, dass sich im Grundsatz alle sachenrechtlichen Gestaltungen auch über schuldrechtliche Verträge verwirklichen lassen[236]: Ein Eigentümer E1 kann einem Dritten D ein schuldrechtliches Nutzungsrecht[237] an einem spezifischen Grundstück einräumen. Die Bindung des Erwerbers E2, der das Grundstück von E1 erwirbt, lässt sich durch einen die Veräußerung begleitenden schuldrechtlichen Vertrag zugunsten Dritter[238] zwischen E1 und E2 herbeiführen, nach dem D von E2 die Nutzung des Grundstücks verlangen kann. Durch einen weiteren Vertrag zwischen E1 und D kann E1 aus der Haftung entlassen werden. Alternativ stehen die Instrumente der Schuldübernahme[239] und der Vertragsübernahme[240] zur Verfügung.[241] Bei dieser Konstruktion bestehen allerdings – abgesehen von den

---

[235] Ähnlich *Wiegand,* in: Köbler (Hrsg.), Wege europäischer Rechtsgeschichte, 1987, S. 623, 634 („[…] im Kern aber geht es darum, obligatorischen Rechtsverhältnissen die Drittwirkung zu versagen." – besser wäre zu formulieren: „manchen Rechtsverhältnissen Drittwirkung zuzuerkennen"). Es geht also um das „Verleihen des Charakters der Dinglichkeit", vgl. *ders.,* in: Köbler (Hrsg.), Wege europäischer Rechtsgeschichte, 1987, S. 623, 626 f. (unter Bezugnahme auf die Motive). Gerade insofern lässt sich der *numerus clausus* auch mit der Autonomie des Sachenrechts in Verbindung bringen, der gerade im Rahmen der Entstehungsgeschichte des BGB eine besondere Bedeutung zukam, vgl. darst. *ders.,* in: Köbler (Hrsg.), Wege europäischer Rechtsgeschichte, 1987, S. 623, 639.

[236] Ähnlich auch *Rudden,* in: Eekelaar/Bell (Hrsg.), Oxford Essays in Jurisprudence, 1987, S. 239, 256.

[237] Zu denken ist etwa an einen Mietvertrag i. S. d. § 535 BGB.

[238] Zu dem in den §§ 328 ff. BGB geregelten Vertrag zugunsten Dritter vgl. monographisch *Bayer,* Der Vertrag zugunsten Dritter, 1995; *Hörstmann,* Der echte Vertrag zugunsten Dritter, 1982.

[239] Zu den beiden Arten der in §§ 414 ff. BGB geregelten Schuldübernahme vgl. *Grigoleit/ Herresthal,* Jura 2002, 393 ff.; *Feiler,* Kollisionsrecht der Vertragsübernahme, 2019, S. 29–34.

[240] Zur Dogmatik der Vertragsübernahme vgl. etwa *Feiler,* Kollisionsrecht der Vertragsübernahme, 2019, S. 34–46. Monopraphisch auch *Klimke,* Die Vertragsübernahme, 2010.

[241] Im Wohnraummietrecht hilft hier § 566 BGB, der nach der Rechtsprechung (etwa BGHZ 166, 125 Rn. 14) kraft Gesetzes zur Entstehung eines neuen Mietvertrags mit dem neuen Eigentümer führt, dessen Inhalt sich mit dem gegenüber dem Alteigentümer bestehenden Mietvertrag deckt (nach a. A. handelt es sich um eine gesetzliche Vertragsübernahme, vgl. etwa *Baur/Stürner,* Sachenrecht, [18]2009, S. 398 § 29 Rn. 74; MünchKomm – *Häublein,* BGB, [9]2023, § 566 Rn. 30). Da § 566 BGB also *partiell* die Vorteile dinglicher Rechte ver-

durch die Vertragsschlüsse entstehenden Transaktionskosten – folgende Probleme: (i) D verliert sein Naturalnutzungsrecht, wenn E1 den E2 (absprachewidrig) nicht in die vertragliche Bindung einbezieht *(Nachteil für D)*. (ii) D kann die Entlassung von E1 aus der Haftung unterbinden und im Falle der Veräußerung eine persönliche Haftung gegen E1 geltend machen *(Nachteil für E1)*. (iii) Es besteht die Gefahr, dass E2 mit einer von ihm nicht vorhergesehenen Haftung belastet wird, sofern er die Eigenheiten der Vereinbarung zwischen E1 und D fehldeutet *(Nachteil für E2)*.[242]

Um diesen Nachteilen zu entgehen, stellt das Gesetz das Sachenrecht zur Verfügung: (i) Die Position des D wird nun dadurch abgesichert, dass sein Recht an der Sache unabhängig vom Eigentümer bestehen bleibt, solange er einen Publizitätstatbestand erfüllt.[243] Der Publizitätstatbestand, etwa die Grundbucheintra-

---

wirklicht, wird insoweit auch von einer „Verdinglichung" des Mietvertrags gesprochen, vgl. etwa MünchKomm – *ders.*, BGB, [9]2023, § 566 Rn. 2 (allerdings in Rn. 3 betonend, dass es sich nicht um ein dingliches Recht handelt); *ders.*, Sondernutzungsrechte und ihre Begründung im Wohnungseigentumsrecht, 2003, S. 44; *Baur/Stürner*, Sachenrecht, [18]2009, S. 399 (§ 29 Rn. 81); *Canaris*, FS Flume, 1978, S. 371, 372. Im *common law* wird insofern offen von einem dinglichen Recht gesprochen, vgl. nur *Rudden*, in: Eekelaar/Bell (Hrsg.), Oxford Essays in Jurisprudence, 1987, S. 239, 246.

242 Weitere Vorteile der Sachenrechte ergeben sich in der Einzelzwangsvollstreckung (§ 771 ZPO) und der Insolvenz (§ 47 InsO). Diese (insb. für Verwertungsrechte relevanten) Vorteile könnten jedoch theoretisch auch an schuldrechtliche Rechte geknüpft werden. So kann etwa nach h.M. bei der eigennützigen Treuhand der Treugeber mit der Drittwiderspruchsklage die gegen den Treuhänder gerichtete Vollstreckung in den treuhänderischen Gegenstand mit § 771 ZPO abwehren (vgl. MünchKomm – *Karten Schmidt/Brinkmann*, ZPO, [6]2020, § 771 Rn. 29; allg. zur Verdinglichungstendenz der Treuhand *Wiegand*, in: Köbler (Hrsg.), Wege europäischer Rechtsgeschichte, 1987, S. 623, 642 f.). Umgekehrt ist es möglich, bei rechtlich verdinglichten Rechten nur ein Absonderungsrecht zu gewähren. Zur Veranschaulichung kann auf die Gleichstellung des Sicherungseigentümers mit den Absonderungsberechtigten in § 51 Nr. 1 InsO verwiesen werden. Auch die immer wieder als Charakteristikum des Sachenrechts betonte Absolutheit (vgl. nur *Canaris*, FS Flume, 1978, S. 371, 373 f.) ist nicht systemprägend, denn auch die Forderung (bzw. die Forderungszuständigkeit) ist nach zutr. Ansicht absolut geschützt (vgl. insb. *Larenz/Canaris*, Lehrbuch des Schuldrechts II/2, [13]1994, S. 397 f. (§ 76 II 4 g). Allg. zur Parallelität der durch die Forderung und das Eigentum bewirkten Rechtszuordnung *Winkelmann*, Der Anspruch, 2021, S. 207 f.). Insofern bestehen lediglich angesichts der unmittelbaren Herrschaftsbeziehung über eine physische Sache erweiterte Einwirkungsmöglichkeiten (zu dieser Unmittelbarkeit *Canaris*, FS Flume, 1978, S. 371, 373). Systemprägend ist daher in erster Linie der hier dargestellte, privilegierte Transfermechanismus.

243 Dies ist der richtige Kern des Rechtsnachfolgegedankens, vgl. dazu *Schön*, Der Nießbrauch an Sachen, 1992, S. 252. Vgl. auch *Hansmann/Kraakman*, J. Leg. Stud. 31 (2002), 373 (im Zusammenhang mit den Publizitätsvorschriften). Genau genommen geht es allerdings nicht generell um ein Rechtsnachfolgeproblem, denn auch Forderungen sind ohne Weiteres abtretbar und räumen dem Zessionar nur die Rechte ein, die zwischen Zedent und Schuldner vereinbart wurden. Vielmehr löst das Sachenrecht ein Rechtsnachfolgeproblem speziell auf

gung[244], ersetzt damit die vertragliche Einbindung eines jeden Rechtsnachfolgers. (ii) E1 kann ohne Zustimmung des D aus der Haftung ausscheiden. (iii) E2 läuft keine Gefahr, die individuelle Vereinbarung zwischen E1 und D misszuverstehen, weil das Gesetz Typen mit objektivem Bedeutungsgehalt bereitstellt, die im Sinne von Spruchformeln[245] oder *safe harbors*[246] Verständnisfehler gering halten.[247] Er kann sich dieser objektiven Rechte im Übrigen einfach über den jeweiligen Publizitätstatbestand vergewissern und angesichts der Gutglaubensvorschriften auch darauf vertrauen, dass ihm nur die publizierten Rechte entgegengehalten werden.[248]

Staatliche *Publizität* und darauf aufbauender *Gutglaubensschutz* sowie *objektiver Bedeutungsgehalt* der Typen sind damit die staatliche Serviceleistung, derer sich die Parteien bedienen können, aber nicht müssen. Sowohl die Definition des objektiven Bedeutungsgehalts eines Rechts als auch die Bereitstellung eines zu niedrigen Kosten funktionierenden Publizitätsorgans, das weitgehend

---

der Seite des *Verpflichteten*, also desjenigen, dessen Recht mit einem dinglichen Recht belastet ist – typischerweise des Eigentümers. Es geht also um eine über das Sachenrecht bewirkte Bindung ohne Zustimmung, vgl. dazu (unter Aufarbeitung des philosophischen Diskurses) *Rudden,* in: Eekelaar/Bell (Hrsg.), Oxford Essays in Jurisprudence, 1987, S. 239, 249–252. Aus ökonomischer Sicht kommt es zu einem Wechsel der Initiativlast für die Verhandlungen, vgl. dazu *Epstein,* Cal. L. Rev. 55 (1982), 1353, 1361; *Rudden,* in: Eekelaar/Bell (Hrsg.), Oxford Essays in Jurisprudence, 1987, S. 239, 259, die allerdings wegen hoher Transaktionskosten oft dazu führen wird, dass die durch das Sachenrecht bewirkte Rechtsverteilung beibehalten wird (dazu *Reichman,* Cal. L. Rev. 55 [1982], 1177, 1233).

244 Im Mobiliarsachenrecht übernimmt der Besitz die Funktion des Publizitätstatbestands, vgl. nur *Baur/Stürner,* Sachenrecht, [18]2009, S. 37 (§ 4 Rn. 9). Dieser Publizitätstatbestand kann zwar etwa die Nutzungsbefugnis eines anderen indizieren (etwa des Nießbrauchers), weshalb der Nießbrauch an Mobilien zulässig ist (vgl. § 1032 BGB). Er würde jedoch als Publizitätstatbestand im Falle des „Montagsnießbrauchs" versagen (zum Beispiel des „Montagsnutzungsrecht" vgl. *Merrill/Smith,* Yale L.J. 110 [2000], 1, 27).

245 Zur Spruchformelpraxis im römischen Recht vgl. *Zimmermann,* The Law of Obligations, 1996, S. 68ff. (am Beispiel der *stipulatio*). Für das germanische Recht vgl. *ders.,* The Law of Obligations, 1996, S. 83 (insb. Fn. 96); *Bartsch,* AcP 153 (1854), 412, 414.

246 Nachw. zum Safe-Harbor-Ansatz bereits auf S. 94 (Fn. 113).

247 Dies ist der richtige Kern der Sprachmetapher von *Merrill/Smith,* Yale L.J. 110 (2000), 1, 35. Im Ansatz auch *Schön,* Der Nießbrauch an Sachen, 1992, S. 252 („Verhindert werden muß ein kausaler Charakter der beschränkten dinglichen Rechte, der Dritten [...] in unzumutbarer Weise die subjektiven Zwecksetzungen der ursprünglichen Vertragsparteien aufdrängt."). Ähnlich ferner *Dagan,* Cal. L. Rev. 91 (2003), 1517, 1567 („Limiting the number of property forms and standardizing their content facilitates the roles of property in consolidating expectations and expressing ideal forms of realtionship."), allerdings den Fokus nicht auf die funktionalen Unterschiede zwischen Sachenrecht und Schuldrecht legend, sondern mit der „internal logic" des Eigentums argumentierend.

248 Zum Zusammenhang mit diesen Vorschriften insb. *Hansmann/Kraakman,* J. Leg. Stud. 31 (2002), 373, 382.

mechanisch arbeitet, erfordern es, die sachenrechtliche Serviceleistung nur für im Grundsatz vordefinierte Rechte zur Verfügung zu stellen.[249]

Die zusätzliche Serviceleistung voll, das heißt mitsamt der staatlichen Publikation (etwa über das Grundbuch), für exzentrische Rechte zur Verfügung zu stellen, ist nicht angezeigt, weil dadurch übermäßig viele Ressourcen für besonders seltene und atypische Fälle verwendet würden.[250] Die zusätzliche Serviceleistung nur eingeschränkt, das heißt ohne die staatliche Publikation zur Verfügung zu stellen, ist hingegen weitgehend sinnlos: Dann nämlich muss E1 den E2 informieren, sodass der ursprüngliche Nachteil für D, der auf das Verhalten von E1 vertrauen muss, nicht verschwindet. Aber auch für E2 sind die Nachteile nicht gelöst, denn es steht kein objektiver Bedeutungsgehalt im Sinne einer Spruchformel oder eines *safe harbors* zur Verfügung, dessen er sich bedienen könnte. Auch E1 sieht seine Probleme nicht vollends gelöst: Er ist nämlich der Gefahr ausgesetzt, die Aufklärung von E2 nicht ordnungsgemäß bewirkt zu haben und dadurch in eine persönliche Haftung gegenüber D zu rutschen. Aus alledem folgt: Ein selbstkreiertes Sachenrecht ist nicht viel besser als die allgemeine schuldrechtliche Lösung. Der *numerus clausus* ist also keine Beschrän-

---

[249] Am nächsten kommt dem hier vorgestellten Serviceleistungsmodell BayOBLG NJW 1967, 1373, 1374: „Es ist deshalb nicht dem Belieben der Beteiligten überlassen, Verpflichtungen, die vom Gesetz nicht anerkannt sind, sei es selbständig, sei es in Verbindung mit einem anerkannten dinglichen Recht in das Grundbuch eintragen zu lassen, oder Verpflichtungen, die als dingliche Rechte der einen Art anerkannt sind, zu einem unselbständigen Bestandteil eines anderen dinglichen Rechts zu machen. Denn andernfalls könnte das Grundbuch seiner Aufgabe, den Rechtsverkehr sicher, zuverlässig und erschöpfend über die Rechtsverhältnisse *am Grundstück* zu unterrichten, nicht nachkommen. Der Grundbuchverkehr erfordert daher eindeutige und unmißverständliche Erklärungen der Beteiligten über das, was eingetragen werden soll. Klarheit und Bestimmtheit sind wesentliche Voraussetzungen einer wirksamen Eintragungsbewilligung; wo diese nicht zuverlässig über den Inhalt des *dinglichen* Rechts Aufschluß gibt und Zweifel darüber offenbleiben, kann sie weder Eintragungsgrundlage sein noch nach § 874 BGB zur näheren Bezeichnung des Inhalts einer Grundstücksbelastung dienen [...]. Das Grundbuchamt muß deshalb vor Eintragung dinglicher Rechte eindeutige Erklärungen fordern, sofern der Inhalt der Eintragungsbewilligung nicht aus sich selbst heraus klar und eindeutig ist und für einen Dritten Zweifel über den sachlichen Inhalt des dinglichen Rechts aufkommen läßt." Ebenso bereits RGZ 145, 343, 354: „[Es] bildet den Hauptzweck der Grundbucheinrichtung, auf sicherer Grundlage bestimmte und sichere Rechtsverhältnisse für unbewegliche Sachen zu schaffen und zu erhalten." (im Folgenden auch mit der „Übersichtlichkeit und Klarheit des Grundbuchs" argumentierend).

[250] In diese Richtung BayOBLG NJW 1967, 1373, 1374; RGZ 145, 343, 354. Auch die oben erwähnte Gebühr (Fn. 231) ist für *dieses* Problem keine überzeugende Lösung, weil die dadurch entstehenden systemischen Kosten, die zur Schaffung von Rechtsklarheit notwendig sind, nur schwer über eine Gebühr eingefangen werden können und oft die Vorteile des exzentrischen Sonderrechts übersteigen dürften.

kung der allgemeinen Vertragsfreiheit, sondern ein zusätzlicher Service, dessen Vorteile nur für typisierte Rechte zum Tragen kommen.[251]

Damit ist auch klar, dass sich der *numerus clausus* keinesfalls gegen die Rechtsprechung richtet: Es geht nur darum, mit objektivem Bedeutungsgehalt versehene Bausteine zur Verfügung zu stellen[252], nicht aber darum, die bestehenden Bausteine einzufrieren oder den Rechtsfortbildungsauftrag der Rechtsprechung zu begrenzen.[253] Aus diesem Verständnis des *numerus clausus* ergibt sich zudem zwanglos, dass es nicht darum gehen kann, den Parteien Gestaltungsziele zu verwehren.[254] Vielmehr ist alles, was sich aus den bestehenden Typen zusammensetzen lässt, anzuerkennen. Ein Umgehungsproblem stellt sich damit von vornherein nicht.[255] Schließlich ist dieses Verständnis auch gänzlich unabhängig von der Frage, ob das Eigentum als Bündel von Rechten oder einheitlich zu denken ist. Insbesondere ist der *numerus clausus* keine Konsequenz einer „einheitlichen“ Eigentumskonzeption.[256] Vielmehr ist es zumindest bei

---

[251] Der *numerus clausus* ist also nicht nur *(normativ)* der „access test“ zum Sachenrecht (vgl. *Akkermans,* Numerus Clausus, 2008, S. 565), sondern er ist *(deskriptiv)* das Sachenrecht.

[252] Insofern zutreffend *Merrill/Smith,* Yale L.J. 110 (2000), 1, 35; *Liebs,* AcP 175 (1975), 1, 26 („Orientierungssicherheit“). Ferner *Wiegand,* in: Köbler (Hrsg.), Wege europäischer Rechtsgeschichte, 1987, S. 623, 643. Im Grundsatz werden die Vorteile der *standardization* auch von *Rudden,* in: Eekelaar/Bell (Hrsg.), Oxford Essays in Jurisprudence, 1987, S. 239, 253 anerkannt, der diese Vorteile allerdings wegen der Möglichkeit der Preisgestaltung, ohnehin bestehender zusätzlicher schuldrechtlicher Sonderbestimmungen und den Unterschieden zwischen Grundstücken nicht zu hoch bewertet.

[253] Vgl. etwa *Canaris,* FS Flume, 1978, S. 371, 376 f.; *Wiegand,* in: Köbler (Hrsg.), Wege europäischer Rechtsgeschichte, 1987, S. 623, 626, 640 f.; *Kern,* Typizität als Strukturprinzip des Privatrechts, 2013, S. 19. Wohl auch *Hellgardt,* Regulierung, 2016, S. 136 (auf S. 132 ff. allerdings die Anerkennung des dinglich wirkenden Anwartschaftsrechts insb. deswegen nicht als Verstoß gegen den *numerus clausus* ansehend, weil es kein geteiltes Eigentum einführt – ein Argument, dessen es nicht bedürfte, würde der *numerus clausus* von vornherein nicht als Schranke für die Rechtsprechung verstanden).

[254] In diese Richtung aber *Kern,* Typizität als Strukturprinzip des Privatrechts, 2013, S. 239.

[255] Der Gedanke, dass die meisten Gestaltungsziele auf irgendeine Art erreicht werden können, spricht damit nicht gegen den *numerus clausus.* Tendenziell anders jedoch *Rudden,* in: Eekelaar/Bell (Hrsg.), Oxford Essays in Jurisprudence, 1987, S. 239 („[...] the well-advised citizen can, at some cost, almost always obtain results denied to him by one legal device by using another.“), S. 260. Im Gegenteil kommt darin die Leistungsfähigkeit des *numerus clausus* zum Ausdruck, wiederkehrende Probleme zu lösen. Ähnlich für die Wiederkehr zeitweise verschwundener rechtlicher Institute *Wiegand,* in: Köbler (Hrsg.), Wege europäischer Rechtsgeschichte, 1987, S. 623, 643 („Dies beruht darauf, daß zur Lösung der Sachprobleme nur eine begrenzte Zahl von strukturellen Möglichkeiten besteht.“).

[256] So aber die Darstellung bei *Hellgardt,* Regulierung, 2016, S. 127 („Die zentrale regulatorische Folge der Entscheidung für ein ungeteiltes Eigentum ist die Einführung eines nu-

einer funktionalen Betrachtung konzeptionell sinnvoll, sich das Eigentum als Bündel von Rechten vorzustellen, aus dem gewisse „Splitter“ herausgelöst werden können.[257] Der *numerus clausus* legt dann fest, für welche „Splitter“ der Mechanismus des Sachenrechts zur Verfügung steht.

b) Typenfixierung und heteronome Personalisierung: Optimaler numerus clausus

Geht es um die optimale Anzahl der sachenrechtlichen Typen, also um die Personalisierung des heteronomen Sachenrechts, kann wiederum an Vorarbeiten angeknüpft werden, die das Problem des *numerus clausus* zwar nicht im Zusammenhang mit Big Data, aber durchaus im Zusammenhang mit technischem Fortschritt betrachten: Insbesondere *Thomas W. Merrill* und *Henry E. Smith* haben den sachenrechtlichen *numerus clausus* als Kompromiss zwischen Approximationsfehlerkosten des Typs 1 *(frustration costs)* und Informationskosten *(measurement costs* oder *information costs)* begriffen und ausdrücklich in Erwägung gezogen, den Detailgrad in Richtung Personalisierung zu verschieben, wenn neue technische Möglichkeiten die Informationskosten senken würden.[258]

Diese vereinfachende Analyse des *numerus clausus* erfasst jedoch die maßgeblichen Kosten eines zunehmenden Detailgrads nicht vollständig. In der Regelungstechnik – der Kombination dispositiver und zwingender Normen[259] – und

---

merus clausus der dinglichen Rechte.“). Ebenso *Stadler,* Gestaltungsfreiheit und Verkehrsschutz durch Abstraktion, 1996, S. 111. Im Ansatz auch *Wiegand,* AcP 190 (1990), 112, 117 f.; *ders.,* in: Köbler (Hrsg.), Wege europäischer Rechtsgeschichte, 1987, S. 623, 626 f. (allerdings als Teil eines umfassenden Eigentumskonzepts).

[257] So die Vorstellung von *Gierke,* Deutsches Privatrecht, 1905, S. 352, die letztendlich der ökonomischen Sicht auf das Eigentum als Bündel von Handlungsrechten nahekommt. Zur Idee des „Eigentumssplitters“ auch *Strobel,* ZfPW 2021, 42, 66 (in Fn. 97 m. w. N.). Zum Konzept der Handlungsrechte aus ökonomischer Sicht grundlegend *Demsetz,* Am. Econ. Rev. 57 (1967), 347 *(property rules); Calabresi/Melamed,* Harv. L. Rev. 85 (1972), 1089.

[258] *Merrill/Smith,* Yale L.J. 110 (2000), 1, 40–42, insb. 42 („In general, to the extent that technological change allows cheaper notice of relevant interests, the need for standardization by the law will be somewhat diminished. Just as the rise of land registers allowed some loosening of the *numerus clausus,* so too technology that lowers information costs can be expected to weaken the *numerus clausus* further.“), 69 (speziell zu „digital technology“).

[259] Vgl. etwa *Schön,* Der Nießbrauch an Sachen, 1992, S. 243, 252 ff. Mit der Grundsatzentscheidung für einen *numerus clausus* ist insb. noch nicht entschieden, welche Vorschriften dispositiv oder zwingend sein sollten. Die Unübertragbarkeit des Nießbrauchs (§ 1059 S. 1 BGB) ist beispielsweise Kritik ausgesetzt (vgl. etwa MünchKomm – *Pohlmann,* BGB, ⁹2023, § 1059 Rn. 1) und für juristische Personen durchbrochen (§ 1059a BGB, vgl. dazu *Schön,* Der Nießbrauch an Sachen, 1992, S. 238 ff.). Derartige Einzelfragen ließen sich durchaus abweichend vom derzeit geltenden Recht formulieren.

in dem Ziel – der Spiegelung des hypothetischen Parteiwillens im Sinne einer Serviceleistung – unterscheiden sich die sachenrechtlichen Typen nicht vom sonstigen Vertragsrecht. Der Detailgrad der sachenrechtlichen Normen richtet sich damit nach den Überlegungen zum allgemeinen Recht der Rechtsgeschäfte: Während Approximationsfehlerkosten des Typs 1 für eine weitgehende Personalisierung sprechen, weisen Approximationsfehlerkosten des Typs 2, Informationskosten und Regelproduktionskosten in Richtung Generalität.[260] Opt-out-Kosten, die gerade bei den dispositiven Vorschriften der Typen relevant werden[261], sprechen für einen mittleren Grad an Personalisierung. Für den Gesichtspunkt der Typenergänzung *ex post* gelten ebenfalls die im Recht der Rechtsgeschäfte dargestellten Grundsätze: Im Bereich des entgeltlichen Transfers bei Beteiligung von mindestens zwei Rechtssubjekten ist die dispositive Typenregelung vorrangig, weil diese zumindest potentiell bei der Preisgestaltung berücksichtigt werden konnte.[262] Die theoretischen Erwägungen werden durch einen Blick auf das positive Recht bestätigt: Die sachenrechtlichen Typen unterscheiden sich im Detailgrad nicht wesentlich von den generell konzipierten, schuldrechtlichen Vorschriften.[263]

2. Ergänzung des Deliktsrechts und Duldungspflichten

Die bisherigen sachenrechtlichen Überlegungen standen im Zusammenhang mit dem Recht der Rechtsgeschäfte. Das Sachenrecht hat aber auch außerhalb von rechtsgeschäftlichen Transaktionen Bedeutung: Es ergänzt das Deliktsrecht, indem es die Freiheitssphären mit Blick auf körperliche Gegenstände, also sachbezogene Handlungsrechte, definiert.[264]

Die grundlegende Zuweisung von sachbezogenen Handlungsrechten findet sich in § 903 BGB, die es dem Eigentümer erlaubt, mit der Sache nach Belieben zu verfahren *(positive Seite)* und andere von der Einwirkung auszuschließen *(negative Seite)*.[265] Die *negative* Seite gibt dem Eigentümer ein Abwehrrecht

[260] Für Approximationsfehlerkosten des Typs 1 und Informationskosten insofern ähnlich *Merrill/Smith,* Yale L.J. 110 (2000), 1, 38ff., insb. 38 („Attention should focus on the middle range of the spectrum.“).

[261] Zur Dispositivität gewisser Vorschriften beim Nießbrauch, vgl. *Füller,* Eigenständiges Sachenrecht?, 2006, S. 426ff.; *Schön,* Der Nießbrauch an Sachen, 1992, S. 252ff.

[262] Dazu bereits auf S. 98–100.

[263] Das insgesamt geringere Normvolumen der sachenrechtlichen Vorschriften ist eher dem Richtlinienhintergrund vieler Normen des Schuldrechts geschuldet.

[264] Es geht hier also um die Frage des (Außen-)Rahmens des Eigentums, nicht um die Frage der Zulässigkeit von Teilrechten, also die Aufteilung des Eigentums, die Gegenstand des *numerus clausus* war, vgl. auch *Hellgardt,* Regulierung, 2016, S. 127 (insb. Fn. 182).

[265] Vgl. *Baur/Stürner,* Sachenrecht, [18]2009, S. 307 (§ 24 Rn. 5).

gegenüber jedermann (vgl. §§ 1004 I, 985 BGB), das allerdings unter dem Vorbehalt der Rechtsordnung steht.[266] Vollkommen absolut ist der Abwehranspruch damit nicht (vgl. §§ 903, 1004 II, 986 BGB). Eine Duldungspflicht findet sich insbesondere in § 906 BGB. Die Vorschrift des § 906 I BGB führt letztendlich für die dort genannten Imponderabilien zu einer Personalisierung durch Rechtssetzung *ex post*. Gerade der Standard der Wesentlichkeit erlaubt es, die Grenzen des Eigentums einzelfallbezogen und damit personalisiert zu ziehen.[267] Dieser in § 906 I BGB für Imponderabilien zum Ausdruck kommende, personalisierte Grenzziehungsansatz ließe sich wiederum verallgemeinern: Das in den Grenzen der Rechtsordnung absolute Recht[268] kann stets als Bündel der einzelnen Rechtsbeziehungen zwischen dem Eigentümer und jedem anderen Rechtssubjekt[269] verstanden werden. Die Abwehrbefugnis des Eigentümers würde dann in jedem einzelnen Fall von dem Ergebnis einer personalisierten *cost-benefit-analysis* abhängen. Theoretisch ließe sich sogar an einen Übergang des Eigentums denken, wenn die *cost-benefit-analysis* dauerhaft zugunsten des bisherigen Nichteigentümers ausgeht.[270] Hinsichtlich der *positiven* Seite gelten ähnliche Grundsätze. Das Recht zur Sachzerstörung könnte nicht nur nach den Kriterien des Denkmalschutzrechts[271], sondern wiederum nach einer personalisierten *cost-benefit-analysis* gewährt oder ausgeschlossen werden.

---

266 Allg. zu den Schranken des Eigentums *Baur/Stürner,* Sachenrecht, [18]2009, S. 307f. (§ 24 Rn. 6).

267 Vgl. BGHZ 120, 239, 255 (zum für die Bestimmung der Wesentlichkeit maßgeblichen „verständigen Durchschnittsmenschen"). Zur insofern bestehenden Notwendigkeit einer Abwägung vgl. *Baur/Stürner,* Sachenrecht, [18]2009, S. 325 (§ 25 Rn. 27).

268 Zur Absolutheit vgl. *Baur/Stürner,* Sachenrecht, [18]2009, S. 35 (§ 4 Rn. 3).

269 Vgl. *Hohfeld,* Yale L.J. 26 (1917), 710, 713ff., aufbauend auf seinem relationalen Verständnis von Rechten; *ders.,* Yale L.J. 23 (1913), 16, insb. 30ff. Ferner *Penner,* UCLA L. Rev. 43 (1996), 711.

270 Dass das Recht eine Enteignung aus ökonomischen Gründen vorsehen kann, belegen etwa die Institute des gutgläubigen Erwerbs (§§ 932–936, 892 BGB) und der Ersitzung (§§ 900, 937–945 BGB), vgl. MünchKomm – *Oechsler,* BGB, [9]2023, § 932 Rn. 1–3; MünchKomm – *Baldus,* BGB, [9]2023, § 937 Rn. 7. Besonders deutlich zeigt dies auch das Common-Law-Instituts der *adverse possession,* das zum Teil damit erklärt wird, das Eigentum sei besser beim schaffenden Besitzer als beim desinteressierten Eigentümer aufgehoben, vgl. darst. *Merrill,* Nw. U. L. Rev. 79 (1984–1985), 1122, 1130f. Ferner *Ames,* Lectures on Legal History, 1913, S. 197 („The civilians, as is shown by the requisite of bona fides, looked at the matter chiefly from the side of the adverse possessor. In England the point of view is different. English lawyers regard not the merit of the possessor, but the demerit of the one out of possession."). Grundlegend zum Institut der *adverse possession* vgl. *Ballantine,* Harv. L. Rev. 32 (1918), 135; *ders.,* Yale L.J. 28 (1918), 219. Im deutschen Recht übernimmt § 927 BGB eine ähnliche Funktion.

271 Zum Denkmalschutzrecht als Inhalt und Schranke des Eigentums vgl. etwa BVerfGE 100, 226, 239ff.

Wiederum erscheint allerdings eine derartige Verflüchtigung der Grenzen des Eigentums nur dann nicht problematisch, wenn allein die Approximationsfehlerkosten des Typs 1 betrachtet werden und zudem Wohlstandsmehrung zum einzigen Ziel des Rechts erklärt wird. Werden hingegen die zusätzlichen, in diesem Kapitel dargestellten Kostenfaktoren mit in die Betrachtung einbezogen und wird beachtet, dass die Grenzen des Eigentums gleichzeitig die Grundlage der rechtsgeschäftlichen Transaktionen bilden, ändert sich die Analyse grundlegend.[272] Für eine Personalisierung ist dann allenfalls in Randbereichen Raum, die sich – wie etwa der nachbarliche Bereich – schwer vollständig durch Markttransaktionen einfangen lassen.

---

[272] Grundlegend zur Bedeutung klar definierter Eigentumsrechte zur Senkung von Transaktionskosten *Coase,* J.L. & Econ. 3 (1960), 1; *Demsetz,* Am. Econ. Rev. 57 (1967), 347.

§ 4

Verhaltensökonomische Analyse: Rationalität und Paternalismus

In diesem Kapitel geht es um das verhaltensökonomisch[1] inspirierte Personalisierungsprojekt. Es werden Möglichkeiten und Grenzen der *paternalistischen* Personalisierung des Rechts entlang von *Rationalitätsgraden* dargestellt. Dazu wird zunächst der Rationalitätsbegriff über das Leitbild des (kapitalistischen) *homo oeconomicus* konkretisiert (I.), um sodann Abweichungen von diesem Leitbild darzustellen (II.). Auf diese Diskrepanz zwischen rationalen und realen Präferenzen reagiert das paternalistische Personalisierungsprojekt nicht durch eine Modifikation des Leitbilds von Rationalität, sondern durch die paternalistische Einwirkung auf die Realität (III.). Diese paternalistischen Interventionen lassen sich auf der Grundlage einer Typologie der Normen nach dem Parameter der Rationalität personalisieren (IV.). Verhaltensökonomische Erkenntnisse können allerdings nicht nur als Ansatzpunkt für die Personalisierung von Normen dienen. Sie stellen vielmehr die Erkenntnisgrundlage des neoklassischen Personalisierungsprojekts infrage (V.).

---

[1] Hier wird aus Gründen der Sprachkonvention der Begriff der Verhaltensökonomik *(behavioral economics)* verwendet, auch wenn *cognitive economics* ein treffenderer Begriff sein mag (so *Rachlinski,* Cornell L. Rev. 85 [2000], 739, 740; *Klöhn,* Kapitalmarkt, Spekulation und Behavioral Finance, 2006, S. 80 [Fn. 280]; *Hacker,* Verhaltensökonomik, 2017, S. 29, die aber jeweils auch bei der üblichen Sprachkonvention bleiben).

I. Rationalität als Bezugspunkt der verhaltensökonomischen Analyse

Die verhaltensökonomische Analyse beschreibt Abweichungen vom Leitbild des *homo oeconomicus*. Es gibt allerdings keine einheitliche Definition dieses *homo oeconomicus*.[2] In den neoklassischen Beiträgen steht der *homo oeconomicus* zumeist für Rationalität *(rational choice)*.[3] Auch der Rationalitätsbegriff fungiert jedoch lediglich als Platzhalter für verschiedene ökonomische Grundannahmen.

Manche Beiträge beschränken den Rationalitätsbegriff auf einige formale Minimalannahmen zu den Präferenzen von Individuen *(Rationalität I* oder *Konsistenzrationalität)*.[4] Klassischerweise wird der *homo oeconomicus* aber darüber hinaus auch mit der Maximierung des Eigennutzens in Verbindung gebracht, die modellhaft in der *Expected Utility Theory*[5] eingefangen wird.[6] Zudem werden vollständige Informiertheit[7], die Verwertung von Informationen über Wahrscheinlichkeiten nach dem Satz von *Bayes*[8] und zum Teil auch die treffende

---

[2] Vgl. die Verwendung des Begriffs bei *W. Schünemann,* ARSP 72 (1986), 502. Ferner mit Blick auf den Rationalitätsbegriff *ders.,* FS Brandner, 1996, S. 279 ff.

[3] Zur *Rational Choice Theory* vgl. *Scott,* in: Browning/Halcli/Webster (Hrsg.), Understanding Contemporary Society, 2000, S. 126; *Sen,* in: Durlauf/Blume (Hrsg.), The New Palgrave Dictionary of Economics, ²2008, S. 856; *Hacker,* Verhaltensökonomik, 2017, S. 33; *Simon,* Q. J. Econ. 69 (1955), 99, 100 ff.; *Briggs,* in: Zalta (Hrsg.), The Stanford Encyclopedia of Philosophy, 2019.

[4] Darst. *Hacker,* Verhaltensökonomik, 2017, S. 72–74 (Vollständigkeit, Transitivität, Invarianz, Dominanz); *Zamir,* Va. L. Rev. 84 (1998), 229, 248 (Vollständigkeit, Transitivität, Invarianz, Dominanz, Informationsverwertung, richtige Anwendung der Wahrscheinlichkeitsregeln). Ferner *Sen,* in: Durlauf/Blume (Hrsg.), The New Palgrave Dictionary of Economics, ²2008, S. 856 (zusammenfassend von „internal consistency" sprechend). Für die Präferenzannahmen der Mikroökonomie vgl. *Varian,* Mikroökonomik, ⁹2016, S. 37 f. (Vollständigkeit, Reflexivität, Transitivität).

[5] Zu dieser Konkretisierung des Rational-Choice-Ansatzes vgl. *Hacker,* Verhaltensökonomik, 2017, S. 34–37. Zur *Expected Utility Theory* bereits auf S. 68 (Fn. 12).

[6] Darst. *Hacker,* Verhaltensökonomik, 2017, S. 74 f.; *Zamir,* Va. L. Rev. 84 (1998), 229, 248 f.; *Simon,* Q. J. Econ. 69 (1955), 99, 100 ff.; *Sen,* in: Durlauf/Blume (Hrsg.), The New Palgrave Dictionary of Economics, ²2008, S. 856. Diese den Maximierungsgedanken beinhaltende Definition des *homo oeconomicus* wird in der überwiegenden Anzahl der rechtsökonomischen Beiträge verwendet, vgl. nur *Eidenmüller,* Effizienz als Rechtsprinzip, ⁴2015, S. 28–41; *Schäfer/Ott,* Ökonomische Analyse, ⁶2020, S. 58 ff.; *Söllner/Stulpe/Schaal,* in: Mause/Müller/Schubert (Hrsg.), Politik und Wirtschaft, 2018, S. 21, 52; *Brusis/Zweynert,* in: Mause/Müller/Schubert (Hrsg.), Politik und Wirtschaft, 2018, S. 89, 92; *Rüping,* Der mündige Bürger, 2017, S. 195 ff., 195 f., 218 f.; *Dieckmann/Sorge,* in: dies. (Hrsg.), Der homo oeconomicus in der Rechtsanwendung, 2016, S. 1, 20 f.; *Krause,* in: Dieckmann/Sorge (Hrsg.), Der homo oeconomicus in der Rechtsanwendung, 2016, S. 123, 126. Monographisch ferner *Kirchgässner,* Homo Oeconomicus, ⁴2013.

[7] Zu diesem neoklassischen Postulat, vgl. *Mercuro/Medema,* Economics and the Law, ²2006, S. 66 f.

[8] Grundlegend *Bayes,* Philos. Trans. R. Soc. 53 (1764), 370. Darst. *Hacker,* Verhaltensökonomik, 2017, S. 37–39.

Auswertung von Fakten vorausgesetzt.[9] Eine umfassende Beschreibung dieser Attribute findet sich zumeist nur in verhaltensökonomischen Beiträgen, die ihre Angriffsfläche definieren und potentielle Modellannahmen in einem umfassenden Feindbild des *homo oeconomicus* zusammentragen.[10] Danach ist der *homo oeconomicus* der Idealtypus eines Individuums, das auf der Grundlage stabiler und exogener Präferenzen, optimaler Information und richtig erkannter Fakten seinen Eigennutzen konsistent maximiert *(Rationalität II* oder *Nutzenrationalität).*[11] Diese Rationalität wird im Folgenden mit dem Begriff des *homo oeconomicus* umschrieben. Das Konzept der Nutzenrationalität wahrt jedoch noch den Grundsatz der Präferenzautonomie.[12] Es wird also nicht vorausgesetzt, dass ein Individuum den individuellen Nutzen allein nach *Marktwerten* bemisst. Gerade dann, wenn die ökonomische Analyse den Bereich der Pareto-Effizienz verlässt und im Rahmen des Kaldor-Hicks-Kriteriums auf das Problem des interpersonellen Präferenzvergleichs stößt, muss es die *cost-benefit-analysis* aber über den Grundsatz der *wealth-maximization* operabel machen.[13] Dieser Schritt setzt eine Relativierung der Präferenzautonomie und damit eine zusätzliche Qualifikationsebene voraus. Es wird nicht mehr nur ein *homo oeconomicus* vorausgesetzt, sondern ein solcher, der den *weberschen* Geist des Kapitalismus verinnerlicht hat.[14] Dieser besondere *homo oeconomicus* wird hier als *kapitalistisch* denkender *homo oeconomicus* bezeichnet.[15] Er folgt einer besonders anspruchs-

---

[9] Vgl. *Hacker,* Verhaltensökonomik, 2017, S. 76 (insb. Fn. 350) (darauf hinweisend, dass die klassischen Rationalitätsdefinitionen dieses Attribut nicht vorsehen und es sich dementsprechend insb. als Reaktion auf die verhaltensökonomische Herausarbeitung der Kategorie der Urteilsfehler begreifen lässt).

[10] Ähnlich *Hacker,* Verhaltensökonomik, 2017, S. 75. Für ein Beispiel *Jolls/Sunstein/Thaler,* Stan. L. Rev. 50 (1998), 1471, 1476–1479, aufbauend auf *Thaler,* in: Medema/Samuels (Hrsg.), Foundations of Research in Economics, 1996, S. 227, 230–235.

[11] Abweichungen von diesem Rationalitätsbegriff lassen sich als beschränkte Rationalität i. w. S. bezeichnen (vgl. etwa *Hacker,* Verhaltensökonomik, 2017, S. 77), wobei immer untersucht werden muss, wie konkret der Rationalitätsbegriff definiert wird, von dem Abweichungen offengelegt werden sollen.

[12] Vgl. nur *Eidenmüller,* Effizienz als Rechtsprinzip, [4]2015, 326 ff.

[13] Dazu bereits auf S. 67 (Fn. 10).

[14] Vgl. *Weber,* MWG I/18, insb. S. 11 ff. Ferner *Posner,* J. Leg. Stud. 8 (1979), 103, 127 (allerdings umgekehrt protestantische Werte ökonomisch begründend).

[15] Die oft anzutreffende Aussage, *homines oeconomici* hätten homogene oder typische Präferenzen (vgl. etwa *Bechtold,* Die Grenzen zwingenden Vertragsrechts, 2010, S. 265; *Cziupka,* Dispositives Vertragsrecht, 2010, S. 399; *Hesselink,* ERCL 1 [2005], 44, 47 f.), ist also mit Blick auf die Präferenzautonomie eigentlich nicht richtig. Sie verfolgen ihre heterogenen Präferenzen nur in rationaler Weise. Erst der kapitalistische *homo oeconomicus* vereinheitlicht zu einem gewissen Grad auch den Präferenzinhalt.

vollen Definition von Rationalität *(Rationalität III* oder *kapitalistische Rationalität).*

Die verschiedenen Möglichkeiten, Rationalität zu definieren, zeigen, dass der Rationalitätsbegriff und damit die verhaltensökonomische Analyse immer ein spezifisches normatives Leitbild voraussetzt.[16] Wird in dieser Arbeit schlicht von Rationalität gesprochen, so kommt es nicht auf ein *bestimmtes* Leitbild an. Es geht dann vielmehr nur um die Abweichung von *irgendeinem* Leitbild.

II. Verhaltenspsychologische Abweichungen von Rationalitätsvorgaben

Die maßgeblichen verhaltenspsychologischen Erkenntnisse lassen sich als Abweichung von den Vorgaben eines spezifischen Leitbilds von Rationalität verstehen. Die Abweichungen von den einzelnen Bestandteilen der Nutzenrationalität werden in der Regel mit der mittlerweile klassischen, auf *Richard Thaler* zurückgehenden Trias aus *bounded rationality*, *bounded willpower* und *bounded self-interest* beschrieben.[17] Diese Trias wird im Folgenden dargestellt und ergänzt.

1. Bounded rationality

Der Begriff der *bounded rationality* im *thalerschen* Sinne[18] erfasst kognitive Verzerrungseffekte *(biases),* die entweder als Bewertungs- oder Urteilsfehler

---

[16] Zur notwendigen Normativität der Verhaltensökonomik grundlegend *Hacker,* Verhaltensökonomik, 2017, S. 206ff., insb. S. 287–303. Ferner *ders.,* Eur. Rev. Priv. L. 2 (2016), 297; *Stanovich/West/Toplak,* The Rationality Quotient, 2016, S. 5 („Rationality in its stronger sense […] is a *normative* notion. […] Rationality thus comes in degrees defined by the distance of the thought or behavior from the optimum defined by a normative model […].“); *Cserne,* in: Alemanno/Sibony (Hrsg.), Nudge and the Law, 2017, S. 279, 289–292 („Talking about biases or errors assumes a benchmark.“). Für den Bereich des dispositiven Rechts *Kähler,* Begriff und Rechtfertigung, 2012, S. 249ff.; *Bender,* JjZRW 2020, S. 33, 38; *Burton,* S. Cal. Interdisc. L.J. 3 (1993), 115, 118, 165f.

[17] Grundlegend vgl. *Thaler,* in: Medema/Samuels (Hrsg.), Foundations of Research in Economics, 1996, S. 227, 230–235. Speziell im rechtlichen Kontext *Jolls/Sunstein/Thaler,* Stan. L. Rev. 50 (1998), 1471, 1476–1479. Krit. dazu *Posner,* Stan. L. Rev. 50 (1998), 1551. Vgl. im Ausgangspunkt auch *Hacker,* Verhaltensökonomik, 2017, S. 79ff.

[18] Vgl. nur *Jolls/Sunstein/Thaler,* Stan. L. Rev. 50 (1998), 1471, 1476–1479. Bei *Herbert Simon*, der den Begriff ursprünglich prägte, stand *bounded rationality* hingegen insb. für das Phänomen des *statisficing* – also für Abweichungen von der Annahme der Maximierung des Eigennutzens, die jetzt eher unter den Begriff des *bounded self-interest* fallen, vgl. *Simon,* Administrative Behavior, [4]1997, S. 118 („Administrative theory is peculiarly the theory of intended and bounded rationality – of the behavior of human beings who *satisfice* because they have not the wits to *maximize*.“); *ders.,* in: McGuire/Radner (Hrsg.), Decision and Or-

(judgment errors) zu falschen Annahmen hinsichtlich Wahrscheinlichkeiten und Werten führen[19] oder die als Entscheidungsfehler ein Entscheidungsverhalten *(decisionmaking behavior)* im Widerspruch zu den Annahmen der *Expected Utility Theory* mit sich bringen[20]. Es geht bei *bounded rationality* also um Fälle, in denen das Individuum zwar seinen Eigennutzen auf der Grundlage der vorhandenen Informationen maximieren will, allerdings aufgrund von Urteils- und Entscheidungsfehlern die falschen Werte in die persönliche *cost-benefit-analysis* einsetzt.[21] Der Begriff bezieht sich damit nur auf Abweichungen eines Teilbereichs der Nutzenrationalität, die auch als Nutzenrationalität im engeren Sinne beschrieben werden kann.[22]

2. *Bounded willpower*

Bei dem Phänomen der *bounded willpower* geht es nicht um die fehlerhafte Verwirklichung von Präferenzen, sondern um Widersprüche innerhalb der Präferenzordnung selbst. Bei *Thaler* steht dabei der Widerspruch zwischen kurzfristigen und langfristigen Präferenzen und die systematische Bevorzugung kurzfristiger Präferenzen im Vordergrund.[23] Individuen neigen mithin dazu, den gegenwärtigen Nutzen stärker zu gewichten als zukünftigen, und zwar über das (rationale) exponentielle Diskontieren zukünftigen Nutzens hinaus.[24] Andere Begriffe dafür sind *myopia*[25], *present bias*[26] oder quasi-hyperbolisches

ganization, 1972, S. 161, 168 ff. Von dessen Schüler *Oliver E. Williamson* schließlich wurde er eher im Sinne von begrenzter Informationsverarbeitungskapazität verwendet, vgl. *Williamson,* JEL 38 (2000), 595, 600 („There is close to unanimity within the NIE [New Institutional Economics] on the idea of limited cognitive competence – often referred to as bounded rationality."). Krit. darst. *Hacker,* Verhaltensökonomik, 2017, S. 56 f., 75 f.

19 *Jolls/Sunstein/Thaler,* Stan. L. Rev. 50 (1998), 1471, 1518, 1548; *Jolls,* in: Diamond/Vartiainen (Hrsg.), Behavioral Economics and Its Applications, 2007, S. 115, 121. Aus dem deutschen Diskurs *Hacker,* Verhaltensökonomik, 2017, S. 80.

20 *Jolls/Sunstein/Thaler,* Stan. L. Rev. 50 (1998), 1471, 1480, 1549; *Jolls,* in: Diamond/Vartiainen (Hrsg.), Behavioral Economics and Its Applications, 2007, S. 115, 124. Aus dem deutschen Diskurs *Hacker,* Verhaltensökonomik, 2017, S. 96.

21 In Anlehnung an den Rationalitätsbegriff von *Schäfer/Ott,* Ökonomische Analyse, 62020, S. 59 ließe sich auch von einem suboptimalen Einsatz von Mitteln zur Präferenzbefriedigung sprechen.

22 *Hacker,* Verhaltensökonomik, 2017, S. 77 bezeichnet diese Rationalität als Rationalität im engeren Sinne im Gegensatz zur alle *thalerschen biases* einschließenden Rationalität i. w. S.

23 Vgl. etwa *Jolls/Sunstein/Thaler,* Stan. L. Rev. 50 (1998), 1471, 1479. Ferner die Beispiele bei *Thaler/Sunstein,* Nudge, 22009, S. 75 (Rauchen, Martinis, Schokoladendonuts).

24 Allg. zu diesem Phänomen bereits *Heck,* Deutscher Juristentages 21 II, 1891, S. 131, 148. Ferner *Canaris,* AcP 200 (2000), 273, 349.

25 So *Meyer/Kunreuther,* The Ostrich Paradox, 2017, 13 ff.

26 So *Meier/Sprenger,* Am. Econ. J.: Appl. Econ. 2 (2010), 193; *Balakrishnan/Haushofer/*

Diskontieren.[27] Es erscheint allerdings zweckmäßig, das Konzept der *bounded willpower* auf *alle* Abweichungen von den Annahmen einer rationalen Präferenzordnung auszudehnen. So verstanden lässt sich unter den Begriff der *bounded willpower* auch die Abweichung von der Annahme fassen, Präferenzen seien exogen, also unabhängig von Umwelteinflüssen. Tatsächlich müssen Präferenzen nämlich als endogen verstanden werden.[28] Sie bilden sich also in Abhängigkeit von verschiedenen Umwelteinflüssen.

3. *Bounded self-interest*

Als *bounded self-interest* werden Abweichungen von der Annahme beschrieben, Individuen würden stets egoistisch handeln und den Eigennutzen maximieren.[29] In der verhaltensökonomischen Literatur wird mit dem Begriff des *bounded self-interest* insbesondere eine Verbreiterung der Palette an möglichen Handlungszielen verbunden.[30] Es geht dann darum zu betonen, dass Altruismus[31] und das Streben nach Gerechtigkeit *(fairness)* und Bestrafung *(spitefulness)*[32] das Verhalten von Individuen ebenfalls beeinflussen.[33] *Bounded self-interest* lässt sich jedoch auch als Abrücken vom Maximierungsgedanken beschreiben, ohne grundsätzlich das Handeln im Eigeninteresse infrage zu stellen.[34] Es wird

---

Jakiela, How Soon is Now? Evidence of Present Bias from Convex Time Budget Experiments, 2017.

27 Vgl. *Laibson,* Q. J. Econ. 112 (1997), 443; *Hacker,* Verhaltensökonomik, 2017, S. 106 ff.

28 Vgl. *Korobkin,* Cornell L. Rev. 83 (1998), 608, 611, 623 ff.; *ders.,* in: Sunstein (Hrsg.), Behavioral Law and Economics, 2000, S. 116, 119 f. (gegen die „Preference-Exogeneity Assumption"); *Sen,* Collective Choice and Social Welfare, 32017, S. 50 („Just as social choice may be based on individual preferences, the latter in their turn will depend on the nature of the society"); *Benjamin/Choi/Strickland,* Am. Econ. Rev. 100 (2010), 1913; *Wagner/Eidenmüller,* U. Chi. L. Rev. 86 (2019), 581, 597 ff. Dispositive staatliche Normen haben dabei eine besondere Wirkung auf Präferenzen, *Sunstein,* U. Pa. L. Rev. 162 (2013), 1, 20 f. („endorsement").

29 Allgemein *Jolls/Sunstein/Thaler,* Stan. L. Rev. 50 (1998), 1471, 1479; *Hacker,* Verhaltensökonomik, 2017, S. 109–116.

30 Vgl. insb. *Jolls/Sunstein/Thaler,* Stan. L. Rev. 50 (1998), 1471, 1479, 1550.

31 Zu diesem Aspekt *Bernheim,* J. Polit. Econ. 99 (1991), 899.

32 Dazu am Beispiel des Ultimatum-Spiels *Camerer/Thaler,* JEP 9 (1995), 209. Ferner *Jolls/Sunstein/Thaler,* Stan. L. Rev. 50 (1998), 1471, 1479. In Gruppen kann das Phänomen der *spitefulness* oder *nastiness* besonders stark mit Blick auf Nichtgruppenmitglieder ausgeprägt sein, vgl. *Bauer/Cahlíková/Katreniak* u. a., Anti-social Behavior, MPI Working Paper 2018.

33 Sollen diese Phänomene mithilfe der *Expected Utility Theory* erfasst werden, müssten sie so gedeutet werden, dass die Begünstigung oder Bestrafung Dritter zugleich den Eigennutzen mehrt. Bei einem derart weiten Nutzenbegriff droht die *Expected Utiltity Theory* aber zu einer Tautologie zu werden, vgl. *Sen,* Philos. Public Aff. 6 (1977), 317, 325; *Hacker,* Verhaltensökonomik, 2017, S. 110.

34 So etwa die Begriffsbildung bei *Hacker,* Verhaltensökonomik, 2017, S. 109 f.

dann an das Konzept des *satisficing* angeknüpft[35]: Individuen streben nicht immer nach Nutzenmaximierung. Vielmehr begnügen sie sich in gewissen Situationen auch mit dem Erreichen eines zufriedenstellenden Levels.

4. Bounded information

Die *thalersche* Trias soll hier um *bounded information* ergänzt werden. Bereits *Philipp Hacker* fügt der klassischen Übersicht den Punkt des *information overload* hinzu.[36] Letztendlich ist allerdings damit nur ein Teilaspekt angesprochen: Informationsasymmetrien können sich nicht nur aus Überinformation, sondern auch aus fehlender Information ergeben. *Bounded information* fasst somit allgemein Abweichungen von der Annahme vollständiger Informiertheit zusammen.[37] Diese Abweichungen wurden nicht nur aus der psychologischen Perspektive der Verhaltensökonomik erforscht.[38] Wesentliche Beiträge stammen vielmehr auch aus der Neoklassik[39], der Neuen Institutionenökonomik[40] und der Österreichischen Schule[41].

---

[35] Grundlegend *Simon,* Administrative Behavior, [4]1997, S. 118 ff. (Zitat von S. 118 bereits in Fn. 18); *ders.,* in: McGuire/Radner (Hrsg.), Decision and Oranization, 1972, S. 161, 168 ff. Dazu auch *Hacker,* Verhaltensökonomik, 2017, S. 54 f., 109 f.

[36] *Hacker,* Verhaltensökonomik, 2017, S. 76 f., 116 ff.

[37] Vgl. nur *Mercuro/Medema,* Economics and the Law, [2]2006, S. 66 f. Zu den Abweichungen, vgl. allg. *Schäfer/Ott,* Ökonomische Analyse, [6]2020, S. 499 ff.

[38] Grundlegend zur begrenzten Aufnahmefähigkeit *Miller,* Psychol. Rev. 63 (1956), 81 ff. Zur Konzeptualisierung als *information overload* im Rahmen der Verhaltensökonomik vgl. *Lindstädt,* Beschränkte Rationalität, 2006, S. 102 ff.; *Hacker,* Verhaltensökonomik, 2017, S. 76 f., 116–122.

[39] Vgl. insb. *Stigler,* J. Polit. Econ. 69 (1961), 213 (Information als wertvolle Ressource); *Arrow,* in: National Bureau of Economic Research (Hrsg.), The Rate and Direction of Inventive Activity: Economic and Social Factors, 1962, S. 609. Allg. *ders.,* Am. Econ. Rev. 64 (1974), 1 *(information paradox)*; *Akerlof,* Q. J. Econ. 84 (1970), 488 *(lemon problem)*; *Spence,* Q. J. Econ. 87 (1973), 355 *(signaling)*; *Stiglitz,* Am. Econ. Rev. 65 (1975), 283 *(screening)*. Somit finden sich Ausführungen zu Informationsasymmetrien auch in den rechtsökonomischen Lehrbüchern, vgl. *Schäfer/Ott,* Ökonomische Analyse, [6]2020, S. 499 ff.

[40] Grundlegend zu Informationsdefiziten und strategischem Verhalten *Williamson,* The Economic Institutions of Capitalism, 1985, insb. S. 29 f.; *ders.,* JEL 38 (2000), 595, 600 f., insb. 600 (Zitat bereits in Fn. 18); *ders.,* JITE 149 (1993), 99, 102 („the twin conditions of bounded rationality and opportunism"). Darst. *Hacker,* Verhaltensökonomik, 2017, S. 55–57; *Mercuro/Medema,* Economics and the Law, [2]2006, S. 250, 258 f. Krit. *Posner,* JITE 149 (1993), 73, 79–82 (nur den Punkt des strategischen Verhaltens als nützlich ansehend, nicht so sehr den Fokus auf Informationsdefizite – gerade weil sich der neoklassische Ansatz diesen Problemen bereits angenommen habe); *ders.,* Economic Analysis of Law, [9]2014, S. 18, 23 (das Phänomen als *hyperrationality* beschreibend). Ferner *Coase,* J.L. & Econ. 3 (1960), 1, 43 (beschränkte staatliche Information). Darst. *Posner,* JEP 7 (1993), 195, 198 ff.; *Priest,* Law and Economics, 2020, S. 48 f. Allg. *Mercuro,* in: ders. (Hrsg.), Law and Economics III, 2007, S. 1, 1 ff.; *Palermo,* J. Econ. Issues 33 (1999), 277.

[41] Grundlegend zum Informationsproblem *Hayek,* Am. Econ. Rev. 35 (1945), 519; *ders.,*

5. *Bounded spirit of capitalism*

Die Übersicht soll außerdem um den Begriff des *bounded spirit of capitalism* ergänzt werden. Dieser fängt Abweichungen von der kapitalistischen Rationalität ein. Es geht also um Fälle, in denen Präferenzen nicht in Geldeinheiten ausgedrückt werden, Individuen also *Posners* Kriterium des *wealth maximization*[42] und *Webers* Geist des Kapitalismus[43] nicht vollständig verinnerlicht haben. Klassisches Beispiel dafür ist die Präferenz für die Rettung des Lebens eines Menschen im *konkreten* Fall[44], von der in der Regel nicht aus ökonomischen Erwägungen, sondern nur aus anderen immateriellen Werten (wie etwa dem in der Menschenwürde verankerten Verbot der Rettungsfolter[45]) abgerückt wird. Anders gewendet: aus der Sicht eines Individuums mit *bounded spirit of capitalism* wären die mit einer rein monetären Bewertung gewisser Güter einhergehenden *costs of costing*[46] zu hoch. Unabhängig davon, welche Präferenzen Individuen in diesen Fragen im Einzelfall herausbilden – ein rein ökonomisches Kalkül nach Marktwerten scheint hier nicht den Ausschlag zu geben. Dass die *abstrakten* Verteilungsfragen in einer Gesellschaft (sog. *first-order decisions*) eine implizite Bewertung von Leben voraussetzen, ändert nichts daran, dass die *konkrete* Zuweisung von Lebensrechten ganz anderen Grundsätzen folgt (sog. *second-order decisions*).[47]

The Sensory Order, 1952. Darst. *Mercuro/Medema,* Economics and the Law, ²2006, S. 299. Hierin zeigt sich neben der theoriekritischen Grundeinstellung eine weitere Gemeinsamkeit mit der Neuen Institutionenökonomik.

[42] Dazu bereits auf S. 67 (Fn. 10).

[43] Dazu bereits auf S. 135 (Fn. 14).

[44] *Calabresi/Bobbitt,* Tragic Choices, 1978, S. 134–143.

[45] Ablehnend gegenüber der Rettungsfolter etwa Dürig/Herzog/Scholz – *Herdegen,* GG, ⁹⁹2022, Art. 1 I Rn. 51 (in Fn. 2 auch m. w. N. zum Meinungsstand), Rn. 95.

[46] *Calabresi/Bobbitt,* Tragic Choices, 1978, S. 32 (zu den *costs of costing*), S. 135 (zur Bedeutung, in Entscheidungen den Wert des Lebens zu bestätigen).

[47] Grundlegend hierzu *Calabresi/Bobbitt,* Tragic Choices, 1978, S. 134–143, insb. S. 134 („A decision as to how many iron lungs will be built is simply not perceived as the same kind of decision as one which determines who will actually be granted the use of such a machine."). Diesen grundlegenden Unterschied etwa verkennt *Posner,* wenn er unter Verweis auf die generelle Zulassung gefahrträchtiger Täigkeit (eine klassische *first-order decision*) davon ausgeht, ein Fahrer, der in einer konkreten Unfallsituation entweder 100.000 Schafe oder ein Kind töten müsse (eine klassische *second-order decision*), solle das Kind wählen, wenn die Schafe mehr Wohlstand repräsentierten, vgl. *Posner,* J. Leg. Stud. 8 (1979), 103, 132 f., insb. S. 133 („[...] must not the economist regard the driver as a good man, or at least not a bad man, when he decides to sacrifice the child? My answer is yes – and the same answer is given all the time in our [and every other] society. Dangerous activities are regularly permitted on the basis of a judgment that the costs of avoiding the danger exceed the costs of the victims. Only the fanatic refuses to trade off lives for property, although the difficulty of valuing lives is a

III. Umgang mit der Diskrepanz zwischen rationalem und realem Verhalten

Es gibt grundsätzlich zwei Möglichkeiten, mit diesen verhaltensökonomischen Erkenntnissen umzugehen, die eine Diskrepanz zwischen rationalem und realem Verhalten nahelegen.[48]

1. Modifikation der Realität (Paternalismus)

Es ist zunächst möglich, den Rationalitätsbegriff der neoklassischen Modelle als maßgebliches *normatives* Leitbild anzusehen. Nichtrationale Handlungen erscheinen dann grundsätzlich als unfreie Handlungen: Das Individuum bedarf des Schutzes vor sich selbst. Es geht also um *Paternalismus* – egal, ob in seiner harten oder weichen Form.[49] Das Verhalten der Parteien wird in diesem Fall über rechtliche Vorgaben den Prämissen der neoklassischen Analyse angepasst.[50] Zwischen Neoklassik und Verhaltensökonomik besteht insofern kein Widerspruch. Vielmehr übernimmt die Verhaltensökonomik in ihrer paternalistischen Spielart das neoklassische Leitbild des (kapitalistisch denkenden) *homo oeconomicus*, auf dessen Grundlage überhaupt erst verhaltensökonomische Verzerrungseffekte festgestellt werden können.[51] Die meisten der verhaltensökonomischen Beiträge gehen diesen paternalistischen Weg und betrachten die normative Maßgeblichkeit des neoklassischen Rationalitätsbegriffs als Selbst-

---

legitimate reason for weighing them heavily in the balance when only property values are in the other pan.“).

[48] Es geht also um den Umgang mit dem Umstand, dass sich die *präskriptiv-normative* Rationalität nicht mehr mit der *deskriptiv-empirischen* Aussage über Rationalität deckt. Zu diesen beiden Arten, Rationalität zu verwenden, vgl. etwa *Sen,* in: Durlauf/Blume (Hrsg.), The New Palgrave Dictionary of Economics, ²2008, S. 856f. Zu diesem Gegensatz im Bereich des dispositiven Rechts, vgl. bereits *Cziupka,* Dispositives Vertragsrecht, 2010, S. 384ff., insb. S. 404–407. Ferner *Craswell,* in: Bouckaert/De Geest (Hrsg.), Encyclopedia of Law and Economics, 2000, S. 1, 3ff. (unter 1.A.3); *Unberath/Cziupka,* AcP 209 (2009), 37, 58. Speziell im Personalisierungsdiskurs *Bender,* ERCL 16 (2020), 366, 379. Letztendlich spiegelt sich hierin auch die Unterscheidung zwischen normativer und positiver ökonomischer Analyse wider, vgl. dazu *Posner,* Economic Analysis of Law, ⁹2014, S. 31–33; *Eidenmüller,* Effizienz als Rechtsprinzip, ⁴2015, S. 21f.

[49] Allg. zu Paternalismus als Rechtfertigung für zwingendes Recht bereits auf S. 2 (Fn 4). Speziell zu der spezifischen Form des auf *nudges* basierenden Paternalismus *(libertarian paternalism)* vgl. *Sunstein,* Why Nudge?, 2014; *Sunstein/Thaler,* U. Chi. L. Rev. 70 (2003), 1159; *dies.,* Am. Econ. Rev. 93 (2003), 175.

[50] Zur Orientierung von *Sunstein* an *welfare maximization* auch *Hacker,* Verhaltensökonomik, 2017, S. 394f.

[51] Zur notwendigen Normativität der Verhaltensökonomik bereits auf S. 136 (Fn. 16).

verständlichkeit.[52] Nur vereinzelt wird versucht, die Maßgeblichkeit des neoklassischen Rationalitätsbegriffs zu begründen, indem gezeigt wird, dass sich Individuen bei einem Hinweis auf ihr Abweichen von den Annahmen des Rationalitätsbegriffs umentscheiden.[53]

Die verhaltenspsychologischen Abweichungen vom Leitbild der Rationalität treten zwar bis zu einem gewissen Grad bei allen Individuen auf.[54] Gleichwohl bestehen zwischen ihnen Unterschiede, die mit dem Begriff der *actor heterogeneity* beschrieben werden.[55] Das paternalistische Personalisierungsprojekt

---

[52] In diese Richtung *Tversky/Kahneman,* Science 185 (1974), 1124. Im rechtlichen Kontext *Jolls/Sunstein/Thaler,* Stan. L. Rev. 50 (1998), 1471, 1542f. Emblematisch auch *Sunstein/ Thaler,* U. Chi. L. Rev. 70 (2003), 1159, 1163 („More generally, how well people choose is an empirical question, one whose answer is likely to vary across domains."), allerdings in Fn. 17 auf gewisse normative Konsequenzen hinweisend („In some areas, of course, it will be difficult to reach uncontroversial conclusions on the basis of empirical study alone, because contested judgments of value are in the background."). Damit entwerten sie freilich ihre Aussage zur empirischen Natur des *debiasing,* denn wenn Normativität in manchen Bereichen konzediert wird, ist auch die Entscheidung, in welchen Bereichen das der Fall ist und in welchen nicht, normativ. Darst. *Hacker,* Verhaltensökonomik, 2017, S. 60f., sowie krit. auf S. 288–290, insb. S. 289 („Normative Erwägungen werden zu häufig in der verhaltensökonomischen Analyse entweder vollständig ausgeblendet oder extrem verkürzt."). Der fehlende Normativitätsbezug überrascht insb. bei *Sunstein*, der sich außerhalb seiner verhaltensökonomischen Beiträge zu einem republikanischen Staatsverständnis bekennt und die alleinige Maßgeblichkeit der neoklassischen Maßstäbe kritisiert, vgl. *Sunstein,* Yale L.J. 97 (1988), 1539; *ders.,* Chi.-Kent L. Rev. 66 (1990), 181.

[53] So der Ansatz von *Nielsen/Rehbeck,* Am. Econ. Rev. 112 (2022), 2237.

[54] Vgl. etwa *Engel/Stark,* ZEuP 2015, 32, 46 („Soweit sich zivilrechtlicher Verbraucherschutz verhaltensökonomisch und kognitionspsychologisch fundieren lässt, bezieht sich die Beschreibung bestimmter Entscheidungsschwächen nicht etwa nur auf das Verhalten von *Verbrauchern,* sondern auf *Menschen allgemein.*").

[55] Dazu im Personalisierungsdiskurs insb. *Hacker,* Eur. Rev. Priv. L. 25 (2017), 651, 654 (Rn. 2), 657 (Rn. 8), 659 (Rn. 10), 660f. (Rn. 14); *ders.,* in: Busch/De Franceschi (Hrsg.), Personalized Law, 2021, S. 241 (Rn. 3), 244–247 (Rn. 12–19), insb. S. 247 (Rn. 18) („[...] any uniformly applicable regulatory strategy will fall short of accomodating behavioral heterogeneity: it will address biases that point into one direction, but be ineffective for, or even exacerbate, biases that point into the other direction."). Aus verhaltensökonomischer Sicht auch *Jolls/Sunstein,* J. Leg. Stud. 35 (2006), 199, 228–230; *Brown/Kapteyn/Mitchell,* J. Risk Insur. 83 (2016), 139, 156 (speziell zum unterschiedlichen Einfluss von *framing* entlang der Parameter Geschlecht, Alter, Bildung, Reichtum und finanziellem Wissen). Gerade auch im Verbraucherschutzrecht wird die *actor heterogeneity* als Problem erkannt. Die Reaktionen unterscheiden sich jedoch. Sie reichen von einer grundsätzlichen Skepsis gegenüber Schutzvorschriften, vgl. grundlegend *Mitchell,* Geo. L.J. 67 (2002), 67; *Schwartz,* Stan. L. Rev. 67 (2016), 1373, insb. 1393ff. („Regulating for Rationality"); *Bar-Gill/Ben-Shahar,* Common Mark. L. Rev. 50 (2013), 109 (Special Issue), 114, über den Vorschlag einer für unterschiedliche Verbrauchertypen offenen Regelung, vgl. *Micklitz,* NJW-Beilage 2012, 77 („bewegliches System"); *ders.,* EUVR 2013, 5 („movable System"); *Twigg-Flesner,* EUVR 2013, 12 (im Grund-

versucht, diesen Unterschieden Rechnung zu tragen. Es existiert – genau wie der ihm zugrunde liegende paternalistische Ansatz der Verhaltensökonomik allgemein – in zwei Spielarten, die sich nach ihrer Beziehung zur neoklassischen Analyse unterscheiden lassen:

Zum einen kann der Paternalismus als gleichwertiges Ziel neben Effizienz angesehen werden. Während danach der *Inhalt* rechtlicher Normen für rationale Individuen nach dem Parameter der *Präferenzen* personalisiert wird, um Effizienzgewinne zu erzielen, werden für irrationale Individuen nach dem Parameter der Rationalität paternalistische Schutzinstrumente geschaffen. Diese paternalistischen Schutzinstrumente werden also eindimensional an dem Schutzbedürfnis der Individuen ausgerichtet *(eindimensionaler Ansatz).* Insbesondere *Philipp Hacker* hat das Personalisierungsprojekt in diese Richtung weiterentwickelt und die Personalisierung nach „Rationalitätsquotienten"[56] vorgeschlagen.[57]

Zum anderen kann jedoch Effizienz auch als *übergeordnetes* Ziel beibehalten werden. Paternalistische Regelungen müssen sich danach ebenfalls unter dem Gesichtspunkt der Wohlstandsgewinne rechtfertigen lassen. Irrationalität verkompliziert dann lediglich die neoklassische Analyse.[58] Nach diesem Ansatz darf ein Schutzinstrument nicht nur nach der Schutzbedürftigkeit des irrationalen Rechtssubjekts bewertet werden. Vielmehr muss immer auch die andere Vertragspartei in die Analyse einbezogen werden *(mehrdimensionaler Ansatz).* Ein Schutzinstrument ist danach nur dann angezeigt, wenn dessen Vorteile für die schutzbedürftige Vertragspartei dessen Kosten für die nicht schutzbedürftige Vertragspartei übersteigen. Insbesondere *Omri Ben-Shahar* und *Ariel Porat* verfolgen diesen Ansatz bei ihrer Analyse der Personalisierung von Widerrufsrechten.[59]

---

satz zustimmender Kommentar), bis hin zu einem Plädoyer für die Abschaffung des Rollenfilters, vgl. *Engel/Stark,* ZEuP 2015, 32 („Verbraucherrecht ohne Verbraucher?"); *Cafaggi,* Common Mark. L. Rev. 50 (2013), 311 (Special Edition) („from a status to a transaction-based approach" – wobei diese Terminologie vor dem Hintergrund der Transaktionsabhängigkeit des Rollenbegriffs „Verbraucher" unglücklich ist); *Schulte-Nölke,* EUVR 2013, 1 („Kundenschutz statt Verbraucherschutz").

[56] Dazu bereits auf S. 45 (Fn. 68).

[57] Vgl. insb. *Hacker,* in: Busch/De Franceschi (Hrsg.), Personalized Law, 2021, S. 241. Ferner bereits *ders.,* Eur. Rev. Priv. L. 25 (2017), 651, insb. 660 f. (Rn. 14). In *ders.,* in: Bakhoum/Conde Gallego/Mackenrodt u. a. (Hrsg.), Personal Data, 2018, S. 85 erörtert *Hacker* hingegen mehr die normativen Grundlagen der Personalisierung.

[58] In gewisser Weise ist das der Weg der Neuen Institutionenökonomik insofern, als sie die Neoklassik für institutionelle Beobachtungen, insb. Transaktionskosten, öffnet. Vgl. etwa *Williamson,* JITE 149 (1993), 99, 101; *ders.,* JEL 38 (2000), 595. Ferner *Calabresi,* The Future of Law and Economics, 2016, S. 16.

[59] *Ben-Shahar/Porat,* U. Chi. L. Rev. 86 (2019), 255.

2. Modifikation der Rationalität (Empirismus)

Es ist auch möglich, den neoklassischen Rationalitätsbegriff als maßgebliches normatives Leitbild infrage zu stellen. Nicht das Verhalten der Individuen, sondern der Rationaltätsmaßstab muss danach gegebenenfalls bei einer verhaltensökonomisch begründeten Diskrepanz zwischen normativem Leitbild und realem Verhalten geändert werden. Dieser Ansatz findet sich zum Teil bei *Guido Calabresi*[60], insbesondere aber in den Arbeiten von *Gerd Gigerenzer* und *Reinhard Selten,* in denen sie auf die Leistungsfähigkeit von Heuristiken hingewiesen haben, die keineswegs immer zu schlechteren Ergebnissen führen als rationale Kalkulation.[61] Schließlich wird wiederum von *Philipp Hacker* die notwendige Normativität verhaltensökonomischer Überlegungen betont und damit der Rationalitätsbegriff denaturalisiert[62]: Es muss bereichsspezifisch geklärt werden, ob das Recht dem Leitbild der neoklassischen Rationalität oder einem anderen Leitbild folgen soll.[63] Werden die maßgeblichen normativen Modifika-

---

[60] Besonders klar *Calabresi,* The Future of Law and Economics, 2016, S. 16 („And it is essential [...] that such data from the world as it is be used to reform the theory. It is essential to do this both [a] because what the empiricist describes is often not irrational but highly worthy and should not only be retained but also explained, and [b] because the reformed theory becomes a far more useful tool for doing Posnerian reform in the future.“).

[61] Grundlegend *Gigerenzer/Goldstein,* Psychol. Rev. 103 (1996), 650; *Selten,* JITE 146 (1990), 649, insb. 653 („There is no reason to suppose that human behavior is guided by a few abstract principles“). Vgl. auch *Gigerenzer/Brighton,* in: Gigerenzer/Hertwig/Pachur (Hrsg.), Heuristics, 2011, S. 2. Diesen Ansatz darst. *Hacker,* Verhaltensökonomik, 2017, S. 61 f.

[62] Dazu bereits auf S. 136 (Fn. 16).

[63] Etwa *Hacker,* Verhaltensökonomik, 2017, S. 297 („Hier gilt es, bereichs- und rechtsgebietsspezifisch zu denken und vorschnelle Generalisierungen zu vermeiden.“). Im Rahmen seiner Beiträge zum verhaltensökonomischen Personalisierungsprojekt verfolgt er diesen Ansatz jedoch nicht weiter. Vielmehr geht er grundsätzlich von der Maßgeblichkeit des neoklassischen Rationalitätsbegriffs aus, vgl. etwa *ders.,* in: Busch/De Franceschi (Hrsg.), Personalized Law, 2021, S. 241, 245 f. (Rn. 15), 246 (Rn. 18) („Valid predictions of individuals' degrees of specific biases, or of rationality quotients, hold the potential to solve the knowledge problem that plagues contemporary behavioral law and economics.“) und darauf aufbauend S. 247 (Rn. 19) („Personalization would make behavioral interventions contingent on the direction and level of bias that individuals exhibit.“). Ferner bereits *ders.,* Eur. Rev. Priv. L. 25 (2017), 651, 660 (Rn. 14) („Thus, the degree of rationality can be a potent source for the personalization of law.“), 665 (Rn. 22, Table 1). Zwar wird an anderer Stelle die Notwendigkeit eines normativen Ansatzes auch im Personalisierungsdiskurs betont, vgl. *ders.,* in: Bakhoum/Conde Gallego/Mackenrodt u.a. (Hrsg.), Personal Data, 2018, S. 85, 95–110, insb. S. 108–110. Die Normativität des *Rationalitätsbegriffes* spielt in seinen Überlegungen allerdings wiederum keine wesentliche Rolle. Vielmehr geht es ihm allgemein um Datenschutz, Gleichheit, Verteilungsgerechtigkeit und Demokratie.

tionen des Rationalitätsbegriffs unter Rückgriff auf das tatsächliche Verhalten von Individuen gewonnen, führt das zu einem *empiristischen* Ansatz.[64]

IV. Das paternalistische Personalisierungsprojekt

Im Folgenden wird das paternalistische Personalisierungsprojekt in seiner eindimensionalen und mehrdimensionalen Spielart kritisch untersucht.

1. Einführung einer Typologie der Normen

Der Analyse der paternalistischen Schutzinstrumente liegt die Unterscheidung von Handlungsnormen, Sanktionsnormen und Metanormen[65] zugrunde, die zunächst eingeführt werden soll:

Handlungsnormen legen die Rechte und Pflichten der Individuen fest. Vertragliche Leistungspflichten (vgl. § 241 I BGB) zählen hierzu ebenso wie vertragliche (vgl. § 241 II BGB) oder deliktische Sorgfaltspflichten.[66]

Sanktionsnormen sehen eine Sanktion für die Verletzung primärer Handlungsnormen vor. Hierzu gehört nicht nur die Anordnung einer Bußgeldzahlung oder die Verhängung einer Geld- oder Freiheitsstrafe, sondern insbesondere auch die Anordnung einer privatrechtlichen Schadensersatzpflicht (etwa §§ 280 ff., §§ 989 f. BGB oder §§ 823 ff. BGB) oder eines anderen Ausgleichs (etwa §§ 812 ff. BGB).[67]

---

[64] Zu den dabei entstehenden Problemen näher am Schluss des Kapitels (S. 174 f.).

[65] Im Folgenden werden die Begriffe der Handlungs-, der Sanktions- und der Metanorm verwendet, um Verwechslungen zu vermeiden, die bei einer bloßen numerischen Erfassung (Primär-, Sekundär-, Tertiärnormen) angesichts des uneinheitlichen Sprachgebrauchs drohen: Zum Teil werden Handlungsnormen als Primärnormen und Sanktionsnormen als Sekundärnormen bezeichnet (*Bentham,* Of Laws in General, 1970, S. 139; *Weinberger,* Log. et Anal. 7 [1964], 212, 229 f.). Zum Teil wird die Begrifflichkeit aber auch gerade umgekehrt verwendet (*Kelsen,* Allgemeine Theorie der Normen, 1979, S. 115). Schließlich werden oft auch diejenigen Normen, die die Abdingbarkeit regeln und die hier Metanormen, andernorts Abänderungsregeln *(altering rules)* genannt werden (grundlegend *Ayres,* Yale L.J. 121 [2012], 2032, 2036; ferner *Bender,* JjZRW 2020, S. 33, 37; *ders.,* ERCL 16 [2020], 366, 403; *McDonnell,* SMU L. Rev. 60 [2007], 383; *Hacker,* Eur. Rev. Priv. L. 25 [2017], 651, 670 f. [Rn. 27]), als Sekundärnormen bezeichnet (*Hart,* The Concept of Law, ³2012, S. 91; *Kähler,* Begriff und Rechtfertigung, 2012, 20 f.).

[66] Zur Nähe und dem gesetzlichen Ursprung beider Formen des Integritätsschutzes insb. *Canaris,* JZ 1965, 475, 479; *ders.,* FS Larenz, 1983, S. 27, 102 (allerdings für eine „dritte Spur" neben vertraglicher und deliktischer Haftung); *Bachmann/Schirmer,* FS Canaris II, 2017, S. 369, 385. Ferner *Grigoleit,* FS Canaris I, 2007, S. 275, 277 f.; *Grigoleit/Bender,* ZfPW 2019, 1, 22.

[67] Werden pönale Elemente als dem deutschen Deliktsrecht fremd angesehen (vgl. BGHZ 118, 312, 338 ff. [sogar von einem Verstoß von *punitive damages* gegen den deutschen *ordre*

Metanormen entscheiden über die Abdingbarkeit von Normen. Sie sind also Abänderungsregeln *(altering rules)*.[68] Metanormen können entweder einen formfreien *opt-out* zulassen oder die Abbedingung, beispielsweise durch Formvorschriften, erschweren. Am Ende des Kontinuums aus zunehmend schwieriger werdender Abbedingung steht die zwingende Norm.[69]

Jede Metanorm hat eine Bezugsnorm, die entweder Handlungs-, Sanktions- oder ihrerseits Metanorm ist. Es lassen sich vor diesem Hintergrund Metanormen ersten und zweiten Grades unterscheiden.[70] Metanormen ersten Grades können zwingend oder dispositiv sein.[71] Metanormen zweiten Grades sind hingegen sinnvollerweise stets zwingend, um einen Regress *ad infinitum* zu vermeiden und die hinter der Metanorm ersten Grades stehende Zwecksetzung nicht zu unterminieren[72]: Erschwert eine Metanorm ersten Grades den *opt-out*

---

public ausgehend]), so wird dabei nicht hinreichend bedacht, dass die Verpflichtung immer Kompensation für den Anspruchsberechtigten und Sanktion für den Anspruchsgegner ist. *Punitive damages* etwa lassen sich auch als Kompensation von nicht monetär bezifferbaren Schäden interpretieren (so *Calabresi,* in: Madden [Hrsg.], Exploring Tort Law, 2005, S. 333, der als vierte Funktion von *punitive damages* „recovery of generally non-refundable compensatory damages“ nennt). Umgekehrt rückt der Sanktionscharakter kompensatorischer Ansprüche gerade im Bereich der Legalitätspflicht in den Vordergrund (vgl. Grigoleit – *Grigoleit/Tomasic,* AktG, ²2020, § 93 Rn. 16 ff.; *Grigoleit,* FS K. Schmidt, 2019, S. 367, 374 f.).

[68] Zu *altering rules* grundlegend *Ayres,* Yale L.J. 121 (2012), 2032, 2036 („Altering rules are the necessary and sufficient conditions for displacing a default legal treatment with some particular other legal treatment.“), 2038 („Instead, it is useful to think of altering rules as the rules that govern the displacement of particular default consequences with alternative consequences“). Ferner *McDonnell,* SMU L. Rev. 60 (2007), 383. Im Personalisierungsdiskurs *Hacker,* Eur. Rev. Priv. L. 25 (2017), 651, 670 f. (Rn. 27); *Bender,* JjZRW 2020, S. 33, 37; *ders.,* ERCL 16 (2020), 366, 403.

[69] Vgl. *Ayres/Gertner,* Yale L.J. 99 (1989), 87, 125 („strong default“), *Ayres,* Yale L.J. 121 (2012), 2032, 2045, 2084 ff. („sticky default“) und in der Sache auch *Ayres/Gertner,* Stan. L. Rev. 51 (1999), 1591, 1598 ff.; *Sunstein,* U. Pa. L. Rev. 162 (2013), 1, 5 („nudges“); *Baker/Logue,* in: Schwarcz/Siegelman (Hrsg.), Research Handbook on the Economics of Insurance Law, 2015, S. 377, 387 („continuum“); *Hirsch,* Fordham L. Rev. 73 (2004), 1031, 1032 (Fn. 2) („borderland“); *Hesselink,* ERCL 1 (2005), 44, 73 („de facto mandatory“); *ders.,* ERCL 11 (2015), 81, 93; *Bender,* JjZRW 2020, S. 33, 39; *ders.,* ERCL 16 (2020), 366, 381.

[70] *Ayres,* Yale L.J. 121 (2012), 2032, 2040 f. beginnt die Zählung auf der Ebene der Bezugsnorm. Er spricht dementsprechend von „first-order defaults“, „second-order altering rules“ und „third-order altering rules“.

[71] *Ders.,* Yale L.J. 121 (2012), 2032, 2039 f.

[72] *Ayres* erkennt zwar die Notwendigkeit, den infiniten Regress durch zwingende Regeln abzuschneiden. Er sieht allerdings nicht generell die Metanormen zweiter Ebene als zwingend, gibt aber auch keine Beispiele für einen weiterreichenden Regress. Vgl. insb. *ders.,* Yale L.J. 121 (2012), 2032, 2041 („More generally, there will continue to be altering rules of increasingly higher orders until the law reaches a level at which the altering rule for that level is itself unalterable, i. e., mandatory.“ Auch in anderen Bereichen werden im Übrigen infinite

(künstliche Erhöhung der Kosten des *opt-out*[73]), so ist dies entweder über Paternalismus[74] oder Externalitäteninternalisierung[75] zu rechtfertigen.[76] In diesem Fall muss auch die Metanorm zweiten Grades zwingend sein, weil andernfalls der zwingende Charakter der Metanorm ersten Grades leerlaufen würde. Sieht die Metanorm ersten Grades eine formfreie Abbedingung vor, so ist sie grundsätzlich dispositiv, denn die Parteien können ohne Weiteres für Vertragsänderungen etwa die Schriftform vereinbaren (vgl. §§ 127 I, 126 I BGB). Sobald allerdings eine bestimmte Form vereinbart wird, ändert sich auch der Inhalt der Metanorm zweiten Grades: Es ist grundsätzlich auch die vereinbarte Form zu beachten, wenn die Formvorschrift selbst verändert werden soll. Andernfalls würde wiederum die Metanorm ersten Grades leerlaufen.

Die Rechtsprechung zu doppelten Schriftformklauseln[77] scheint zwar auch Metanormen zweiten Grades der Disposition der Parteien zu unterwerfen und damit Metanormen dritten Grades vorauszusetzen: Die Parteien müssen nicht

---

Regresse auf einer gewissen (in der Regel der zweiten) Ebene abgeschnitten: Die Wahl des anwendbaren Sachrechts beispielsweise wird durch die Regeln des Internationalen Privatrechts bestimmt (Metanormen ersten Grades), die ihrerseits grundsätzlich diejenigen des Forumstaates sind (vgl. nur BGH NJW 1996, 54 f.; *Handorn,* Das Sonderkollisionsrecht der deutschen internationalen Schiedsgerichtsbarkeit, 2005, S. 18; krit. darst. *Eckstein,* RabelsZ 8 [1934], 121). Im Bereich der internationalen Schiedsgerichtsbarkeit fehlt eine „natürliche" *lex fori,* sodass hier – je nach Ansicht – gegebenenfalls zunächst über eine Metanorm zweiten Grades das maßgebliche Kollisionsrecht ermittelt werden muss (vgl. *Handorn,* Das Sonderkollisionsrecht der deutschen internationalen Schiedsgerichtsbarkeit, 2005, S. 19 f.; *Gaillard,* in: Newman/Hill [Hrsg.], The Leading Arbitrators' Guide to International Arbitration, [3]2014, S. 437).

[73] Zu den Opt-out-Kosten bereits unter § 3 (S. 88 f.).

[74] Als Beispiel einer paternalistischen Metanorm ersten Grades kann § 311b I 1 BGB dienen, der durch die Einschaltung eines Notars eine Warn- und Beratungsfunktion erfüllt, vgl. nur *Faust,* Bürgerliches Gesetzbuch, [7]2021, S. 93 (§ 8 Rn. 1). Auch im US-amerikanischen Diskurs sind die Schutzzwecke von *altering rules* umfassend systematisiert, vgl. insb. *Ayres,* Yale L.J. 121 (2012), 2032, 2068 ff. („Error-Reducing Altering Rules"). Ferner bereits *Fuller,* Colum. L. Rev. 41 (1941), 799, 800 („cautionary function"). Die Beratungsaufgabe wird im US-Kontext beispielsweise von einem *mortgage counselor* wahrgenommen, vgl. Section 255(d) (2)(B) und (f) *National Housing Act* (Bundesregelung – wie für den US-Förderalismus typisch – über einen versicherungsrechtlichen Ansatz). Dazu *Ayres,* Yale L.J. 121 (2012), 2032, 2077.

[75] Als Beispiel für eine Externalitäten internalisierende Metanorm ersten Grades kann § 550 S. 1 BGB dienen, der mit Blick auf potentielle Grundstückserwerber im Sinne des § 566 BGB Rechtsklarheit schafft, vgl. nur MünchKomm – *Bieber,* BGB, [9]2023, § 550 Rn. 1.

[76] Zur Rechtfertigung von zwingendem Recht über Paternalismus und Externalitäteninternalisierung bereits auf S. 2 (Fn. 4). Speziell zu der spezifischen Form des *libertarian paternalism* bereits auf S. 141 (Fn. 49).

[77] Vgl. bereits RGZ 95, 175 f.; RG JW 1911, 94; BGH NJW 1976, 1395; 1962, 1908; JZ 1967, 287 f.; BAG NJW 2003, 3725, 3727. Darst. *Lingemann/Gotham,* NJW 2009, 268, 269.

nur vereinbaren, dass Änderungen zum Vertrag schriftlich zu erfolgen haben *(Abbedingung der Metanorm ersten Grades),* sondern auch, dass die Schriftformklausel nur schriftlich geändert werden kann *(Abbedingung der Metanorm zweiten Grades).* Allerdings geht eine derartige konstruktionspositivistische[78] Deutung an der eigentlichen Wirkweise des doppelten Schriftformerfordernisses vorbei. Aus der Sicht der Vertragsparteien nämlich ist das Erfordernis einer doppelten Schriftformklausel einheitlich zu begreifen und als spezielle Formvorschrift zu sehen: Um die dispositive Metanorm ersten Grades zu ändern, müssen sich die Parteien einer besonderen Formulierung bedienen, die sich nicht nur auf die Änderung des Vertrages allgemein bezieht, sondern auch auf die Änderung der Schriftformklausel selbst. Es wird also eine gewisse *Spruchformel* gefordert.[79] Die Spruchformel schafft einen *safe harbor*, durch den die Fehler richterlicher Vertragsinterpretation minimiert werden.[80] Sie sollte jedoch nur als Option wirken, um nicht allen rechtsunkundigen Parteien die privatautonome Abbedingung der Metanorm ersten Grades zu versagen.[81]

2. *Modifikation von Handlungsnormen*

Die Reaktion auf Abweichungen vom Leitbild des *homo oeconomicus* kann zunächst auf der Ebene der Handlungsnormen erfolgen. Paternalismus lässt sich auf dieser Ebene durch Informationspflichten (a) und besondere dispositive Vorschriften (b) erzielen.

a) Informationspflichten

Informationspflichten sind Handlungsnormen, die unter der Annahme, Individuen seien vollständig informierte *homines oeconomici*, nicht nötig wären: Durch Information wird eine punktuelle, vorübergehende Abweichung vom Leitbild der Nutzenrationalität behoben.[82] Der Begriff der Informationspflicht

---

[78] Zu diesem Begriff etwa *Grigoleit/Bender,* ZfPW 2019, 1, 27, 40, 46.

[79] Zur Regelungstechnik der Spruchformel aus historischer Sicht bereits auf S. 126 (Fn. 245).

[80] Zum Safe-Harbor-Ansatz bereits auf S. 94 (Fn. 113).

[81] So die auf S. 94 (Fn. 113) genannten Autoren. Auch manche Stellungnahmen in der Rspr. weisen in diese Richtung, indem sie bei Nichtvorliegen einer doppelten Schriftformklausel einen flexiblen Ansatz verfolgen, vgl. BGH NJW 1976, 1395 („so wird dies für die Annahme sprechen, sie hätten insofern das Erfordernis der Schriftform beseitigen wollen"); BAG AP BGB § 242 Betriebliche Übung Nr. 29 (eine einfache Schriftformklausel, die Bestandteil einer tariflichen Regelung war, aufrechterhaltend).

[82] Auch das grundsätzlich rationale Individuum will also die Information für Fälle, in denen es ausnahmsweise nicht rational ist. Zu dieser neoklassischen Erklärung von *bounded willpower* über die Doppelung des Individuums vgl. *Posner,* Stan. L. Rev. 50 (1998), 1551, 1555 („the person as a locus of different selves").

wird hier weit verstanden und unabhängig von ihrem Zweck definiert. Es werden also sowohl Informationspflichten erfasst, die Information neutral vermitteln *(Informationspflicht im engeren Sinne)* als auch solche, die Verhalten beeinflussen sollen *(Warnung)*.[83] Beide Arten lassen sich ohnehin nicht trennen, denn jede Informationspreisgabe im engeren Sinne hat verhaltenspsychologische Konsequenzen[84] und jede Warnung transportiert Informationen im engeren Sinne.

aa) Personalisierte Informationspflichten als Lösung des information overload

Informationspflichten werden oft als ein Schutzinstrument dargestellt, das in besonderer Weise mit dem Marktmechanismus kompatibel ist und einen minimalinvasiven Charakter aufweist.[85] Anders als Inhaltsbeschränkungen durch zwingendes Recht würden Informationspflichten die Vertragsfreiheit unangetastet lassen. Ein bloßer Hinweis auf das gesetzliche Gewährleistungsrecht[86], so ließe sich argumentieren, ist weniger einschneidend als das gesetzliche Gewährleistungsrecht weitgehend für zwingend zu erklären[87]. Informationspflichten scheinen also Paternalismus und Marktmechanismus in Einklang zu bringen.[88]

Das Desiderat möglichst umfassender Information wird allerdings durch die begrenzten Informationsverarbeitungskapazitäten *(information overload)*[89] so-

---

[83] Terminologisch anders *Hacker,* Eur. Rev. Priv. L. 25 (2017), 651, 672 f. (Rn. 29), der Warnungen unter *nudges* fasst und davon *disclosure* unterscheidet.

[84] Zur versteckten Gewichtungsverschiebung, etwa durch einen *pecuniary bias*, und der Verdrängung von Entscheidungsdimensionen treffend *Hacker,* Verhaltensökonomik, 2017, S. 297–301, insb. S. 297 („Die Präzisierung eines Ereignisses ist realiter kaum ohne eine Veränderung der subjektiven Gewichtung dieses Ereignisses zu haben.") sowie S. 443 und S. 584 (Informationspflichten als *debiasing* i. w. S.).

[85] Vgl. *Beales/Craswell/Salop,* J.L. & Econ. 24 (1981), 491, 513 f.; *Dauner-Lieb,* Verbraucherschutz, 1983, S. 62; *Bar-Gill/Ferrari,* Erasmus L. Rev. 3 (2010), 93, 100, 115 f.; *Canaris,* ÖBA 1990, 882, 883 („[…] man schränkt also seine Privatautonomie nicht ein, sondern verbessert die faktischen Voraussetzungen ihrer Ausübung."); *ders.,* AcP 200 (2000), 273, 303; *Schön,* FS Canaris I, 2007, S. 1191, 1200; *Grundmann,* FS Lutter, 2000, S. 61, 62 ff. Ferner *Bydlinski,* AcP 204 (2004), 309, 362. Darst. *Wilhelmsson/Twigg-Flesner,* ERCL 2 (2006), 441, 449; *Ben-Shahar/Schneider,* U. Pa. L. Rev. 159 (2011), 647, 681. Allg. zum sog. Informationsmodell *Hacker,* Verhaltensökonomik, 2017, S. 395 ff. (insb. auf S. 443 von der geringeren Eingriffsintensität von Informationspflichten ausgehend).

[86] Das ist beispielsweise der Schutzansatz von § 312d I 1 BGB i. V. m. Art. 246a § 1 I 1 Nr. 11 EGBGB für Außergeschäftsraum- und Fernabsatzverträge – Umsetzung von Art. 6 I lit. l VerbrRRL (2008/48/EG).

[87] Das ist beispielsweise der Schutzansatz von § 476 I 1 BGB für Verbrauchsgüterkaufverträge.

[88] Insb. *Dauner-Lieb,* Verbraucherschutz, 1983, S. 62 (die Kompatibilität mit dem klassischen liberalen Sozialmodell betonend).

[89] Vgl. *Miller,* Psychol. Rev. 63 (1956), 81 ff.; *Lindstädt,* Beschränkte Rationalität, 2006, S. 102 ff.; *Hacker,* Verhaltensökonomik, 2017, S. 76 f., 116–122.

wie das rationale Ignorieren von Information *(rational ignorance)*[90] infrage gestellt.[91] Ein Informationsregime, das Informationen gezielt an den Bedürfnissen der einzelnen Individuen ausrichtet, scheint hier Abhilfe zu schaffen, denn gezielte Information vermeidet unpassende Information und reduziert damit auch das Gesamtvolumen an Information, also das Problem der Überinformation.[92] Die Personalisierung von Informationspflichten wurde dementsprechend bereits besonders früh von *Ariel Porat* und *Igor Strahilevitz* im Rahmen des Personalisierungsprojekts erwogen.[93] Auch insofern konnte jedoch an einen bereits zuvor geführten Diskurs über das Zuschneiden von Informationspflichten angeknüpft werden.[94]

---

[90] Zu *rational ignorance* bereits auf S. 87 (Fn. 90).

[91] Grundlegend insofern *Ben-Shahar/Schneider,* U. Pa. L. Rev. 159 (2011), 647, 686ff. Vgl. auch *Whitford,* Wis. L. Rev. 1973, 400; *Bar-Gill/Ben-Shahar,* Common Mark. L. Rev. 50 (2013), 109 (Special Issue), 117f.; *Helleringer/Sibony,* Columbia Journal of European Law 23 (2017), 607, 621; *Peppet,* UCLA L. Rev. 59 (2012), 676, 729f.; *Busch,* in: Twigg-Flesner (Hrsg.), Research Handbook on EU Consumer and Contract Law, 2019, S. 221, 224. Aus dem deutschen Diskurs *Eidenmüller,* JZ 2005, 216, 221; *Grigoleit,* in: Eidenmüller/Faust/Grigoleit u.a. (Hrsg.), Revision des Verbraucher-acquis, 2011, S. 223, 247ff. Im Kontext von AGB *McColgan,* Abschied vom Informationsmodell im Recht allgemeiner Geschäftsbedingungen, 2020, S. 145ff. Im Kontext von Datenschutzerklärungen *Veil,* NVwZ 2018, 686, 688; *Schwartz/Pfeifer,* Geo. L.J. 106 (2017), 115, 150 („No one has ever read a privacy notice who wasn't paid to do so.“). Ferner *Bydlinski,* AcP 204 (2004), 309, 362 (allerdings im Grundsatz das Informationsmodell positiv würdigend). Darst. *Segger-Piening,* ZfPW 2020, 358, 361–364 (selbst für eine Rechtfertigung von Informationspflichten auf S. 364ff. aus einer Perspektive *ex post* und auf S. 382ff. aus einer Perspektive *ex ante*). Besonders skeptisch selbst im Rahmen des Personalisierungsdiskurses auch *Ben-Shahar/Porat,* Personalized Law, 2021, S. 92 („If [disclosures] are long, detailed, or cluttered, they are ignored; and if they are short, abridged, or tidy, they are also ignored. [...] Disclosures are not working because complex problems cannot be explained and taught simply.“).

[92] Vgl. *Busch,* in: Twigg-Flesner (Hrsg.), Research Handbook on EU Consumer and Contract Law, 2019, S. 221; *ders.,* U. Chi. L. Rev. 86 (2019), 309; *Hacker,* Eur. Rev. Priv. L. 25 (2017), 651, 667 (Rn. 23); *Porat/Strahilevitz,* Mich. L. Rev. 112 (2014), 1417, 1472. Deutlich weniger optimistisch *Ben-Shahar/Porat,* Personalized Law, 2021, S. 102ff., 107. Im Grundsatz auch *Grigoleit/Bender,* in: Busch/De Franceschi (Hrsg.), Personalized Law, 2021, S. 115, 130 (Rn. 53).

[93] Grundlegend *Porat/Strahilevitz,* Mich. L. Rev. 112 (2014), 1417, 1470–1476. Im Anschluss daran insb. *Busch,* U. Chi. L. Rev. 86 (2019), 309. Ferner *Hacker,* Eur. Rev. Priv. L. 25 (2017), 651, 666–670 (Rn. 23–25) (*disclosure,* hier Informationspflichten im eigentlichen Sinne), 672f. (Rn. 29) (*debiasing* durch Warnung); *ders.,* in: Busch/De Franceschi (Hrsg.), Personalized Law, 2021, S. 241, 247–250 (Rn. 21–29); *Busch,* in: Busch/De Franceschi (Hrsg.), Personalized Law, 2021, S. 279, 283 (Rn. 10–12); *ders.,* in: Twigg-Flesner (Hrsg.), Research Handbook on EU Consumer and Contract Law, 2019, S. 221; *Grigoleit/Bender,* in: Busch/De Franceschi (Hrsg.), Personalized Law, 2021, S. 115, 130f. (auf S. 131 [Rn. 53] ein Zwei-Ebenen-System aus kurzer personalisierter Information und ausführlicher, optional abrufbarer, genereller Information andenkend); *Ben-Shahar/Porat,* Personalized Law, 2021, S. 102–107.

[94] Insbesondere ist die Zusammenführung von verhaltensökonomischen Erkenntnissen und neuen technologischen Möglichkeiten nicht neu. *Porat/Strahilevitz,* Mich. L. Rev. 112

Das allen Beiträgen zugrunde liegende Prinzip lässt sich an Beispielen aus dem Verbraucherrecht veranschaulichen:

Denkbar ist es zunächst, die *Art und Weise* der Informationsvermittlung zu personalisieren. Bei den situativ besonders gefährlichen Außergeschäftsraum- und Fernabsatzverträgen[95] besteht beispielsweise grundsätzlich die Pflicht, über Beschränkungen der Interoperabilität und der Kompatibilität digitaler Inhalte mit Hard- und Software zu informieren.[96] *Christoph Busch* schlägt vor, diese Information nicht abstrakt zu geben („This software requires Mac OS X version 10.5x or later."), sondern auf der Grundlage des tatsächlich genutzten Betriebssystems zu personalisieren („This product is compatible with the computer that you are currently using.").[97]

Auch eine Personalisierung der *Information selbst* wäre allerdings ohne Weiteres denkbar.[98] Die Pflicht zur Information über die wesentlichen Eigenschaften einer Ware[99] könnte beispielsweise je nach Verbraucher variiert werden: Für einen in der Mobilität eingeschränkten Verbraucher mag die Frage, ob das Pro-

---

(2014), 1417, 1472 f. beziehen sich unmittelbar auf *Thaler/Tucker,* Harv. Bus. Rev. 91 (2013), 44 („Smart Disclosure"); *Brodi,* „Product-attribute information" and „product-use information", SSRN 2012; *Siegal/Bonnie/Appelbaum,* J.L. Med. & Ethics 40 (2012), 359, 361 ff. (im Kontext von ärzlichen Aufklärungspflichten ein Modell von „personalized disclosure" entwickelnd); *Peppet,* UCLA L. Rev. 59 (2012), 676, 730 (zum Gedanken, *information overload* mit neuen Technologien zu begegnen). Daneben gibt es allerdings eine ganze Reihe weiterer Vorarbeiten, in denen der Gedanke, Verbraucher über ihr individuelles Produktnutzungsverhalten zu informieren, eine besondere Rolle spielt, vgl. insb. *Bar-Gill/Ferrari,* Erasmus L. Rev. 3 (2010), 93, 111–115; *Bar-Gill,* Seduction by Contract, 2012, S. 4 f., 32 ff., 105 ff.; *Bar-Gill/Board,* Am. L. & Econ. Rev. 14 (2012), 235, 258–263. Hierauf Bezug nehmend *Ben-Shahar/Porat,* Personalized Law, 2021, S. 106. Ferner *Nalebuff/Ayres,* Why Not?, 2003, S. 178–180; *Thaler/Sunstein,* Nudge, ²2009, S. 93 f.; *Kamenica/Mullainathan/Thaler,* Am. Econ. Rev. 101 (2011), 417. Für eine krit. Darstellung des Diskurses vgl. auch *Hacker,* Verhaltensökonomik, 2017, S. 470–476. Für Beispiele aus dem Policy-Bereich vgl. etwa *Sunstein,* Informing Consumers through Smart Disclosure, Memorandum 2011; *Barr/Mullainathan/Shafir,* Behaviorally Informed Financial Services Regulation, Policy Paper 2008, S. 5 f.

95 Zur Systematisierung des europäischen Verbraucherrechts nach situativ und vertragstypologisch besondes gefährlichen Verträgen vgl. etwa *Canaris,* AcP 200 (2000), 273, 346 ff.; *Dauner-Lieb,* Verbraucherschutz, 1983, S. 105 ff.; *Faust/Grigoleit,* in: Eidenmüller/Faust/Grigoleit u. a. (Hrsg.), Revision des Verbraucher-acquis, 2011, S. 193, 232 ff.; Eckpfeiler – *Gsell,* Verbraucherschutz, ⁸2022, S. 641. 660 f. (Rn. K 16) (für Widerrufsrechte).

96 § 312d I 1 BGB i. V. m. Art. 246a § 1 I 1 Nr. 18 EGBGB – Umsetzung von Art. 6 I lit. s) VerbrRRL (2011/83/EU).

97 *Busch,* U. Chi. L. Rev. 86 (2019), 309, 315 zu Art. 6 I lit. s) VerbrRRL (2011/83/EU).

98 Für den Bereich unionaler Verbraucherinformation vgl. *Hacker,* Eur. Rev. Priv. L. 25 (2017), 651, 667 (Rn. 23); *ders.,* in: Busch/De Franceschi (Hrsg.), Personalized Law, 2021, S. 241, 248 (Rn. 24–26).

99 § 312d I 1 BGB i. V. m. Art. 246a § 1 I 1 Nr. 1 BGB – Umsetzung von Art. 6 I lit. a) VerbrRRL (2011/83/EU).

dukt rollstuhlgerecht genutzt werden kann, wesentlich sein. Für andere Verbraucher hat diese Information hingegen einen deutlich geringeren Nutzen.

Das gleiche Prinzip lässt sich bei situativ gefährlichen Verträgen über Finanzdienstleistungen zur Anwendung bringen, bei denen über die Sprachen zu informieren ist, in welchen die Vertragsbedingungen und die Vorabinformationen mitgeteilt werden können und in denen die Kommunikation erfolgen kann.[100] Diese Information könnte beispielsweise nur denjenigen Verbrauchern zur Verfügung gestellt werden, die nicht der gängigen Geschäftssprache mächtig sind.

Auch bei den unabhängig von der Abschlusssituation als gefährlich erachteten *Verbraucherdarlehensverträgen* gibt es Informationspflichten. Im Gesetz findet sich zum Beispiel schon jetzt eine Pflicht zur laufenden Information von Verbrauchern mit Überziehungsmöglichkeit *(financial health warning)*[101], da diese als finanziell besonders gefährdet gelten. Auch hier ließe sich die Zielgruppe genauer fassen, etwa indem die Gefährdungslage nicht nur über die Überziehungsmöglichkeit, sondern über Persönlichkeitstypen definiert wird.[102]

Was hier für Informationspflichten aus dem klassischen Verbraucherrecht veranschaulicht wurde, lässt sich auf alle Bereiche übertragen, für die umfangreiche Informationspflichten charakteristisch sind. Zu denken ist insofern etwa an die Aufklärungspflicht des ärztlichen Behandlungsvertrags[103] (§ 630e BGB), aber auch an Produktwarnungen[104] und Montageanleitungen (§ 434 II Nr. 3 BGB) sowie an die Prospekthaftung (§§ 4 ff., 9 WpPG) oder die bei der Erbringung von Wertpapierdienstleistungen bestehenden Informationspflichten[105] (vgl. §§ 63 f. WpHG[106]).[107] Die Personalisierung von Information ist schließlich auch bei staatlichem Informationshandeln denkbar.[108]

---

[100] § 312d II BGB i. V. m. Art. 246b § 1 I Nr. 17 BGB – überschießende Umsetzung von Art. 3 I Nr. 3 lit. g) Finanzdienstleistungs-Fernabsatz-RL (2002/65/EG).

[101] § 504 I 1 BGB i. V. m. Art. 247 § 16 EGBGB – Umsetzung von Art. 12 I Verbraucherkredit-RL (2008/48/EG).

[102] *Busch,* U. Chi. L. Rev. 86 (2019), 309, 317–319. Ähnlich *Hacker,* Eur. Rev. Priv. L. 25 (2017), 651, 672 (Rn. 29) (allerdings statt auf Persönlichkeitstypen auf den Rationalitätsgrad abstellend).

[103] *Porat/Strahilevitz,* Mich. L. Rev. 112 (2014), 1417, 1473 f.; *Ben-Shahar/Porat,* Personalized Law, 2021, S. 105 f. Vgl. auch *Siegal/Bonnie/Appelbaum,* J.L. Med. & Ethics 40 (2012), 359, 361 ff.

[104] Vgl. etwa *Ben-Shahar/Porat,* Personalized Law, 2021, S. 103. Ähnlich *Hacker,* Eur. Rev. Priv. L. 25 (2017), 651, 672 (Rn. 29) (basierend auf dem Rationalitätsgrad).

[105] *Hacker,* Eur. Rev. Priv. L. 25 (2017), 651, 669 f. (Rn. 25); *ders.,* in: Busch/De Franceschi (Hrsg.), Personalized Law, 2021, S. 241, 249 f. (Rn. 27 f.)

[106] Grundlage ist insofern insb. Art. 23 II, 24 Finanzmarktrichtlinie/MiFID II (2014/65/EU).

[107] Für einen Überblick über spezialgesetzliche Informationstatbestände vgl. *Grigoleit,* Vorvertragliche Informationshaftung, 1997, S. 52–64.

[108] Vgl. etwa *Porat/Strahilevitz,* Mich. L. Rev. 112 (2014), 1417, 1471, 1474.

bb) Von einem eindimensionalen zu einem mehrdimensionalen Ansatz

Bei der Deutung von Informationspflichten als besonders marktverträgliche Interventionsform wird allerdings ausschließlich auf das zu informierende Individuum abgestellt, in der Regel also auf den Verbraucher.[109] Es ist dann nur *ein* Individuum für die Personalisierung des Rechts maßgeblich *(eindimensionaler Ansatz).*[110]

Dabei wird allerdings zu wenig beachtet, dass die Information der *anderen* Vertragspartei als Pflicht aufgebürdet wird und für diese zu Kosten führt.[111] Informationspflichten sind *zwingende* Normen. Betrachtet man also im Rahmen eines *mehrdimensionalen Ansatzes* das Gesamtpaket, so ist keineswegs klar, warum *per se* das Aufzwingen einer *Informations*pflicht die Freiheit weniger beeinträchtigen soll als das Aufzwingen einer *anderen* Pflicht. Wenn beispielsweise § 476 I 1 BGB den Nacherfüllungsanspruch aus §§ 437 Nr. 1, 439 I BGB bei Vorliegen eines Verbrauchsgüterkaufs für zwingend erklärt, dann beeinträchtigt das nur *diejenigen* Parteien, die davon abweichen wollen. Die Pflicht, im Falle eines Außergeschäftsraumvertrages oder Fernabsatzvertrages grundsätzlich auf das Bestehen eines gesetzlichen Mängelhaftungsrechts für Waren hinzuweisen[112], zwingt hingegen bei *jedem* Vertragsschluss zur Information. Mit Blick auf die belastete Partei geht es dabei letztendlich um eine Indienstnahme Privater für staatliche Schutzzwecke, die unter Freiheitsgesichtspunkten sogar besondere Probleme mit sich bringt.[113] Aber auch mit Blick auf den zu

---

109 Vgl. etwa *dies.,* Mich. L. Rev. 112 (2014), 1417, 1475.

110 Dazu bereits unter § 3 (S. 74 f., 77 f.).

111 Diese Kosten betreffen nicht nur die unmittelbaren Kosten von Informationserwerb, -verarbeitung, und -weitergabe, sondern auch die Kosten, die dadurch entstehen, dass es weniger Anreize gibt, überhaupt Informationen zu sammeln, vgl. etwa *Bar-Gill/Ferrari,* Erasmus L. Rev. 3 (2010), 93, 116. Zu letzterem Punkt etwa auch *Giliker,* Eur. Rev. Priv. L. 13 (2005), 621 (aus rechtsvergleichender Perspektive).

112 § 312d I 1 BGB i. V. m. Art. 246a § 1 I Nr. 11 EGBGB – Umsetzung von Art. 6 I lit. l VerbrRRL (2008/48/EG).

113 Grundlegend und allgemein zur Rechtsfigur der Indienstnahme Privater, *Ipsen,* in: Jahrreiß/Jellinek/Laun u. a. (Hrsg.), Um Recht und Gerechtigkeit, 1950, S. 141. Für den Bereich des Steuerrechts (insb. am Beispiel des Lohnsteuerabzugs) monographisch *Drüen,* Indienstnahme Privater, 2012; *Kirchhof,* Lohsteuerverfahren, 2005. Ferner für den Bereich der Geldwäschebekämpfung *Uibeleisen,* Inpflichtnahme Privater, 2006. Ähnliche Problemlagen bestehen etwa bei der Inanspruchnahme von Nichtstörern, vgl. etwa *Selmer,* GS Martens, 1987, S. 483, oder der Wehrpflicht. Unabhängig von dem Tätigwerden für den Staat sind Verhaltenspflichten stets besonders einschneidend, weil sie die Freiheit in jede Richtung hin aufheben, vgl. dazu (im Kontext von Art. 2 II 2 GG) Sachs – *Rixen,* GG, [9]2021, Art. 2 Rn. 231 („Das Gebot, sich zu einem bestimmten Zeitpunkt an einem bestimmten Ort aufzuhalten, ist aber logisch ein Bündel unendlich vieler Verbote, zum selben Zeitpunkt einen anderen Ort aufzusuchen"). Darst. auch Dürig/Herzog/Scholz – *Di Fabio,* GG, [99]2022, Art. 2 II 2 Rn. 27.

informierenden Verbraucher wirkt die Information belastend: Abgesehen davon, dass in jeder Information ein (freiheitsbeschränkender[114]) *nudge* liegt, kann Information auch schlicht lästig sein.[115] Welches Schutzinstrument weniger einschneidend ist, lässt sich somit pauschal nicht sagen. Wie bei dispositiven Vorschriften für Fälle des entgeltlichen Transfers kann die effiziente Regel nur nach einer umfassenden *cost-benefit-analysis* gefunden werden, die beide Parteien im Blick hat. Zur Vermeidung von Quersubventionen müsste im Übrigen auch der Preis personalisiert werden.[116]

Die Personalisierung über eine individualisierte *cost-benefit-analysis* würde dabei nicht selten *gegen* eine Information sprechen, weil sie auch in personalisierter Form keine Vorteile bringt. Die Ursache dafür, dass Verbraucher Informationen nicht zur Kenntnis nehmen, ist nämlich nur begrenzt durch *information overload* und *information mismatch* bedingt. Vielmehr wird nahezu jede Information – auch die verständliche und relevante Information – zumeist ignoriert.[117]

b) Veränderung des Inhalts dispositiver Normen

Auch dispositive Normen können als paternalistische Schutzinstrumente eingesetzt und abweichend vom tatsächlichen hypothetischen Parteiwillen formuliert werden. Diese vom hypothetischen Willen der Parteien abweichenden dispositiven Normen werden hier als *will-deviating default rules* (im Gegensatz zu den klassischen *will-aligning default rules*) bezeichnet.[118] *Will-deviating default rules* kommen in Form von *pulling default rules* und *pushing default rules* vor.

Gerade vor diesem Hintergrund wird im US-amerikanischen Verfassungsrecht *specific performance* im Zusammenhang mit *involuntary servitude* diskutiert, vgl. *Kronman,* U. Chi. L. Rev. 45 (1978), 351, 357 (Fn. 26, unter [3] [für *employment contracts*]). Für eine umfassende Diskussion, vgl. ferner *Oman,* Minn. L. Rev. 93 (2009), 2020. Das deutsche Recht nimmt etwaige Beschränkungen erst auf der Ebene der Vollstreckbarkeit vor (vgl. § 888 III ZPO).

114 Zu Freiheitsproblemen von *nudges* allg. *Hacker,* Verhaltensökonomik, 2017, S. 297–301. Vgl. auch *Becher/Zarsky,* Jerus. Rev. Leg. Stud. 9 (2014), 72, 82 und insb. 83 („Disclosure-based solutions in the context of consumer law are seductive to regulators and academics. As a result, the possible detriments of these steps are often overlooked.").

115 *Bar-Gill/Ferrari,* Erasmus L. Rev. 3 (2010), 93, 116. Ähnlich verhält es sich bei der datenschutzrechtlichen Hypertrophie des Einwilligungserfordernisses, vgl. plakativ *Veil,* CRonline 2018. Zum reinen Formalismus der Datenschutzeinwilligung und der Datenschutzerklärungen, vgl. etwa *ders.,* NVwZ 2018, 686, 688; *Schwartz/Pfeifer,* Geo. L.J. 106 (2017), 115, 150.

116 Dazu im Kontext des dispositiven Rechts bereits unter § 3 (S. 74 f.) sowie ausf. unter § 6 (S. 241–243). Für Informationspflichten wird dieser Gesichtspunkt im Rahmen des Personalisierungsdiskurses allerdings nicht beachtet.

117 Nachw. bereits auf S. 150 (Fn. 91).

118 Das bisher anzutreffende Gegensatzpaar aus *minoritarian* und *majoritarian default*

aa) Pulling default rules und stickiness

Pulling default rules sind dispositive Normen, die vom hypothetischen Parteiwillen abweichen und die Parteien zu sich hinziehen wollen.[119] Sie halten die Parteien durch die Kosten des *opt-out*[120], aber auch durch zusätzlich wirkende verhaltensökonomische Effekte *(status quo bias)*[121], die dem dispositiven Recht

---

rules wird hier hingegen nicht verwendet, um Missverständnisse zu vermeiden. So kann sich etwa der Begriff der *majoritarian default rule* entweder auf dispositive Normen beziehen, die sich am hypothetischen Parteiwillen orientieren (hier: *will-aligning default rule*), vgl. etwa *Ayres/Gertner,* Stan. L. Rev. 51 (1999), 1591; *Porat/Strahilevitz,* Mich. L. Rev. 112 (2014), 1417, 1428–1431, oder es kann gemeint sein, dass die dispositive Norm generell für die Mehrheit und nicht personalisiert erlassen wird (hier: *untailored default rule*), vgl. *Scott,* J. Leg. Stud. 19 (1990), 597, 606–608 („majoritarian versus individualized default rules"). Dieser zweite Gegensatz knüpft an die Frage an, ob das dispositive Recht daran ausgerichtet werden sollte, *what most parties would have wanted* oder vielmehr daran, *what those parties would have wanted.* Dazu bereits unter § 1 (S. 19 f. [insb. Fn. 105–108]).

119 Zu dieser Terminologie *Bender,* JjZRW 2020, S. 33, 39 f.; *ders.,* ERCL 16 (2020), 366, 381. Insbesondere für die Kategorie der *pulling default rules* fehlte zuvor ein geeigneter Begriff: Von „nudges" (*Sunstein,* U. Pa. L. Rev. 162 [2013], 1, 5) oder „sticky defaults" (*Ayres,* Fla. St. U. L. Rev. 26 [1999], 897, 907 [Fn. 37]; *ders.,* Yale L.J. 121 [2012], 2032, 2045, 2086 ff.) zu sprechen, passt nicht, weil erstens alle *default rules* zu einem gewissen Grad *sticky* sind und zweitens nicht alle *nudges* auch *default rules* sind. Von „strong default" (*Ayres/Gertner,* Yale L.J. 99 [1989], 87, 125) zu sprechen, ist ebenfalls nicht glücklich, weil damit wiederum die *stickiness* und die Opt-out-Kosten in Bezug genommen sind, die aber insb. auch bei *will-aligning default rules* hoch sein können.

120 Vgl. bereits unter § 3 (S. 88 f.) sowie auf S. 146 f.

121 Grundlegend *Samuelson/Zeckhauser,* J. Risk Uncertain. 1 (1988), 7, der auf S. 33 ff. mit Blick auf *transition costs* auch eine neoklassische Erklärung für den *status quo bias* liefert. Aus verhaltensökonomischer Sicht *Kahneman/Knetsch/Thaler,* JEP 5 (1991), 193, 197 ff.; *Korobkin/Ulen,* Cal. L. Rev. 88 (2000), 1051, 1111 ff.; *Korobkin,* Cornell L. Rev. 83 (1998), 608, 625 ff.; *Hacker,* Verhaltensökonomik, 2017, S. 85 f. Der *status quo bias* wird seinerseits durch verschiedene weitere Verzerrungseffekte erklärt oder verstärkt. Genannt werden unter anderem *anchoring* (*Tversky/Kahneman,* Science 185 [1974], 1124, 1128 ff.; *dies.,* in: Kahneman/Slovic/Tversky [Hrsg.], Judgment under uncertainty: Heuristics and biases, 1982, S. 1, 14 ff.; als Erklärung für *status quo bias* vgl. *Bernecker,* Essays in Empirical Political Economics, 2014, S. 96 ff.), *loss aversion* und *endowment effects* (*Kahneman/Tversky,* Econometrica 47 [1979], 263; vgl. auch *Kahneman,* Thinking, Fast and Slow, 2011, S. 283 ff.; als Erklärung für *status quo bias* etwa *Kahneman/Knetsch/Thaler,* JEP 5 [1991], 193, 197, 199, wobei *Korobkin/Ulen,* Cal. L. Rev. 88 [2000], 1051, 1111 umgekehrt Besitzstandseffekte über den *status quo bias* erklären). Hinzufügen ließe sich *ambiguity aversion* (*Ellsberg,* Q. J. Econ. 75 [1961], 643; vgl. auch *Machina/Siniscalchi,* in: Machina/Viscusi [Hrsg.], Handbook of the Economics of Risk and Uncertainty, 2014, S. 729), *belief perserverance* (*Anderson,* in: Baumeister/Vohs [Hrsg.], Encyclopedia of Social Psychology, 2007, S. 109; *Nissani,* Am. Psychol. 45 [1990], 1384, 1385), *availability heuristic* (*Tversky/Kahneman,* Science 185 [1974], 1124, 1127 f.; *Tversky/Kahneman,* in: Kahneman/Slovic/Tversky [Hrsg.], Judgment under uncertainty: Heuristics and biases, 1982, S. 3, 11–14; *Korobkin/Ulen,* Cal. L. Rev. 88 (2000),

Haftwirkung verleihen *(stickiness)*[122], von der Abbedingung der Norm ab. Indem diese Normen die Parteien bei sich halten, sind sie als *nudge*[123] eine direkte Alternative zu zwingendem Recht. Es kann beispielsweise sein, dass eine zwingende Norm politisch nicht durchgesetzt werden kann, ein umfangreiches Regel-Ausnahme-Gefüge notwendig macht oder nicht passgenau geschaffen werden kann.[124]

Pulling default rules können als paternalistisches Schutzinstrument eingesetzt werden.[125] Insbesondere das US-amerikanische Verbraucherschutzrecht macht von diesem Regulierungsinstrument Gebrauch.[126] Allerdings lässt sich auch die eindimensionale, allein an den rationalen Präferenzen der Verbraucher ausgerichtete Personalisierung dispositiver Vorschriften[127] als Unterfall der Personalisierung von *pulling default rules* verstehen: Die durch personalisierte dispositive Normen zu erwartenden Wohlstandsgewinne sollen möglichst nicht durch einen *opt-out* irrationaler Parteien zunichte gemacht werden.

bb) Pulling default rules und default rule paradox

Im Rahmen eines mehrdimensionalen Ansatzes, bei dem der Schutzzweck nicht verabsolutiert, sondern im Rahmen der Wohlstandsmaximierung berücksichtigt wird, kann es jedoch ausnahmsweise wohlstandsmaximierend sein, gezielt irra-

---

1051, 1085 ff.; *Thaler/Sunstein,* Nudge, ²2009, 24 ff.), *preference for the familiar* (*Zajonc,* J. Pers. & Soc. Psychol. Monogr. Suppl. 9 [1968], 1; *Bornstein,* Psychol. Bull. 106 [1989], 265) und *satisficing* (dazu bereits oben [Fn. 35]). Für weitere Erklärungsansätze im Kontext des dispositiven Rechts vgl. *Sunstein,* U. Pa. L. Rev. 162 (2013), 1, 17 ff.

122 Für eine Erklärung der *stickiness* des dispositiven Rechts vgl. *Sunstein,* U. Pa. L. Rev. 162 (2013), 1, 17–23 *(inertia, endorsement, reference point* und *loss aversion).* Aus dem deutschspachigen Diskurs vgl. etwa *Tobisch,* Dispositives Recht und Grundgesetz, 2021 S. 123 ff.

123 Vgl. *Sunstein,* U. Pa. L. Rev. 162 (2013), 1, 5. Grundlegend zu *nudging* vgl. *Thaler/Sunstein,* Nudge, ²2009.

124 *Bender,* JjZRW 2020, S. 33, 40; *ders.,* ERCL 16 (2020), 366, 381. Zum politischen Machbarkeitsargument auch *Porat/Strahilevitz,* Mich. L. Rev. 112 (2014), 1417, 1432 (im Personalisierungskontext); *Hacker,* Eur. Rev. Priv. L. 2 (2016), 297, 314 (allg. zu *nudging*).

125 Vgl. nur *Ayres/Gertner,* Yale L.J. 99 (1989), 87, 88 f. Speziell zu der spezifischen Form des auf *nudging* basierenden Paternalismus *(libertarian paternalism)* vgl. bereits auf S. 141 (Fn. 49). Neben Paternalismus kann auch Externalitäteninternalisierung eine *pulling default rule* rechtfertigen. Ein Beispiel hierfür ist etwa die (in Österreich geltende) Organspende-Widerspruchslösung, vgl. *Sunstein,* U. Pa. L. Rev. 162 (2013), 1, 4 ff.; *Porat/Strahilevitz,* Mich. L. Rev. 112 (2014), 1417, 1442 ff.; *Grigoleit/Bender,* in: Busch/De Franceschi (Hrsg.), Personalized Law, 2021, S. 115, 134 (Rn. 66); *Bender,* JjZRW 2020, S. 33, 40 (Fn. 32); *ders.,* ERCL 16 (2020), 366, 380 f.

126 Vgl. *Bar-Gill/Ben-Shahar,* Common Mark. L. Rev. 50 (2013), 109 (Special Issue), 110 f., 122–124.

127 Dazu bereits ausf. unter § 3 (S. 70–76).

tionale Präferenzen zu spiegeln. Anders gewendet: Das Prinzip der Effizienz kann die Wahl einer ineffizienten dispositiven Regel gebieten *(default rule paradox).*[128]

Halten die Parteien irrationalerweise die individuellen Approximationsfehlerkosten $a_i(x)$ für größer als die individuellen Opt-out-Fixkosten b_i[129], so werden sie den *opt-out* wählen, obwohl eigentlich die dispositive Regel ihren rationalen Präferenzen entsprochen hätte.[130] Dann realisiert sich der Wohlstandsgewinn der effizienten dispositiven Regel nicht. Vielmehr fallen allein die Opt-out-Kosten an, die vermieden worden wären, wenn das dispositive Recht gleich die irrationale, von den Parteien angestrebte Regel gewählt hätte. Das *default rule paradox* realisiert sich: Es ist in diesem Fall grundsätzlich effizient, die irrationalen Präferenzen zu spiegeln.[131]

Übersteigen die irrational kalkulierten individuellen Approximationsfehlerkosten $a_i(x)$ hingegen nicht die individuellen Opt-out-Fixkosten b_i[132], so darf das dispositive Recht unter Effizienzgesichtspunkten nicht den irrationalen Willen widerspiegeln. Da es dann nicht zu einem *opt-out* kommt, ist vielmehr derjenigen dispositiven Regel der Vorzug zu geben, die rationalen Präferenzen entspricht. Die dispositive Norm ist dann als *pulling default rule* einzuordnen.

cc) Pushing default rules und Informationsasymmetrien

Pushing default rules sind dispositive Normen, die vom hypothetischen Parteiwillen abweichen und die Parteien von sich wegstoßen.[133] Sie bestrafen diejenigen Parteien, die eine autonome Regelung unterlassen, durch eine unpassende

---

[128] *Bender,* ERCL 16 (2020), 366, 379.

[129] Derart geringe Sanktionskosten (als Unterfall der Opt-out-Kosten) werden regelmäßig nicht im Bereich des zwingenden Recht vorliegen. Auf individueller Ebene niedrige Opt-out-Fixkosten können insgesamt angesichts der Häufigkeit des *opt-outs* zu hohen gesamtgesellschaftlichen Opt-out-Kosten führen. In diese Richtung auch *Craswell,* in: Bouckaert/De Geest (Hrsg.), Encyclopedia of Law and Economics, 2000, S. 1, 14; *Cziupka,* Dispositives Vertragsrecht, 2010, S. 405; *Unberath/Cziupka,* AcP 209 (2009), 37, 58.

[130] Zu dieser Möglichkeit auch *Cziupka,* Dispositives Vertragsrecht, 2010, S. 384, 404.

[131] Die Kosten, die dadurch entstehen, dass Individuen in ihren irrationalen Präferenzen bestärkt und dadurch Lernprozesse verhindert werden (vgl. unten [Fn. 210]), müssten allerdings ebenso gegengerechnet werden.

[132] Auf die Möglichkeit hinweisend, dass Parteien eine dispositive Norm nur aufgrund der Opt-out-Fixkosten akzeptieren *Craswell,* in: Bouckaert/De Geest (Hrsg.), Encyclopedia of Law and Economics, 2000, S. 1, 14; *Cziupka,* Dispositives Vertragsrecht, 2010, S. 405; *Unberath/Cziupka,* AcP 209 (2009), 37, 58.

[133] Zu dieser Terminologie *Bender,* JjZRW 2020, S. 33, 39 f.; *ders.,* ERCL 16 (2020), 366, 381. Der Vorteil dieser Begriffsbildung liegt darin, dass er einen klaren Gegenbegriff – den der *pulling default rule* – hat.

dispositive Vorschrift.[134] Sinnvoll kann dies deshalb sein, weil mit der privatautonomen Regelung eine Informationspreisgabe einhergeht, deren Wert gegebenenfalls die Kosten des *opt-out* übersteigt.[135] Auch diese Art von dispositiven Vorschriften kann als paternalistisches Schutzinstrument eingesetzt werden, um Informationsasymmetrien zu begegnen. Eine *pushing default rule* kann dann beispielsweise eine Partei zur Informationspreisgabe motivieren, die andernfalls Informationen strategisch zurückhalten würde, um ihren *Anteil* am vertraglichen Gewinn (also ihr Kuchenstück) zu vergrößern, obwohl die Preisgabe der Information den Gesamtgewinn *insgesamt* (also den Kuchen) vergrößert.[136]

Für eine Personalisierung eignen sich *pushing default rules* allerdings von vornherein nur bedingt: Die *pushing default rule* muss lediglich so gesetzt sein, dass schutzbedürftige Parteien einen *opt-out* wählen, aber nicht für alle Parteien die gleichen Kosten verursachen. Es reicht, dass die erwarteten individuellen Approximationsfehlerkosten die erwarteten individuellen Opt-out-Fixkosten (inklusive der Kosten der Informationspreisgabe) um irgendeinen Betrag übersteigen. In den Fällen, in denen der *opt-out* gewählt wird, ist der Inhalt der dispositiven Norm irrelevant. Dementsprechend gilt beispielsweise die *zero quantity penalty default*[137] (in der Terminologie der deutschen Dogmatik: der

[134] Üblich ist deswegen auch der Begriff der *penalty default rule*. Grundlegend *Ayres/Gertner,* Yale L.J. 99 (1989), 87 *(penalty default rules)*. Ferner *dies.*, Yale L.J. 101 (1992), 729 ff.; *dies.*, Stan. L. Rev. 51 (1999), 1591 ff.; *Scott,* J. Leg. Stud. 19 (1990), 597, 609–611 *(information-forcing default rules)*. Aus dem Personalisierungsdiskurs *Porat/Strahilevitz,* Mich. L. Rev. 112 (2014), 1417, 1428–1431 (argumentierend, dass durch Big-Data-basierte Informationstechnologien Informationsdefizite und damit die Anwendungsfälle für *penalty default rules* zurückgingen). Aus dem deutschen Diskurs *Cziupka,* Dispositives Vertragsrecht, 2010, S. 430 ff. Krit. *Posner,* Fla. St. U. L. Rev. 33 (2006), 563 (argumentierend, dass die von *Ayres* angeführten Beispiele entweder als *majoritarian default rules* erklärt werden könnten oder – entsprechend seinem engen Default-rule-Verständnis, das den Preis und damit die *zero-quantity-default* ausschließt – keine *default rules* seien). Aus verhaltensökonomischer Sicht *Korobkin,* Cornell L. Rev. 83 (1998), 608, 610; *Sunstein,* U. Pa. L. Rev. 162 (2013), 1, 35 f.

[135] *Ayres/Gertner,* Yale L.J. 99 (1989), 87, 91.

[136] *Ayres/Gertner,* Yale L.J. 99 (1989), 87, 94. Insb. diese Konstellation darst. *Porat/Strahilevitz,* Mich. L. Rev. 112 (2014), 1417, 1428–1431; *Cziupka,* Dispositives Vertragsrecht, 2010, S. 430 ff. Statt unter dem Gesichtspunkt des Paternalismus ließe sich diese Situation auch unter dem Gesichtspunkt der Halbexternalitäten konzeptualisieren: Eine Partei verursacht Externalitäten für die andere. Die Schaffung einer *pushing default rule* kann darüber hinaus auch dann angezeigt sein, wenn die passende staatliche Lückenfüllung mehr Kosten verursacht als eine explizite Regelschaffung durch die Parteien (*Ayres/Gertner,* Yale L.J. 99 [1989], 87, 93). Es geht dann um die Vermeidung von negativen Externalitäten für einen Dritten (den Staat).

[137] Dazu *Ayres/Gertner,* Yale L.J. 99 (1989), 87, 95–97. Diese *pushing default rule* lässt

Grundsatz, dass es ohne Spezifikation des Vertragsgegenstands in quantitativer Hinsicht aufgrund des Fehlens der *essentialia negotii* zu keinem Vertragsschluss kommt[138]) grundsätzlich für alle Verträge.

3. Suspendierung von Sanktionsnormen: Haftungsprivilegien

Auf Abweichungen von einem Leitbild von Rationalität kann nicht nur durch das Hinzufügen von Handlungsnormen reagiert werden, sondern auch durch das Suspendieren von Sanktionsnormen, das sich als eine Art Haftungsprivileg im weitesten Sinne begreifen lässt.

a) Der Schutzmechanismus am Beispiel der deliktischen Haftung de lege lata

Im vorherigen Kapitel wurde dargelegt, dass die Bestimmung der deliktischen Handlungspflichten (Verkehrspflichten) grundsätzlich ohne Berücksichtigung von atypischen kognitiven Beeinträchtigungen, also objektiv, erfolgt. Nicht dem Entwicklungsstand entsprechende kognitive Abweichungen vom Leitbild der Rationalität sind damit sowohl in der deutschen[139] als auch in der US-amerikanischen Rechtsordnung[140] grundsätzlich unbeachtlich.

Anders als das US-amerikanische Deliktsrecht, das die Objektivierung besonders konsequent durchführt, kennt das deutsche Deliktsrecht allerdings den im subjektiven Tatbestand des § 823 I BGB zu verortenden Gesichtspunkt der *Zurechnungsfähigkeit* des haftenden Individuums.[141] Der Gesichtspunkt der Zu-

---

sich über Externalitäteninternalisierung rechtfertigen: Für den Staat ist die Mengenfestsetzung teurer als für die Parteien.

[138] Vgl. dazu etwa *Köhler,* BGB Allgemeiner Teil, [46]2022, S. 105 (§ 8 Rn. 8).

[139] Zu dem im Grundsatz objektiven Haftungsmaßstab des deutschen Deliktsrechts vgl. nur MünchKomm – *Wagner,* BGB, [8]2020, § 823 Rn. 29, 38 sowie bereits unter § 3 (S. 113, 116–118).

[140] Vgl. den insofern immer noch maßgeblichen Präzendenzfall *Vaughan v. Menlove* (1837), Common Pleas, 132 ER 490, 3 Bing NC 468 (Eng.). Für eine Diskussion vgl. *Jansen,* Die Struktur des Haftungsrechts, 2003, S. 441 f. Zur abweichenden Behandlung physischer Defekte bereits unter § 3 (S. 117).

[141] Ob neben der Zurechnungsfähigkeit auch der unvermeidbare Verbotsirrtum das Verschulden ausschließt, ist umstritten, wird aber überwiegend bejaht, vgl. nur MünchKomm – *Wagner,* BGB, [8]2020, § 823 Rn. 54 f.; *ders.,* Deliktsrecht, [14]2021, S. 53 (Rn. 28). Ferner RGZ 119, 265, 268. Im Grundsatz auch *Larenz/Canaris,* Lehrbuch des Schuldrechts II/2, [13]1994, S. 370 (§ 75 II 3 d). Die Fälle betreffen allerdings überwiegend Änderungen der Rspr., vgl. BGH NJW 1985, 620, 621 *(Skiliftfall);* 1995, 2631, 2632 *(Eisenbahnwaggonfall);* OLG Hamm VersR 1996, 1155 f. *(obiter dictum);* OLG Köln NJW-RR 2000, 692, 693 f. Schutz vor Änderungen der Rspr. ist jedoch einheitlich nach Vertrauensschutzgesichtspunkten auch außerhalb des deliktischen Bereichs zu gewähren (ähnlich auch *Jansen,* Die Struktur des Haftungsrechts, 2003, S. 450 f., der überzeugend auf den Vertrauensgrundsatz als maßgeblichen

rechnungsfähigkeit ermöglicht es, gewisse Individuen, bei denen es zu besonders stark ausgeprägten Abweichungen von einem Leitbild von Rationalität kommt, zu schützen, indem die Sanktionsnorm (Schadensersatzhaftung) trotz der Verletzung einer Handlungsnorm (Verkehrspflicht) suspendiert wird.[142] Die den Ausschluss der Zurechnungsfähigkeit regelnden §§ 827–829 BGB öffnen die deliktische Haftung[143] also *punktuell* für Rationalitätsdefizite. Das durch sie konstituierte Zurechnungssystem integriert sowohl personalisierende als auch generalisierende Elemente.[144]

Personalisierende Elemente finden sich zunächst bei der Bestimmung der Zurechnungsfähigkeit für Minderjährige. Hier ist gem. § 828 III BGB zu fragen, ob die „zur Erkenntnis der Verantwortlichkeit erforderliche Einsicht" vorlag.[145] Der Anwendungsbereich des § 828 III BGB ist jedoch relativ eng, da er sich nur auf die Einsichtsfähigkeit, nicht hingegen die Steuerungsfähigkeit bezieht. Für die Steuerungsfähigkeit verbleibt es also bei dem überindividuellen, objektiven Maßstab der Verkehrspflichten, der von typischen, dem jeweiligen Entwicklungsstand entsprechenden Rationalitätsgraden ausgeht.[146] Jenseits der

---

Wertungsgesichtspunkt abstellt; ferner *Brüggemeier,* Deliktsrecht, 1986, S. 95 f. [Rn. 114], der allerdings auf den Gesichtspunkt der „Geltung" und der fehlenden Rückwirkung der Verkehrspflicht abstellt, ohne den Vertrauensgrundsatz zu betonen). Ähnliches gilt für das zum Teil ebenfalls über das Entfallen des Schuldvorwurfs gelöste Problem des Vertrauens auf einen behördlichen Auftrag (so BGH VersR 1976, 776, 777 f.). Auch hier ist besser entweder von einer (Amts-)Haftung auszugehen oder schon die bestehende Sorgfaltspflicht zu verneinen. Schließlich ist auch die Unzumutbarkeit kein deliktischer Rechtfertigungsgrund, vgl. *Jansen,* Die Struktur des Haftungsrechts, 2003, S. 447–449 m. w. N. zur uneinheitlichen Rspr.

142 Letztendlich geht es um die Unterscheidung zwischen Unrecht und Schuld. Zu dieser Unterscheidung im Strafrecht vgl. etwa *Roxin/Greco,* Strafrecht Allgemeiner Teil, [5]2020, S. 962 (§ 19 Rn. 3). Für eine an das Strafrecht angelehnte Kategorienbildung des Deliktsrechts, vgl. ferner MünchKomm – *Wagner,* BGB, [8]2020, § 823 Rn. 26. Ähnlich auch *Canaris,* RdA 1966, 41, 44 (Pflichtwidrigkeit und Privilegierung des Arbeitnehmers trennend).

143 Dieses System findet gem. § 276 I 2 BGB abgesehen von der Spezialnorm des § 829 BGB generelle Anwendung auch jenseits des Deliktsrechts. Für die Verortung dieser Gesichtspunkte auf Verschuldensebene vgl. auch MünchKomm – *Wagner,* BGB, [8]2020, § 823 Rn. 52; *ders.,* Deliktsrecht, [14]2021, S. 53 (Rn. 27).

144 Vgl. auch MünchKomm – *Wagner,* BGB, [8]2020, § 828 Rn. 2.

145 Das Gesetz trägt mit dieser einzelfallbezogenen Bestimmung der Zurechnungsfähigkeit im Haftungsrecht dem im Vergleich zur vertraglichen Primärhaftung (vgl. § 108 I BGB) geringeren Bedürfnis an Vertrauens- und Verkehrsschutz Rechnung, vgl. *Canaris,* JZ 1990, 679, 680. Für eine Diskussion der verfassungsrechtlichen Probleme bei der Haftung Minderjähriger vgl. *Goecke,* NJW 1999, 2305; *Habersack/Schneider,* FamRZ 1997, 649.

146 Besoders klar zu diesen Grundsätzen (Steuerungsfähigkeit nach § 276 BGB objektiv altersgruppenspezifisch, Einsichtsfähigkeit nach § 828 III BGB subjektiv-individuell) insb. BGHZ 39, 281, 283; BGH NJW 1970, 1038, 1039; 1984, 1958, 1958 f.; Staudinger – *Oechsler,* BGB, 2021, § 828 Rn. 24. Letztendlich unterscheidet auch MünchKomm – *Wagner,* BGB, [8]2020, § 823 Rn. 26, 85, 444 diese beiden Ebenen, indem er die Fahrlässigkeit bereits bei der

Minderjähigkeit liegt ein personalisierender Ansatz auch der Regelung des § 827 S. 1 BGB zugrunde, die in jedem Einzelfall die Entscheidung verlangt, ob ein Zustand der Bewusstlosigkeit oder ein die freie Willensbestimmung ausschließender Zustand vorliegt[147]: Individuen, bei denen ein entsprechender Zustand vorliegt, werden anders behandelt als solche, bei denen das nicht der Fall ist. Schließlich suspendiert § 829 BGB die Haftungsprivilegierung für Irrationalität wieder, sofern dies nach Billigkeit geboten ist. Diese weitere Personalisierung führt zu einer über den abnehmenden Grenznutzen großer Vermögen zu rechtfertigende Gefährdungshaftung[148], die dem Gedanken der Kompensation im Einzelfall besonderes Gewicht einräumt.

Generalisierende Elemente werden zunächst über § 828 I BGB verwirklicht, der die Haftung für Minderjährige, die noch nicht das siebente Lebensjahr vollendet haben, generell ausschließt, sowie über § 828 II BGB, der diesen Pauschalausschluss für die Fahrlässigkeitshaftung im Bereich des Verkehrs bis zur Vollendung des zehnten Lebensjahres ausdehnt.[149] Über diese Normen werden die objektiven Verkehrspflichten nicht unter Rationalitätsgesichtspunkten feinjustiert (vgl. §§ 827 S. 1, 828 III BGB). Vielmehr kommt es hier zu einem Zurechnungsausschluss, der den normalen Grad an Rationalität, wie er den Verkehrspflichten zugrunde liegt, typisiert.

Insgesamt ergibt sich somit folgender Umgang mit Rationalität im deutschen Haftungsrecht: (i) Bei der Formulierung der Handlungsnormen (Verkehrspflichten) wird grundsätzlich die Rationalität des (kapitalistisch denkenden) *homo oeconomicus* zugrunde gelegt, (ii) die allerdings an den jeweiligen typischen Entwicklungsstand angepasst werden kann. (iii) Für gewisse Altersgruppen kommt es gem. § 828 I, II BGB zu einem Totalausschluss. (iv) Im Übrigen erlauben § 827 BGB und § 828 III BGB eine Feinjustierung. (v) In Ausnahme-

---

Bestimmung der Verkehrspflichtverletzung heranzieht und davon die Zurechnungsfähigkeit unterscheidet.

[147] § 827 S. 2 BGB stellt insofern klar, dass nach dem Gedanken der *versari in re illicita* bzw. der *actio illicita in causa* ggf. an eine vorgelagerte Handlung angeknüpft werden kann.

[148] Zur dogmatischen Einordnung als Gefährdungshaftung *Larenz/Canaris,* Lehrbuch des Schuldrechts II/2, [13]1994, S. 177 (§ 55 III 2). Zu anderen Einordnungen und allg. darst. MünchKomm – *Wagner,* BGB, [8]2020, § 829 Rn. 1 f. Zum abnehmenden Grenznutzen bei steigendem Vermögen *(Expected Utility Theory)* bereits auf S. 68 (Fn. 12).

[149] Nimmt der Minderjährige jedoch mit Zustimmung der Eltern als Kfz-Fahrer am Straßenverkehr teil, ist von einem Eingreifen der Gefährdungshaftung des § 7 StVG auszugehen (dazu und zu den ohne Zustimmung der Eltern streitigen Voraussetzungen der Haftung Minderjähriger aus Gefährdungshaftung Staudinger – *Oechsler,* BGB, 2021, § 828 Rn. 6). Nach dem US-amerikanischen Ansatz führt die Teilnahme am Straßenverkehr angesichts des besonderen Verkehrsschutzbedürfnisses ohnehin zur Anwendung des Erwachsenenmaßstabs bei der Bestimmung der *breach of duty* (vgl. *Dellwo v. Pearson,* Minn. S.C. 259 Minn. 452, 107 N.W.2d 859 [1961]).

fällen kann das Haftungsprivileg aus Billigkeitsgründen wieder entfallen (§ 829 BGB).

b) Möglichkeiten weitergehender Personalisierung de lege ferenda

Omri Ben-Shahar und *Ariel Porat* nennen zwar das Haftungsprivileg für Minderjährige als Beispiel für eine bereits *de lege lata* existierende Personalisierung.[150] Sie verfolgen aber die Personalisierung nach dem Grad an Rationalität nicht weiter. Vielmehr betrachten sie Eigenschaften und Fähigkeiten von *rationalen* Individuen nach dem im vorherigen Kapitel vorgestellten Schema.[151] Grundsätzlich ließe sich jedoch auch die Suspendierung von Sanktionsnormen nach dem Grad an Rationalität stärker personalisieren. Im *deutschen* Haftungsrecht käme beispielsweise eine Ausweitung der individualisierten Rationalitätsprüfung des § 828 III BGB auch auf jüngere Minderjährige in Betracht. Im *US-amerikanischen* Haftungsrecht könnte überhaupt erst eine individualisierte, vom typischen Entwicklungsstand losgelöste Betrachtung eingeführt werden, wie sie in der deutschen Rechtsordnung über § 827 S. 1 BGB und § 828 III BGB verwirklicht wird.

c) Personalisierende Suspendierung von Sanktionsnormen als Wertungsfrage

Der Grad an Personalisierung bei der Suspendierung von Sanktionsnormen ist im Wesentlichen eine Wertungs- und keine Machbarkeitsfrage. Über den Haftungsausschluss für bestimmte Individuen ist daher unter Beachtung der Zwecke des Haftungsrechts normativ und im Grundsatz unabhängig von neuen technischen Möglichkeiten zu entscheiden:

Geht es bei der Sanktion primär um Vergeltung *(Strafgedanke),* so sind Rationalitätsdefizite relevant, weil und soweit sie den Verhaltensvorwurf entfallen lassen. Der Schadenseintritt erscheint in diesen Fällen gewissermaßen als Naturereignis. Dieser Strafgedanke spielt im Strafrecht eine wichtige Rolle. Dementsprechend versucht das strafrechtliche Schuldprinzip im Rahmen einer personalisierten Betrachtung, die individuelle Verhaltens- und Steuerungsfähigkeit zu ermitteln.[152] Letztendlich entspricht dem das allein am Schutz des Individu-

---

[150] Vgl. *Ben-Shahar/Porat,* N.Y.U. L. Rev. 91 (2016), 627, 638 f.; *dies.,* Personalized Law, 2021, S. 73.

[151] Zu diesem Ansatz ausf. bereits unter § 3 (S. 65 ff.) und insb. *Ben-Shahar/Porat,* N.Y.U. L. Rev. 91 (2016), 627, 646 ff.; *dies.,* Personalized Law, 2021, S. 74 ff.

[152] Zum strafrechtlichen Schuldprinzip und seiner Menschenwürderadizierung vgl. insb. BVerfGE 123, 267, 413 *(Lissabon).* Darst. etwa *Adam/Schmidt/Schumacher,* NStZ 2017, 7. Das geltende Strafrecht trägt dem Schuldprinzip etwa durch §§ 19 f. StGB Rechnung, die die Schuldfähigkeit nach einem spezifischen Leitbild von Rationalität regeln. Zur Ebene der

ums orientierte Paternalismusverständnis *(eindimensionaler Ansatz)*. Im privatrechtlichen Haftungsregime kommt dem Strafgedanke allerdings lediglich eine untergeordnete Bedeutung zu.[153]

Vielmehr geht es zunächst um den Ausgleich von Schäden *(Kompensationsgedanke)*, wobei diese Zielvorgabe hier nicht im Sinne der Verwirklichung einer (tatsächlich ohne Leitbildvorgaben inhaltsleeren) *iustitia commutativa* verstanden wird[154], sondern schlicht als Streben nach der Abmilderung von Unfallfolgen durch Kompensation, die die Grundlage für ein (versicherungsbasiertes) *loss spreading* liefert.[155] Bei diesem Verständnis der Zwecksetzung sind Rationalitätsdefizite grundsätzlich irrelevant: Maximale Geschädigtenkompensation wird im Rahmen eines verschuldensunabhängigen, generellen Haftungsregimes erreicht.

Gerade aus ökonomischer Sicht steht schließlich der Zweck der Verhaltenssteuerung *(Präventionsgedanke)* im Vordergrund, über den das zivilrechtliche Haftungssystem als Anreizstruktur betrachtet wird.[156] Es geht also nicht nur um Schutz, sondern um Effizienz *(mehrdimensionaler Ansatz)*.

Auf den ersten Blick schließen Rationalitätsdefizite unter Zugrundelegung des Präventionsgedankens eine Haftung aus *(Ebene 1)*. Das irrationale Individuum wird von dem rechtlichen Kommunikationsakt nicht erreicht. Es trifft somit

---

Schuld im Rahmen der allgemeinen Verbrechenslehre vgl. allg. *Roxin/Greco,* Strafrecht Allgemeiner Teil, [5]2020, S. 955 ff. (§§ 19–22).

[153] Vgl. hierzu *Wagner,* AcP 206 (2006), 352, 362 f. Speziell für das Deliktsrecht MünchKomm – *ders.,* BGB, [8]2020, Vor § 823 Rn. 51 f. Kommt der Sanktionsgedanke indes doch zur Geltung, etwa bei dem Genugtuungsgedanken des Schmerzensgeldes, wird gerade hier eine privilegierende Subjektivierung des Fahrlässigkeitsmaßstabs befürwortet, vgl. *Larenz,* FS Wilburg, 1965, S. 119, 125; *Deutsch,* AcP 202 (2002), 889, 904. Ferner *Koziol,* AcP 196 (1996), 593, 602. Grundlegend zur *iustitia commutativa Aristoteles,* Nikomachische Ethik, 2020, S. 85 (V 7, 1131b25–1132a8), der diese Gerechtigkeitsform nach einer kurzen Unterscheidung beider Gerechtigkeitsformen (vgl. S. 83 [V 5, 1130b30–1131a9]) bezeichnenderweise nach der *iustitia distributiva* (S. 84 [V 6 1131a25–29]) darstellt, weil die ausgleichende Gerechtigkeit nur vor dem Hintergrund der verteilenden Gerechtigkeit, also einer Ausgangsdistribution, verstanden werden kann. Darauf hinweisend etwa auch *Schirmer,* Nachhaltiges Privatrecht, 2023, S. 64–66; *Auer,* Der privatrechtliche Diskurs der Moderne, 2014, S. 69; *Dagan,* Mich. L. Rev. 98 (1999), 138.

[154] So versteht den Ausgleichsgedanken allerdings *Canaris,* öJBL 1995, 2, 16; *ders.,* iustitia distributiva, 1997, S. 91 f. Krit. MünchKomm – *Wagner,* BGB, [8]2020, Vor § 823 Rn. 43 f. Allg. auch *Koziol,* AcP 196 (1996), 593, 601.

[155] So *Calabresi,* The Costs of Accidents, 1970, S. 27 f., der dieses Ziel unter den Begriff der *secondary accident cost reduction* fasst und die Bedeutung von *loss spreading* betont.

[156] Zur deliktsrechtlichen Präventionsfunktion vgl. *Wagner,* AcP 206 (2006), 352, 454 f.; MünchKomm – *ders.,* BGB, [8]2020, Vor § 823 Rn. 45–48; *Hellgardt,* Regulierung, 2016, S. 159–161. Allg. auch *Koziol,* AcP 196 (1996), 593, 601 f. Unter dem Begriff der *primary accident cost reduction* auch *Calabresi,* The Costs of Accidents, 1970, S. 26 f. Aus rechtstheoretischer Sicht *Kelsen,* Reine Rechtslehre, [2]1960, S. 101.

keine effizienten Schadensvermeidungsmaßnahmen.[157] Der Geschädigte kann nach dem Grundsatz *casum sentit dominus* seine Rechtsgüter hingegen effizient vor dem Schadenseintritt schützen.[158] Dies gilt insbesondere dann, wenn das Rationalitätsdefizit – wie etwa bei Kindern – grundsätzlich einfach wahrgenommen werden kann.[159]

Auf den zweiten Blick sprechen hingegen wesentliche Gesichtspunkte für eine Haftung des irrationalen Individuums *(Ebene 2)*. Die Annahme, das irrationale Individuum würde auf die Haftungsanordnung gar nicht reagieren, ist wenig plausibel. Dies gilt erstens für nur punktuelle Rationalitätsdefizite, denn hier kann das Individuum in rationalen Momenten das Aktivitätslevel steuern. Zweitens ist es keineswegs ausgeschlossen, dass zwar die Verantwortlichkeit des irrationalen Individuums in einer konkreten Situation fehlt, gleichzeitig aber der grundsätzliche Verhaltensappell der Rechtsordnung wahrgenommen wird. Dazu kann es beispielsweise kommen, wenn dem Individuum lediglich die Steuerungsfähigkeit, nicht aber die Einsichtsfähigkeit fehlt. Drittens schließlich werden die für das irrationale Individuum verantwortlichen Individuen die Haftungsanordnung bei ihren Aufsichtsmaßnahmen berücksichtigen.

Nicht das *Versagen* der Verhaltenssteuerung, sondern gerade ihre *Wirksamkeit* zieht die Haftungsanordnung bei Rationalitätsdefiziten somit in Zweifel *(Ebene 3)*. Haftungsprivilegien kann vor diesem Hintergrund die Aufgabe zukommen, soziale Isolation zu vermeiden und die Partizipation des irrationalen Individuums am gesellschaftlichen Leben sicherzustellen.[160] Gerade bei Kindern ist dieser Partizipationsgesichtspunkt auch für die Persönlichkeitsentwicklung relevant.[161] Die positivrechtliche Ausgestaltung in den §§ 827 S. 1, 828

---

[157] Vgl. MünchKomm – *Wagner,* [8]2020, § 827 Rn. 1. Ferner bereits Mot. II 731 f.; *Kelsen,* Reine Rechtslehre, [2]1960, S. 101. Dass das rationale Individuum selbst (anstelle des Staates) über Schadensvermeidungsmaßnahmen entscheidet, ist insb. für die Gefährdungshaftung herausgearbeitet worden, vgl. etwa *Wagner,* AcP 206 (2006), 352, 437 („Der Bürger, der sich mit einer verschuldensunabhängigen Haftung konfrontiert sieht, muß selbst entscheiden, ob der Nutzen einer bestimmten Aktivität ihre Kosten überwiegt."). Dieser Gedanke lässt sich jedoch ohne Weiteres auf die Verschuldenshaftung übertragen. Der Umstand, dass das Individuum weniger haftet (nämlich nicht für nicht verschuldete Schäden), verringert seine Entscheidungsbefugnis nicht.

[158] Vgl. *Canaris,* iustitia distributiva, 1997, S. 91 f.

[159] Ähnlich *Posner,* Economic Analysis of Law, [9]2014, S. 196.

[160] Der Gesichtspunkt der Kosten- oder Risikogleichheit tritt also zugunsten einer Handlungsgleichheit zur Verwirklichung eines spezifischen Schutz- und Partizipationsregimes zurück (dazu ausf. unter § 3 [S. 109 f.] sowie unter § 6 [S. 145–147]). Diese Gesichtspunkte könnten natürlich auch im Rahmen der *cost-benefit-analysis* eingefangen werden. Nur droht diese dann aufgrund ihrer tautologischen Weite an Aussagekraft zu verlieren (dazu bereits auf S. 138 [Fn. 33]).

[161] Die zur Haftung der Eltern nach § 832 BGB entwickelten Grundsätze lassen sich inso-

BGB scheint daher insbesondere diese Wertungsgesichtspunkte aufzugreifen, deren Maßgeblichkeit durch Big Data nicht verändert wird.[162]

4. Modifikation von Metanormen

Auf Abweichungen von einem Leitbild der Rationalität lässt sich schließlich auch dadurch reagieren, dass Metanormen unter dem Gesichtspunkt des Paternalismus gestaltet werden. Eine Möglichkeit des Schutzes besteht darin, die zwingende Geltung der Norm, auf die sich die Metanorm bezieht (Bezugsnorm) anzuordnen (a). Zum Teil lässt sich der Schutzzweck jedoch bereits durch eine Erhöhung der Kosten des *opt-out* erreichen, wie sie durch Formvorschriften bewirkt wird (b). Drittens kann ausnahmsweise auch die Ausweitung der Möglichkeit zu einem *opt-out* Schutzgesichtspunkten dienen, wie das bei verbraucherschützenden Widerrufsrechten der Fall ist (c).

a) Zwingendes Recht

Entspricht die private Normsetzung nicht dem Ideal von Rationalität, kommt eine durch Paternalismus gerechtfertigte zwingende Norm in Betracht.[163]

aa) Zwingende Geltung des status quo ohne Rechtsgeschäft

Es ist zunächst möglich, den ohne rechtsgeschäftliche Regelung bestehenden Zustand *generell* für zwingend zu erklären. Rechtstechnisch lässt sich das über das Versagen der Geschäfts- oder der Testierfähigkeit erreichen. Die bestehende Güterordnung wird damit zunächst aufrechterhalten, sofern das Individuum nicht vertreten wird, und sodann nach den Vorgaben des für rationale Individuen dispositiven Erbrechts vererbt.

Die Grenzen der rechtsgeschäftlichen Gestaltungsmacht werden in der deutschen Rechtsordnung gerade für Kinder im Grundsatz typisierend über starre

---

fern auf die unmittelbare deliktische Haftung des Kindes im Wesentlichen übertragen. Zu § 832 BGB vgl. etwa BGH NJW 2009, 1954, 1955, Rn. 13 („Andernfalls würde jede vernünftige Entwicklung des Kindes, insb. der Lernprozess im Umgang mit Gefahren, gehemmt […].“). Hierzu auch MünchKomm – *Wagner,* BGB, [8]2020, § 832 Rn. 29 (keine lückenlose Überwachung des Kindes „rund um die Uhr“). Vgl. ferner auch *Nipperdey,* NJW 1957, 1777, 1780–1782 (unter anderem deswegen für die Subjektivierung des Fahrlässigkeitsmaßstabs argumentierend).

[162] Zur Betonung bereits existenter *(conventional)* Personalisierungen vgl. auch *Grigoleit/Bender,* in: Busch/De Franceschi (Hrsg.), Personalized Law, 2021, S. 115, 117f. (Rn. 7–10); *Grigoleit,* U. Chi. L. Rev. Online 2022.

[163] Dazu etwa wiederum *Ayres/Gertner,* Yale L.J. 99 (1989), 87, 88; *Wagner,* ZEuP 2010, 243, 257ff.; im Ergebnis ebenso *ders.,* ZEuP 2018, 821, 823.

Altersgrenzen festgelegt[164], um dem gegenüber der deliktischen Haftung gesteigerten Verkehrsschutzbedürfnis Rechnung zu tragen.[165] Eine gewisse Personalisierung wird allerdings für Minderjährige über die Zustimmungsmöglichkeit der Eltern herbeigeführt.[166] Die Eltern entscheiden dabei nicht nur darüber, *ob* der Minderjährige rational handelt. Sie definieren darüber hinaus auch selbst das maßgebliche normative *Leitbild* von Rationalität und sie bewerten und prägen die Präferenzen des Minderjährigen *(taste-shaping).*[167]

Zwar verspricht das Personalisierungsprojekt, über die Definition von „Rationalitätsquotienten"[168] Rechtssicherheit und Einzelfallbetrachtung in Einklang bringen zu können.[169] Unter Zugrundelegung eines *mehrdimensionalen* Ansatzes wird das *de lege lata* geltende Schutzmodell aber nicht grundsätzlich infrage gestellt: Zum einen erhöht alleine die Notwendigkeit, in jedem Einzelfall

---

[164] Gem. § 104 Nr. 1 BGB ist geschäftsunfähig, wer nicht das siebente Lebensjahr vollendet hat. Einem *opt-out* steht dann § 105 I BGB entgegen. Gem. §§ 2, 106 BGB ist ein Individuum, das das siebente, aber nicht das achzehnte Lebensjahr vollendet hat, in der Geschäftsfähigkeit beschränkt. In § 2229 BGB findet sich eine Sonderregel für die Testierfähigkeit (vgl. MünchKomm – *Sticherling,* [9]2022, BGB, § 2229 Rn. 1; BeckOGK – *Grziwotz,* BGB, 1.1.2023, § 2229 Rn. 2). Andere Rechtsordnungen, etwa das klassische islamisch-schiitische Recht, verlangen zwar grundsätzlich eine Einzelfallbetrachtung hinsichtlich der geistigen Entwicklung des Kindes (vgl. *Chamgardani,* Der Allgemeine Teil des iranischen Schuldvertragsrechts, 2013, S. 54 f.; speziell zur Ehemündigkeit vgl. *MPI,* RabelsZ 84 (2020), 705, 729, 730 [Fn. 113], 731 ff., insb. 738). Die Schwierigkeiten mit Blick auf den Grundsatz der Rechtssicherheit werden aber auch hier durch generalisierende Vermutungsregeln gelöst (nach Anm. 1 zu Art. 121 des iranischen ZGB tritt Volljährigkeit für Jungen mit der Vollendung des fünfzehnten Lebensjahres und bei Mädchen mit der Vollendung des neunten Lebensjahres ein, vgl. *Chamgardani,* Der Allgemeine Teil des iranischen Schuldvertragsrechts, 2013, S. 55).

[165] Zu Verkehrsschutz als Grund für die gesetzliche Typisierung vgl. BeckOK – *Wendtland,* BGB, [65]2023, § 104 Rn. 2. In Abgrenzung zu § 828 BGB vgl. auch *Canaris,* JZ 1990, 679, 680.

[166] Als Unterfälle der Zustimmung (vgl. § 182 BGB) fungieren Einwilligung (§§ 107 Var. 1, 183 BGB) und Genehmigung (§§ 108 I, 184 BGB).

[167] Zu *taste-shaping* als *nudging* aus verhaltensökonomischer Sicht grundlegend *Thaler/Sunstein,* Nudge, [2]2009; *Sunstein,* Why Nudge?, 2014; *Thaler/Sunstein,* Am. Econ. Rev. 93 (2003), 175; *dies.,* U. Chi. L. Rev. 70 (2003), 1159. Zu *taste-shaping* durch Recht auch *Calabresi,* The Future of Law and Economics, 2016, S. 131 ff., 157 ff.; ferner bereits *Calabresi/Bobbitt,* Tragic Choices, 1978, S. 135; differenzierend *Arlen/Kornhauser,* Theoretical Inq. L. 22 (2021), 175. Aus dem deutschen Diskurs grundlegend *Hacker,* Verhaltensökonomik, 2017, S. 205 ff. Aus öffentlich-rechtlicher Sicht auch *Kreßner,* Gesteuerte Gesundheit, 2019, S. 253 ff. (Zusammenfassung auf S. 303 ff.); krit. *Kirchhof,* ZRP 2015, 136. Aus dem Personalisierungsdiskurs *Grigoleit/Bender,* in: Busch/De Franceschi (Hrsg.), Personalized Law, 2021, S. 115, 127 (Rn. 41); *Bender,* JjZRW 2020, S. 33, 42 f.; *ders.,* ERCL 16 (2020), 366, 383.

[168] Dazu bereits auf S. 45 (Fn. 68) sowie auf S. 143.

[169] Vgl. insb. *Hacker,* in: Busch/De Franceschi (Hrsg.), Personalized Law, 2021, S. 241, 245 (Rn. 15) (auf den Rationalitätsquotienten Bezug nehmend), 246 f. (Rn. 18 f.) („solution to the knowledge problem").

einen Nachweis über den Rationalitätsgrad zu erbringen, die Transaktionskosten.[170] Zum anderen kollidiert der von dritter Seite bestimmte Rationalitätsbegriff mit dem Erziehungsrecht der Eltern (Art. 6 II 1 GG), das diese durch die Definition eines bestimmten Leitbildes und *taste-shaping* ausüben. Die ihnen eingeräumte, privatrechtliche Zustimmungsmacht fungiert aus dieser Perspektive als Erziehungsinstrument.

bb) Zwingende Geltung des status quo mit Rechtsgeschäft

Kann der ohne Rechtsgeschäft geltende *status quo* durch Rechtsgeschäft abbedungen werden, so kommen nach Abbedingung eine Reihe von Normen zur Anwendung, die den neuen *status quo* in Form eines bestimmten Vertragstyps ausgestalten. Auch diese vertragstypenprägenden Normen können aus paternalistischen Erwägungen für (halbseitig) zwingend[171] erklärt werden.[172] Ein entsprechender Schutzmechanismus findet sich beispielsweise im Verbraucher-[173], Arbeits-[174] und Wohnraummietrecht[175]. Das Gesetz geht dabei typisierend von der besonderen Schutzbedürftigkeit der jeweiligen Individuengruppe aus. Auf den ersten Blick scheinen datenbasierte „Rationalitätsquotienten"[176] wiederum der *actor heterogeneity*[177] innerhalb der Verbraucher, Arbeitnehmer und Wohnraummieter Rechnung tragen zu können. Auch hier gilt allerdings aus einer *mehrdimenionalen* Perspektive zumindest der Einwand steigender Transaktionskosten durch den bei jedem Vertragsschluss notwendig werdenden Rationalitätsnachweis.

---

[170] Zu dieser Art der Informationskosten bereits unter § 3 (S. 86 f.).

[171] Zu halbseitig zwingendem Recht krit. *Kähler,* Begriff und Rechtfertigung, 2012, S. 84 („Refeudalisierung"). Vgl. auch *Wagner,* ZEuP 2010, 243, 251; Eckpfeiler – *Gsell,* Verbraucherschutz, ^{8}2022, S. 641, 668 (Rn. K 25). Ferner *Boecken,* BGB – Allgemeiner Teil, ^{3}2019, S. 194 (Rn. 320) (am Beispiel des § 312k I 1 a. F. [jetzt § 312m I BGB]).

[172] Dadurch ergibt sich auch im Schuldrecht eine Art Typenzwang, vgl. *Flume,* Allgemeiner Teil des bürgerlichen Rechts, ^{3}1979, S. 2 (§ 1 2) (mit Blick auf die Notwendigkeit der staatlichen Anerkennung des Rechtsgeschäfts).

[173] § 476 I 1 BGB ist ein klassisches Beispiel für eine Metanorm, die die einheitlich nach den Präferenzen rationaler Parteien gestalteten Normen des Kaufrechts in einem bestimmten Kontext für halbseitig zwingend erklärt.

[174] Für ein Beispiel aus dem Arbeitsrecht vgl. etwa § 13 I 3 BUrlG, § 22 I TzBfG.

[175] § 536 IV BGB erklärt für Mietverhältnisse über Wohnraum (ähnlich wie § 476 I 1 BGB) die grundsätzlich dispositiven, an den Präferenzen rationaler Parteien ausgerichteten Vorschriften der vorangehenden Absätze für zwingend. Die Anordnung der halbzwingenden Geltung der vorangehenden Absätze ist als Regelungstechnik allgemein charakteristisch für das Wohnraummietrecht (vgl. nur § 553 III BGB als weiteres Beispiel).

[176] Dazu bereits auf S. 45 (Fn. 68) sowie auf S. 143 und soeben (S. 166).

[177] Zur *actor heterogeneity* bereits auf S. 142 (Fn. 55).

b) Formvorschriften

Wie die Anordnung der zwingenden Geltung einer Norm, so kann sich auch die Erhöhung der Opt-out-Kosten durch Formvorschriften entweder am *status quo* ohne Rechtsgeschäft oder am neuen *status quo* mit Rechtsgeschäft orientieren.

aa) Formvorschriften zum Schutz des status quo ohne Rechtsgeschäft

Formvorschriften können den *opt-out* aus dem ohne Rechtsgeschäft geltenden *status quo* erschweren, auch wenn dieser *status quo* nicht notwendig als rational angesehen wird. Dem liegt der Gedanke zugrunde, dass alleine die Erhöhung der Transaktionskosten irrationale Transaktionen verhindern und damit zu *transaction benefits* führen kann.[178] Ihre Beratungs- und Schutzfunktion[179] reduziert gewissermaßen punktuelle kognitive Verzerrungseffekte, die bei einem formfreien Vertragsschluss den Vertragsinhalt negativ beeinflussen würden. In ihrer Wirkungsweise ähneln Formerfordernisse daher Informationspflichten. Die Schriftform[180], die holographische Form[181] und die notarielle Form[182] verwirklichen die beschriebene paternalistische Zielsetzung mit zunehmender Intensität.[183]

Auch diese Formvorschriften könnten nach der individuellen Schutzbedürftigkeit personalisiert werden. Insbesondere *Philipp Hacker* diskutiert die Personalisierung dieser *altering rules* in Abhängigkeit von Rationalitätsquotienten.[184] Besonders schützenswerten Verbrauchern wäre nach diesem Modell etwa die Inanspruchnahme eines Überziehungskredits nur nach Einschaltung eines Notars oder einer Verbraucherschutzbehörde zu ermöglichen.[185] Wiederum würde

---

[178] Zum Begriff der *transaction benefits* vgl. *Markovits,* in: Tasioulas (Hrsg.), The Cambridge Companion to the Philosophy of Law, 2020, S. 331, 348.

[179] Nachw. bereits auf S. 147 (Fn. 74).

[180] Zur Anordnung der Schriftform vgl. § 492 I (Verbraucherdarlehensvertrag), § 766 BGB (Bürgschaft), § 780 BGB (Schuldversprechen), § 781 BGB (Schuldanerkenntnis), § 568 I BGB (Kündigung von Mietverträgen), § 623 BGB (Kündigung von Arbeitsverträgen).

[181] Vgl. etwa §§ 2231 Nr. 2, 2247 I BGB (Testament). Dazu MünchKomm – *Sticherling,* 92022, BGB, § 2247 Rn. 1.

[182] Vgl. etwa § 311b I 1 BGB (Verträge über Grundstücke), § 1410 BGB (Ehevertrag), § 2231 Nr. 1 BGB (Testament), § 2276 BGB (Erbvertrag), § 15 III, IV GmbHG (Abtretung von GmbH-Anteilen).

[183] Weitere Formvorschriften sind denkbar. So kann etwa auch die Consideration-Lehre als vor Übereilung schützende Formvorschrift verstanden werden, vgl. *Fuller,* Colum. L. Rev. 41 (1941), 799, insb. 814 ff.

[184] *Hacker,* Eur. Rev. Priv. L. 25 (2017), 651, 671 (Rn. 28).

[185] *Ders.,* Eur. Rev. Priv. L. 25 (2017), 651, 672 (Rn. 28). Als derartige Verbraucherschutzbehörde kommt im US-amerikanischen Rechtssystem etwa der *mortgage counselor* in Betracht, vgl. Section 255(d)(2)(B) und (f) National Housing Act. Dazu bereits auf S. 147 (Fn. 74).

ein derartiges Modell bei *mehrdimensionaler* Betrachtung aber zu erhöhten Transaktionskosten führen, die durch die Notwendigkeit eines individualisierten Rationalitätsnachweises entstehen.

bb) Formvorschriften zum Schutz des status quo mit Rechtsgeschäft

Auch der nach Vertragsschluss entstehende *status quo* kann durch spezielle Formvorschriften geschützt werden. Deren Ziel kann es wiederum sein, Transaktionskosten zu erzeugen, um unüberlegte Vertragsänderungen zu verhindern. So lässt sich etwa die Rechtsprechung zur doppelten Schriftformklausel verstehen.[186] Allerdings können die am neuen *status quo* anknüpfenden Formvorschriften auch das Ziel verfolgen, die Geltung der dispositiven Vorschriften zu erhalten, weil diese grundsätzlich als rational angesehen werden. In diesem Sinne lässt sich der Regelungskomplex der §§ 305 I, 305b, 307 II Nr. 1 BGB verstehen, nach dem autonome Rechtssetzung, die den wesentlichen Grundgedanken des heteronomen dispositiven Rechts widerspricht, grundsätzlich nur durch Individualvereinbarung (also in einer besonderen Form) zulässig ist.[187]

Unter Beachtung dieser Möglichkeit, die Opt-out-Kosten künstlich zu erhöhen, ergibt sich eine dritte Lösungsstrategie für das *default rule paradox*: Auch in den Fällen, in denen eigentlich die *irrationalen* Präferenzen zu spiegeln wären, weil der *opt-out* einfach möglich ist, kann das Gesetz die *rationalen* Präferenzen spiegeln, wenn es gleichzeitig die individuellen Opt-out-Fixkosten b_i erhöht. Diese Strategie ist dann effizient, wenn die Erhöhung der Opt-out-Fixkosten b_i und der Approximationsfehlerkosten des Typs 1 (diese erhöhen sich angesichts der geringeren Zahl an *opt-outs*) durch die Kostenersparnis kompensiert wird, die sich durch die Verringerung der Anzahl der *opt-outs* ergibt. Im Falle einer optimalen Personalisierung erscheint allerdings eine zwingende Vorschrift gegenüber einer derartigen Formvorschrift stets überlegen, weil dadurch Approximationsfehlerkosten des Typs 1 vermieden werden und gleichzeitig die Anzahl der *opt-outs* gegen null tendiert.[188] Nur die fehlende Treffgenauigkeit

---

[186] Dazu bereits auf S. 147 f.

[187] So schlägt etwa *Hacker,* Verhaltensökonomik, 2017, S. 543–546 vor, verbraucherschützende Widerrufsrechte dispositiv auszugestalten, die Abbedingung aber nur durch Individualabrede zuzulassen.

[188] Vgl. hierzu insb. *Patterson,* S. Cal. Interdisc. L.J. 3 (1993), 235, 278 f.; *Cziupka,* Dispositives Vertragsrecht, 2010, S. 310–313; *Bender,* ERCL 16 (2020), 366, 380. Implizit auch *Kähler,* in: Möslein (Hrsg.), Regelsetzung im Privatrecht, 2019, S. 185, 201 („Zwingende Normen lassen sich vor diesem Hintergrund nur rechtfertigen, wenn sie in allen nur denkbaren Konstellationen ideal sind.“). Ökonomisch ideale Gestaltung ist genau das, was das Personalisierungsprojekt verspricht.

rechtfertigt unter Effizienzgesichtspunkten die Dispositivität einer Vorschrift.[189] Dieser Zusammenhang zeigt erneut, dass aus Sicht des Personalisierungsprojekts das dispositive Recht eigentlich seine Berechtigung verliert: Ist es möglich, die individuellen, rationalen Präferenzen zu spiegeln, kann ein *opt-out* nur zu Wohlstandsverlusten führen.

c) Widerrufsrecht

Punktuellen, behebbaren Rationalitätsdefiziten kann nicht nur durch die Einführung von Informationspflichten oder Formvorschriften begegnet werden. Es ist ebenfalls denkbar, ein Widerrufsrecht zu gewähren, das es dem bei Vertragsschluss irrationalen, aber nach Durchlaufen einer *cooling-off period*[190] wieder rationalen Individuum erlaubt, sich vom Vertrag zu lösen. Der Schutzmechanismus des Widerrufsrechts lässt sich interpretieren als Erleichterung des *opt-out:* Während grundsätzlich der nach Vertragsschluss bestehende Zustand, also der neue *status quo*, nur durch Zustimmung *beider* Vertragsparteien (durch Abänderungsvertrag) verändert werden kann[191], ermöglicht das Widerrufsrecht einen einseitigen *opt-out* (durch Ausübung eines Gestaltungsrechts).[192] Die folgenden Einwände zielen lediglich auf ein Widerrufsrechte ab, das – wie etwa das Au-

---

[189] So insb. die Rechtfertigung bei *Cziupka,* Dispositives Vertragsrecht, 2010, S. 312; *Kähler,* in: Möslein (Hrsg.), Regelsetzung im Privatrecht, 2019, S. 185, 201 („Entsprechend gibt es kaum Normen, deren zwingende Ausgestaltung sich in allen Situationen als angemessen erweist.").

[190] Dazu allg. *Sher,* UCLA L. Rev. 15 (1967), 717; *Hacker,* Verhaltensökonomik, 2017, S. 493 f., 513; *Mankowski,* in: Basedow/Hopt/Zimmermann (Hrsg.), Handwörterbuch des Europäischen Privatrechts, 2009, S. 1791; *Canaris,* AcP 200 (2000), 273, 351; *Eidenmüller,* JZ 60 (2005), 216, 221; Eckpfeiler – *Gsell,* Verbraucherschutz, [8]2022, S. 641, 660 f. (Rn. K 16). Eine *cooling-off-period* könnte rechtstechnisch auch durch das Herausschieben des verbindlichen Vertragsschlusses erreicht werden, etwa durch einen Bestätigungsvorbehalt, vgl. *Hacker,* Verhaltensökonomik, 2017, S. 514; *Eidenmüller,* JZ 2005, 216, 222, oder durch das Erfordernis, dem Verbraucher den Vertragstext zwei Wochen vor dem Beurkundungstermin zukommen zu lassen (§ 17 IIa 2 Nr. 2 BeurkG), vgl. BeckOK – *Köther,* BeurkG, [8]2023, § 17 BeurkG Rn. 91.

[191] Das folgt letztendlich aus dem Grundsatz *pacta sunt servanda.* Das Widerrufsrecht vor diesem Hintergrund diskutierend etwa *Canaris,* AcP 200 (2000), 273, 344, 352; Eckpfeiler – *Gsell,* Verbraucherschutz, [8]2022, S. 641, 660 f. (Rn. K 16). Natürlich setzt der Grundsatz *pacta sunt servanda* ein gewisses Leitbild voraus, vgl. *Canaris,* AcP 200 (2000), 273, 344. Ausf. ferner *Hacker,* Verhaltensökonomik, 2017, S. 494 ff., der den Grundsatz als tautologisch und damit unbrauchbar ansieht. Jedoch kann der Grundsatz durchaus als Platzhalter für das ihm zugrunde liegende Leitbild einen sinnvollen Ausgangspunkt der Diskussion bilden.

[192] Ob dogmatisch von schwebender Wirksamkeit (vgl. BT-DS 14/2658, 47) oder von einem besonderen Rücktrittsrecht (vgl. Eckpfeiler – *Gsell,* Verbraucherschutz, [8]2022, S. 641, 661 f. [Rn. K 17]) gesprochen wird, ist hier unerheblich. Entscheidend ist nur, dass die vertraglichen Pflichten durch das Widerrufsrecht einseitig dispositiv sind.

ßergeschäftsraum-Widerrufsrecht – den Ausgleich der beschriebenen Rationalitätsdezitite bezweckt.[193]

aa) Personalisierung nach eindimensionalem und mehrdimensionalem Ansatz

Denkbar wäre es, das Widerrufsrecht nur gewissen Individuen mit Rationalitätsdefizit einzuräumen, um so der *actor heterogeneity*[194] Rechnung zu tragen.[195] Für die Personalisierung des Widerrufsrechts stehen dann wieder zwei Wege bereit:

Es wäre zum einen möglich, die Gewährung eines Widerrufsrechts *eindimensional* nur von der Schutzbedürftigkeit des Verbrauchers abhängig zu machen. Für Verzerrungseffekte besonders anfällige Verbraucher bekämen dann ein Widerrufsrecht, Verbraucher mit hohem Rationalitätsquotienten hingegen nicht.[196]

Es ist jedoch zum anderen möglich, *mehrdimensional* die Kosten des Widerrufs für die Unternehmerseite bei der Frage, wer ein Widerrufsrecht haben soll, zu beachten und nicht nur eindimensional auf die Schutzwürdigkeit des Verbrauchers abzustellen.[197] Das Widerrufsrecht wird dann in Abhängigkeit von einer *cost-benefit-analysis* personalisiert.[198] Es unterscheidet sich nach diesem zweiten Ansatz – unabhängig davon, ob es dispositiv[199] oder zwingend[200] ausgestaltet wird – nicht von der Personalisierung des sonstigen Vertragsrechts. Maßgeblich ist – wie im vorherigen Kapitel der präferenzbasierten Personalisie-

---

[193] Natürlich gibt es auch Widerrufsrechte, die – wie etwa das mit einer Prüfungsmöglichkeit erklärbare Fernabsatz-Widerrufsrecht – andere Zwecke verwirklichen. Das Außergeschäftsraum- und das Fernabsatz-Widerrufsrecht ergeben sich im deutschen Recht aus § 312g I BGB (Umsetzung von Art. 9 I VerbrRRL). Allg. dazu Eckpfeiler – *Gsell,* Verbraucherschutz, [8]2022, S. 641, 660–668 (Rn. K 16–24).

[194] Zur *actor heterogeneity* bereits auf S. 142 (Fn. 55).

[195] Vgl. etwa *Ben-Shahar/Porat,* U. Chi. L. Rev. 86 (2019), 255, 256 ff. (als Beispiel für die Personalisierung zwingenden Rechts). Darauf aufbauend *dies.,* Personalized Law, 2021, S. 84 ff. (allerdings auf S. 86 f. auch auf Probleme hinweisend). Vgl. ferner *Porat/Strahilevitz,* Mich. L. Rev. 112 (2014), 1417, 1453 f. (*withdrawal rights* als Beispiel für eine dispositive Regel diskutierend). Genauso denkbar wäre es, nicht nur das Widerrufsrecht, sondern etwa auch die Widerrufsfrist an die Intensität des jeweiligen Verzerrungseffekts anzupassen.

[196] Im Bereich des dispositiven Rechts findet sich dieser Ansatz etwa bei *Hacker,* in: Busch/De Franceschi (Hrsg.), Personalized Law, 2021, S. 241, 250 (Rn. 32).

[197] Vgl. etwa *Hacker,* Verhaltensökonomik, 2017, S. 528.

[198] Vgl. *Ben-Shahar/Porat,* U. Chi. L. Rev. 86 (2019), 255, 256 ff.; *dies.,* Personalized Law, 2021, S. 84 ff. Ferner bereits *Porat/Strahilevitz,* Mich. L. Rev. 112 (2014), 1417, 1453 f.

[199] Vgl. *dies.,* Mich. L. Rev. 112 (2014), 1417, 1453 f. (*right to return* als Beispiel einer dispositiven Regelung).

[200] Vgl. *Ben-Shahar/Porat,* U. Chi. L. Rev. 86 (2019), 255, 256 ff. (*withdrawal right* als Beispiel einer zwingenden Regelung).

rung – der hypothetische Wille rationaler Vertragsparteien. Nur sind diese rationalen Parteien in manchen Situationen irrational. Da diese Irrationalität aber nur vorübergehend ist, können sie mit ihrer Irrationalität rational umgehen und dementsprechend durch ein Widerrufsrecht und eine personalisierte Anpassung des Preises Vorsorge treffen.[201]

bb) Einwände

Neben den bereits genannten Einwänden, insbesondere dem Problem der Zunahme von Transaktionskosten infolge des ubiquitären Rationalitätsnachweises, lassen sich gegen die Personalisierung des Widerrufsrechts insbesondere zwei Einwände formulieren:

(1) Sinnlosigkeit infolge Autopersonalisierung durch Gestaltungsrecht

Eine eindimensionale Personalisierung des Widerrufsrechts wäre weitgehend sinnlos, weil der Parameter der Personalisierung des Widerrufsrechts durch den Staat (Rationalität) mit dem Parameter der Ausübung des Widerrufsrechts durch das Individuum (ebenfalls Rationalität) identisch ist. Schon das *generelle* Widerrufsrecht öffnet das Recht insofern für eine Personalisierung, als nicht der Staat *ex ante*, sondern der Verbraucher *ex post* nach seinem Urteil über den bei Vertragsschluss bestehenden Rationalitätsgrad entscheidet *(Autopersonalisierung durch Gestaltungsrecht)*. Die Anzahl der Vertragsabwicklungen bleibt im Grundsatz mit und ohne Personalisierung des Widerrufsrechts gleich: Die rationalen Verbraucher werden den Vertrag nicht widerrufen, auch wenn sie ein Widerrufsrecht haben, sofern die Stabilität von Präferenzen als Teil des Rationalitätsbegriffs gesehen wird. Die irrationalen Verbraucher werden den Vertrag zwar widerrufen. Sie haben aber auch bei optimaler Personalisierung ein Widerrufsrecht. Vor diesem Hintergrund ergibt sich auch für die Unternehmerseite kein Unterschied.

Die Personalisierung des Widerrufsrechts könnte damit allenfalls zur Verhinderung von Missbrauchsfällen[202] erfolgen, indem denjenigen rationalen Verbrauchern kein Widerrufsrecht eingeräumt wird, die trotz stabiler Präferenzen widerrufen, weil sie besondere Freude gerade am Ausüben des Widerrufsrechts an und für sich empfinden oder den Kaufvertrag als Leihvertrag verstehen. Bis-

---

[201] Insb. *dies.*, U. Chi. L. Rev. 86 (2019), 255, 265 (zur Personalisierung des Preises).

[202] Der Missbrauchsgedanke findet sich etwa bei *Ben-Shahar/Porat,* Personalized Law, 2021, S. 84. Die Missbrauchsfälle sind auch mit Blick auf Quersubventionen problematisch, dazu *dies.,* U. Chi. L. Rev. 86 (2019), 255, 256; *Hacker,* Verhaltensökonomik, 2017, S. 528 f.; *Porat/Strahilevitz,* Mich. L. Rev. 112 (2014), 1417, 1453.

her ist der Widerruf allerdings grundlos möglich.[203] Die Missbrauchskonzeption würde letztendlich zu einer Kontrolle der subjektiven Gründe führen, die auch durch Big Data nur schwer zu leisten sein wird.[204]

(2) Verlust des Charakters als Schutzinstrument bei mehrdimensionalem Ansatz

Gegen den mehrdimensionalen Ansatz bestehen auch insofern Bedenken, als er das Widerrufsrecht von einem Schutzinstrument zu einem an Effizienz orientierten Maximierungsinstrument macht. Nach diesem Ansatz kann es nämlich sein, dass besonders schutzwürdige Verbraucher, die den Vertrag mit einer hohen Wahrscheinlichkeit widerrufen werden, kein Widerrufsrecht bekommen, weil gerade diese Verbraucher besonders hohe Kosten auf Unternehmerseite hervorrufen.[205] Da insbesondere irrationale Verbraucher auf Unternehmerseite hohe Kosten verursachen, dürfte die Personalisierung sogar zu einer systematischen Benachteiligung irrationaler und Privilegierung rationaler Verbraucher führen. Angesichts des engen Zusammenhangs zwischen Wahrscheinlichkeit des Widerrufs, Rationalitätsgrad, Kosten auf Unternehmerseite und Wert auf Verbraucherseite würde es mithin zu einer den Schutzzweck konterkarierenden Verteilung von Widerrufsrechten kommen. Der effizienzbasierte Ansatz führt letztendlich sogar zu einer gänzlichen Infragestellung des Widerrufsrechts: Für die irrationalen, nicht mehr quersubventionierten Verbraucher ist das Widerrufsrecht zu teuer, für die rationalen Verbraucher wertlos.

V. Die Inkompatibilität von Neoklassik, Verhaltensökonomik und Big Data

Abschließend soll auf die Inkompatibilität von Neoklassik, Verhaltensökonomik und empirischem Rechtsverständnis (Big Data) eingegangen werden.

---

[203] Die Möglichkeit des grundlosen Widerrufs wird als Argument dafür angeführt, es sei für die Präklusion (§ 767 II ZPO) im Falle des Widerrufs ausnahmsweise auf den Zeitpunkt der Ausübung des Gestaltungsrechts abzustellen (vgl. MünchKomm – *Karsten Schmidt/Brinkmann,* ZPO, [6]2020, § 767 Rn. 86). Auch wenn der BGH dem nicht folgt, so betont doch auch er die Bedeutung der grundlosen Ausübung (vgl. BGH NJW 2020, 2876, 2878 Rn. 17).

[204] Ausf. dazu unter § 2 (S. 46 f.).

[205] Vgl. insb. *Ben-Shahar/Porat,* U. Chi. L. Rev. 86 (2019), 255, 260 f. (am Beispiel des *right to withdraw*). Ferner *Porat/Strahilevitz,* Mich. L. Rev. 112 (2014), 1417, 1453 f. (zu einem *right to return*).

1. Das Erkenntnisproblem des paternalistischen Ansatzes

Es wurde bereits dargelegt, dass Neoklassik und Verhaltensökonomik grundsätzlich miteinander vereinbar sind, weil der neoklassische Rationalitätsbegriff den normativen Bezugspunkt zur Beurteilung der verhaltensökonomischen Abweichungen liefert.[206] Dementsprechend sind auch effizienzorientierte und paternalistische Personalisierung grundsätzlich miteinander vereinbar.

Allerdings verlieren *empirisch* wahrnehmbare Präferenzen für einen *normativen* Rationalitätsbegriff ihren Aussagegehalt, wenn verhaltensökonomischen Erkenntnissen Bedeutung zugemessen wird. Die den Maßstab für Verzerrungseffekte bildenden idealen Präferenzen müssen vielmehr normativ formuliert werden. Damit löst jedoch Big Data nicht mehr das Informationsproblem: Die über die Individuen vorhandenen Daten würden auch die Verzerrungseffekte spiegeln, die gerade durch paternalistische Schutzinstrumente vermieden und nicht zur Grundlage des Inhalts des Rechts gemacht werden sollen. Anders gewendet: Neoklassik und Verhaltensökonomik sind kompatibel, nur lässt sich das Erkenntnisproblem nicht mehr empirisch durch Big Data lösen.

2. Das Leitbildproblem des empirischen Ansatzes

Wird hingegen der Empirie normative Bedeutung beigemessen und der neoklassische Rationalitätsbegriff aufgegeben, so lässt sich das Erkenntnisproblem im Ausgangspunkt nach wie vor empirisch lösen. Dann nämlich kann zumindest theoretisch von den manifestierten Präferenzen (Big Data) darauf geschlossen werden, was die Individuen wollen. Für Paternalismus ist dann von vornherein kein Raum. Im Ergebnis operiert dieser Ansatz wieder auf einer neoklassischen Grundlage: Die manifestierten Präferenzen gelten als rational.

Der auf einer empirischen Grundlage aufbauende Rationalitätsbegriff ist allerdings keineswegs normativ neutral. Ein Modell, das von der vermeintlich neutralen Spiegelung *manifestierter* Präferenzen ausgeht, verwirklicht tatsächlich ein spezifisches normatives Leitbild: Indem die Vorhersage neuer Präferenzen immer nur auf der Grundlage von bereits in der Vergangenheit manifestierten Präferenzen erfolgen kann, ergibt sich erstens ein *konservatives* Element.[207] Indem das Individuum infolge von *bounded willpower* in erster Linie kurzfristige Präferenzen verwirklicht[208], ergibt sich außerdem ein *hedonistisches* Element, weil kurzfristige Präferenzen in der Regel genussorientiert sind. Das neoklassische Personalisierungsprojekt verwirklicht also ein normatives Leitbild,

---

[206] Dazu bereits auf S. 141 f.

[207] Zu diesem Vergangenheitsbezug bereits unter § 2 (S. 48).

[208] Zum Phänomen der *bounded willpower* bereits auf S. 137 f.

das sich als *konservativer Hedonismus* beschreiben lässt. Außerdem ist zu beachten, dass Vorhersagen immer nur durch Verallgemeinerung von Präferenzen eines bestimmten Verbrauchersegments erfolgen können.[209] Es kommt innerhalb eines Segments oder Sektors also gerade nicht zu einer personalisierten Gestaltung, wie sie etwa durch Vertrag erfolgen würde, sondern zu einem *sektoriellen Uniformismus*. Konservativer Hedonismus und sektorieller Uniformismus prägen dabei wiederum die zukünftigen Präferenzen im Sinne von *feedback loops* als besonderer Form des *taste-shaping*[210]: Das Verhalten orientiert sich aufgrund des *status quo bias* an dem durch das Recht geschaffenen Zustand und die als endogen zu verstehenden Präferenzen werden von diesem Recht geprägt.

---

209 Zur Notwendigkeit der Segmentbildung bereits unter § 2 (S. 51).

210 Zu *feedback loops* im Personalisierungskontext *Wagner/Eidenmüller,* U. Chi. L. Rev. 86 (2019), 581, 597 ff. („feedback loops"). Allgemein im Kontext der Personalisierung von (digitaler) Kommunikation vgl. darst. *Ingold,* Der Staat 56 (2017), 491, 509 („Fragmentarisierung"). Ferner *Kersten,* Schwarmdemokratie, 2017, S. 140; („Informationskokons"); *Lovink,* Im Bann der Plattformen, 2017, S. 67 (zum Phänomen der „‚Personalisierung', bei der Nachrichten außerhalb des eigenen Horizonts gar nicht mehr in die eigene Informationsökologie eindringen können"); *Pariser,* Filter Bubble, ²2017, passim; *Sunstein,* Infotopia, 2006, S. 88 ff. (generell zu „informational cascades"), S. 97 f. (speziell im personalisierten, digitalen Nachrichtenkontext), *ders.,* #republic, 2018, 1 (allgemein zu Personalisierung und *echo chambers*), 118 (speziell zu Twitter). Allg. zu *taste-shaping* bereits auf S. 166 (Fn. 167).

§ 5

Freiheitsrechtliche Analyse: Das Privatrechtsmodell

Dieses Kapitel untersucht die freiheitsrechtlichen Auswirkungen des Personalisierungsprojekts. Dazu wird zunächst die eigenständige Bedeutung der Wahldimension der Freiheit herausgearbeitet und grundrechtlich im *status activus* verortet (I.). Sodann wird gezeigt, dass das Personalisierungsprojekt zumindest dann, wenn es auf *ex ante* erlassenen Mikrodirektiven aufbaut, die Wahldimension beeinträchtigt, indem es den Einzelnen aus der Rolle als Erstkonkretisierer privatrechtlicher Normen verdrängt (II.). Diese Beeinträchtigung des *status activus* kann zwar grundsätzlich gerechtfertigt werden. Bei einer systemisch relevanten Verdrängung des Individuums aus seiner Rolle als Normkonkretisierer ist das aber nicht mehr möglich. Es kommt in diesem Fall zu einem Verstoß gegen den dynamisch verstandenen Wesensgehalt des *status activus* der Grundrechte (III.). Die Beeinträchtigung der Wahldimension der Freiheit hat daneben noch eine Reihe von Folgewirkungen, die ihrerseits zu Freiheitsproblemen führen und sich als Datenschutzproblem, als Problem der Entanonymisierung und Stigmatisierung sowie als Problem der staatlichen Sanktionspräsenz beschreiben lassen (IV.). Abschließend werden die Erkenntnisse im Diskurs um die Eigenständigkeit des Privatrechts verortet (V.).

I. Die Eigenständigkeit der Wahldimension der Freiheit

Freiheit wird hier definiert als *Präferenzbefriedigung durch Selbstgesetzgebung.* Freiheit ist also nicht nur *Erhalt* des Gewollten, sondern gerade die *Wahl* des Gewollten. Diese Definition betont, dass Freiheit eine Wahldimension („die Wahl") und eine Realisierungsdimension („des Gewollten") aufweist. Bei einem alleine an Effizienz ausgerichteten Rechtsverständnis droht die Eigenständigkeit der Wahldimension der Freiheit verkannt zu werden. Ziel dieses Abschnitts ist es daher, die Eigenständigkeit der Wahldimension der Freiheit zu plausibilisieren. Dazu werden die Erkenntnisse aus verschiedenen Diskursen zusammengeführt und reinterpretiert.

1. Ökonomischer Diskurs

Aus ökonomischer Sicht spielt die Wahldimension als eine gegenüber der Realisierungsdimension eigenständige Freiheitsform in unterschiedlichen Zusammenhängen eine Rolle.

a) Ideelle und funktionelle Marktrechtfertigung

Die Unterscheidung zwischen der Wahl- und der Realisierungsdimension der Freiheit lässt sich zunächst in theoretischen Ansätzen zur Rechtfertigung des Marktes erkennen, wie sie sich insbesondere bei *Friedrich von Hayek* und *Milton Friedman* finden[1]: Der Marktmechanismus rechtfertigt sich nicht nur funktionell als effizienter Mechanismus der Güterallokation, also aus den kognitiven Grenzen zentraler Informationsverarbeitung *(Realisierungsdimension).*[2] Vielmehr kann ein marktwirtschaftliches System auch ideell gerechtfertigt werden

---

[1] Vgl. nur *Hayek,* The Constitution of Liberty, ³2009; *ders.,* The Road to Serfdom, ⁶2006; *ders.,* Law, Legislation and Liberty, ³1998; *ders.,* The Fatal Conceit, 1988; *Friedman,* Capitalism and Freedom, ⁴⁰2002; *Friedman/Friedman,* Free to Choose, 1990. Allg. darst. etwa *Posner,* N.Y.U. J.L. & Liberty 1 (2005), 147, 147 f.; *Budzinski/Eckert,* in: Mause/Müller/Schubert (Hrsg.), Politik und Wirtschaft, 2018, S. 375, 377; *Sen,* Eur. Econ. Rev. 32 (1988), 269, 270 (allerdings mit zweifelhafter Gegenüberstellung von *Friedman* und *Buchanan,* die letztendlich beide auf einer funktionellen *und* ideellen Ebene für den Marktmechanismus argumentierten). Im technischen Kontext *Bender,* ERCL 16 (2020), 366, 394; *Pałka,* L. & Contemp. Probs. 83 (2020), 125, insb. 126.

[2] Zu diesem Argument insb. *Hayek,* Economica 4 (1937), 33 ff.; *ders.,* Am. Econ. Rev. 35 (1945), 519 ff.; *ders.,* The Fata Conceit, 1988; *ders.,* New Studies, 1978, 3 ff., insb. S. 10. Deutlich auch *Friedman/Friedman,* Free to Choose, 1990, S. 9 ff. Für ein rein funktionelles Marktverständnis *Lange,* in: Feinstein (Hrsg.), Socialism, Capitalism and Economic Growth, 1969, S. 158 („The market process with its cumbersome *tâtonnements,* appears old-fashioned. Indeed, it may be considered as a computing device of the pre-electronic age.").

als eine individuelle Freiheit ermöglichende Gesellschaftsordnung *(Wahldimension)*. Zentrale Planung ist nach diesem Argumentationsstrang aufgrund ihrer Tendenz zum Totalitarismus abzulehnen und staatliche Präsenz zu vermeiden.[3]

b) Freedom of choice und utilities

Eine parallele Unterscheidung findet sich auch bei Ansätzen, die die ausschließliche Orientierung der neoklassischen Analyse an Wohlstands- oder Nutzenmehrung *(utilities)*, also Präferenzbefriedigung, kritisieren und die eigenständige Bedeutung der Wahlfreiheit *(freedom of choice)* betonen.[4] Die Begründung der eigenständigen Bedeutung der Wahlfreiheit kann dabei unter Bezugnahme auf eine *deontologische* Wertvorstellung erfolgen: Wahlfreiheit hat intrinsischen Wert für die individuelle Selbstverwirklichung. Sie ist damit genauso anzustreben wie etwa die wohlfahrtsökonomische Präferenzbefriedigung.[5] Die eigenständige Bedeutung kann jedoch auch als Ausdifferenzierung des *utilitaristisch-wohlfahrtsökonomischen* Ansatzes konzeptualisiert werden: Zum einen kann der Wahlfreiheit Bedeutung beigemessen werden, obwohl Präferenzbefriedigung *gegenwärtig* auch ohne Wahl herbeigeführt werden könnte, weil

---

[3] Zu dieser Argumentationslinie insb. *Hayek,* The Road to Serfdom, [6]2006, S. 13 („We have progressively abandoned that freedom in economic affairs without which personal and political freedom has never existed in the past."); *ders.,* in: ders. (Hrsg.), Collectivist Economic Planning, [6]1963, S. 1, 19 („freedom of choice of the consumer"); *Friedman,* Capitalism and Freedom, [40]2002, S. 8 („Economic arrangements play a dual role in the promotion of a free society. On the one hand, freedom in economic arrangements is itself a component of freedom broadly understood, so economic freedom is an end in itself. In the second place, economic freedom is also an indispensable means toward the achievement of political freedom."). Zu Wettbewerb und individueller Handlungsfreiheit auch *Möschel,* AcP 216 (2016), 13, 14.

[4] Zur Unterscheidung etwa *Pattanaik/Yu,* Rech. Econ. Louvain 56 (1990), 383, 384 f. Darauf aufbauend *Carter,* Soc. Choice Welf. 22 (2002), 61, 69 („A person has freedom of choice iff she lacks constraints on the reasoned selection and performance of one or more of the items on an action-menu."). In diesem Sinne wird der Begriff der Wahlfreiheit etwa bei *Hacker,* Verhaltensökonomik, 2017, S. 210 (Fn. 24) verwendet. Zum Teil wird von der Wahlfreiheit allerdings eine Dispositionsfreiheit unterschieden, in der keine vorgegebenen Optionssets zur Auswahl stehen, sondern völlig „frei" entschieden wird (vgl. *Möslein,* Dispositives Recht, 2011, S. 53). Dieser Begriffsbildung wird hier nicht gefolgt, weil sich jede rechtlich unbeschränkte Entscheidung ökonomisch als Auswahl zwischen Güterbündeln formulieren lässt (*Varian,* Mikroökonomik, [9]2016, S. 22). Außerdem ist der Übergang zwischen typischen und atypischen Verträgen fließend, weil auch atypische Verträge dem Grundtypus des von der Rechtsordnung anerkannten Vertrages entsprechen müssen, vgl. *Flume,* Allgemeiner Teil des bürgerlichen Rechts, [3]1979, S. 2 (§ 1 2).

[5] Für den ökonomischen Diskurs vgl. *Pattanaik/Yu,* Rech. Econ. Louvain 56 (1990), 383, 385. Allg. *Kant,* GMS, AA 4, 431–433, 440. Darst. *Hacker,* Verhaltensökonomik, 2017, S. 225–227.

die fehlende Wahl *zukünftig* die Präferenzbefriedigung beeinträchtigen wird.[6] Zum anderen kann der Wahlakt als Teil der individuellen *utility function* angesehen werden, sofern Individuen Freude am Auswählen empfinden.[7]

Insbesondere *Amartya Sen* hat die Dichotomie von Wahlfreiheit und Präferenzbefriedigung als zwei unabhängig voneinander zu betrachtende Größen überwunden und Wahlfreiheit und Präferenzbefriedigung als prozedurale und substantielle Komponenten eines einheitlichen, auf *agency* beruhenden Freiheitsbegriffs zusammengeführt.[8] Freiheit wird danach nicht einfach dadurch größer, dass mehr Optionen eingeführt werden. Vielmehr müssen diese Optionen auch in der Lage sein, Präferenzen zu befriedigen. Bei einer Präferenzbefriedigung ohne jede Wahlmöglichkeit geht genauso Freiheit verloren wie bei einer Wahlmöglichkeit zwischen Optionen, die keine Präferenzbefriedigung erlauben. Freiheit setzt damit sowohl eine Wahl *(procedural aspect of freedom)* als auch die Möglichkeit voraus, mit der Wahl Präferenzen zu realisieren *(opportunity aspect of freedom)*.[9] Das Zusammenspiel dieser beiden Freiheits-

---

[6] Darst. *Sen,* Eur. Econ. Rev. 32 (1988), 269, 270–272; *Pattanaik/Yu,* Rech. Econ. Louvain 56 (1990), 383, 385.

[7] Grundlegend *Bartling/Fehr/Herz,* Econometrica 82 (2014), 2005. Vgl. auch *Sunstein,* U. Pa. L. Rev. 162 (2013), 1, 51 („People may like choosing, and default rules deprive them of something that they like."); *ders.,* Why Nudge?, 2014, S. 125. Damit lässt sich auch der Erfolg eines Verkaufsmodells erklären, bei dem der Kunde selbst über die Zutaten seines Gerichts entscheidet: Selbst wenn das aus laienhaft kombinierten Zutaten bestehende Gericht schlechter schmeckt als das allein vom professionellen Koch zusammengestellte Essen, hat das Verkaufsmodell Erfolg, weil der Kunde dem Wahlakt selbst Bedeutung beimisst. Dass in dem Akt der privaten Normsetzung als solchem Bedeutung liegt, wird auch daraus ersichtlich, dass die Auswahl einer Handlung aus Optionen, von denen jede negativ ist, in der Regel als besonders belastend empfunden wird. In einem Unrechtsregime etwa kann der Zwang zur autonomen Unrechtssetzung in Antizipation entsprechender richterlicher Kontrolle besonders belastend wirken, weil sich das Individuum selbst eine Unrechtsnorm geben muss. Dass gerade die individuelle Konkretisierung einer Unrechtsvorgabe besonders belastend ist und damit gleichzeitig als besonderer Treuebeweis fungiert, ist tief in der abendländischen Kultur verwurzelt. Man denke insofern nur an die Bindung *Isaaks* im Alten Testament (Gen. 22, 1–19), in deren Rahmen Gott *Abraham* (vermeintlich) befiehlt, seinen Sohn *Isaak* zu opfern.

[8] *Sen,* Development as Freedom, 1999/2000, S. 17–19. Gleiches gilt für die doppelte (wohlstands- und freiheitsbezogene) Rechtfertigung des Marktmechanismus, vgl. *ders.,* Development as Freedom, 1999/2000, S. 25–30.

[9] Vgl. *Sen,* Rationality and Freedom, 2002/2004, S. 11 f., 585–587 (Abdruck der Arrow Lectures); *ders.,* Development as Freedom, 1999/2000, S. 17; *ders.,* J. Econom. 50 (1991), 15, 21; *ders.,* Eur. Econ. Rev. 32 (1988), 269, 290 (die eigenständige Bedeutung von *choice* betonend). Darauf aufbauend *Przeworski,* Econ. Philos. 19 (2003), 265, 268 f. *(cardinality approach vs. effective freedom approach). Sen* legt im Rahmen seines Capability-Ansatzes den Fokus insb. auf die Qualität der dem Individuum zur Verfügung stehenden Optionen, die wiederum von dessen Ressourcen und Fähigkeiten abhängen (für eine knappe Darstellung etwa *Leßmann,* Rev. Soc. Econ. 69 [2011], 439, 440–442). Er kritisiert damit Ansätze, die

dimensionen lässt sich an einem Beispiel veranschaulichen[10]: (i) Ein Individuum, das aus verschiedenen Büchern sein Lieblingsbuch auswählt, ist frei, weil es nicht nur prozedural eine Wahl zwischen verschiedenen Büchern trifft, sondern auch substantiell die Präferenz für das Lieblingsbuch realisiert. (ii) Wird das Individuum verpflichtet, sein Lieblingsbuch zu lesen, so ist die Realisierungsdimension der Freiheit nach wie vor voll verwirklicht – das Individuum hätte das Buch ja auch selbst gewählt. Die Wahldimension der Freiheit wird jedoch aufgehoben. (iii) Besteht zwar die Möglichkeit, zwischen Büchern zu wählen, enthalten diese allerdings nicht das Lieblingsbuch als Option, so ist sowohl die Wahldimension als auch die Realisierungsdimension beeinträchtigt. Die Präferenzbefriedigung ist nicht mehr voll möglich – das Individuum muss auf die nächstbeste Option ausweichen – und außerdem geht eine Wahloption – nämlich diejenige des Lieblingsbuchs – verloren. Daran zeigt sich: Während die Wahldimension aufgehoben werden kann, ohne die Realisierungsdimension zu beeinträchtigen, führt jede Beeinträchtigung der Realisierungsdimension auch zu einer Reduzierung der Wahldimension.[11]

c) *Transaction benefits*

Auch im *rechts*ökonomischen Diskurs wird der Wahldimension der Freiheit zunehmend eigenständige Bedeutung beigemessen. Gerade vor einem verhaltensökonomischen Hintergrund werden die Vorzüge von Regelungsstrukturen, die *active choosing* involvieren, hervorgehoben.[12] Im vertraglichen Kontext wird dieser Aspekt auch durch den Begriff der *transaction benefits* eingefangen, der die mit dem Vertragsschluss einhergehenden *transaction costs* relativiert.[13] *Transaction benefits* stehen letztendlich für das, was im deutschen Diskurs als die prozedurale Gerechtigkeitsdimension des Vertrages beschrieben wird.[14]

---

allein auf die Anzahl der Optionen abstellen. Grundsätzlich misst allerdings auch er der Auswahl eigenständige Bedeutung bei.

[10] Das Beispiel ist angelehnt an *Sen,* J. Econom. 50 (1991), 15, 25. Aufgegriffen von *Przeworski,* Econ. Philos. 19 (2003), 265, 268 f. Im Personalisierungskontext *Bender,* ERCL 16 (2020), 366, 389.

[11] Besonders deutlich *Carter,* Soc. Choice Welf. 22 (2002), 61, 79. Diese Aussage setzt natürlich die begriffliche Trennung der Wahldimension und der Realisierungsdimension i. e. S. voraus, obwohl die Wahl durchaus als Teil der Nutzenfunktion und damit der Realisierungsdimension i. w. S. gesehen werden kann, vgl. *Bartling/Fehr/Herz,* Econometrica 82 (2014), 2005; *Sunstein,* U. Pa. L. Rev. 162 (2013), 1, 51; *ders.,* Why Nudge?, 2014, S. 125.

[12] Dazu *ders.,* U. Pa. L. Rev. 162 (2013), 1, 38 ff.

[13] Zu diesem Ausdruck etwa *Markovits,* in: Tasioulas (Hrsg.), The Cambridge Companion to the Philosophy of Law, 2020, S. 331, 348.

[14] Dazu etwa *Canaris,* AcP 200 (2000), 273, 283 f.; *ders.,* iustitia distributiva, 1997, S. 46 ff.

2. *Philosophischer Diskurs*

Aus dem jüngeren philosophischen Freiheitsdiskurs lassen sich ebenfalls Erkenntnisgewinne im Hinblick auf die eigenständige Bedeutung der Wahlfreiheit ziehen.

a) Berlins Unterscheidung zwischen negativer und positiver Freiheit als Ausgangspunkt

Den Ausgangspunkt der Überlegungen bildet die Unterscheidung zwischen negativer und positiver Freiheit, die insbesondere von *Isaiah Berlin* in dem Essay *Two Concepts of Liberty,* das sich als Plädoyer für einen negativen Freiheitsbegriff lesen lässt, geprägt wurde[15]: Negative Freiheit ist Freiheit von Zwang *(freedom from coercion)*[16], positive Freiheit ist Selbstbeherrschung *(self-mastery)*[17] oder autonome Selbstverwirklichung *(self-realization)*[18].

b) Überwindung der Dichotomie durch MacCallums einheitlichen Freiheitsbegriff

Insbesondere *Gerald MacCallum* griff die Unterscheidung auf der Grundlage an, dass sich letztendlich jede Positivierung des Freiheitsbegriffs auch als Abwesenheit von Zwang im weitesten Sinne, also als Problem der negativen Freiheit, formulieren lässt.[19] Freiheitsbegriffe bilden danach ein Kontinuum von unterschiedlichen Qualifikationen an das, was als ein die individuellen Möglichkeiten limitierender Zwang zählt.[20] Dabei kann ein Freiheitsbegriff nicht nur tatsächlich bestehende, physische Zwänge als Freiheitsbeschränkung qualifizieren.[21] Vielmehr kann bereits der nur *mögliche* Zwang[22] oder ein rein ökonomi-

---

[15] *Berlin,* in: Hardy (Hrsg.), Liberty, 2002, S. 166, insb. 169–181 (Antrittsvorlesung aus dem Jahr 1958).

[16] Insb. *ders.,* in: Hardy (Hrsg.), Liberty, 2002, S. 166, 169 f.

[17] Insb. *ders.,* in: Hardy (Hrsg.), Liberty, 2002, S. 166, 178 f.

[18] So insb. die Interpretation von *Skinner,* Proc. Br. Acad. 117 (2001), 237, 239 f.

[19] Grundlegend *MacCallum, Jr.,* Philos. Rev. 76 (1967), 312, 314 („Such freedom is thus always *of* something (an agent or agents), *from* something, *to* do, not do, become, or not become something; it is a triadic relation."). Im Ansatz bereits *Berlin,* in: Hardy (Hrsg.), Liberty, 2002, S. 178. Darauf aufbauend *Carter,* Soc. Choice Welf. 22 (2002), 61, 65, insb. 79; *Nelson,* Political Theory 33 (2005), 58, 64 ff.

[20] Vgl. *Spector,* Political Theory 38 (2010), 780, 793 („‚Negativity' and ‚positivity' are a matter of degree.").

[21] Hierauf zielt das klassische negative Freiheitsverständnis von *Berlin,* in: Hardy (Hrsg.), Liberty, 2002, S. 166 ab.

[22] Für Vertreter dieses republikanischen Freiheitsverständnisses vgl. etwa *Pettit,* Ethics 106 (1996), 576, 577 („taking the antonym of freedom to be subjugation, defenseless suscep-

scher Zwang[23] als Freiheitsbeschränkung angesehen werden. Auch *interne* Zwänge, die den Freiheitsbegriff an ein Mindestmaß an Vernunft binden, sind als Qualifikationen denkbar.[24]

Natürlich lässt sich umgekehrt auch jede negative Freiheit als Ausprägung eines spezifischen positiven Leitbilds verstehen.[25] Erst durch die Kollision von Leitbildern ist es überhaupt möglich, ein Leitbild als positiv (Befürwortung der Qualifikation), ein anderes als negativ (Ablehnung der Qualifikation) zu bezeichnen.[26] Jeder Verweis auf eine „natürliche" positive Freiheit droht paterna-

---

tibility to interference, rather than actual intererence."); *Skinner,* Proc. Br. Acad. 117 (2001), 237, 247 ff. Darst. *Gaus/Courtland/Schmidtz,* in: Zalta (Hrsg.), The Stanford Encyclopedia of Philosophy, 2022 (unter 1.4); *Spector,* Political Theory 38 (2010), 780, 784–790. Zum republikanischen Liberalismus (Liberalismus II) ausf. unter § 8 (S. 313–322).

23 In diese Richtung *Dewey,* Int. J. Ethics 26 (1916), 359, 366 („But it is as an efficiency factor that its [the liberty's] value must ultimately be assessed."). *Cohen,* Capitalism, in: Otsuka (Hrsg.) the Currency of Egalitarian Justice, and Other Essays in Political Philosophy, 2011. Letztendlich ebenso *Friedman,* Capitalism and Freedom, [40]2002, S. 8; *Sen,* Eur. Econ. Rev. 32 (1988), 269, 272 ff. (im Rahmen seines Capability-Ansatzes). Hingegen krit. darst. *Hayek,* The Constitution of Liberty, 1960, S. 16 f.; *ders.,* The Road to Serfdom, [6]2006, S. 25–27; *Berlin,* in: Hardy (Hrsg.), Liberty, 2002, S. 166, 169 f. Zust. darst. *Christman,* Political Theory 33 (2005), 79, 80 f. (m. w. N. insb. in Fn. 4).

24 Vernunftbasierte Freiheitsqualifikationen finden sich etwa bei *Kant,* GMS, AA 4, 431–433, 440 (darst. *Hacker,* Verhaltensökonomik, 2017, S. 225–227), bei *Green,* Liberal Legislation, in: Harris/Morrow (Hrsg.), Lectures, 1986, S. 194–212, bei *dems.,* Liberal Legislation, in: Harris/Morrow (Hrsg.), Lectures, 1986, S. 228–249 (darst. *Dimova-Cookson,* Political Theory 31 [2003], 508, 510) und bei *Skinner,* Proc. Br. Acad. 117 (2001), 237, 239 f. (auf S. 247 ff. allerdings zum republikanischen Freiheitsbegriff). Auch *Möllers,* Freiheitsgrade, [2]2020, S. 59 f. (Rn. 44) fängt die Vernunftqualifikation mit seinem zweiten Freiheitsgrad ein, wobei er insb. auf S. 89 (Rn. 75) die Bedeutung des unqualifizierten „ich will" betont. Ferner *Post,* Harv. L. Rev. 103 (1990), 601, 652 ff. (rein subjektive *preference* und *judgment* unterscheidend). Das Grundgesetz setzt der vernunftbasierten Freiheitsqualifikation mit Blick auf das Wahlrecht aus Art. 38 I GG enge Grenzen (vgl. BVerfGE 151, 1, 18 f., wonach der pauschale Gleichlauf von zivilrechtlicher Betreuung und Wahlrechtsverlust verfassungswidrig ist).

25 Besonders deutlich *Taylor,* in: Ryan (Hrsg.), The Idea of Freedom, 1979, S. 175, 181 („I want to argue that we cannot defend a view of freedom which doesn't involve at least some qualitative discrimination as to motive [...]"). Ähnlich *Christman,* Political Theory 33 (2005), 79, 83 f. (zum Zusammenhang zwischen „absences of obstacles" und „final outcome of that absence in positive terms"), 87; *Cohen,* Capitalism, in: Otsuka (Hrsg.), Egalitarian Justice, 2011, S. 147, 150 f. (speziell zum Zwangscharakter der Eigentumsordnung). Gegen die Wertfreiheit des Privatrechts allg. etwa *Coleman/Ripstein,* McGill L.J. 41 (1995/1996), 91.

26 Ähnlich auch *Spector,* Political Theory 38 (2010), 780, 793. Dazu, dass es letztendlich immer um die Kollision von normativen Prämissen geht, vgl. auch *MacCallum, Jr.,* Philos. Rev. 76 (1967), 312, 319 (aus negativer Sicht); *Christman,* Political Theory 33 (2005), 79, 87 (aus positiver Sicht).

listische Zwangsmaßnahmen der Rechtfertigung zu entziehen[27] und jeder Verweis auf eine „natürliche" negative Freiheit verstellt den Blick auf den dem *status quo* inhärenten Zwang[28].

c) Rekonzeptualisierung durch Taylors opportunity-freedom und exercise-freedom

Obwohl sich also auch unter Zugrundelegung eines positiven (also stark qualifizierten) Freiheitsbegriffs die Dualität von positiver und negativer Freiheit überwinden lässt, schienen die Vertreter eines positiven Freiheitsverständnisses davon auszugehen, durch das einheitliche Freiheitsverständnis etwas zu verlieren.[29] Insbesondere *Charles Taylor* versuchte deshalb, die Dichotomie über die Begriffe der *opportunity-freedom* und der *exercise-freedom* zu retten[30]: *Opportunity-freedom* als Rekonzeptualisierung der negativen Freiheit misst den Grad an Zwang, wobei die Abwesenheit von Zwang Möglichkeiten eröffnet. Ein Individuum ist danach frei, wenn es seine Präferenzen realisieren *kann*.[31] *Exercise-freedom* als Rekonzeptualisierung der positiven Freiheit verlangt darüber hinaus, dass das Individuum die Möglichkeiten tatsächlich *realisiert*, die Präferenzen also verwirklicht. Freiheit ist Selbstverwirklichung *(self-realization)*[32], nicht nur die Möglichkeit dazu.

---

[27] Vgl. etwa *Hayek,* The Constitution of Liberty, 1960, S. 16–19, insb. S. 17 („Yet, though freedom and wealth are both good things which most of us desire and though we often need both to obtain what we wish, they still remain different."). Ebenso *Hayek,* The Road to Serfdom, ⁶2006, S. 25–27; *Berlin,* in: Hardy (Hrsg.), Liberty, 2002, S. 166, 217; *Möllers,* Freiheitsgrade, ²2020, S. 89 (Rn. 75) (je den eigenständigen Wert einer Art von Freiheit betonend, die gegen andere, ihrerseits legitime Werte in Stellung gebracht werden kann).

[28] Mit Blick auf das Eigentum vgl. *Cohen,* Captalism, in: Otsuka (Hrsg.), Egalitarian Justice, 2011, S. 147, 150 f.

[29] Der einheitliche Freiheitsbegriff schien ihnen als einheitlich negativer Freiheitsbegriff, vgl. nur *Skinner,* Proc. Br. Acad. 117 (2001), 237, 241 f.; *Christman,* Political Theory 33 (2005), 79, 85; *Elford,* Politics Philos. Econ. 12 (2012), 228, 234–236.

[30] Grundlegend *Taylor,* in: Ryan (Hrsg.), The Idea of Freedom, 1979, S. 175, 177. Darauf aufbauend *Skinner,* Proc. Br. Acad. 117 (2001), 237, 241 f.; *Christman,* Political Theory 33 (2005), 79; *Elford,* Politics Philos. Econ. 12 (2012), 228, 229 f. Darst. *Carter,* Soc. Choice Welf. 22 (2002), 61, 64 f.

[31] *Taylor,* in: Ryan (Hrsg.), The Idea of Freedom, 1979, S. 175, 177; *Carter,* Soc. Choice Welf. 22 (2002), 61, 65.

[32] *Ders.,* in: Ryan (Hrsg.), The Idea of Freedom, 1979, S. 175, 177. Insb. auch *Skinner,* Proc. Br. Acad. 117 (2001), 237, 241 f., aufbauend auf *Berlin,* in: Hardy (Hrsg.), Liberty, 2002, S. 166, 180–181.

d) Rekonzeptualisierung der Rekonzeptualisierung: „Exercise" als Wahldimension der Freiheit

Das zentrale Problem dieser Redefinition liegt darin, dass der Gegensatz zwischen *opportunity-freedom* und *exercise-freedom* nicht das einfängt, was unter negativer und positiver Freiheit diskutiert wurde.[33] Die Frage, welche Anforderungen an eine echte *opportunity* zu stellen sind und was wirklich als *exercise* der Freiheit zählt, wird gleichermaßen über das Leitbild beantwortet, über das negative und positive Freiheitstheorien streiten.[34] Dass *opportunity* keineswegs notwendig mit einem klassischen negativen Freiheitsverständnis verbunden sein muss, wird besonders deutlich bei *Sen*, der den Opportunity-Begriff gerade dazu benutzt, die bestehenden Optionen positiv zu bewerten.[35] Dass sich beide Begriffspaare nicht decken, überrascht letztendlich nicht, denn anders als „positiv" und „negativ" bezeichnen „Ausübung" *(exercise)* und „Möglichkeit" *(opportunity)* keine Gegensätze: Der Gegensatz von „Ausübung" ist nicht „Möglichkeit", sondern „Nichtausübung" (oder Passivität). Der Gegensatz von „Möglichkeit" ist nicht „Ausübung", sondern „Zwang".[36] Vor diesem Hintergrund wird klar, dass *exercise* letztendlich die Wahldimension der Freiheit einfängt, die dem Individuum eine aktive Rolle zuweist. Die Einsicht, dass Freiheit nicht nur die *Möglichkeit* zum Handeln ist, sondern Handeln *als solches* voraussetzt, kann damit als die Einsicht reinterpretiert werden, Freiheit habe neben der substantiellen auch eine prozedurale Komponente. In diesem Sinne steht der philosophische Begriff der *exercise-freedom* in einem Zusammenhang mit dem ökonomischen Begriff der *freedom of choice* und dem Konzept der *agency*.[37]

---

[33] Insb. *Taylor,* in: Ryan (Hrsg.), The Idea of Freedom, 1979, S. 175, 177 („But we have to say that negative theories can rely on an opportunity-concept, rather than that they necessarily do so rely […]."', wobei er *exercise-freedom* begrifflich oft nicht klar genug von positiver und auch der kollektiven, demokratischen Freiheit unterscheidet). Besonders deutlich auch *Elford,* Politics Philos. Econ. 12 (2012), 228, 231.

[34] Bei einer strikten Gleichsetzung bestünde natürlich wieder der Einwand, dass jede unterlassene Realisierung als fehlende Möglichkeit rekonzeptualisiert werden kann, vgl. *Nelson,* Political Theory 33 (2005), 58, 64. Krit. *Christman,* Political Theory 33 (2005), 79, 85. Ebenfalls krit., aber gleichzeitig *Nelsons* Argument als *advocatus diaboli* zum sog. *identity claim* fortentwickelnd, *Elford,* Politics Philos. Econ. 12 (2012), 228, 235 (den *identity claim* aber ablehnend, weil er *motivational failure* nicht als Zwang definieren möchte).

[35] Vgl. *Sen,* Development as Freedom, 1999/2000, S. 17. Gleichzeitig sieht auch *Sen* seinen Ansatz als Fortentwicklung des positiven Freiheitsbegriffs, vgl. *ders.,* Eur. Econ. Rev. 32 (1988), 269, 272 ff.

[36] Die Bedeutung klarer Gegensatzbildung im Recht betonend *Hohfeld,* Yale L.J. 23 (1913), 16, 28 ff.

[37] Zur Bedeutung der *agency* etwa *Sen,* Development as Freedom, 1999/2000, S. 18 f.

Der so verstandene philosophische Freiheitsbegriff der *exercise-freedom* repliziert jedoch nicht nur den ökonomischen Freedom-of-Choice-Begriff. Vielmehr lässt sich die Wahlfreiheit unter Bezugnahme auf *exercise* statt *choice* auch in einem wesentlichen Punkt fortentwickeln: Der ökonomische Begriff der *freedom of choice* legt den prozeduralen Schwerpunkt auf die Auswahl aus Optionen.[38] Der philosophische Begriff der *exercise-freedom* stellt hingegen auf den performativen Partizipationsakt als solchen ab, der eigenständige Bedeutung auch dann haben kann, wenn nur *eine* Handlungsoption besteht. Die Selbstgesetzgebung, die wie im Falle von *Kants* Autonomiekonzept strengen Vorgaben folgt (den Vorgaben des kategorischen Imperativs)[39], hat prozedurale Bedeutung, weil der Einzelne selbst entscheidet. Schon die selbständige, autonome Herbeiführung der Präferenzbefriedigung ist demnach Ausübung von Freiheit.[40]

3. Politikwissenschaftlicher Diskurs: Prozedurale Legitimation von Herrschaft

Im politikwissenschaftlichen Diskurs zur Legitimation von Herrschaft ist die eigenständige Bedeutung von Partizipationsmöglichkeiten ebenfalls stark theoretisiert, sofern es um *kollektive* Freiheit geht. Der Gegensatz zwischen prozeduraler und substantieller Gerechtigkeit (Legitimität)[41] oder zwischen Input- und Output-Legitimation[42] beschreibt letztendlich das, was auch durch die Wahl- und die Realisierungsdimension der Freiheit auf individueller Ebene bezeichnet wird.

---

[38] Zu *freedom of choice* und ihrem Zusammenhang zum *action menu* insb. *Carter,* Soc. Choice Welf. 22 (2002), 61, 69. Vgl. auch *Sen,* Eur. Econ. Rev. 32 (1988), 269, 290 (zur Bedeutung von Alternativen).

[39] Vgl. *Kant,* GMS, AA 4, 431–433, 440. Darst. *Hacker,* Verhaltensökonomik, 2017, S. 225–227, 245.

[40] So besonders deutlich *Cohen,* Captalism, in: Otsuka (Hrsg.), Egalitarian Justice, 2011, S. 147 („one cannot be forced to do what one cannot do, and one cannot do what one is not free to do. Hence one is free to do what one is forced to do.").

[41] Zu dieser Unterscheidung vgl. *Christiano,* J. Political Philos. 12 (2004), 266 (im Kontext demokratischer Legitimität). Für prozedurale Legitimitätsansäze vgl. etwa *Luhmann,* Legitimation durch Verfahren, 92013; *Habermas,* Faktizität und Geltung, 1992, S. 350 ff., insb. 364 („diskursive Rationalisierung"). Für substantielle Legitimitätsansätze vgl. *Rawls,* A Theory of Justice, 21999, S. 45 („substantive moral conceptions") (allerdings gelangt auch er zu den substantiellen Fairnesserwägungen über ein prozedural-gesellschaftsvertragliches Gedankenexperiment). Ferner *Möllers,* Gewaltengliederung, 2005, S. 37.

[42] Dazu *Scharpf,* Governing in Europe, 1999, S. 6, 7 ff. *(input-legitimacy),* 10 ff. *(output-legitimacy); ders.,* Eur. L.J. 23 (2017), 315, 315 f.

Auf dieser kollektiven Ebene des politischen Legitimitätsdiskurses ist die prozedurale Dimension der Gerechtigkeit seit dem Zerfall eines breiten Wertekonsenses sogar dominant.[43] Die Zustimmung wird zunehmend zum normativen Kriterium der Akzeptierbarkeit, also der normativen Legitimität des Systems.[44] Diese Zustimmung zum System scheint zudem stark von prozeduralen Mechanismen abzuhängen, die Partizipation ermöglichen[45] und denen auch normativer Eigenwert beigemessen wird[46]. Rechtlich spiegelt sich das in der zunehmenden Bedeutung von absoluten Verfahrensrechten, denen nicht nur – wie das für relative Verfahrensrechte charakteristisch ist – eine dienende Funktion zukommt.[47] Dabei wird die legitimierende Wirkung der prozeduralen Mitwirkung nicht immer von dem Bestehen von Wahloptionen abhängig gemacht: Auch Akklamationen wird beispielsweise ein gewisser legitimatorischer Eigenwert zuerkannt.[48]

4. Theologischer Diskurs: Freiheit in der Entscheidung für Gott

Es kann außerdem auf den theologischen Diskurs verwiesen werden, in dem der Wahldimension der Freiheit, verstanden als Selbstgesetzgebung, ebenfalls ein eigenständiges Gewicht zukommt. Im christlichen Kontext wird die Wahldimension der Freiheit als Antwort auf eine ganze Reihe theologischer Grundprobleme herangezogen. Das Theodizee-Problem etwa, also die Frage, warum Gott durch das Böse verursachte Leid auf Erden trotz seiner Allmacht zulässt, wird

---

43 Ausf. dazu *Bender,* in: ders. (Hrsg.), Objectivity and Power, 2022, S. 19, 61 f. m. w. N.

44 So etwa bei *Beetham,* The Legitimation of Power, ²2013, S. 11 („A given power relationship is not legitimate because people believe in its legitimacy, but because it can be *justified in terms of* their beliefs."), S. 13 f., 15 f. Vgl. auch (etwas vorsichtiger) *Habermas,* PVS 7 (1976), 39, 58 f.

45 Vgl. dazu insb. *Tyler,* Why People Obey the Law, 1990; *ders.,* Ann. Rev. Psychol. 57 (2006), 375; *Tyler/Jackson,* Psychol. Pub. Pol'y & L. 20 (2013), 78.

46 Etwa *Luhmann,* Legitimation durch Verfahren, ⁹2013; *Habermas,* Faktizität und Geltung, 1992, S. 350 ff., insb. S. 364 („diskursive Rationalisierung").

47 Grundsätzlich kommt Vorschriften des Verwaltungsverfahrens nur eine dienende Funktion zu, wie etwa § 46 VwVfG zum Ausdruck bringt, vgl. *Quabeck,* Dienende Funktion, 2010, S. 18 ff. Allerdings wird unter dem Einfluss des Unionsrechts Verfahrensvorschriften bisweilen auch absolute Bedeutung zugemessen, vgl. *Schwerdtfeger,* Verwaltungsrechtsschutz, 2010, S. 232 ff. Im Strafprozessrecht reflektiert der Dualismus von § 337 StPO und § 338 StPO eine ähnliche Unterteilung von Verfahrensfehlern.

48 Natürlich kann die Akklamation auch andere, wirkungsvollere Wahlmechanismen beeinträchtigen, vgl. *Wiemer,* AKG 86 (2004), 27, 66. Das ändert aber nichts daran, dass auch sie eine gewisse Form der Partizipation darstellt. Ähnlich *Beetham,* The Legitimation of Power, ²2013, S. 18 (im Rahmen seiner dritten, weit verstandenen Legitimitätsebene „expression of consent").

oft unter Verweis darauf beantwortet, dass nur so Wahlfreiheit fortbestehen kann.[49] Auch die Antwort auf die Frage, warum sich Gott nicht jedem offenbart, wird in der Notwendigkeit gesucht, Wahlfreiheit zu gewährleisten.[50] Dieses Argumentationsmuster lässt sich im rechtlichen Kontext in der Entscheidung für das Recht wiederholen: Nicht nur für den „bad man", für den der Rechtsbruch immer eine Option ist[51], sondern auch für den „good man", der den Rechtsbruch nicht in Betracht zieht, hat die autonome Entscheidung für das Recht freiheitliche Bedeutung.[52]

5. *Privatrechtlicher Diskurs: Privatautonomie*

Im Privatrechtsdiskurs spielt die Unterscheidung zwischen formeller und materieller Vertragsfreiheit eine Rolle[53]: Während *formelle* Vertragsfreiheit allein an den Mechanismus des Vertragsschlusses, also an die formelle Zustimmung, anknüpft, führt eine *Materialisierung* der Vertragsfreiheit verschiedene Qualifikationen ein. Willensmängel und soziale Machtgefälle werden beispielsweise als Bedrohung einer bedeutsamen Freiheitsausübung verstanden. Vor diesem Hintergrund wird das liberale Vertragsverständnis des 19. Jahrhunderts als formell bezeichnet und verschiedene Schutzinstrumente, die zunächst in erster Linie über die Generalklauseln implementiert wurden und im Verbraucherschutzrecht ihre Fortsetzung gefunden haben, als Materialisierung des Privatrechts gesehen.[54] In der Sache entspricht das rechtliche Begriffspaar aus formeller und materieller Freiheit damit dem philosophischen Begriffspaar aus negativer und

---

[49] Vgl. etwa dazu *Leibnitz,* Theodicee, das ist, Versuch von der Güte Gottes, Freyheit des Menschen, und vom Ursprunge des Bösen, 1744.

[50] Vgl. etwa *Wendel,* in: Stosch/Wendel/Langenfeld u.a. (Hrsg.), Streit um die Freiheit, 2019, S. 225.

[51] Grundlegend zu dieser Rechtsauffassung bereits auf S. 89 (Fn. 96).

[52] Zur freiheitlichen Dimension der Möglichkeit zum Rechtsbruch deshalb aus moralphilosophischer Sicht *Waldron,* Ethics 92 (1981), 21. Aus liberal-rechtlicher Sicht *Möllers,* Freiheitsgrade, ²2020, S. 92 f. (Rn. 80); *ders.,* Die Möglichkeit der Normen, ¹2015, S. 182 ff. Aus naturrechtlicher Sicht (im Kontext von Art. 20 IV GG) Dürig/Herzog/Scholz – *Grzeszick,* GG, ⁹⁹2022, Art. 20 IX Rn. 3. Ausf. dazu auf S. 229.

[53] Vgl. etwa *Jakl,* Handlungshoheit, 2019, S. 5 ff.; *Auer,* Materialisierung, 2005, S. 23 ff.; *dies.,* in: Grundmann/Thiessen (Hrsg.), Von formaler zu materialer Gleichheit, 2021, S. 67, 68; *Canaris,* AcP 200 (2000), 273, 276 ff.; *Kramer,* Die „Krise" des liberalen Vertragsdenkens, 1974, S. 20 f.; *Lorenz,* Der Schutz vor dem unerwünschten Vertrag, 1997, S. 498 f. Darst. auch *Hacker,* Verhaltensökonomik, 2017, S. 241 f. (wobei er hier noch negativ-positiv einerseits und formell-materiell andererseits übereinstimmend zu gebrauchen scheint), S. 258 ff. (die gleiche Entwicklung darstellend, aber insb. ab S. 263 ff. mit eigener, differenzierter Begrifflichkeit).

[54] Vgl. insb. *Auer,* Materialisierung, 2005, S. 28–32.

positiver Freiheit.[55] Im positiven Recht manifestiert sich die Entscheidung für einen gewissen Grad an Qualifikation der Vertragsfreiheit. Das Recht oszilliert also in einem Spannungsverhältnis und ist nicht nur formell oder materiell.[56]

Die Wahldimension der Freiheit, die weder mit negativer noch mit positiver Freiheit gleichgesetzt werden konnte, lässt sich damit auch nicht als formelle oder materielle Freiheit bezeichnen. Vielmehr ist die Wahldimension der Freiheit die Vertragsfreiheit selbst, und zwar unabhängig von dem Grad an materiellen Qualifikationen. Die autonome Rechtssetzung ist es, also die Privatautonomie, in der die Wahldimension der Freiheit im Privatrecht operationalisiert wird.[57] Die Privatautonomie ist somit das rechtliche Pendant zur freiheitlichen Dimension des Marktes. Dieser Zusammenhang zwischen Privatrecht einerseits und marktwirtschaftlicher Freiheit andererseits wurde insbesondere von *Franz*

---

[55] *Hacker,* Verhaltensökonomik, 2017, S. 258 ff., insb. S. 263 f., 267 f., unterscheidet zwar beide Begriffspaare, indem er offenen Zwang von dritter Seite (formell-negative Vertragsfreiheit), verdeckte Willensbeeinflussung von dritter Seite, also *nudges* (materiell-negative Vertragsfreiheit) und verschieden qualifizierte Bedrohungen von Seiten des Vertragspartners (positive Vertragsfreiheit) unterscheidet. Hierbei knüpft er jedoch an keine etablierte Sprachtradition an, vgl. auch die pragmatische Handhabung bei *dems.,* Verhaltensökonomik, 2017, S. 241 f. (ohne klare Unterscheidung), S. 267 („Letztlich ist dies eine terminologische Frage, von der in der Sache nichts abhängt."). Die Zuweisung einer besonderen Freiheitsdimension zu *nudges* droht ihre rechtliche Erfassung auch eher zu erschweren als zu lösen, weil sie deren Besonderheit suggeriert (*Sunstein,* Why Nudge?, 2014, S. 143; krit. hierzu *Hacker,* Verhaltensökonomik, 2017, S. 258.). *Nudges* wirken aber letztendlich wie andere staatliche Maßnahmen auch: Sie führen zum Teil zu physischem Zwang – etwa, wenn es um die Opt-out-Kosten von *default rules* geht, vgl. dazu *Posner,* Economic Analysis of Law, [9]2014, S. 99; *Ayres,* Yale L.J. 121 (2012), 2032, 2036; *Hesselink,* ERCL 1 (2005), 44, 90; *Bender,* ERCL 16 (2020), 366, 380; *ders.,* JjZRW 2020, S. 33, 39 f.; *Goetz/Scott,* Cal. L. Rev. 73 (1985), 261, 263 (spezifisch auf *error costs* abstellend, die bei einem *opt-out* drohen). Zum Teil wirken sie im Sinne von *taste-shaping* (dazu auf S. 166 [Fn. 167]), was freiheitsrechtlich zu einem Konflikt zwischen vermeintlich natürlicher Authentizität *pre-nudge* und vermeintlich vernünftigem Handeln *post-nudge* führt. Zum Authentizitätsbegriff, der letztendlich ebenfalls ein positives Leitbild von Freiheit transportiert (vgl. nur die Verwendung bei *Taylor,* in: Ryan [Hrsg.], The Idea of Freedom, 1979, S. 175, 177, 180, 187), krit. *Schilling,* Authentizität, [2]2021. Zum Vernunftbegriff krit. *Berlin,* in: Hardy (Hrsg.), Liberty, 2002, S. 166, 178 ff.

[56] So insb. *Auer,* Materialisierung, 2005, S. 23 ff., die diesen Gegensatz mit den Begriffen des Individualismus und Kollektivismus einfängt. Grundlegend auch *Kennedy,* Harv. L. Rev. 89 (1976), 1685 *(individualism vs. altruism)*. Ferner *Canaris,* AcP 200 (2000), 273, 279 f. Vor diesem Hintergrund ist es missverständlich, die formelle Vertragsfreiheit als rechtlich, die materielle Vertragsfreiheit hingegen als tatsächlich zu bezeichnen (so aber *ders.,* AcP 200 [2000], 273, 277 ff.).

[57] Zur Privatautonomie jüngst etwa *Latzel,* Verhaltenssteuerung, Recht und Privatautonomie, 2020, S. 284 ff. Ferner *Bachmann,* Private Ordnung, 2006, S. 181 ff.; *Busche,* Privatautonomie und Kontrahierungszwang, 1999, S. 13 ff.; *Bumke,* in: Bumke/Röthel (Hrsg.), Autonomie im Recht, 2017, S. 69 ff.; *Röthel,* in: Bumke/Röthel (Hrsg.), Autonomie im Recht, 2017, S. 91 ff.; BeckOK – *Wendtland,* BGB, [65]2023, § 134 Rn. 1.

Böhm mit dem Begriff der Privatrechtsgesellschaft zum Ausdruck gebracht.[58] Die Privatrechtsgesellschaft beschreibt eine Gesellschaft, in der die wesentlichen Allokationsfragen über den Markt gelöst werden, dessen Funktionieren das Privatrecht als Rahmenordnung voraussetzt. Das individuelle Pendant der gesamtgesellschaftlichen Privatrechtsgesellschaft ist die Privatautonomie, insbesondere die Vertragsfreiheit.[59]

In der deutschen Rechtsordnung ist die Vertragsfreiheit einfachgesetzlich in § 311 I BGB[60] verankert. Grundrechtlich genießt sie nicht nur den Schutz eines Grundrechts, etwa der allgemeinen Handlungsfreiheit aus Art. 2 I GG oder des allgemeinen Persönlichkeitsrechts aus Art. 2 I i. V. m. 1 I GG.[61] Vielmehr kommt je nach Vertragsgegenstand der Schutzmechanismus des jeweils einschlägigen Grundrechts zur Anwendung.[62] Unternehmergeschäfte etwa unterliegen dem

---

58 Zur Privatrechtsgesellschaft grundlegend *Böhm,* ORDO 17 (1966), 75. Zuvor bereits *Hedemann,* Das bürgerliche Recht und die neue Zeit, 1919, S. 12 („Denn dieser Abbau an reinem Privatrecht bedeutet zugleich eine wesentliche Verkürzung der Bewegungsfreiheit, eine bedeutende Zunahme an Zwang, eine Niederdrückung des Individuums unter die Regel, unter das Schema, unter einen unabänderlichen Gemeinschaftswillen.“). Im Anschluss an *Böhm* insb. *Mestmäcker,* FS Böhm, 1975, S. 383, 411 („[...] denn die Ausübung aller bürgerlichen Handlungsfreiheiten findet auf der Ebene des Privatrechts statt. Es ist dieser Befund, den Franz Böhm mit dem Begriff der Privatrechtsgesellschaft erfaßt.“); *ders.,* Wettbewerb in der Privatrechtsgesellschaft, 2019, S. 22 ff. Ferner *Canaris,* FS Lerche, 1993, S. 873 ff.; *Bydlinski,* Das Privatrecht im Rechtssystem einer „Privatrechtsgesellschaft“, 1994, 63 ff.; *Rüping,* Der mündige Bürger, 2017, S. 54 ff. Krit. *Schirmer,* Nachhaltiges Privatrecht, 2023, S. 52 f.; *Stolleis,* in: Hoffmann-Riem/Schmidt-Aßmann (Hrsg.), Öffentliches Recht und Privatrecht als wechselseitige Auffangordnungen, 1996, S. 41, 59 („Eine Einteilung des Rechts in ein spezielles Rechtsgebiet für den Zwang und eines für die Freiheit macht unter demokratischen und rechtsstaatlichen Verhältnissen keinen Sinn mehr.“); *Damm,* in: Hart (Hrsg.), Privatrecht im „Risikostaat“, 1997, S. 13, 39 ff. (weil das liberale zu Lasten des republikanischen Elements überbetont werde). Ebenfalls tendenziell kritisch zur Gleichsetzung von Privatrecht und Privatrechtsgesellschaft *Hellgardt,* Regulierung, 2016, S. 542 („Gerade das mit dem Begriff ‚Privatrechtsgesellschaft‘ verbundene Gesellschaftsmodell ist umfassend angelegt; seine Konsequenzen beschränken sich keineswegs auf das ‚Privatrecht‘ im formalen Sinne, sondern postulieren Selbstbestimmung und Freiheit als umfassende Werte für die gesamte Rechtsordnung.“). Grundsätzlich ebenso, ohne den Begriff der Privatrechtsgesellschaft zu erwähnen, *W. Schünemann,* ARSP 72 (1986), 502; *ders.,* FS Brandner, 1996, S. 279.

59 Zur gesamtgesellschaftlichen Perspektive des Diskurses auch *Rüping,* Der mündige Bürger, 2017, S. 55 („Während Idee und Konzept der Privatrechtsgesellschaft damit stärker makroökonomisch fundiert sind, bezieht die Frage nach dem Mündigkeitsprinzip ausdrücklich auch mikroökonomische Zusammenhänge ein.“).

60 Parallelnorm in Frankreich ist Art. 1103 Code Civil.

61 Für einen pauschalen Schutz über Art. 2 I GG (ohne nähere Problemerörterung) etwa BVerwGE 4, 24, 36 f.; *Neuner,* Privatrecht und Sozialstaat, 1998, S. 9 (§ 2 Rn. 14), S. 100 (§ 10 Rn. 29); *Rüping,* Der mündige Bürger, 2017, S. 27. Letztendlich auch *Jellinek,* System der subjektiven öffentlichen Rechte, 1892, S. 99 (spezifisches Freiheitsrecht und Vertragsfreiheit trennend).

62 So *Busche*, Privatautonomie und Kontrahierungszwang, 1999, S. 55 ff.; MünchKomm –

Schutz des Art. 12 GG. Dient der Vertrag der Beschaffung von Kultgegenständen, schützt Art. 4 I GG die Vertragsfreiheit. Der Vertrag ist also kein isoliert zu schützendes Konstrukt, sondern die vom Staat bereitgestellte Form der Freiheitsausübung, wenn diese mit einem (Güter-)Transfer einhergeht.

6. Grundrechtlicher Diskurs: Status activus

In der auf *Georg Jellinek* zurückgehenden Statuslehre wird zwischen einem *status negativus*, einem *status positivus* und einem *status activus* unterschieden.[63] Diese Statuslehre soll hier weiterentwickelt und um einen *status effectus* ergänzt werden, um so die konkrete Wirkweise der Grundrechte beim Schutz der Wahldimension der Freiheit zu erfassen.

a) Die klassische Statuslehre: Status negativus, status positivus und status activus

Der grundrechtlich gewährleistete *status negativus* verpflichtet den Staat auf den Schutz einer Freiheit, deren Leitbild die Privatrechtsgesellschaft mit ihren Markttransaktionen ist.[64] Dieses Leitbild steht in einem Zusammenhang mit dem von *Berlin* geprägten negativen Freiheitsverständnis.[65] Der *status negati-*

---

ders., BGB, [9]2021, Vor § 145 Rn. 3; *Canaris*, JZ 1987, 993, 994. Ähnlich *ders.*, FS Lerche, 1993, S. 873, 874 ff. (die Bedeutung des Vertrags für die offene Gesellschaft unterstreichend). Darst. *Möslein*, Dispositives Recht, 2011, S. 376. Art. 2 I GG fungiert damit – wie im außervertraglichen Bereich auch – nur als Auffanggrundrecht. Vgl. zu diesem Verständnis des Art. 2 I GG grundlegend BVerfGE 80, 137 *(Reiten im Walde);* BVerfGE 6, 32 *(Elfes).* Besonders auf unionaler Ebene hat dieser Schutzansatz praktische Konsequenzen, weil nach wohl h. M. Art. 6 GRCh nicht die Funktion eines Auffanggrundrechts hat, vgl. Jarass – *Jarass,* GRCh, [4]2021, Art. 6 Rn. 6 m. w. N. Im US-amerikanischen Verfassungsrecht schützt die *contract clause* des Art. I.10 der US-Verfassung (ähnlich Art. 152 WRV) die Vertragsfreiheit ausdrücklich (dazu grundlegend *Ely Jr.,* The Contract Clause, 2016). Mit dem Inkrafttreten der *Bill of Rights* nahm die Vertragsfreiheit aber auch hier an dem speziellen grundrechtlichen Schutz teil. Der *US Supreme Court* aktivierte für ihren Schutz zunächst die *substantive due process clause*, vgl. *Lochner v. New York*, 198 U.S. 45 (1905). In jüngster Zeit wird insb. das *First Amendment (free speech)* gegen Regulierungen der Verträge von Internetplattformen in Stellung gebracht (krit. auf die Parallelen zur gegen soziale Gesetzgebung gerichteten Lochner-Rspr. etwa *Zuboff,* Surveillance Capitalism, 2019, S. 109; *Heyman,* West Va. L. Rev. 117 [2014], 231).

[63] Vgl. *Jellinek,* System der subjektiven öffentlichen Rechte, 1892, S. 89 ff.

[64] Grundlegend *ders.,* System der subjektiven öffentlichen Rechte, 1892, S. 89 ff. (zum negativen Status), S. 109 ff. (zum positiven Status); für eine Aktualisierung vgl. *Brugger,* in: Härle/Vogel (Hrsg.), Vom Recht, das mit uns geboren ist, 2007, S. 216, 219 f., 238 f. Zur Rezeption auf EU-Ebene etwa *Ehlers,* in: ders. (Hrsg.), European Fundamental Rights and Freedoms, 2007, S. 25, 32 ff.; *Karpen,* Statut. L. Rev. 23 (2002), 191, 104 f.

[65] Dazu bereits auf S. 182, insb. *Berlin,* in: Hardy (Hrsg.), Liberty, 2002, S. 166. Gerade

vus verpflichtet den Staat allerdings nicht, wie es oft heißt[66], zu einem Unterlassen[67]: Die Bereitstellung eines Vertragsrechts ist aktives Tun von Seiten des Staates.[68] Ohne eine rechtliche Infrastruktur[69] und gewisse Einrichtungsgarantien[70] lässt sich der *status negativus* nicht denken.[71]

---

im rechtlichen Bereich zwingt jede Positivierung des Freiheitsbegriffs auch zu einer Kollektivierung und damit zu einem Rückgang der individuellen Freiheitssphäre (deshalb krit. *ders.*, Liberty, 2002, S. 179). Im moralischen Bereich ist das anders: Hier kann von einem positiven Freiheitsbild ausgegangen werden, ohne dass daraus für das Kollektiv etwas folgt (vgl. dazu *Taylor,* in: Ryan [Hrsg.], The Idea of Freedom, 1979, S. 175, 180 f.).

[66] Missverständlich etwa *Kingreen/Poscher,* Grundrechte, [38]2022, Rn. 116 (den *status negativus* mit der Abwesenheit des Staates und dem Unterlassen von Eingriffen gleichsetzend), Rn. 113 f. (Gleichsetzung von *status negativus*, Abwehrfunktion und Unterlassungspflicht). Ebenso *Epping,* Grundrechte, [9]2021, S. 6 (Rn. 14); *Lübbe-Wolff,* Die Grundrechte als Eingriffsabwehrrechte, 1988, S. 33 f. (allerdings auf S. 35 darauf hinweisend, dass die Grundrechte zunächst auf die Abschaffung von Privilegien, also auf die Herstellung des *status negativus* zielten).

[67] Es geht also letztendlich um einen spezifischen *status libertatis* (etwa *Jellinek,* System der subjektiven öffentlichen Rechte, 1892, S. 89). Auf diesen im Sinne eines spezifischen *status libertatis* verstandenen *status negativus* bezieht sich auch die Aussage „in dubio pro libertate". Ohne Bezug auf dieses Leitbild ist der Satz hingegen – genauso wie die Rede von der Anhebung des Grundrechtsschutzes oder der Grundrechtseffektivität – inhaltsleer, weil ein Mehr an Freiheit für den einen immer ein Weniger an Freiheit für den anderen bedeutet, vgl. Schmidt-Bleibtreu/Klein/Bethge – *Bethge,* BVerfGG, [62]2022, § 90 Rn. 312.

[68] Besonders deutlich *Bachmann,* Private Ordnung, 2006, S. 65 („Die grundrechtlich verbürgte Privatautonomie gibt dem Einzelnen nicht nur ein Recht, vom Staat „in Ruhe gelassen" zu werden, sie verpflichtet den Staat auch, privaten Imperativen insoweit Verbindlichkeit zu verleihen, als dies erforderlich ist, damit Individuen ihre eigene private Ordnung gestalten können."). Ähnlich *Jellinek,* System der subjektiven öffentlichen Rechte, 1892, S. 99. Letztendlich ebenfalls für die Möglichkeit des Eingriffs durch Unterlassen *Lerche,* Übermaß und Verfassungsrecht, [2]1999, S. 265. Implizit auch *Lübbe-Wolff,* Die Grundrechte als Eingriffsabwehrrechte, 1988, S. 35. Zur normativen Einbettung der Privatautonomie vgl. *Ruffert,* Vorrang der Verfassung und Eigenständigkeit des Privatrechts, 2001, S. 201; von Mangoldt/Klein/Starck – *Baer/Markard,* GG, [7]2018, Art. 3 II, III Rn. 417.

[69] Zur Infrastrukturfunktion des Privatrechts etwa *Hellgardt,* Regulierung, 2016, S. 56 ff.; *Bachmann,* Private Ordnung, 2006, S. 73 f.; *Böhm,* ORDO 17 (1966), 75, 91. Dabei geht es immer um Eingriff und Schutz zugleich (ähnlich insofern *Epping,* Grundrechte, [9]2021, S. 65 [Rn. 126]). Die Infrastrukturfunktion des Privatrechts ist also (entgegen *Hellgardt,* Regulierung, 2016, S. 58, 277 ff.) nicht jenseits von Eingriff und Schutz angesiedelt. Ausf. unter § 7 (insb. S. 301–303).

[70] Dazu *Schmitt,* Verfassungsrechtliche Aufsätze, [4]2003, S. 140 ff. Ihm auch für die Verfassungsordnung des Grundgesetzes folgend *Abel,* Einrichtungsgarantien, 1964. Für eine modernere Form dieses institutionellen Denkens vgl. *Häberle,* Wesensgehaltsgarantie, [3]1983, S. 70–72, 96 ff. Allg. darst. zur institutionellen Grundrechtstheorie *Böckenförde,* NJW 1974, 1529, 1532 f. Zur Parallelisierung von Infrastruktur und Einrichtungsgarantie mit Blick auf das dispositive Recht vgl. auch *Möslein*, Dispositives Recht, 2011, S. 377–381.

[71] Allg. zur Bedeutung staatlichen Tuns für die Freiheitsausübung vgl. BVerfGE 33, 303,

Der *status positivus* gibt dem Individuum Ansprüche gegen den Staat, die auf die Verwirklichung eines spezifisch qualifizierten (und insofern also positiven) Leitbilds von Freiheit gerichtet sind.[72] Da auch der *status negativus* nicht ohne ein gewisses positives Leitbild von Freiheit auskommt, sind ihm Ansprüche gegen den Staat nicht fremd: Neben der Bereitstellung der Infrastruktur kann gerade auch der Anspruch, Eingriffe in diese zu unterlassen, als Ausprägung eines spezifisch negativen Freiheitsverständnisses verstanden werden.[73]

Der *status activus* beschreibt den Status der „aktiven Civität".[74] Im *status activus* wird das Individuum an der staatlichen Willensbildung aktiv beteiligt, nicht nur paternalistisch umsorgt. Diese kollektive Freiheitsdimension betrifft in ihrem Kernbereich grundrechtsgleiche Rechte wie das Wahlrecht aus Art. 38 I GG.[75] Es ergeben sich jedoch darüber hinaus aus jedem Grundrecht, in das eingegriffen wird, Partizipationsanforderungen an das Verfahren, das zu einem Eingriff führt (sog. *status activus processualis*).[76] Das Anhörungserfordernis des § 28 I VwVfG kann beispielsweise im Zusammenhang mit dieser Grund-

---

331 *(numerus clausus I)* („[...] das Freiheitsrecht wäre ohne die tatsächlichen Voraussetzungen, es in Anspruch nehmen zu können, wertlos."); BVerfGE 40, 237, 249 („Staatliches Handeln, durch das dem Einzelnen Leistungen und Chancen gewährt und angeboten werden, ist für eine Existenz in Freiheit oft nicht weniger bedeutungsvoll als das Unterbleiben eines ‚Eingriffs'.").

72 Allg. zur Definition des *status positivus* schlicht als Summe der „formell anerkannten individualisirten rechtlichen Ansprüche" vgl. *Jellinek,* System der subjektiven öffentlichen Rechte, 1892, S. 115.

73 So explizit *Jellinek,* System der subjektiven öffentlichen Rechte, 1892, S. 100 („Dieser [aus dem status negativus folgende] Anspruch gehört wie jeder auf ein bestimmtes staatliches Verhalten zum positiven Status des Individuums."). *Status negativus* und *status positivus* verhalten sich in diesem Fall zueinander wie Eigentum und Anspruch aus § 985 BGB oder Forderung und Anspruch (vgl. zu dieser privatrechtlichen Systematisierung *Winkelmann,* Der Anspruch, 2021, S. 207 f.). Anders die gängige Lehrbuchdarstellung, die den *status positivus* lediglich mit einem auf ein aktives Tun gerichtetes Leistungsrecht in Verbindung bringt, vgl. etwa *Epping,* Grundrechte, 92021, S. 6 (Rn. 15) (*status positivus* als auf aktives Tun gerichtete Leistungsrechte); *Kingreen/Poscher,* Grundrechte, 382022, Rn. 117 (*status positivus* als Oberbegriff für Anspruchs-, Schutz-, Teilhabe-, Leistungs- und Verfahrensrechte). Krit. zu *Jellineks* Darstellung *Kersten,* in: Jellinek, System der subjektiven öffentlichen Rechte, 2011, S. 7, 37 (Vorwort).

74 Grundlegend *Jellinek,* System der subjektiven öffentlichen Rechte, 1892, S. 129 ff., insb. S. 132 (zum aktiven Status). Ferner *Häberle,* VVDStRL 30 (1971), 43, 86 ff.

75 Vgl. etwa die knappe Darstellung bei *Kingreen/Poscher,* Grundrechte, 382022, Rn. 119 f.; *Epping,* Grundrechte, 92021, S. 9 (Rn. 21) (den *status activus* mit Gestaltungsrechten umschreibend). Es geht um die Ebene der allgemeinen Partizipation, also die erste Ebene der kollektiven Freiheit (ausf. dazu unter § 7 [S. 270 f., 273–275]).

76 So grundlegend *Häberle,* VVDStRL 30 (1971), 43, 86 ff. Es geht also um die Ebene der speziellen Partizipation, die hier als vierte Ebene der kollektiven Freiheit konzeptualisiert wird (ausf. dazu unter § 7 [S. 271, 280 f.]).

rechtsdimension gesehen werden. Der *status activus* fängt damit bisher in spezifischen Zusammenhängen, nämlich im Bereich der kollektiven staatlichen Willensbildung, die Wahldimension der Freiheit ein.

b) Weiterentwicklung des status activus und Einführung des status effectus

Diese Statuslehre ist in zwei Punkten weiterzuentwickeln: Zum einen besteht kein Grund, der Wahldimension der Freiheit nur punktuell, also im Bereich der kollektiven Willensbildung, die Grundrechtsdimension des *status activus* zuzuweisen. Vielmehr schützt der *status activus* die Wahldimension auch im Rahmen des individuellen Freiheitsgebrauchs. Ausprägung dieses individuellen *status activus* ist der im Vertragsschluss liegende prozedurale Partizipationsmechanismus.[77]

Zum anderen fehlt bisher der Gegenbegriff zum *status activus*, der hier als *status effectus* bezeichnet wird. Genauso wie der *status activus* nicht nur punktuell, sondern generell die Wahldimension der Freiheit schützt, bezieht sich der Schutz des *status effectus* auf die Realisierungsdimension der Freiheit. Grundrechtlicher Freiheitsschutz bezieht sich also immer auf prozedurale Teilhabe an substantieller Bedürfnisbefriedigung. Insofern findet die doppelte (ideelle und funktionelle) ökonomische Marktrechtfertigung und die legitimationstheoretische Unterscheidung zwischen prozeduraler und substantieller Legitimation im grundrechtlichen Freiheitsschutz eine Entsprechung.

Umfassende individuelle Freiheit im *status negativus* setzt daher Präferenzbefriedigung *(status effectus)* gerade durch Selbstgesetzgebung *(status activus)* voraus. Der Vertragsmechanismus ist Ausdruck dieser umfassenden individuellen Freiheit, weil er über die vertragskonstitutierenden Willenserklärungen (§§ 145 ff. BGB) der Wahldimension der Freiheit Rechnung trägt und über den Erfüllungsmechanismus (§§ 362 ff. BGB) Präferenzbefriedigung herbeiführt. Zwar werden bei klassischen staatlichen Verboten beide Freiheitsdimensionen beeinträchtigt. Insbesondere zieht – wie dargestellt – die Beeinträchtigung der Realisierungsdimension immer auch eine Schmälerung der Handlungsoptionen nach sich.[78] Die Wahlfreiheit kann allerdings gesondert beeinträchtigt werden, wenn der Staat im Rahmen einer Serviceleistung die Präferenzbefriedigung übernimmt (etwa durch die Bereitstellung dispositiver Normen[79]) und das Individuum als aktiven Rechtssetzer ersetzt. Schon aus dem Eingriff in den *status activus* ergibt sich also die Grundrechtsrelevanz dispositiver Normen.[80] Auch

[77] Zur prozeduralen Gerechtigkeitsdimension des Vertragsrechts *Canaris,* AcP 200 (2000), 273, 283 f.; *ders.*, iustitia distributiva, 1997, S. 46 ff.

[78] Dazu bereits auf S. 181.

[79] Zur Deutung des dispositiven Rechts in diesem Sinne bereits auf S. 1 (Fn. 3).

[80] Allein der heteronome Charakter des dispositiven Rechts und Art. 1 III GG begründet so die grundrechtliche Rechtfertigungslast. Speziell dazu *Canaris,* AcP 184 (1984), 201,

der Aufdrängungsschutz im Privatrecht[81], dessen Ausprägung beispielsweise die Ausgestaltung der Schenkung als Vertrag ist[82], der strafrechtliche Vorrang der tatsächlichen vor der mutmaßlichen Einwilligung als Rechtfertigungsgrund[83] und das Antragserfordernis für öffentliche Leistungen im weitesten Sinne[84] können über den *status activus* der jeweils betroffenen Grundrechte erklärt werden. Diese Zusammenhänge lassen sich in folgendem Schaubild verdeutlichen:

	Individuelle Ebene *(Privatrecht)*	Kollektive Ebene *(Öffentliches Recht)*
Status activus	Vertragsschluss (§§ 145 ff. BGB)	Wahl (Art. 38 I GG), Anhörung (§ 28 VwVfG), Antrag auf Subvention
Status effectus	Erfüllung (§§ 362 ff. BGB)	Subvention

Abbildung 7: Status activus und status effectus

213–215. Aus dem Personalisierungsdiskurs *Bender,* JjZRW 2020, S. 33, 45. Daneben ergibt sich die Eingriffsqualität auch aus den Kosten des *opt-out* sowie den verhaltensökonomischen Effekten, insb. der Haftwirkung des dispositiven Rechts *(stickiness).* Diese Begründungslinie, insb. die „Abbedingungslast", steht bei *Tobisch,* Dispositives Recht und Grundgesetz, 2021, S. 300–304, 307 im Vordergrund, die allerdings den allein auf die Heteronomie abstellenden Ansatz ablehnt (vgl. S. 212 f.). Dass dispositive Normen zugleich essentieller Teil der Infrastruktur des Rechts sind (vgl. *Hellgardt*, Regulierung, 2016, S. 84; *Möslein*, Dispositives Recht, 2011, S. 377–381), ändert nichts an ihrer verschieden begründbaren Eingriffswirkung.

81 Dazu allg. *Wernecke,* Abwehr und Ausgleich „aufgedrängter Bereicherungen" im Bürgerlichen Recht, 2004.

82 Selbst wenn dieser Vertrag nicht als Schuldvertrag, sondern entsprechend der reduktiven Bindungstendenz bei Unentgeltlichkeit als Rechtsgrundabrede bei im Übrigen gesetzlicher Ausgestaltung der weschselseitigen Rechte und Pflichten eingeordnet wird (so *Grigoleit,* VersR 2018, 769, 781 f.), gewährleistet diese Rechtsgrundabrede die vom *status activus* der Grundrechte geforderte Partizipation.

83 Dazu *Roxin/Greco,* Strafrecht Allgemeiner Teil, ^{5}2020, S. 935 f. (§ 18 Rn. 10). Unter dem Gesichtspunkt der Wahlfreiheit auch für eine Ablehnung der hypothetischen Einwilligung *dies.,* Strafrecht Allgemeiner Teil, ^{5}2020, § 13 Rn. 125. Unter Beachtung des *status activus* in seiner Schutzdimension sollte insofern auch die berechtigte GoA verneint werden, wenn ein Vertragsschluss tatsächlich in Betracht kommt. In diesem Fall dürfte die Geschäftsübernahme regelmäßig nicht dem mutmaßlichen Willen des Geschäftsherrn entsprechen (zu diesem Merkmal allg. etwa MünchKomm – *F. Schäfer,* BGB, ^{9}2023, § 677 Rn. 149 sowie § 683 Rn. 17 f.).

84 Dies gilt für politisch festgesetzte Leistungen ebenso wie für Leistungen, auf die ein Anspruch besteht (vgl. etwa das Antragserfordernis des Art. 64 BayBO für die Baugenehmigung).

II. Personalisierung als Zurückdrängung der Wahldimension der Freiheit

Im Rahmen der ökonomischen Analyse wurde die Personalisierung des Rechts unter dem Gesichtspunkt der Realisierungsdimension der Freiheit analysiert: Es ging um Präferenzbefriedigung und Wohlstandsmaximierung. Hier stehen die Auswirkungen auf die Wahldimension der Freiheit im Vordergrund. Selbst wenn eine Personalisierung des Rechts effizient wäre, so die zentrale These dieses Abschnitts, ist sie aus normativer Sicht dennoch nicht durchweg erstrebenswert, weil sie zu einem Rückgang der Wahldimension der Freiheit führt. Anders gewendet: Das Personalisierungsprojekt würde die liberale Dimension von generellen Regeln und Standards beeinträchtigen. Dieser Abschnitt untersucht dabei die normativen Folgen des die Personalisierung begleitenden Phänomens der Proximität, also der Verhaltenssteuerung durch *ex ante* erlassene Mikrodirektiven.

1. Personalisierung als Angriff auf die liberale Dimension von generellen Regeln

Die liberale Dimension von (generellen) Regeln wird immer wieder betont. Insbesondere *Duncan Kennedy* stellte Regeln in seinem einflussreichen Artikel *Form and Substance in Private Law Adjudication* als Ausdruck eines liberalen Denkens dar.[85] Im deutschsprachigen Diskurs wurde diese Konzeptualisierung insbesondere von *Marietta Auer* aufgegriffen, die in ihrer Analyse von Generalklauseln Regeln mit einer individualistischen Gesellschaftsideologie verbindet.[86]

Einfache, generelle Regeln können leicht verstanden werden.[87] Sie tragen so zur Rechtssicherheit bei und ermöglichen selbstbestimmte Transaktionen.[88] Anders ausgedrückt: In einem auf einfachen, generellen Regeln aufbauenden

---

[85] *Kennedy,* Harv. L. Rev. 89 (1976), 1685, 1737 ff.

[86] *Auer,* Materialisierung, 2005, S. 43; *Hellgardt,* Regulierung, 2016, S. 631 ff. Ferner *Mestmäcker,* Wirtschaftsverfassung, 1996, S. 12, der den liberalen Charakter von Regeln nicht überzeugend mit ihrer vermeintlichen Zweckfreiheit begründet („Regeln, zumal Rechtsregeln, an denen sich freies Handeln orientieren soll, sind dagegen zweckunabhängig. Erst dadurch setzen sie die Einzelnen instand, eigene und sich häufig widersprechende Zwecke in Kooperation zu verfolgen und dabei mehr Wissen zu nutzen als jeder für sich selbst haben kann.").

[87] Insb. *Kennedy,* Harv. L. Rev. 89 (1976), 1685, 1737.

[88] Insb. *ders.,* Harv. L. Rev. 89 (1976), 1685, 1743 f. sowie ferner bereits 1710 („precision" als einen Vorteil von Regeln nennend). Allg. zu Regeln und Rechtssicherheit *Schlag,* UCLA L. Rev. 33 (1985), 379, 384 (für den Bereich der Abschreckung), 387 f. (für den rechtsge-

Rechtssystem sind die Informationskosten[89], die zur Erlangung der Rechtskenntnis aufgewendet werden müssen, gering. Das Rechtssystem beschränkt sich auf die Festlegung einer Rahmenordnung. Das Individuum kann in diesem System zum einen die Grenzen des Erlaubten leicht erkennen, die durch zwingende Vorschriften festgelegt werden. Es kann allerdings auch den Inhalt dispositiver Normen unter Aufwendung geringer Kosten zur Kenntnis nehmen und damit eine informierte Entscheidung über deren Abbedingung treffen. Den Besonderheiten des individuellen Falles trägt das Individuum somit über privatautonome Regelung seiner Angelegenheiten Rechnung.

In einem System des *ex ante* personalisierten Rechts steht die externe Komplexität regelmäßig der Entscheidung entgegen, Kenntnis vom Inhalt der maßgeblichen Normen zu erlangen. Die Informationskosten sind also besonders hoch. Das Individuum wird vor diesem Hintergrund die Entscheidung über sein Verhalten uninformiert treffen. Gerade bei der Entscheidung, ob es eine dispositive Norm abbedingt oder nicht, steht es damit vor der Wahl, entweder blind die Opt-out-Kosten auf sich zu nehmen oder blind auf die dispositive Regel zu vertrauen. Da bei Ausblendung von Approximationsfehlerkosten, also bei idealer Verwirklichung des Personalisierungsprojektes, die Opt-out-Kosten die Vorteile des *opt-out* übersteigen werden, wird das Individuum grundsätzlich blind auf die dispositive Vorschrift vertrauen. Mit den Opt-out-Kosten verschwinden allerdings auch die *transaction benefits*.[90] Das Individuum wird seine Präferenzen nicht aktiv durch Wahl befriedigen. Vielmehr wird es passiv vom Staat mit den passenden Regelungen umsorgt. Der Vertrag als zentrales Gestaltungsmittel privatautonomer Regelung würde damit an Bedeutung verlieren.[91] Das Paradigma der Marktimitation *(mimic the market)*[92] führt immer auch zu einem Ersetzen des Marktes und seiner freiheitlichen Dimension, die mit der Wahldimen-

schäftlichen Bereich); *Scalia,* U. Chi. L. Rev. 56 (1989), 1175, 1179; *Schauer,* Playing by the Rules, 1991, S. 139 f.; *Posner,* Harv. J.L. & Pub. Pol'y 21 (1997), 101, 103.

[89] Zu dem Begriff ausf. unter § 3 (S. 86 f.).

[90] *Markovits,* in: Tasioulas (Hrsg.), The Cambridge Companion to the Philosophy of Law, 2020, S. 331, 348. Der Sache nach auch *Bender,* ERCL 16 (2020), 366, 391; *Grigoleit/Bender,* in: Busch/De Franceschi (Hrsg.), Personalized Law, 2021, S. 115, 129 (Rn. 49).

[91] *Bender,* ERCL 16 (2020), 366, 393 („The contract as a meeting of (presumptively) equal minds would be replaced by an instantaneous heteronomous planning decision."); *Grigoleit/Bender,* in: Busch/De Franceschi (Hrsg.), Personalized Law, 2021, S. 115, 130 (Rn. 50) („But if the algorithm is so smart, is there still a need for contractual decisions, contracts or of contract law at all?").

[92] Vgl. etwa *Posner,* J. Leg. Stud. 8 (1979), 103, 127. Prägnant darstellend *Priest,* Law and Economics, 2020, S. 76 („Posner's efficiency-of-the-law demonstrations read markets out of the process."). Der Mimic-the-Market-Ansatz wurde insb. (aber keinesfalls ausschließlich) bei der Gestaltung des Inhalts des dispositiven Rechts einflussreich (Theorie des vollständigen Vertrages), vgl. dazu bereits auf S. 1 (Fn. 3).

sion der Freiheit gleichgesetzt wurde.[93] Dieses Ersetzen des Marktes war bisher angesichts der begrenzten Informationsverarbeitungskapazitäten nur punktuell möglich. In einem System des personalisierten Rechts würde das Paradigma mitsamt den Folgen für die Wahlfreiheit allerdings verallgemeinert.[94]

2. Personalisierung als Angriff auf die liberale Dimension von Standards

Auch durch die Ersetzung von Standards durch personalisierte, *ex ante* durch Mikrodirektiven erlassene Regelungen kommt es zu einem Rückgang der Wahldimension der Freiheit. Insofern weisen auch Standards eine liberale Dimension auf. Anders als Regeln werden Standards bisher hingegen nicht mit Liberalismus, sondern mit der Verwirklichung sozialer Belange in Verbindung gebracht. *Duncan Kennedy* beispielsweise sieht Standards als Ausprägung altruistischen Denkens.[95] *Marietta Auer* versteht Generalklauseln, also historisch besonders bedeutsame Standards, als Öffnungsklauseln für eine kollektivistische Gesellschaftsideologie.[96] Beide Ansätze sollen im Folgenden relativiert werden: Genau wie einfache, *ex ante* erlassene Regeln gehören auch Standards zum liberalen Privatrechtsmodell, das durch eine Personalisierung des Rechts gefährdet würde.

a) Standards und externe Komplexität

Zwar überzeugt *Duncan Kennedys* Analyse der normativen Implikation des Normdesigns insofern, als es um die strukturelle Verbindung von generellen Regeln und liberalem Denken geht.[97] Die Vorstellung, Standards seien nicht Teil dieses liberalen Denksystems und Ausdruck eines anders gearteten, „altruistischen" Ansatzes, überzeugt allerdings nicht. Ein zentrales Element in der Argumentation *Kennedys* ist die Vagheit von Standards, die Rechtsunsicherheit ver-

---

93 *Bender,* ERCL 16 (2020), 366, 393 („The algorithm would imitate the functioning of the market and thereby replace it.").

94 Im Personalisierungsdiskurs hierzu *Bender,* ERCL 16 (2020), 366, 392–395. Allg. zum Konflikt zwischen Freiheit und Effizienz, der durch zunehmende technische Möglichkeiten entstehen könnte, *Pałka,* L. & Contemp. Probs. 83 (2020), 125, 126. Für eine frühe Konzeptualisierung des Marktes als durch Computer ersetzbaren Mechanismus *Lange,* in: Feinstein (Hrsg.), Socialism, Capitalism and Economic Growth, 1969, S. 158.

95 *Kennedy,* Harv. L. Rev. 89 (1976), 1685, 1737 ff.

96 *Auer,* Materialisierung, 2005, S. 43. Vgl. auch *Hellgardt,* Regulierung, 2016, S. 631 ff.

97 *Kennedy,* Harv. L. Rev. 89 (1976), 1685, 1710 ff. („Form as Substance"), 1745 („The connection is structural rather than contextual. It is *not* a connection that is necessary in practice, or even verifiable empirically. It consists in the exact correspondence between the structures of the two arguments.").

ursacht und damit selbstbestimmten Transaktionen im Wege steht.[98] Letztendlich geht es ihm um die durch Standards verursachte externe Komplexität. Die externe Komplexität wird allerdings nicht nur durch den übermäßigen Einsatz von vagen Standards, sondern auch durch den übermäßigen Einsatz von komplexen Regelsystemen gefördert.[99] Paradebeispiel ist der in formeller Sprache abgefasste, algorithmisch erzeugte Tatbestand.[100] Standards können vor diesem Hintergrund die externe Komplexität durchaus senken und Rechtssicherheit erhöhen, sofern ein intuitiv zugänglicher Standard ein komplexes Regel-Ausnahme-System entbehrlich macht.[101] Das liberale Privatrechtsmodell beruht damit nicht nur auf einfachen Regeln, sondern auch auf Standards. Werden die Standards durch Mikrodirektiven ersetzt, steigt die externe Komplexität, was wiederum Selbstgesetzgebung, also die Wahrnehmung der Wahldimension der Freiheit, erschwert.[102]

b) Standards und Gesellschaftsideologie

Marietta Auer argumentiert ebenfalls für eine Verbindung von Regeln und Liberalismus einerseits und Standards und Kollektivismus andererseits. Sie stützt sich dabei aber nicht auf eine strukturell-analytische, sondern eher auf eine soziologisch-historische Argumentation: Standards seien Einfallstore für Kollektivismus, weil sie liberales Gedankengut nicht in Regelform festschreiben.[103] In der Tat haben Generalklauseln im letzten Jahrhundert als Einfallstore für soziale Belange, also für die Materialisierung des Privatrechts[104], fungiert. Als *historische* Beschreibung der konkreten Situation des 20. Jahrhunderts, in der sich ein gesellschaftlicher Wandel weg von einem liberalen und hin zu einem sozialen Rechtsverständnis vollzogen hat, ist die Argumentation zutreffend.

---

98 *Ders.,* Harv. L. Rev. 89 (1976), 1685.

99 *Ders.,* Harv. L. Rev. 89 (1976), 1685, 1737 geht hingegen von einfachen Regeln aus, obwohl Komplexität zumindest begrifflich von Standards zu trennen ist (*Kaplow,* Duke L.J. 42 [1992], 557, 565 f.).

100 Zur Formalisierung der natürlichen Sprache im Rahmen der Algorithmisierung vgl. *Herold,* Automatisiert erlassene Verwaltungsakte, 2020, S. 39 ff. Dazu auch bereits unter § 2 (S. 52, 54–56, 58 f.).

101 Vgl. bereits unter § 2 und insb. *Almlöf/Bjuggren,* Eur. J.L. & Econ. 47 (2019), 407, 417; *Ayres,* S. Cal. Interdisc. L.J. 3 (1993), 1, 8; *Barnett,* Va. L. Rev. 78 (1992), 821, 887–892. Ausf. ferner *Raban,* B.U. Pub. Int. L.J. 19 (2010), 175, 176, 183 (Zitat bereits auf S. 38 [Fn. 37]).

102 Zu diesem Zusammenhang ausf. bereits unter § 2 (S. 54, 56 f.).

103 Vgl. insb. *Auer,* Materialisierung, 2005, S. 102 ff. Eine historische Analyse findet sich aber auch bei *Kennedy,* Harv. L. Rev. 89 (1976), 1685, 1725 ff.

104 *Jakl,* Handlungshoheit, 2019, S. 5 ff.; *Auer,* Materialisierung, 2005, S. 23 ff.; *Canaris,* AcP 200 (2000), 273, 276 ff. Ferner *Kennedy,* Harv. L. Rev. 89 (1976), 1685, 1725 ff.

Sofern daraus aber Aussagen über die ideologischen Implikationen von Standards abgeleitet werden, die über die historische Beschreibung hinausgehen[105], kann der Analyse nicht gefolgt werden: Wäre ein altruistisch-soziales Rechtssystem in Regelform festgeschrieben, so hätten Generalklauseln bei einem Wandel hin zum Liberalismus als Einfallstore für eine liberale Ideologie fungiert. Gegen Verbotsgesetze verstoßende Verträge wären dann beispielsweise unter Heranziehung von Standards zunehmend aufrechterhalten worden. Standards sind also schlicht Transmissionsriemen der jeweils herrschenden Gesellschaftsideologie.[106]

c) Standards und Vermeidung von Proximität der staatlichen Regelung

Standards stehen darüber hinaus in einer weiteren Hinsicht mit liberalem Denken im Zusammenhang: Sie können die staatliche Auflösung des Wertungskonflikts auf einen Zeitpunkt *ex post* verlagern und damit dem Individuum die Erstkonkretisierung überlassen. Die Erstkonkretisierung ist ein Akt autonomer Rechtssetzung, also Ausprägung der Wahldimension der Freiheit. Diese Verbindung zwischen Standards und der Wahldimension der Freiheit folgt alleine aus dem Normdesign, also dem Umstand, dass Standards verwendet werden – unabhängig davon, welche Gesellschaftsideologie sie im Rahmen ihrer Transmissionsriemenfunktion umsetzen. Es ist also wie das zunächst dargestellte, auf Rechtssicherheit abzielende Argument, das die liberale Dimension von Standards über ihr Potential zur Reduktion externer Komplexität begründet, strukturell-analytischer Natur.[107] Der entscheidende Gesichtspunkt, dem Individuum die Erstkonkretisierung zu ermöglichen, ist hier aber nicht Folge des Potentials, externe Komplexität zu reduzieren. Vielmehr steht der Gesichtspunkt des Fehlens von Proximität im Vordergrund: Die staatliche Regelung erfolgt erst in großem zeitlichen Abstand zur konkreten Handlungssituation *ex post.* Der Zusammenhang zwischen der Wahldimension der Freiheit und der Möglichkeit zur Erstkonkretisierung von Standards soll im Folgenden vertieft dargestellt werden.[108]

---

[105] So lassen sich manche Passagen, etwa *Auer,* Materialisierung, 2005, S. 43, verstehen, wenn Standards und Materialisierung über die historischen Gegebenheiten hinaus im Rahmen der (ewigen) Antinomien des Privatrechtsdenkens verbunden werden.

[106] So überzeugend *Sullivan,* Harv. L. Rev. 106 (1992), 22, 58; *Hasnas,* Wis. L. Rev. 1995, 199, 213. Aus dem deutschsprachigen Diskurs etwa *Rüthers,* Die unbegrenzte Auslegung, [9]2022, S. 266 ff.; *Rüthers/Fischer/Birk,* Rechtstheorie, [12]2022, S. 523 f. (Rn. 836a).

[107] Insofern wird im Rahmen dieses dritten Punktes der strukturell-analytische Ansatz von *Kennedy,* Harv. L. Rev. 89 (1976), 1685 und nicht der historisch-soziologische Ansatz von *Auer,* Materialisierung, 2005 verfolgt.

[108] Dass dieser Aspekt bisher wenig Beachtung gefunden hat, mag auch daran liegen, dass

3. Erstkonkretisierung von Standards im Verwaltungs- und Privatrechtsmodell

Die Erstkonkretisierung von Standards erfolgt im Verwaltungsrechtsmodell durch die Verwaltung, im Privatrechtsmodell hingegen durch das Individuum. Trotz richterlicher Kontrolle *ex post* hat diese Erstkonkretisierungsbefugnis einen freiheitlichen Wert.

a) Das Verwaltungsrechtsmodell

Wird ein Bereich öffentlich-rechtlich geregelt, so erfolgt die Normsetzung in Standardform typischerweise durch den Gesetzgeber, die Normkonkretisierung durch die Verwaltung *ex ante* und die Kontrolle der Konkretisierung durch die Gerichte *ex post (Verwaltungsrechtsmodell).* Dass der Verwaltung ein Normkonkretisierungsauftrag zukommt, ist dabei gemeinhin anerkannt.[109] Das Bewusstsein für die kompetentielle Dimension des Normkonkretisierungsauftrags der Verwaltung spiegelt sich im deutschsprachigen Diskurs insbesondere in dem argumentativen Aufwand, der der Frage der gerichtlichen Kontrolle unbestimmter Rechtsbegriffe und Ermessensbetätigungen gewidmet wird, die zusammen den Raum verwaltungsrechtlicher Normkonkretisierung bilden.[110]

b) Das Privatrechtsmodell

Wird ein Bereich dem Privatrecht überlassen, so erfolgt die Normsetzung *ex ante* in Standardform typischerweise durch den Gesetzgeber. *Ex post* überneh-

---

sich die Beiträge zur Normativität des Normdesigns überwiegend mit *vertraglichen* Beispielen beschäftigen (ausdrücklich *Kennedy,* Harv. L. Rev. 89 [1976], 1685, 1686), die Erstkonkretisierung aber insb. in Bereichen eine Rolle spielt, in denen der Standard nicht ohne Weiteres abbedungen werden kann, also etwa bei der Konkretisierung deliktischer Sorgfaltspflichten. Ein dispositiver Standard kann nämlich einfach durch eine Regel ersetzt werden, ohne dass diese Regel als Konkretisierung des Standards erscheinen muss (dazu *Ayres,* S. Cal. Interdisc. L.J. 3 [1993], 1, 9 f.).

[109] Vom Konkretisierungsauftrag der Verwaltung und dem Kontrollauftrag der Gerichte spricht auch *Schmidt-Eichstaedt,* DVBl. 1985, 645, 646.

[110] Ausf. dazu bereits auf S. 33 f. (Fn. 17–19). Zur Veranschaulichung sei hier nur auf den nicht endenden Diskurs in der Verwaltungsrechtswissenschaft hingewiesen, vgl. nur *Flume,* FS Smend, 1952, S. 59, 85 ff., 97 ff.; *Ule,* DVBl. 1953, 491; *Meyer,* DÖV 1954, 368; *Bachof,* JZ 1955, 97, 98 ff.; *Ule,* in: GS Jellinek, 1955, S. 309, 319 ff.; *Jesch,* AöR 82 (1957), 163, insb. 246; *Ehmke,* Ermessen und unbestimmter Rechtsbegriff, 1960, insb. S. 38 ff.; *Ossenbühl,* DÖV 1968, 618; *ders.,* DÖV 1972, 401; *Stüer,* DÖV 1974, 257, 258; *Ule,* VerwArch 76 (1985), 1, 16 ff.; *Schmidt-Eichstaedt,* DVBl. 1985, 645; *Ibler,* Rechtspflegender Rechtsschutz im Verwaltungsrecht, 1999, insb. S. 183 ff.; *Pache,* Tatbestandliche Abwägung und Beurteilungsspielraum, 2001.

men wiederum die Gerichte die Kontrollaufgabe.[111] Allerdings bedarf es auch im Privatrechtsbereich der Konkretisierung *ex ante*. Diese erstmalige Konkretisierung eines Standards *ex ante* wird im Privatrecht nicht durch die Verwaltung vollzogen, sondern durch die Privatrechtssubjekte *(Privatrechtsmodell)*.[112] Die maßgebliche Handlungsform für die Erstkonkretisierung ist dann nicht der Verwaltungsakt, sondern das Rechtsgeschäft, sofern Rechtsfolgen für ein anderes Individuum eintreten sollen.[113] Ist das nicht der Fall, erfolgt die Erstkonkretisierung durch tatsächliches Handeln, also durch Realakt: Das Individuum konkretisiert beispielsweise die deliktischen Verkehrspflichten durch Vornahme der diesen Verkehrspflichten aus Sicht des Individuums genügenden Sorgfaltsmaßnahmen.

Die Parallelisierung von Privatrechtssubjekt und Verwaltung als Erstkonkretisierer von Standards beruht dabei allein auf einer *funktionalen* Betrachtung. Aus dieser funktionalen Perspektive spielt der Umstand, dass die öffentlichrechtliche Regelungstechnik mit positiven Ermächtigungsgrundlagen, die privatrechtliche Regelungstechnik hingegen mit negativen Verbotstatbeständen arbeitet[114], ebenso wenig eine Rolle wie der Umstand, dass die Grundrechte

---

[111] Es geht dann um eine zweite Konkretisierung des Standards. Die Konzeptualisierung als Konkretisierung steht im Diskurs allgemein im Vordergrund, vgl. nur *Kaplow,* Duke L.J. 42 (1992), 557, 559 f., insb. 660; *Röthel,* Normkonkretisierung im Privatrecht, 2004, S. 54 ff.; *Möllers,* Gewaltengliederung, 2005, S. 85, 93.

[112] Hieraus ergeben sich Vorteile mit Blick auf die Regelproduktionskosten, weil das klassische Informationsproblem zentraler Regelsetzung und hohe Bürokratiekosten vermieden werden, vgl. dazu allgemein *Hayek,* in: ders. (Hrsg.), Collectivist Economic Planning, [6]1963, S. 1. Im juristischen Diskurs etwa *Wagner,* AcP 206 (2006), 352, 436 f., 440 ff., 447; *Hellgardt,* Regulierung, 2016, S. 631. Aus dem US-amerikanischen Diskurs grundlegend *Shavell,* J. Leg. Stud. 13 (1984), 357, 359 ff. (zu „difference in knowledge"), 363 f. (zu „administrative costs"). Im Folgenden steht aber allein die freiheitliche Dimension, also das Problem der Verdrängung des Individuums aus der Rolle des Erstkonkretisierers, im Vordergrund.

[113] Sofern es um die *verwaltungsverfahrensrechtlichen* Wirkungen des Verwaltungsakts geht, bietet sich zwar ein Vergleich mit dem zivilrechtlichen Urteil an, vgl. grundlegend *Mayer,* Deutsches Verwaltungsrecht, 1895, S. 94 ff., insb. S. 95, 99. Ferner *Maurer/Waldhoff,* Allgemeines Verwaltungsrecht, [20]2020, S. 231 f. (§ 9 Rn. 43); *Bauer,* Rescriptum 2014, 98. Das Rechtsgeschäft wurde hingegen bei den *materiell-rechtlichen* Wirkungen des Verwaltungsakts in Bezug genommen, vgl. insb. *Mayer,* Deutsches Verwaltungsrecht, 1895, S. 101, 103. Der Verwaltungsakt ist eben „nicht ganz Urteil, nicht ganz Rechtsgeschäft" (*ders.,* Deutsches Verwaltungsrecht, 1895, S. 94) und damit je nach Gesichtspunkt entweder mit dem Urteil oder dem Rechtsgeschäft zu vergleichen.

[114] Der Unterschied folgt daraus, dass der Gesetzesvorbehalt im Öffentlichen Recht (*Maurer/Waldhoff,* Allgemeines Verwaltungsrecht, [20]2020, S. 121 ff. [§ 6 Rn. 3 ff.]), nicht aber im Privatrecht gilt (zur Privatautonomie bereits unter § 5 [Fn. 57]). Als Tendenzaussage daher zutreffend *Medicus/Petersen,* Allgemeiner Teil des BGB, [11]2016, S. 4 (Rn. 4) und insb. S. 7 (Rn. 10) (*„Das öffentliche Recht ist das Recht der gebundenen, das Privatrecht dasjenige*

gegebenenfalls in ihrer Schutzpflichtdimension wirken.[115] Auch wird durch diese funktionale Betrachtung die rechtstheoretische Frage nach der richtigen Deutung der vertraglichen Bindung (vorpositivistisch[116] oder positivistisch[117]) nicht prädeterminiert.

c) Die eigenständige Bedeutung der Erstkonkretisierung trotz richterlicher Kontrolle

Es ließe sich einwenden, die Erstkonkretisierung durch das Individuum *ex ante* habe keine freiheitliche Bedeutung, sofern es zu einer gerichtlichen Zweitkonkretisierung *ex post* kommt. Dieser Einwand verfängt jedoch nicht, denn im Rahmen der richterlichen Zweitkonkretisierung geht es um eine zurückgenommene Kontrolle, nicht um ein Ersetzen der individuellen Erstkonkretisierung (substantielle und institutionelle Grenzen der richterlichen Kontrolle). Darüber hinaus hat die Erstkonkretisierung als Partizipations- und Performationsakt unabhängig vom Umfang der richterlichen Zweitkonkretisierung Bedeutung.

---

der freien Entscheidung [...]"). Vgl. auch, wenngleich relativierend, *Neuner,* Allgemeiner Teil des Bürgerlichen Rechts, [12]2020, S. 10 (§ 2 Rn. 16). Dabei geht es aber letztendlich nur um einen quantitativen Unterschied, denn es ließe sich etwa auch die Vertragsfreiheit als „Supergeneralklausel" auffassen, der sich die öffentlich-rechtlichen Generalklauseln (etwa Art. 11 PAG) zumindest annähern.

[115] Hierzu ausf. unter § 7 (S. 301–303). Dass sich das Privatrechtssubjekt mindestens auf Art. 2 I GG berufen kann, die Verwaltung hingegen nicht (*Sachs,* Verfassungsrecht II – Grundrechte, 2017, S. 106 [Rn. 70]), spielt für den normativen Ausgang der Abwägungsentscheidung keine Rolle, denn die Verwaltung verwirklicht die in der Schutzpflichtendimension wirkenden Grundrechte. Dazu (mit Blick auf das Allgemeine Gleichbehandlungsgesetz) etwa *Neuner,* Allgemeiner Teil des Bürgerlichen Rechts, [12]2020, S. 10 (Rn. 15).

[116] Den Geltungsgrund des Vertrages als vorpositiv ansehend *Larenz,* Richtiges Recht, 1979, S. 60; *Husserl,* Rechtskraft und Geltung, 1925, S. 39 (Wüstenfall); *Canaris,* Vertrauenshaftung, 1971, S. 413 f.; *Starck,* Woher kommt das Recht?, 2015, S. 6.

[117] Für *generelle Ermächtigung* etwa *Adomeit,* Gestaltungsrechte, Rechtsgeschäfte, Ansprüche, 1969, S. 19 f. Für *punktuelle Anerkennung* deutlich *Flume,* Allgemeiner Teil des bürgerlichen Rechts, [3]1979, S. 2 (§ 1 2) („[...] die privatautonome Gestaltung von Rechtsverhältnissen kann nur durch Akte geschehen, welche als Aktstypen rechtsgeschäftlicher Gestaltung von der Rechtsordnung anerkannt sind"), S. 3 (§ 1 3a), S. 5 (§ 1 4). Ferner *Canaris,* Vertrauenshaftung, 1971, S. 413 (trotz grundsätzlich vorpositivem Ansatz darauf hinweisend, dass der Staat ein ganz bestimmtes Mittel rechtlicher Selbstgestaltung zur Verfügung stelle); *Habersack,* AcP 189 (1989), 403, 405 („Instrumentarium der Rechtsgeschäfte"); *Busche,* Privatautonomie und Kontrahierungszwang, 1999, S. 18 f. (allerdings auch eine *ad hoc* geschaffene, nichtstaatliche Rechtsordnung als ausreichend erachtend und damit im Ergebnis in die Nähe der vorpositivistischen Ansätze rückend). Wichtiger als die theoretische Rekonstruktion des Geltungsgrundes des Vertrags sind die legitimatorischen Erwägungen, die zur Versagung oder Anerkennung der Gültigkeit eines Rechtsgeschäfts führen (so überzeugend *Bachmann,* Private Ordnung, 2006, S. 89 ff., sowie darst. S. 266 ff.).

aa) Substantielle Grenzen der richterlichen Kontrolle

Die Bedeutung der Erstkonkretisierung folgt zunächst aus den substantiellen Grenzen der richterlichen Kontrolle. Diese substantiellen Grenzen betreffen erstens Ermessen, zweitens Beurteilungsspielräume und drittens das Gebot, aus einer Ex-ante-Sicht zu entscheiden.

Ermessen. Im Verwaltungsrechtsmodell ist Ermessen grundsätzlich nur eingeschränkt auf Ermessensfehler hin überprüfbar (§ 114 VwGO).[118] Innerhalb der rechtlichen Grenzen entscheidet damit die Verwaltung letztverbindlich über die Zweckmäßigkeit einer Maßnahme. Im Privatrechtsmodell ist der Bereich des nicht kontrollierbaren Ermessens sogar noch größer[119]: Solange ein Individuum nicht ohne Zustimmung in die Freiheitssphäre eines anderen Individuums eingreift, akzeptiert der Staat grundsätzlich die individuelle Erstkonkretisierung als Ausdruck der Vertragsfreiheit.[120] Nur dann, wenn diese Zustimmung fehlt (man denke an die gerichtliche Kontrolle der Ausübung von Gestaltungsrechten[121]) oder keine materielle Legitimationskraft entfalten kann (man denke

---

[118] Zur nur eingeschränkten Überprüfbarkeit von Verwaltungsermessen bereits auf S. 34 (Fn. 19).

[119] Dazu plakativ die Argumentationsfigur, der Richter dürfe nicht zum „Preiskommissar“ werden (*Canaris,* AcP 200 [2000], 273, 335; *ders.,* FS Lerche, 1993, S. 873, 888; *ders.,* ÖBA 1990, 882, 895). Allg. zur Verbindung zwischen Vertragsfreiheit, Marktwirtschaft und offener Gesellschaft *ders.,* FS Lerche, 1993, S. 873, 878ff.

[120] Dem liegen letztendlich zwei normative Prämissen zugrunde: Erstens die Irrelevanz von durch den Vertrag hervorgerufenen Externalitäten, vgl. *Posner,* Economic Analysis of Law, 92014, S. 14. Zweitens die legitimierende Kraft einer nicht durch Machtgefälle verzerrten Zustimmung, auf der auch der Gedanke von der „Richtigkeitsgewähr des Vertrages“ beruht, vgl. *Schmidt-Rimpler,* AcP 147 (1941), 130, 155f. („[…] der V. [Vertrag] ist ein Mechanismus, um ohne hoheitliche Gestaltung in begrenztem Rahmen eine richtige Regelung auch gegen unrichtigen Willen herbeizuführen, weil immer der durch die Unrichtigkeit Betroffene zustimmen muß.“).

[121] Als Beispiel lassen sich das arbeitsrechtliche Ultima-Ratio-Prinzip, das bei Kündigungen nach § 1 KSchG zur Anwendung kommt (BeckOK – *Rolfs,* ArbR, 662022, § 1 KSchG Rn. 66) und die bei der personen- und verhaltensbedingten Kündigung gebotene umfassende Interessenabwägung (ErfKomm – *Oetker,* ArbR, 232023, § 1 KSchG Rn. 77, 146, 201) anführen. Noch deutlicher wird die Nähe zum Öffentlichen Recht bei der außerordentlichen Kündigung nach § 626 BGB, bei der auf der „zweiten Stufe“ eine umfassende Interessenabwägung unter Beachtung des arbeitsrechtlichen Verhältnismäßigkeitsgrundsatzes erfolgt (BAG NZA 2010, 1227, 1231 [Rn. 34]; MünchKomm – *Henssler,* BGB, 92023, § 626 Rn. 89). Abgestellt werden kann ferner auf die Kontrolle der Ausübung des arbeitsrechtlichen Direktionsrechts aus § 106 S. 1 GewO (BAG NZA-RR 2010, 640 [Rn. 10]; MünchKomm – *Spinner,* 92023, § 611a Rn. 933). Ähnliche Kontrollansätze finden sich im Mietrecht, sofern es um die außerordentliche Kündigung auf der Grundlage von § 543 BGB (BGH NJW-RR 2011, 89 [Rn. 11]; BeckOGK – *Mehle,* BGB, 1.10.2022, § 543 Rn. 27f.) oder um das Widerspruchsrecht aus § 574 BGB (BVerfG NJW-RR 1999, 1097 zur Vorgängervorschrift, dem § 556a BGB a.F.; MünchKomm – *Häublein,* 92023, BGB, § 574 Rn. 24–29) geht.

an die AGB-Kontrolle[122]), nimmt die Kontrollintensität zu.[123] Dogmatischer Anknüpfungspunkt dieser zurückgenommenen, privatrechtlichen Ermessenskontrolle ist letztendlich § 242 BGB. Die Ermessenskontrolle greift als Ausübungskontrolle dann ein, wenn die der Tatbestandsseite zuzuordnende Inhaltskontrolle, deren Grundlage insbesondere § 138 BGB bildet, das Verhalten der Individuen nicht von vornherein für verboten erklärt.[124]

Beurteilungsspielräume. Zwar sind im Verwaltungsrechtsmodell unbestimmte Rechtsbegriffe auf Tatbestandsseite grundsätzlich voll gerichtlich überprüfbar.[125] Ausnahmsweise bestehen jedoch gerichtlich nicht voll überprüfbare Beurteilungsspielräume, die die richterliche Entscheidungsmacht in substantieller Hinsicht begrenzen.[126] Derartige Beurteilungsspielräume gibt es auch im Privatrechtsmodell. Zu denken ist beispielsweise an die in § 93 I 2 AktG verankerte *business judgment rule,* die die gerichtliche Kontrolle von unternehmerischen Entscheidungen begrenzt.[127] Beurteilungsspielräume im Privatrecht sind jedoch letztendlich ein allgemeines Phänomen, das sich auch im Kernzivilrecht nachweisen lässt: Immer dann, wenn der Standard keine richterliche Punktentscheidung *ex post* ermöglichen soll, sondern lediglich einen Bereich des Erlaubten absteckt, ist davon auszugehen, dass ein Beurteilungsspielraum besteht. Anders gewendet: Ist die Verwendung des Standards nur der Heterogenität der Sachverhalte geschuldet, die einer regelförmigen Definition des Erlaubten im Wege steht, liegt die Annahme eines Beurteilungsspielraums nahe. Ist hingegen der

---

[122] Dazu unter § 7 (S. 300 f.) und insb. *Bachmann,* Private Ordnung, 2006, S. 121 f. Diesem Umstand trägt die erhöhte Kontrolldichte der §§ 307–309 BGB Rechnung, die als Kodifizierung der auf Grundlage von § 242 BGB entwickelten Ermessenskontrolle (vgl. BGH NJW 1964, 1123) und tatbestandliche Ergänzung des § 138 BGB verstanden werden können. Teilweise wurde auch auf den Schutzgedanken des § 315 BGB abgestellt (vgl. BGH NJW 1963, 99, 100). Das RG gestaltete die (sehr zurückgenommene) Kontrolle gewissermaßen auf Tatbestandsebene aus und zog § 138 BGB heran (RGZ 62, 264, 266). Darst. MünchKomm – *Fornasier,* BGB, [9]2022, Vor § 305 Rn. 12. Gerade in der Fallgruppenbildung auf Grundlage von § 242 BGB und der anschließenden tatbestandlichen Vertypung zeigt sich die Rechtsfortbildungsfunktion der Generalklausel des § 242 BGB, vgl. dazu *Auer,* Materialisierung, 2005.

[123] Selbst die grundrechtlich gebotene „Ermessensreduzierung auf Null" findet im Kontrahierungszwang eine gewisse Parallele, vgl. dazu *Busche,* Privatautonomie und Kontrahierungszwang, 1999, S. 130 („schonender Ausgleich der Vertragsinteressen").

[124] Die Grundsätze zur Inhalts- (§ 138 BGB) und Ausübungskontrolle (§ 242 BGB), wie sie etwa für Eheverträge (vgl. BGH NJW 2004, 930, 935) entwickelt wurden und sich in ähnlicher Form für gesellschaftsvertragliche Abfindungsklauseln finden (vgl. BGH NJW 1993, 3193, 3193), sind damit verallgemeinerbar.

[125] Zur grundsätzlich vollen Überprüfbarkeit von unbestimmten Rechtsbegriffen vgl. bereits auf S. 33 (Fn. 17).

[126] Ausf. dazu bereits auf S. 33 f. (Fn. 18).

[127] Dazu bereits auf S. 34 (Fn. 20).

Zeitpunkt der Auflösung des Wertungskonflikts Teil des Schutzmechanismus, ist von einer vollständigen richterlichen Überprüfung auszugehen. So können die Parteien etwa den Standard der Unzumutbarkeit als Grundlage einer außerordentlichen Kündigung (§ 314 BGB) durch privatautonome Vereinbarung konkretisieren.[128] Die „angemessene" Mieterhöhung im Sinne von § 553 II BGB wird demgegenüber vollständig gerichtlich überprüft.[129]

Ex-ante-Sicht. Im Verwaltungsrechtsmodell ergibt sich eine Beschränkung der richterlichen Entscheidungsmacht auch daraus, dass das Gericht auf die für die Verwaltung *ex ante* maßgebliche Informationslage beschränkt wird. Die polizeirechtliche Gefahr beurteilt sich beispielsweise aus einer Ex-ante-Sicht.[130] Dadurch werden Erstkonkretisierungen, die aus einer Sicht *ex post* anders erfolgt wären, erhalten. Diese substantielle Einschränkung der gerichtlichen Kontrollbefugnisse findet sich ebenfalls im Privatrecht: Die Grenzen des durch die *business judgment rule* gewährten Beurteilungsspielraums werden aus einer Pespektive *ex ante* bestimmt.[131] Eine ähnliche Wirkung (Beschränkung der gerichtlich verwertbaren Information) hat die Maßgeblichkeit des objektiven Empfängerhorizonts bei der Auslegung (§§ 133, 157 BGB)[132] und das aus der konkreten Handlungssituation heraus zu beurteilende Vorhersehbarkeitskriterium der Fahrlässigkeitshaftung[133].

bb) Institutionelle Grenzen der richterlichen Kontrolle

Selbst bei einer in *substantieller* Hinsicht unbegrenzten Entscheidungsmacht der Gerichte behält die Erstkonkretisierung aufgrund der *institutionellen* Grenzen der gerichtlichen Kontrolle Bedeutung.

---

[128] Obwohl § 314 BGB grundsätzlich zwingend ist, soll der Richter nicht sein Urteil darüber, wie Vertragsrisiken am besten aufzuteilen sind, an die Stelle des Urteils der Parteien setzen, vgl. BeckOGK – *Martens,* BGB, 1.1.2023, § 314 Rn. 25; MünchKomm – *Gaier,* BGB, [9]2022, § 314 Rn. 8 (allerdings unter Betonung des Umstandes, dass die Vereinbarung nicht zu einer unzumutbaren Erschwerung der Vertragsbeendigung führen dürfe).

[129] BeckOGK – *Emmerich,* BGB, 1.1.2023, § 553 Rn. 27 (Festlegung eines generell in bestimmter Höhe zu zahlenden Untermietzuschlags unzulässig); BeckOK – *Wiederhold,* BGB, [65]2022, § 553 Rn. 19; LG Berlin MM 2015, Nr. 12, 29; LG Hannnover WuM 1983, 236; AG Hamburg-Altona WuM 1999, 600; AG Langenfeld WuM 1992, 477.

[130] Zur Beurteilung des polizeirechtlichen Gefahrbegriffs für auf Art. 11 PAG gestützte Primärmaßnahmen vgl. BeckOK – *Holzner,* PolR, [21]2023, Art. 11 PAG Rn. 24 („ex ante et ex situatione").

[131] Vgl. Grigoleit – *Grigoleit/Tomasic,* AktG, [2]2020, § 93 Rn. 43.

[132] Dazu etwa BGH NJW 1986, 52, 53. Grundlegend zum Zusammenspiel von § 133 BGB und § 157 BGB *Larenz,* Die Methode der Auslegung des Rechtsgeschäfts, 1930, S. 70–106.

[133] Zur Vorhersehbarkeit allg. MünchKomm – *Grundmann,* BGB, [9]2022, § 276 Rn. 68 („Aufgreifkriterium"). Aus strafrechtlicher Sicht für den Bereich der objektiven Zurechnung vgl. *Greco,* ZStW 117 (2005), 519.

Erfolgsbezogenheit. Diese institutionellen Grenzen folgen zum einen aus der Erfolgsbezogenheit privatrechtlicher Konflikte: Erst die Bedingung, dass die Missachtung einer Verkehrspflicht auch zu einem Schaden führt, bringt beispielsweise den Anspruch auf Schadensersatz zur Entstehung.[134] Die Verknüpfung von Schaden und Verkehrspflichtverletzung ist zudem typischerweise in verschiedener Hinsicht qualifiziert: In allen Fällen, in denen es an einer Anspruchsvoraussetzung fehlt, bleibt die individuelle Erstkonkretisierung ohne Korrektur, selbst wenn sie grundsätzlich ersetzt werden könnte. Das sorgfaltspflichtwidrig handelnde Individuum kann schlicht auch Glück gehabt haben. Die Fahrlässigkeitshaftung ist insofern Zufallshaftung.

Klageerfordernis. Hinzu kommt, dass die gerichtliche Kontrollbefugnis nur dann besteht, wenn sich auch ein Kläger findet. Dieser Umstand kommt im Grundsatz *ne ultra petita* (§ 308 ZPO, § 88 VwGO) zum Ausdruck.[135] Auch das Klageerfordernis führt also dazu, dass die Erstkonkretisierung durch die Verwaltung[136] oder das Privatrechtssubjekt maßgeblich bleibt, solange nur der Geschädigte auf eine Klage verzichtet oder die Sachurteilsvoraussetzungen nicht (mehr) vorliegen.

Zeitdimension. Selbst wenn die Entscheidungskompetenz des Gerichts infolge einer Klage eröffnet ist, so ist die individuelle Erstkonkretisierung in der konkreten Handlungssituation und bis zum Urteil doch faktisch maßgeblich. Genauso wie der wirksame Verwaltungsakt[137] unabhängig von seiner Rechtmäßigkeit und der späteren Aufhebung oder Erledigung die Rechtsverhältnisse zunächst regelt, entscheiden die Privatrechtssubjekte zunächst darüber, wie sie Schaden vermeiden.

---

134 Allein aus der Struktur des Deliktsrechts als Schadensersatzrecht folgt die Erfolgsbezogenheit der Haftung. Diese Erfolgsbezogenheit ist unabhängig davon, ob § 823 I BGB über die Lehre vom Erfolgs- oder Handlungsunrecht erklärt wird (dazu MünchKomm – *Wagner,* BGB, [8]2020, § 823 Rn. 8). Auch die Tatbestandsmerkmale filtern die ersatzfähigen Schäden. Im Rahmen des § 823 I BGB übernimmt insb. das Erfordernis der Rechtsgutsverletzung diese Filterfunktion. Im US-amerikanischen Deliktsrecht entspricht dem das Erfordernis des *actual harm,* vgl. *Birdsall v. Coolidge,* 93 U.S. 64 (1874); *Fischer,* Loy. L.A. L. Rev. 42 (2008), 197.

135 Zum limitierenden Charakter von *ne ultra petita* vgl. etwa MünchKomm – *Musielak,* ZPO, [6]2020, § 308 Rn. 1.

136 Die selbständige Teilnahme der Verwaltung am Prozess der Rechtssetzung, die aus dem Nichtangriff ihrer Akte resultiert, sieht auch *Ehmke,* Ermessen und unbestimmter Rechtsbegriff, 1960, S. 51.

137 Zur Wirksamkeit von Verwaltungsakten vgl. *Maurer/Waldhoff,* Allgemeines Verwaltungsrecht, [20]2020, S. 258 f. (§ 10 Rn. 5–11). Zum Rechtsschutzinstrumentarium vgl. BeckOK – *Gersdorf,* VwGO, [64]2021, § 80 Rn. 6.

cc) Erstkonkretisierung als Partizipationsakt

Die Erstkonkretisierung hat unabhängig vom Umfang der richterlichen Kontrolle auch deshalb Bedeutung, weil sie als ein Akt der *Mitwirkung* an der richterlichen Zweitkonkretisierung verstanden werden kann: Das Individuum hat die Möglichkeit, im gerichtlichen Verfahren die von ihm gewählte Erstkonkretisierung vorzutragen und zu verteidigen. Insbesondere kann die individuelle Erstkonkretisierung eine Ankerwirkung[138] für die nachfolgende Zweitkonkretisierung entfalten.[139] So kommt es zu einem ständigen Dialog zwischen der privaten und der staatlichen Sphäre.[140] Die richterliche Entscheidung kann auf dem privaten Innovationspotential[141] und der in privater Übung gesammelten Erfahrung[142] aufbauen.

dd) Erstkonkretisierung als Performationsakt

Schließlich ist die individuelle Erstkonkretisierung allein aufgrund der zunächst getroffenen privatautonomen Handlung von Bedeutung. Dass auch dieser Performationsakt Teil der Wahldimension der Freiheit ist, wurde im Rahmen der Analyse der *exercise-freedom* herausgearbeitet.[143] Das Privatrechtssubjekt entscheidet also trotz einer etwaigen Pflichtenbindung zunächst selbst, welche Schadensvermeidungsvorkehrungen es trifft, um die Kosten einer Verschuldens- oder Gefährdungshaftung zu minimieren.[144]

---

[138] Zu *anchoring* bereits auf S. 155 (Fn. 121).

[139] Zwar dürfte gerade im Haftungsbereich diese Ankerwirkung aufgrund von entgegengesetzten *biases*, insb. dem *hindsight bias* (dazu *Roese/Vohs,* Perspect. Psychol. Sci. 7 [2012], 411) eine geringere Bedeutung haben. Insbesondere formuliert das Gericht offene Pflichtentatbestände regelmäßig ausgehend von der (*ex post* feststehenden) Beeinträchtigung des Integritätsinteresses (*Grigoleit,* FS Canaris I, 2007, S. 275, 277 f.; *Grigoleit/Bender,* ZfPW 2019, 1, 22). Gerade bei der Beurteilung der Wirksamkeit einer vertraglichen Regelung dürfte die zunächst gewählte Bestimmung aber durchaus als Referenzpunkt für etwaige Korrekturen fungieren.

[140] Zum Dialog als Teil des (assoziativen) Demokratieverständnisses vgl. *Kersten,* JuS 2014, 673, 677, 681. Zur kommunikativen Dimension des Rechts allgemein bereits auf S. 112 (Fn. 183).

[141] Zum privaten Innovationspotential insb. *Hayek,* The Fatal Conceit, 1988, S. 42, 104 („The entrepreneur *must* in his activities probe beyond known uses […]"); *ders.,* The Constitution of Liberty, [3]2009, S. 78. Ferner bereits mit Blick auf die Unternehmertätigkeit *Mises,* Human Action, 2007, S. 254; *Menger,* Grundsätze der Volkswirtschaftslehre, [2]1923, S. 154 (im Fußnotentext). Darst. *Ebner,* in: Backhaus (Hrsg.), Entrepreneurship, Money and Coordination, 2005, S. 131 ff. Interessanterweise ähnlich *Schmidt-Rimpler,* AcP 147 (1941), 130, 170.

[142] Die vorbereitende Funktion privater Normsetzung kommt insb. in Normen wie § 346 HGB oder § 1-303 (c) U.C.C. zum Ausdruck, die explizit auf Handelsbräuche Bezug nehmen und bei der Auslegung und Ergänzung von Verträgen Relevanz entfalten. Auch die *lex mercatoria* beruht auf entsprechender Übung und einer standardisierten Vertragspraxis, vgl. *Lando,* Int'l & Comp. L.Q. 34 (1985), 747, 750 f.

[143] Dazu insb. bereits auf S. 186.

[144] Zum Privatrechtssubjekt als Entscheider bei der Gefährdungshaftung vgl. *Wagner,*

4. Personalisierung als Verdrängung des Privatrechtsmodells

Nach dem Personalisierungsprojekt soll die Erstkonkretisierung in wesentlichen Bereichen durch Mikrodirektiven erfolgen *(Verwaltungsaktlichung)*.[145] Mikrodirektiven werden gerade im Bereich der deliktischen Sorgfaltspflichten als Verwaltungsakte zu qualifizieren sein, um die Vollstreckbarkeit der jeweiligen Handlungsanweisung zu gewährleisten.[146] Aber auch dann, wenn die Mikrodirektive nicht als Verwaltungsakt im eigentlichen Sinne, sondern als verwaltungsaktsähnliche Bekanntgabe einer einheitlichen, gesetzlichen Regelung qualifiziert würde[147], wird der Verwaltung bei der Schaffung dieser gesetzlichen (im Sinne von rechtsnormförmigen) Regelung eine zentrale Stellung zukommen, weil der formelle (parlamentarische) Gesetzgeber nur schwer über ein „Algorithmusgesetz" wird entscheiden können.[148] Auch die maßgeblichen Wertungsgesichtspunkte, aus denen sich die Zurückdrängung der Wahldimension der Freiheit ergibt, sind im Grundsatz unabhängig von der dogmatischen Einordnung der Mikrodirektive: Sie ist entweder Verwaltungsakt oder verwaltungsaktsähnliche Rechtsnorm mit Einzelfallbezug. Vor diesem Hintergrund ist es gerechtfertigt, die mikrodirektivenbasierte Personalisierung als Ausweitung des Verwaltungsrechtsmodells zu beschreiben. Die Ausweitung des Verwaltungsrechtsmodells geht mit einer Verdrängung des Individuums aus seiner Rolle als Erstkonkretisierer einher *(Inkompatibilität von Verwaltungs- und Privatrechtsmodell)*. Diese Inkompatibilitätsthese wird im Folgenden begründet und gegen potentielle Einwände verteidigt.

a) Die Inkompatibilität von Verwaltungs- und Privatrechtsmodell

Anders als die gerichtliche Kontrolle *ex post* ergeht die Mikrodirektive *ex ante*. Sie konkurriert also unmittelbar mit der individuellen Konkretisierungsleistung des Privatrechtssubjekts in der konkreten Handlungssituation *(Proximität)*. Privatrechtsmodell und Verwaltungsrechtsmodell stehen damit in einem Span-

---

AcP 206 (2006), 352, 437 („Der Bürger, der sich mit einer verschuldensunabhängigen Haftung konfrontiert sieht, muß selbst entscheiden, ob der Nutzen einer bestimmten Aktivität ihre Kosten überwiegt."). Dieser Gedanke lässt sich jedoch ohne Weiteres auf die Verschuldenshaftung übertragen. Der Umstand, dass das Individuum weniger haftet (nämlich nicht für nicht verschuldete Schäden), verringert seine Entscheidungsbefugnis nicht. Allg. zur Bedeutung des Subsumtionsakts (allerdings mit Blick auf staatliche Stellen) *Lepsius,* in: Kirchhof/Magen/Schneider (Hrsg.), Was weiß Dogmatik?, 2012, S. 39, 55 („Der Subsumtionsakt erzeugt Gestaltungsfreiheit [...].").

145 Einführung des Begriffs in § 2 (S. 63).

146 Dazu bereits unter § 2 (S. 60).

147 Zu diesem Rechtsnormmodell (Gesamtbetrachtung) bereits unter § 2 (S. 59–61).

148 Dazu ausf. unter § 7 (S. 275–280).

nungsverhältnis: Die Ausweitung des Privatrechtsmodells beeinträchtigt die Entscheidungsbefugnisse des Staates und die Ausweitung des Verwaltungsrechtsmodells beeinträchtigt die Befugnis der Privatrechtssubjekte zur privatautonomen Regelung ihrer Angelegenheiten. Durch die *Verwaltungsaktlichung* des Privatrechts kommt es somit zu einer Beeinträchtigung der durch das Privatrechtsmodell verwirklichten Wahldimension der individuellen Freiheit.[149]

b) Dualismuseinwand und Einheit der primären Handlungspflichten

Der These, die Verwaltungsaktlichung des Privatrechts verdränge das Individuum aus seiner Rolle als Erstkonkretisierer der Handlungspflichten, lässt sich zunächst mit dem Dualismuseinwand entgegentreten: Das Individuum könne mit Blick auf *privatrechtliche* Pflichten Erstkonkretisierer bleiben, selbst wenn *öffentlich-rechtliche* Pflichten durch Verwaltungsakte oder ähnliche staatliche Handlungsformen festgesetzt würden *(starker Dualismuseinwand).*[150] Jedenfalls müsse ein derartiges dualistisches Verständnis bei rechtswidriger öffentlich-rechtlicher Pflichtendefinition gelten *(schwacher Dualismuseinwand).* In beiden Formen überzeugt der Dualismuseiwand aber nicht: Sobald die Rechtsordnung eine spezifische Verhaltenserwartung in *einem* Rechtsbereich formuliert, ist diese Verhaltenserwartung auch für alle *anderen* Rechtsbereiche maßgeblich, weil auch das Individuum nur einheitlich handeln kann. Die das Individuum treffenden primären Handlungspflichten können also nur einheitlich formuliert werden *(Einheit der primären Handlungspflichten).*[151] Verwaltungsrecht und Privatrecht steuern mithin beide das einheitliche Handeln des Indivi-

---

[149] *De lege lata* kommt es zu einer Kollision zwischen Privatrechts- und Verwaltungsrechtsmodell beispielsweise im Bankaufsichtsrecht. Dort wurde dieses Spannungsverhältnis in erster Linie auf der abstrakten, gesetzlichen Pflichtenebene behandelt. In der Tat kollidiert die grundsätzlich von der *business judgment rule* (§ 93 I 2 AktG) erfasste freie Unternehmensorganisation (§ 91 II AktG) (dazu Grigoleit – *Grigoleit/Tomasic,* AktG, ²2020, § 93 Rn. 38 ff.; BGHZ 135, 244 ff.) mit dem Bestehen besonderer Organisationsanforderungen im Bereich des Bankgesellschaftsrechts (§ 25a I KWG). Zu Lösungsansätzen vgl. OLG Frankfurt a.M., AG 2008, 453 (pauschale Anwendung der *business judgment rule* auch auf die Organisationspflichten des § 25a I KWG); differenzierter *Wundenberg,* Prinzipiengeleitete Aufsicht, 2012, S. 139 f. (nur begrenzter Beurteilungsspielraum unter Beachtung der aufsichtsrechtlichen Prinzipien); ähnlich *Negenborn,* Bankgesellschaftsrecht, 2019, S. 165 (Beschränkung des Ermessens entsprechend der Teleologie des Aufsichtsrechts).

[150] Dazu und zur Relativierung mit Blick auf die Kompetenzen der Rspr. ausf. unter § 7 (S. 288–291).

[151] Aus diesem Umstand erklärt sich etwa auch das Institut der (im Einzelnen umstrittenen) rechtfertigenden Pflichtenkollision. Allg. dazu *Roxin/Greco,* Strafrecht Allgemeiner Teil, ⁵2020, S. 887 ff. (§ 16 Rn. 115 ff.). Im Aktienrecht vgl. MünchKomm – *Spindler,* AktG, ⁵2019, § 93 Rn. 103 ff.

duums.[152] Dies gilt nach der Konzeption des deutschen Verwaltungsrechts auch im Falle der Rechtswidrigkeit des Verwaltungsakts, denn die Befolgungspflicht folgt alleine aus dessen Wirksamkeit.[153] Das Individuum kann den Verwaltungsakt damit nicht unter Zugrundelegung einer abweichenden Konkretisierungsleistung ignorieren, ohne den Verwaltungsakt mit Rechtsmitteln angegriffen zu haben. Selbst wenn also die privatrechtliche (sekundäre) Haftungsfrage unabhängig von der (primären) Pflichtenebene beurteilt wird[154], schränkt bereits die administrative Pflichtendefinition die individuelle Freiheitssphäre ein. Sollte die Mikrodirektive, etwa im Bereich des Vertragsrechts, nicht als Verwaltungsakt, sondern als Rechtsnorm qualifiziert werden, verfängt der schwache Dualismuseinwand ebenfalls nicht. Selbst wenn nämlich vertragsrechtliche Rechtsnormen im Falle der Rechtswidrigkeit für nichtig gehalten würden, was keineswegs zwingend ist[155], haben die Individuen bei Vertragsschluss regelmäßig auf die Gültigkeit der heteronomen Regelung vertraut und nach Vertragsschluss nicht mehr die Möglichkeit, auf die Nichtigkeit in einer die private Erstkonkretisierung aufrechterhaltenden Weise zu reagieren: Die vertragliche Bindung und die Preisfixierung *ex ante* führen dazu, dass sich nach Vertragsschluss die ursprüngliche Verhandlungssituation nicht mehr rekonstruieren lässt.

c) Law-as-Price-Einwand und specific performance des deutschen Verwaltungsrechtsmodells

Zumindest in begrenztem Umfang könnte die privatrechtliche Konkretisierung trotz verwaltungsrechtlicher Konkretisierung erhalten bleiben, wenn die öffent-

---

152 Ähnlich *Wagner,* AcP 206 (2006), 352, 432 („Öffentliches Recht und Privatrecht nehmen ein und dieselbe Steuerungsaufgabe wahr […].").

153 Zur Unterscheidung zwischen Wirksamkeit und Rechtmäßigkeit vgl. *Maurer/Waldhoff,* Allgemeines Verwaltungsrecht, [20]2020, S. 257 (§ 10 Rn. 2). Nur bei einem nichtigen Verwaltungsakt (§ 44 VwVfG) wird der Konflikt mit dem Privatrechtsmodell daher vermieden, vgl. *Spickhoff,* Gesetzesverstoß und Haftung, 1998, S. 83 f. Im Übrigen lässt sich die Wirksamkeit des Verwaltungsakts erst durch die Einlegung eines Anfechtungsrechtsbehelfs (§ 80 I VwGO) oder durch die Inanspruchnahme von Eilrechtsschutz (§ 80 V VwGO) suspendieren, vgl. hierzu etwa BeckOK – *Gersdorf,* VwGO, [64]2021, § 80 Rn. 6.

154 Deutlich Grigoleit – *Grigoleit/Tomasic,* AktG, [2]2020, § 93 Rn. 13, die diesen Umstand terminologisch durch die Unterscheidung zwischen primärer Legalitätspflicht zur Befolgung externer Vorgaben (hier: Ebene der Handlungsnorm) und sekundärer Legalitätspflicht im Sinne einer zusätzlichen haftungsrechtlichen Sanktionierung im Verhältnis zur Gesellschaft (hier: Ebene der Sanktionsnorm) zum Ausdruck bringen. Ebenso *Grigoleit,* FS K. Schmidt, 2019, S. 367, 367.

155 Zum sog. Nichtigkeitsdogma für Rechtsnormen und seiner krit. Darstellung Schoch/Schneider – *Goldhammer,* VwVfG, [3]2022, Vorb. § 43 Rn. 74–82. Zur Möglichkeit, für vertragsergänzende Regelungen den Rechtsgedanken des § 139 BGB heranzuziehen, vgl. bereits auf S. 60 (Fn. 123).

lich-rechtliche Pflicht als Tatbestand für eine besondere Steuer zu verstehen ist, die in der öffentlich-rechtlichen Sanktion liegt und gewisse Handlungen verteuert *(Law-as-Price-Einwand)*.[156] Das Individuum kann danach zwischen einer primären Befolgungs- und einer sekundären Zahlungspflicht frei wählen und sich dadurch Entscheidungsspielraum erhalten. Ein derartiges Verwaltungsrechtsverständnis entspricht allerdings nicht dem Ansatz des deutschen Rechts. Schon aus dem Umstand, dass administrative Pflichten grundsätzlich vollstreckt werden können[157], ist ersichtlich, dass ein *efficient breach* nicht möglich sein soll. Vielmehr wird insbesondere auch bei öffentlich-rechtlichen Pflichten *specific performance* erwartet und Recht als Grenze verstanden *(Law-as-Limit-Ansatz)*.[158] Anders gewendet: Das deutsche Recht setzt die Sanktion so hoch, dass ein Verstoß von vornherein unattraktiv ist.

Jedenfalls hat der Law-as-Price-Ansatz bei einer vollständigen Personalisierung der Verhaltenspflichten unter Effizienzgesichtspunkten keinen Raum: Nur bei *generellen* öffentlich-rechtlichen Verhaltensvorgaben kann es zu einer im Einzelfall ineffizienten Regelung kommen, die durch einen individuellen, *ex post* in Anwendung eines zivilrechtlichen Standards gebilligten Normverstoß korrigiert wird. Im Rahmen des an Effizienz ausgerichteten Personalisierungsprojekts werden jedoch bereits die administrativen Vorgaben unter Beachtung der Umstände des Einzelfalles formuliert. Idealiter gibt es also keine Fälle mehr, in denen die Nichtbefolgung der administrativen Vorgaben ausnahmsweise effizient ist.[159] Darüber hinaus wäre das Individuum auch gar nicht in der Lage, in jeder Situation die Mikrodirektiven unter Effizienzgesichtspunkten zu überprüfen.

d) Rahmenordnungseinwand und Verwaltungsrechtsmodell als Gebotsregime

Gegen die These, die Verwaltungsaktlichung führe zur Verdrängung des Individuums aus der Rolle als Normkonkretisierer, ließe sich außerdem einwenden, das Verwaltungsrechtsmodell könne in Anlehnung an die richterliche Kontrolle

---

[156] Zu diesem Rechtsverständnis bereits auf S. 89 (Fn. 96).

[157] Vgl. nur BGHZ 122, 1, 5; 113, 17, 18 f.

[158] Für den Vorrang der Naturalerfüllung im deutschen Vertragsrecht vgl. *Riehm,* Der Grundsatz der Naturalerfüllung, 2015, S. 148 ff.; *Winkelmann,* Der Anspruch, 2021, S. 108 f., jeweils m. w. N. Das *common law* gewährt bei Vertragsbruch *specific performance* als *equitable remedy* nur dann, wenn Schadensersatz in Geld keine hinreichende Kompensation wäre, also insb. bei Immobilienkaufverträgen und Verträgen, die einzigartige Güter betreffen, vgl. *Posner,* Economic Analysis of Law, 9 2014, S. 145; *Schwartz,* Yale L.J. 89 (1979), 271, 272 ff. Für einen Fokus auf den Parteiwillen vgl. *Markovits/Schwartz,* Va. L. Rev. 97 (2011), 1939. Zum Law-as-Limit-Ansatz bereits unter § 3 (Fn. 96).

[159] Zu diesem idealisierenden ökonomischen Ansatz des Personalisierungsprojekts ausf. unter § 3 (S. 83).

substantiell begrenzt werden. Durch Verwaltungsakte würde also nur ein Rahmen vorgezeichnet, innerhalb dessen das Individuum nach wie vor als Erstkonkretisierer auftreten könne.

Die Bedeutung der privaten Erstkonkretisierung neben der richterlichen Zweitkonkretisierung folgt aber nicht nur aus den *substantiellen*, sondern gerade auch aus den *institutionellen* Grenzen der Rechtsprechung und der *partizipativen* und *performativen* Wirkungen des individuellen Wahlaktes. Gerade die institutionelle, partizipative und performative Dimension geht im Verwaltungsrechtsmodell verloren, weil die Verwaltung *flächendeckend* und *ex ante* entscheidet. Die Erstkonkretisierung der Verwaltung *ex ante* ist somit schon deshalb in freiheitlicher Hinsicht belastender als ein substantiell gleich laufendes Urteil *ex post*.

Darüber hinaus ist schon die Möglichkeit zweifelhaft, im Verwaltungsrechtsmodell lediglich eine Rahmenordnung für die individuelle Freiheitsentfaltung bereitzustellen. Das auf Mikrodirektiven aufbauende Verwaltungsrechtsmodell wird nämlich dazu tendieren, die Handlungsvorgaben nicht in Form von *Verboten*, sondern in Form von *Geboten* zu formulieren *(Verwaltungsrechtsmodell als rechtliches Gebotsregime)*. Statt der weit im Vorfeld *ex ante* durch generelles Gesetzesrecht formulierten Verbote, die die individuelle Freiheit nur punktuell beschränken, wird es mithin zu einem System des Mikro-Managements[160] kommen, das auf die Freiheit in alle Richtungen aufhebenden Geboten basiert.[161] Die Attraktivität des Gebotsregimes beruht auf dem Umstand, dass sich konkrete Verhaltensvorgaben leichter in Gebotsform formulieren lassen als in Verbotsform. Anders gewendet: Die externe Komplexität ist bei intern komplexen Geboten geringer als bei intern komplexen Verboten. Die verbotsförmig formulierte Aussage „fahre nicht langsamer als 60 km/h *[Informationseinheit 1]* und nicht schneller als 130 km/h *[Informationseinheit 2]*“ ist beispielsweise extern komplexer als die Aussage „fahre 120 km/h *[Informationseinheit 1]*“: Sie setzt nur die Hälfte der im Verbotsmodell erforderlichen Informationseinheiten voraus.[162]

Schließlich ist zu beachten, dass die verbleibenden, als Verbote formulierte Mikrodirektiven zumindest *faktisch* oft wie Gebote wirken, weil Individuen

---

[160] Besonders emblematisch für ein bereits existierendes (privates) System des Mikromanagements ist die Betriebsorganisation von Amazon, vgl. dazu *Delfanti/Frey,* ST&HV 46 (2020), 655, 661 ff.

[161] Dazu bereits auf S. 153 f. (Fn. 113).

[162] Dementsprechend werden die Befehle eines Soldaten oder die Weisungen des Arbeitgebers auch regelmäßig nicht als eine Reihe von Verboten formuliert, sondern als Gebote, bzw. als Vorgabe eines zu erreichenden Ziels. Zur Zweckbasiertheit jeglicher Kommunikation vgl. *Grigoleit,* FS Canaris II, 2017, S. 239, 246 f.

dazu tendieren, bei klaren, regelförmigen Vorgaben an die Grenze des gerade noch Erlaubten zu gehen *(Verwaltungsrechtsmodell als faktisches Gebotsregime).*[163] Dies wiederum liegt daran, dass Verbote auch Externalitäten Rechnung tragen[164], sodass das persönliche Optimum regelmäßig jenseits der Verbotsgrenze liegt.[165] Die Vorgabe der Höchstgeschwindigkeit im jeweiligen Straßenabschnitt wirkt daher *de facto* oft wie ein Gebot. Nur eine Regelung *ex post* oder eine generelle Regel *ex ante* weit im Vorfeld der Handlungssituation, deren Ausschöpfung nicht immer dem persönlichen Optimum entspricht, verhindert ein faktisches Gebotsregime.

III. Probleme bei der Rechtfertigung des Eingriffs in den status activus

Eine auf heteronome Präferenzbefriedigung ausgerichtete Mikrodirektive beeinträchtigt nach den bisherigen Ausführungen die Wahldimension der Freiheit. Es kommt in diesem Fall zu Eingriffen in den *status activus* des jeweils betroffenen Grundrechts. Widerspicht die Mikrodirektive den Präferenzen des Rechtssubjekts, kommt es zudem zu einem Eingriff in den *status effectus*. Aus dem Eingriffscharakter des personalisierten Rechts folgt aber noch nicht dessen Verfassungswidrigkeit, denn Eingriffe können mit Blick auf kollidierende Ziele, beispielsweise Effizienz, gerechtfertigt werden. Der durch heteronomes Recht vollzogene Eingriff in den *status activus* von Art. 2 I GG (Wegfall der autonomen Rechtssetzung) wird dann beispielsweise durch die Schutzpflichtendimension des *status effectus* von Art. 2 I GG (Effizienz im Sinne von Präferenzbefriedigung) gerechtfertigt. Der Rechtfertigung der durch das Personalisierungsprojekt vollzogenen Eingiffe sind allerdings Grenzen gesetzt. Diese ergeben sich zum einen aus dem absolut wirkenden Wesensgehaltsschutz des Art. 19 II GG, zum anderen aus dem relativ wirkenden Verhältnismäßigkeitsgrundsatz des einfachen Verfassungsrechts.

---

163 Bei Standards ist das hingegen wegen des *chilling effect* nicht der Fall. Dazu *Ehrlich/Posner,* J. Leg. Stud. 3 (1974), 257, 263. Besonders klar auch *Schlag,* UCLA L. Rev. 33 (1985), 379, 385 („Because standards do not draw a sharp line between permissible and impermissible conduct, some risk-averse people will be chilled from engaging in desirable or permissible activities, and some risk-preferring people will be encouraged to engage in antisocial conduct.“). Vgl. auch *Kaplow,* Duke L.J. 42 (1992), 557, 571 („[...] informed individuals might choose to undertake acts they would have been deterred from committing if they had remained uninformed.“).

164 Zu Externalitäten und (oft nur *de facto*) zwingendem Recht bereits auf S. 2 (Fn. 4).

165 Besonders prägnant dazu *Cooter,* Colum. L. Rev. 84 (1984), 1523, 1526 (graphisch), 1527 (sprachlich).

1. Der absolute Wesensgehaltsschutz aus Art. 19 II GG (Verfassungsidentität)

Der Wesensgehaltsgrundsatz des Art. 19 II GG schützt vor gewissen systemischen Bedrohungen, deren Realisierung den Charakter des Grundgesetzes verändern würde.[166] Er definiert einen der Rechtfertigung entzogenen, absolut geschützten Bereich.[167] Dieser Bereich deckt sich mit dem Menschenwürdegehalt der Grundrechte (Art. 1 I GG)[168] und ihrem Schutz über Art. 79 III GG[169]. Außerdem ist er deckungsgleich mit dem im Rahmen der Integrationskontrolle vom Bundesverfassungsgericht gewährleisteten Grundrechtsschutz (Art. 23 I 3 GG)[170]

---

166 Zur qualitativ-strukturellen Deutung der Wesensgehaltsgarantie vgl. von Mangoldt/Klein/Starck – *Huber,* GG, [7]2018, Art. 19 Rn. 148–158 m. w. N. Vgl. ferner *Lerche,* Übermaß und Verfassungsrecht, [2]1999, S. 241 f.; *Huber,* EuZW 1997, 517, 519 f.

167 So zumindest die absolute Wesensgehaltsgarantietheorie, nach der Art. 19 II GG eigenständige Bedeutung neben der Verhältnismäßigkeitsprüfung hat, vgl. etwa Jarass/Pieroth – *Jarass,* GG, [17]2022, Art. 19 Rn. 11.

168 Für eine Deckung von Menschenwürdekern der Grundrechte (Art. 1 I GG) und ihrem Wesensgehalt (Art. 19 II GG) überzeugend *Dürig,* AöR 81 (1956), 117, 121. Ferner von Mangoldt/Klein/Starck – *Huber,* GG, [7]2018, Art. 19 Rn. 152, 158 („Da sich der Wesensgehalt sachlich mit dem Menschenwürdegehalt deckt [...], ist die Wesensgehaltsgarantie eine abwägungsresistente Regel [...]."), allerdings in Rn. 154 die Notwendigkeit des effektiven Schutzes gesondert betonend. Nach a. A. gibt es nur Überschneidungen zwischen Menschenwürde und Wesensgehalt, allerdings keine Identität, weil nicht alle Grundrechte einen Menschenwürdegehalt aufwiesen, etwa BVerfGE 109, 279, 310 f. *(großer Lauschangriff);* Sachs – *Sachs,* GG, [9]2021, Art. 19 Rn. 43; *Kingreen/Poscher,* Grundrechte, [38]2022, Rn. 449; *Hong,* Der Menschenwürdegehalt der Grundrechte, 2019, S. 633, 635.

169 Für eine Deckung von Menschenwürde und Wesensgehalt auch mit dem Menschenwürdeschutz der Ewigkeitsgarantie aus Art. 79 III GG überzeugend *Dürig,* AöR 81 (1956), 117, 121. A. A. trotz Identität von Wesensgehalt und Menschenwürde von Mangoldt/Klein/Starck – *Huber,* GG, [7]2018, Art. 19 Rn. 133; *ders.,* Maastricht – ein Staatsstreich?, 1993, S. 26 f., weil Art. 79 III GG nur die *Grundsätze* aus Art. 1 GG für unveränderlich erkläre, sodass einfache Ausprägungen der Menschenwürde durch den verfassungs*ändernden* Gesetzgeber verändert werden könnten. Die Aufspaltung der Menschenwürde als dem obersten Konstitutionsprinzip des Grundgesetzes in einen *besonders wesentlichen,* von Art. 79 III GG geschützten, und einen *weniger wesentlichen* Bereich überzeugt allerdings nicht. Zum einen widerspricht diese kaum praktikable Unterteilung der ohnehin als Minimalschutz konzipierten Menschenwürde den Grundsätzen einer reduktiven Dogmatik (dazu *Grigoleit,* FS Canaris II, 2017, S. 239, 268 [„reduktive Objektivierung"]). Zum anderen steht ein gespaltenes Verständnis der Menschenwürde auch im Widerspruch zu der von Art. 1 I GG gewählten absoluten Formulierung, ausweislich dessen S. 2 die „gesamte Staatsgewalt" in Bezug genommen wird: Auch der verfassungsändernde Gesetzgeber ist verfasste Staatsgewalt (dazu *Schmitt, Verfassungslehre,* [11]2017, S. 98.). Erst in Art. 1 III GG, also für die *nachfolgenden* Grundrechte, wird die (einfache) Gesetzgebung, die vollziehende Gewalt und die Rechtsprechung angesprochen.

170 Für eine Deckung von Menschenwürde, Wesensgehalt und Solange-Vorbehalt grds. auch von Mangoldt/Klein/Starck – *Huber,* GG, [7]2018, Art. 19 Rn. 152, 183.

und mit der freiheitlich-demokratischen Grundordnung (Art. 21 II GG)[171]. Eingriffe in diesen absolut geschützten Bereich bedürften einer neuen Verfassung (Art. 146 GG), um rechtmäßig zu sein.[172] Wesensgehalt, Menschenwürde, Ewigkeitsklausel, unionale Integrationskontrolle und freiheitlich-demokratische Grundordnung beziehen sich damit auf dasselbe: die Verfassungsidentität.[173] Es geht um diejenigen grundrechtlichen Wertungen, die für den freiheitlich-liberalen Verfassungsstaat des Grundgesetzes systemprägend sind. Konkret schützt der Wesensgehalt einen statischen und einen dynamischen Bereich:

a) Statischer Wesensgehaltsschutz (isolierte Betrachtung)

Der *statische* Bereich[174] schützt nicht einen (schwer bestimmbaren) Kern des vom jeweiligen Grundrecht geschützten Rechtsguts *(schutzbereichsbezogene Bestimmung),* sondern er schützt handlungsbezogen vor gewissen Eingriffen in den Schutzbereich *(eingriffsbezogene Bestimmung).* So verstanden verfügt etwa auch das Grundrecht auf Leben über einen statischen Wesensgehalt, weil er jeden Grundrechtsträger vor bestimmten Tötungen schützt (etwa der genozidalen

---

[171] Für eine Deckung von Menschenwürde und freiheitlich-demokratischer Grundordnung BVerfGE 144, 20, 206 (Rn. 538) *(NPD-Verbotsverfahren).* Zu den Parallelen vgl. auch *Bender,* ZEuS 2020, 409, 417.

[172] Zur Notwendigkeit einer bewussten gesellschaftlichen Entscheidung über das neue datenbasierte Wirtschaftssystem vgl. *Pałka,* L. & Contemp. Probs. 83 (2020), 125, 126, 143. Grundlegend zum *pouvoir constituant* allg. *Sieyès,* Qu'est-ce que le Tiers état?, 2002, S. 53 (Kapitel V). Speziell zur Unterscheidung zwischen der ursprünglich verfassungsgebenden und der in der Verfassung ausgewiesenen verfassungsändernden Gewalt vgl. *Bonnard,* Les actes constitutionnels de 1940, 1942, S. 7 ff. *(pouvoir constituant originaire),* S. 17 ff. *(pouvoir constituant institué).* Darst. *Pillouer,* Rev. hist. fac. droit sci. jurid. 25/26 (2005/2006), 123. Ferner *Schmitt,* Verfassungslehre, [11]2017, S. 75 ff., 102 f.; *Ackerman,* We the People I, 1991, S. 6 („higher lawmaking").

[173] *Jede* Verfassung verfügt über diesen unwandelbaren Kern, vgl. *Schmitt,* Verfassungslehre, [11]2017, S. 102 f. Art. 79 III GG macht ihn explizit. Auch in anderen Verfassungen finden sich zum Teil explizite Verweise auf diesen Verfassungskern, etwa in Art. V, 2. Hs. der US-Verfassung, der das bundesstaatliche Prinzip absichert (dazu *Fidell,* Syracuse L. Rev. 67 [2017], 605). In der iranischen Verfassung werden durch Art. 177 die Prinzipien des Islams der Kompetenz des verfassungsändernden Gesetzgebers entzogen. Auch die italienische Verfassung kennt mit Art. 139 eine Ewigkeitsklausel. In Kolumbien und Argentinien geht die Rspr. von einer ungeschriebenen Ewigkeitsklausel aus. Für einen Überblick vgl. *Colón-Ríos,* Weak Constitutionalism, 2012, S. 67. Krit. zum Konzept der Verfassungsidentität hingegen *Polzin,* Verfassungsidentität, 2018; *Ingold,* AöR 140 (2015), 1. Zur Ewigkeitsklausel allg. *Kempen,* Zeitschrift für Parlamentsfragen 21 (1990), 354.

[174] Insofern, als die Menschenwürde auch einen statischen Bereich schützt, kann den individuell-absoluten Wesensgehaltsgarantien zugestimmt werden. Darst. *Leisner-Egensperger,* in: Mertens/Papier (Hrsg.), Grundfragen der Grundrechtsdogmatik, 2007, S. 57, 64 ff. Krit. von Mangoldt/Klein/Starck – *Huber,* GG, [7]2018, Art. 19 Rn. 136 f.

Tötung), auch wenn er durch andere staatliche Handlungen (etwa dem finalen Rettungsschuss) getötet werden darf.[175] Was genau zu diesem statischen Wesensgehaltsschutz zählt, kann nur nach den Umständen des Einzelfalles unter Zugrundelegung der in einer Gesellschaft besonders wichtigen Leitbilder bestimmt werden.[176] Insofern besteht eine Parallele zwischen dem einzelfallbezogenen, menschenwürderadizierten Grundrechtsschutz der Identitätskontrolle einerseits und dem ebenfalls einzelfallbezogenen statischen Wesensgehaltsschutz andererseits.[177]
Die einzelne Mikrodirektive wird regelmäßig nicht mit diesem statischen Schutzbereich kollidieren. Bei der freiheitsrechtlichen Erfassung des Personalisierungsprojekts kommt damit dem dynamischen Wesensgehaltsschutz besondere Bedeutung zu.

b) Dynamischer Wesensgehaltsschutz (kumulative Betrachtung)

Der *dynamische* Wesensgehalt der Grundrechte schützt ein Mindestfreiheitsvolumen: Auch wenn es nicht um *per se* verbotene Handlungen geht, kann der Wesensgehalt der Grundrechte, also ihr Menschenwürdekern, dennoch verletzt sein, wenn die an sich erlaubte Maßnahme im Zusammenspiel mit anderen Maßnahmen ein selbstbestimmtes Leben nicht mehr möglich macht[178], also keine

---

[175] Die klassischen Probleme der absoluten Theorie (dazu von Mangoldt/Klein/Starck – *Huber,* GG, 72018, Art. 19 Rn. 137) lassen sich also durch diese Handlungsbezogenheit in den Griff bekommen.

[176] Maßgeblich ist bei der Bestimmung dieser Leitbilder insb., dass das Grundgesetz, wie auch Art. 139 GG belegt, als Gegenentwurf zur nationalsozialistischen Gewalt- und Willkürherrschaft konzipiert ist, vgl. BVerfGE 124, 300, 327f. *(Wunsiedel)* (die Bundesrepublik als „Gegenentwurf" zum Nationalsozialismus bezeichnend, gleichzeitig aber auf S. 330 ein etwa auf Art. 79 III GG und Art. 139 GG gestütztes „allgemeines antinationalsozialistisches Grundprinzip" ablehnend, das etwa von *Battis/Grigoleit,* NVwZ 2001, 121, 123–125 und OVG Münster NJW 2001, 2111 vertreten wird, wobei beide Ansätze in der wesentlichen Richtung übereinstimmen dürften). Auch Leitbilder unterliegen natürlich dem gesellschaftlichen Wandel, wie etwa ein Blick auf die (vermeintlichen) Menschenwürdeverstöße zeigt, die *Dürig,* AöR 81 (1956), 117, 126 (Abtreibung), 127f. (Anerkennung der Rechtspersönlichkeit von Sachen), 130 (heterologe Insemination) nennt. Das ändert aber nichts an dem aus *interner* Perspektive absoluten Charakter des Wesensgehaltsschutzes. Zur Unterscheidung zwischen der internen und externen Perspektive vgl. *Dworkin,* Harv. L. Rev. 88 (1975), 1057, 1090 („internal logic of the law"); *Litowitz,* Fla. St. U. L. Rev. 26 (1998), 127, 127f.; *Mandel,* Law & Soc'y Rev. 14 (1979), 57, 59f. In einem besonders engen Sinn zur internen Perspektive *Neumann,* Wahrheit im Recht, 2004, S. 57f. Aus dem Legitimitätsdiskurs (jeweils mit anderen Nuancen) *Herz,* Comp. Polit. 10 (1978), 317, 318f.; *Christiano,* J. Political Philos. 12 (2004), 266, 269.

[177] Vgl. BVerfGE 140, 317, 341 (Rn. 49) *(Europäischer Haftbefehl I); Bender,* ZJS 2016, 260; *ders.,* ZEuS 2020, 409.

[178] Ähnlich von Mangoldt/Klein/Starck – *Huber,* GG, 72018, Art. 19 Rn. 125 (auf den Zusammenhang zwischen Menschenwürde und der kantischen Selbstgesetzgebung hinwei-

Möglichkeit mehr besteht, die eigene Zukunft selbstbestimmt zu gestalten.[179] Es geht insofern um den Erhalt der Mindestbedingungen der Privatrechtsgesellschaft.[180] Dieser Schutzgehalt ist nicht *statisch* auf einen spezifischen Inhalt festgelegt, sondern er wirkt *dynamisch:* Staatliche Maßnahmen, die zu einem Zeitpunkt verboten sind, können zu einem späteren Zeitpunkt (etwa nach der Aufhebung älterer belastender Maßnahmen) erlaubt sein.[181] Er ist allerdings – wie der statische Schutzgehalt – absolut, weil er abwägungsfest ein Mindestfreiheitsvolumen festschreibt, das im Übrigen auch dem Zugriff des verfassungsändernden Gesetzgebers entzogen und über Art. 1 I GG subjektiviert ist.[182] Diese generelle Schutzrichtung wird vom Bundesverfassungsgericht bisweilen implizit in Fällen erwähnt, in denen eine große Zahl von Gundrechtsträgern betroffen ist.[183] Besonders deutlich kommt diese Sicht aber wiederum im Kontext der Integrationskontrolle zum Ausdruck: Mit dem Solange-Vorbehalt gewährleistet das Bundesverfassungsgericht ein „generelles" Schutzniveau auf unionaler Ebene.[184]

send), Rn. 151 (auf die Notwendigkeit hinweisend, dass „auch in Ansehung der in Rede stehenden Maßnahme noch ein hinreichend großes Segment von Interessen verbleibt, denen der Schutz des Grundrechts zuteil werden und in dem sich individuelle Selbstbestimmung entfalten kann."), Rn. 152 („auf einen bestimmten Bereich bezogene[s] Interesse an einem individuell bestimmbaren Lebensentwurf, um seine Fähigkeit, in diesem Bereich als Subjekt selbstbestimmt und eigenverantwortlich zu handeln"). Ferner *Ipsen,* Staatsrecht II, ^{24}2021, S. 57 (Rn. 219) („Der Wesensgehalt bildet eine Vorkehrung dagegen, dass Grundrechte durch die Vielzahl der – im Einzelfall verhältnismäßigen – gesetzgeberischen Einwirkungen im Ergebnis ihre Geltung faktisch einbüßen [...].").

179 Der dynamische Wesensgehalt ist insofern also nahe an dem, was *Zuboff,* Surveillance Capitalism, 2019, S. 328 ff. bei ihrer Kritik am Überwachungskapitalismus als „the right to the future tense" beschreibt.

180 Zur Privatrechtsgesellschaft bereits auf S. 190 (Fn. 58).

181 Art. 19 II GG erfasst insofern *gewisse* kumulative, nämlich strukturelle Belastungen. Belastungskumulationen im Einzelfall sind über die Güterabwägung im Rahmen der Angemessenheit zu lösen (dazu sogleich). Für eine pauschale Lösung aller Kumulationssituationen über Art. 19 II GG hingegen *Ruschemeier,* Der additive Grundrechtseingriff, 2019, S. 194 ff.

182 So im Grundsatz auch von Mangoldt/Klein/Starck – *Huber,* GG, ^{7}2018, Art. 19 Rn. 166.

183 Vgl. etwa BVerfGE 120, 378, 402, 430 *(Automatische Kennzeichenerfassung)* (zu allgemeinen Einschüchterungseffekten, allerdings im Rahmen der Verhältnismäßigkeitsprüfung). Diese sog. horizontale Kumulation von Grundrechtseingriffen, die letztendlich systemisch relevant ist, darst. *Klement,* AöR 134 (2009), 35, 45–51 m. w. N. aus der Rspr. des BVerfG. Ähnlich auch *Kirchhof,* Die Allgemeinheit des Gesetzes, 2009, S. 352 („Breitenwirkung" – allerdings die Lösung insofern nicht im strukturellen Wesensgehalt, sondern im Allgemeinheitserfordernis suchend).

184 Zur Entwicklung des Solange-Vorbehalts vgl. BVerfGE 37, 271, 285 (Rn. 38) *(Solange I)* (Kontrolle, solange kein gleichwertiges Schutzniveau); BVerfGE73, 339, 387 (Rn. 117) *(Solange II)* (keine Kontrolle, solange „generell" gleichwertiges Schutzniveau); BVerfGE 102, 147, 164 (Rn. 63) *(Bananenmarktordnung)* (generelle Gegenüberstellung des Grundrechtsschutzes); BVerfGE 152, 216, 236 f. (Rn. 47) *(Recht auf Vergessenwerden II)* (auf das

In einer Gesellschaftsordnung, in der generell die autonome Rechtssetzung durch heteronome Präferenzbefriedigung ersetzt wird, verschwindet die Wahldimension der Freiheit[185] und damit der grundrechtlich geschützte, individuelle *status activus*.[186] Die Verallgemeinerung der Transaktionskostensenkung II *(mimic the market)*[187] im Rahmen des Personalisierungsprojektes kollidiert damit mit dem dynamischen Wesensgehaltsschutz.

2. Der relative Verhältnismäßigkeitsschutz (einfaches Verfassungsrecht)

Auf der Ebene des einfachen Verfassungsrechts führt der Verhältnismäßigkeitsgrundsatz zu einem *relativen* Schutz: Die Verfassungsgemäßheit von Eingriffen hängt vom Gewicht des verfolgten, legitimen Eingriffsziels ab. Auch der Verhältnismäßigkeitsgrundsatz schützt *statisch* vor einzelnen Eingriffen und *dynamisch* vor unzumutbaren Eingriffskumulationen.

a) Statischer Schutz (isolierte Betrachtung)

Schon bei isolierter Betrachtung einer in die Freiheitssphäre eines Individuums eingreifenden Mikrodirektive, deren Ziel es ist, Präferenzen zu spiegeln, bestehen Rechtfertigungsprobleme, die sich dogmatisch bereits auf der Ebene des legitimen Ziels verorten ließen. Erstens führt ein ausschließlich an der empirischen Präferenzbefriedigung orientiertes Rechtfertigungsmodell zu einem *Delegationsproblem:* Selbst wenn der Gesichtspunkt des *status effectus* diesen empirischen Ansatz auf eine normative Ebene hebt, so nimmt der Staat doch den ihm zukommenden Gestaltungsauftrag nicht wahr, in dessen Rahmen er Präferenzen nach eigenen normativen Leitbildern bewertet.[188] Zweitens kann

jeweilige Grundrecht des Grundgesetzes bezogene generelle Betrachtung). Darst. *Bender,* ZEuS 2020, 409, 416; *ders.,* ZJS 2016, 260, 262. Zu den Parallelen zwischen Solange-Rechtsprechung und Wesensgehaltsgarantie auch von Mangoldt/Klein/Starck – *Huber,* GG, 7 2018, Art. 19 Rn. 183; *ders.,* EuZW 1997, 517, 519.

185 Zu diesem Zusammenhang ausf. soeben anhand des Privatrechtsmodells (S. 196–214). Speziell im Personalisierungsdiskurs zu diesem Aspekt bereits *Bender,* ERCL 16 (2020), 366, 388–395; *ders.,* JjZRW 2020, S. 33, 52–55; *Grigoleit/Bender,* in: Busch/De Franceschi (Hrsg.), Personalized Law, 2021, S. 115, 129 (Rn. 48); *Barak-Corren,* U. Chi. L. Rev. Online 2022 (unter II.) („Put simply, the worry here is that algorithms will determine people's lives in ways that will circumvent their ability to narrate and author their own lives.").

186 Zur Identifikation der Wahldimension der Freiheit mit dem *status activus* bereits auf S. 194.

187 Dazu bereits auf S. 69 (Fn. 21).

188 Aus dem Kontext der *equal protection clause* besonders prägnant *Palmore v. Sidoti,* 466 U.S. 429, 433 (1984) („Private biases may be outside the reach of the law, but the law cannot, directly or indirectly, give them effect.").

der Gesichtspunkt der Präferenzbefriedigung nur dann rechtfertigende Kraft entfalten, wenn die Präferenzen zutreffend gespiegelt werden. In dem Bereich der *Approximationsfehler* erscheint der Eingriff in den *status activus* willkürlich.[189] Ein auf generellen normativen Belangen aufbauender Rechtfertigungsansatz kann diese (willkürlichen) Approximationsfehler zumeist vermeiden, weil er nicht auf empirischen Zusammenhängen aufbaut. Da die zur Erfassung des Delegationsproblems und des Approximationsfehlerproblems relevanten Diskursbeiträge überwiegend aus einer gleichheitsrechtlichen Perspektive argumentieren und sich die Rechtfertigungsprobleme gerade im Zusammenhang mit Art. 3 III 1 GG verschärfen, soll eine Vertiefung beider Probleme erst im Rahmen der gleichheitsrechtlichen Analyse erfolgen.[190]

b) Dynamischer Schutz (kumulative Betrachtung)

Auch wenn eine Mikrodirektive für sich genommen den Rechtfertigungsanforderungen genügt, kann sich die unzumutbare Belastung aus der Kumulation mit anderen Mikrodirektiven ergeben. Auch über den Verhältnismäßigkeitsgrundsatz lässt sich nämlich der dynamische Schutz eines Mindestfreiheitsvolumens erreichen: Die Angemessenheitsprüfung ist an den konkreten Umständen des Einzelfalles auszurichten.[191] Zu diesen gehören ohne Weiteres auch additive oder kumulative Belastungen.[192] Die angegriffene Maßnahme kann also nie isoliert, sondern immer nur vor dem Hintergrund eines bestimmten *status quo* beurteilt werden.[193] Deshalb bedürfen Gesetze in der Regel Härtefallregelungen für den Einzelfall.[194] Eine Beschränkung der kumulativen Wirkungen auf ein

---

[189] Für den freiheitsrechtlichen Kontext vgl. *Bender,* ERCL 16 (2020), 366, 392; *ders.,* JjZRW 2020, S. 33, 54 f.; *Grigoleit/Bender,* in: Busch/De Franceschi (Hrsg.), Personalized Law, 2021, S. 115, 130 (Rn. 51).

[190] Dazu ausf. unter § 6 (insb. S. 251–254).

[191] Zur Beachtung der tatsächlichen Konsequenzen einer Maßnahme im Rahmen der Verhältnismäßigkeitsprüfung etwa BVerfGE 154, 17, 96 (Rn. 119) *(PSPP)* (die Ausklammerung der tatsächlichen Wirkungen aus der Prüfung des Verhältnismäßigkeitsgrundsatzes sei sogar nicht mehr vertretbar), 108 (Rn. 138) (nur so könne die Verhältnismäßigkeitsprüfung ihre Kernaufgabe, die Abwägung kollidierender Belange, erfüllen).

[192] Zur Terminologie und Nachw. bereits auf S. 21 (Fn. 117 f.). Zur Erfassung über den Verhältnismäßigkeitsgrundsatz auch BVerfGE 130, 372, 393; *Tobisch,* Dispositives Recht und Grundgesetz, 2021, S. 292–296; *Kingreen/Poscher,* Grundrechte, [35]2019, Rn. 340 (in der aktuellen Ausgabe wird der additive Grundrechtseingriff im Rahmen der Verhältnismäßigkeitsprüfung nicht mehr erwähnt).

[193] Deshalb ist es nicht möglich, Kumulationserwägungen aus dem Verhältnismäßigkeitsgrundsatz herauszuhalten. In diese Richtung aber *Ruschemeier,* Der additive Grundrechtseingriff, 2019, S. 187 ff.

[194] Grundlegend zur gesetzlichen Gestaltung von Härtefällen im Rahmen von Art. 14 I GG etwa BVerfGE 100, 226, 244–246. Zur Relevanz von Härten im Einzelfall für die Ange-

und dasselbe Grundrecht[195] oder auf eine grundrechtliche Wirklichkeit[196] ist dabei abzulehnen.[197] Geschützt ist die *einheitliche* Freiheitssphäre des konkret betroffenen Grundrechtsträgers, die nur der *Effektivierung* wegen in einzelne Grundrechte ausdifferenziert wurde.[198] Diese Ausdifferenzierung darf aber nicht rechtsschutzverkürzend wirken.

Wiederum droht die Verabsolutierung des Ansatzes der Transaktionskostensenkung II *(mimic the market),* den privatautonomen Gestaltungsraum bei Betrachtung aller Mikrodirektiven so weit einzuschränken[199], dass sich im Einzelfall unzumutbare Belastungen ergeben können.

3. Kumulative Belastungen, Wesensgehalt und Verhältnismäßigkeit

Vor dem Hintergrund der vorstehenden Analyse ist der für die Erfassung des Personalisierungsprojekts besonders bedeutsame additive oder kumulative Grundrechtseingriff keine eigenständige dogmatische Figur. Er beschreibt vielmehr – wie etwa auch der Begriff des Maßnahmegesetzes[200] – lediglich eine bestimmte Sachverhaltskonstellation, die über den absoluten Wesensgehaltsschutz und den relativen Verhältnismäßigkeitsschutz im verfassungsgerichtli-

---

messenheitsprüfung und der ggf. daraus folgenden Notwendigkeit von Ausnahmeregelungen auch *Klement,* AöR 134 (2009), 35, 78 f.

[195] Hierauf den additiven Grundrechtseingriff beschränkend *Ruschemeier,* Der additive Grundrechtseingriff, 2019, S. 136 (allerdings mit der nicht weiter begründeten *petitio principii,* eine „Gesamtbilanz" aller Freiheitsbeeinträchtigungen widerspreche der Systematik des Grundgesetzes). Ebenfalls auf ein Grundrecht beschränkt *Lücke,* DVBl. 2001, 1469, 1470.

[196] So aber *Kirchhof,* NJW 2006, 732, 734, der die Kumulation auch bei Betroffenheit unterschiedlicher Grundrechte für relevant hält, aber einschränkend fordert, es müsse die gleiche Grundrechtsfunktion oder die „gleiche Normwirklichkeit" (S. 735) betroffen sein. Ebenso einschränkend, um sodann die Lösung im Allgemeinheitserfordernis zu suchen, *ders.,* Die Allgemeinheit des Gesetzes, 2009, S. 350 („Der differenzierte Grundrechtsschutz kann nicht gleichsam zu einem Supergrundrecht zusammengefasst werden, das alle Eingriffe zusammenfasst und durch das öffentliche Interesse zu rechtfertigen sucht. Die Grundrechte ziehen keine allgemeine Belastungsgrenze, welche weitere Eingriffe schlechthin abwehrt [...]."). Krit. zur Figur der „Normwirklichkeit" auch *Ruschemeier,* Der additive Grundrechtseingriff, 2019, S. 193.

[197] Überzeugend *Klement,* AöR 134 (2009), 35, 44.

[198] Zur Einheitlichkeit der Freiheit im *status negativus* vgl. *Jellinek,* System der subjektiven öffentlichen Rechte, 1892, S. 108.

[199] Zu diesem Zusammenhang ausf. soeben anhand des Privatrechtsmodells (S. 196–214) sowie die Nachw. auf S. 219 (Fn. 185).

[200] Zur verfassungsrechtlichen Irrelevanz des Begriffs des Maßnahmegesetzes etwa BVerfGE 25, 371, 396 *(Lex Rheinstahl);* von Mangoldt/Klein/Starck – *Huber,* GG, [7]2018, Art. 19 Rn. 60.

chen Verfahren[201] bewältigt werden kann. Dass es Schwierigkeiten bei der Bestimmung des Mindestfreiheitsvolumens geben kann, ist kein spezifisches Problem des dynamischen Wesensgehalts- oder Verhältnismäßigkeitsschutzes. Hierbei handelt es sich vielmehr um ein allgemeines philosophisches Abgrenzungsproblem, das etwa unter dem Schlagwort der Sorites- oder Haufenparadoxie diskutiert wird.[202] Letztendlich geht es hier – wie auch sonst im Recht – um die Auflösung eines spezifischen Wertungskonflikts. Dass diese Auflösung in Randbereichen nur durch ein Element der Dezision zu lösen ist, stellt die gewählte Kategorienbildung allerdings nicht *per se* infrage.[203]

Während die Schwelle der Unverhältnismäßigkeit grundsätzlich schneller erreicht ist als die Schwelle des Eingriffs in den Wesensgehalt *(größere Reichweite des Verhältnismäßigkeitsgrundsatzes),* hat der Wesensgehaltsschutz den Vorteil, auch vor dem verfassungsändernden Gesetzgeber zu schützen *(geringere Schutzintensität des Verhältnismäßigkeitsgrundsatzes).* Grundsätzlich sind kumulative Eingriffe durch oder aufgrund eines Gesetzes damit in erster Linie über den Verhältnismäßigkeitsgrundsatz zu lösen. Im Fall von kumulativen Ein-

[201] Anzugreifen ist bei der *Urteilsverfassungsbeschwerde* grundsätzlich eine konkret belastende, noch anfechtbare Einzelmaßnahme, die nicht die zeitlich letzte Maßnahme sein muss, die das Faß zum Überlaufen gebracht hat. Bei der *Gesetzesverfassungsbeschwerde* ist nach den gleichen Grundsätzen ein unmittelbar belastendes Gesetz anzugreifen, das ebenfalls nicht das zeitlich letzte sein muss, denn Zeitpunkt zur Beurteilung der Verfassungsmäßigkeit ist nicht der Erlasszeitpunkt. Unsicherheiten bei der Identifikation des Verfahrensgegenstandes bestehen deshalb schon angesichts der *prozessualen Identifikation* des Verfahrensgegenstands nicht (anders *Ruschemeier,* Der additive Grundrechtseingriff, 2019, S. 248 f.). Nicht praktikabel ist es jedenfalls, den Angriff gegen alle die Kumulation begründenden Maßnahmen zu fordern (so aber *dies.,* Der additive Grundrechtseingriff, 2019, S. 234–238), denn die Kumulation ist Folge der konkreten Ausgestaltung der ganzen Rechtsordnung („Systemrüge"). Rechtsfolgenseitig ist grundsätzlich die angegriffene Maßnahme oder das angegriffene Gesetz für nichtig zu erklären (hingegen für die Nichtigkeit aller Maßnahmen mit Kumulationswirkung *dies.,* Der additive Grundrechtseingriff, 2019, S. 249–253.). Gegebenenfalls ist dem Gesetzgeber in Anlehnung an die Rspr. zum Gleichheitsgrundsatz (vgl. BVerfGE 22, 349, 361 f.) und in teleologischer Reduktion des § 95 BVerfGG grundsätzlich eine Abhilfefrist zu setzen (vgl. auch *Kirchhof,* NJW 2006, 732, 733; krit. *Ruschemeier,* Der additive Grundrechtseingriff, 2019, S. 246–248).

[202] Das Problem besteht darin, das jedes einzelne Element für sich nicht notwendig für den Haufen ist, dieser allerdings dennoch bei kontinuierlichem Entfernen jeweils eines Elements irgendwann verschwindet, vgl. für Formulierungen des Paradoxons *Hyde/Raffman,* in: Zalta (Hrsg.), The Stanford Encyclopedia of Philosophy, 2018 (unter 2.). Die Haufenparadoxie weist gewisse Parallelen zum Schiff des Theseus auf, in dem kontinuierlich eine Schiffsplanke ausgetauscht wird, bis irgendwann nicht mehr klar ist, ob man noch vom selben Schiff sprechen kann, vgl. *Deutsch/Garbacz,* in: Zalta (Hrsg.), The Stanford Encyclopedia of Philosophy, 2022 (unter 4.5).

[203] Genauso wenig spricht die Dämmerung gegen die Begriffe „Tag" und „Nacht", vgl. bereits auf S. 35 (Fn. 23).

griffen speziell in den *status activus* decken sich aber Verhältnismäßigkeits- und Wesensgehaltsgrundsatz in ihrer Schutzreichweite weitgehend: Beeinträchtigungen in den *status activus* sind einzeln betrachtet von so geringer Eingriffsintensität, dass sie regelmäßig zu rechtfertigen sind. Ihre spezifische Freiheitsrelevanz entfalten sie erst, wenn sie zu einem spürbaren Rückgang der Privatrechtsgesellschaft führen. Dann aber ist regelmäßig die privatautonome Gestaltung bereits systemisch so stark bedroht, dass auch der über Art. 1 I GG subjektivierte Wesentlichkeitsschutz greift.[204] Kumulative Bedrohungen gerade für den *status activus*, also die Privatrechtsgesellschaft, sind daher in erster Linie über den Wesensgehaltsschutz einzufangen, der aufgrund seiner absoluten, auch gegen den verfassungsändernden Gesetzgeber gerichteten Wirkung, intensiver schützt.

IV. Folgeprobleme des Verwaltungsrechtsmodells

Das Ersetzen des Privatrechtsmodells durch das Verwaltungsrechtsmodell führt nicht nur zu einem Rückgang der Wahldimension der Freiheit infolge des Übergangs der Erstkonkretisierung auf die Verwaltung. Vielmehr ergeben sich eine Reihe von Folgeproblemen.

1. Datenschutz durch das Privatrechtsmodell

Das auf generellen (einfachen) Regeln *ex ante* und personalisierten (intern komplexen) Standards *ex post* beruhende Privatrechtsmodell ermöglicht einen natürlichen Datenschutz: Die generellen Regeln arbeiten *ex ante* mit einer geringen Anzahl von Kategorien, in die sich das Individuum zunächst selbst einordnet. *Ex post* wird die für die Regel- und Standardanwendung notwendige Information zwar dem Staat preisgegeben. Diese Preisgabe erfolgt aber nicht flächendeckend, sondern punktuell für das konkret betroffene Individuum. Insbesondere die aus dem Schadens- und Klageerfordernis folgenden institutio-

---

204 Stellt man sich die zunehmende kumulative Belastung als eine Funktion vor, die jeder zusätzlichen Maßnahme x eine Belastungswirkung y zuordnet, so führt die klassische, auch in den *status effectus* eingreifende Belastungskumulation zu einer von Anfang an relativ stark steigenden Kurve, die sich beispielsweise durch die Funktion $f(x)=x$ ausdrücken lässt. Das Schutzniveau y_1 des Verhältnismäßigkeitsgrundsatzes wird damit bei deutlich kleinerem x erreicht als das Schutzniveau y_2 des Wesensgehaltsgrundsatzes. Die Kumulation von Eingriffen allein in den *status activus* führt zunächst nur zu einem sehr schwachen, dann aber zu einem sehr starken Anstieg der Belastungswirkung, die sich damit durch eine Parabelfunktion hoher Potenz, beispielsweise durch die Funktion $f(x)=x^{12}$, beschreiben lässt. Das Schutzniveau y_1 des Verhältnismäßigkeitsgrundsatzes wird damit bei einem x erreicht, das sehr nahe bei dem x liegt, das dem Schutzniveau y_2 zugeordnet ist.

nellen Grenzen der Rechtsprechung wirken sich hier als Filter der staatlichen Datenerhebung aus. Das Privatrechtsmodell ist damit zugleich ein Datenschutzmodell.

Im Rahmen des Verwaltungsrechtsmodells muss der Staat hingegen flächendeckend über Informationen verfügen, um die im Privatrechtsmodell vom Individuum geleistete Subsumtionsentscheidung selbst herbeiführen zu können. Allein aufgrund der in der konkreten Handlungssituation erfolgenden Verhaltenssteuerung kommt es so zu einer umfassenden Datenerhebung durch den Staat. Je stärker also Mikrodirektiven im Rahmen einer Personalisierung des Rechts zum Einsatz kommen, desto mehr Daten müssen dem Staat auch zur Verfügung stehen. Dementsprechend sind auf Datenschutz abzielende Einwände gegen das Personalisierungsprojekt von Anfang an artikuliert worden.[205]

Grundrechtlich lassen sich diese Probleme der Datenerhebung im Allgemeinen Persönlichkeitsrecht aus Art. 2 I GG i. V. m. Art. 1 I GG in seiner Ausprägung als *Recht auf informationelle Selbstbestimmung* verorten.[206] Erfolgt die Datenerhebung durch den Staat, wirkt es in seiner Eingriffsabwehrdimension. Erfolgt die Datenerhebung hingegen durch private Akteure, wirkt es in seiner Schutzpflichtendimension, ohne dadurch das Schutzniveau abzusenken.[207] Kulturell mag in den USA zwar angesichts des marktbasierten Datenschutzansatzes eine Personalisierung durch private Unternehmen auf weniger Bedenken stoßen als im europäischen Rechtskreis.[208] Gleichwohl schützen die einschlägigen Instrumente – insbesondere die Datenschutzgrundverordnung (DSGVO) für die Europäische Union und der *California Consumer Privacy Act (CCPA)* als Beispiel aus dem US-amerikanischen Rechtskreis[209] – gegen beide Arten der Datennutzung.[210]

---

[205] Vgl. etwa *Porat/Strahilevitz,* Mich. L. Rev. 112 (2014), 1417, 1467 ff.; *Casey/Niblett,* Ind. L.J. 92 (2017), 1401, 1442; *Barry/Hatfield/Kominers,* Wm. & Mary L. Rev. 62 (2021), 723, 765–771 (jeweils unter dem Schlagwort „Privacy"). Allg. zu Herausforderungen des Datenschutzes *Pałka,* Buff. L. Rev. 68 (2020), 559.

[206] Dazu grundlegend BVerfGE 65, 1, 42 ff. *(Volkszählungsurteil).* Darst. *Kingreen/Poscher,* Grundrechte, [38]2022, Rn. 539; *Di Fabio,* Grundrechtsgeltung in digitalen Systemen, 2016, S. 44–46.

[207] Zu diesen grundrechtlichen Überlegungen ausf. unter § 7 (S. 301–303).

[208] Allg. zu den kulturellen Unterschieden vgl. *Whitman,* Yale L.J. 113 (2004), 1151 (*liberty* in den USA vs. *dignity* in Europa); *Pałka,* Buff. L. Rev. 68 (2020), 559 (*market* in den USA vs. *human rights* in Europa); *Chander/Kaminski/McGeveran,* Minn. L. Rev. 104 (2020), 1733 (*consumer protection* in den USA vs. *data protection* in Europa); *Buresh,* IJICL 6 (2019), 257 (*expectation-based* in den USA vs. *rights-based* in Europa).

[209] Für einen Vergleich der beiden Datenschutzinstrumente vgl. *Chander/Kaminski/McGeveran,* Minn. L. Rev. 104 (2020), 1733; *Buresh,* IJICL 6 (2019), 257; *Botta,* DSRITB 2019, 657; *Hoeren/Pinelli,* MMR 2018, 711.

[210] Davon, dass der Schutz vor Datenerhebung durch Private auch im US-amerikanischen

2. Entanonymisierung und Stigmatisierung

Die Erstellung des Handlungsbefehls im Rahmen der konkreten Handlungssituation hat nicht nur zur Folge, dass flächendeckend Daten erhoben werden müssen. Vielmehr wird die kategoriale Zugehörigkeit eines Individuums durch den staatlichen Normbefehl auch für Dritte sichtbar gemacht. Bestehende Ungleichbehandlungen werden so vertieft.[211] Die nach Reaktionsfähigkeiten differenzierende Höchstgeschwindigkeit im Straßenverkehr wird zumindest Mitfahrern bekannt werden und das infolge besonderer Irrationalität bestehende Widerrufsrecht kann dem Verkäufer gegenüber nur schwer verheimlicht werden. Im Rahmen des *Verwaltungsrechtsmodells* kommt es also zu einer Entanonymisierung und potentiell auch zu einer Stigmatisierung.

Im *Privatrechtsmodell* wird entweder im Rahmen von generellen Regeln *ex ante* von vornherein auf eine Differenzierung verzichtet oder das Individuum ordnet sich im Rahmen des Erstkonkretisierungsaktes selbst einer Kategorie zu.[212] Für Dritte ist in diesem Rahmen nicht ohne Weiteres ersichtlich, ob sich das Individuum einer Kategorie *freiwillig* zuordnet, weil es besonders vorsichtig ist oder weil es sich ihr zuordnen *muss*. So kann das besonders langsame Fahren auch jetzt schon Umsetzung des Gebots aus § 3 I 1 StVO sein, nach dem der Fahrzeugführer nur so schnell fahren darf, dass er das Fahrzeug jederzeit sicher beherrscht. Oder es kann Folge einer freiwilligen Vorsichtsentscheidung sein. Auch die staatliche Zuordnungsentscheidung *ex post* durch die Gerichte ist im Privatrechtsmodell unter dem Gesichtspunkt der Entanonymisierung weniger belastend als die staatliche Zuordnungsentscheidung *ex ante* in der konkre-

---

Rechtskreis Gewicht hat, zeugt die umfangreiche Lit. zum Verständnis von Daten als Eigentum, vgl. etwa *Ritter/Mayer,* Duke L. & Tech. Rev. 16 (2018), 220; *Lessig,* Code and Other Laws of Cyberspace, 1999, S. 160. Im Grundsatz auch *Brescia,* Utah L. Rev. 5 (2021), 1219 (Eigentum an Daten als Teil eines hybriden, sektorspezifischen Schutzsystems). Krit. zu eigentumsbasierten Konzepten *Cohen,* Stan. L. Rev. 52 (2000), 1373, 1391; *Litman,* Stan. L. Rev. 52 (2000), 1283, 1303; *Determann,* Hastings L.J. 70 (2019), 1. Ebenso zeugt hiervon die Diskussion zur treuhänderischen Stellung der Datenerheber, vgl. grundlegend *Balkin,* U.C. Davis L. Rev. 49 (2016), 1183 („information fiduciaries"). Vgl. auch *Solove,* The Digital Person, 2004, S. 102ff.; *Balkin,* Colum. L. Rev. 118 (2012), 2011, 2047ff.; *ders.,* U.C. Davis L. Rev. 51 (2018), 1149, 1160ff. Krit. zu treuhandbasierten Konzepten *Khan/Pozen,* Harv. L. Rev. 113 (2019), 497.

[211] Zur (problematischen) Wirkung der Sichtbarmachung mit Blick auf die *cost-benefit-analysis* bei Werten, die die Gesellschaft nicht beziffern mag *(costs of costing), Calabresi/Bobbitt,* Tragic Choices, 1978, S. 32, 135.

[212] Die gesetzgeberische Kategorienbildung *ex ante* erfolgt dabei „ohne Ansehen der Person" (vgl. nur Dürig/Herzog/Scholz – *Kirchhof,* GG, [99]2022, Art. 3 I Rn. 109), sodass es erst durch den vom Privatrechtssubjekt vollzogenen Subsumtionsakt zur Entanonymisierung kommt.

ten Handlungssituation. Dies folgt zum einen daraus, dass diese Zuordnung angesichts der institutionellen Grenzen der richterlichen Entscheidungsbefugnis nicht flächendeckend, sondern nur punktuell erfolgt. Zum anderen findet der rechtliche Kommunikationsakt hier in einem prozessual geschützten Raum domestizierter Öffentlichkeit statt. Nur die Individuen, die die kontrollierbare[213] Saalöffentlicheit (§ 169 I 2 GVG)[214] bilden, nicht die zufällig in der konkreten Handlungssituation anwesenden Individuen, erlangen Kenntnis von der für die Subsumtion notwendigen Information über das Individuum.

In Extremfällen können Entanonymisierung und Stigmatisierung zu einem Rückzug von benachteiligten Individuen aus dem sozialen Leben führen *(chilling effect).*[215] Diese Stigmatisierung ist natürlich dann besonders verheerend, wenn sie aufgrund von Approximationsfehlern des eigentlichen materiellen Grundes entbehrt. Entsprechende Phänomene sind aus der algorithmischen Kreditvergabe bekannt.[216]

Grundrechtlich lässt sich der Aspekt der Entanonymisierung und Stigmatisierung wieder über das Allgemeine Persönlichkeitsrecht aus Art. 2 I GG i. V. m. Art. 1 I GG einfangen, wobei es hier schwerpunktmäßig um das *Recht auf informationelle Selbstbestimmung* und das *Recht auf Selbstdarstellung* geht.[217] In

---

213 Zur Beschränkbarkeit der Saalöffentlichkeit auf der Grundlage der §§ 170 ff. GVG, vgl. etwa KarlsKomm – *Diemer,* StPO, 92023, § 169 GVG Rn. 4.

214 Zum Verständnis des § 169 I 1 GVG als Garantie für Saalöffentlichkeit vgl. BVerfGE 119, 309, 320; BVerfG NJW 2001, 1633, 1634. Zu Erweiterungen mit Blick auf die Medienöffentlichkeit im Zuge jüngster Reformen vgl. KarlsKomm – *Diemer,* StPO, 92023, § 169 GVG Rn. 11a–12. Dazu, dass auch die Saal- und Medienöffentlichkeit belastende Wirkungen entfalten kann, *Haissiner,* in: Bender (Hrsg.), Objectivity and Power, 2022, S. 297, 309–312.

215 Zum *chilling effect* der Entanonymisierung auch *Kersten,* JuS 2017, 193, 196 (im Kontext von Art. 5 I 1 GG), 199 (im Kontext von Art. 8 GG), 202 (im Kontext des Demokratieprinzips). Im Anschluss daran auch *Schmahl,* JZ 73 (2018), 581, 584 (im Kontext von Art. 5 I 1 GG), 586 (im Kontext von Art. 8 GG). Vgl. ferner im versammlungsrechtlichen Kontext BVerfGE 65, 1, 43; 69, 315, 349.

216 Krit. deshalb *Hurley/Adebayo,* Yale J.L. & Tech. 18 (2017), 148.

217 Mit Blick auf Anonymität vgl. *Kersten,* JuS 2017, 193, 195 f. (Allgemeines Persönlichkeitsrecht in seiner Ausprägung als Recht auf informationelle Selbstbestimmung und als Recht auf Gewährleistung der Vertraulichkeit und Integrität informationstechnischer Systeme). Ebenso *Schmahl,* JZ 2018, 581, 583 f. Unklar *Di Fabio,* Grundrechtsgeltung in digitalen Systemen, 2016, S. 53 (Anonymität als Teil der allgemeinen Handlungsfreiheit bezeichnend, allerdings erst auf Schrankenebene im Rahmen der Erörterung des Allgemeinen Persönlichkeitsrechts, sodass auf Art. 2 I GG wohl nur für die Schrankentrias abgestellt wird). Allgemein zur Fallgruppe des Rechts auf informationelle Selbstbestimmung BVerfGE 65, 1, 42 ff. *(Volkszählungsurteil).* Darst. *Kingreen/Poscher,* Grundrechte, 382022, Rn. 539; *Di Fabio,* Grundrechtsgeltung in digitalen Systemen, 2016, S. 44–46. Zur Fallgruppe des Rechts auf Selbstdarstellung etwa BVerfG NJW 2000, 1399, 1400 (Tragen von Anstaltskleidung als Eingriff). Darst. *Kingreen/Poscher,* Grundrechte, 382022, Rn. 537–539.

speziellen Handlungssituationen kann (vorrangig) der Schutz der Meinungsfreiheit (Art. 5 I 1 GG) und der Versammlungsfreiheit (Art. 8 I GG) greifen.[218] Der freiheitsrechtliche Persönlichkeitsschutz entfaltet somit eine die formelle Gleichheit schützende Stoßrichtung.[219] Reflexartig erhöhen sich durch diese freiheitsrechtliche Betroffenheit die Rechtfertigungsanforderungen im Rahmen der Gleichheitsprüfung.[220] Besondere Bedeutung erhält der Eingriff in das Allgemeine Persönlichkeitsrecht schließlich durch die Bedeutung der Anonymität für die legitimatorischen Voraussetzungen des demokratischen Diskurses.[221]

Der Eingriff in die grundrechtlich geschützte Anonymität kann allerdings gerechtfertigt werden. Im Rahmen der Abwägung müssen die kollidierenden Grundrechtspositionen im Wege der praktischen Konkordanz zu einem schonenden Ausgleich gebracht werden.[222] Das Ergebnis dieser Abwägung hängt von den Umständen des Einzelfalles ab. Werden beispielsweise durch eine auf Mikrodirektiven beruhende Personalisierung besonders wichtige Rechtsgüter geschützt (etwa Menschenleben im Straßenverkehr, Art. 2 II 1 GG[223]) und ist eine nur geringe Stigmatisierung infolge der Entanonymisierung zu erwarten

---

[218] Vgl. *Kersten,* JuS 2017, 193, 197–201; *Schmahl,* JZ 2018, 581, 584–586 (auch auf die Informationsfreiheit und das Fernmeldegeheimnis eingehend).

[219] Insofern mag von einem „Gleichheitsgehalt der Freiheitsrechte“ gesprochen werden, vgl. Dürig/Herzog/Scholz – *Kirchhof,* GG, [99]2022, Art. 3 I Rn. 189; *ders.,* in: Isensee/Kirchhof (Hrsg.), Handbuch des Staatsrechts der Bundesrepublik Deutschland, [3]2010, S. 697, 738–744 (Rn. 64–73); *Lindner,* Grundrechtsdogmatik, 2005, S. 197.

[220] Mit Blick auf die Konkurrenz zwischen Freiheits- und Gleichheitsrechten ist von einem *strukturellen* Nebeneinander bei *praktischem* Vorrang der Freiheitsrechte auszugehen. Wie hier BeckOK – *Kischel,* GG, [54]2023, Art. 3 Rn. 4 (grundsätzliches Nebeneinander), Rn. 5 (Prüfungsvorrang der Freiheitsrechte); *Britz,* NJW 2014, 346, 350; *Michael,* JuS 2001, 148, 153). In Nuancen anders von Mangoldt/Klein/Starck – *Wollenschläger,* GG, [7]2018, Art. 3 I Rn. 329; von Münch/Kunig – *Boysen,* GG, [7]2021, Art. 3 GG Rn. 203 (stärkere Betonung des Nebeneinanders); Dürig/Herzog/Scholz – *Kirchhof,* GG, [95]2021, Art. 3 I Rn. 183–189 (stärkere Betonung des Vorrangs der Freiheitsrechte); BVerfGE 64, 229, 238 f.; 64, 104, 112; 67, 186, 195; 75, 348, 360 (pragmatische Schwerpunktbetrachtung). Zur flexiblen Handhabung der Verhältnismäßigkeit auf S. 262 (Fn. 111).

[221] Vgl. *Kersten,* JuS 2017, 193, 201–203 („demokratische Dimension“); *Schmahl,* JZ 2018, 581, 586–588 („Anonymität als kollektive Freiheitsgarantie“).

[222] Allg. *Hesse,* Grundzüge des Verfassungsrechts der Bundesrepublik Deutschland, [20]1999, S. 28 (Rn. 72) („praktische Konkordanz“); *Lerche,* Übermaß und Verfassungsrecht, [2]1999, S. 125 ff. („schonenster Ausgleich“); *Alexy,* Theorie der Grundrechte, [1]1986, S. 75 ff. (Prinzipen als Optimierungsgebote), S. 100 ff. (Verhältnismäßigkeit als Prinzipienoptimierung), S. 117 ff. (Grundrechte zumindest auch als Prinzipien). Im Personalisierungskontext *Grigoleit/Bender,* in: Busch/De Franceschi (Hrsg.), Personalized Law, 2021, S. 115, 124 (Rn. 33, Fn. 34).

[223] Das Recht auf Leben wirkt hier in der Schutzpflichtendimension. Zu dieser ausf. unter § 7 (S. 301–303).

(etwa weil der Massencharakter des Straßenverkehrs nach wie vor ein Mindestmaß an Anonymität gewährleistet[224]), lässt sich die Entanonymisierung im Grundsatz rechtfertigen. Wird sie jedoch flächendeckend eingesetzt und erfasst sie damit auch Bereiche, in denen die Effektivität des Schutzes zweifelhaft und die stigmatisierende Wirkung besonders stark ausgeprägt ist, erscheint eine Rechtfertigung schwierig.

3. Sanktionspräsenz und Architektur

Der Übergang zu einem auf algorithmisch erstellten Mikrodirektiven beruhenden Verwaltungsrechtsmodell hat noch eine weitere Begleiterscheinung: Die staatliche Präsenz in der konkreten Handlungssituation führt dazu, dass grundsätzlich jeder Rechtsverstoß sanktioniert[225] oder gar unmöglich gemacht werden kann. Die zur Erstellung der personalisierten Geschwindigkeitsvorgabe eingesetzte Technologie könnte beispielsweise auch genutzt werden, um die Überschreitung der Geschwindigkeitsvorgabe zu registrieren und durch ein Bußgeld zu ahnden *(Sanktionspräsenz).* Die Technologie könnte aber auch dazu eingesetzt werden, jede Überschreitung der Geschwindigkeit sogar technisch unmöglich zu machen *(Verhaltenssteuerung durch Architektur).*[226] Gerade diese Möglichkeit der Verhaltenssteuerung durch Architektur wird als ein Vorteil neuer Technologien gesehen[227] und zum Teil auch mit dem Schlagwort „code is law"

---

[224] Zum Zusammenhang zwischen Masse und Anonymität mit Blick auf Versammlungen *Kersten,* JuS 2017, 193, 198. Ebenso *Schmahl,* JZ 2018, 581, 586. Allg. zu Anonymität als Charakteristikum der Massengesellschaft krit. darst. *Geiger,* ARSP 39 (1951), 305, 309.

[225] Die staatliche Präsenz ist also immer auch Sanktionspräsenz. Gerade vor diesem Hintergrund ist bereits das Anwesenheits- und Rederecht eines Vertreters der BaFin bei Hauptversammlungen, Generalversammlungen oder Gesellschafterversammlungen sowie Sitzungen des Aufsichtsrates (vgl. § 44 IV 1, 2 KWG) ein Eingriff in die unternehmerische Freiheit, der einer gesetzlichen Grundlage bedarf. Diese findet sich in der in § 44 IV 3 KWG angeordneten Duldungspflicht. Vgl. dazu Fischer/Schulte-Mattler – *Braun,* KWG, [6]2023, § 44 Rn. 103 („relativ weitgehende Maßnahmen [...], die sehr stark in die Verhältnisse der Gesellschaft eingreifen"). Zur freiheitslimitierenden Wirkung staatlicher Präsenz allg. *Hellgardt,* Regulierung, 2016, S. 550 (so begründend, dass in gewissen Bereichen Regulierung vor dem Hintergrund der Grundrechte nur durch Privatrecht erfolgen kann).

[226] Grundlegend *Lessig,* Harv. L. Rev. 113 (1999), 501. Zu Architektur als Regulierungsmodalität (neben Recht, sozialen Normen und Märkten) grundlegend *ders.,* J. Leg. Stud. 27 (1998), 661, 663. Mit Fokus auf Cyberspace vgl. *ders.,* Code version 2.0, S. 2006, 68 ff.; *ders.,* Harv. L. Rev. 113 (1999), 501, 507; *Koops,* in: Brownsword/Yeung (Hrsg.), Regulating Technologies, 2008, S. 157, 159 f.; *Dankert,* KritV 98 (2015), 49, 52 f. Wohl auch *Hoffmann-Riem,* AöR 142 (2017), 1, 34 f. Letztendlich grundlegend bereits *Foucault,* Surveiller et punir, 1975, S. 201 ff. (zum Panopticon).

[227] Ein klassischer Anwendungsfall ist der *smart contract,* der den Vollstreckungsmechanismus bereits in sich trägt, vgl. *Paulus/Matzke,* ZfPW 2018, 431, 433 f., 462 ff.; *Fries,* NJW

verbunden.[228] Tatsächlich beruht diese Art der Verhaltenssteuerung aber gerade nicht auf Recht, sondern eben auf Architektur. Es käme auch niemand auf die Idee, die Mauer am Straßenrand, die ein Abfahren von der Fahrbahn verhindert, als Recht zu bezeichnen.[229] Am Ende des Spektrums steht das selbstfahrende Auto, das den Fahrer komplett aus der Handlungsrolle verdrängt.[230]

Verhaltenssteuerung durch den aus *Bürgerethos* zu befolgenden Normbefehl, Verhaltenssteuerung durch omnipräsente *Sanktion* und Verhaltenssteuerung durch *Architektur* beschreiben ein Kontinuum, das die Handlungsoptionen des einzelnen Individuums zunehmend einengt. Die Entscheidung für das Recht aus Bürgerethos verliert im Rahmen der Technisierung an Bedeutung. Die daraus entstehenden belastenden Wirkungen für die Freiheit werden zum Teil durch ein „Recht zum Rechtsbruch" konzeptualisiert[231], dessen Herleitung parallel zur Begründung der Freiheit des Einzelnen in seiner Entscheidung für oder gegen Gott verläuft[232]: Nur die Möglichkeit zum Andershandelnkönnen macht die Entscheidung für das Recht (für Gott) zu einer freien Entscheidung. Die Rede vom „Recht zum Rechtsbruch" ist natürlich missverständlich. Das Individuum hat gerade kein individuelles Recht, das Recht zu missachten. Aus dem Schutz der Freiheitssphäre des Einzelnen ergibt sich jedoch ein dem Rechtsbruch vorgelagertes Recht zur *Möglichkeit* zum Rechtsbruch. Anders gewendet: Ein System der Totalüberwachung wäre verfassungswidrig. Eine entsprechende, die Überwachungs- und Sanktionsmöglichkeiten nicht ausschöpfende Gesellschaftsordnung lässt sich auch ökonomisch begründen. Zum einen erscheint es naheliegend, dass Individuen in der omnipräsenten Sanktionsmöglichkeit eine Misstrauensbekundung des Staates sehen, auf die sie ihrerseits durch Wohlstandsverluste erzeugendes Misstrauen reagieren.[233] Zum anderen droht die staatliche Präsenz eine innovationshemmende Wirkung zu entfalten[234]: Der private Normbruch

2019, 901, 902; *Klever,* JjZRW 2020, S. 379, 380. Verlässt das Mietauto etwa das vorgesehene Einsatzgebiet oder wird eine Rate nicht gezahlt, so stellt es sich einfach ab, vgl. *Fries,* NJW 2019, 901, 902 (zum ersten Beispiel); *Paulus/Matzke,* ZfPW 2018, 431, 462 f. (zum zweiten Beispiel). Krit. hierzu etwa *Zuboff,* Surveillance Capitalism, 2019.

228 Grundlegend *Lessig,* Harv. L. Rev. 113 (1999), 501; *ders.,* Code and Other Laws of Cyberspace, 1999. Ferner *ders.,* Code version 2.0, 2006; *Koops,* in: Brownsword/Yeung (Hrsg.), Regulating Technologies, 2008, S. 157, 159 f.; *Dankert,* KritV 98 (2015), 49, 52 f. Wohl auch *Hoffmann-Riem,* AöR 142 (2017), 1, 34 f.

229 Dazu bereits auf S. 52 f. (Fn. 93).

230 Zum selbstfahrenden Auto von Google *Poczter/Jankovic,* JBCS 10 (2014), 7, 8.

231 Dazu bereits auf S. 188 (Fn. 52).

232 Dazu bereits auf S. 187 f.

233 Ähnlich für den Bereich der Arbeitsplatzüberwachung vgl. *Applin/Fischer,* ISTAS 2013, 268.

234 Im Zusammenhang mit Arbeitsplatzüberwachung und individueller *agency* vgl. *Applin/*

kann die Grundlage einer veränderten Übung sein, die im Folgenden womöglich zur Veränderung der Gesetzeslage führt. Bei Sanktionierung jedes Normbruchs wird dieses Potential gehemmt und die beharrende Wirkung der Rechtsordnung verstärkt.[235]

V. Implikationen für den Streit um die Eigenständigkeit des Privatrechts

Abschließend sollen die hier gewonnenen Erkenntnisse zur freiheitlichen Dimension des Privatrechtsmodells im Diskurs um das „eigenständige Privatrecht" verortet werden. Klassischerweise wird von einem dezisionistisch-positivistischen[236], einem im weitesten Sinne demokratietheoretischen[237], einem funktional-dogmatischen[238], einem ökonomisch-regulatorischen[239] oder einem sozialpolitischen[240] Standpunkt aus die vermeintlich einheitliche[241] Konzeption eines objektiven Strukturen folgenden, liberalen Privatrechts bekämpft. Hinter

---

Fischer, ISTAS 2013, 268. Allg. zum Innovationspotential der privaten Ordnung bereits oben (Fn. 141).

[235] Zum Charakter des (Verwaltungs-)Rechts als *Katechon* (Bewahrer) vgl. *Schlink,* VVDStRL 48 (1990), 235, 260. Allg. in Auseinandersetzung mit *Carl Schmitt,* der das Reich als *Katechon* bezeichnet (*Schmitt,* Nomos, [5]2011, S. 29ff.), vgl. *Meinel,* StudZR 2007, 237, 262.

[236] Vgl. etwa *Rüthers,* Die unbegrenzte Auslegung, [9]2022. Allg. *Kelsen,* Reine Rechtslehre, [2]1960.

[237] Explizit aus demokratietheoretischer Sicht *Ackermann,* ZEuP 2018, 741, 745–753. Ähnlich *Lomfeld,* in: Grünberger/Jansen (Hrsg.), Privatrechtstheorie heute, 2017, S. 151, 167–169 (aus diskurstheoretischer Sicht). Krit. darst. *Stürner,* AcP 214 (2014), 7, 20–22.

[238] Grundlegend insofern *Bullinger,* Öffentliches Recht und Privatrecht, 1968, insb. S. 112–116.

[239] Im deutschsprachigen Diskurs insb. *Wagner,* AcP 206 (2006), 352, 422–426. Für Teilbereiche auch *Hellgardt,* Regulierung, 2016, S. 68ff. Diese Beiträge rezipieren letztendlich den rechtsrealistischen Angriff auf die formalistische Privatrechtsdogmatik (insb. *Holmes, Jr.,* Harv. L. Rev. 10 [1897], 457, 459), der im Rahmen der Law-and-Economics-Bewegung verstärkt wurde (grundlegend *Coase,* J.L. & Econ. 3 [1960], 1; *Calabresi,* Yale L.J. 70 [1961], 499; *ders.,* The Costs of Accidents, 1970; *Posner,* Economic Analysis of Law, [9]2014). Für eine rechtstheoretische Konzeptualisierung einerseits *ders.,* Cardozo L. Rev. 18 (1996), 1; *ders.,* Law, Pragmatism, and Democracy, 2003; *ders.,* U. Chi. L. Rev. 71 (2004), 683 *(pragmatic adjudication),* andererseits *Calabresi/Bobbitt,* Tragic Choices, 1978; *Calabresi,* The Future of Law and Economics, 2016, S. 1–23 (wertungsbasierte Rechtsprechungstheorie).

[240] Vgl. insb. *Grünberger,* AcP 219 (2019), 924 (mit seinem Konzept einer responsiven Dogmatik). Ferner *Schirmer,* VerfBlog 2021. Zurückhaltender *ders.,* ZEuP 2021, 35, insb. 41–43.

[241] Vgl. nur die Darstellung bei *Bumke,* Rechtsdogmatik, 2017, S. 108–110; *dems.,* JZ 2014, 641, 649.

diesem Feindbild verbergen sich jedoch eine Reihe unterschiedlicher Positionen. Insbesondere lässt sich die These von der Eigenständigkeit des Privatrechts aus mindestens drei zu unterscheidenden Perspektiven vertreten.

1. Privatrecht und Erkenntnis (erkenntnistheoretische Frage)

Die These von der Eigenständigkeit des Privatrechts lässt sich zunächst als eine erkenntnistheoretische Position verstehen. Danach sind privatrechtliche Probleme als Gegenstand eines wissenschaftlichen Erkenntnisvorgangs zu betrachten, während das öffentliche Recht stärker von (demokratisch zu legitimierender) Dezision geprägt ist.[242] Diese erkenntnistheoretische Frage nach den Möglichkeiten und Grenzen von Objektivität im Recht wird hier nicht vertieft.[243] Das hier vorgestellte Privatrechtsmodell sagt gerade nichts über die *Erkennbarkeit* eines im weitesten Sinne richtigen Rechts*inhalts* aus.

2. Privatrecht und Regulierung (normatives Programm)

Die These von der Eigenständigkeit des Privatrechts lässt sich außerdem als normatives, neoformalistisches Programm begreifen. Privatrechtliche Normen sollen danach aus der Idee der ausgleichenden Gerechtigkeit rekonstruiert werden und für einen Interessenausgleich sorgen, nicht aber distributive regulative Ziele verwirklichen.[244] Auch die Grundrechtsdogmatik wird dann für das Pri-

---

[242] So besonders deutlich *Grigoleit,* in: Jestaedt/Lepsius (Hrsg.), Rechtswissenschaftstheorie, 2008, S. 51. Ferner im dogmatischen Diskurs *Reuter,* AcP 207 (2007), 673, 674 („Allerdings ist die Frage, ob eine Gesellschaft rechtsfähig und/oder juristische Person ist, eine Frage der dogmatischen Einordnung, für die nicht der Gesetzgeber, sondern die Rechtswissenschaft zuständig ist.").

[243] Ausf. dazu *Bender,* in: ders. (Hrsg.), Objectivity and Power, 2022, S. 19.

[244] Grundlegend aus neoformalistischer Sicht im US-amerikanischen Diskurs *Weinrib,* The Idea of Private Law, ^{2}2012, insb. S. 5 („[…] the purpose of private law is to be private law."); *ders.,* Yale L.J. 97 (1988), 949; *Wechsler,* Harv. L. Rev. 73 (1959), 1. Grundlegend im deutschen Diskurs *Rödl,* Gerechtigkeit unter freien Gleichen, 2015. Ferner *Kloepfer,* NuR 1990, 337, 339; *Stolleis,* in: Hoffmann-Riem/Schmidt-Aßmann (Hrsg.), Öffentliches Recht und Privatrecht als wechselseitige Auffangordnungen, 1996, S. 41, 55 („Reich der Freiheit"). Im Rahmen der Diskussion des AGG etwa *Lobinger,* AcP 216 (2016), 28; *Honsell,* ZIP 2008, 621, 622, 630; *Picker,* JZ 2002, 880, 881 („Die Privatautonomie umschreibt damit in ihren tradierten Bereichen eine Freiheitssphäre, die der Gesetzgeber zu beachten hat."); *Säcker,* ZRP 35 (2002), 286, 287. Diese neoformalistischen Ansätze sind in wesentlicher Hinsicht formalistischer als die klassisch-formalistischen Beiträge des *classical legal thought* (darst. *Posner,* Case W. Re. L. Rev. 37 [1986/1987], 179, 180 ff.) und der Begriffsjurisprudenz, die in ihrer Orientierung an den maßgeblichen Problemen des 19. Jahrhunderts durchaus teleologisch ausgerichtet waren. Vgl. hierzu *Haferkamp,* „Begriffsjurisprudenz", 2004; *ders.,* Am.

vatrecht Modifikationen unterworfen.[245] Dieses normative Programm für einen vermeintlich apolitischen, aber tatsächlich liberalen Inhalt[246] von Privatrechtsnormen lässt sich mit dem Verständnis der Privatrechtsfindung als Erkenntnisvorgang vereinbaren.[247] Beide Positionen können aber auch getrennt voneinander vertreten werden. So kann der formalistische Privatrechtsinhalt offen als politisches Programm formuliert werden[248] oder es kann das Privatrecht auch dann als erkenntnisgeleitetes Rechtsgebiet verstanden werden, wenn dessen Inhalt für regulative Zwecke geöffnet wird, die pluralistischen Wertvorstellungen verschiedener Prägung Raum geben.[249]

Das hier vorgestellte Privatrechtsmodell begründet die freiheitsfördernde Wirkung des Privatrechts gerade nicht mit dem (liberalen) *Inhalt* der Privatrechtsnormen. Die Festschreibung eines spezifischen, von den in einer Gesellschaftsordnung dominanten Wertvorstellungen und zu regelnden Sachfragen

---

J. Comp. L. 56 (2008), 667; *ders.*, in: Depenheuer (Hrsg.), Reinheit des Rechts, 2010, S. 79; *Schirmer,* Nachhaltiges Privatrecht, 2023, S. 47–55; *Halpérin,* Histoire du droit privé français depuis 1804, 2012. Bezeichnenderweise wurden regulatorische Maßnahmen von der damaligen Rspr. auch nicht aufgrund des apolitischen Charakters, sondern aufgrund von verfassungsrechtlichen Wertungen für nichtig erklärt (*Lochner v New York,* 198 US 45 [1905]; *Ives v. South Buffalo Railway Co.,* 201 N.Y. 271, 94 N.E. 431 [1911]).

245 Für einen losen Ausgestaltungsschutz mit Unterschieden im Einzelnen etwa *Kingreen/Poscher,* Grundrechte, [38]2022, Rn. 175; *Cornils,* Die Ausgestaltung der Grundrechte, 2005, S. 633 ff.; *Bumke,* Ausgestaltung von Grundrechten, 2009, S. 47 ff.; *Gellermann,* Grundrechte in einfachgesetzlichem Gewand, 2000, S. 336 ff., 351 ff. (auf Angemessenheit reduzierte Verhältnismäßigkeitsprüfung). Punktuell für die Interessenausgleichsfunktion auch *Hellgardt,* Regulierung, 2016, S. 277–288.

246 Dazu zutreffend *Lomfeld,* in: Grünberger/Jansen (Hrsg.), Privatrechtstheorie heute, 2017, S. 151, 163–166; *Kähler,* in: Grünberger/Jansen (Hrsg.), Privatrechtstheorie heute, 2017, S. 118, 130 f. Grundlegend auch *Coleman/Ripstein,* McGill L.J. 41 (1995/1996), 91.

247 So der neoformalistische Ansatz, insb. *Weinrib,* The Idea of Private Law, [2]2012; *ders.,* Yale L.J. 97 (1988), 949; *Wechsler,* Harv. L. Rev. 73 (1959), 1; *Rödl,* Gerechtigkeit unter freien Gleichen, 2015.

248 So lassen sich die Theoretiker der „Privatrechtsgesellschaft" (dazu bereits in Fn. 58) verstehen, die die erkenntnistheoretische Frage nicht weiter vertiefen.

249 Als eine derartige erkenntnistheoretische Positionierung bei gleichzeitiger Zweckoffenheit des Privatrechts etwa *Grigoleit,* in: Jestaedt/Lepsius (Hrsg.), Rechtswissenschaftstheorie, 2008, S. 51; *ders.,* FS Canaris II, 2017, S. 239, *ders.,* ZNR 2008, 259, 266. Ähnlich auch *Ackermann,* ZEuP 2018, 741, 745–753 (bezogen auf die rechtswissenschaftliche Systematisierungsleistung); *Grünberger,* AcP 219 (2019), 924, 928 ff. (Festhalten an der Autonomie des Rechts). Letztendlich läuft diese Position auf die Eigenständigkeit einer funktionalistischen (und gerade nicht formalistischen) Rspr. im Privatrecht hinaus. In diesem Sinne auch (mit Unterschieden im Einzelnen) *Hirsch,* JZ 2007, 853, 855; *Calabresi,* Common Law, 1982, 2; *Posner,* Cardozo L. Rev. 18 (1996), 1, 5. Auf der Grundlage historisch kontingenter Werte für „richtiges Recht" auch *Larenz,* Richtiges Recht, 1979, S. 23–32; *Canaris,* Lücken im Gesetz, [2]1983, 57 (§ 49); *ders.,* Systemdenken, [2]1983, S. 18.

losgelösten Inhalts von Privatrechtsnormen erscheint vielmehr als utopisches Unterfangen, weil jede regelförmige Norm das Ergebnis der Auflösung eines spezifischen, grundrechtsgeprägten Wertungskonfliktes ist.[250] Insbesondere sind aus hier vertretener Sicht Interessenausgleich und Regulierung nicht zu trennen, weil jede Regulierung in den Formen des Privatrechts auch zu einem spezifischen Interessenausgleich führt und umgekehrt jeder Interessenausgleich auch spezifische, regulierend wirkende Anreize setzt.[251]

3. Privatrecht und Freiheit (strukturelle Beobachtung)

Die These von der Eigenständigkeit des Privatrechts lässt sich drittens – und das ist der Weg des hier vorgestellten Privatrechtsmodells – aus einer normstrukturellen Sicht begründen.[252] Privatrechtliche Normen überlassen die Erstkonkreti-

---

250 Dazu bereits ausf. unter § 2 (S. 31 f.) und § 4 (S. 163 [Fn. 153]). Vgl. insb. auch BVerfG NJW 2021, 1377, 1385 (Rn. 137) („Denn die – krisenbedingt – öffentlich-rechtliche Regulierung blieb mit der zivilrechtlichen Grundkonzeption des Mietverhältnisses stets auf das Engste verflochten, sodass eine klare Abgrenzung kaum möglich war und in der Staatspraxis nicht vorgenommen wurde"). Hierzu auch *Schirmer,* VerfBlog 2021. Ferner *Coleman/Ripstein,* McGill L.J. 41 (1995/1996), 91 (zur Normativität der gesamten Privatrechtsordnung); *Grigoleit,* in: Jestaedt/Lepsius (Hrsg.), Rechtswissenschaftstheorie, 2008, S. 51, 54 („Steuerungsfunktion der Willkür"). Die verhaltenssteuernde Bedeutung des *gesamten* Privatrechts wurde im Übrigen schon seit den Anfängen der ökonomischen Analyse herausgearbeitet (darst. *Priest,* Law and Economics, 2020, S. 7–11). Jede Regulierung ist damit zugleich Interessenausgleich und umgekehrt. Anders *Hellgardt,* Regulierung, 2016, der für beide Dimensionen eine andere Grundrechtsdogmatik vorsieht (S. 277–288), obwohl auch er erkennt, dass aus Sicht des von einem Anspruchsausschluss Betroffenen kein Unterschied besteht (S. 282) und das Niveau des Grundrechtsschutzes nicht von der Zielsetzung des Gesetzgebers abhängen kann (S. 281 f.).

251 Dazu aus dem deutschen Diskurs insb. *Wagner,* AcP 206 (2006), 352, 422–426, 450 („Wer Freiheit, Wettbewerb und Privatautonomie gestärkt sehen möchte, der darf vor der Gefahr ihres Mißbrauchs nicht die Augen verschließen, sondern muß die verhaltenssteuernde Aufgabe des Privatrechts annehmen und kraftvoll umsetzen."); *Schirmer,* Nachhaltiges Privatrecht, 2023, S. 64–66, 71 f.; *Auer,* Der privatrechtliche Diskurs der Moderne, 2014, S. 69. Aus dem US-amerikanischen Diskurs zur Wertgebundenheit des Privatrechts vgl. *Coleman/Ripstein,* McGill L.J. 41 (1995/1996), 91; *Dagan,* Mich. L. Rev. 98 (1999), 138. Zumindest für einen Teilbereich der privatrechtlichen Normen auch *Hellgardt,* Regulierung, 2016, S. 64 ff., 558.

252 Allg. zum Strukturalismus bereits auf S. 23 (Fn. 128). Über einen hier als strukturalistisch bezeichneten Ansatz begründet auch *Schirmer,* Nachhaltiges Privatrecht, 2023, S. 82–104 die Eigenständigkeit des Privatrechts, die er in der „Bipolarität" (S. 86) der „wechselseitige[n] Rechte- und Pflichtenbeziehungen" (S. 86 f.) sieht. Sein Fokus liegt dabei allerdings nicht, wie hier, auf dem *Normdesign* und seinen Implikationen für die autonome Rechtssetzung, sondern insbesondere auf der *prozeduralen* Auflösung der wechselseitigen Pflichtenbeziehung (vgl. insb. S. 103 f.).

sierung dem einzelnen Individuum. Hieraus – und nicht aus einem irgendwie gearteten liberalen Inhalt dieser privatrechtlichen Normen – folgt die freiheitsfördernde Wirkung des Privatrechts. Im spezifischen Zusammenspiel von legislativer Normsetzung, privater Normkonkretisierung und judikativer Normkontrolle entfaltet sich also das liberale Potential der Privatrechtsgesellschaft. Dieser die *Normativität des Normdesigns*[253] betonende Ansatz kann mit einem normativ-liberalen Programm für den Inhalt des Rechts zusammenkommen – er muss es aber nicht. Die liberale Dimension von generellen Regeln wurde etwa im Rahmen der Critical-Legal-Studies-Bewegung betont, ohne dabei ein liberales Gesellschaftsprogramm zu verfolgen.[254] Genauso sind *Louis Kaplows* Beiträge zu den *costs* und *benefits* eines spezifischen Norm*designs*[255] hinsichtlich des Norm*inhalts* neutral. Die Verfolgung von sozialen oder sonstigen regulatorischen Belangen in den Formen des Privatrechts führt also nicht zu dem Verlust seiner freiheitlichen Dimension. Mit dem Angriff auf den Neoformalismus zugleich den besonderen Bezug des Privatrechts zu einer freiheitlichen Gesellschaftsordnung zu leugnen[256], schießt somit über das Ziel hinaus.

Im Übrigen ist auch die *erkenntnistheoretische* Frage zur Objektivität des Norm*inhalts* völlig unabhängig von der *strukturellen* Analyse der normativen Implikationen eines gewissen privatrechtlichen oder verwaltungsrechtlichen Norm*designs*.

---

[253] Vgl. bereits *Bender,* ERCL 16 (2020), 366, 374 („normativity of norm design").

[254] Grundlegend *Kennedy,* Harv. L. Rev. 89 (1976), 1685. Aus deutscher Sicht *Auer,* Materialisierung, 2005, S. 43. Politischer *Kennedy,* A Critique of Adjudication, 1997; *Unger,* The Critical Legal Studies Movement, ³2015, insb. S. 143–178, 199–208. Der die Normativität des Normdesigns betonende Ansatz ist also inhaltlich „pluralistisch" im Sinne von *Schirmer,* Nachhaltiges Privatrecht, 2023, S. 78–82.

[255] Vgl. *Kaplow,* Duke L.J. 42 (1992), 557 (Regeln vs. Standards); *ders.,* J.L. Econ. & Org. 11 (1995), 150 (Komplexität); *ders.,* Harv. L. Rev. 132 (2019), 992 *(structured decisionmaking vs. balancing).* Ausf. bereits unter § 2 (S. 30–38).

[256] So tendenziell aber *Schirmer,* Nachhaltiges Privatrecht, S. 33–73 (sich gegen den „Mythos vom Privatrecht als ‚Reich der Freiheit'" [etwa S. 56] wendend) sowie *Stolleis,* in: Hoffmann-Riem/Schmidt-Aßmann (Hrsg.), Öffentliches Recht und Privatrecht als wechselseitige Auffangordnungen, 1996, S. 41, 59 und *Hellgardt,* Regulierung, 2016, S. 542 (Zitate jeweils bereits in Fn. 58). Vgl. ferner *Damm,* in: Hart (Hrsg.), Privatrecht im „Risikostaat", 1997, S. 13, 39 ff.; *W. Schünemann,* ARSP 72 (1986), 502; *ders.,* FS Brandner, 1996, S. 279.

§ 6

Gleichheitsrechtliche Analyse: Distribution und Diskriminierung

In diesem Kapitel wird die Frage der Personalisierung unter Gleichheitsgesichtspunkten analysiert. Dabei soll zunächst der Wertungsbezug von Freiheit und Gleichheit zu einem spezifischen normativen Leitbild herausgearbeitet werden, das sowohl aus freiheitsrechtlicher als auch aus gleichheitsrechtlicher Sicht geformt wird (I.). Die dem Personalisierungsprojekt zugrunde liegenden Leitbilder und ihre distributiven Implikationen lassen sich im Vertrags- und Deliktsrecht nachzeichnen (II.). Sie müssen sich an den Leitbildaussagen des Grundgesetzes messen lassen, die einer personalisierungsbedingten Diskriminierung Grenzen setzen (III.).

I. Gleichheit, Freiheit und Leitbildbezug

Gleichheit heißt, Gleiches gleich *(erstes Postulat)*[1] und Ungleiches seiner Eigenart entsprechend *(zweites Postulat)*[2] zu behandeln. Was gleich und was ungleich ist, ist eine Wertungsfrage[3], deren Beantwortung vom maßgeblichen normativen Leitbild abhängt, das sich für die Rechtsanwendung wiederum in verschiedenen Regelungszwecken konkretisiert. Dieses normative Leitbild gibt die Wahl des *tertium comparationis,* also den Gesichtspunkt vor, unter dem zwei Elemente verglichen werden.[4] Das erste Postulat des Gleichheitssatzes strebt

[1] Art. 3 I GG auf dieses erste Postulat beschränkend *Martini,* Art. 3 Abs. 1 GG als Prinzip absoluter Rechtsgleichheit, 1997, S. 117 ff. (positivrechtliche Argumentation), S. 135 ff. (philosophisch-historische Argumentation), S. 145 f. (Zusammenfassung). Ebenso *Nawiasky,* VVDStRL 3 (1927), 25, 40 (zu Art. 109 I WRV). In diesem Sinne kann auch Art. 1 der *Déclaration des droits de l'homme et du citoyen* vom 26.8.1789 sowie Art. 3 der französischen Verfassung vom 24.6.1793 verstanden werden (darst. *Martini,* Art. 3 Abs. 1 GG als Prinzip absoluter Rechtsgleichheit, 1997, S. 133 ff.).

[2] Aus der deutschen Rspr. BVerfGE 4, 144, 155; 86, 81, 87; 98, 365, 385; 101, 275, 290; 130, 240, 252; 137, 1, 26. Aus der unionalen Rechtsprechung EuGH, Urt. v. 16.10.2010, C-149/10 *(Chatzi v. Oikonomikon),* E.C.R. 2010 I-08489, Rn. 64; EuGH, Urt. v. 13.12.1994, C-306/93 *(SWM Winzersekt GmbH v. Land Rheinland-Pfalz),* E.C.R. 1994 I-05555, Rn. 30; EuGH, Urt. v. 7.7.1993, C-217/91 *(Spanien v. Kommission),* E.C.R. 1993 I-03923, Rn. 37. Aus der antiken Lit. bereits *Aristoteles,* Nikomachische Ethik, 2020, dessen Begriff der kommutativen Gerechtigkeit hinsichtlich personeller Differenzierungen blind ist, also Abweichungen von der formellen Gleichheit nur hinsichtlich situativer Unterschiede zulässt, vgl. S. 85 (V 7, 1132a2–8), wohingegen sein Begriff der distributiven Gerechtigkeit für personelle Unterschiede, etwa hinsichtlich der Würdigkeit, offen ist, vgl. S. 84 (V 6, 1131a25–29). Aus dem rechtswissenschaftlichen Diskurs zu Art. 3 I GG *Kischel,* AöR 124 (1999), 174, 180; BeckOK – *Kischel,* GG, [54]2023, Art. 3 Rn. 16; *Alexy,* Theorie der Grundrechte, [1]1986, S. 360 ff., wobei er begrifflich anders beide Postulate als solche der materiellen Gleichheit sieht und insb. auf S. 377 ff. innerhalb derselben ein Spannungsverhältnis zwischen aktsbezogener/rechtlicher und folgenbezogener/faktischer Gleichheit ausmacht. Aus dem Personalisierungsdiskurs *Hacker,* in: Bakhoum/Conde Gallego/Mackenrodt u. a. (Hrsg.), Personal Data, 2018, S. 85, 98 ff.; *Hacker,* Eur. Rev. Priv. L. 25 (2017), 651, 659 f. (Rn. 13); *Hacker/Petkova,* Nw. J. Tech. & Intell. Prop. 15 (2017), 1, 7 f.; *Verstein,* U. Chi. L. Rev. 86 (2019), 551, 556 ff. (zwischen *formal equality* und *substantive equality* unterscheidend).

[3] So auch *Alexy,* Theorie der Grundrechte, [1]1986, S. 363, 373 (wobei er diese Wertungsfrage durch eine Argumentationslastregel zugunsten des ersten Postulats des Gleichheitssatzes strukturiert).

[4] Etwa *Kingreen/Poscher,* Grundrechte, [38]2022, Rn. 619 *(tertium comparationis);* den Begriff „Eigenschaft" vorziehend *Kischel,* AöR 124 (1999), 174, 182 ff.; BeckOK – *Kischel,* GG, [54]2023, Art. 3 Rn. 15.2. Entscheidendes Anliegen ist es, einen wertungsbasierten Bezugspunkt für den Vergleich zu schaffen. Besonders klar im Kontext von *stare decisis* vgl. *Schauer,* Const. Comment. 33 (2018), 437, 446 („It is about treating the similiarities as relevant and the differences as irrelevant, and about deciding which similarities matter and which do not. Thus, identifying what is a precedent for what is about attributing or ascribing like-

dabei nach Verallgemeinerung und Abstraktion, was eine *formalisierende* Betrachtung mit sich bringt. Wird allein das Menschsein als Vergleichsmaßstab gewählt, erscheinen alle darüber hinausgehenden Differenzierungen als Ungleichbehandlungen. Das Postulat, Ungleichheiten Rechnung zu tragen, führt hingegen zu einer *materialisierenden* Betrachtungsweise. Das Individuum wird dann nicht als Mensch, sondern als Käufer oder Verbraucher wahrgenommen. Genauso wie im Rahmen des Freiheitsdiskurses zwischen einem formellen und einem materiellen Freiheitsverständnis unterschieden wurde[5], so kann auch im Rahmen des Gleichheitsdiskurses zwischen einem formellen und einem materiellen Gleichheitsverständnis unterschieden werden. Während es bei der Materialisierung des Freiheitsbegriffs um die Zunahme der an die Freiheitsausübung zu stellenden Anforderungen geht, meint die Materialisierung des Gleichheitsbegriffs die Zunahme von Differenzierungen.

1. Reziproke Kausalität und Einheitlichkeit des Leitbilds von Freiheit und Gleichheit

Freiheit und Gleichheit stehen nicht beziehungslos nebeneinander. Das rechtliche Leitbild, das über den Grad an Materialisierung von Freiheit entscheidet, ist notwendig relevant für den Grad an Materialisierung von Gleichheit. Wird beispielsweise mehr als das Menschsein für einen wirksamen Freiheitsgebrauch gefordert, so muss diese Materialisierung der Freiheit auch durch eine Materialisierung der Gleichheit gespiegelt werden. Umgekehrt muss der Freiheitsbegriff materialisiert werden, wenn in gleichheitsrechtlicher Hinsicht Unterschiede für relevant befunden werden.[6] Normative Vorstellungen werden entweder im Freiheitsdiskurs geprägt und beeinflussen sodann das Gleichheitsverständnis oder die entsprechenden normativen Vorstellungen werden im Gleichheitsdiskurs geprägt und beeinflussen sodann das maßgebliche Freiheitsverständnis. Zwischen Freiheit und Gleichheit besteht somit eine Beziehung der *reziproken Kausalität.*[7] Normative Probleme werden immer durch ein *einheitliches* normatives Leitbild gelöst, das eine spezifische Wertvorstellung von Freiheit *und* Gleichheit

---

ness; and it is not about discovering, locating, or unearthing likeness."); *Chemerinsky,* Mich. L. Rev. 81 (1983), 575, 576 („[...] society must make value choices to decide what inequalities it will and will not accept.").

[5] Dazu bereits unter § 5 (S. 182, 188 f.).

[6] Diese Richtung wird oft außer Acht gelassen, vgl. etwa Dürig/Herzog/Scholz – *Kirchhof,* GG, [99]2022, Art. 3 I Rn. 183 (Freiheitsrechte bestünden unabhängig von jedem Vergleich und gäben vor, wo man sich unterscheiden darf); *ders.,* in: Isensee/Kirchhof (Hrsg.), Handbuch des Staatsrechts der Bundesrepublik Deutschland, [3]2010, S. 697, 741 (Rn. 67).

[7] Dieser Begriff wurde im deliktsrechtlichen Kontext geprägt von *Coase,* J.L. & Econ. 3 (1960), 1, 2; *Calabresi,* Yale L.J. 70 (1961), 499, 506 (Fn. 24).

mit sich bringt. Generell geht es also nicht um einen Konflikt zwischen Freiheit und Gleichheit, sondern um einen Konflikt zwischen verschiedenen Leitbildern und den ihnen zugeordneten Zwecken.

2. Rechtsgleichheit als Teilbereich der gesellschaftlichen Gleichheit

Die sich aus der reziproken Kausalität zwischen Freiheits- und Gleichheitswertungen ergebende Erkenntnis, dass eine Materialisierung des Freiheitsverständnisses Auswirkungen auf das Gleichheitsverständnis hat, muss allerdings mit Blick auf das *für das Recht* maßgebliche Leitbild um eine weitere Beobachtung ergänzt werden: Das Recht ist nur *ein* Mittel, ein spezifisches materielles Leitbild von Freiheit und Gleichheit zu verwirklichen. Es erfasst nicht alle Bereiche des Lebens. Vielmehr kann im Rahmen der gesellschaftlichen Gestaltung auf andere Differenzierungsmechanismen – etwa den Markt – zurückgegriffen werden. *Formelle* Freiheit und Gleichheit *im Recht* führen damit nicht notwendig auch *gesellschaftlich* zu *formeller* Freiheit und Gleichheit.[8] Anders gewendet: Nicht nur das einheitliche, für die rechtliche Freiheit und Gleichheit maßgebliche Leitbild entscheidet über den Grad an Materialisierung, sondern auch die Frage, welche Bereiche durch das Recht geregelt werden sollen. Vor diesem Hintergrund ergeben sich mit Blick auf das gesellschaftliche Teilsystem des Rechts verschiedene Permutationen von Freiheit und Gleichheit einerseits und formellem und materiellem Leitbild andererseits:

Formelle Freiheit, formelle Gleichheit. Das Recht kann einem formellen Freiheitsverständnis folgen. Freiheit äußert sich dann in manifestierten Präferenzen, an deren Anerkennung geringe Anforderungen gestellt werden. Die deshalb notwendigen Differenzierungen (Präferenzen unterscheiden sich) kann das Recht dem Markt überlassen und damit das formelle Freiheitsverständnis mit einem formellen Gleichheitsverständnis kombinieren. Diese Permutation entspricht dem ökonomischen Konzept der Transaktionskostensenkung I (Recht als Rahmenordnung).[9]

Formelle Freiheit, materielle Gleichheit. Das maßgebliche Gleichheitsverständnis ändert sich bei gleich bleibendem formellen Freiheitsverständnis, wenn der Regelungsanspruch des Rechts ausgeweitet wird. Sollen entsprechend dem ökonomischen Konzept der Transaktionskostensenkung II die bisher dem Markt überlassenen Differenzierungen zwischen den Präferenzen durch das Recht vollzogen werden *(mimic the market)*[10], so kommt es angesichts dieses ausgeweiteten rechtlichen Regelungsanspruchs zu einer Materialisierung der recht-

[8] Ähnlich *Möllers,* Freiheitsgrade, ²2020, S. 60 f. (Rn. 45) (dritter Freiheitsgrad), S. 95 (Rn. 82), S. 96 f. (Rn. 85).

[9] Dazu bereits unter § 3 (S. 68 f.).

[10] Dazu bereits auf S. 69 (Fn. 21).

lichen Gleichheit: Das heteronome Recht muss die Vielgestaltigkeit der autonomen Rechtssetzung spiegeln. Für das gesellschaftliche Teilsystem des Rechts werden dann formelle Freiheit und materielle Gleichheit kombiniert.

Materielle Freiheit, materielle Gleichheit. Wenn das Recht einem materiellen Freiheitsverständnis folgt, also nur gewisse Freiheitsausübungen als solche anerkennt, muss es die Differenzierung zwischen anerkannten und nicht anerkannten Freiheitsbetätigungen im Rahmen einer Materialisierung des Gleichheitsverständnisses nachzeichnen. Die durch die Materialisierung der Freiheit bedingte, paternalistisch motivierte Differenzierung zwischen den Individuen kann natürlich gleichzeitig zu einem Rückgang von präferenzbasierten Differenzierungen führen, die sich wiederum entweder über den Markt (Transaktionskostensenkung I) oder das Recht (Transaktionskostensenkung II) verwirklichen lassen. Die über die Menschenwürde (Art. 1 I GG) und das Sozialstaatsprinzip (Art. 20 I GG) gebotene Sicherung des Existenzminimums gebietet beispielsweise Sozialleistungen für gewisse Personen.[11] Diese normative Vorgabe materialisiert den Freiheitsbegriff insofern, als „wirkliche" Freiheit ein Minimum an Wohlstand voraussetzt.[12] Da nicht jedes Individuum die Sozialleistungen bekommt, bringt diese Materialisierung des Freiheitsbegriffs auch eine gewisse Materialisierung der Gleichheit mit sich.[13] Gleichzeitig aber wird der Markt als Differenzierungsmechanismus zurückgenommen, sodass es insofern zu einer gesellschaftlichen Formalisierung kommt.[14] Ähnliche Erwägungen lassen sich für die verhaltensökonomischen Schutzinstrumente anstellen.

---

[11] Vgl. BVerfGE 40, 121, 133; 45, 187, 228; 82, 60, 85; 113, 88, 108 f.; 125, 175, 222–225. Grundlegend auch *Dürig,* AöR 81 (1956), 117, 131 f.

[12] Für einen über das Budget materialisierten Freiheitsbegriff vgl. etwa *Cohen,* Captalism, in: Otsuka (Hrsg.), Egalitarian Justice, 2011, S. 147, 150 f. (zum Zwangscharakter der Eigentumsordnung). In diese Richtung auch *Dewey,* Int. J. Ethics 26 (1916), 359, 366 („But it is as an efficiency factor that its [the liberty's] value must ultimately be assessed."). Letztendlich ebenso *Friedman,* Capitalism and Freedom, 40 2002, S. 8; *Sen,* Eur. Econ. Rev. 32 (1988), 269, 272 ff. (im Rahmen seines Capability-Ansatzes). Allg. darst. *Christman,* Political Theory 33 (2005), 79, 80 f. (mit Nachw. insb. in Fn. 4). Hingegen krit. darst. *Hayek,* The Constitution of Liberty, 1960, S. 16 f.; *ders.,* The Road to Serfdom, 6 2006, S. 25–27; *Berlin,* in: Hardy (Hrsg.), Liberty, 2002, S. 166, 169 f.

[13] Herkömmlich werden deshalb Korrekturen von Budgetbeschränkungen im Zusammenhang mit einem positiven Freiheitsbegriff gesehen, der sich gegen die formale Betrachtung der „bürgerlichen" Freiheiten richtet, vgl. etwa darst. *Taylor,* in: Ryan (Hrsg.), The Idea of Freedom, 1979, S. 175; *Sen,* Eur. Econ. Rev. 32 (1988), 269, 272 f. Ferner *Schmiedeberg/Voeller,* in: Opitz/Rauhut (Hrsg.), Ökonomie und Mathematik, 1987, S. 618 ff. (der formalen Rechtsgleichheit die inhaltliche Gleichheit des Sozialstaatsprinzips gegenüberstellend); BeckOK – *Huster/Rux,* GG, 54 2023, Art. 20 Rn. 213, 214 f. (zu Sozialstaat und Freiheitsrechten), Rn. 213.1, 216–216a.1 (zu Sozialstaat und Gleichheitsrechten).

[14] Vgl. *Möllers,* Freiheitsgrade, 2 2020, S. 93–95 (Rn. 81–83) (Würde als Abstraktion von Verdienst).

Materielle Freiheit, formelle Gleichheit. Ab einem gewissen Punkt an Materialisierung der Freiheit nehmen die paternalismusbedingten Differenzierungen wieder ab: Werden alle maximal und gleich geschützt, so bleiben die präferenzbasierten Differenzierungen der ersten beiden Permutationen aus. Aber auch die paternalismusbedingten Differenzierungen der dritten Permutation erübrigen sich bei einem hinreichend anspruchsvollen materiellen Freiheitsverständnis. Ein bedingungsloses Grundeinkommen[15] würde beispielsweise den Freiheitsbegriff materialisieren, diese Materialisierung aber grundsätzlich nicht im Rahmen einer Gleichheitsdifferenzierung nachzeichnen. Auch ein für alle gleich zwingendes Recht würde zu einer Materialisierung der Freiheit führen, ohne gleichzeitig eine Materialisierung des Gleichheitssatz mit sich zu bringen. Jede Differenzierung – ob präferenzbedingt oder paternalistisch motiviert – erscheint dann überflüssig.[16] Bei einer totalen Materialisierung der Freiheit kann das Recht also zu einem formellen Gleichheitsverständnis zurückkehren. Die formelle Gleichheit bezieht sich dann allerdings – anders als in der ersten Permutation – nicht nur auf das Recht, sondern auf die Gesellschaft insgesamt.

II. Leitbilder von Gleichheit im Privatrecht (Ungleichbehandlungen)

Im Privatrecht grenzt das jeweils maßgebliche normative Leitbild die Freiheitssphären der Individuen ab. Je nach dem gewählten Leitbild lässt sich die Personalisierung des Rechts als die Lösung für Gleichheitsprobleme[17] oder selbst als Gleichheitsproblem[18] betrachten: Die an Präferenzen oder Rationalitätsgraden ausgerichtete Personalisierung trägt aus der Perspektive der Effizienz oder des Paternalismus den Umständen des Einzelfalles Rechnung. Sie fördert das zweite Postulat des Gleichheitssatzes und verwirklicht damit materielle Gleichheit im Recht. Gleichzeitig kollidiert es mit anderen Leitbildern – etwa solchen, die das Recht als eine Rahmenordnung für die Transaktionen gleicher Bürger be-

[15] Zu Modellen etwa *Friedman,* Capitalism and Freedom, [40]2002, S. 191 ff. *(negative income tax); Werner,* Einkommen für alle, [2]2018 (Konsumsteuermodell).

[16] Krit. insofern *Berlin,* in: Hardy (Hrsg.), Liberty, 2002, S. 166, 179.

[17] Zur Förderung von Gleichheit durch Personalisierung vgl. *Verstein,* U. Chi. L. Rev. 86 (2019), 551, 556 ff. *(substantive* statt *formal equality)*; *Hacker,* in: Bakhoum/Conde Gallego/Mackenrodt u. a. (Hrsg.), Personal Data, 2018, S. 85, 98 ff. *(equality as reasoned difference* statt *equality of sanctions).* Ferner *ders.,* Eur. Rev. Priv. L. 25 (2017), 651, 659 f. (Rn. 13); *Hacker/Petkova,* Nw. J. Tech. & Intell. Prop. 15 (2017), 1, 7 f.

[18] Zu den gleichheitsrechtlichen Problemen der Personalisierung *Grigoleit/Bender,* in: Busch/De Franceschi (Hrsg.), Personalized Law, 2021, S. 115, 135 (Rn. 68); *Bender,* ERCL 16 (2020), 366, 402; *ders.,* JjZRW 2020, S. 33, 48 f.

greifen, die also das erste Postulat des Gleichheitssatzes betonen und ein formelles Gleichheitskonzept im Recht anstreben. Diese verschiedenen Möglichkeiten, die Verwirklichung von Gleichheit im Privatrecht anzustreben, sollen im Folgenden am Beispiel des Rechts der Rechtsgeschäfte und des Deliktsrechts näher dargestellt werden.[19]

1. Leitbilder von Gleichheit im Recht der Rechtsgeschäfte und Personalisierung

Der Konflikt von Leitbildern im Recht der Rechtsgeschäftc soll zunächst anhand einiger Überlegungen zum Vertragsrecht veranschaulicht werden. Den Ausgangspunkt bildet die am Gesichtspunkt der Effizienz orientierte, präferenzbasierte Personalisierung des Vertragsrechts. In diesem Kapitel geht es allerdings nicht um Effizienz, sondern um distributive Probleme, insbesondere um die je nach Gestaltung auftretenden Quersubventionierungen zwischen verschiedenen Käufergruppen. Diese distributiven Probleme werden zunächst mit Blick auf den unterschiedlichen Wert des zu personalisierenden Rechts für den Käufer, etwa dem Recht auf Verzögerungsschadensersatz, analysiert. Sodann wird das Problem der Quersubventionierung auch unter Einbeziehung des unterschiedlichen Werts der Gegenleistung für dieses Recht, also dem unterschiedlichen Wert des Preises, untersucht.

a) Quersubventionen I: Unterschiede im Wert der Leistung (des Rechts)

Die Überlegungen sollen anhand des bereits bekannten und hier nur leicht abgewandelten Beispiels des Verzögerungsschadensersatzes[20] veranschaulicht werden.[21] Die Dispositivität von Preis und Recht bleibt dabei außer Betracht, weil es nur um den Zusammenhang zwischen beiden Größen geht und nicht darum, wer sie bestimmt (der Staat oder die Vertragsparteien).

Angenommen, für Käufer K1 hat der Verzögerungsschadensersatzanspruch einen Wert von 5, weil K1 ein Unternehmen betreibt, bei dem ein großer Betriebsausfallschaden droht. Für K2 hingegen hat er einen Wert von 3, weil lediglich die Anmietung eines Ersatzfahrzeuges im Raum steht. Verkäuferin V entstehen im Fall von K1 Kosten von 6, etwa weil sie einen entsprechenden Scha-

---

[19] Dass das Sachenrecht nicht erneut als Referenzgebiet genannt wird, lässt sich damit begründen, dass es jeweils das Recht der Rechtsgeschäfte und das Deliktsrecht ergänzt. Dazu bereits unter § 3 (S. 119 f.).

[20] Dazu unter § 3 (S. 73–76).

[21] Die Art der Darstellung folgt *Ben-Shahar/Porat,* U. Chi. L. Rev. 86 (2019), 255, 261–265.

densausgleich mit Fremdkapital finanzieren müsste, im Fall von K2 Kosten von 2, weil sie für kleinere Schadensposten genügend Liquidität vorhält.

Gleicher Preis, gleiches Recht. Bei formeller Betrachtung, nach der K1 und K2 nur unter dem Gesichtspunkt des Menschseins verglichen werden, sind alle diese Aspekte irrelevant. K1 und K2 gleichzubehandeln heißt damit, beiden einen Verzögerungsschadensersatz zu geben und von beiden den gleichen Preis zu verlangen, der in einem perfekten Markt, in dem Käufer des Typs K1 und K2 gleich stark repräsentiert sind, 4 betragen würde.[22] Jegliche Differenzierung entlang der individuellen Kosten und Werte führt aus formeller Sicht zu einer rechtfertigungsbedürftigen Ungleichbehandlung. Aus materieller Sicht verhält es sich jedoch gerade umgekehrt. Bei materieller Betrachtung stellt eine formelle Gleichheit hinsichtlich des Preises und des Rechts eine Ungleichbehandlung dar, die zur Quersubventionierung von K1 durch K2 führt[23]: K2 subventioniert K1, weil ohne K2 der Preis für K1 6, der Preis für K2 ohne K1 hingegen 2 betragen würde.

Gleicher Preis, ungleiches Recht. Allein eine differenzierte Gewährung des Verzögerungsschadensersatzanspruchs beseitigt die materielle Ungleichheit nicht. Wird nämlich das Schadensersatzrecht bei gleichem Preis ausdifferenziert, erhält also K2 einen Schadensersatzanspruch, K1 hingegen nicht, so subventioniert nunmehr umgekehrt K1 den K2 quer[24]: Der Preis für den Schadensersatzanspruch würde eigentlich entsprechend den bei Transaktionen mit K2 anfallenden Kosten 2 betragen. K1 müsste eigentlich nichts zahlen, denn er erhält auch keinen Verzögerungsschadensersatz. Durch die Quersubvention, die in einem einheitlichen Preis angelegt ist, würde der Preis aber auf 1 fallen.

Ungleicher Preis, gleiches Recht. Wie verhält es sich nun, wenn der Verzögerungsschadensersatzanspruch uniform beibehalten, der Preis jedoch variiert wird? Dann haben zwar beide Käufer einen Verzögerungsschadensersatzanspruch. K1 muss für diesen jedoch entsprechend den jeweiligen Kosten auf Verkäuferseite 6, K2 nur 2 zahlen. Da der Nutzen von K1 nur bei 5 liegt, würden Käufer wie K1 aus dem Markt gedrängt, sollte nicht der Nutzen am eigentlichen Gut, also beispielsweise dem Kaufgegenstand, die Verlustrechnung hinsichtlich des Schadensersatzanspruchs ausgleichen.[25] Würde er dennoch kaufen, käme es

---

[22] Dazu bereits auf S. 75 (Fn. 45).

[23] Insb. *dies.*, U. Chi. L. Rev. 86 (2019), 255, 262 f. (am Beispiel eines Widerrufsrechts). Ferner *Porat/Strahilevitz*, Mich. L. Rev. 112 (2014), 1417, 1454; *Bender*, ERCL 16 (2020), 366; *Denozza/Maugeri*, in: Busch/De Franceschi (Hrsg.), Personalized Law, 2021, S. 172, 180–184 (Rn. 60–81).

[24] Dazu *Ben-Shahar/Porat*, U. Chi. L. Rev. 86 (2019), 255, 264 f.

[25] *Dies.*, U. Chi. L. Rev. 86 (2019), 255, 264. Die potentielle Abdingbarkeit des Verzögerungsschadensersatzes bleibt hier außer Betracht, weil diese bereits eine (privatautonome) Personalisierung des Rechts erlaubt, das hier aber gerade als gleich vorausgesetzt wird.

allerdings zu keiner Quersubventionierung, weil jeder Käufer für die Kosten aufkommt, die er verursacht.[26]

Ungleicher Preis, ungleiches Recht. Der einzige Weg der materiellen Gleichbehandlung, ohne Käufersegmente zu verlieren, liegt somit darin, sowohl das Recht als auch den Preis zu personalisieren.[27] Dann nämlich würde K1 kein Recht für 0 bekommen und K2 ein Recht für 2. Eine Quersubventionierung bleibt aus und kein Verkäufersegment wird aus dem Markt gedrängt.[28] Das folgende Schaubild fasst die Konsequenzen einer Personalisierung von Preis und Schadensersatzanspruch (SEA) für die Gleichheit aus formeller und materieller Sicht zusammen:

	Preis gleich	Preis personalisiert
SEA gleich	Formelle Gleichheit Materielle Ungleichheit (Quersubventionierung von K1 durch K2)	Formelle Ungleichheit Materielle Gleichheit (aber K1 wird aus dem Markt gedrängt)
SEA personalisiert	Formelle Ungleichheit Materielle Ungleichheit (Quersubventionierung von K2 durch K1)	Formelle Ungleichheit Materielle Gleichheit

Abbildung 8: Quersubventionen bei der Personalisierung des Vertragsrechts

Aus diesem Schaubild wird ersichtlich, dass *jede* staatliche Norm unter Gleichheitsgesichtspunkten rechtfertigungsbedürftig und damit einem Rationalitätsgebot unterworfen ist[29]: Entweder die Gleichbehandlung ist aus materieller Sicht rechtfertigungsbedürftig oder die Ungleichbehandlung aus formeller

---

[26] Dazu *dies.*, U. Chi. L. Rev. 86 (2019), 255, 264.

[27] Dies zeigt exemplarisch die Tendenz, dass staatliche Planung neue Planung hervorruft – zumindest dann, wenn die eigentlich gebotene Preisdiskriminierung nicht vom Markt selbst vorgenommen wird (etwa weil kleinere Akteure hierzu nicht in der Lage sind). Zu dieser Tendenz krit. *Hayek,* in: ders. (Hrsg.), Collectivist Economic Planning, [6]1963, S. 1, 21. Aus einer anderen (befürwortenden) Richtung *Sombart,* Die Zukunft des Kapitalismus, 2019, insb. S. 24. Ferner *Schumpeter,* Kapitalismus, Sozialismus und Demokratie, [10]2020, S. 103–109 (kapitalismusintern auf Grundlage seines Konzepts der „schöpferischen Zerstörung“ argumentierend).

[28] Vgl. *Ben-Shahar/Porat,* U. Chi. L. Rev. 86 (2019), 255, 265.

[29] Zur Deutung des Gleichheitssatzes als „fundamentale[s] Objektivitätsmaß der Rechtsordnung“ *Grigoleit,* FS Canaris II, 2017, S. 239, 257 f. Vgl. auch *Alexy,* Theorie der juristischen Argumentation, 1978, S. 90 ff.; *ders.,* Theorie der Grundrechte, [1]1986, S. 361 (praktische Rationalität durch formale Struktur des Gleichheitssatzes).

Sicht. Eine vollständige Verwirklichung formeller *und* materieller Gleichheitsvorstellungen ist nicht möglich. Welche Rechtfertigungslasten im Einzelnen zu überwinden sind, hängt vom maßgeblichen normativen Leitbild ab.

b) Quersubventionen II: Unterschiede im Wert der Gegenleistung (des Preises)

Bisher haben sich die Ausführungen lediglich auf die Seite des Verzögerungsschadensersatzes konzentriert. Es ging darum aufzuzeigen, wie die *cost-benefit-analysis* mit Blick auf das Recht, Verzögerungsschadensersatz zu verlangen, personalisiert werden könnte und welche Folgen diese Analyse für den Preis hat. Unterschiede im Preis waren also lediglich ein Reflex der unterschiedlichen Kosten, die das Gut „Verzögerungsschadensersatz" hervorruft. Unter dem Gesichtspunkt der materiellen Gleichheit lässt sich die Materialisierungstendenz des Personalisierungsprojekts jedoch noch weiter denken, indem auch der unterschiedliche Wert der Gegenleistung Beachtung findet. Denkbar ist dann eine Personalisierung der Gegenleitung (Preis) völlig unabhängig vom Wert der gleich bleibenden Leistung (Verzögerungsschadensersatz).

Stellen wir uns etwa K1 als sehr reich, K2 hingegen als sehr arm vor. Jeder Euro hat für K2 dann schon angesichts des mit zunehmend größerem Vermögen abnehmenden Grenznutzens von Geld einen ganz anderen Wert.[30] K1 und K2 zahlen aber grundsätzlich den gleichen Preis. Darin liegt ebenfalls eine Quersubventionierung, diesmal aber der Reichen durch die Armen.[31] Man könnte sich vorstellen, dass auch diese Ungleichbehandlung im Falle perfekter Personalisierung ausgeglichen wird.

Die Personalisierung des Preises nach Budgetkriterien findet sich bereits jetzt im Rahmen von Markttransaktionen.[32] Ein bekanntes Beispiel ist die Personalisierung von Preisen einer Internetbestellung, je nachdem, ob Safari oder Firefox als Internetbrowser verwendet wird.[33] Safari gibt dabei Aufschluss über die Nutzung eines Apple-Gerätes, das wiederum ein Proxy für ein höheres Budget ist. Ein höheres Budget mindert den marginalen Grenznutzen von Geld und legt

[30] Zu dieser Einsicht der *Expected Utility Theory* bereits auf S. 68 (Fn. 12).

[31] Vgl. dazu *Ben-Shahar/Porat,* U. Chi. L. Rev. 86 (2019), 255, 262 (Fn. 19) *(regressive transfer).*

[32] Vgl. insb. *Bar-Gill,* U. Chi. L. Rev. 86 (2019), 217; *Verstein,* U. Chi. L. Rev. 86 (2019), 551, 557. Das Ausmaß dieser Art der Personalisierung von Preisen ist allerdings umstritten, vgl. *Rott/Strycharz/Alleweldt,* Personalised Pricing, 2022, S. 12.

[33] Dazu *Hannak/Soeller/Lazer* u. a., Proceedings of the 14th ACM/USENIX Internet Measurement Conference (IMC'14) 2014, 305, 316; *Mikians/Gyarmati/Erramilli* u. a., Proceedings of the 11th Association for Computing Machinery Workshop on Hot Topics in Networks 2012, 79. Im Personalisierungskontext hierauf Bezug nehmend *Bar-Gill,* U. Chi. L. Rev. 86 (2019), 217, 225 f.

damit eine höhere marginale Zahlungsbereitschaft nahe. Das Phänomen der budgetbasierten Personalisierung ist auch dem staatlichen Recht keinesfalls unbekannt: Strafzahlungen – die aus ökonomischer Sicht ebenfalls als Preis verstanden werden können[34] – werden an das Vermögen des Zahlungsschuldners durch ihre Bemessung in Tagessätzen angepasst (vgl. § 40 I StGB). Auch bei Ordnungswidrigkeiten finden die wirtschaftlichen Verhältnisse Berücksichtigung (vgl. § 17 III 2 OWiG). Die Personalisierung des Preises nach dem Vermögen tritt damit als zweite distributive Schiene neben die Erhebung von Steuern. Die Höhe des Einkommens verliert dann an Bedeutung.

2. Leitbilder von Gleichheit im Deliktsrecht und Personalisierung

Der Konflikt zwischen unterschiedlichen Leitbildern von Gleichheit lässt sich auch im Deliktsrecht nachzeichnen.[35] Bei der Einbeziehung des Geschädigtenverhaltens in die Effizienzanalyse wurden die Konzepte der Handlungsgleichheit, der Risikogleichheit und der Kostengleichheit eingeführt[36], die hier aufgegriffen werden sollen.

Formelle Gleichheit. Folgt das Recht einem formellen Gleichheitsverständnis bei der Definition von Sorgfaltspflichten, so ist das gleichheitsrechtliche Leitbild die *Handlungsgleichheit.* Alle Individuen dürfen dann beispielsweise 50 km/h fahren, ohne einen Sorgfaltspflichtverstoß zu begehen.[37] Das Recht muss die zwischen den Individuen bestehenden Unterschiede nicht nachvollziehen.

Materielle Gleichheit. Es gibt jedoch verschiedene Formen, diese formelle Gleichheit zu materialisieren. Eine Möglichkeit besteht darin, *Risikogleichheit* anzustreben und damit die unterschiedlichen Schadensvermeidungskapazitäten rechtlich nachzuzeichnen. Ein Individuum mit besonders ausgeprägten Schadensvermeidungskapazitäten darf dann schneller fahren als ein besonders risikoreicher Fahrer. Das Recht kann Risikogleichheit auch durch eine differenzierte Bestimmung des Aktivitätslevels herbeiführen. Der Internist darf dann

---

[34] Zu dieser ökonomischen Perspektive auf Sanktionen *(law as price)* bereits auf S. 89 (Fn. 96).

[35] Eine ausf. Analyse des Deliktsrechts unter den hier erörterten Gesichtspunkten (Handlung, Risiko, Kosten) steht bisher noch aus. Werden Gleichheitsfragen überhaupt im Haftungszusammenhang erörtert, so geht es in der Regel um distributive Effekte der deliktsrechtlichen Kompensation, vgl. etwa *Corrado,* Philos. Issues 11 (2001), 388; *Calabresi,* The Costs of Accidents, 1970, S. 27 f. (unter dem Gesichtspunkt der *secondary cost reduction*), oder um die Auswirkungen auf Rasse und Geschlecht, vgl. etwa *Cassels,* Advocates' Q. 17 (1995), 158.

[36] Vgl. die Ausführungen unter § 3 (S. 109 f.).

[37] Zur Personalisierung der Geschwindigkeitsbegrenzung bereits unter § 3 (S. 118 [insb. Fn. 215]).

beispielsweise keine komplizierte Herzoperation durchführen (Gedanke des Übernahmeverschuldens).[38] Eine andere Möglichkeit besteht darin, *Kostengleichheit* anzustreben. Der rechtliche Sorgfaltsstandard wird dann nicht unter dem Gesichtspunkt des gleichen Risikos personalisiert, sondern unter dem Gesichtspunkt der *cost-benefit-analysis*. Jeder ist dann materiell gleich insofern, als jeder diejenigen Handlungen vornehmen darf, die mehr Wert als Kosten verursachen. Für das Sorgfaltslevel wird diese Kostengleichheit durch den *Learned Hand Test*[39] hergestellt. Jedoch kann auch hier das Aktivitätslevel in eine umfassendere *cost-benefit-analysis* einbezogen werden.[40] Kostengleichheit ist letztendlich Gleichheit in der Art und Weise der individuellen Präferenzbefriedigung.

Diese verschiedenen Leitbilder sind wiederum nur bedingt kompatibel. Wird etwa der Straßenverkehr unter dem Gesichtspunkt der Risikogleichheit geregelt, dann führt das zu Handlungsungleichheit (gefährliche Fahrer dürfen weniger) und zu Kostenungleichheit (gefährliche Fahrer müssen mehr Kosten zur Schadensvermeidung aufbringen).[41] Umgekehrt bedeutet Handlungsgleichheit Risiko- und Kostenungleichheit und Kostengleichheit Handlungs- und Risikoungleichheit.

Das an Effizienz ausgerichtete, präferenzbasierte Personalsierungsprojekt verabsolutiert grundsätzlich den Gesichtspunkt der Kostengleichheit[42], während das geltende deutsche Recht so interpretiert werden kann, dass es einem differenzierenden Ansatz folgt: Im Ansatz ist die verkehrspflichtenbasierte „kleine Generalklausel" des § 823 I BGB[43] offen für einen am Gedanken der *Kosten-*

---

[38] Zum Übernahmeverschulden bereits auf S. 108 (Fn. 168) sowie auf S. 114f.

[39] Vgl. *United States v. Carroll Towing Co.,* 159 F.2d 169, 173 (2d Cir. 1947). Darst. *Posner,* Economic Analysis of Law, 92014, S. 192ff.

[40] Zur Nichtbeachtung des Aktivitätslevels im Rahmen des *Learned Hand Tests* vgl. *Glannon,* The Law of Torts, 42010, S. 134f. Grundlegend zur Relevanz des Aktivitätslevels *Shavell,* J. Leg. Stud. 9 (1980), 1, 2f.; *ders.,* Economic Analysis, 1987, S. 84f.; *Schwartz,* Geo. L.J. 78 (1989), 241, 246. Aus dem deutschen Diskurs vgl. *Adams,* Ökonomische Analyse, 1985, S. 132. Aus dem Personalisierungsdiskurs vgl. *Ben-Shahar/Porat,* N.Y.U. L. Rev. 91 (2016), 627, 656–659.

[41] Zwar mag es sein, dass Kostengleichheit auch zu *mehr* Risikogleichheit führt (so im Ansatz *Ben-Shahar/Porat,* N.Y.U. L. Rev. 91 [2016], 627, 662). Gleichwohl führt Kostengleichheit gerade nicht zur *vollständigen* Risikogleichheit (nicht hinreichend beachtet bei *dies.,* Personalized Law, 2021, S. 77f.).

[42] Dazu bereits unter § 3 (S. 110).

[43] Zum Charakter des § 823 I BGB als „kleine Generalklausel", der aus dem Erfordernis der Verkehrspflichtverletzung folgt, vgl. *Larenz/Canaris,* Lehrbuch des Schuldrechts II/2, 131994, S. 354f. (§ 75 I 3a). Ebenso *Canaris,* FS Larenz, 1983, S. 27, 35; *ders.,* VersR 2005, 577, 581; *Brüggemeier,* Deliktsrecht, 1986, S. 94 (Rn. 111) („Generalklausel für ‚Verkehrswidrigkeit'").

gleichheit ausgerichteten Ansatz. Dieser Ansatz wird jedoch punktuell durchbrochen, um dem Gesichtspunkt der *Risikogleichheit* Raum zu geben. Gerade in den Fällen, in denen der Schaden an einem schwer zu beziffernden Rechtsgut (Leben)[44] einzutreten droht oder in denen der Wert einer Tätigkeit schwer zu bestimmen ist, scheint die Rechtsordnung die Sorgfaltspflichten unter Zugrundelegung eines tolerierten Grades an Risiko zu bestimmen. Je nachdem, ob zumindest ohne Bezifferung ihres Wertes ein Aktivitätslevel festgelegt werden kann oder nicht, lässt sich diese risikoorientierte Sorgfaltsbestimmung entweder über eine objektivierte Definition des Sorgfaltslevels oder über die Bestimmung eines gewissen Aktivitätslevels auf der Grundlage der Figur des Übernahmeverschuldens erreichen.[45] Dem Leitbild der *Handlungsgleichheit* wird hingegen gefolgt, wenn es um die Definition von Höchstgrenzen erlaubten Verhaltens (etwa Geschwindigkeitsbegrenzungen) geht – insbesondere, um so die soziale Koordination, also das Geschädigtenverhalten, zu optimieren. Handlungsgleichheit ist darüber hinaus das Mittel der Wahl, wenn die soziale Partizipation einzelner Gruppen von Individuen gefördert werden soll. So wird beispielsweise für Kinder sowohl die Risikogleichheit als auch die Kostengleichheit durchbrochen, um ihnen eine Teilnahme am sozialen Leben zu ermöglichen.[46] Gleiches gilt für andere Gruppen von Individuen, denen unter dem Gesichtspunkt der Risiko- und Kostengleichheit keine menschenwürdige Teilnahme am sozialen Leben möglich wäre. Die Handlungsgleichheit nimmt hier die Rolle einer Subvention ein, die sich aus einem spezifischen Leitbild von Gleichheit rechtfertigt.

III. Gleichheitsvorgaben des Grundgesetzes (Rechtfertigungsmöglichkeiten)

Im Folgenden sollen die Gleichheitsvorgaben des Grundgesetzes ausgehend von Art. 3 GG mit Blick auf die algorithmische Rechtssetzung des Personalisierungsprojekts untersucht werden.[47] Eines der dabei verfolgten Ziele ist es, kon-

---

[44] Zum besonderen Wert des Lebens bei Entscheidungen etwa *Calabresi/Bobbitt,* Tragic Choices, 1978, S. 135.

[45] Dazu bereits auf S. 108 (Fn. 168) sowie auf S. 114 f.

[46] In diesem Zusammenhang, allerdings im Rahmen des Entlastungsbeweises des § 832 BGB, vgl. BGH NJW 2009, 1954, 1955 (Rn. 13) („Zum Spiel der Kinder gehört auch, Neuland zu entdecken und zu ‚erobern‘. Dies kann ihnen, wenn damit nicht besondere Gefahren für das Kind oder für andere verbunden sind, nicht allgemein untersagt werden. […] Anderenfalls würde jede vernünftige Entwicklung des Kindes, insb. der Lernprozess im Umgang mit Gefahren, gehemmt […].“). Ebenso BGH VersR 2012, 865 (Rn. 18); BGH NJW 1984, 2574, 2575.

[47] Art. 3 GG ist natürlich nicht die einzige gleichheitsrelevante Äußerung des Grundge-

krete verfassungsrechtliche Erwägungen im Zusammenhang mit dem Diskurs zu *algorithmic fairness* fruchtbar zu machen.[48]

1. Leitbildkontrolle versus Kohärenzkontrolle

Der Gleichheitssatz enthält zwei verschiedene Kontrolldimensionen. Die erste Kontrolldimension zielt darauf ab, ein spezifisches Leitbild zu verbieten *(Leitbildkontrolle).* Die diesem grundsätzlich verbotenen Leitbild entstammenden Differenzierungszwecke sind dann von vornherein suspekt. Wie im Freiheitsbereich auch geht es dabei um einen Vergleich von Ist- und Sollzustand: Das vom Normgeber tatsächlich gewählte Leitbild (Istzustand) wird mit einem höherrangigen Leitbild (Sollzustand) abgeglichen. Art. 3 III GG, durch den die dort genannten Differenzierungsgründe unter einen besonderen Rechtfertigungsdruck gestellt werden, ist eine entsprechende Leitbildaussage zu entnehmen. Leitbilder können jedoch nach dem Grundsatz der reziproken Kausalität auch Freiheitsrechten entnommen werden.[49]

Im Rahmen der zweiten Kontrolldimension wird das gesetzgeberische Leitbild grundsätzlich akzeptiert. Es wird jedoch die kohärente Umsetzung dieses Leitbilds mit Blick auf verschiedene Individuen kontrolliert *(Kohärenzkontrolle).*[50] Im Rahmen der Kohärenzkontrolle geht es nicht um den Vergleich von Ist- und Sollzustand, sondern letztendlich um den Vergleich der Ist- und Sollzu-

---

setzes. Auch den Freiheitsrechten sind Gleichheitsaussagen zu entnehmen (dazu bereits auf S. 237 f.). Das Allgemeinheitserfordernis des Art. 19 I 1 GG richtet sich speziell an den Gesetzgeber und wird damit – obwohl es sich um einen speziellen Gleichheitssatz handelt – unter § 7 (S. 276–280) näher dargestellt.

[48] Aus diesem Diskurs vgl. etwa *Burk,* U. Chi. L. Rev. 86 (2019), 283; *Mitchell/Potash/Barocas* u. a., Ann. Rev. Stat. Appl. 8 (2021), 141; *Pessach/Shmueli,* arXiv:2001.09784v1 [cs. CY] (2020); *Heidari/Gummadi/Loi* u. a., FAT 2019, 181; *Wachter/Mittelstadt/Russell,* West Va. L. Rev. 123 (2021), 735.

[49] Besonders deutlich wird dies im Rahmen der Wahlgleichheit: Das BVerfG interpretiert die Wahlfreiheit des Art. 38 I 1 GG als einen speziellen, formellen Gleichheitssatz, vgl. BVerfGE 151, 1, 18 f. („[Der Grundsatz der Allgemeinheit der Wahl] ist – wie der Grundsatz der Wahlrechtsgleichheit – im Sinne einer strengen und formalen Gleichheit bei der Zulassung zur Wahl zum Deutschen Bundestag zu verstehen [...] und schließt als spezialgesetzliche Ausprägung des allgemeinen Gleichheitssatzes in seinem Anwendungsbereich einen Rückgriff auf Art. 3 Abs. 1 GG aus [...]."). Auch im US-amerikanischen Verfassungsrecht gilt *strict scrutiny,* wenn das Wahlrecht betroffen ist, vgl. *Carrington v. Rash,* 380 U.S. 89 (1965). Allg. zur Bedeutung der freiheitsrechtlichen Betroffenheit für die gleichheitsrechtlichen Rechtfertigungsanforderungen vgl. von Mangoldt/Klein/Starck – *Wollenschläger,* GG, [7]2018, Art. 3 I Rn. 146 ff., 330.

[50] Dadurch, dass der Gleichheitssatz mindestens zwei Individuen im Blick hat (vgl. nur Dürig/Herzog/Scholz – *Kirchhof,* GG, [99]2022, Art. 3 I Rn. 2), kann somit das Kontrollpotential erweitert werden.

stände von mindestens zwei Individuen. Werden zwei Istzustände in Ansehung eines akzeptierten Sollzustands, also eines gesetzgeberischen Zweckes, miteinander verglichen, fungiert der Gleichheitssatz als Kohärenz- oder Rationalitätsgebot *(Kohärenzkontrolle im eigentlichen Sinn).*[51] In diesem Sinne hat er besondere Bedeutung für die Rechtsfortbildung im Wege der Analogie oder teleologischen Reduktion.[52] Der Gleichheitssatz kann jedoch auch auf einer höheren Ebene ansetzen und zwei Sollzustände miteinander vergleichen. Es geht dann darum, die für ein Rechtsgebiet maßgeblichen Leitbilder mit denen eines anderen Rechtsgebietes in Ansehung eines übergeordneten Leitbilds zu vergleichen. Der Gleichheitssatz entscheidet damit entsprechend diesem übergeordneten Leitbild darüber, ob der Relativität der Rechtsbegriffe oder der Einheit der Rechtsordnung der Vorzug gebührt *(Kohärenzkontrolle im weiteren Sinn).*[53]

Beide Kontrollansätze führen zu Problemen: Während Leitbildaussagen immer einen gewissen Wertungsspielraum mit sich bringen, sieht sich die Kohärenzkontrolle dem Problem der multiplen, miteinander kollidierenden Zwecke ausgesetzt: Nicht jede *over-* oder *underinclusiveness* mit Blick auf *einen* möglichen Zweck ist gleichheitswidrig.[54] Es kann durchaus sein, dass ein *anderer* Zweck die *over-* oder *underinclusiveness* rechtfertigt – und sei es nur das Ziel, Vollzugsschwierigkeiten zu vermeiden[55], die soziale Kohärenz zu erhalten[56] oder schlicht eine Gruppe von Individuen im Rahmen einer Subvention zu privilegieren[57]. Erst über eine gesetz-

---

[51] Vgl. *Grigoleit,* FS Canaris II, 2017, S. 239, 241 (Rationalitätsgebot); Dürig/Herzog/Scholz – *Kirchhof,* GG, [99]2022, Art. 3 I Rn. 404 ff. (Prinzip der Folgerichtigkeit); *Jarass,* AöR 126 (2001), 588, 595 f. (Systemgerechtigkeit oder Folgerichtigkeit). Allg. auch *Canaris,* Systemdenken, [2]1983.

[52] Grundlegend *Canaris,* Lücken im Gesetz, [2]1983, S. 71 ff. Vgl. auch *Grigoleit,* FS Canaris II, 2017, S. 239, 241, 257 f.

[53] Ähnlich Dürig/Herzog/Scholz – *Kirchhof,* GG, [95]2021, Art. 3 I Rn. 420 (bereichsübergreifende Folgerichtigkeit); *Jarass,* AöR 126 (2001), 588, 589 (Widerspruchsfreiheit der Rechtsordnung). Zur Argumentationsfigur der Einheit der Rechtsordnung grundlegend *Felix,* Einheit der Rechtsordnung, 1998.

[54] Zu *over-* und *underinclusiveness* bereits auf S. 2 (Fn. 6).

[55] Aus dem Personalisierungsdiskurs *Busch,* U. Chi. L. Rev. 86 (2019), 309, 314 (die bisherige Generalität aus den begrenzten Möglichkeiten der Feinsteuerung erklärend). Für das dispositive Recht vgl. *Schwartz/Scott,* Va. L. Rev. 102 (2016), 1523, 1556 f. Dieser Gesichtspunkt entspricht weitgehend dem der *administrative considerations* bei *Fiss,* Philos. Public Aff. 5 (1976), 107, 115; *Tussman/tenBroek,* Cal. L. Rev. 37 (1949), 341, 349.

[56] Ähnlich *Möllers,* Freiheitsgrade, [2]2020, S. 95 (Rn. 83) (mit Blick auf die Menschenwürde); *Kirchhof,* Die Allgemeinheit des Gesetzes, 2009, S. 618 (mit Blick auf das Allgemeinheitserfordernis aus Art. 19 I 1 GG).

[57] Derartige regulative Zwecke lassen sich durchaus auch im Wege des Privatrechts verfolgen. Dazu grundlegend *Hellgardt,* Regulierung, 2016, S. 64 ff. Anders hingegen das neoformalistische Rechtsverständnis (dazu bereits auf S. 231 [Fn. 244]). Gerade wenn diese Privilegierungen Gegenstand eines legislatorischen Kompromisses sind, können sie auch nicht

geberische Zweckoffenlegung[58] oder über die Bezugnahme auf ein materielles Leitbild gewinnt die Kohärenzkontrolle damit an Kontur.[59] Im Rahmen der folgenden Überlegungen steht die Leitbildkontrolle im Vordergrund, da das Personalisierungsprojekt bisher nicht zu konkreter Gesetzgebungstätigkeit geführt hat, die unter dem Gesichtspunkt der Kohärenz überprüft werden könnte.

2. Die Leitbildkontrolle des Art. 3 III GG

Inhaltliche Aussagen für die Leitbildkontrolle lassen sich insbesondere dem speziellen Gleichheitssatz des Art. 3 III GG entnehmen. Nach einer kurzen Darstellung seiner Struktur wird erörtert, wie er für die Kontrolle algorithmischer Rechtssetzung zu operationalisieren ist.

a) Die Kontrollstruktur des Art. 3 III GG

Nach Art. 3 III GG darf niemand wegen seines Geschlechtes, seiner Abstammung, seiner Rasse, seiner Sprache, seiner Heimat und Herkunft, seines Glaubens, seiner religiösen oder politischen Anschauungen benachteiligt oder bevorzugt werden. Außerdem darf niemand wegen seiner Behinderung benach-

---

von vornherein als illegitim zurückgewiesen werden. Ähnlich mit Blick auf die zu akzeptierende gesetzgeberische Wahl der Mittel *(meaning)* etwa *Bauer,* in: Bender (Hrsg.), Objectivity and Power, 2022, S. 111, 131–133. Ferner zur Unterscheidung zwischen *purpose* und *meaning* als Unterfälle von legislativem *intent* etwa *Mac Callum, Jr.,* Yale L.J. 75 (1966), 754, 757–761; *Landis,* Harv. L. Rev. 43 (1930), 886, 888.

[58] Es spricht daher viel für eine *Zweck*offenlegungspflicht, die entsprechend dem Zitiergebot des Art. 19 I 1 GG und der unionsrechtlichen Rechtslage im Gesetzestext selbst zu erfüllen ist. Ähnlich *Gunther,* Harv. L. Rev. 86 (1972), 1, 46f.; *Greenawalt,* Colum. L. Rev. 75 (1975), 559, 600. Dagegen *Fiss,* Philos. Public Aff. 5 (1976), 107, 112f. Mit der Zweckoffenlegungspflicht wird die Auffassung zurückgewiesen, der Gesetzgeber schulde nichts als das Gesetz (*Geiger,* in: Berberich/Holl/Maaß [Hrsg.], Neue Entwicklungen im öffentlichen Recht, 1979, S. 131, 141), die im Grundsatz der Linie des 1. Senats des BVerfG entspricht, vgl. BVerfGE 143, 246, 345 f. Aus der Lit. so auch *Hebeler,* DÖV 2010, 754, 762. Die Zweckoffenlegungspflicht unterscheidet sich auch von der *Begründungsobliegenheit*, wie sie etwa von BVerfGE 125, 275, 226, 238; 111, 226, 255; *Deutscher Bundestag/WD,* Einschätzungsspielraum, Begründungspflicht und Beobachtungspflicht, 2020, S. 4 f. sowie *Schwarz/Bravidor,* JZ 2011, 653, 658 f. gefordert wird. Schließlich unterscheidet sich die Zweckoffenlegungspflicht aber auch von einer *Begründungspflicht* in den Gesetzgebungsmaterialien, die inhaltlich weiter ist, aber formell weniger weit reicht, weil alle Materialien herangezogen werden können. Eine derartige Begründungspflicht wird zumindest in gewissen Fällen vom 2. Senat angenommen, vgl. BVerfGE 130, 263, 301 f.; 139, 64, 126 f. (Fälle der Beamtenbesoldung); BVerfGE 95, 1 23 f.; 86, 90, 108 f. (gesetzgeberische Planung). In Richtung einer Begründungspflicht aus der Lit. auch *Gartz,* Begründungspflicht des Gesetzgebers, 2015; *Skouris,* Die Begründung von Rechtsnormen, 2002.

[59] Zur Unentbehrlichkeit einer Zweckwürdigung selbst bei Redaktionsversehen vgl. *Grigoleit,* FS Canaris II, 2017, S. 239, 241, 254.

teiligt werden. Differenzierungen entlang der genannten Merkmale können nur ausnahmsweise gerechtfertigt werden. Dabei standen gerade in der früheren Rechtsprechung natürliche Unterschiede als Argumentationsfigur im Vordergrund.[60] Nunmehr scheint sich jedoch der (auch sonst bei schrankenlos gewährleisteten Grundrechten zur Anwendung kommende) Rechtfertigungsgrund des kollidierenden Verfassungsrechts durchzusetzen.[61] Im US-amerikanischen Recht hat die Equal-Protection-Rechtsprechung ebenfalls besonders geschützte Merkmale entwickelt, zu denen insbesondere die Rasse *(strict scrutiny)*[62] und das Geschlecht *(intermediate scrutiny)*[63] gehören.

b) Auslösung der besonderen Rechtfertigungsanforderungen

Die besonderen Rechtfertigungsanforderungen des Art. 3 III GG werden ausgelöst, wenn eines der genannten Merkmale (etwa Rasse, Geschlecht oder Alter[64]) im Tatbestand der Regel erscheint, die zur Entscheidung eines Falles herangezo-

[60] Für Beispiele dieser problematischen Argumentationsfigur vgl. BVerfGE 3, 225, 242 („objektive[n] biologische[n] oder funktionale[n] (arbeitsteilige[n]) Unterschiede nach der Natur des jeweiligen Lebensverhältnisses"); 5, 9, 12 („biologische[n] Besonderheit der Frau"); 6, 389, 422 („biologische Verschiedenheiten"), 425 („ihrem Wesen nach verschieden"); 7, 155, 171 („konstituierende Element des zu regelnden Lebenssachverhalts"); 85, 191, 207 („Lösung von Problemen, die ihrer Natur nach nur entweder bei Männern oder bei Frauen auftreten können"); Dürig/Herzog/Scholz – *Langenfeld,* GG, [99]2022, Art. 3 III Rn. 72; BeckOK – *Kischel,* GG, [54]2023, Art. 3 Rn. 214 („sonstige, Gewicht und Eigenart des betroffenen Merkmals entsprechende, besonders schwerwiegende Gründe").

[61] Vgl. BVerfGE 85, 191, 209 (implizit unter Bezugnahme auf Art. 3 II GG); 92, 91, 109; 114, 357, 364; BVerfG NVwZ 1999, 756; BVerfG NJW 2004, 1095, 1096; Dürig/Herzog/Scholz – *Langenfeld,* GG, [99]2022, Art. 3 III Rn. 73; von Mangoldt/Klein/Starck – *Baer/Markard,* GG, [7]2018, Art. 3 II, III Rn. 432; BeckOK – *Kischel,* GG, [54]2023, Art. 3 Rn. 214. Im Personalisierungskontext vgl. auch *Bender,* JjZRW 2020, S. 33, 46 f. Das kollidierende Verfassungsrecht präzisiert damit die besonders schwerwiegenden Gründe.

[62] Grundlegend zur *strict scrutiny* bei einer Differenzierung nach Rasse, die nur bei einem *compelling state interest* und *narrow tailoring* gerechtfertigt werden kann, *Korematsu v. United States,* 323 U.S. 214 (1944); *McLaughlin v. Florida,* 379 U.S. 184 (1964). *Strict scrutiny* kommt ebenfalls bei Einschränkung eines *(constitutional) fundamental rights* in Betracht, vgl. *Carrington v. Rash,* 380 U.S. 89 (1965); *Skinner v. Oklahoma,* 316 U.S. 535 (1952); *San Antonio Ind. School District v. Rodriguez,* 411 U.S. 1 (1973). Die Ausdifferenzierung der Rechtfertigungsprüfung wurde vorbereitet in *United States v. Carolene Product Co.,* 304 U.S. 144 (1938) („footnote 4").

[63] Grundlegend zur *intermediate scrutiny* bei einer Differenzierung nach Geschlecht (und außerehelichem Status), die nur bei einem *(exceedingly) important governmental objective* und einer *substantial relation* zwischen Zweck und Kategorienbildung gerechtfertigt werden kann, *Craig v. Boren,* 429 U.S. 190 (1976); *U.S. v. Virginia,* 518 U.S. 515 (1996).

[64] Das Alter spielt gerade bei der Bestimmung deliktischer Verkehrspflichten im Rahmen des Personalisierungsprojekts eine besondere Rolle, vgl. *Ben-Shahar/Porat,* Personalized Law, 2021, S. 105–117 (Kapitel 6).

gen wird. Bei algorithmischer Regelsetzung ist dieser Grundsatz wie folgt zur Anwendung zu bringen:

Wird ein *expertenbasiertes* Entscheidungssystem[65] eingesetzt, so ist der Algorithmus selbst der materiell-rechtliche Tatbestand. Fungiert eines der in Art. 3 III GG genannten Merkmale als Zuordnungsmerkmal, so ist es gleichzeitig Tatbestandsmerkmal.[66] Die besonderen Rechtfertigungsanforderungen werden damit ausgelöst.

Wird ein *fallbasiertes* Entscheidungssystem[67] eingesetzt, so werden die besonderen Rechtfertigungsanforderungen ebenfalls ausgelöst, wenn eine im Rahmen der Maximierungsfunktion zur Korrelationsbildung dynamisch herangezogene Inputvariable den in Art. 3 III GG genannten Merkmalen entspricht.[68] Die Inputvariable ist mithin als bedingtes, materiell-rechtliches Tatbestandsmerkmal zu begreifen.[69] Es wäre beispielsweise denkbar, dass ein Algorithmus die Präferenz für oder gegen einen Verzögerungsschadensersatzanspruch über die Rasse oder Herkunft eines Individuums annähert. Eine entsprechende Korrelation könnte sich etwa daraus ergeben, dass Minderheiten aufgrund von struktureller Diskriminierung oder institutionellem Misstrauen ihre dispositiven Vertragsrechte ohnehin nicht ausüben und sie deshalb lieber unter Verzicht auf den Verzögerungsschadensersatzanspruch von Anfang an einen geringeren Preis zahlen. Auch in diesem Fall erscheint Rasse oder Herkunft im Tatbestand der fallentscheidenden Norm, sodass die erhöhten Rechtfertigungsanforderungen des Art. 3 III GG ausgelöst werden.

c) Rechtfertigungsprobleme

Auch eine Ungleichbehandlung entlang der in Art. 3 III GG genannten Merkmale kann im Ausnahmefall durch besonders schwerwiegende, in kollidierendem Verfassungsrecht wurzelnde Gründe gerechtfertigt sein.[70] Die Ungleichbehandlung entlang der genannten Merkmale gerade *zum Zwecke der präferenzbasierten Personalisierung* lässt sich jedoch grundsätzlich nicht rechtfertigen. Dafür sprechen im Wesentlichen zwei Gesichtspunkte:

---

[65] Dazu bereits unter § 2 (S. 42 f.).

[66] Dazu ausf. bereits unter § 2 (S. 52 f.).

[67] Dazu bereits unter § 2 (S. 43 f.).

[68] Wie hier *Starr,* Stan. L. Rev. 66 (2014), 803, 812; *Sidhu,* B.C.L. Rev. 56 (2015), 671, 699. Im Ansatz auch *Oleson,* S.M.U. Law Review 64 (2011), 1329, 1385 f. (allerdings die Rechtfertigung trotzdem für möglich haltend). Darst. *Yang/Dobbie,* Mich. L. Rev. 119 (2020), 291, 302–311. Im Personalisierungsdiskurs *Bender,* JjZRW 2020, S. 33, 47; *ders.,* ERCL 16 (2020), 366, 401 f.; ferner *Barry/Hatfield/Kominers,* Wm. & Mary L. Rev. 62 (2021), 723, 773 f.

[69] Dazu bereits unter § 2 (S. 53).

[70] Nachw. auf S. 251 (Fn. 61).

Zum einen führt die algorithmische Personalisierung notwendig zu Approximationsfehlern.[71] Angesichts des *empirischen* Rechtsverständnisses des Personalisierungsprojekts, das auf die Verwirklichung nur eines Zieles gerichtet ist (etwa dasjenige der Präferenzspiegelung), werden diese Approximationsfehler zu einem besonderen Problem, weil jeder Approximationsfehler mit Blick auf das eindimensionale Ziel willkürlich erscheint.[72] Die dennoch vorgenommene Differenzierung nach Rasse oder Geschlecht ist nicht zu rechtfertigen, weil es anders als bei einem *normativen* Rechtsverständnis an generellen, die Differenzierung rechtfertigenden Gerechtigkeitsüberlegungen fehlt.[73]

Zum anderen ist selbst im Falle der exakten Spiegelung der Präferenzen eine Rechtfertigung von Ungleichbehandlungen entlang der Merkmale des Art. 3 III GG pauschal nicht möglich. Im Rahmen des neoklassischen Personalisierungsprojekts geht es in erster Linie um die Verwirklichung von Effizienz. Dieser rein ökonomische Belang kann sich allerdings nicht *per se* gegen das in Art. 3 III GG zum Ausdruck kommende Leitbild durchsetzen.[74]

---

[71] Allg. *Hermstrüwer,* AöR 145 (2020), 479, 487–489 (zum *bias-variance tradeoff*); *Waldman,* Fordham L. Rev. 88 (2019), 613, 617 f. Im Personalisierungsdiskurs *Hacker,* Eur. Rev. Priv. L. 25 (2017), 651, 662 (Rn. 17) („correlations are never perfect"), 676 (Rn. 35) (zur Fehleranfälligkeit von Big Data); *Auer,* in: Busch/De Franceschi (Hrsg.), Personalized Law, 2021, S. 137, 141 (Rn. 11) (Zitat bereits auf S. 46 [Fn. 72]), 129 (Rn. 47); *Bender,* ERCL 16 (2020), 366, 392 („approximation error"); *ders.,* JjZRW 2020, S. 33, 54 f. („Approximationsfehler").

[72] Zu diesem *empirischen* Rechtverständnis bereits unter § 2 (S. 48). Vgl. auch *Bender,* ERCL 16 (2020), 366, 374–378 („Empirical Subjectivism"). Ferner *ders.,* JjZRW 2020, S. 33, 54 f. (mit Blick auf Rechtfertigungsprobleme bei Eingriff in Freiheitsrechte), 58–60; *Grigoleit/Bender,* in: Busch/De Franceschi (Hrsg.), Personalized Law, 2021, S. 115, 126 f. (Rn. 39–42).

[73] Besonders deutlich *Craig v. Boren,* 429 U.S. 190, 204 (1976) („[...] proving broad sociological propositions by statistics is a dubious business, and it is one that inevitably is in tension with the normative philosophy that underlies the Equal Protection Clause."). Zu einem *normativen* Rechtsverständnis bereits unter § 2 (S. 48 f.). Vgl. auch *Bender,* ERCL 16 (2020), 366, 378–387 („Normative Objectivism"). Der Unterschied zwischen empirischem und normativem Rechtsverständnis wird bei dem Argument verkannt, auch generelles Recht habe mit Approximationsfehlern zu leben (so aber *Ben-Shahar/Porat,* Personalized Law, 2021, S. 147).

[74] Zu den hohen, bei Art. 3 III GG geltenden Rechtfertigungsanforderungen bereits auf S. 250 f. Im Personalisierungsdiskurs *Bender,* JjZRW 2020, S. 33, 47; *ders.,* ERCL 16 (2020), 366, 402 („In short, as a form of economic or efficiency-oriented legislation, preference-based personalization is no ‚compelling state interest' for discrimination based on race."). Zurückhaltender *Grigoleit/Bender,* in: Busch/De Franceschi (Hrsg.), Personalized Law, 2021, S. 115, 128 (Rn. 45) („at least doubtful"). Die Schwäche rein wirtschaftlicher Belange ist auch ein fester Argumentationstopos im Unionsrecht. Für Einschränkungen der Niederlassungsfreiheit vgl. etwa EuGH, Urt. v. 24.3.2011 – C-400/08 *(Kommission v. Spanien)* Rn. 74 („Rein wirtschaftliche Ziele können dagegen kein zwingender Grund des Allgemeininteresses sein [...]."); EuGH, Urt. v. 15.4.2010, C-96/08 *(CIBA)* Rn. 48 („Eine solche Erwägung ist jedoch

Beide Erwägungen stellen das Personalisierungsprojekt weit über den Kreis der in Art. 3 III GG genannten Merkmale hinaus infrage. Abgesehen davon, dass ein konsequenter Ausschluss der problematischen Merkmale weitreichende technische Schwierigkeiten mit sich bringt[75], ist zu erwarten, dass die Leistungsfähigkeit der Vorhersagen leiden würde.[76] Dabei ist keineswegs davon auszugehen, dass die problematischen Gesichtspunkte des Art. 3 III GG nur in Randbereichen eine Rolle spielen, denn die individuellen Präferenzen werden gerade von denjenigen gesellschaftlichen Gruppenbildungen geprägt, deren Bedeutung Art. 3 III GG für das Recht überwinden will.[77]

d) Abzulehnende Einschränkungstendenzen

Es werden jedoch verschiedene Argumente vorgebracht, um die erhöhten Rechtfertigungsanforderungen entweder von vornherein zu vermeiden oder wieder zu senken und damit im Ergebnis zu überwinden. Alle dahingehenden Einschränkungstendenzen können jedoch nicht überzeugen.

---

rein wirtschaftlicher Natur und kann daher nach ständiger Rechtsprechung keinen zwingenden Grund des öffentlichen Interesses darstellen […].“). Ebenso EuGH, Urt. v. 21.11.2002, C-436/00 *(X und Y v. Riksskatteverket)* Rn. 50; EuGH, Urt. v. 6.6.2000, C-35/98 *(Verkooijen)* Rn. 48 („Nach ständiger Rechtsprechung kann ein rein wirtschaftliches Ziel keinen zwingenden Grund des Allgemeininteresses darstellen, der eine Beschränkung einer durch den Vertrag gewährleisteten Grundfreiheit rechtfertigen könnte […].“).

[75] Vgl. *Bender,* JjZRW 2020, S. 33, 48. Ferner *Salib,* U. Chi. L. Rev. Online 2022 (insb. unter II.A.). Zu den verschiedenen algorithmischen Korrekturmechanismen allg. *Pessach/Shmueli,* arXiv:2001.09784v1 [cs.CY] (2020), S. 7–11.

[76] Vgl. *Strauss,* Issues Leg. Scholarsh. 2003, 1, 3 („When we prohibit statistical discrimination, we do not just prevent the satisfaction of illegitimate desires; we inflict real costs on society.“); *Bender,* JjZRW 2020, S. 33, 48.

[77] Ähnlich *Auer,* in: Busch/De Franceschi (Hrsg.), Personalized Law, 2021, S. 137, 143 f. (Rn. 18 f.), insb. S. 144 (Rn. 19) („Yet, it seems impossible to avoid at least indirect recourse to the hard, constitutionally banned discriminatory criteria precisely because they are highly significant for personal and social profiling in many far-reaching contexts such as voting, education, employment, or housing patterns. In fact, this is the very reason why these criteria are undesirable and even legally banned as justifiable grounds for discrimination among social groups in egalitarian societies which subscribe to the principle of equal opportunities for each of its members.“). Im Kontext der Kriminalitätskontrolle ähnlich *Yang/Dobbie,* Mich. L. Rev. 119 (2020), 291, 312 („Our empirical results demonstrate that all commonly used inputs are highly correlated with race, such that all inputs have the potential to generate proxy effects.“), 345 f. Dieses Problem wird noch durch ohnehin in den Datensätzen gespiegelte gesellschaftliche *biases* verstärkt, dazu etwa *Mitchell/Potash/Barocas* u. a., Ann. Rev. Stat. Appl. 8 (2021), 141, 146 („Even if training data are representative and accurate, they may still record objectionable aspects of the world that, if encoded in a policy, run counter to the decision-maker’s goals.“).

aa) Das Auflösungsargument

Insbesondere *Omri Ben-Shahar* und *Ariel Porat*, aber auch *Ariel Porat* und *Igor Strahilevitz* argumentieren im Rahmen des Personalisierungsdiskurses, das die erhöhten Rechtfertigungsanforderungen auslösende Merkmal (etwa Rasse) verliere an Bedeutung, wenn es zusammen mit einer Vielzahl von anderen Merkmalen zur Approximation der Präferenz herangezogen werde *(Auflösungsargument)*.[78] Ist beispielsweise die Rasse oder das Geschlecht nur einer unter vielen Faktoren, so entstünden keine klaren Kategorienbildungen entlang der diskriminierenden Merkmale, was die Rechtfertigungsanforderungen senke. Dabei nehmen die genannten Autoren insbesondere Bezug auf die Rechtsprechung des *US Supreme Court* zur *affirmative action* im universitären Kontext: Hier soll Rasse als einer unter vielen Faktoren berücksichtigt werden können, nicht aber als starres Zulassungskriterium.[79] Bei genauerer Betrachtung überzeugt dieses Argument jedoch nicht.

Dabei ist zunächst zu betonen, dass die hohen Rechtfertigunganforderungen des Art. 3 III GG grundsätzlich unabhängig davon ausgelöst werden, wie viele weitere Faktoren zur Fallentscheidung herangezogen werden.[80] Solange Rasse auch nur als *eine* für die Zuordnungsentscheidung bedeutungsvolle Inputvariable ermittelt wurde, ist Rasse in gewissen Fällen fallentscheidend. Es spielt für die Anwendung des Art. 3 III GG keine Rolle, ob die Individuen der *Gesamtbevölkerung* entlang des Merkmals der Rasse unterschieden werden oder ob die *Subgruppe* derjenigen Individuen, die auf Facebook viel liken, Historienbücher kaufen und auch in allen übrigen Proxy-Tatbeständen außer der Rasse überein-

---

[78] *Ben-Shahar/Porat,* Personalized Law, 2021, S. 147–154, insb. S. 149 („The critical vindicating feature of personalized law is that it does not place people into buckets along single, salient, sensitive categories. Each individual becomes a class of one."), S. 163 („But while personal factors would be used more often, such use would be less salient because the role of these factors would be subtle and cumulative, not definitive."); *Porat/Strahilevitz,* Mich. L. Rev. 112 (2014), 1417, 1465 („What is more, the law's discomfort with relying exclusively on problematic classifications like race and gender may become less pronounced if these factors are mixed with a number of nonsuspect classifications to generate a default rule."); Vgl. ferner *Huq,* Duke L.J. 68 (2019), 1043, 1097 f. (im Kontext des Einsatzes von Algorithmen im Strafrecht). Im Grundsatz ebenfalls offen *Yang/Dobbie,* Mich. L. Rev. 119 (2020), 291, 350–357.

[79] Vgl. insb. die beiden Entscheidungen des *US Supreme Court* vom selben Tag: einerseits *Gratz v. Bollinger et al.,* 539 U.S. 244, 270–272 (2003) (starre 20-Punkte-Privilegierung für Schwarze Bewerber unzulässig), andererseits *Grutter v. Bollinger et al.,* 539 U.S. 306, 334–337 (flexible Berücksichtung der Rasse als „Plus" zulässig).

[80] Auch der *US Supreme Court* brachte in den beiden Entscheidungen ausdrücklich *strict scrutiny* zur Anwendung, vgl. *Gratz v. Bollinger et al.,* 539 U.S. 244, 270 (2003); *Grutter v. Bollinger et al.,* 539 U.S. 306, 326 f.; *University of California v. Bakke,* 438 U.S. 265, 299, 307 (1978). Dies wird an späterer Stelle auch erwähnt von *Ben-Shahar/Porat,* Personalized Law, 2021, S. 152.

stimmen, entlang des Merkmals der Rasse unterschieden werden.[81] Nur weil das Hinzuziehen weiterer Kriterien den Gesichtspunkt der Rasse *verschleiert,* ist die Diskriminierung nicht weniger problematisch.[82] Das grundsätzlich verbotene Leitbild wird ebenfalls aktiviert.

Auch ersetzt die Multiplikation der Tatbestandsmerkmale keineswegs den zwingenden Rechtfertigungsgrund.[83] In der Rechtsprechung des *US Supreme Court* geht es insofern in den zitierten Fällen um den Gesichtspunkt des *diverse student body.*[84] Vor diesem Hintergrund liegt es nahe, dass der Einsatz der problematischen Merkmale zur *Effizienzsteigerung* nicht ausreicht. Der Multifaktoransatz spielt im Übrigen lediglich auf der Ebene des *narrow tailoring* – also in den Kategorien des deutschen Verfassungsrechts im Rahmen der Erforderlichkeit oder Angemessenheit – eine Rolle, und zwar in einer Weise, die tendenziell gegen eine algorithmische Personalisierung spricht. Die verschiedenen Gesichtspunkte müssen laut *US Supreme Court* in einer nichtmechanischen Art und Weise flexibel abgewogen werden.[85] Nicht die Multiplikation der Faktoren alleine, sondern die objektivierende, mechanische Bewertung eines jeden Faktors mit einer gewissen Punktzahl störte das Gericht.[86] Der individuelle Fall

---

[81] *Bender,* ERCL 16 (2020), 366, 401 f.; *ders.,* JjZRW 2020, S. 33, 47.

[82] So aber anscheinend *Ben-Shahar/Porat,* Personalized Law, 2021, S. 163 („less salient", „subtle").

[83] Zu dessen Notwendigkeit nur *Grutter v. Bollinger et al.,* 539 U.S. 306, 327–333.

[84] *Grutter v. Bollinger et al.,* 539 U.S. 306, 323–325, 328 (2003); *Gratz v. Bollinger et al.,* 539 U.S. 244, 271 (2003); *University of California v. Bakke,* 438 U.S. 265, 311 (1978). In einem anderen Kontext wurde auf den Gesichtspunkt „remedying past discrimination" abgestellt, vgl. etwa *Richmond v. J.A. Croson Co.,* 488 U.S. 469 (1989) (wenngleich im Ergebnis hier keine „past discrimination" festgestellt wurde).

[85] Besonders deutlich *Grutter v. Bollinger et al.,* 539 U.S. 306, 334 (2003) („[…] truly individualized consideration demands that race be used in a flexible, nonmechanical way."), 337 („highly individualized, holistic view" und „no mechanical, predetermined diversity ‚bonuses'"); *Gratz v. Bollinger et al.,* 539 U.S. 244, 270 f. (2003) (keine Punktvergabe „automatically"), sowie 277 (Justice *O'Connor,* concurring: „And this mechanized selection index score, by and large, automatically determines the admission decision for each applicant. The selection index thus precludes admissions counselors from conducting the type of individualized consideration […].").

[86] Nochmals *Gratz v. Bollinger et al.,* 539 U.S. 244, 270–272 (2003) (das Problem des Automatismus, „the automatic distribution of 20 points" [S. 272], betonend). Dies wird auch besonders deutlich in einer weiteren, von *Ben-Shahar/Porat,* Personalized Law, 2021, S. 146, herangezogenen Entscheidung: *Craig v. Boren,* 429 U.S. 190, 204 (1976) (Zitat bereits auf S. 48 f. [Fn. 83] sowie auf S. 253 [Fn. 73]). Die von *Ben-Shahar/Porat,* Personalized Law, 2021, S. 151 betonte *überproportionale* Gewichtung des Rassefaktors wird nur als *zusätzliches* Argument angeführt. Das erste Argument des Gerichts ziehlt auf die fehlende Individualisierung ab: *Gratz v. Bollinger et al.,* 539 U.S. 244, 271 f. (2003) („The current LSA [University of Michigan's College of Literature, Science, and the Arts] policy does not provide such indi-

muss also als solcher und nicht im Rahmen abstrakter Regelungen gewürdigt werden. Gerade objektivierende Punktvergabe und abstrakte Würdigung sind jedoch jeder algorithmischen Entscheidung immanent.[87] Die algorithmische Einzelfallentscheidung, die das Individuum als solches betrachtet, ist eine Illusion.[88]

bb) Das Besserstellungsargument

Es ließe sich außerdem argumentieren, durch eine präferenzbasierte Personalisierung komme es nicht zu einer Schlechterstellung, sondern gegenüber dem derzeit geltenden, generellen Recht zu einer Besserstellung von Minderheiten, die von Art. 3 III GG nicht verboten sei *(Besserstellungsargument)*.[89] Ziehen die Individuen einer Minderheit einen geringeren Nutzen aus dem Verzögerungsschadensersatzanspruch, weil sie ihn angesichts diverser struktureller Nachteile nicht geltend machen werden, zahlen sie aber dennoch den gleichen Preis, so liegt in einem generellen Recht eine Quersubventionierung der Mehrheit durch die Minderheit. Die rassebasierte Personalisierung des Vertragsrechts wäre dann gewissermaßen als *affirmative action* anzusehen. Diesem Besserstellungsargument lässt sich wiederum auf zwei Ebenen begegnen:

Zum einen sind Maßnahmen der *affirmative action* nicht dem erhöhten Rechtfertigungsdruck des Art. 3 III 1 GG entzogen. Andernfalls würde die mit Art. 3 III 1 GG bezweckte Argumentationslastenverteilung verwässert. Die Zulässigkeit von Fördermaßnahmen ist damit auf der Rechtfertigungsebene zu ent-

vidualized consideration. The LSA's policy automatically distributes 20 points […]. Moreover, […] the LSA's automatic distribution of 20 points has the effect of making ‚the factor of race…decisive' for virtually every minimally qualified underrepresented minority applicant."). Ganz ähnlich sieht es der EuGH: Während *generelle* Frauenquoten unzulässig sind, vgl. EuGH, Urt. v. 17.10.1995, C-450/93 *(Kalanke)* Rn. 22, sind Regelungen möglich, die auch die *individuelle* Situation des Mannes berücksichtigen, vgl. EuGH, Urt. v. 11.11.1997, C-409/95 *(Marshall)* Rn. 32 (die Regelung darf „keinen absoluten und unbedingten Vorrang einräumen"), Rn. 33 (vielmehr muss „in jedem Einzelfall garantiert [sein], daß die Bewerbungen Gegenstand einer objektiven Beurteilung sind, bei der alle die Person der Bewerber betreffenden Kriterien berücksichtigt werden […].").

87 Prägnant zur Entflexibilisierung algorithmischer Verwaltungsentscheidungen *Hermstrüwer,* AöR 145 (2020), 479. Im Personalisierungsdiskurs *Auer,* in: Busch/De Franceschi (Hrsg.), Personalized Law, 2021, S. 137, 141 (Rn. 11) (Zitat bereits auf S. 46 [Fn. 72]).

88 Dieser Illusion erliegen insb. *Ben-Shahar/Porat,* Personalized Law, 2021, S. 150–152, die im Rahmen ihrer Analyse nur das Überproportionalitätsargument des *US Supreme Court* umfassend würdigen, nicht hingegen den für die statistisch-algorithmische Personalisierung problematischeren Automatisierungsgesichtspunkt.

89 *Ben-Shahar/Porat,* Personalized Law, 2021, S. 156 („The gravity of the objection to differential treatment could subside when members of protected groups are impacted in a *preferential,* rather than disadvantageous, manner.").

scheiden.[90] Abstützen lässt sich dieses Ergebnis auch mit einem Umkehrschluss zu Art. 3 II GG und Art. 3 III 2 GG. Auf der Rechtfertigungsebene wird der pauschale Verweis auf die Herstellung materieller Gleichheit nicht ausreichen. Vielmehr ist auf konkrete Zwecke und die ihnen zugrunde liegenden normativen Leitbilder zu rekurrieren.

Zum anderen kann eine präferenzbasierte Personalisierung schon nicht als *affirmative action* qualifiziert werden. *Von Rechts wegen* würden Minderheiten in dem oben genannten Beispiel sogar schlechter gestellt, weil sie keinen Verzögerungsschadensersatzanspruch erhielten. Die entlang der genannten Merkmale verlaufenden *gesellschaftlichen* Diskriminierungen werden also nicht überwunden, sondern noch verstärkt. Selbst wenn der Markt auf den fehlenden Verzögerungsschadensersatzanspruch mit einer Preissenkung für gewisse Gruppen reagiert (oder der Staat die Preisdifferenzierung vorgibt[91]), ist das entstehende System nicht auf eine Besserstellung der Minderheit ausgerichtet. Vielmehr geht es um Kostengleichheit durch ungleiches Recht. Das personalisierte Vertragsrecht würde dabei auf das hochproblematische Separate-but-Equal-Denken hinauslaufen.[92]

cc) Das Proxyargument

Ein weiterer Ansatz, die hohen Rechtfertigungsanforderungen des Art. 3 III GG im Rahmen der algorithmischen Rechtssetzung zu umgehen, stellt auf den Umstand ab, dass das Ziel der Maßnahme nicht die (rassebedingte) Bevorzugung oder Benachteiligung, sondern schlicht Effizienz sei. Rasse erscheint dann nur

---

[90] Die Anwendung des Art. 3 III GG bei Fördermaßnahmen entspricht im deutschen Verfassungsrecht der h. M., vgl. etwa BVerfGE 10, 59, 74 f.; Dürig/Herzog/Scholz – *Langenfeld,* GG, [99]2022, Art. 3 III Rn. 30; BeckOK – *Kischel,* GG, [54]2023, Art. 3 Rn. 211. Anders von Mangoldt/Klein/Starck – *Baer/Markard,* GG, [7]2018, Art. 3 II, III S. 423, 435 (Fördermaßnahmen von vornherein nicht unter den hohen Rechtfertigungsdruck stellend und Art. 3 III GG damit in einem spezifisch materiellen Sinne interpretierend). Auch der *US Supreme Court* bringt bei Fördermaßnahmen ausdrücklich *strict scrutiny* zur Anwendung, vgl. *Gratz v. Bollinger et al.,* 539 U.S. 244, 270 (2003); *Grutter v. Bollinger et al.,* 539 U.S. 306, 326 f. Dies wird an späterer Stelle auch erwähnt von *Ben-Shahar/Porat,* Personalized Law, 2021, S. 152. Anders hingegen *Fiss,* Philos. Public Aff. 5 (1976), 107 (auf der Grundlage eines materiellen Gleichheitsverständnisses); *Strauss,* Issues Leg. Scholarsh. 2003, 1 (im Rahmen von statistischen Ungleichbehandlungen).

[91] Zur Notwendigkeit, ggf. auch den Preis staatlich zu regulieren, *Bender,* ERCL 16 (2020), 366, 392.

[92] Das wird etwa deutlich bei *Ben-Shahar/Porat,* Personalized Law, 2021, S. 155 („to each according to their preference"). Zur grundlegenden Ablehnung von *separate but equal* im US-amerikanischen Verfassungsrecht *Brown v. Board of Education,* 347 U.S. 483 (1954). Zur Unzulässigkeit von *separate but equal* im deutschen Verfassungsrecht, Dürig/Herzog/Scholz – *Langenfeld,* GG, [99]2022, Art. 3 III Rn. 28.

als Proxy für gewisse Präferenzen *(Proxyargument).*[93] Es kommt also, so könnte man sagen, nicht zu einer Ungleichbehandlung gerade „wegen" der Rasse.[94]

Auch das Proxyargument kann jedoch nicht überzeugen. Der Tatbestand ist nie nur der Proxy für die Verwirklichung eines jenseits des Tatbestands liegenden Zwecks. Vielmehr ist der Tatbestand selbst die Auflösung von miteinander kollidierenden Zwecken.[95] Die Wahl des Proxys „Rasse" ist damit wertungsmäßig nicht neutral. Vielmehr wird durch ein entsprechendes Tatbestandsmerkmal, schlicht weil es zur Fallentscheidung herangezogen wird, das von Art. 3 III GG verbotene Leitbild verstärkt. Die in Art. 3 III GG zum Ausdruck kommenden normativen Aussagen beziehen sich somit nicht nur auf jenseits des Tatbestands liegende Zwecke, sondern auf den Tatbestand selbst. Darüber hinaus würde durch einen entsprechenden Ansatz, der die hohen Argumentationslasten nicht von der formalen Anknüpfung an die genannten Merkmale abhängig macht, Schutzbereichs- und Rechtfertigungsebene vermischt. Art. 3 III GG konstituiert damit (jedenfalls) ein Anknüpfungsverbot, das nur auf Rechtfertigungsebene unter Bezugnahme auf konkrete Zwecke durchbrochen werden kann.[96]

---

[93] Vgl. etwa *Ben-Shahar/Porat,* Personalized Law, 2021, S. 157 („lack of *discriminatory intent*").

[94] Im deutschen Verfassungsrecht ließe sich das Proxyargument abstützen durch den früheren Ansatz des BVerfG, vgl. BVerfGE 75, 40, 70 („Das Verbot des Art. 3 Abs. 3 GG gilt mithin nicht absolut; es verbietet, wie sich schon aus seinem Wortlaut ergibt [‚wegen'], nur die bezweckte Benachteiligung oder Bevorzugung, nicht aber einen Nachteil oder einen Vorteil, der die Folge einer ganz anders intendierten Regelung ist."). Dieser Ansatz ist eine besonders weitgehende Variante der Meinung, die Art. 3 III GG als Begründungs- und nicht als Anknüpfungsverbot interpretiert (etwa Sachs – *Nußberger,* GG, ^{9}2021, Art. 3 Rn. 241; darst. Dürig/Herzog/Scholz – *Langenfeld,* GG, ^{99}2022, Art. 3 III Rn. 21). Im US-amerikanischen Verfassungsdiskurs entspricht dem die Deutung von *equal protection* als *antisubordination principle* (grundlegend *Fiss,* Philos. Public Aff. 5 [1976], 107 sowie im Rahmen statistischer Diskriminierung *Strauss,* Issues Leg. Scholarsh. 2003, 1) und nicht als *antidiscrimination principle* (so die Rspr. des *US Supreme Court,* vgl. nur grundlegend *Washington v. Davis,* 426 U.S. 229 [1976]).

[95] Dazu ausf. bereits unter § 2 (S. 31 f.).

[96] BVerfGE 85, 191, 206 f.; 97, 35, 43; 97, 186, 197 („Die [in Art. 3 III GG] genannten Merkmale dürfen nicht als Anknüpfungspunkt für differenzierende Regelungen herangezogen werden. Das gilt auch dann, wenn die Regelung nicht auf eine Ungleichbehandlung abzielt, sondern andere Zwecke verfolgt […]."); 114, 357, 364; 121, 241, 254 (selbst bei gänzlich anderen Zielen"). Aus der Lit. vgl. Dürig/Herzog/Scholz – *Langenfeld,* GG, ^{99}2022, Art. 3 III Rn. 25 m. w. N. Aus dem Personalisierungsdiskurs *Bender,* JjZRW 2020, S. 33, 47, 50. Entgegen Dürig/Herzog/Scholz – *Langenfeld,* GG, ^{99}2022, Art. 3 III Rn. 37 schließen sich Anküpfungs- und Begründungsverbot nicht aus. Es ist beispielsweise durchaus möglich, für unmittelbare Diskriminierungen dem Art. 3 III GG ein Anknüpfungsverbot zu entnehmen und im Rahmen eines Begründungsverbots den Wertungen des Art. 3 III GG auch für mittelbare

dd) Das Präferenzspiegelungsargument

Schließlich könnte versucht werden, dem Anwendungsbereich des Art. 3 III GG zumindest für Ungleichbehandlungen des dispositiven Rechts dadurch zu entgehen, dass auf die Spiegelung privater Präferenzen verwiesen wird *(Präferenzspiegelungsargument).*[97] Das Präferenzspiegelungsargument hat insbesondere dann Relevanz, wenn das problematische Merkmal nicht als Proxy für unterschiedliche Präferenzen von Individuen herangezogen wird *(Inter-Präferenz-Differenzierung),* sondern vielmehr die Präferenz ein und desselben Individuums für andere Individuen Relevanz hat *(Intra-Präferenz-Differenzierung).*[98] Es geht dann beispielsweise nicht um die Ungleichbehandlung, die in der Bereitstellung eines unterschiedlichen dispositiven Erbrechts für unterschiedliche Erblasser liegt (Inter-Präferenz-Differenzierung), sondern um der Ungleichbehandlung der Kinder ein und desselben Erblassers auf der Grundlage seiner hypothetischen Präferenz (Intra-Präferenz-Differenzierung). Legen es die über einen Erblasser vorhandenen Daten nahe, dass er sein Vermögen nur männlichen Kindern vererben möchte, so könnte das dispositive Recht auf dieser Grundlage zwischen männlichen und weiblichen Kindern differenzieren. Das Präferenzspiegelungsargument geht von der Irrelevanz dieser rechtlichen Diskriminierung aus, weil sie nur die Präferenz des Erblassers spiegelt und dieser eine entsprechende Regelung auch durch Testament treffen könnte.[99]

Abgesehen davon, dass auch der privatautonomen Verfügung durch Testament in gewissen Fällen mit Blick auf § 138 I BGB die Wirksamkeit versagt werden kann[100], überzeugt das Präferenzspiegelungsargument schon deshalb

---

Diskriminierungen Beachtung zu schenken (dazu sogleich). Art. 3 III GG ausschließlich als Begründungsverbot verstehend, um teleologische Spielräume zu erhalten, Sachs – *Nußberger,* GG, 92021, Art. 3 Rn. 241 (dabei aber letztendlich Schutzbereichs- und Rechtfertigungsebene vermischend).

[97] *Ben-Shahar/Porat,* Personalized Law, 2021, S. 155 f. sowie besonders deutlich *Porat/Strahilevitz,* Mich. L. Rev. 112 (2014), 1417, 1419, 1465–1467, insb. 1467 („But because gender and race can be reliable predictors of current preferences and future behavior, entirely excluding these variables from an algorithm leaves a great deal of predictive power on the table. Most people would probably prefer an algorithm that knows their race and gender and, as a result, more accurately predicts their preferences over a system that excludes their race and gender from consideration and consequently provides them with less accurate default rules.").

[98] *Bender,* JjZRW 2020, S. 33, 36; *ders.,* ERCL 16 (2020), 366, 399; *Grigoleit/Bender,* in: Busch/De Franceschi (Hrsg.), Personalized Law, 2021, S. 115, 127 f. (Rn. 44 f.).

[99] Im deutschen Diskurs geht etwa *Schmidt-Kessel,* in: Riesenhuber (Hrsg.), Europäische Methodenlehre, 32015, 373–392, 385 (Rn. 50) davon aus, der Gleichheitssatz gelte nicht für das dispositive Vertragsrecht.

[100] Vgl. beispielhaft nur BGHZ 140, 118 *(Hohenzollernfall).* Dazu jüngst *Breustedt,* ZEV 2021, 670.

nicht, weil es den wesentlichen Unterschied zwischen autonomer und heteronomer Rechtssetzung verkennt. Auf einer formellen Ebene kann schlicht auf Art. 1 III GG verwiesen werden, der *alle* staatliche Gewalt an die Grundrechte bindet, zu der auch die dispositives Recht setzende Gewalt gehört.[101] Wertungsmäßig ist es ebenfalls nicht gerechtfertigt, dispositive Normen von der Kontrolle des Art. 3 III GG auszunehmen, wenn sie Präferenzen „spiegeln“. Zum einen „spiegelt“ das dispositive Recht niemals nur Präferenzen. Vielmehr wirkt es angesichts der Endogenität von Präferenzen und der *stickiness* dispositiver Vorschriften auf das Verhalten der Individuen ein.[102] Zum anderen ist es eine Sache, eine problematische Präferenz im Rahmen der Infrastruktur des Rechts zu dulden, jedoch eine ganz andere, die problematische Präferenz aktiv im Rahmen einer staatlichen Serviceleistung noch zu fördern – selbst dann, wenn Präferenzen exogen wären.[103] Besonders deutlich hat das der *US Supreme Court* in *Palmore v. Sidoti* zum Ausdruck gebracht.[104] In dem Fall sollte der Weißen Mutter eines Weißen Kindes infolge des Zusammenziehens mit einem Schwarzen Partner aus Kindeswohlgründen das Sorgerecht entzogen werden, um rassistische Anfeindungen gegen das Kind in der Schule zu vermeiden. Das Gericht wies diesen Gedanken einstimmig zurück und betonte: „Private biases may be outside the reach of the law, but the law cannot, directly or indirectly, give them effect.“[105] Aus den gleichen Gründen kann die sachgrundlose Ablehnung eines Jurors nicht schlicht aus rassistischen Motiven erfolgen.[106] Ebenso darf der Staat keine grundstücksbezogenen Abreden *(covenants)* im Wege der Zwangsvollstreckung billigen, wenn sie einen rassistischen Inhalt haben.[107]

---

[101] *Bender,* JjZRW 2020, S. 33, 45. Allg. zur Bindung des Staates an die Grundrechte bei Erlass privatrechtlicher (dispositiver) Normen BVerfGE7, 198, 205; 42, 143, 148; 96, 375, 398; *Canaris,* Grundrechte und Privatrecht, 1999, S. 16ff.; *ders.,* AcP 184 (1984), 201, 212ff.; *Kähler,* Begriff und Rechtfertigung, 2012, S. 249; *Hesselink,* ERCL 1 (2005), 44, 62f.; BeckOK – *Hillgruber,* GG, [54]2023, Art. 1 Rn. 73.

[102] Dazu ausf. *Bender,* JjZRW 2020, S. 33, 38–44 („Normativitätsanspruch des dispositiven Rechts“); *ders.,* ERCL 16 (2020), 366, 378–387; *Grigoleit/Bender,* in: Busch/De Franceschi (Hrsg.), Personalized Law, 2021, S. 115, 126f. (Rn. 39–42). Grundlegend ferner *Sunstein,* U. Pa. L. Rev. 162 (2013), 1, 11ff. Zu diesen Zusammenhängen ferner bereits unter § 4 (S. 155f., S. 166 [Fn. 167], S. 175 [Fn. 210]).

[103] In diesem Sinne *Bender,* JjZRW 2020, S. 33, 44 („Verlust des Sonderrechtsstatus“ des dispositiven Rechts).

[104] *Palmore v. Sidoti,* 466 U.S. 429 (1984).

[105] *Palmore v. Sidoti,* 466 U.S. 429, 433 (1984). Darst. auch *Strauss,* Issues Leg. Scholarsh. 2003, 1, 4f.

[106] *Georgia v. McCollum,* 505 U.S. 42 (1992); *Chesney/Gallagher,* Notre Dame L. Rev. 67 (1992), 1049.

[107] *Shelley v. Kraemer,* 334 U.S. 1 (1948). Zu diesen Fällen bereits *Bender,* JjZRW 2020, S. 33, 48; *ders.,* ERCL 16 (2020), 366, 401.

3. Die Leitbildkontrolle des Art. 3 I GG

Auch im Anwendungsbereich des allgemeinen Gleichheitssatzes (Art. 3 I GG) bereitet das Personalisierungsprojekt Schwierigkeiten. Nach einer kurzen Darstellung der Kontrollstruktur des Art. 3 I GG sollen wiederum die insofern bestehenden Leitbildprobleme erörtert werden.

a) Die Kontrollstruktur des Art. 3 I GG

Wird eine Ungleichbehandlung nicht von einem speziellen Gleichheitsverbot erfasst, ist auf den allgemeinen Gleichheitssatz des Art. 3 I GG zurückzugreifen. Ursprünglich wurde der Gleichheitssatz des Art. 3 I GG als Willkürkontrolle verstanden, sodass irgendein Sachgrund für die Rechtfertigung der Ungleichbehandlung genügte.[108] So lässt sich auch das US-amerikanische Pendant, der *rational basis test*, verstehen.[109] Bedeutung hat dieser zurückgenommene Kontrollmaßstab in erster Linie im Bereich der *Kohärenzkontrolle*.[110] Jedoch lässt sich auch der allgemeine Gleichheitssatz im Sinne der *Leitbildkontrolle* operationalisieren. Gerade dann, wenn die Differenzierungsmerkmale in die Nähe eines in Art. 3 III GG genannten Merkmals treten, steigen die Rechtfertigungsanforderungen.[111] Gewisse Differenzierungszwecke sind damit auch über

---

[108] Vgl. BVerfGE 1, 14, 42 (Rn. 139); 55, 72, 89 (Rn. 50). Darst. Dürig/Herzog/Scholz – *Kirchhof*, GG, [99]2022, Art. 3 I Rn. 432.

[109] Vgl. etwa *United States v. Carolene Product Co.*, 304 U.S. 144 (1938); *San Antonio Independent School District v. Rodriguez*, 411 U.S. 1 (1973). Grundsätzlich ebenfalls *Cleburne v. Cleburne Living Center*, 473 U.S. 432 (1985) (allerdings mit einer besonders strengen Anwendung).

[110] *Grigoleit*, FS Canaris II, 2017, S. 239 f.

[111] Dass auch bei Anwendung des Art. 3 I GG erhöhte Rechtfertigungsanforderungen im Sinne einer (strengen) Verhältnismäßigkeitsprüfung gelten können, die bei personenbezogenen Anknüpfungen zur Anwendung kommen, ist die immer noch gültige Einsicht der sog. Neuen Formel (vgl. BVerfGE 55, 72, 88). Auch wenn die Neue Formel nunmehr durch einen stufenlosen, flexiblen Ansatz abgelöst wurde (vgl. BVerfGE 88, 87, 96 f.), kommt der Personenbezogenheit nach wie vor ein besonderes Gewicht für die Ermittlung der Rechtfertigungslasten zu, vgl. insb. BVerfGE 129, 49, 68 f. („Eine strengere Bindung des Gesetzgebers ist insb. anzunehmen, wenn die Differenzierung an Persönlichkeitsmerkmale anknüpft, wobei sich die verfassungsrechtlichen Anforderungen umso mehr verschärfen, je weniger die Merkmale für den Einzelnen verfügbar sind."). Darst. *Kingreen/Poscher*, Grundrechte, [38]2022, Rn. 635; *Britz*, NJW 2014, 346; BeckOK – *Kischel*, GG, [54]2023, Art. 3 Rn. 28–29.1; Dürig/Herzog/Scholz – *Kirchhof*, GG, [99]2022, Art. 3 I Rn. 432. Für eine umfassende Parallelisierung zwischen freiheits- und gleichheitsrechtlicher Verhältnismäßigkeitsprüfung und zum im Rahmen der Verhältnismäßigkeit variierenden Kontrollniveau *Huber*, in: Schroeder (Hrsg.), Strengthening the Rule of Law in Europe, 2016, S. 98, 110 f. Im Grundsatz auch von Mangoldt/Klein/Starck – *Wollenschläger*, GG, [7]2018, Art. 3 I Rn. 97, 104 ff. m. w. N. (allerdings für eine eigenständige Rechtfertigungsprüfung der Ungleichbehandlungen jenseits des

Art. 3 I GG aufgrund des Widerspruchs zu einem Leitbild auszuscheiden. Anders gewendet: Das Konzept der formellen Gleichheit, das in Art. 3 III 1 GG zum Ausdruck kommt, strahlt auch auf Art. 3 I GG aus.

b) Personenbezogene Differenzierungen

Die Rechtfertigungsanforderungen im Rahmen des Art. 3 I GG steigen mit zunehmender Nähe zu einem in Art. 3 III GG genannten Differenzierungsgrund. Besonders problematisch sind dabei Differenzierungen entlang von permanenten Merkmalen, die sich dem Einfluss des Individuums entziehen. Das sind insbesondere solche Differenzierungen, die nicht an eine bestimmte Situation anknüpfen *(sachbezogene Personalisierung),* sondern an die Merkmale einer Person *(personenbezogene Personalisierung).*[112] Während das derzeit geltende Recht den situativen Besonderheiten über ein nach Typen ausdifferenziertes Vertrags- und Sachenrecht und über generalklauselartige Verkehrspflichten im Deliktsrecht weitgehend Rechnung trägt, ist bei personenbezogenen Differenzierungen eine gewisse Zurückhaltung zu beobachten. Das Personalisierungsprojekt geht also gerade mit Blick auf *personenbezogene* Differenzierungen über die *lex lata* hinaus. Paradigmatisch hierfür ist die Differenzierung zwischen Individuen entsprechend ihren Persönlichkeitstypen oder Rationalitätsgraden. Gerade diese Differenzierungskriterien stehen aber aufgrund des Umstands, dass sie sich dem Einfluss der Individuen weitgehend entziehen, in einer besonderen Nähe zu den in Art. 3 III GG genannten Merkmalen. Die Differenzierung nach Rationalitätsgraden ruft auch das Leitbild der Menschenwürde aus Art. 1 I GG auf den Plan, nach dem von einem im Ansatz gleich rationalen, selbstbestimmten Individuum auszugehen ist.[113]

Verhältnismäßigkeitsgrundsatzes). Aus der unionsrechtlichen Rspr. vgl. nur EuGH, Urt. v. 17.10.2013, C-101/12 *(Schaible)* (Rn. 77). Darst. Jarass – *Jarass,* GRCh, [4]2021, Art. 21 Rn. 29. Aus dem US-amerikanischen Verfassungsrecht kann *Cleburne v. Cleburne Living Center,* 473 U.S. 432 (1985) entsprechend gedeutet werden (den *rational basis test* „with bite“ bei Diskriminierung gegen geistig Behinderte anwendend). Im Personalisierungsdiskurs *Bender,* JjZRW 2020, S. 33, 49.

[112] Für die flexible, am Personenbezug orientierte Verhältnismäßigkeitsprüfung, vgl. BVerfGE 55, 72, 88 (Neue Formel), 88, 87, 96 f.; 129, 49, 68 f. (stufenloser Ansatz). Im unionsrechtlichen Kontext EuGH, Urt. v. 17.10.2013, C-101/12 *(Schaible)* (Rn. 77). Aus dem US-amerikanische Verfassungsrecht *Cleburne v. Cleburne Living Center,* 473 U.S. 432 (1985) (*rational basis test* „with bite“). Sach- und personenbezogene Differenzierungen beschreiben dabei ein Kontinuum unterschiedlich hoher Rechtfertigungslasten für Ungleichbehandlung, die sich in letzter Konsequenz immer auf Individuen beziehen (dazu bereits auf S. 7).

[113] Zur gleichheitsrechtlichen Deutung der Menschenwürde vgl. *Möllers,* Freiheitsgrade, [2]2020, S. 95 (Rn. 83); *Lindner*, Grundrechtsdogmatik, 2005, S. 189. Für ein formelles Gleich-

Vor diesem Hintergrund sind die Differenzierungen zwischen Individuen nach Persönlichkeitstypen oder Rationalitätsgraden im Rahmen des Art. 3 I GG an ähnlich hohen Rechtfertigungsanforderungen zu messen wie die Differenzierungen, denen Art. 3 III GG explizit entgegentritt. Selbst wenn sich der Algorithmus bei der Bestimmung von Präferenzen und Rationalität nicht an Rasse oder Geschlecht orientiert, bedarf es mithin bedeutender Gründe für die Differenzierung. Wiederum sind Approximationsfehler besonders problematisch und wiederum erscheint es zweifelhaft, ob rein ökonomische Belange (Effizienz) oder der Gesichtspunkt des Paternalismus die Einschränkung des beschriebenen Leitbilds pauschal rechtfertigen können.

c) Mittelbare Diskriminierung (disparate impact)

Darüber hinaus können die Rechtfertigungsanforderungen auch dadurch steigen und in die Nähe der Rechtfertigungsanforderungen des Art. 3 III GG rücken, dass ein scheinbar neutrales Differenzierungskriterium mittelbar zu Unterscheidungen führt, die denjenigen entlang der Merkmale des Art. 3 III GG (oder diesen nahestehenden Merkmalen) entsprechen. Es geht also um die Fälle der mittelbaren Diskriminierung *(disparate impact)*.[114] Je stärker sich im Falle der mittelbaren Diskriminierung die Differenzierungen nach dem gewählten und dem problematischen Merkmal decken, desto mehr nähern sich auch die Rechtfertigungsanforderungen denjenigen des Art. 3 III GG an.[115] Wiederum stehen Approximationsfehler und eine rein ökonomische Zielsetzung einer pauschalen Rechtfertigung der mittelbaren Diskriminierungen entgegen. Auch diese Einsicht stellt die Umsetzbarkeit des Personalisierungsprojektes infrage: Gibt

---

heitsverständnis, allerdings mit Blick auf Art. 19 I 1 GG, *Kirchhof,* Die Allgemeinheit des Gesetzes, 2009, S. 618.

[114] Im algorithmischen Kontext dazu grundlegend *Barocas/Selbst,* Cal. L. Rev. 104 (2016), 671, 691 f. Vgl. ferner *Zafar/Valera/Rodriguez* u. a., PMLR 54 (2017), 1; *dies.,* Proc. Int. Conf. WWW 2017, 1171; *Pessach/Shmueli,* arXiv:2001.09784v1 [cs.CY] (2020), S. 3; *Wachter/Mittelstadt/Russell,* West Va. L. Rev. 123 (2021), 735, 747 ff.; *Wachter/Mittelstadt/Russel,* arXiv:2005.05906 [cs.AI] (2020).

[115] Im deutschen Verfassungsdiskurs ist die Behandlung der Fälle mittelbarer Diskriminierung allerdings umstritten. Während zum Teil von einer unmittelbaren Anwendung des Art. 3 III 1 GG auch bei mittelbaren Diskriminierungen ausgegangen wird (so etwa BVerfGE 121, 241, 254 mit Blick auf das Geschlecht; Jarass/Pieroth – *Jarass,* GG, [17]2022, Art. 3 Rn. 137; ferner auf der Grundlage der Deutung des Art. 3 III GG als Begründungsverbot Sachs – *Nußberger,* GG, [9]2021, Art. 3 Rn. 255 f.), lehnen andere Stimmen die Anwendung des Art. 3 III 1 GG ab (so Dürig/Herzog/Scholz – *Langenfeld,* GG, [99]2022, Art. 3 III Rn. 37, allerdings in Rn. 38 zumindest auf Art. 3 I GG und die gesteigerte Prüfungsintensität hinweisend). Wird die Kontrollintensität des Art. 3 III 1 GG im Rahmen des Art. 3 I GG berücksichtigt, bestehen zwischen beiden Ansichten nur formelle Unterschiede.

es präferenzbedingte Unterschiede entlang der Merkmale Alter, Rasse oder Geschlecht (was – wie bereits erwähnt – durchaus naheliegt[116]), wird der selbstlernende Algorithmus auch bei einem Verbot, Alter, Rasse oder Geschlecht unmittelbar als Proxies zu verwenden, schnell Ersatzproxies finden[117], die aber im Rahmen des flexiblen Prüfungsmaßstabs des Art. 3 I GG ähnlich hohe Rechtfertigungsanforderungen auslösen.

Das US-amerikanische Verfassungsrecht hat hingegen bei dem Umgang mit *disparate impact* angesichts des kategorialen Ansatzes (entweder *strict scrutiny* oder *rational basis test*) besondere Probleme: Verfassungsrechtlich unterliegt *disparate impact* nach überwiegender Ansicht nur bei *malicious intent* den hohen Rechtfertigungsanforderungen der *strict scrutiny*.[118] Es gibt jedoch durchaus Überlegungen, die Rechtfertigungshürden des *rational basis test* zu variieren, sodass grundsätzlich auch in den Vereinigten Staaten eine dem deutschen Recht entsprechende Handhabung möglich wäre.[119] Unabhängig davon kann *disparate impact* jedenfalls als politisches Argument gegen eine umfassende algorithmische Personalisierung formuliert werden.

d) Präferenzspiegelung und Delegationsproblem

Schließlich ergeben sich im Rahmen des Art. 3 I GG Rechtfertigungsprobleme, wenn der Rechtsinhalt mit dem Verweis auf die *empirisch* beobachtbaren Präferenzen gerechtfertigt werden soll.[120] Der Gesichtspunkt der Präferenz-

---

[116] Dazu bereits oben und im Personalisierungsdiskurs insb. *Auer,* in: Busch/De Franceschi (Hrsg.), Personalized Law, 2021, S. 137, 143 f. (Rn. 18 f.); *Mayson,* U. Chi. L. Rev. Online 2022 (unter III.).

[117] Vgl. *Barry/Hatfield/Kominers,* Wm. & Mary L. Rev. 62 (2021), 723, 774 f. Ähnlich auch *Auer,* in: Busch/De Franceschi (Hrsg.), Personalized Law, 2021, S. 137, 144 (Rn. 19).

[118] Grundlegend *Washington v. Davis,* 426 U.S. 229 (1976). In diesem Fall wurde der weitergehende Ansatz von *Griggs v. Dike Power Co.,* 401 U.S. 424 (1971) als nur einfachgesetzliche Auslegung von Title VII aufgefasst. Krit. darst. *Fiss,* Cal. L. Rev. 106 (2018), 1945, 1950 ff. Hierzu wiederum kritisch und ebenfalls darst. *Siegel,* Cal. L. Rev. 106 (2018), 2001 (aufgrund von *Fiss'* Gerichtsbezogenheit). Für eine einfachgesetzliche Analyse (Title VII) von *disparate impact* und Big Data vgl. insb. *Barocas/Selbst,* Cal. L. Rev. 104 (2016), 671. Die Beurteilung des algorithmisch verursachten *disparate impact* ist im US-amerikanischen Verfassungsdiskurs allerdings noch nicht abschließend geklärt: Für *strict scrutiny* (und grundsätzliche Unzulässigkeit) etwa *Harcourt,* Fed. Sent. R. 27 (2015), 237. Anders hingegen *Primus,* Harv. L. Rev. 117 (2003), 494, 505; *Huq,* Duke L.J. 68 (2019), 1043, 1058. Darst *Yang/Dobbie,* Mich. L. Rev. 119 (2020), 291, 311–319.

[119] Vgl. *Cleburne v. Cleburne Living Center,* 473 U.S. 432 (1985) (den *rational basis test* „with bite" anwendend). Allg. zur Zunahme von *balancing* im US-amerikanischen Recht vgl. *Aleinikoff,* Yale L.J. 96 (1987), 943.

[120] Dazu bereits *Grigoleit/Bender,* in: Busch/De Franceschi (Hrsg.), Personalized Law, 2021, S. 115, 128 (Rn. 46); *Bender,* JjZRW 2020, S. 33, 49; *ders.,* ERCL 16 (2020), 366, 404 f.

spiegelung vermeidet also nicht nur nicht die Rechtfertigungsprobleme des Art. 3 III GG, sondern er verstärkt diese vielmehr ganz generell:

Ungleichbehandlungen müssen auf einer *normativen* Grundlage gerechtfertigt werden, die sich aus einem spezifischen normativen, vom Gesetzgeber gewählten Leitbild ergibt. Nur auf der Grundlage eigenständiger normativer Zweckerwägungen kann der Gesetzgeber dem sich aus Art. 3 I GG ergebenden Rationalitätsgebot[121] gerecht werden, das den demokratischen Gestaltungsauftrag ergänzt.[122] Der bloße Verweis auf empirische Präferenzen hat als solcher keinen normativen Gehalt[123] und damit auch keine rechtfertigende Wirkung. Er lässt sich als Verweigerung des gesetzgeberischen Gestaltungsauftrags verstehen. In diesem Sinne spricht der *US Supreme Court* von der „normative philosophy“ der *equal protection clause*[124], vor deren Hintergrund er es ablehnt, „[p]rivate biases“ (also Präferenzen) schlicht im Recht zu spiegeln[125]. Auch das dispositive Recht ist daher niemals *nur* als Spiegelung individueller Präferenzen zu verstehen – es muss immer auch von einem normativen Leitbild getragen sein.[126]

---

[121] Zum Rationalitätsgebot im Zusammenhang mit dem Gleichheitssatz *Grigoleit,* FS Canaris II, 2017, S. 239 f.

[122] Insofern schränkt das Rationalitätsgebot des Art. 3 I GG den demokratischen Gesetzgeber nicht nur ein, sondern es gebietet gerade auch die eigenständige Zweckauswahl.

[123] Zum Sein-Sollens-Fehlschluss grundlegend *Hume,* A Treatise of Human Nature, 2019, S. 518 f. (Book III, Part I, Section I a. E.). Für eine noch strengere Anwendung im Rahmen der analytischen Philosophie *Moore,* Principia Ethica, 1903, Kapitel II Rn. 24 *(naturalistic fallacy).* Zur Autonomie des normativen Systems „Recht“ auch *Luhmann,* Das Recht der Gesellschaft, [1]1993, S. 38 f. Im Privatrechtsdiskurs ferner *Klingbeil,* AcP 217 (2017), 848, 855 f.

[124] *Craig v. Boren,* 429 U.S. 190, 204 (1976).

[125] *Palmore v. Sidoti,* 466 U.S. 429, 433 (1984).

[126] Dazu im Personalisierungsdiskurs bereits ausf. *Bender,* JjZRW 2020, S. 33, 38–44 („Normativitätsanspruch des dispositiven Rechts“); *ders.,* ERCL 16 (2020), 366, 378–387; *Grigoleit/Bender,* in: Busch/De Franceschi (Hrsg.), Personalized Law, 2021, S. 115, 126 f. (Rn. 39–42). Allg. ferner *Sunstein,* U. Pa. L. Rev. 162 (2013), 1, 11 ff.; *Hesselink,* ERCL 1 (2005), 44, 58. Von einer derartigen normativen Konzeption des dispositiven Rechts geht auch der deutsche Gesetzgeber (vgl. nur § 307 II Nr. 1 BGB) und die deutsche Rspr. (vgl. BGH NJW 1964, 1123 [„Gerechtigkeitsgehalt“ des dispositiven Rechts]) aus. Zust. darst. *Canaris,* iustitia distributiva, 1997, S. 54; MünchKomm – *Wurmnest,* BGB, [9]2022, § 307 Rn. 72 f.; BeckOK – *H. Schmidt,* BGB, [65]2023, § 307 Rn. 54. Krit. darst. *Cziupka,* Dispositives Vertragsrecht, 2010, S. 90 ff. Ferner *Kähler,* Begriff und Rechtfertigung, 2012, S. 131. Gleiches gilt im Übrigen für das US-amerikanische Recht – nur kommt der Leitbildgedanke dort nicht bei der Inhaltskontrolle, sondern bei der Auslegung der vom dispositiven Recht abweichenden Bestimmungen zum Ausdruck, vgl. *Hayward v. Postma,* 311 Mich. App. 720, 724, 188 N.W.2d 31, 33 (1971) (die Notwendigkeit von „clear and unequivocal language“ betonend). Darst. *Goetz/Scott,* Cal. L. Rev. 73 (1985), 261, 263 (Fn. 5) („For example, the courts' tendency to treat state-created rules as presumptively fair often leads to judicial disapproval of efforts to vary standard implied terms by agreement.“).

Natürlich kann die präferenzbasierte Personalisierung grundsätzlich durch den normativen Gesichtspunkt der Effizienz (also über das jeweilige Freiheitsrecht in seinem *status effectus*) gerechtfertigt werden. Nur ist der Effizienzbefund, wie im ökonomischen Teil dargelegt, alles andere als eindeutig. Vielmehr sprechen gewichtige ökonomische Gründe gerade gegen eine unbegrenzte Personalisierung im Allgemeinen und gegen eine Präferenzspiegelung im Speziellen.[127] Durch die normativen Korrekturen, die mit Blick auf Art. 3 III GG und dessen Ausstrahlungswirkung auf Art. 3 I GG notwendig sind und die zu einer Erhöhung der Approximationsfehlerkosten und der Regelproduktionskosten führen[128], werden diese Bedenken gegenüber der Effizienz der präferenzbasierten Personalisierung noch verstärkt. Sobald also das empirische Präferenzkriterium normativ begründet werden muss, verliert es weitgehend an rechtfertigender Kraft.

4. Die Leitbildkontrolle des Art. 19 II GG i. V. m. Art. 3 GG

Die Leitbildkontrolle des Gleichheitssatzes lässt sich schließlich im Zusammenhang mit dem Wesensgehaltsschutz des Art. 19 II GG verwirklichen. Auch Art. 3 GG wird nach überzeugender Ansicht vom Schutz des Art. 19 II GG erfasst.[129] Wie im Rahmen der Freiheitsgrundrechte ist es im Rahmen des Gleichheitssatzes angezeigt, zwischen einer statischen und einer dynamischen Wesensgehaltskontrolle zu unterscheiden:

Die *statische* Wesensgehaltskontrolle entzieht gewisse Differenzierungen, die in einem besonderen Zusammenhang mit der Menschenwürde aus Art. 1 I GG stehen, selbst der Disposition des verfassungsändernden Gesetzgebers. Art. 3 III GG, insbesondere das Merkmal der Rasse, steht diesem statischen Wesensgehalt besonders nahe.[130] Die statische Wesensgehaltskontrolle unterscheidet

---

[127] Als Beispiel der Abweichung vom hypothetischen Parteiwillen aus Effizienzgründen können die *will-deviating default rules* dienen. Ausf. hierzu unter § 4 (S. 154–159).

[128] Vgl. etwa *Yang/Dobbie,* Mich. L. Rev. 119 (2020), 291, 319 („Given a large literature that shows that traits like race and gender are often statistically correlated with risk, choosing to exclude protected characteristics comes at the cost of predictive accuracy.“). Speziell zu den hier verwendeten Begriffskategorien ausf. unter § 3 (S. 82–86).

[129] Im Rahmen des Personalisierungsdiskurses bereits *Bender,* JjZRW 2020, S. 33, 51, sowie *ders.,* ERCL 16 (2020), 366, 406; *Grigoleit/Bender,* in: Busch/De Franceschi (Hrsg.), Personalized Law, 2021, S. 115, 135 (Rn. 68). Allg. wie hier etwa *Drews,* Die Wesensgehaltsgarantie des Art. 19 II GG, 2005, S. 298. Hingegen gegen eine Einbeziehung des Art. 3 GG in Art. 19 II GG etwa BeckOK – *Enders,* GG, [54]2023, Art. 19 Rn. 22. Darst. Dürig/Herzog/Scholz – *Remmert,* GG, [99]2022, Art. 19 II Rn. 24 m. w. N.

[130] Zur Verbindung zwischen Art. 3 III GG und Art. 1 I GG etwa Dreier – *Heun,* GG, [3]2013, Art. 3 Rn. 117.

sich in der Struktur nicht von der bisher dargestellten Leitbildkontrolle – nur entzieht sie einen Teilbereich dieser Leitbildkontrolle auch dem verfassungsändernden Gesetzgeber.

Die *dynamische* Wesensgehaltskontrolle schützt nicht vor spezifischen Anknüpfungen. Sie gewährleistet vielmehr ein Minimalniveau formeller und materieller Gleichheit und garantiert damit, dass weder die erste Komponente des Gleichheitssatzes zu Lasten der zweiten noch die zweite Komponente zu Lasten der ersten vollständig zurücktritt. Aus einer Gesamtschau der grundrechtlichen Vorschriften ergibt sich dabei, dass insbesondere die formelle Seite des Gleichheitssatzes einen besonderen Schutz erfährt.[131] Dieses formelle Leitbild der dynamischen Wesensgehaltskontrolle ergänzt die bisherigen Schutzdimensionen: Selbst wenn eine Ungleichbehandlung isoliert gerechtfertigt werden kann, so ist es möglich, dass sich ihre Verfassungswidrigkeit gerade daraus ergibt, dass sie mit einer Vielzahl von anderen Ungleichbehandlungen zusammentrifft und vom Grundsatz, Gleiches gleich zu behandeln, nichts mehr übrig lässt.

Das Personalisierungsprojekt konfligiert in seiner Extremform mit diesem dynamischen Wesensgehaltsschutz, weil es dazu führt, dass jedes Individuum nur noch in seiner Eigenart wahrgenommen wird.[132] Es droht also eine „Auflösung des Gleichheitssatzes“[133]. Hinsichtlich der dogmatischen Einzelheiten des dynamischen Wesensgehaltsschutzes kann auf die Ausführungen zu den Freiheitsrechten verwiesen werden.[134]

---

[131] Die speziellen Gleichheitsgebote des Art. 3 III GG, das Allgemeinheitserfordernis des Art. 19 I 1 GG, das Allgemeinheitserfordernis des Art. 38 I 1 GG, aber etwa auch die allgemeinen Gesetze des Art. 4 II GG und der im vorherigen Kapitel dargestellte *status activus* der Freiheitsrechte (Recht als Rahmenordnung) sprechen für eine besondere Bedeutung der formellen Gleichheit. Zu diesen Leitbildaussagen *Bender,* JjZRW 2020, S. 33, 50 f.

[132] Besonders deutlich *Ben-Shahar/Porat,* Personalized Law, 2021, S. 155 *(„to each according their preference“),* deren Formulierung an die *marxsche* Kritik am bürgerlich-liberalen Gleichheitsverständnis erinnert, vgl. *Marx,* Kritik des Gothaer Programms, 1946, S. 21 („Jeder nach seinen Fähigkeiten, jedem nach seinen Bedürfnissen!“). Auf. dazu unter § 8 (S. 330–333).

[133] *Bender,* JjZRW 2020, S. 33, 50; *ders.,* ERCL 16 (2020), 366, 406; *Grigoleit/Bender,* in: Busch/De Franceschi (Hrsg.), Personalized Law, 2021, S. 115, 135 (Rn. 68) („dissolution“ des Gleichheitsgrundsatzes).

[134] Dazu ausf. unter § 5 (S. 217–219).

§ 7

Institutionelle Analyse: Entparlamentarisierung, Entjudikativierung und Privatisierung

In diesem Kapitel geht es um den institutionellen Rahmen des Personalisierungsprojekts. Die Grundlage der Analyse bilden die Begriffe der kollektiven Freiheit und der kollektiven Gleichheit, die sich in den Kategorien des deutschen Staatsrechts mit dem Demokratieprinzip und dem Grundsatz der Gewaltenteilung operationalisieren lassen (I.). Es wird sich zeigen, dass algorithmische, personalisierte Rechtssetzung nur begrenzt demokratisch legitimiert werden kann. Insbesondere kommt es zu einer Entparlamentarisierung (II.). Außerdem ist das auf Mikrodirektiven aufbauende Personalisierungsprojekt notwendig mit einem Rückgang gerichtlicher Entscheidungsbefugnisse verbunden. Die Verwaltungsaktlichung des Privatrechts führt also auch zu einem Bedeutungsverlust der Judikative, der hier mit dem Begriff der Entjudikativierung eingefangen wird (III.). Abschließend wird dargestellt, welche institutionellen Besonderheiten bestehen, wenn nicht der Staat, sondern private Rechtssubjekte Verhaltensvorgaben personalisieren (IV).

I. Kollektive Freiheit und Gleichheit

Zunächst sollen die Begriffe der kollektiven Freiheit und der kollektiven Gleichheit eingeführt werden, die der staatsorganisationsrechtlichen Analyse zugrunde liegen.

1. Kollektive Freiheit

Freiheit lässt sich individuell oder kollektiv verwirklichen.[1] Individuelle Freiheit ist *unmittelbare* Präferenzverwirklichung durch Selbstgesetzgebung *(Vertrags-* und *Deliktsrecht).* Kollektive Freiheit ist *mittelbare* Präferenzverwirklichung durch einen Intermediär, dessen Handeln den einzelnen Individuen zugerechnet werden kann.[2] Intermediäre sind Kollektive, also Zusammenschlüsse von Individuen.[3] Sie können Subjekte des Privatrechts *(Gesellschaftsrechts)* oder des Öffentliches Rechts *(Staatsrechts)* sein. Im staatsrechtlichen Kontext wird kollektive Freiheit durch das Demokratieprinzip verrechtlicht. Kollektive Freiheit kann individuelle Freiheit begrenzen.[4] Sie eröffnet aber auch Handlungsoptionen, die ohne Kollektiv nicht bestehen.[5]

Um das Handeln des Intermediärs den einzelnen Individuen zurechnen zu können, sind auf vier Ebenen gewisse Voraussetzungen zu erfüllen: Zum einen müssen die am Kollektiv beteiligten Individuen durch einen Akt individueller

---

[1] Vgl. *Möllers,* Gewaltengliederung, 2005, S. 56 (individuelle vs. kollektive Selbstbestimmung). Ferner *Hayek,* The Road to Serfdom, ^{6}2006, S. 13 *(personal vs. political freedom); Friedman,* Capitalism and Freedom, ^{40}2002, S. 8 *(economic vs. political freedom); Buchanan,* Cato J. 15 (1995), 259, 267 f. *(individual liberty vs. individual sovereignty).* Aus einer republikanischen Perspektive *Spector,* Political Theory 38 (2010), 780, 792 *(civil liberty vs. collective self-governance).*

[2] Zur Einschaltung eines Intermediärs als Repräsentation *Schmitt,* Verfassungslehre, ^{11}2017. Allg. für eine individualistische Analyse von Institutionen vgl. die Public-Choice-Ansätze, insb. *Buchanan,* The Limits of Liberty, ^{2}1978; *ders.,* Liberty, Market and State, 1986; *Buchanan/Tullock,* The Calculus of Consent, ^{3}1999; *Downs,* An Economic Theory of Democracy, 1957. Darst. *Mueller,* Public Choice III, 2003; *Boettke/Leeson,* in: Rowley/Schneider (Hrsg.), The Encyclopedia of Public Choice, 2004, S. 351. Im rechtlichen Kontext *Mercuro,* in: ders. (Hrsg.), Law and Economics II, 2007, S. 1. Aus verhaltensökonomischer Perspektive *Lucas, Jr./Tasić,* West Va. L. Rev. 118 (2015), 199.

[3] Ähnlich auch *Downs,* An Economic Theory of Democracy, 1957, S. 36. Diese Freiheit führt mit dem Kollektiv ein neues Subjekt als Träger von Freiheit ein und betrifft damit den *agent* von Freiheit, also das erste Definitionsmerkmal von *MacCallum, Jr.,* Philos. Rev. 76 (1967), 312, 315 f. Sie wird von *Möllers,* Freiheitsgrade, ^{2}2020, S. 58 f. (Rn. 43) als Freiheit von Gemeinschaften bezeichnet (erster Freiheitsgrad).

[4] Vgl. *Berlin,* in: Hardy (Hrsg.), Liberty, 2002, S. 166, 179 (gerade deshalb skeptisch gegenüber kollektiver Freiheit).

[5] Ähnlich auch *Möllers,* Freiheitsgrade, ^{2}2020, S. 58 f. (Rn. 43).

Freiheit auf die Entscheidungsfindung des Kollektivs Einfluss nehmen können. Klassischerweise bestimmen sie durch den Wahlakt die Zusammensetzung eines Organs des Kollektivs *(Ebene der allgemeinen Partizipation).* Zum anderen muss dieses Organ über Einfluss auf die Entscheidungen des Kollektivs verfügen *(Ebene der Organkompetenz).*[6] Drittens muss auch das Kollektiv als Intermediär genügend Handlungsoptionen haben, um die Präferenzen der Individuen mittelbar verwirklichen zu können *(Ebene der Verbandskompetenz).*[7] Viertens schließlich muss das von der kollektiven Präferenzverwirklichung spezifisch betroffene Individuum in besonderer Weise prozedural eingebunden werden *(Ebene der besonderen Partizipation).* In diesem Kapitel werden die Schwierigkeiten herausgearbeitet, die auf jeder dieser Ebenen bestehen, wenn es zu einer algorithmischen Personalisierung des Rechts kommt. Die ersten drei Ebenen lassen sich anhand der Integrationskontrolle des Bundesverfassungsgerichts veranschaulichen: Das Bundesverfassungsgericht hat betont, dass Kompetenzen nicht unbegrenzt auf die Ebene der Europäischen Union übertragen werden dürfen, weil das den Handlungsspielraum der Bundesrepublik *(Ebene der Verbandskompetenz)* und damit auch den Einfluss des Bundestags *(Ebene der Organkompetenz)* begrenzt, sodass das Wahlrecht aus Art. 38 I GG *(Ebene der allgemeinen Partizipation)* entwertet zu werden droht. Dem Deutschen Bundestag (und damit der Bundesrepublik Deutschland) müssen mithin „eigene Aufgaben und Befugnisse von substantiellem politischen Gewicht verbleiben“[8].

2. Kollektive Gleichheit

Individuelle Gleichheit bezieht sich auf die Ausübung individueller Freiheit. Kollektive Gleichheit bezieht sich hingegen auf die Ausübung kollektiver Freiheit. Konkret heißt das, dass Gleichheitsfragen auf jeder der vier Ebenen der kollektiven Freiheit erörtert werden können. Das Phänomen der kollektiven Gleichheit kann sich damit auf die Gleichheit bei der Ausübung der allgemeinen

---

[6] Die erste und die zweite Ebene können ebenfalls in einem Spannungsverhältnis stehen, weil Partizipationsanforderungen Handlungsspielräume der zweiten Ebene verengen können. Vgl. hierzu für die Beziehung zwischen Repräsentierenden und Repräsentierten *Möllers,* Freiheitsgrade, [2]2020, S. 74 (Rn. 61) (erstes Dilemma).

[7] Das Kollektiv kann seine Freiheit wiederum individuell ausüben (etwa durch völkerrechtlichen Vertrag) oder kollektiv (etwa durch Beitritt zu einer supranationalen Organisation).

[8] BVerfGE 154, 17, 87 (Rn. 103) *(PSPP);* 151, 202, 288 (Rn. 122) *(Europäische Bankenunion);* 142, 123, 195 (Rn. 138) *(OMT);* 135, 317, 401 (Rn. 164) *(ESM);* 123, 267, 330, 356 *(Lissabon);* 89, 155, 172, 182 *(Maastricht).* Vgl. zu diesem Argumentationsmuster *Bender,* ZEuS 2020, 409, 417. Allg. zur Entparlamentarisierung durch Kompetenzverlagerung auf die Europäische Union vgl. *Puhl,* in: Isensee/Kirchhof (Hrsg.), Handbuch des Staatsrechts der Bundesrepublik Deutschland, [3]2005, S. 639, 647–652 (Rn. 11–16).

Partizipationsrechte beziehen *(Wahlrechtsgleichheit)*. Es kann aber auch um die Gleichheit der Organe des Kollektivs gehen *(Gewaltenteilung* und *-balance* oder *Grundsatz des institutionellen Gleichgewichts*[9]*)*. Drittens kann kollektive Gleichheit auf die Gleichheit der Kollektive bezogen werden *(völkerrechtliche Gleichheit der Staaten*[10]*)*. Viertens schließlich lässt sich kollektive Gleichheit auf der Ebene der besonderen Partizipationsrechte erörtern *(Verfahrensgleichheit)*. Tedenziell dominiert im Rahmen der Wahlrechtsgleichheit[11] und der völkerrechtlichen Gleichheit ein formelles Gleichheitsverständnis. Geht es hingegen um die Gleichheit der Organe und die Gleichheit in Verfahrensrechten, dominiert tendenziell ein materielles Gleichheitsverständnis, das bei den Organrechten den Grad an Legitimation des Organs und bei den Verfahrensrechten den Grad an Betroffenheit des Individuums berücksichtigt. In diesem Abschnitt steht unter Gleichheitsgesichtspunkten der Grundsatz der Gewaltenteilung im Vordergrund. Es wird aufgezeigt, dass ein auf algorithmischer Personalisierung beruhendes Rechtssystem mit einem Bedeutungsverlust der Legislative (Parlament) und der Judikative (Richterschaft) einhergeht.

II. Algorithmische Personalisierung und Demokratieprinzip

Im Folgenden werden Probleme der algorithmischen Personalisierung mit dem Demokratieprinizip aufgezeigt. Es wurde bereits dargelegt[12], dass der Wertungskonflikt bei einer algorithmischen Rechtssetzung *in-process*, also durch den Algorithmus selbst aufgelöst wird: *Pre-process* kommen nur vage Standards zum Einsatz, die zwar im Rahmen des demokratischen Prozesses legitimiert werden können, den Wertungskonflikt aber gerade nicht auflösen. Alleine durch die Entscheidung über *policy objectives*[13] oder ein generelles personalisiertes Recht[14] lassen sich die Bedenken mit Blick auf das Demokratieprinzip

[9] Zum Grundsatz des institutionellen Gleichgewichts vgl. EuGH, Urt. v. 13.6.1958, C-10/56 *(Meroni)*.

[10] Zum Grundsatz der souveränen Gleichheit im Völkerrecht krit. darst. *Kokott*, ZaöRV 64 (2004), 517.

[11] Besonders deutlich BVerfGE 151, 1, 18 f. Dazu bereits auf S. 248 (Fn. 49 mit Zitat).

[12] Dazu insb. unter § 2 (S. 52 f.).

[13] So aber *Casey/Niblett*, U. Chi. L. Rev. 86 (2019), 333, 338 f. Ferner bereits *dies.*, Ind. L.J. 92 (2017), 1401, 1437. Außerhalb des Personalisierungsdiskurses vgl. *Sommerer*, Predictive Policing, 2020, S. 48, 59. („Zielvariable“); *Mitchell/Potash/Barocas* u. a., Ann. Rev. Stat. Appl. 8 (2021), 141, 143 („policy question“).

[14] So aber *Hacker*, Eur. Rev. Priv. L. 25 (2017), 651, 656 (Rn. 6) („general personalization law“). Ebenso *ders.*, in: Bakhoum/Conde Gallego/Mackenrodt u. a. (Hrsg.), Personal Data, 2018, S. 85, 93 f.

also gerade nicht beseitigen. *Post-process* gibt es keine Wertungskonflikte mehr zu lösen, weil auf dieser Ebene nur noch ein automatisierter Verwaltungsakt ergeht bzw. eine gesetzliche Regelung punktuell bekanntgegeben wird. Demokratische Legitimation ließe sich damit nur dadurch erreichen, dass der Algorithmus selbst als die personalisierte Regel zum Gegenstand des Legitimationsprozesses wird. Diesem Vorhaben stehen jedoch auf jeder der vier Ebenen der kollektiven Freiheit Einwände entgegen.

1. Ebene der allgemeinen Partizipation: Öffentlichkeitsproblem (Staatsvolk)

Der allgemeine Partizipationsakt, also der Wahlakt im Sinne des Art. 38 I GG, entfaltet seine legitimierende Wirkung nur dann, wenn Rechtssetzung Gegenstand eines öffentlichen Diskurses sein kann.[15] Er steht also in einem Zusammenhang mit dem Grundsatz demokratischer Öffentlichkeit. Dessen Bedeutung lässt sich zum einen wiederum durch einen Blick auf die Analyse des unionsrechtlichen Einigungsprozesses durch das Bundesverfassungsgericht veranschaulichen, das eine der Ursachen für das Demokratiedefizit auf unionaler Ebene in dem Fehlen einer gesamteuropäischen Öffentlichkeit sieht.[16] Zum anderen kann auf die Beurteilung der Meinungsfreiheit aus Art. 5 I GG als „schlechthin konstituierend" für die Demokratie verwiesen werden.[17] Schließlich steht auch das rechtsstaatliche Gebot der Normenklarheit in diesem Zusam-

[15] In diesem Sinne im Personalisierungsdiskurs bereits ausf. *Bender,* ERCL 16 (2020), 366, 395–398 („public transparency"). Ferner *Grigoleit/Bender,* in: Busch/De Franceschi (Hrsg.), Personalized Law, 2021, S. 115, 134 f. (Rn. 65 f.) („dissolution of publicity"); *Bender,* JjZRW 2020, S. 33, 56–58; *Barry/Hatfield/Kominers,* Wm. & Mary L. Rev. 62 (2021), 723, 778–782; *Klass,* U. Chi. L. Rev. Online (unter III.).

[16] Insb. BVerfGE 123, 267, 359) *(Lissabon-Urteil)* („Auch wenn durch die großen Erfolge der europäischen Integration eine gemeinsame und miteinander im thematischen Zusammenhang stehende europäische Öffentlichkeit in ihren jeweiligen staatlichen Resonanzräumen ersichtlich wächst […], so ist doch nicht zu übersehen, dass die öffentliche Wahrnehmung von Sachthemen und politischem Führungspersonal in erheblichem Umfang an nationalstaatliche, sprachliche, historische und kulturelle Identifikationsmuster angeschlossen bleibt. Sowohl das Demokratieprinzip als auch das ebenfalls von Art. 23 Abs. 1 Satz 1 GG strukturell geforderte Subsidiaritätsprinzip verlangen deshalb, gerade in zentralen politischen Bereichen des Raumes persönlicher Entfaltung und sozialer Gestaltung der Lebensverhältnisse, die Übertragung und die Ausübung von Hoheitsrechten auf die Europäische Union in vorhersehbarer Weise sachlich zu begrenzen.").

[17] Vgl. etwa BVerfGE 7, 198, 208 *(Lüth).* Ähnlich Richter *Cardozo*, in: *Palko v. Connecticut*, 302 U.S. 319, 327 (1937) („the matrix, the indispensable condition of nearly every other form of freedom").

menhang[18]: Nicht nur, um Gesetze befolgen zu können *(individual transparency),* sondern auch, um sie zum Gegenstand von Kritik machen zu können *(public transparency),* müssen Gesetze klar und bestimmt sein.[19]

Mit diesem den Wahlakt qualifizierenden Öffentlichkeitsgrundsatz kollidiert das algorithmische Personalisierungsprojekt, weil bei algorithmischer Personalisierung des Rechts notwendig die externe Komplexität steigt. Dies ist – wie im rechtstheoretischen Kapitel herausgearbeitet[20] – dem *Sprachproblem* (formalisierte statt natürliche Sprache), dem *Differenzierungsproblem* (hohe interne Komplexität infolge der Multiplikation der Tatbestandsmerkmale) und dem *Black-Box-Problem* (Unvorhersehbarkeit der maßgeblichen Tatbestandsmerkmale) geschuldet.

Es ließe sich einwenden, das Öffentlichkeitsproblem werde durch eine algorithmische Personalisierung der Rechtssetzung nicht verstärkt, weil auch jetzt Gesetzesvorhaben nur selten Gegenstand eines öffentlichen Diskurses seien. Dies überzeugt allerdings nicht. Zum einen werden Gesetze in *ihren normativen Implikationen* oft von einer über die juristische Fachöffentlichkeit hinausgehenden Öffentlichkeit verstanden. Juristische Argumente dominieren sogar in wesentlichen Bereichen den gesellschaftlichen und politischen Diskurs.[21] Zum anderen entsteht gerade durch den rechtswissenschaftlichen Fachdiskurs eine besondere Öffentlichkeit, die sich auch als „fünfte Gewalt" bezeichnen lässt.[22]

---

[18] Vgl. Dürig/Herzog/Scholz – *Grzeszick,* GG, 99 2022, Art. 20 VII Rn. 53 („Weiterhin müssen Normen auch inhaltlich hinreichend klar gefaßt sein, um dem Bürger zu gestatten, sich ein eigenes Bild von seiner Rechtslage zu machen.").

[19] Dazu allg. *Sunstein,* in: Alemanno/Sibony (Hrsg.), Nudge and the Law, 2017, v, ix („transparency and public scrutiny"); *Thaler/Sunstein,* Nudge, 2 2009, S. 243 ff., insb. S. 245 („publicity principle"); *Hesselink,* ERCL 1 (2005), 44, 68 f. („knowledge problem"), 70 („free citizens"); *Hacker,* Eur. Rev. Priv. L. 2 (2016), 297, 308 ff.; *Sen,* Collective Choice and Social Welfare, 3 2017, S. 396 (Demokratie als Entscheidungssystem „based on public reasoning, combining participatory discussions with public decision-making."). Ähnlich auch *Herold,* Automatisiert erlassene Verwaltungsakte, 2020, S. 224. Speziell im Personalisierungsdiskurs *Hacker,* in: Bakhoum/Conde Gallego/Mackenrodt u. a. (Hrsg.), Personal Data, 2018, S. 85, 107 (Personalisierung des Rechts als Herausforderung für den demokratischen Diskurs und „open discursivity").

[20] Ausf. dazu unter § 2 (S. 54).

[21] Für die US-amerikanische Gesellschaft vgl. insb. *Kagan,* Adversarial Legalism, 2001, passim.

[22] Im Ansatz im Rahmen des Personalisierungsdiskurses bereits *Grigoleit/Bender,* in: Busch/De Franceschi (Hrsg.), Personalized Law, 2021, S. 115, 134 f. (Rn. 66); *Bender,* JjZRW 2020, S. 33, 57 f.; *ders.,* ERCL 16 (2020), 366, 397. Ähnlich *B. Schünemann,* Gesammelte Werke I, 2020, S. X (der Rechtswissenschaft die Aufgabe einer „intellektuell kontrollierenden Instanz" zuschreibend, „die man in dem Konzept der deliberativen Demokratie als Avantgarde des Staatsvolkes, also des Souveräns, und dadurch als eine Art vierte, nicht herrschende, sondern nur kontrollierende Gewalt verstehen könnte."). Hier wird der Begriff der

Dieser rechtswissenschaftliche Fachdiskurs kann schließlich auch nicht durch einen informationstechnologischen Fachdiskurs ersetzt werden: Entgegen dem *empirischen* Rechtsverständnis des Personalisierungsprojekts ist die algorithmische Regel nicht nur technische Umsetzung, sondern Auflösung eines normativen Wertungskonflikts (*normatives* Rechtsverständnis).[23] Es bedarf also eines *normativen* Fachdiskurses, der für konkrete gesellschaftliche Probleme die Auflösung der widerstreitenden Zielvorgaben in Tatbestandsmerkmalen zum Gegenstand hat. Nur der rechtswissenschaftliche Diskurs erfüllt diese Vorgaben.

2. Ebene der Organkompetenz: Entparlamentarisierungsproblem

Auch auf der Ebene der Organkompetenz bestehen Probleme, die sich nicht nur bei einer Entscheidung über den Algorithmus außerhalb des Parlaments einstellen (a), sondern auch bei einem parlamentarischen Beschluss über ein „Algorithmusgesetz" (b).

a) Entparlamentarisierung durch Kompetenzentzug

Die konkrete Ausgestaltung der Algorithmen wird im Zweifel nicht vom Parlament, sondern von Informatikern der Ministerialbürokratie entschieden *(Entparlamentarisierung).*[24] Dem Parlament als dem unmittelbar demokratisch legitimierten Organ wird damit die konkrete Entscheidung über die Auflösung der Wertungskonflikte entzogen, sodass auch der Wahlakt ins Leere geht. Insbesondere setzt bei fallbasierten Entscheidungssystemen eine volle Determination der Auflösung des Wertungskonflikts auch eine Entscheidung über den konkreten Datensatz voraus, über den der Algorithmus fortlaufend weiterentwickelt wird. Gerade dieses kontinuierliche Betreuen der Algorithmen wird in einer sinnvollen Weise vom Parlament selbst nicht geleistet werden können. Die Qualifikation des Algorithmus als Binnenvorschrift (getrennte Betrachtung von Algorithmus und Mikrodirektive) oder Rechtsnorm (einheitliche Betrachtung)[25] kann somit institutionell über den Bezug zur Verwaltung konkretisiert werden: Der Algorithmus für *ex ante* ergehende Mikrodirektiven wäre administrative

---

vierten Gewalt aber entsprechend der üblichen Sprachkonvention für die Medien reserviert (vgl. hierzu *Marcic,* Vom Gesetzesstaat zum Richterstaat, 1957, S. 394 ff.).

[23] Dazu bereits unter § 2 (S. 48 f.) sowie § 6 (S. 266).

[24] Zu diesem Begriff als Krisenphänomen vgl. etwa *Puhl,* in: Isensee/Kirchhof (Hrsg.), Handbuch des Staatsrechts der Bundesrepublik Deutschland, [3]2005, S. 639, 640 (Rn. 1) m. w. N.

[25] Dazu insb. unter § 2 (S. 57–62) (Gegenüberstellung von Verwaltungsakts- und Rechtsnormmodell).

Binnenvorschrift (also Verwaltungsvorschrift[26]) oder administrative Rechtsnorm (also Verordnung[27]).

b) Normative Einwände gegen ein „Algorithmusgesetz"

Selbst wenn jedoch eine parlamentarische Entscheidung über die konkrete Ausgestaltung eines Algorithmus in Gesetzesform möglich wäre, stünden ihr aus institutioneller Sicht zwei normative Einwände entgegen. Diese werden im Folgenden für den hypothetischen Fall eines „Algorithmusgesetzes" formuliert.

aa) Das Öffentlichkeitsproblem

Zum einen führt alleine der Umstand, dass das Parlament *formell* die Kompetenz behält, über den Algorithmus zu entscheiden, bei einer *materiellen* Betrachtung nicht dazu, dass das Parlament auch Legitimation vermitteln kann: Genauso wie der Wahlakt der das Staatsvolk konstituierenden Individuen einen öffentlichen Diskurs voraussetzt, genauso bedarf es eines parlamentarischen Diskurses. Aufgrund des *Sprachproblems*, des *Differenzierungsproblems* und des *Black-Box-Problems* kann jedoch auch die parlamentarische Öffentlichkeit nicht hergestellt werden. Die der Abstimmung vorausgehende Sachdiskussion und die sich hieraus ergebende Öffentlichkeitsfunktion des Parlaments gehen im Falle der algorithmischen Personalisierung des Rechts verloren.[28]

bb) Das Allgemeinheitserfordernis des Art. 19 I 1 GG

Zum anderen ergeben sich bei einer parlamentarischen Entscheidung über ein Algorithmusgesetz auch Probleme mit Blick auf das Allgemeinheitserfordernis, das allerdings sowohl mit Blick auf den Anwendungsbereich als auch mit Blick auf den Schutzgehalt umstritten ist.

---

[26] Dazu bereits unter § 2 (S. 57 f.) sowie *Maurer/Waldhoff,* Allgemeines Verwaltungsrecht, [19]2017, S. 66 f. (§ 4 Rn. 4), S. 659 f. (§ 24 Rn. 2–4).

[27] Dazu bereits unter § 2 (S. 59 f.). Allg. *dies.,* Allgemeines Verwaltungsrecht, [20]2020, S. 76 f. (§ 4 Rn. 28), S. 396 f. (§ 13 Rn. 1–3). Da es bei der Setzung personalisierten Rechts grds. nicht um Selbstverwaltung geht, liegt die Einordnung der Rechtsnorm als Verordnung näher als die Einordnung als Satzung.

[28] Vgl. hierzu etwa *Ettinger,* in: Meier/Bonfadelli/Trappel (Hrsg.), Gehen in den Leuchttürmen die Lichter aus?, 2012, S. 109–111 (die Bedeutung der Öffentlichkeit über die Forums-, Kontroll- und Integrationsfunktion konzeptualisierend). Vgl. auch *Degenhart,* Staatsrecht I, [38]2023, Rn. 634 („‚Repräsentationsfunktion' und Öffentlichkeitsfunktion"). Zur Öffentlichkeitsfunktion des Parlaments ausf. *Klein,* in: Isensee/Kirchhof (Hrsg.), Handbuch des Staatsrechts der Bundesrepublik Deutschland, [3]2005, S. 711, 736–738 (Rn. 42–45). Allg. zur Öffentlichkeit des Parlaments als Teil des Demokratieprinzips Dürig/Herzog/Scholz – *Grzeszick,* GG, [99]2022, Art. 20 II Rn. 24 f.

Nach hier maßgeblichem Verständnis ist der *Anwendungsbereich* weit zu fassen, sodass der Gesetzgeber bei dem Eingriff in *jedes* Grundrecht allgemeine Gesetze erlassen muss[29]: Bei Grundrechten, die durch oder aufgrund eines Gesetzes eingeschränkt werden können, kommt Art. 19 I 1 GG unmittelbar zur Anwendung.[30] Bei den übrigen Grundrechten mit Regelungsvorbehalt finden sich entweder Spezialregelungen zum Allgemeinheitsgrundsatz *(Gruppe der normgeprägten Grundrechte im weiteren Sinne)*[31] oder es wurde an die Einschränkbarkeit nicht gedacht, sodass Art. 19 I 1 GG analog anzuwenden ist *(Gruppe der vorbehaltlos gewährleisteten Grundrechte)*[32].

---

[29] So im Grundsatz auch von Mangoldt/Klein/Starck – *Huber,* GG, [7]2018, Art. 19 Rn. 43 f.; *Kirchhof,* Die Allgemeinheit des Gesetzes, 2009, S. 211–215. Dies schließt es nicht aus, Art. 14 III 2 GG als Ausnahme *(lex specialis)* zu deuten. In diesem Sinne etwa BVerfGE 95, 1, 26 *(Südumfahrung Stendal).* Ferner BVerfGE 24, 367, 396 ff. (allerdings unter Betonung des Ausnahmecharakters der Legalenteignung); BeckOK – *Enders,* GG, [54]2023, Art. 19 Rn. 12. Grundsätzlich auch von Mangoldt/Klein/Starck – *Huber,* GG, [7]2018, Art. 19 Rn. 32 (die Bedeutung des Art. 19 I 1 GG in der Begründung des Ausnahmecharakters der Legalenteignung sehend).

[30] Hierauf beschränkt eine wesentliche Ansicht den Anwendungsbereich des Art. 19 I 1 GG, vgl. etwa BVerfGE 24, 367, 396; 25, 371, 399. Darst. von Mangoldt/Klein/Starck – *Huber,* GG, [7]2018, Art. 19 Rn. 42.

[31] Ähnlich *Lerche,* in: Isensee/Kirchhof (Hrsg.), Handbuch des Staatsrechts der Bundesrepublik Deutschland, [2]2000, S. 775, 796 (Rn. 34) („Für die Kategorie der Grundrechtsprägung kommen in der Regel Individualgesetze von vornherein nicht in Betracht."). Wird hier – wie von den in der nächsten Fn. genannten Autoren – eine analoge Anwendung des Art. 19 I 1 GG gefordert, ergeben sich in der Sache keine Unterschiede. Dass im Einzelnen etwa Art. 5 II GG ein über Art. 19 I 1 GG hinausgehender Gehalt beigemessen wird (zur unterschiedlichen Bedeutung beider Vorschriften vgl. *Kingreen/Poscher,* Grundrechte, [38]2022, Rn. 810; vgl. ferner Dürig/Herzog/Scholz – *Grabenwarter,* GG, [99]2022, Art. 5 I, II Rn. 121), hängt damit zusammen, dass das Allgemeinheitserfordernis des Art. 5 II GG nicht nur als Sonderrechtsverbot (so die Sonderrechtslehre, vgl. *Rothenbücher,* VVDStRL 4 [1928], 6, 20; *Anschütz,* VVDStRL 4 [1928], 74, 75; *Schmitt,* Verfassungslehre, [11]2017, S. 167), sondern auch als Abwägungsgebot (so die Abwägungs- oder Vorranglehre, vgl. *Smend,* VVDStRL 4 [1928], 44, 51 f.) verstanden wird (zur Kombinationsformel der Rspr., vgl. BVerfGE 7, 198; 124, 300), Art. 19 I 1 GG aber weniger weitgehend materiell aufgeladen wird. Von ihrer Zielrichtung her laufen beide Vorschriften aber parallel (so im Ansatz auch *Kirchhof,* Die Allgemeinheit des Gesetzes, 2009, S. 238 f.). Auch der Verweis auf die „verfassungsmäßige Ordnung" in Art. 2 I GG, also auf die Rechtsordnung (BVerfGE 4, 7, 15; 6, 32, 38; Dürig/Herzog/Scholz – *Di Fabio,* GG, [99]2022, Art. 2 Rn. 39 m. w. N.) und die „allgemein zugänglichen Quellen" in Art. 5 I GG (vgl. BeckOK – *Schemmer,* GG, [54]2023, Art. 5 Rn. 26.) oder der Regelungsvorbehalt des Art. 12 I GG (für dessen Deutung im Sinne einer Normprägung vgl. BVerfGE 13, 97, 122; Dürig/Herzog/Scholz – *Scholz,* GG, [99]2022, Art. 12 Rn. 313–318) haben eine ähnliche Stoßrichtung.

[32] Ingesamt für eine weite Auslegung des Anwendungsbereichs von Art. 19 I 1 GG etwa von Mangoldt/Klein/Starck – *Huber,* GG, [7]2018, Art. 19 Rn. 43; *Kirchhof,* Die Allgemeinheit des Gesetzes, 2009, S. 211–215; Dreier – *Dreier,* GG, [3]2013, Art. 19 I Rn. 11 (die Anwendung

Der *Bedeutungsgehalt* ist weitgehend ungeklärt. Das Spektrum reicht von der (weiten) Verpflichtung des Gesetzgebers, abstrakt-generelle Regeln zu erlassen[33] über das sachbezogene Verbot des Einzelfallgesetzes (Verbot des Verwaltungsaktes in Gesetzesform)[34] und dem zeitbezogenen Gebot, den Anwendungsbereich offen zu formulieren[35] bis hin zu dem (engen) Verbot, einzelne Individuen (oder Gruppen von Individuen) in einem Gesetz zu identifizieren.[36] Überzeugend ist es, die Bedeutung des Allgemeinheitserfordernisses ausgehend von dessen *telos* und den spezifischen Problemen von Einzelfallgesetzen zu erschließen: Einzelfallgesetze verkomplizieren die Rechtslage insgesamt, sodass sie erstens Transaktionskosten erhöhen *(Rechtssicherheitsaspekt)* und zweitens einen breiten öffentlichen Diskurs erschweren *(Öffentlichkeitsaspekt)*.[37] Drittens verkürzen sie die Rechtsschutzmöglichkeiten, indem sie eigentlich der

---

auf vorbehaltlos gewährleistete Grundrechte betonend), Rn. 12 (Gleichheitsgrundrechte allerdings ausnehmend).

[33] Ausf. *Kirchhof,* Die Allgemeinheit des Gesetzes, 2009, S. 174 ff., insb. S. 211 (dieses materielle Verständnis zumindest im Sinne einer nicht justiziablen „Klugheitsregel" postulierend). Ferner *Krüger,* DVBl. 1955, 758. Damit wird letztendlich der politische Gesetzesbegriff von *Schmitt,* Verfassungslehre, ^{11}2017, S. 151 rezipiert.

[34] Besonders deutlich BeckOK – *Enders,* GG, ^{54}2023, Art. 19 Rn. 8. In diesem Sinne auch *Ossenbühl,* FS Hoppe, 2000, S. 183, 191. Ähnlich BVerfGE 36, 383, 400 f. („Eine Norm ist dann ein generelles Gesetz und kein Einzelfallgesetz, wenn sich wegen der abstrakten Fassung des gesetzlichen Tatbestands nicht genau übersehen lässt, auf wieviele und welche Fälle es Anwendung findet [...]."). Ebenso BVerfGE 25, 371, 396.

[35] So etwa in Konkretisierung der vorstehend genannten Formel BVerfGE 25, 371 396 („[...] wenn also nicht nur ein einmaliger Eintritt der vorgesehenen Rechtsfolge möglich ist."). Ebenso BVerfGE 13, 225, 229. Ähnlich von Münch/Kunig – *Kerkemeyer,* GG, ^{7}2021, Art. 19 Rn. 24 (den zeitlichen Anwendungsbereich zumindest als Indiz heranziehend). Darst. *Lerche,* in: Isensee/Kirchhof (Hrsg.), Handbuch des Staatsrechts der Bundesrepublik Deutschland, ^{2}2000, S. 775, 797 (Rn. 36).

[36] In diesem Sinne von Mangoldt/Klein/Starck – *Huber,* GG, ^{7}2018, Art. 19 Rn. 25, 58 f.; *Ipsen,* Staatsrecht II, ^{24}2021, S. 52 (Rn. 201) (das Einzelfallgesetz als dem Wortlaut oder der Intention nach auf bestimmte Personen ausgerichtet definierend); *Lerche,* in: Isensee/Kirchhof (Hrsg.), Handbuch des Staatsrechts der Bundesrepublik Deutschland, ^{2}2000, S. 775, 797 (Rn. 36). Im Ansatz auch von Münch/Kunig – *Kerkemeyer,* GG, ^{7}2021, Art. 19 Rn. 30 (allerdings neben Art. 3 I GG keinen wesentlichen Anwendungsbereich erkennend). Besonders restriktiv Sachs – *Sachs,* GG, ^{9}2021, Art. 19 Rn. 24 („nur gegen erkennbaren Missbrauch der Gesetzesgewalt [ge]wendet").

[37] Diese beiden Aspekte betreffen letztendlich die *individual* und *public transparency* (dazu bereits auf S. 274). Lediglich am Rande sei angemerkt, dass die Rechtsunsicherheit nicht nur aus der Verästelung der Regelung folgt, sondern auch daraus, dass den einzelfallorientierten gesetzlichen Regelungen im Falle der Rechtswidrigkeit gegebenenfalls die Wirksamkeit fehlt (zum im Einzelnen problematischen Nichtigkeitsdogma bereits auf S. 211 [Fn. 155]), obwohl Dritte auf sie vertraut haben. Gerade das ist bei einer Einzelfallregelung durch bestandskräftigen Verwaltungsakt anders. Dazu bereits unter § 2 (S. 60).

Verwaltung vorbehaltene Differenzierungen gesetzlich regeln *(Rechtsschutzaspekt)*.[38] Viertens schließen sie die Möglichkeit aus, den Sachverstand der Verwaltung auf Vollzugsebene einzubinden, weil sie alle Wertungsfragen selbst auflösen *(Gewaltenteilungsaspekt)*.[39] Fünftens schließlich knüpfen zumindest personenidentifizierende Einzelfallgesetze an persönliche Merkmale an, die aufgrund ihrer Nähe zu Art. 3 III GG problematisch sind *(Aspekt der Ausstrahlungswirkung des Art. 3 III GG)*.[40] Vor diesem Hintergrund ist Art. 19 I 1 GG als spezieller Gleichheitssatz für legislatives Handeln zu verstehen, dem ein formelles Gleichheitsverständnis zugrunde liegt und der damit Durchbrechungen des ersten Postulats (Gleiches gleich) höheren Rechtfertigungsanforderungen unterwirft als Durchbrechungen des zweiten Postulats (Ungleiches seiner Eigenart entsprechend).[41] Je intensiver die Schutzaspekte des Art. 19 I 1 GG betroffen sind, desto höher sind auch die Rechtfertigungsanforderungen.

Ein Algorithmusgesetz berührt alle Schutzaspekte besonders intensiv: Es kann nur schwer verstanden und zum Gegenstand einer öffentlichen Debatte gemacht werden. Außerdem determiniert es vollständig den Einzelfall, ohne die Verwaltung einzubinden. Schließlich wird der Algorithmus zumindest bei einem fallbasierten Entscheidungssystem gerade mit Blick auf die persönlichen Daten eines jeden Rechtssubjekts und damit in Ansehung von Einzelfällen er-

---

[38] Vgl. von Mangoldt/Klein/Starck – *Huber,* GG, [7]2018, Art. 19 S. 24.

[39] Für eine staatsorganisationsrechtliche Deutung vgl. etwa *Volkmar,* Allgemeiner Rechtssatz und Einzelakt, 1962, S. 234. Eine primär individualrechtliche Deutung schließt bei richtigem Verständnis staatsorganisationsrechtliche Folgeerwägungen nicht aus, vgl. etwa von Mangoldt/Klein/Starck – *Huber,* GG, [7]2018, Art. 19 Rn. 14 („Rückwirkungen auf die anderen Staatsfunktionen"); *Bender,* JjZRW 2020, S. 33, 51 (Fn. 74).

[40] Ähnlich mit Blick auf die Personenbezogenheit von Mangoldt/Klein/Starck – *Huber,* GG, [7]2018, Art. 19 Rn. 25. Mit Blick auf die Nähe zu Art. 3 III GG *Bender,* JjZRW 2020, S. 33, 51.

[41] Von den gleichheitsrechtlichen Ansätzen besonders nahe Dreier – *Dreier,* GG, [3]2013, Art. 19 I Rn. 16 („Allgemeinheitspostulat als Verschärfung oder als Konkretisierung bzw. Spezialisierung von Art. 3 I GG"). Ähnlich von Mangoldt/Klein/Starck – *Huber,* GG, [7]2018, Art. 19 Rn. 23–26 („Verschärfung des allgemeinen Gleichheitssatzes"), Rn. 58 f. (allerdings beschränkt auf Einzelpersonengesetze und gruppenbezogene Einzelfallgesetze, bei denen jedoch eine Rechtfertigungsmöglichkeit bestehe); *Kunig,* Jura 1993, 308, 311; *Ossenbühl,* FS Hoppe, 2000, S. 183, 191 (erhöhte Rechtfertigungsanforderungen); Dürig/Herzog/Scholz – *Remmert,* GG, [99]2022, Art. 19 I Rn. 22 (widerlegliche Vermutung für nicht gerechtfertigte Ungleichbehandlung); *Meesen,* DÖV 26 (1970), 314, 317. Im Personalisierungsdiskurs *Bender,* JjZRW 2020, S. 33, 51 („Verschärfung des Art. 3 I GG", „Art. 19 I 1 GG im Kontext von Art. 3 III GG zu sehen"). Auch für eine gleichheitsrechtliche Deutung, aber ohne Verschärfung der Rechtfertigungslast, BVerfGE 4, 219, 244; 134, 33, 88 (Rn. 128); 139, 148, 176 (Rn. 53) („Art. 19 Abs. 1 Satz 1 GG enthält letztlich eine Konkretisierung des allgemeinen Gleichheitssatzes"); von Münch/Kunig – *Kerkemeyer,* GG, [7]2021, Art. 19 Rn. 30.

stellt.[42] Dass auf diese Weise über eine Vielzahl von Einzelfällen entschieden wird, ändert nichts an der Individualisierung und damit an der teleologischen Einschlägigkeit der Kategorie des Einzelfallgesetzes.

3. Ebene der Verbandskompetenz: Entstaatlichungsproblem

Umfassende Organkompetenzen nutzen für die kollektive Freiheit wenig, wenn der gesamte Verband nicht über einen hinreichenden Gestaltungsspielraum verfügt. Einschränkungen drohen hier nicht nur durch die Übertragung von Hoheitsrechten auf einen anderen öffentlich-rechtlichen Verband (etwa die Europäische Union)[43], sondern auch durch die materielle Privatisierung der Normsetzung, also die Entstaatlichung. Auch wenn dieser Aspekt nicht zwingend mit der algorithmischen Personalisierung des Rechts verbunden ist, so wird die private Setzung personalisierter Normen doch immer wieder – insbesondere von *Andrew Verstein* – als besonders naheliegende Möglichkeit für eine Verwirklichung des Personalisierungsprojekts betrachtet. Gerade der Gedanke, dass private Akteure bereits jetzt mit den Techniken der Datensammlung und -analyse vertraut sind, scheint hierfür den Ausschlag zu geben.[44] An dieser Stelle geht es nur darum, auf den Konflikt zwischen kollektiver Freiheit und Privatisierung der Normsetzung hinzuweisen, der aus dem Entzug der Kompetenzen des Verbandes resultiert. Die Einzelheiten der privaten Personalisierung werden sogleich in einem gesonderten Abschnitt dargestellt.[45]

4. Ebene der besonderen Partizipation: Determinationsproblem

Auf der letzten Ebene der kollektiven Freiheit liegen die besonderen Partizipationsrechte des durch die jeweilige Maßnahme betroffenen Individuums. Auf verwaltungsrechtlicher Ebene werden derartige Mitwirkungsrechte durch einen *Antrag* im Rahmen der Leistungsverwaltung[46] oder durch eine *Anhörung* im Rahmen der Eingriffsverwaltung[47] erfüllt. Die besonderen Partizipationsanfor-

---

[42] Zu den Schwierigkeiten bei der Rechtfertigung bereits unter § 5 (S. 214–230) sowie unter § 6 (S. 252–261, 265–268).

[43] Dazu bereits oben (Fn. 8).

[44] *Verstein,* U. Chi. L. Rev. 86 (2019), 551, 572–579; *Hacker,* Eur. Rev. Priv. L. 25 (2017), 651, 655 f. (Rn. 4); *ders.,* in: Bakhoum/Conde Gallego/Mackenrodt u. a. (Hrsg.), Personal Data, 2018, S. 85, 96 *(government- vs. company-based personalized law); Bar-Gill,* U. Chi. L. Rev. 86 (2019), 217 (zur Personalisierung des Preises).

[45] Dazu auf S. 292–303.

[46] So erklärt sich etwa das Erfordernis des Bauantrags aus Art. 64 BayBO. Dazu bereits auf S. 195 (Fn. 84).

[47] So ist etwa das Anhörungserfordernis des § 28 I VwVfG zu verstehen.

derungen im Rahmen der Eingriffsverwaltung lassen sich nicht nur als privilegierte Mitwirkung an der kollektiven Freiheit begreifen, sondern auch aus dem Grundrechtsschutz entwickeln: Das jeweilige Grundrecht, in das eingegriffen wird, löst über den *status activus processualis* gewisse Partizipationsanforderungen im Rahmen des Verfahren aus, das zu einem Eingriff führt.[48]

Auch mit diesen besonderen Partizipationsanforderungen kollidiert das algorithmische Personalisierungsprojekt: Der Algorithmus löst als materiell-rechtliche Regel den Wertungskonflikt abstrakt-generell und losgelöst vom Einzelfall auf der Grundlage eines antizipiert ermittelten Sachverhalts auf. Die Mikrodirektive kommuniziert dieses vorab gefundene Ergebnis in Form eines Verwaltungsaktes oder als punktuelle Bekanntgabe einer gesetzlichen Regelung. Da der Subsumtionsschritt automatisiert erfolgt, besteht keine Möglichkeit, weitere Wertungsgesichtspunkte bei der Zuordnung des Individuums zu einem Rechtsfolgensegment zu berücksichtigen. Gerade atypische Fälle, auf die die Verwaltung bei einem menschlichen Vollzug im Rahmen der Anhörung aufmerksam gemacht wird, können bei der algorithmischen Rechtssetzung nicht *ex ante* (sondern allenfalls durch einen Korrekturmechanismus *ex post*) berücksichtigt werden.[49] Zwar bedarf es der Anhörung nicht vor jeder staatlichen Maßnahme.[50] Die flächendeckende algorithmische Rechtssetzung würde aber dazu führen, dass die vierte Ebene der kollektiven Freiheit nicht nur *in Einzelfällen*, sondern *strukturell* wegfällt. Auch dieses Legitimationsdefizit setzt das Personalisierungsprojekt einem besonderen Rechtfertigungsdruck aus.

III. Algorithmische Personalisierung und Gewaltenteilung: Entjudikativierung

Bereits im vorangehenden Abschnitt wurde im Rahmen der Überlegungen zur kollektiven Freiheit das Verhältnis von Parlament und Verwaltung untersucht: Da durch die konkrete Ausgestaltung des Algorithmus die wesentlichen Wertungsfragen abstrakt-generell determiniert werden und sich die Konkretisierung im Einzelfall automatisch vollzieht, kommt es zu einem Wegfall des Dualismus von legislativer Normsetzung und administrativem Vollzug. Aufgrund der dargestellten Schwierigkeiten, Algorithmen zum Gegenstand eines parlamentarischen Rechtssetzungsvorgangs zu machen, geht das Personalisierungsprojekt mit einer Verschiebung von Entscheidungsmacht auf die Exekutive ein-

[48] Grundlegend *Häberle,* VVDStRL 30 (1971), 43, 86 ff. Dazu bereits unter § 5 (S. 193 f.).

[49] Zur Generalisierungstendenz der algorithmischen Rechtssetzung ausf. bereits unter § 2 (S. 51, 53 f.).

[50] Vgl. nur § 28 II VwVfG.

her. Nicht das Parlament, sondern die Verwaltung entscheidet die maßgeblichen Wertungskonflikte durch die Fassung des Algorithmus, der als Binnenvorschrift zur Vorbereitung automatisierter Verwaltungsakte oder als sukzessiv bekanntzugebende materiell-gesetzliche Regelung zu qualifizieren ist.[51] Im Folgenden liegt der Schwerpunkt nicht mehr auf dem Verhältnis von *Exekutive* und *Legislative*, sondern auf den Auswirkungen einer *ex ante* durch Mikrodirektiven erfolgenden, algorithmischen Personalisierung auf die *Judikative*. Es wird sich zeigen, dass die Verwaltungsgerichtsbarkeit ihren Kontrollauftrag nicht mehr ebenso effektiv wie in einem System des generellen Rechts wahrnehmen kann und dass die Rechtsfortbildungsfunktion der Zivilgerichte erheblich eingeschränkt wird. Algorithmische Personalisierung bedeutet damit nicht nur *Entparlamentarisierung*, sondern auch *Entjudikativierung*.[52]

I. Verwaltungsgerichtsbarkeit und Kontrollfunktion

Wird die Mikrodirektive als Verwaltungsakt qualifiziert, so ist in erster Linie die Anfechtungsklage (vgl. §§ 42 I, 113 I 1 VwGO) die statthafte Klageart.[53] Wird der Algorithmus samt Mikrodirektive hingegen als einheitliche, punktuell bekanntgegebene, administrative Rechtsnorm gesehen, so ist die Normenkontrolle nach § 47 VwGO einschlägig. In beiden Fällen wären grundsätzlich die Verwaltungsgerichte zur Kontrolle der Rechtmäßigkeit des personalisierten Rechts berufen. Da allerdings sowohl die Adressaten rechtswidriger Mikrodirektiven als auch die Verwaltungsgerichte bei der Beurteilung der Rechtmäßigkeit von algorithmisch personalisiertem Recht überfordert sein werden, kommt es zu einem Rückgang der Effektivität des verwaltungsgerichtlichen Rechtsschutzes (Art. 19 IV GG).

a) Rückgang der Klagen gegen rechtswidrige staatliche Maßnahmen

Die richterliche Entscheidung ist *ex officio* nicht möglich – es bedarf einer Klage. Dies bringt der Grundsatz *ne ultra petita* zum Ausdruck (vgl. § 88 VwGO). Die externe Komplexität des durch den Einsatz von Algorithmen personalisierten Rechts führt dazu, dass das einzelne Individuum die Rechtswidrigkeit des fallentscheidenden Algorithmus (also der Binnenvorschrift als Grundlage der

---

[51] Zur Einordnung des Algorithmus als Binnenvorschrift bereits unter § 2 (S. 57 f.). Zur alternativen Einordnung als (materielles) Gesetz unter § 2 (S. 59 f.).

[52] Zum personalisierungsbedingten Rückgang judikativer Entscheidungsmacht auch *Grigoleit/Bender,* in: Busch/De Franceschi (Hrsg.), Personalized Law, 2021, S. 115, 134 (Rn. 64); *Grigoleit,* U. Chi. L. Rev. Online 2022.

[53] Speziell für Verwaltungsakte des Bankaufsichtsrechts vgl. *Ludwig,* Wirtschaftsaufsicht, 2012, S. 289 f.

Verwaltungsakte oder der Rechtsnorm) nur schwer erkennen kann: Das *Sprachproblem* (der Algorithmus ist in formeller Sprache formuliert), das *Differenzierungsproblem* (es werden eine Vielzahl von Inputvariablen verwendet) und das *Black-Box-Problem* (viele der Zusammenhänge sind menschlich kaum nachvollziehbar) erschweren das Erkennen von gesetzes- oder verfassungswidrigen Entscheidungsmustern.[54] Dadurch kommt es zu einem Rückgang von Klagen und damit auch von verwaltungsgerichtlichen Entscheidungsbefugnissen.

Dieses Problem wird dadurch verstärkt, dass das Individuum regelmäßig nur mit der in der konkreten Situation maßgeblichen Mikrodirektive konfrontiert wird. Die als Verwaltungsakt zu qualifizierende Mikrodirektive ist nicht nur durch ihren *konkret-individuellen* Regelungsgehalt gekennzeichnet. Auch in *zeitlicher* Hinsicht ist die Regelungsreichweite limitiert. Geschwindigkeitsvorgaben würden beispielsweise als Mikrodirektiven kontinuierlich angepasst *(Zeitproblem).*[55] Ehe dem Autofahrer Zweifel an der Rechtmäßigkeit des die Geschwindigkeitsvorgaben enthaltenden Verwaltungsaktes[56] (Mikrodirektive) kommen können, hat er sich schon erledigt.[57] Nicht anders verhält es sich, wenn die Mikrodirektive als punktueller Bekanntgabeakt einzuordnen wäre. Auch in diesem Fall besteht das Zeitproblem, weil die jeweils maßgebliche Gesetzesfassung nur zu einem bestimmten Zeitpunkt relevant ist.

Selbst wenn das Individuum die Probleme der algorithmischen Transparenz und kurzen Verfügbarkeit der Mikrodirektive *kognitiv* bewältigen könnte, käme es durch die Erledigung des Verwaltungsaktes bzw. durch den Relevanzverlust

---

[54] Dazu bereits unter § 2 (S. 54). Speziell mit Blick auf die Erschwerung der Rechtsschutzmöglichkeiten vgl. insb. *Wachter/Mittelstadt/Russel,* arXiv:2005.05906 [cs.AI] (2020), S. 2, 10–13, insb. S. 10 („Compared to traditional forms of discrimination, automated discrimination is more abstract and unintuitive, subtle, and intangible. These characteristics make it difficult to detect and prove as victims may never realise they have been disadvantaged."), S. 12 („Claimants may lack information regarding a system's optimisation conditions or decision rules, and thus be unaware of the reach and definition of the contested rule that led to perceived disparity."). Im Personalisierungskontext bereits *Grigoleit/Bender,* in: Busch/De Franceschi (Hrsg.), Personalized Law, 2021, S. 115, 134 (Rn. 64) („The algorithmized rules may not be transparent to private actors [lack of individual transparency], so that plaintiffs are in a weaker position to challenge norms and submit them to judicial review. Even if the rule as such could be decoded, it might be hard to get to know all proxies and quasi-motives used by an algorithm.").

[55] Zu diesem Beispiel *Ben-Shahar/Porat,* N.Y.U. L. Rev. 91 (2016), 627, 630 ff. Zu einer Problematisierung der Personalisierung von Geschwindigkeitsbeschränkungen vgl. auch *Grigoleit/Bender,* in: Busch/De Franceschi (Hrsg.), Personalized Law, 2021, S. 115, 124 f. (Rn. 31–36).

[56] Zur Verwaltungsaktsqualität von Verkehrszeichen (Allgemeinverfügung) vgl. etwa BVerwG NZV 1997, 246.

[57] Dieses strukturelle Problem lässt sich auch nicht durch die Fortsetzungsfeststellungsklage ausgleichen, denn auch diese setzt Zweifel an der Rechtmäßigkeit voraus.

der gesetzlichen Teilregelung immer noch in nur seltenen Fällen zu einer Klage: Die Situation des Klägers könnte tatsächlich nicht mehr verbessert werden. Vielmehr würde eine etwaige Klage – im Falle der Qualifikation als Verwaltungsakt wäre in diesem Fall die Fortsetzungsfeststellungsklage (§ 113 I 4 VwGO analog[58]) einschlägig – rein ideel wirken. Für diese rein ideelle Wirkung werden viele Individuen die Kosten einer Klage nicht auf sich nehmen *(Erledigungsproblem).*[59]

Das Fehlen von Klagen gegen Mikrodirektiven führt also dazu, dass sich die personalisierte Rechtssetzung weitgehend in einem rechtsfreien Raum vollzieht.[60] Die Verwaltungsgerichtsbarkeit kann schon aus diesem Grund ihre Kontrollfunktion nur eingeschränkt wahrnehmen.

b) Überforderung der Verwaltungsgerichte

Die externe Komplexität des personalisierten Rechts wird allerdings selbst dann die Effektivität der verwaltungsgerichtlichen Kontrolle einschränken, wenn das Verwaltungsgericht aufgrund einer Klage zur Entscheidung berufen ist. Angesichts der Intransparenz der algorithmischen Binnenvorschrift, auf deren Grundlage die Mikrodirektiven ergehen, kann auch das Verwaltungsgericht die Übereinstimmung mit höherrangigem Recht nur schwer überprüfen. Zwar bestehen für das Gericht das *Zeitproblem* und das *Erledigungsproblem* nicht mehr. Das *Sprachproblem*, das *Differenzierungsproblem* und das *Black-Box-Problem* bestehen jedoch für das Verwaltungsgericht in gleichem Maße wie für das Individuum, das sich mit der Frage nach den Erfolgsaussichten der Klage konfrontiert sieht. Die externe Komplexität lässt sich auch nicht einfach dadurch in den

---

[58] Für § 113 I 4 VwGO analog die h. M., etwa BVerwGE 12, 87, 90; 26, 61, 1665; 81, 226, 227. Für § 43 I VwGO die letztendlich vereinzelt gebliebene Entscheidung des 6. Senats BVerwGE 109, 203. Allg. darst. BeckOK – *Decker,* VwGO, [64]2023, § 113 Rn. 90–90.3 m. w. N. (unter Bevozugung von § 113 I 4 VwGO analog).

[59] Staatshaftungsansprüche (als nicht ideeller Anreiz) sind im Übrigen keineswegs stets mit der Fortsetzungsfeststellungsklage verbunden. Auch aufgrund des Erledigungsproblems kann der lückenlose Rechtsschutz gegen Akte der öffentlichen Gewalt also nicht als gleichwertig mit dem Rechtsschutz im Privatrechtssystem angesehen werden. A. A. etwa *Stolleis,* in: Hoffmann-Riem/Schmidt-Aßmann (Hrsg.), Öffentliches Recht und Privatrecht als wechselseitige Auffangordnungen, 1996, S. 41, 59 („Auch die Frage des Rechtsweges ist angesichts des lückenlos gewährten Rechtsschutzes [Art. 19 IV GG], angesichts der Gleichrangigkeit aller Gerichtsbarkeiten und ihrer Überwölbung durch die Verfassungsgerichtsbarkeit kein wichtiges Problem mehr.").

[60] Diese durch die Abwesenheit von Klagen bedingten kontrollfreien Räume können nicht nur durch die hohe externe Komplexität des Rechts ausgelöst werden, sondern beispielsweise auch durch die im Falle einer Klage zu befürchtenden Reputationsverluste. Dazu mit Blick auf Maßnahmen der BaFin vgl. *Ludwig,* Wirtschaftsaufsicht, 2012, S. 290.

Griff bekommen, dass Verwaltungsrichter durch „Informatikerrichter" ersetzt werden: Die maßgeblichen normativen Wertungsfragen müssen in einem normativen, rechtswissenschaftlichen Diskurs gelöst werden.[61]

2. Zivilgerichtsbarkeit und Rechtsfortbildungsfunktion

Im Folgenden geht es um die Rechtsfortbildungsfunktion der Zivilgerichte und ihre Beeinträchtigung durch eine personalisierte Rechtssetzung im Sinne des Personalisierungsprojekts.

a) Administrative Pflichtendefinition ex ante statt judikativer Pflichtendefinition ex post

In weiten Bereichen definieren Zivilgerichte die Rechte und Pflichten von Individuen *ex post* durch die Konkretisierung von Standards. Indem die Zivilgerichte *ex post* über die Abgrenzung der Freiheitssphären von Individuen entscheiden[62], bilden sie gleichzeitig das Recht fort. Je mehr Pflichten *ex ante* durch Gesetz oder Verwaltungsakt entschieden werden, desto geringer ist der Spielraum der Zivilgerichte bei der Definition von Rechten und Pflichten *ex post.* Die Haftung folgt dann schon aus dem Verstoß gegen die administrativ festgesetzte Pflicht.[63]

Die Maßgeblichkeit *ex ante* definierter, *rechtsnormförmiger* Pflichten folgt dabei aus den einschlägigen Bezugsnormen, insbesondere § 823 II BGB und

---

[61] Zur Bedeutung des rechtswissenschaftlichen Fachdiskurses bereits auf S 274 f. (insb. Fn. 22).

[62] Zu diesem Rechtsverständnis *Kant,* MS, AA 6, 230:24–26 („Das Recht ist also der Inbegriff der Bedingungen, unter denen die Willkür des einen mit der Willkür des anderen nach einem allgemeinen Gestze der Freiheit zusammen vereinigt werden kann."). Ferner *Mugdan,* Materialien, 1899, S. 405 (= Mot. 726) („[...] das Recht eines anderen [ist] stets als Beschränkung des eigenen Rechts zu verstehen [...]").

[63] Dies setzt voraus, dass (i) die administrative Pflicht wirksam festgesetzt ist, (ii) die Auslegung der Anordnung auch tatsächlich zum Bestehen der entsprechenden Pflicht führt und (iii) die Missachtung der Pflicht nicht durch einen Rechtfertigungsgrund gedeckt ist. Gerade bei einer Kollision zwischen einer hinreichend konkreten gesetzgeberischen Pflicht und einer dieser Pflicht widersprechenden verwaltungsaktlichen Pflicht kann sich eine Rechtfertigung unter dem Gesichtspunkt der rechtfertigenden Pflichtenkollision ergeben. Allg. zu diesem (im Einzelnen umstrittenen) Rechtfertigungsgrund vgl. *Roxin/Greco,* Strafrecht Allgemeiner Teil, [5]2020, S. 887 ff. (§ 16 Rn. 115 ff.); MünchKomm – *Spindler,* AktG, [5]2019, § 93 Rn. 103 ff. Hingegen wollen MünchKomm – *Wagner,* BGB, [8]2020, § 823 Rn. 560; BeckOGK – *Spindler,* BGB, 1.2.2023, § 823 Rn. 263; BeckOK – *Förster,* BGB, [65]2023, § 823 Rn. 272 bei hinreichender Konkretheit der aus dem Gesetz folgenden Pflicht („ipso iure geltenden Verhaltensnormen") den Verwaltungsakt unabhängig von einer Pflichtenkollision im Rahmen der deliktischen Haftung ignorieren.

§ 134 BGB. Auch jenseits expliziter Bezugsnormen sind jedoch *ex ante* definierte, rechtsnormförmige Pflichten relevant. Ein Verstoß gegen gesetzesförmige Vorgaben konstituiert dann beispielsweise im Bereich der Sonderverbindung eine Schutzpflichtverletzung (§ 241 II BGB) oder im Bereich des Gesellschaftsrechts einen Verstoß gegen die Legalitätspflicht[64] mit der Folge der Vorstandsbinnenhaftung.

Genauso sind *ex ante* definierte, *verwaltungsaktsförmige* Handlungsanweisungen für die Beurteilung der Rechte und Pflichten *ex post* maßgeblich. Die Verkehrspflichtverletzung des § 823 I BGB liegt dann gerade in der Missachtung des wirksamen Verwaltungsaktes. Alternativ kann sich die deliktische Haftung wegen Verstoßes gegen den Verwaltungsakt ebenfalls aus § 823 II BGB in Verbindung mit der Lehre vom gestreckten Verbotstatbestand[65] oder aus spe-

---

[64] *Für eine umfassende Legalitätspflicht* vgl. BGH NJW 2011, 88, 92 (Rn. 37); BeckOGK – *Fleischer,* AktG, 1.1.2023, § 93 AktG Rn. 29, 52; *ders.,* ZIP 2005, 141, 148 f. (auf den Vorrang der Gesetzesbestimmungen gegenüber dem Gesellschaftsinteresse abstellend); MünchKomm – *Spindler,* AktG, ⁵2019, § 93 Rn. 86 f.; *Reinhart,* Legalitätspflicht, 2019, S. 198 ff.; für das GmbHRecht Michalski/Heidinger/Leible/Schmidt – *Ziemons,* GmbHG, ³2017, § 43 Rn. 75; *Coffee, Jr.,* Geo. Wash. L. Rev. 52 (1984), 789, 794 (Fn. 11 a. E.) (das Ergebnis aus dem Gesellschafterwillen ableitend); *Williams,* N.C. L. Rev. 76 (1998), 1265, 1317 ff. (einem Law-as-Limit-Ansatz folgend); *Cooter,* Colum. L. Rev. 84 (1984), 1523 (aus ökonomischer Sicht zwischen *prices* und *sanctions* unterscheidend); aus dem Bereich des Bankaufsichtsrechts vgl. *Wundenberg,* Prinzipiengeleitete Aufsicht, 2012, S. 133 ff.; *Negenborn,* Bankgesellschaftsrecht, 2019, S. 39 ff. *Differenzierend* Grigoleit – *Grigoleit/Tomasic,* AktG, ²2020, § 93 Rn. 13 ff. (primäre Legalitätspflicht stets, sekundäre Legalitätspflicht aus generalpräventiven Gründen aber nur bei Verstoß gegen deutsche Strafvorschriften); ebenso *Grigoleit,* FS K. Schmidt, 2019, S. 367, 373–375; *Habersack,* FS Schneider, 2012, S. 429 ff., insb. S. 435 (De-Minimis-Ausnahmen); ähnlich *Brock,* Legalitätsprinzip und Nützlichkeitserwägungen, 2017. *Weitergehend Pepper,* Yale L.J. 104 (1995), 1545, 1576 f.; *Easterbrook/Fischel,* Mich. L. Rev. 80 (1982), 1155, 1168 (Fn. 36), insb. auch 1177 (Fn. 57); *Fischel,* Vand. L. Rev. 35 (1982), 1259, 1290 (auch primäre Legalitätspflicht außerhalb von gewissen Staftatbeständen, die *malum in se* sind, entsprechend dem Law-as-Price-Ansatz infrage stellend). *Generell gegen eine sekundäre Legalitätspflicht* im Innenverhältnis *Hellgardt,* FS Hopt, 2020, S. 403 ff.; im Ergebnis auch *Brock,* Legalitätsprinzip und Nützlichkeitserwägungen, 2017, insb. S. 281 f. (eine Legalitätspflicht i. w. S. nur dem Namen nach aufrechterhaltend, aber eigentlich ablehnend, weil im Innenverhältnis ein Kosten-Nutzen-Kalkül entsprechend der Pflicht zur Gewinnverfolgung entscheidend sei), S. 285 f. (auf die Bedeutung eines formell zu handhabenden Entlastungsbeweises verweisend). Besondere Relevanz entfaltet diese Legalitätspflicht in umfassend administrativ überformten Bereichen, etwa im Bankaufsichtsrecht. Hierzu monographisch *Wundenberg,* Prinzipiengeleitete Aufsicht, 2012, S. 117 ff.; *Ludwig,* Wirtschaftsaufsicht, 2012; *Negenborn,* Bankgesellschaftsrecht, 2019.

[65] Grundlegend *Schmidt,* Kartellverfahrensrecht, 1977, S. 368 („gestreckter Verbotstatbestand" und „Rechtsfolgenanordnung kraft Verfahrens"); *ders.,* FS Zeuner, 1994, S. 259, 269 (von „verwaltungsrechtlich zu konkretisierenden [‚gestreckten'] Ge- und Verbote[n]" sprechend). Im Ergebnis gleichlaufende Ansätze aus der Rspr. qualifizieren entweder den Verwaltungsakt unmittelbar als Schutzgesetz (so die ältere Rspr., vgl. RG JW 1916, 38 *[Bienen-*

zialgesetzlichen Haftungsanordnungen[66] ergeben.[67] Im Bereich der Sonderverbindung ist der Verstoß gegen den Verwaltungsakt wiederum für die Schutzgesetzverletzung (§ 241 II BGB) relevant. Genauso kann im Gesellschaftsrecht die Missachtung des Verwaltungsaktes einen Verstoß gegen die Legalitätspflicht begründen. Grundsätzlich ist auch die Entscheidung über die Wirksamkeit von Verträgen[68] oder die Lückenergänzung durch Verwaltungsakt möglich.

---

schadenfall]) oder sie stellen auf den Verwaltungsakt „in Verbindung mit" der Rechtsgrundlage ab (so die jüngere Rspr., vgl. BGHZ 122, 1, 5 f. *[Ballettschulenfall]*). Der Lehre vom gestreckten Verbotstatbestand zustimmend *Spickhoff,* Gesetzesverstoß und Haftung, 1998, S. 81; *Nicklisch,* Bindung der Gerichte, 1965, S. 67 f. (für nicht rechtsgestaltende Verwaltungsakte), S. 103 ff., 159 ff. (für alle Gestaltungsakte). Restriktiver etwa *Karollus,* Schutzgesetzverletzung, 1992, S. 113 (keine Bindung in gewissen Fällen der Rechtswidrigkeit, im Übrigen aber entsprechend der Lehre vom gestreckten Verbotstatbestand schon, vgl. dazu S. 103 ff.); MünchKomm – *Wagner,* BGB, ⁸2020, § 823 Rn. 560 (Bindung nur „bei ipso iure geltenden Verhaltensnormen"); BeckOGK – *Spindler,* BGB, 1.2.2023, § 823 Rn. 263 (Bindung nur, wenn der Verwaltung ein Beurteilungsspielraum oder Ermessen eingeräumt ist). Grundsätzlich anders *Canaris,* FS Larenz, 1983, S. 27, 65 f. (keine Bindung mangels unmittelbarer Sanktion).

66 Ein Beispiel für eine spezialgesetzliche Haftung findet sich im Kartellrecht: Für kartellrechtliche Verfügungen auf Grundlage von § 32 GWB, die wettbewerbswidriges Verhalten im Sinne von § 1 GWB sanktionieren, ordnet § 33a I i. V. m. § 33 I GWB eine sonderdeliktsrechtliche Schadensersatzpflicht an, vgl. MünchKomm – *Wagner,* BGB, ⁸2020, § 823 Rn. 557; *Schmidt,* Kartellverfahrensrecht, 1977, S. 365 (zu § 35 GWB a. F.); *ders.,* AcP 206 (2006), 169, 194 ff. (historischer Überblick).

67 Die insb. von *Canaris,* FS Larenz, 1983, S. 27, 35 ff. geforderte restriktive Handhabung des § 823 II BGB, die auf der Annahme beruht, § 823 II BGB (i) begründe eine Haftung für primäre Vermögensschäden und (ii) drohe die Freiheit der potentiellen Schädiger zu unterminieren, überzeugt nicht: Erstens begründet § 823 II BGB nur im Ausnahmefall eine Haftung für primäre Vermögensschäden, nämlich dann, wenn sie vom Schutzzweck des Verbotsgesetzes erfasst werden (*Schmidt,* Kartellverfahrensrecht, 1977, S. 356 f.; besonders klar auch *ders.,* FS Zeuner, 1994, S. 259, 267), was die absolute Ausnahme ist (etwa keine Haftung für primäre Vermögensschäden bei Verstoß gegen Verkehrszeichen, vgl. BGH NJW 2015, 1174, 1175 [Rn. 12]; BeckOGK – *Spindler,* BGB, 1.2.2023, § 823 Rn. 319, und nach überzeugender Ansicht ebenfalls nicht bei Verstoß gegen Maßnahmen nach dem IfSG, vgl. *Bender,* JA 2021, 541, 547 [schutzzweckbasierte Argumentation]; *Brand/Becker,* NJW 2020, 2665, 2670 [Rn. 33] [schon die Schutzgesetzeigenschaft insgesamt verneinend]). Zweitens vollzieht § 823 II BGB nur die bereits an anderer Stelle (etwa durch Verwaltungsakt) geleistete Abgrenzung der Freiheitssphären nach (ähnlich *Schmidt,* Kartellverfahrensrecht, 1977, S. 359: „[…] diese Vorschrift besagt *insofern* ‚nichts' […]"). Grundtatbestand ist daher der im ersten Entwurf auch an erster Stelle stehende § 823 II BGB (§ 704 BGB I), der durch § 823 I BGB erweitert wird. Darst. *Mugdan,* Materialien, 1899, S. CXXII f.; *Schmidt,* Kartellverfahrensrecht, 1977, S. 349.

68 Obwohl § 134 BGB die Parallelnorm zu § 823 II BGB ist (dazu *Schmidt,* Kartellverfahrensrecht, 1977, S. 355 f.; BeckOGK – *Vossler,* BGB, 1.12.2022, § 134 Rn. 24) und auch die Rspr. den Gesetzesbegriff im Gleichlauf unter Rückgriff auf Art. 2 EGBGB bestimmt (BGH NJW 2015, 2248, 2255 [Rn. 66]), wird die Verwaltungsaktsproblematik nur bei § 823 II BGB

In einem System, das sich durch die algorithmische Personalisierung des Rechts auszeichnet, wäre die Mikrodirektive – unabhängig von ihrer dogmatischen Einordnung – generell die maßgebliche Handlungsform zur Definition von Rechten und Pflichten. Die Verwaltungsaktlichung des Privatrechts würde also der Haftung aufgrund Verstoßes gegen *ex ante* definierte, administrative Pflichten mehr Bedeutung einräumen und die eigenständige Festlegung von Handlungspflichten durch die Zivilgerichte *ex post* zurückdrängen.[69]

b) Möglichkeiten der Erhaltung der judikativen Pflichtendefinition ex post (Dualismuseinwand)

Gegen den Verlust der zivilgerichtlichen Entscheidungsbefugnisse lässt sich erneut[70] der Dualismuseinwand formulieren, diesmal allerdings nicht auf der Ebene der primären Handlungspflichten, sondern der sekundären Sanktionsnormen: Zumindest dann, wenn die Zivilgerichte die Haftungsfrage eigenständig beurteilen könnten, würde trotz administrativer Pflichtendefinition ein judikativer Entscheidungsspielraum verbleiben. Diese Trennung von Pflichtendefinition und Haftung begegnet jedoch gewichtigen Einwänden.

aa) Pflichtenebene

Für die Durchbrechung des Automatismus von administrativer Pflichtverletzung und zivilrechtlicher Haftung kommt von vornherein nicht die Reformulierung der Pflichtwidrigkeit in Betracht: Das Individuum darf die öffentlich-rechtliche Pflicht nicht ignorieren *(Einheit der primären Handlungspflichten).* Dann aber darf auch das Zivilgericht bei der Pflichtendefinition die öffentlich-rechtliche Verhaltensaufforderung, die durch Gesetz oder Verwaltungsakt erfolgen kann, nicht ignorieren, weil das Gericht den Sachverhalt unter allen relevanten Gesichtspunkten bewerten muss *(Aspekt der umfassenden Entscheidung).*[71] In-

---

überhaupt diskutiert. Bei § 134 BGB wird in der Regel – wenn überhaupt – ohne Erwähnung der Lehre vom gestreckten Verbotstatbestand und unter schlichtem Verweis auf den Gesetzesbegriff verneint, dass Verwaltungsakte von § 134 BGB erfasst werden, vgl. BeckOGK – *Vossler,* BGB, 1.12.2022, § 134 Rn. 25. Dies dürfte darin begründet liegen, dass die Verwaltung bisher in der Regel zur Gefahrenabwehr tätig wird und sie deshalb – wie das Deliktsrecht – tatsächliches Verhalten regelt, nicht hingegen die private Normsetzung des Vertragsrechts.

[69] Ähnlich auch *Mayer,* U. Chi. L. Rev. Online 2022 (unter V.) („[…] with the rise of personalized standard of care, we can expect to see a parallel rise in the doctrine of negligence per se.").

[70] Auf der Ebene der primären Handlungspflichten bereits unter § 5 (S. 210 f.).

[71] Für die quasinegatorische Unterlassungsklage vgl. BGH NJW 1993, 1580, 1581 („Die ordentlichen Gerichte haben grundsätzlich die Existenz und den Inhalt eines Verwaltungsakts, der nicht nichtig ist, zu beachten, solange er nicht von Amts wegen oder auf Rechtsbe-

sofern kann von einem Negligence-per-se-Ansatz des deutschen Rechts gesprochen werden.[72] Es geht in diesem Zusammenhang nicht um eine Bindung des Zivilgerichts an den Verwaltungsakt[73] oder andere, an das Individuum gerichtete Verhaltensaufforderungen, sondern um eine Beachtung des Verwaltungsakts oder der anderen Verhaltensaufforderungen als Umstand für die Beurteilung des Schädigerverhaltens.[74] Dementsprechend ist auch die Statuierung von über den Verwaltungsakt hinausgehenden Pflichten durch die Zivilgerichte grundsätzlich nicht ausgeschlossen.[75] Die Relevanz der öffentlich-rechtlichen Vorgaben wird jedenfalls im Bereich der Verwaltungsakte auch nicht durch ihre

---

helfe hin in den dafür vorgesehenen Verfahren aufgehoben worden ist [...].“). Diese Einheit der Handlungspflichten steht aber gerade nicht inmitten, wenn Gegenstand des Verwaltungsakts nicht die auch im deliktischen Haftungsprozess maßgeblichen Handlungspflichten sind. Im Rahmen eines Amtshaftungsprozesses (BGHZ 122, 1, 5; 113, 17, 18 f.) oder im Rahmen eines kaufrechtlichen Mängelprozesses (BGHZ 117, 159, 166) kann daher die Rechtmäßigkeit der Verwaltungsakte überprüft werden, ohne dass daraus etwas für die hier maßgebliche Sachfrage folgt (für diesen differenzierenden Ansatz BGH NJW 1993, 1580, 1581; anders MünchKomm – *Wagner,* BGB, [8]2020, § 823 Rn. 561).

[72] Das US-amerikanische Recht folgt insofern keinem einheitlichen Ansatz, vgl. *Thayer,* Harv. L. Rev. 27 (1914), 317 ff.; *Cardozo*, in *Martin v. Herzog,* 126 N.E. 814, 815 (1920) (für *negligence per se*); *Mintzer v. Miller,* 240 A2d 262 (1968) (für *prima facie evidence*); *Lowndes,* Minn. L. Rev. 16 (1932), 361, insb. 368 ff. (für *simple evidence of negligence*). Zum Teil wird auch nach der Rechtsnatur des Verbotsgesetzes *(statute* oder *ordinance)* differenziert. Allg. darstellend *Spickhoff,* Gesetzesverstoß und Haftung, 1998, S. 38 ff. Eine gewisse Parallele besteht insofern zur Diskussion um *law as limit* (stets *negligence*) vs. *law as price* (Durchbrechungsmöglichkeiten).

[73] So aber häufig die Darstellung, vgl. *Nicklisch,* Bindung der Gerichte, 1965, S. 16 ff., 61 ff.; MünchKomm – *Wagner,* BGB, [8]2020, § 823 Rn. 560 f.

[74] Ähnlich der Sache nach *Nicklisch,* Bindung der Gerichte, 1965, S. 103 („Die Gerichte haben deshalb von der infolge der Nebenwirkung eines Staatsakts veränderten Rechtslage auszugehen, weil sie den wirksamen Staatsakt, der die Nebenwirkung auslöst, nicht ignorieren können.“). Ferner *Karollus,* Schutzgesetzverletzung, 1992, S. 105 (auf die normsetzende im Sinne von rechtserzeugende Dimension des Verwaltungsakts abstellend); BGH NJW 1993, 1580, 1581 (unter Abgrenzung zum Amtshaftungsprozess und zum Sachmängelprozess); BGH NJW 1997, 55; *Schmidt,* FS Zeuner, 1994, S. 259, 270 ff. Zur Begründung der Überprüfung der Rechtmäßigkeit eines Verwaltungsaktes im Amtshaftungsprozess BGH NJW 1991, 1168, 1169 f. Dass ggf. ohne Verwaltungsakt unmittelbar auf das durch den Verwaltungsakt konkretisierte Gesetz zurückgegriffen werden kann, folgt nichts anderes (so aber MünchKomm – *Wagner,* BGB, [8]2020, § 823 Rn. 561), denn dann existiert gerade *kein* Verwaltungsakt.

[75] Dazu *Canaris,* FS Larenz, 1983, S. 27, 54 f. Ferner *Damm,* in: Hart (Hrsg.), Privatrecht im „Risikostaat“, 1997, S. 13, 40 f. („Feinsteuerungs- und Nachsorgekompetenz“); *ders.,* in: Hoffmann-Riem/Schmidt-Aßmann (Hrsg.), Öffentliches Recht und Privatrecht als wechselseitige Auffangordnungen, 1996, S. 85, 135 ff. (flexible Berücksichtigung, keine strikte Bindung, um die Rolle des Zivilrechts als Auffangordnung zu wahren). Etwas anders gilt nur, wenn einer öffentlich-rechtlichen Genehmigung Präklusionswirkung zukommt. Grundle-

Rechtswidrigkeit in Frage gestellt[76], weil die Rechtswidrigkeit die Verbindlichkeit für das Individuum unberührt lässt.[77] Anders gewendet: Genauso wie für die öffentlich-rechtliche Amtshaftung der Grundsatz „kein dulde und liquidiere“[78] gilt, genauso gilt für die deliktische Privathaftung aufgrund Verstoßes gegen Verwaltungsakt „ignoriere und werde liquidiert“.

Auch wertungsmäßig lässt sich die Maßgeblichkeit der administrativen Pflichtendefinition für die zivilrechtliche Haftung rechtfertigen. Erstens führt die zivilgerichtliche Entscheidung über die maßgeblichen Sorgfaltspflichten *ex post* trotz administrativer Pflichtendefinition *ex ante* zu einer Multiplikation der mit derselben Sachfrage befassten staatlichen Stellen *(Multiplikationsaspekt).* Bezieht man auch die Verwaltungsgerichte mit in die Betrachtungen ein, sind gegebenenfalls drei unterschiedliche Institutionen mit der Bestimmung der Handlungspflichten befasst. Angesichts der Knappheit staatlicher Ressourcen erscheint somit zumindest das vollständige Ignorieren des administrativen Prüfungsergebnisses fragwürdig. Dies gilt insbesondere dann, wenn die Verwaltung besonderen Sachverstand für sich in Anspruch nehmen kann und bei der Durchführung der *cost-benefit-analysis* strukturell im Vorteil ist.[79]

Zweitens können Dritte auf die Befolgung der administrativen Verhaltenspflicht vertraut haben *(Vertrauensaspekt).*[80] Der Dualismuseinwand führt damit grundsätzlich zu Problemen mit Blick auf das Geschädigtenverhalten: Die optimale Sorgfalt auf Seiten der potentiell Geschädigten hängt von dem Verhalten potentieller Schädiger ab.[81] Können potentiell Geschädigte nicht mehr darauf vertrauen, dass jede Missachtung administrativer Vorgaben grundsätzlich zu einer privatrechtlichen Haftung führt, werden sie die auch ihnen bekannten administrativen Vorgaben nicht mehr zur Grundlage ihrer Schadensvermeidungsmaßnahmen machen. Dieses Vertrauen der potentiell Geschädigten ist auch im Falle der Rechtswidrigkeit des Verwaltungsaktes gerechtfertigt. Zwar spielt der

gend zu alledem *Wagner,* Rechtswidrigkeit, 1989, S. 116 (auf S. 8 ff. auch zu abweichenden Ansichten).

[76] BGH NJW 1993, 1580, 1581 m. w. N.; 1964, 396, 398.

[77] Zu diesem Umstand bereits unter § 2 (S. 60) sowie unter § 5 (S. 211).

[78] Vgl. soeben und BVerwG NVwZ 2018, 1637 Rn. 24; MünchKomm – *Papier/Shirvani,* BGB, [8]2020, § 839 Rn. 5.

[79] Zur Vermeidung von Doppelprüfungen im Rahmen eines privatrechtlichen Regulierungssystems generell *Wagner,* AcP 206 (2006), 352, 448 f. (Prävention und Ausgleich werden zusammen gewährleistet).

[80] Zum Vertrauensaspekt am Beispiel des Verkehrszeichens auch *Spickhoff,* Gesetzesverstoß und Haftung, 1998, S. 83, 85. Allg. zur Unterscheidung zwischen Rechtmäßigkeit und Wirksamkeit *Maurer/Waldhoff,* Allgemeines Verwaltungsrecht, [20]2020, S. 257 (§ 10 Rn. 2).

[81] Zum Geschädigtenverhalten im Rahmen der neoklassischen Analyse bereits unter § 3 (S. 109 f.).

Aspekt der Rechtssicherheit, der die Trennung von Rechtswidrigkeit und Wirksamkeit rechtfertigt, bei Rechtsfragen *ex post* keine Rolle mehr. Deshalb können beispielsweise nur für den rechtmäßigen Verwaltungsakt Kosten erhoben werden.[82] Außerdem können Zivilgerichte im Rahmen des Amtshaftungsprozesses die Rechtmäßigkeit eines Verwaltungsaktes überprüfen.[83] Geht es aber um den *privatrechtlichen* Ausgleich zwischen zwei Individuen, würde die Annahme fehlender Pflichtwidrigkeit wegen Rechtswidrigkeit des Verwaltungsaktes nicht zu einer Belastung des *Staates*, sondern des *geschädigten Individuums* führen. Dieses Ergebnis ist grundsätzlich unbillig, weil der Adressat des Verwaltungsaktes unabhängig von der Rechtmäßigkeit zur Befolgung des Verwaltungsaktes verpflichtet war. Der Adressat trägt also bis zur Suspendierung der aus dem Verwaltungsakt folgenden Pflichten das Rechtswidrigkeitsrisiko. Gerade angesichts dieses Vertrauensproblems erscheint es auch naheliegend, Mikrodirektiven zumindest im deliktischen Bereich als mit Bestandskraft ausgestattete Verwaltungsakte zu qualifizieren. Im vertraglichen Bereich, in dem die rechtsnormförmige Qualifikation von Mikrodirektiven gegebenenfalls näher liegt, greift der Vertrauensaspekt angesichts der vertraglichen Bindung, insbesondere hinsichtlich des Preises, ohnehin, sodass die Gerichte beispielsweise nichtige dispositive Vorschriften nicht einfach ignorieren, sondern unter Zugrundelegung des Rechtsgedankens des § 139 BGB würdigen sollten.[84] Der Dualismuseinwand kann somit auch im vertraglichen Bereich nicht überzeugen.

bb) Schutzzweckebene

Es kann somit nur darum gehen, von der zivilrechtlichen Haftung in Einzelfällen unter Schutzzweckgesichtspunkten abzusehen.[85] Wird beispielsweise der individualschützende Charakter der Verbotsnorm oder des Verwaltungsakts verneint, führt der administrative Pflichtenverstoß nicht zu einer zivilrechtli-

---

[82] Zur „Konnexität" zwischen erledigtem Grundverwaltungsakt und Leistungsbescheid über die Vollstreckungskosten *Enders,* NVwZ 2009, 958, 960. Ferner *Voßkuhle/Wischmeyer,* JuS 2016, 698, 700f. (Konnexität zumindest im Falle des sofortigen Vollzugs und der unmittelbaren Ausführung annehmend).

[83] Anders MünchKomm – *Wagner,* BGB, [8]2020, § 823 Rn. 561.

[84] Dazu bereits auf S. 60 (Fn. 123) sowie auf S. 211 (Fn. 155).

[85] Zu den nach deutschem Recht gerade beim Ersatz primärer Vermögensschäden strengen Maßstäben etwa BGH NJW 2004, 356, 357. Darst. zur strikten Auslegung des Schutzzweckerfordernisses im deutschen Recht und zu europarechtlichen Aufweichungen auch *Wagner,* AcP 206 (2006), 352, 415ff. Allg. zur Feinsteuerung der zivilrechtlichen Haftung über die Schutzzwecklehre *Wagner,* Deliktsrecht, [14]2021, S. 81 (Rn. 90). In engem Zusammenhang mit dem Schutzpflichtenansatz steht die Unterscheidung zwischen *primärer*, im Außenverhältnis zu befolgender und *sekundärer*, für die Binnenhaftung relevanter Legalitätspflicht, vgl. dazu Grigoleit – *Grigoleit/Tomasic,* AktG, [2]2020, § 93 Rn. 13.

chen Haftung. Zumindest in gewissen Bereichen können sich die Zivilgerichte so ihre Entscheidungsbefugnisse erhalten.

Im Falle der algorithmischen Personalisierung des Rechts kann jedoch auch der Schutzzweckansatz die zivilgerichtlichen Entscheidungsbefugnisse nicht retten: Zweck der Mikrodirektiven ist es gerade, die privatrechtlichen Pflichten *ex ante* zu definieren und damit die Rechtsunsicherheit zu vermeiden, die bisher notwendig mit einer individualisierten Rechtssetzung *ex post* verbunden war. Zumindest wenn eine bewusste (gesetzgeberische) Systementscheidung für die Maßgeblichkeit der administrativen Pflichtendefinition für die privatrechtliche Haftung getroffen wird, kann diese Entscheidung nicht durch Schutzzweckerwägungen konterkariert werden.[86] Abgesehen davon besteht bei einer effizienten Verhaltensdefinition *ex ante* kein Grund, diese Pflichten *ex post* anders zu formulieren. Auch eine Fehlerkontrolle durch den Zivilrichter ist angesichts der externen Komplexität der algorithmischen Rechtssetzung *(Sprach-*, *Differenzierungs-* und *Black-Box-Problem)*[87] grundsätzlich nicht möglich.

IV. Besonderheiten bei der Personalisierung durch Private

Bisher ging es um die Entparlamentarisierung und den Bedeutungsverlust der Judikative (Entjudikativierung). Auch die Exekutive verliert allerdings an Bedeutung, wenn sich die algorithmische Personalisierung des Rechts vollständig außerhalb der staatlichen Sphäre vollzieht. Auf die institutionellen Folgen einer *Privatisierung* der Rechtssetzung wird im Folgenden eingegangen. In der Tat wird im Rahmen des Personalisierungsdiskurses immer wieder betont, private Rechtssubjekte seien besonders gut als Urheber personalisierter Rechtsnormen geeignet, weil sie bereits jetzt Big Data zu kommerziellen Zwecken nutzen.[88]

1. Vier Modelle der Einbindung Privater in die personalisierte Rechtssetzung

Nach dem Grad der Einbindung privater Rechtssubjekte in die personalisierte Rechtssetzung lassen sich vier Modelle unterscheiden: das reine Staatsmodell, das Verwaltungshelfermodell, das Beleihungsmodell und das Vertragsmodell.

---

[86] Eine entsprechende Systementscheidung hat der deutsche Gesetzgeber beispielsweise für das Kartellrecht mit der bereits erwähnten spezialgesetzlichen Haftungsnorm des § 33a GWB getroffen. Dazu bereits auf S. 286 f. (Fn. 65).

[87] Dazu ausf. bereits unter § 2 (S. 54).

[88] Dazu bereits auf S. 280 (Fn. 44).

Den Ausgangspunkt der Überlegungen bildet das *reine Staatsmodell.* Die Personalisierung vollzieht sich hier vollkommen innerhalb der staatlichen Sphäre.[89] Zumindest auf der Ebene der Verbandskompetenz bestehen dann keine Probleme mit Blick auf die kollektive Freiheit.[90]

Der erste Schritt in Richtung Entstaatlichung besteht darin, die gesellschaftliche Sphäre zumindest zu gewissen vorbereitenden Hilfstätigkeiten heranzuziehen. Die privaten Akteure werden dann nicht nach außen hin, sondern im Innenbereich der Verwaltung als Verwaltungshelfer tätig[91] *(Verwaltungshelfermodell),* wobei je nach dem ihnen zukommenden eigenen Entscheidungsspielraum von (unselbständigen) Verwaltungshelfern im eigentlichen Sinne[92] oder von (selbständigen) Erfüllungsgehilfen im Hoheitsbereich gesprochen werden kann.[93] Derartige Hilfstätigkeiten sind etwa bei der Datensammlung[94], bei der Datenanalyse oder der Kommunikation der personalisierten staatlichen Regelung denkbar. Auch wenn im Rahmen des Verwaltungshelfermodells die wesentlichen Entscheidungen dem staatlichen Verband vorbehalten bleiben, geht selbst mit der Einschaltung Privater zu den beschriebenen Hilfstätigkeiten ein Kontrollverlust einher: Die konkrete Auswahl der Daten beeinflusst bei einem fallbasierten Entscheidungssystem die Zuordnungsmerkmale. Auch die Datenanalyse lässt sich von der algorithmischen Entscheidungsformel nur schwer trennen. Die Art der Kommunikation bestimmt schließlich über die Qualität der Bekanntgabe.

---

[89] Vgl. auch *Hacker,* Eur. Rev. Priv. L. 25 (2017), 651, 655 f. (Rn. 4); *ders.,* in: Bakhoum/Conde Gallego/Mackenrodt u. a. (Hrsg.), Personal Data, 2018, S. 85, 96 *(government-based personalized law); Casey/Niblett,* Ind. L.J. 92 (2017), 1401, 1418 ff. (Personalisierung durch *regulator* oder *enforcement agent*).

[90] Dazu bereits auf S. 280.

[91] Zu dieser Definition des Verwaltungshelfers, die das entscheidende Unterscheidungsmerkmal im Auftreten nach außen sieht, vgl. *Maurer/Waldhoff,* Allgemeines Verwaltungsrecht, [20]2020, S. 651 f. (§ 23 Rn. 61). Vgl. auch BGH NJW 2005, 286, 287 (von einem selbständigen Verwaltungshelfer sprechend). Monographisch *Burgi,* Funktionale Privatisierung, 1999, S. 100 ff.

[92] Auf diese unselbständigen Tätigkeiten wird der Verwaltungshelferbegriff zum Teil beschränkt, vgl. die krit. Dartstellung bei *Maurer/Waldhoff,* Allgemeines Verwaltungsrecht, [20]2020, S. 652 (§ 23 Rn. 61).

[93] Beide Begriffe werden allerdings mit zunehmend gleicher Bedeutung verwendet, vgl. etwa BGH DAR 2019, 513, 515 (Rn. 18) („bloßes ‚Werkzeug' oder ‚Erfüllungsgehilfe' des Hoheitsträgers"), BGH NJW 2005, 276, 287 („[selbstständiger] Verwaltungshelfer"). Krit. zur Unterscheidung auch *Maurer/Waldhoff,* Allgemeines Verwaltungsrecht, [20]2020, S. 652 (§ 23 Rn. 61).

[94] Erwogen wird insb. die Weitergabe der ohnehin zu kommerziellen Zwecken gesammelten Daten, vgl. *Hacker,* Eur. Rev. Priv. L. 25 (2017), 651, 656 (Rn. 5).

Das Problem des Kontrollverlustes verstärkt sich, wenn die privaten Rechtssubjekte selbständig im Außenverhältnis als Rechtssetzer, also als Beliehene, auftreten *(Beleihungsmodell)*.[95] Der Staat würde sich in diesem Fall den besonderen Sachverstand gewisser Privatrechtssubjekte bei der Datensammlung und -analyse zu Nutze machen und ihnen Entscheidungsmacht übertragen. Die den Straßenverkehr regelnden Verwaltungsakte würden dann etwa von Google[96] oder Automobilunternehmen als Beliehene erlassen.[97] Der Staat würde sich auf die Normierung von Standards und Prinzipien, den auf gesetzlicher Rechtsgrundlage beruhenden Beleihungsakt[98] und die Definition gewisser negativer Korrekturrichtlinien für die Datensammlung und Datenanalyse beschränken. Die konkrete Auflösung des Wertungskonflikts vollzieht sich dann gerade nicht mehr innerhalb des demokratisch legitimierten Verbands. Dementsprechend wird selbst dann, wenn der Beleihungsakt auf einer gesetzlichen Grundlage beruht, die Beleihung zur Rechtssetzung (Verordnungsgebung) aufgrund des Demokratieprinzips und mit Blick auf Art. 80 GG nicht als zulässig erachtet.[99] Zwar kann der Algorithmus gerade im deliktischen Bereich auch nur als Binnenvorschrift ohne Außenwirkung qualifiziert werden, die über die Mikrodirektiven als Verwaltungsakte vollzogen wird, sodass das Verbot der Beleihung zur Rechtssetzung unmittelbar nicht greift. Gleichwohl besteht auch bei der Qualifikation der Mikrodirektive als algorithmisch determinierter Verwaltungsakt eine besondere Nähe zur Beleihung zur Rechtssetzung. In beiden Fällen werden Wertungskonflikte abstrakt-generell für eine Vielzahl von Fällen entschieden. Die einzelne Mikrodirektive ist dann lediglich der technische Vollzug der zuvor getroffenen Entscheidung über die Auflösung des Wertungskonflikts.[100]

Viertens schließlich könnte sich die Personalisierung des Rechts auch vollkommen in den Formen des Privatrechts vollziehen *(Vertragsmodell)*.[101] Erfolgt

---

[95] Zur Beleihung allg. *Maurer/Waldhoff,* Allgemeines Verwaltungsrecht, [20]2020, S. 649–651 (§ 23 Rn. 58–60).

[96] Vgl. etwa *Verstein,* U. Chi. L. Rev. 86 (2019), 551, 567. Allg. zu Google als Vorreiter der kommerziellen Datensammlung und -analyse *Zuboff,* Surveillance Capitalism, 2019, S. 63 ff.

[97] Zum Wettlauf zwischen Google und der Autoindustrie etwa *Fasse/Hubik/Krolle* u. a., Handelsblatt 2021.

[98] Dies folgt aus dem institutionellen Gesetzesvorbehalt, wie er etwa auch in Art. 33 IV GG zum Ausdruck kommt, vgl. insb. BVerwG NVwZ 2011, 368, 370 (Rn. 24); 1989, 864, 865; VGH Mannheim BeckRS 2010, 45756.

[99] *Rennert,* JZ 2009, 976; *Bachmann,* Private Ordnung, 2006, S. 63; *Augsberg,* Rechtsetzung zwischen Staat und Gesellschaft, 2003, S. 189; *Stadler,* Die Beleihung in der neueren Bundesgesetzgebung, 2002, S. 38.

[100] Zur rechtstheoretischen und dogmatischen Erfassung der Mikrodirektive ausf. unter § 2 (S. 55, 57–61).

[101] Hierauf liegt der Schwerpunkt bei *Verstein,* U. Chi. L. Rev. 86 (2019), 551, 572–579. Ferner *Hacker,* Eur. Rev. Priv. L. 25 (2017), 651, 655 f. (Rn. 4 a. E.); *ders.,* in: Bakhoum/Conde

die Personalisierung in Bereichen, die auch jetzt schon der privaten Rechtssetzung überlassen sind, so verschiebt sich die Grenze zwischen staatlicher und gesellschaftlicher Regelung nicht. Es kommt in diesem Fall nur zu einer Personalisierung vertraglicher Regelungen, nicht aber zu einer Privatisierung staatlicher Normsetzungsbefugnisse *(Vertragsmodell ohne Privatisierung).* Die Personalisierung durch Private kann sich aber auch auf Bereiche erstrecken, die bisher Gegenstand einer staatlichen Rechtssetzung waren. In diesem Fall kommt es nicht nur zu einer Personalisierung, sondern zugleich zu einer materiellen Privatisierung der Normsetzungsbefugnisse *(Vertragsmodell mit Privatisierung).*[102] Gerade bei dem Vertragsmodell mit Privatisierung geht Gestaltungsspielraum des staatlichen Verbands verloren. Die demokratische Legitimationskette droht damit ins Leere zu gehen.[103] Anders als bei der Personalisierung staatlicher Rechtsnormen *(personalization of regulation)* wird der maßgebliche Wertungskonflikt hier von privaten Rechtssubjekten gelöst. Der Staat kann dann nur allgemeine Grenzen des privatrechtlichen, personalisierten Handelns vorgeben *(regulation of personalization).*[104] Diese können aber den Kompetenzverlust des staatlichen Verbands nur punktuell ausgleichen.

Gallego/Mackenrodt u. a. (Hrsg.), Personal Data, 2018, S. 85, 96 *(company-based personalized law); Casey/Niblett,* Ind. L.J. 92 (2017), 1401, 1421 ff. (Personalisierung durch *private actors*). Die hier gewählte Bezeichnung als Vertragsmodell orientiert sich an dem wichtigsten Regelungsinstrument privater Rechtssubjekte: dem Vertrag. Es sind aber durchaus auch weitere Formen privater Rechtssetzung denkbar, die öffentlich-rechtlichen Rechtsnormen besonders nahe kommen. Zu denken ist beispielsweise an die Satzung (vgl. hierzu *Bachmann,* Private Ordnung, 2006, S. 108–119; *Kirchhof,* Private Rechtsetzung, 1987, S. 265 ff.; *Engler,* Private Regelsetzung, 2017, S. 110 ff.), deren Normen ebenfalls personalisiert werden könnten.

[102] Zur (materiellen) Privatisierung allg. *Maurer/Waldhoff,* Allgemeines Verwaltungsrecht, [20]2020, S. 654 f. (§ 23 Rn. 65); *Di Fabio,* JZ 1999, 585; monographisch *Burgi,* Funktionale Privatisierung, 1999, S. 71 ff.; *Kämmerer,* Privatisierung, 2001, S. 16 ff. Speziell zur Privatisierung der Rechtssetzungstätigkeit *Kobayashi/Ribstein,* JLEP 9 (2013), 521; *Verstein,* U. Chi. L. Rev. 86 (2019), 551, 567–572 (allg.), 572–579 (Personalisierungsprojekt).

[103] Zur prozeduralen (demokratischen) und substantiellen (sachbezogenen) Legitimation von Rechtssetzung *Verstein,* U. Chi. L. Rev. 86 (2019), 551, 568; *Rennert,* JZ 2009, 976, 978 ff. (auf prozedurale Legitimation konzentriert). Im Rahmen algorithmischer Rechtssetzung auch *Yeung,* Reg. & Gov. 12 (2018), 505, 515 f. Allg. *Christiano,* J. Political Philos. 12 (2004), 266 (prozedurale vs. substantielle Legitimation); *Scharpf,* Governing in Europe, 1999, S. 6 ff. (Input- vs. Output-Legitimation); darst. *Bender,* in: ders. (Hrsg.), Objectivity and Power, 2022, S. 19, 62–66.

[104] Zu dieser Unterscheidung *Grigoleit/Bender,* in: Busch/De Franceschi (Hrsg.), Personalized Law, 2021, S. 115, 119 (Rn. 13). Die Perspektive der Regulierung von Personalisierung kann natürlich ihrerseits durch Personalisierung von Regulierung erfolgen. Diese Perspektive findet sich etwa bei *Busch,* in: Busch/De Franceschi (Hrsg.), Personalized Law, 2021, S. 279, 286–288 (Rn. 18–23) („fighting fire with fire“).

2. Rechtstheoretische Erfassung des Vertragsmodells

Vollzieht sich die Personalisierung in den Formen des Privatrechts, bleiben zwar nach wie vor die Kategorien der Regel, des Standards und des Prinzips sinnvoll. Die Qualifikation der Regelung als Verwaltungsakt oder Rechtsverordnung passt jedoch nicht mehr. Vielmehr werden hier im Außenverhältnis durch das *Rechtsgeschäft* verbindliche Regelungen erzeugt. Das Rechtsgeschäft, das im Grundsatz individuell Recht für die jeweiligen Privatrechtssubjekte setzt, steht dabei dem Verwaltungsakt besonders nahe. Es ersetzt diesen im Vertragsmodell als dogmatische Qualifikation der Mikrodirektive.[105] Bei einer *formellen*, auf den einzelnen Vertragsschluss fokussierten Betrachtung erscheint das Vertragsmodell also maximal individualisiert, weil ein Vertrag Recht nur für die jeweiligen Vertragsparteien hervorbringen kann: *Konkret-individuelle* Regelungen finden sich in einseitigen Rechtsgeschäften[106] und den *essentialia negotii* eines Vertrages. *Abstrakt-individuelle* Regelungen finden sich hingegen in den *accidentalia negotii*.[107]

Diese Einschätzung ändert sich jedoch bei einer *materiellen* Betrachtung: In den Fällen, in denen aufgrund einseitiger Inanspruchnahme von Gestaltungsmacht ein Individuum seinen Willen durchsetzen kann, ist es ihm auch möglich, eine Vielzahl von Verträgen nach dem gleichen Muster zu determinieren. Die in diesen Fällen vielfach verwendeten Formulare sind nicht auf den Einzelfall zugeschnitten. Die in ihnen enthaltenen vertraglichen Regelungen kommen zwar auch nur über den individuellen Vertragsschluss zur Außenwirkung.[108] Ihnen liegt aber – ähnlich den in Anwendung von Verwaltungsvorschriften ergehenden Verwaltungsakten – eine gewissermaßen im Innenverhältnis maßgebliche

---

105 Zur Parallelisierung von Verwaltungsakt und Rechtsgeschäft bereits auf S. 202 (Fn. 113).

106 *Engler,* Private Regelsetzung, 2017, S. 105 will Gestaltungsrechte nicht unter den Begriff der privaten Rechtssetzung fassen, weil lediglich abschließend normierte Rechtswirkungen ausgelöst würden. Das ist aber im Bereich des *numerus clausus* nicht anders. Die Entscheidung über das *Ob* der Rechtsausübung ist privatautonome Konkretisierung eines dem Individuum belassenen Spielraums. Im Übrigen sind nicht alle Rechtsfolgen zwingend vorgegeben. Man denke etwa an die Möglichkeit, die Kündigungsfrist zu verlängern. Auch Gestaltungsrechte sind somit private Rechtssetzung.

107 Angesichts dieser Vielgestaltigkeit vertraglicher Regelungen und dem Unterschied zwischen *essentialia* und *accidentalia negotii* kann der vertraglichen Regelung jedenfalls nicht unter Verweis auf die *Konkretheit* (so im Ansatz aber *Kirchhof,* Private Rechtsetzung, 1987, S. 331 f., 471 f., allerdings mit einigen Relativierungen), sondern allenfalls mit Blick auf die *individuelle Geltung* (und auch nur bei einer formellen Betrachtung) der Rechtsnormcharakter abgesprochen werden.

108 Insofern ist bei der dogmatischen Erfassung des Vertragsmodells eine Einzelbetrachtung angezeigt, wie sie auch dem Verwaltungsaktsmodell zugrunde liegt. Dazu bereits unter § 2 (S. 57–59).

generell geltende Regelung zugrunde. Allgemeine Geschäftsbedingungen sind somit das Ergebnis einer mechanischen Anwendung von zuvor einseitig festgesetzten Binnenvorschriften.[109] Die Personalisierung des Vertragsrechts durch private Rechtssubjekte zielt auf die Personalisierung gerade dieser Binnenvorschriften ab. Daraus folgt auch, dass die Personalisierung des AGB-Rechts, etwa indem unterschiedliche Käufersegmente jeweils andere Rechte zugeteilt bekommen, nichts am AGB-Charakter der Vertragsnorm ändert: Nach wie vor wird (algorithmisch) vorformuliertes Recht für eine Vielzahl von Käufern eines Segments durch Inanspruchnahme einseitiger Gestaltungsmacht geschaffen.[110] Es steigt lediglich die interne Komplexität der maßgeblichen Binnenvorschrift.

Auf den ersten Blick scheint sich das Vertragsmodell nur für die Personalisierung des Vertragsrechts zu eignen. Die den AGB zugrunde liegende *abstrakt-generelle* Binnenvorschrift ersetzt hier das (dispositive) staatliche Vertragsrecht.[111] Allerdings lässt sich auch die Produktion deliktischer Verhaltenspflich-

---

[109] Bei diesem Verständnis lässt sich auch der Konflikt zwischen der *Normtheorie*, nach der AGB Rechtsnormen sind (so *Pflug,* Kontrakt und Status, 1986, S. 4 f., 46 ff.; vgl. auch die materielle Sicht in BGHZ 1, 83, 86) und der *Vertragstheorie*, nach der dies nicht der Fall ist (so *Raiser,* Das Recht der allgemeinen Geschäftsbedingungen, ^{2}1961, S. 62; vgl. auch den formellen Ansatz in § 305 II BGB a. E.) auflösen: Die Normtheoretiker stellen im Rahmen einer materiellen Betrachtung auf die Binnenvorschrift ab, die Vertragstheoretiker nehmen hingegen im Rahmen einer formellen Betrachtung den Außenwirkung erzeugenden Rechtsakt in den Blick. Für eine ähnliche Auflösung der Streitfrage vgl. *Bachmann,* Private Ordnung, 2006, S. 121 f., insb. S. 122 („Die von den Normtheoretikern – mit Recht! – immer wieder betonte funktionale Äquivalenz des ‚selbstgeschaffenen Rechts der Wirtschaft' mit dem dispositiven Recht nötigt nicht zu einer anderen Sicht der Dinge. In der Tat erfüllen AGB bei einer standardisierten Transaktion, soweit die Partner keine besonderen Abreden treffen, exakt die Funktion, die ansonsten das dispositive Recht wahrnimmt: Als ‚fertig bereit liegende Rechtsordnung' halten sie für offene, aber regelungsbedürftige Fragen eine Antwort bereit."), S. 259–266; *Pflug,* Kontrakt und Status, 1986, S. 46 („‚Vertrag' und ‚Norm' liegen kategorial auf verschiedenen Ebenen."), S. 47 („In der Gegenüberstellung von ‚Vertragstheorie' und ‚Normentheorie' wird dieser Unterschied verwischt."); *Raiser,* Das Recht der allgemeinen Geschäftsbedingungen, ^{2}1961, S. 63 (kein Gegensatz zwischen Rechtssatz und Rechtsgeschäft), S. 96 (soziologische und dogmatische Einordnung trennend); *Engler,* Private Regelsetzung, 2017, S. 110 (Norm beziehend auf die Strukturfrage der abstrakt-generellen Wirkungsweise, Vertrag auf die Legitimationsfrage des Geltungsgrundes – wobei allerdings die rein formelle Frage des Geltungsgrundes besser nicht als legitimatorisches Problem aufzufassen ist).

[110] Zu dem Gesichtspunkt der einseitigen Inanspruchnahme von Gestaltungsmacht vgl. MünchKomm – *Fornasier,* BGB, ^{9}2022, § 305 Rn. 20. Deutlich auch BGH NJW 2010, 1131, 1132 (Rn. 14) („Vielmehr knüpfen die Schutzbestimmungen der §§ 305b ff. BGB mit ihren bis zur Unwirkamkeit reichenden Korrekturen des vertraglich Vereinbarten entscheidend daran an, dass eine Vertragspartei der anderen unter Inanspruchnahme einseitiger Gestaltungsmacht vorformulierte Bedinungen gestellt hat.").

[111] Besonders deutlich *Bachmann,* Private Ordnung, 2006, S. 122 („In der Tat erfüllen

ten, die bisher beispielsweise in Verkehrszeichen (also Verwaltungsakten[112]) enthalten sind, über das Vertragsmodell privatisieren. Zu denken ist nicht nur an (bei materieller Betrachtung) *konkret-generelle* AGB-Schilder, die die Nutzung von Eigentum regeln und Sorgfaltspflichten begründen können.[113] Vielmehr lassen sich auch *konkret-individuelle* Vorgaben durch schuldrechtliche Weisungen[114] verwirklichen, die auf einem Nutzungsvertrag[115] beruhen, der zusammen mit dem Autokaufvertrag abgeschlossen werden könnte.[116] Die Bekanntgabe würde dann durch den Zugang (vgl. § 130 I 1 BGB) der in der Weisung enthaltenen Willenserklärung ersetzt.

Die Ausarbeitung der maßgeblichen AGB kann dabei von dem einseitig Gestaltungsmacht in Anspruch nehmenden Vertragspartner vorgenommen werden. Denkbar ist es jedoch auch, dass Dritte die Optimierung der privaten Normen übernehmen.[117] Zwischen den verschiedenen AGB-Drittanbietern könnte sich ein regelrechter Rechtsmarkt entwickeln.[118]

3. *Grundrechtliche Erfassung des Vertragsmodells*

Die *institutionelle* Entscheidung für das Vertragsmodell wirft die bereits erörterte *institutionelle* Frage der materiellen Privatisierung auf.[119] Diese *institutionelle* Entscheidung hat allerdings darüber hinaus auch *freiheitsrechtliche* Konsequenzen auf der individuellen Ebene, die im Rahmen einer grundrechtlichen Erfassung des Vertragsmodells dargestellt werden.

AGB bei einer standardisierten Transaktion, soweit die Partner keine besonderen Abreden treffen, exakt die Funktion, die ansonsten das dispositive Recht wahrnimmt […].“). Vgl. auch BGHZ 1, 83, 86; 127, 275, 281; 129, 323, 327 f. (AGB als „fertig bereit liegende Rechtsordnung“).

112 Dazu bereits auf S. 283 (Fn. 56).

113 Zur Modifikation deliktischer Verhaltensanforderungen durch AGB bereits auf S. 2 (Fn. 4).

114 Etwa des Arbeitgebers in Ausübung des Direktionsrechts (*Kirchhof,* Private Rechtsetzung, 1987, S. 235 ff.).

115 Zum zunehmenden Bedeutungsgewinn von Dauernutzungsverträgen zulasten des punktuellen Leistungsaustauschs infolge digitaler Innovation vgl. *Schmidt-Kessel,* JjZRW 2020, S. 9, 16–19.

116 Potenzieller Vertragspartner könnte derjenige sein, der das „Betriebssystem“ des Autos stellt. Dazu bereits auf S. 294 [Fn. 97]).

117 Vgl. nur BGH NJW 2017, 1540, 1541 (Rn. 11); MünchKomm – *Basedow,* BGB, [8]2019, § 305 Rn. 22 f.

118 Dazu im Personalisierungsdiskurs *Verstein,* U. Chi. L. Rev. 86 (2019), 551, 574–576 (aufgrund der Komplexität der eingesetzten Algorithmen sogar ihren Schutz durch geistiges Eigentum für entbehrlich haltend, was allerdings fragwürdig ist). Allg. zu privater Rechtssetzung in einem Marktkontext *Kobayashi/Ribstein,* JLEP 9 (2013), 521.

119 Dazu bereits auf S. 280 sowie auf S. 294 f.

a) Die Freiheitssphäre der Personalisierer

Besondere Wertungsfragen entstehen erstens dadurch, dass bei einer Personalisierung durch Private nicht nur die Freiheitsrechte des Adressaten der personalisierten Regelung betroffen sind, sondern auch die Freiheitsrechte des Personalisierers.

Zu Freiheitsverkürzungen kann es zum einen dann kommen, wenn der Staat personalisierungs*willigen* Privatrechtssubjekten verbietet, vertragliche Regelungen auf der Grundlage einer personalisierten Binnenvorschrift zu erlassen *(Verbotsmodell* oder *prohibition-dimension).*[120] Das Allgemeine Gleichbehandlungsgesetz folgt für gewisse Differenzierungen diesem Ansatz.[121] Auch ein generelles Verbot der Preisdiskriminierung[122] oder der kundenspezifischen Modifikation von Allgemeinen Geschäftsbedingungen würde in diese Kategorie fallen.

Zum anderen kommt es zu Freiheitsverkürzungen, wenn personalisierungs*unwillige* Rechtssubjekte im Rahmen der Regulierung von Personalisierung verpflichtet werden, ihre privatautonomen Regelungen zu personalisieren *(Verpflichtungsmodell* oder *obligation-dimension).*[123] Allgemeine Geschäftsbedingungen, Weisungen oder Informationen *müssen* dann an die Charakteristika der Kunden angepasst werden. Im Zweifel sind hier die Rechtfertigungslasten noch höher, weil bei dem Gebot einer Personalisierung die Freiheit tendenziell in alle Richtungen aufgehoben und die Vornahme einer konkreten Handlung geboten wird. Private Rechtssubjekte werden hier zwar nicht *technisch* zu Verwaltungshelfern, weil sich der Rechtssetzungsvorgang insgesamt außerhalb der Verwaltung vollzieht. Sie werden aber *funktionell* wie Verwaltungshelfer herangezogen.[124] Bei einer funktionellen Betrachtung müssen also die besonderen Rechtfertigungslasten, die für die Indienstnahme Privater als Verwaltungshelfer bestehen, auch hier überwunden werden.[125] Dass private Rechtssubjekte bereits

---

[120] Vgl. *Grigoleit/Bender,* in: Busch/De Franceschi (Hrsg.), Personalized Law, 2021, S. 115, 119 (Rn. 14).

[121] Für eine Verallgemeinerung des Gleichheitsschutzes im Privatrecht *Grünberger,* Personale Gleichheit, 2013.

[122] Zu Preisdiskriminierung grundlegend im Personalisierungsdiskurs *Bar-Gill,* U. Chi. L. Rev. 86 (2019), 217. Vgl. auch (tendenziell kritisch) *Porat/Strahilevitz,* Mich. L. Rev. 112 (2014), 1417, 1456; *Wagner/Eidenmüller,* U. Chi. L. Rev. 86 (2019), 581, 585–588. Ferner allg. *Ezrachi/Stucke,* Eur. Compet. L. Rev. 37 (2016), 485; *Miller,* J. Tech. L. & Pol'y 19 (2014), 41; *Hacker/Petkova,* Nw. J. Tech. & Intell. Prop. 15 (2017), 1, 13 f. (Rn. 16).

[123] Vgl. *Grigoleit/Bender,* in: Busch/De Franceschi (Hrsg.), Personalized Law, 2021, S. 115, 119 (Rn. 14).

[124] Zum Verwaltungshelfermodell bereits auf S. 293.

[125] Zu den besonderen Rechtfertigungsproblemen bei der Indienstnahme Privater bereits auf S. 153 f. (Fn. 113).

Werbung oder ihr Kaufangebot personalisieren, mag die Eingriffsintensität einer Verpflichtung zur Personalisierung von Information oder Vertragsnormen mindern.[126] Beseitigen kann dieser Umstand sie aber nicht.

b) Die Freiheitssphäre der Adressaten der Personalisierung

Zweitens lassen sich die normativen Konsequenzen der Verwendung des Vertragsmodells auch mit Blick auf die Freiheitssphäre der *Adressaten* der Personalisierung untersuchen. Aus Adressatensicht bestehen aber gerade *keine* Unterschiede zwischen einer Personalisierung durch den Staat und einer Personalisierung durch private Rechtssubjekte. In beiden Fällen sieht sich der Adressat der personalisierten Regelung bei *materieller* Betrachtung mit *heteronomem* Recht konfrontiert.[127] Die rein *formelle* Anknüpfung der Geltung von AGB an das Zustimmungserfordernis des Adressaten ändert nichts daran, dass diese Zustimmung keine den Inhalt der Regelung legitimierende Kraft entfalten kann und das AGB-Recht gerade nicht als Ausfluss der Privatautonomie des Adressaten erscheint.[128] Vielmehr wird der Inhalt der AGB alleine von der Binnenvorschrift des Verwenders bestimmt. Wie eine staatliche dispositive Vorschrift hat auch die AGB-Vorschrift Geltung[129], wenn nicht im Wege einer Individualvereinbarung (vgl. § 305b BGB) ein *opt-out* vereinbart wird.

Die beschriebene einseitige Inanspruchnahme von Gestaltungsmacht, die dispositive staatliche Vorschriften und AGB jeweils aus Adressatensicht als heteronome Rechtssetzung erscheinen lässt, kann ökonomisch mit Informationsasymmetrien erklärt werden: Die Adressatenseite wird vom Inhalt der AGB regelmäßig keine Kenntnis nehmen, weil die Informationskosten die Informa-

---

[126] In diese Richtung *Hacker,* in: Bakhoum/Conde Gallego/Mackenrodt u. a. (Hrsg.), Personal Data, 2018, S. 85, 96 („The latter would attach legal consequences only to data which is already being lawfully processed by companies, in an attempt to prevent them from unilaterally benefiting from data mining. Therefore, it raises no *additional* concerns about data protection independent of those created by the current practice of data collection.“). Allerdings stellt die Verwendung der Daten durch einen *zusätzlichen* Akteur einen *erneuten* Eingriff dar, der allenfalls weniger stark ins Gewicht fällt.

[127] Besonders deutlich *Pflug,* Kontrakt und Status, 1986, S. 46 ff.; *Bachmann,* Private Ordnung, 2006, S. 121 f.

[128] Überzeugend *Bachmann,* Private Ordnung, 2006, S. 121 f., insb. S. 122 („Die Sachfrage ist in jedem Fall dieselbe: Wie kann gewährleistet werden, dass die Geltung der jeweiligen Regel – wie auch immer man sie nennen mag – vor dem Hintergrund unserer Rechtsordnung als legitim ausgewiesen ist?“).

[129] Dazu bereits oben und insb. *Bachmann,* Private Ordnung, 2006, S. 122; *Pflug,* Kontrakt und Status, 1986, S. 46 ff.; *Raiser,* Das Recht der allgemeinen Geschäftsbedingungen, ²1961, S. 62. Besonders deutlich wird diese Parallele bei Branchen- und Plattform-AGB.

tionsvorteile übersteigen *(rational ignorance)*.[130] Auch lassen sich diese Informationsprobleme nicht über den Marktpreis lösen, der grundsätzlich Information in vereinfachter Form zur Verfügung stellt (höherer Marktpreis als *signaling* von Qualität), weil die Individuen die Qualität von AGB angesichts der hohen Informationskosten nicht kontrollieren können und damit den billigeren Preis wählen werden, auch wenn sie eigentlich mehr AGB-Qualität wünschen würden (*adverse selection* oder Market-of-Lemons-Problem).[131]

c) Grundrechtlicher Ausgleich der Freiheitssphären

Obwohl die Freiheitssphäre des Adressaten bei einer *materiellen* Betrachtung im Rahmen des Vertragsmodells genauso intensiv betroffen ist wie bei einer staatlichen Maßnahme, ist diese Freiheitssphäre *dogmatisch* in anderer Weise geschützt: Die Grundrechte des Adressaten wirken bei einem Eingriff durch Private als Schutzpflichten, die der Staat durch aktiven Eingriff in die Freiheitssphäre des Personalisierers erfüllen muss.[132] So lässt sich die erhöhte Kontrollintensität bei AGB erklären: Statt der Generalklausel der guten Sitten (§ 138 BGB) kommt ein differenziertes Kontrollsystem (vgl. §§ 305c, 307–309 BGB) zur Anwendung.

Aus dieser rechtstechnischen Besonderheit werden oft Konsequenzen für das Ergebnis der materiellen Abwägung abgeleitet. Dem liegt die Vorstellung zugrunde, dass Schutzpflichten im Gegensatz zu Eingriffsabwehrrechten nur einen Minimalschutz vermitteln, das staatliche Unterlassen also weniger „schlimm" ist als aktives Tun.[133] Tatsächlich jedoch ist das materielle Abwägungsergebnis völlig unabhängig von den Zufälligkeiten der dogmatischen Wirkung der Grundrechte *(These von der abwägungsmäßigen Gleichstellung)*.[134]

---

130 Dazu grundlegend bereits *Knight,* Risk, Uncertainty and Profit, 1921, S. 67 (Fn. 1) („[...] the rational thing to do is to be irrational, where deliberation and estimation cost more than they are worth."), sowie im Public-Choice-Kontext grundlegend *Downs,* An Economic Theory of Democracy, 1957, S. 220 ff., 260 ff.

131 Dazu grundlegend *Akerlof,* Q. J. Econ. 84 (1970), 488. Mit Blick auf AGB etwa auch *Bachmann,* Private Ordnung, 2006, S. 121.

132 Zwar sind Private gem. Art. 1 I 2, III GG nach überzeugender Ansicht nicht Grundrechtsadressaten (vgl. nur *Canaris,* AcP 184 [1984], 201, 203 ff.). Die Grundrechte sind für ihr Verhalten jedoch *mittelbar* relevant, weil auch von ihnen Bedrohungen für das grundrechtliche Schutzgut ausgehen können, vor denen der Staat schützen muss (vgl. *ders.,* AcP 184 [1984], 201, 225 ff.).

133 So BVerfGE 88, 203, 254; *Canaris,* Grundrechte und Privatrecht, 1999, S. 85; *ders.,* AcP 184 (1984), 201, 228, 245; *Epping,* Grundrechte, [9]2021, S. 66 f. (Rn. 127), 77 (Rn. 141).

134 Bei dem die Zahlungspflicht des Käufers titulierenden Urteil wirken dessen Grundrechte in ihrer Abwehrdimension, die Grundrechte des Verkäufers in der Schutzpflichtdimension. Bei einem der Klage des Käufers auf Naturalleistung stattgebenden Urteil liegt es genau

Mit welchem Gewicht die Freiheitsrechte in der Abwägung berücksichtigt werden, hängt vielmehr von ihrer konkreten Betroffenheit ab, die am Maßstab eines spezifischen materiellen Leitbilds von Freiheit gemessen wird.[135] Nach dem klassisch-liberalen Grundrechtsverständnis geht es hierbei beispielsweise um das Leitbild des *status negativus*, der sich (wie andere Leitbilder auch) nur durch eine spezifische Mischung aus staatlichem Eingriff und Schutz verwirklichen lässt.[136] Die rechtstechnischen Kategorien von Eingriff und Schutz eignen sich also nicht zur Bestimmung der Rechtfertigungslasten: Sowohl Über- als auch Untermaßverbot bezeichnen die Grenzen des gesetzgeberischen Gestaltungsspielraums[137] und gewähren somit beide nur „Minimalschutz". Auch vermeintliches Unterlassen ist aus einer anderen Perspektive ein staatliches (eingreifendes) Tun, nämlich die Bereitstellung der für die Geltung und Vollstreckung der AGB notwendigen Infrastruktur.[138] Abgesehen davon ist im Straf- und Deliktsrecht seit langem die Gleichwertigkeit von Tun und Unterlassen anerkannt, sofern nur eine Handlungspflicht besteht.[139]

---

anders herum. Über die Wirksamkeit des Vertrages (§ 138 I BGB) ist unabhängig davon unter Abwägung der materiellen Grundrechtspositionen zu entscheiden.

[135] Vgl. etwa auch *Coleman/Ripstein,* McGill L.J. 41 (1995/1996), 91, 93. Ähnlich auch BVerfGE 33, 303, 331; 40, 237, 249 (Zitat jeweils auf S. 193 [Fn. 71]).

[136] Besonders deutlich *Jellinek,* System der subjektiven öffentlichen Rechte, 1892, S. 89, 99. Ähnlich *Lerche,* Übermaß und Verfassungsrecht, ^{2}1999, S. 265; *Bachmann,* Private Ordnung, 2006, S. 65 („Die grundrechtlich verbürgte Privatautonomie gibt dem Einzelnen nicht nur ein Recht, vom Staat „in Ruhe gelassen" zu werden, sie verpflichtet den Staat auch, privaten Imperativen insoweit Verbindlichkeit zu verleihen, als dies erforderlich ist, damit Individuen ihre eigene private Ordnung gestalten können."). Implizit auch *Lübbe-Wolff,* Die Grundrechte als Eingriffsabwehrrechte, 1988, S. 35. Die oft anzutreffende Gleichsetzung von *status negativus* und Eingriffsabwehr ist daher zumindest missverständlich (dazu bereits mit Nachw. unter § 5 [S. 191 f.]).

[137] Insofern überzeugend *Canaris,* Grundrechte und Privatrecht, 1999, S. 83–88; *ders.,* AcP 184 (1984), 201, 225–229, 245. Dieser Gestaltungsspielraum gilt entgegen *Epping,* Grundrechte, ^{9}2021, S. 48–50 (Rn. 94–98) auch bei Eingriffen in vorbehaltslos gewährleistete Grundrechte, vgl. *Störring,* Das Untermaßverbot in der Diskussion, 2009, S. 130. Die Annahme einer punktgenauen Determination der Ausgestaltung dieser Grundrechte wird der Gesetzgebungspraxis nicht gerecht. Dass es bei nicht vom Untermaßverbot gebotenen Eingriffen an der Erforderlichkeit fehlen soll, verkennt, dass diese Prüfungsebene nur gleich effektive Maßnahmen ausscheidet.

[138] Insofern *Cornils,* Die Ausgestaltung der Grundrechte, 2005, S. 396 ff. Allg. *Coleman/Ripstein,* McGill L.J. 41 (1995/1996), 91. Letztendlich auch BVerfGE 77, 275, 284; Schmidt-Bleibtreu/Klein/Bethge – *Bethge,* BVerfGG, ^{62}2022, § 90 Rn. 312 (den Satz „in dubio pro libertate" problematisierend). Anders hingegen *Hellgardt,* Regulierung, 2016, S. 58 (Gegensatz von eingreifender Regulierungs- und ausgleichender Infrastrukturfunktion des Rechts), S. 277 ff. (Fortsetzung dieser Unterscheidung in der Grundrechtsdogmatik); *Kingreen/Poscher,* Grundrechte, ^{38}2022, Rn. 175 (Gegensatz von Ausgestaltung und Eingriff).

[139] Für einen Überblick zur Gleichstellung im Strafrecht vgl. *Schrägle,* Das begehungsgleiche Unterlassungsdelikt, 2017, S. 13 ff.

Aus diesen Überlegungen folgt, dass die in den vorangehenden Kapiteln dargestellten freiheits- und gleichheitsrechtlichen Überlegungen auch dann Relevanz behalten, wenn die Personalisierung des Rechts nicht durch den Staat, sondern durch private Rechtssubjekte vollzogen wird. Dieser institutionelle Unterschied ändert nichts an dem Gewicht, mit dem die grundrechtlichen Positionen der Adressaten im Rahmen der Abwägung berücksichtigt werden müssen. Ob die Personalisierung dann letztendlich zulässig ist, kann nur auf der Rechtfertigungsebene mit Blick auf die konkreten, für eine Personalisierung sprechenden Belange und ihre Bewertung unter Zugrundelegung eines spezifischen normativen Leitbilds beantwortet werden.

§ 8

Systemische Analyse: Liberalismus und Mikrosozialismus

In diesem Kapitel werden die bisherigen Argumente für und gegen die Personalisierung des Rechts in einen systemischen Kontext eingeordnet. Dazu werden zunächst drei Arten der ökonomischen Analyse des Rechts unterschieden, die jeweils ein spezifisches Liberalismusverständnis transportieren (I.). Auf der Grundlage dieser Analyse kann die dem Personalisierungsprojekt entsprechende Form des Liberalismus herausgearbeitet werden, die sich auch als Mikrosozialismus beschreiben lässt (II.). Dem Liberalismusverständnis des Personalisierungsprojekts wird der Liberalismus des Grundgesetzes gegenübergestellt. So wird deutlich, dass die vollständige Verwirklichung des Personalisierungsprojekts nur auf der Grundlage einer neuen Verfassung möglich ist (III.).

I. Drei Arten des ökonomisch-liberalen Denkens im Recht

Es scheint oft, als gäbe es nur *eine* Art des rechtsökonomischen Denkens.[1] Tatsächlich bestehen allerdings schon zwischen den „Gründungsvätern"[2] der modernen ökonomischen Analyse des Rechts, also zwischen *Ronald Coase*[3], *Guido Calabresi*[4] und *Richard A. Posner*[5], erhebliche Unterschiede.[6] Ihr jeweiliger ökonomischer Ansatz lässt sich als *economics & law, law & economics* und *economic analysis of law* bezeichnen.[7] Diese verschiedenen ökonomischen An-

---

[1] Dies hat damit zu tun, dass die ökonomische Analyse insb. über *Posners* einflussreiches Lehrbuch (*Posner,* Economic Analysis of Law, [9]2014) Breitenwirkung erlangte und damit sein neoklassischer Ansatz bei der Erörterung konkreter Probleme dominiert (für diese Interpretation vgl. auch *Priest,* Law and Economics, 2020, S. 61). In der Tat orientieren sich die einschlägigen Standardlehrbücher, etwa *Cooter/Ulen,* Law and Economics, [6]2012 (für die Vereinigten Staaten) oder *Schäfer/Ott,* Ökonomische Analyse, [6]2020 (für Deutschland) zumindest lose am Vorgehen von *Posner.*

[2] Zur Nennung von *Coase*, *Calabresi* und *Posner* (sowie *Henry Manne*, dessen Denken hier aufgrund seines Fokus auf das Gesellschaftsrecht und seiner primär organisatorischen Rolle nicht weiterverfolgt wird) als Gründungsväter von *law and economics* auf dem ersten Treffen der *American Law and Economics Association* im Jahr 1991, vgl. *Priest,* Law and Economics, 2020, S. 74.

[3] Insb. *Coase,* J.L. & Econ. 3 (1960), 1. Grundlegend bereits zuvor *Coase,* Economica 4 (1937), 386; *ders.,* J.L. & Econ. 2 (1959), 1.

[4] Insb. *Calabresi,* The Costs of Accidents, 1970. Grundlegend bereits zuvor *ders.,* Yale L.J. 70 (1961), 499. Ferner danach *Calabresi/Melamed,* Harv. L. Rev. 85 (1972), 1089; *Calabresi/Bobbitt,* Tragic Choices, 1978; *Calabresi,* The Future of Law and Economics, 2016.

[5] *Posner,* Economic Analysis of Law, [9]2014. Bereits zuvor *ders.,* J.L. & Econ. 14 (1971), 201; *ders.,* J. Leg. Stud. 1 (1972), 29.

[6] Für eine Unterscheidung verschiedener Ansätze der ökonomischen Analyse des Rechts vgl. etwa *Priest,* Law and Economics, 2020, S. 74–80 (*Coase*, *Calabresi* und *Posner* vergleichend); *Calabresi,* The Future of Law and Economics, 2016, S. 1–23 (*Mill*, *Coase* und sich selbst *law and economics* zuordnend und von der *economic analysis of law* abgrenzend, die er mit *Bentham* und *Posner* verbindet). Dazu darst. *Kalman,* L. & Contemp. Probs. 77 (2014), 15, 36 f.; *Marciano/Ramello,* L. & Contemp. Probs. 77 (2014), 97–101 (*Calabresis* heterodoxe *economic analysis of law* von *Posners* klassischer *economic analysis of law* und von *Coases law and economics* abgrenzend). Ferner *Mercuro/Medema,* Economics and the Law, [2]2006, die das ökonomische Rechtsdenken entsprechend verschiedener ökonomischer Schulen monographisch zusammenfassen und insb. dem dominanten Chicago-Ansatz (S. 94–155) die alternativen Ansätze der *New Haven School*, des *Modern Civic Republicanism*, und der Österreichischen Schule (S. 284–305) gegenüberstellen. Eine entsprechende Untergliederung spiegelt sich auch in der fünfbändigen Textsammlung von *Mercuro* wider, vgl. *Mercuro* (Hrsg.), Law and Economics I, 2007 *(Chicago School); ders.,* Law and Economics V, 2007 *(New Haven School, Republicanism, Austrian School).* Ähnlich ferner *Harris,* Theoretical Inq. L. 4 (2003), 659, 662 (Fn. 6) (die mit *Coase* und *Becker* in Verbindung gebrachte *Chicago School* der *New Haven School* von *Calabresi* gegenüberstellend).

[7] Aufbauend auf der Unterscheidung zwischen *law and economics* und *economic analysis*

sätze können von ihren politischen Implikationen nicht getrennt werden, sodass ihnen jeweils eine spezifische Form des Liberalismus zuzuordnen ist. Um den Eindruck einer umfassenden ideengeschichtlichen Aufarbeitung zu vermeiden und den analytischen Charakter dieser Einteilung zu betonen, wird hier schlicht von Liberalismus I, Liberalismus II und Liberalismus III gesprochen.[8]

Liberalismus wird hier definiert als ein an Freiheit und Gleichheit orientiertes Gesellschaftsmodell, das zumindest einen Teil der Allokationsfragen dem Markt überlässt.[9] Die Definition liefert mit ihrer Bezugnahme auf Markt, Freiheit und Gleichheit die Parameter, unter denen die drei Formen des Liberalismus als idealtypische *modes of thought*[10] im Folgenden verglichen werden.

1. Liberalismus I (economics & law)

Der erste Ansatz ökonomischen Denkens wird hier als *economics and law* bezeichnet, um die besondere Bedeutung von *economics* zu betonen. Er führt in politischer Hinsicht zur Form des Liberalismus I: Das Recht stellt danach eine Rahmenordnung für den Markt bereit (a). Freiheit besteht in der autonomen und individuellen Verwirklichung endogener Präferenzen (b). Gleichheit wird verstanden als formelle Gleichheit bei der Verwirklichung individueller Freiheit (c).

a) Recht als Rahmenordnung

Nach dem Verständnis des Liberalismus I stellt das Recht lediglich eine Rahmenordnung oder Infrastruktur[11] bereit, die Markttransaktionen ermöglicht, weil diese zur bestmöglichen Güterallokation führen. Insbesondere *Ronald Coase* hat dieses Liberalismusverständnis über seinen Aufsatz *The Problem*

---

of law (vgl. *Calabresi,* The Future of Law and Economics, 2016, S. 1–23), wird als dritte Kategorie der Begriff *economics and law* eingeführt, um die Unterschiede zwischen *Coase* und *Calabresi* fassen zu können.

[8] Für einen ideengeschichtlichen Überblick vgl. *Gaus/Courtland/Schmidtz,* in: Zalta (Hrsg.), The Stanford Encyclopedia of Philosophy, 2022. Ferner *Möllers,* Freiheitsgrade, ²2020 (etwa auf S. 10 [Fn. 6–9] m. w. N.). Wollte man der Numerierung Begriffe zuweisen, so ließe sich von *klassischem* Liberalismus (Liberalismus I), *republikanischem* Liberalismus (Liberalismus II) und *neoklassischem* Liberalismus (Liberalismus III) sprechen.

[9] Zu diesem historisch inspirierten, aber doch eher nominalen Umgang mit dem Liberalismusbegriff *Möllers,* Freiheitsgrade, ²2020, S. 23 („Es steht jeder Theorie frei, ihren eigenen Begriff von Liberalismus zu konstruieren und alte Denkfiguren für eine heutige Anwendung auszubeuten, weiterzuentwickeln oder zu verwerfen.“).

[10] Zu diesem Begriff im rechtsanthropologischen Kontext vgl. *Fikentscher,* Modes of thought, ²2004, S. 17 ff. Ähnlich *Calabresi,* Stan. L. Rev. 55 (2003), 2113, 2131 f., der den hier relevanten Begriff des „approach“ von „movement“ oder „school“ abgrenzt.

[11] Zur Infrastrukturfunktion des Rechts *Hellgardt,* Regulierung, 2016, S. 56–59 m. w. N.

of Social Cost für die Lösung konkreter juristischer Probleme operabel gemacht.[12]

Zentral für das Verständnis des Rechts als Rahmenordnung ist zunächst das *Coase-Theorem*[13]: In einer Welt ohne Transaktionskosten wäre die durch den Marktmechanismus herbeigeführte Güterallokation nicht nur Pareto-effizient. Sie würde sich auch unabhängig von der ursprünglichen Allokationsentscheidung des Rechts einstellen (Invarianzthese). Dem Recht kommt damit die Aufgabe zu, Transaktionskosten durch die klare Definition von Handlungsrechten *(property rights)* und den Abbau von Formalismen zu senken *(Transaktionskostensenkung I)*.[14] Darüber hinausgehende Regulierung ist hingegen grundsätzlich abzulehnen, weil der Erlass von Rechtsregeln für die finale Güterverteilung zumeist irrelevant ist.[15]

Neben dem Coase-Theorem ergibt sich die Beschränkung des Rechts auf die Bereitstellung einer Rahmenordnung allerdings darüber hinaus aus einer Skepsis gegenüber der Leistungsfähigkeit staatlicher Planung: Die staatliche Regelproduktion ist nicht nur teuer (hohe Regelproduktionskosten).[16] Sie wird vielmehr zumeist nicht in der Lage sein, die optimale Verteilungsentscheidung zu treffen (hohe Approximationsfehlerkosten). Zum einen sind die ökonomischen Modelle stets ungenau, weil sie die Komplexität der institutionellen Wirklichkeit (insbesondere Transaktionskosten) nicht voll erfassen.[17] Zum anderen be-

---

[12] Insb. *Coase,* J.L. & Econ. 3 (1960), 1. Grundlegend bereits zuvor *Coase,* Economica 4 (1937), 386; *ders.,* J.L. & Econ. 2 (1959), 1. Zur politischen Dimension auch *Priest,* Law and Economics, 2020, S. 49 („In fact, there is a radical political nature to ‚The Problem of Social Cost' that has not been sufficiently emphasized. Its ideas represent an extraordinary devaluation of the importance of governmental decisions with respect to the allocation of resources versus those decisions made in the marketplace."). *Calabresi,* Yale L.J. 100 (1991), 1211–1215, insb. 1212, betont hingegen trotz anderer politischer Orientierung von *Coase* die Parallelität der Gedanken in *The Nature of the Firm* („Coase's socialism") und *The Problem of Social Cost* („Coase had become a libertarian").

[13] Dazu bereits unter § 3 (S. 69).

[14] Dazu ebenfalls bereits unter § 3 (S. 69).

[15] Für diese Lesart s. *Priest,* Law and Economics, 2020, S. 49.

[16] Etwa *Coase,* J.L. & Econ. 3 (1960), 1, 43 („And given that the costs involved in solving the problem by regulations issued by the governmental administrative machine will often be heavy […], it will no doubt be commonly the case that the gain which would come from regulating the actions which give rise to the harmful effects will be less than the costs involved in Government regulation.").

[17] Insb. *Coase,* J.L. & Econ. 3 (1960), 1, 43 („A better approach [than assuming an ideal world] would seem to be to start our analysis with a situation approximating that which actually exists, to examine the effects of a proposed policy change and to attempt to decide whether the new situation would be, in total, better or worse than the original one."). Die Grenzen der Information (und damit der Intervention) bei der Interpretation von *Coase* in den Vordergrund stellend *Posner,* JEP 7 (1993), 195, 198 ff.; *Priest,* Law and Economics, 2020, S. 48 f.

schränkt sich die neoklassische Kalkulation in der Regel auf marginale Wohlstandsgewinne *(marginal changes)* einzelner Transaktionen bei einer statischen Ausgangslage, obwohl eigentlich das gesamte Sozialprodukt *(social product)* inklusive der dynamischen Reaktionen der Individuen auf staatliche Regulierung in Rechnung gestellt werden müsste.[18]

Dieses Verständnis vom Recht als Rahmenordnung steht letztendlich in der Tradition des klassisch-liberalen Denken des 19. Jahrhunderts, für das insbesondere *Adam Smiths* Analyse prägend war.[19] Entscheidend ist danach die Trennung zwischen (Nachtwächter-)Staat und Gesellschaft.[20] Eigentum und Vertrag werden die zentralen Instrumente der Güterallokation.[21] Die Verwirklichung dieser Postulate in der bürgerlichen Gesellschaft lässt sich beschreiben als Entwicklung von der (feudalen) Gemeinschaft zur (kapitalistischen) Gesellschaft[22] *(from status to contract*[23]*)*.

Mit diesem Ansatz legte *Coase* den Grundstein für die Neue Institutionenökonomik. Auf *Coase* aufbauend insb. *Williamson,* The Economic Institutions of Capitalism, 1985. Ferner *ders.,* J.L. & Econ. 22 (1979), 233; *ders.,* JITE 149 (1993), 99 (gegen *Posners* Kritik); *ders.,* JEL 38 (2000), 595. Dazu allg. darst. *Mercuro/Medema,* Economics and the Law, ²2006, S. 241–283, insb. S. 243.

[18] Dazu (gegen *Pigou*) *Coase,* J.L. & Econ. 3 (1960), 1, 28 ff. mit einer Zusammenfassung der Position insb. auf S. 43 („But it is, of course, desirable that the choice between different social arrangements for the solution of economic problems should be carried out in broader terms than this and that the total effect of these arrangements in all spheres of life should be taken into account. As Frank H. Knight has so often emphasized, problems of welfare economics must ultimately dissolve into a study of aesthetics and morals."). Darst. *Priest,* Law and Economics, 2020, S. 48 f. (allerdings mit Fokus auf *social product vs. marginal changes*, wobei aber ebenso charakteristisch die Berücksichtigung der dynamischen Verhaltensanpassung ist).

[19] Zentral insofern *Smith,* Wealth of Nations, 1976, S. 477 (Book IV, Chapter II) (den Markt als „invisible hand" beschreibend). Darst. *Stigler,* Hist. Polit. Econ. 3 (1971), 265. Ferner *Hayek,* Law, Legislation and Liberty, ³1998, S. 22, der sich explizit auf die schottische Aufklärung, insb. auf *Smith* und *Ferguson*, bezieht. Darst. *Diamond, Jr.,* JLS 4 (1980), 353, 356 f. (mit einer Auflistung der von *Hayek* in Bezug genommenen Vordenker).

[20] Darst. *Böhm,* ORDO 17 (1966), 75, 87 f. (zum Nachtwächterstaat), 120 (zum bürgerlich-revolutionären Postulat, „die Regierung sollte sich nach Möglichkeit *jedes intervenierenden Eingriffs enthalten* und sich auf die *Setzung und Pflege des Ordnungsrahmens* sowie auf eine *systemneutrale Schiedsrichterrolle* beschränken.").

[21] Emblematisch *Lochner v. New York*, 198 U.S. 45 (1905) (verfassungsrechtliche Immunisierung der Vertragsfreiheit gegen jegliche regulatorische Eingriffe).

[22] Grundlegend *Tönnies,* Gemeinschaft und Gesellschaft, 1887, S. 3 („Das Verhältnis selber, und also die Verbindung wird entweder als reales und organisches Leben begriffen – dies ist das Wesen der Gemeinschaft, oder als ideelle und mechanische Bildung – dies ist der Begriff der Gesellschaft."), sowie S. 9 ff. (zur Gemeinschaft), S. 46 ff. (zur Gesellschaft). Vgl. auch (anders nuancierend) *Weber,* MWG I/22-1, insb. S. 91 (zum Gegensatz zwischen der durch „Geschlossenheit und Exklusivität" gekennzeichneten Gemeinschaft und der Gesellschaft als ein „auf rein freiwilligem Beitritt ruhende[r] Zweckverband").

[23] Der Ausdruck geht zurück auf *Maine,* Ancient Law, ⁴1906, S. 165 („[...] the movement

Im 20. Jahrhundert wurde diese liberale Tradition in einer besonderen Form von der Österreichischen Schule um *Ludwig von Mises* und *Friedrich von Hayek* fortgeführt.[24] Das Recht hat danach eine Rahmenordnung bereitzustellen, damit sich die freiheitliche und funktionale Dimension des Marktes entfalten kann.[25] Es geht darum, das unternehmerische Innovationspotential optimal zu nutzen.[26] Die spontane Ordnung *(cosmos)* erscheint dabei der staatlichen Planung *(taxis)* überlegen.[27] Selbst der Inhalt des rechtlichen Rahmens soll dem spontanen Wachstum überlassen werden.[28]

Für den rechtswissenschaftlichen Diskurs der jungen Bundesrepublik wurde dieses klassisch liberale Denken (bei allen Unterschieden im Einzelnen) insbesondere über *Franz Böhms* Begriff der Privatrechtsgesellschaft einflussreich.[29] Die Privatrechtsgesellschaft beschreibt eine Gesellschaft, in der die wesentlichen Allokationsfragen über den Markt gelöst werden, dessen Funktionieren ein Privatrecht voraussetzt.[30]

b) Freiheit: Autonome und individuelle Verwirklichung endogener Präferenzen

Aus dem Verständnis des Rechts als Rahmenordnung folgt ein Freiheitsverständnis, das auf die autonome und individuelle Verwirklichung endogener, un-

---

of progressive societies has hitherto been a movement *from Status to Contract.*“). Vgl. auch *Turner,* Status, 1988; *Rüping,* Der mündige Bürger, 2017, S. 38 f., 54 ff.

[24] Grundlegend *Hayek,* The Road to Serfdom, ⁶2006; *ders.,* Law, Legislation and Liberty, ³1998; *ders.,* The Constitution of Liberty, ³2009; *von Mises,* in: Hayek (Hrsg.), Collectivist Economic Planning, ⁶1963, S. 87. Für den rechtlichen Kontext darst. *Mercuro/Medema,* Economics and the Law, ²2006, S. 298–305. Allg. ferner *Söllner/Stulpe/Schaal,* in: Mause/Müller/Schubert (Hrsg.), Politik und Wirtschaft, 2018, S. 21, 70 f.

[25] Zu dieser doppelten Marktrechtfertigung bereits unter § 5 (S. 178 f.).

[26] Dazu bereits auf S. 208 (Fn. 141).

[27] Zur evolutiven, spontanen Ordnung im Gegensatz zur konstruierten Ordnung vgl. *Hayek,* Law, Legislation and Liberty, ³1998, S. 8 ff. *(evolution vs. construction),* S. 35 ff. *(cosmos vs. taxis; exogenous organization vs. endogenous, spontaneous order; grown vs. made order); ders.,* New Studies, 1978, S. 3 ff., insb. S. 10.

[28] Vgl. etwa *Crespi,* Notre Dame L. Rev. 73 (1998), 315, 336. Die Position von *Hayek* erscheint hier allerdings nicht ganz klar. Nach *Hayek,* Individualism and Economic Order, 1948, S. 115 f. etwa soll der Vertrag nur insofern geschützt werden, als er eine Ausprägung einer auf Wettbewerb beruhenden Ordnung ist.

[29] Zur Privatrechtsgesellschaft bereits unter § 5 (S. 189 f. [insb. Fn. 58]).

[30] Die Nähe zwischen den Apologeten der Privatrechtsgesellschaft und der Österreichischen Schule wird insb. bei *Böhms* Schüler *Mestmäcker* deutlich, vgl. *Mestmäcker,* A Legal Theory without Law, 2007, S. 43 („Posner subsumes the law under economics, Hayek incorporates abstract rules of just conduct into his theory of a free order.“). Ferner *ders.,* AcP 168 (1968), 235, 238 (im Rahmen seiner Darstellung von Privatautonomie und formaler Gleichheit als „Fixsterne des Privatrechtssystems“ klassischer Prägung).

gestalteter Präferenzen ausgerichtet ist. Es steht die Wahldimension der Freiheit *(status activus)* auf individueller Ebene im Vordergrund.

aa) Autonome Präferenzverwirklichung

Die Präferenzverwirklichung erfolgt nach dem Konzept des Liberalismus I nicht durch *heteronomes* Recht, sondern *autonom* durch Selbstgesetzgebung in der Privatrechtsgesellschaft. Das Rechtsgeschäft, insbesondere der Vertrag, ermöglicht die personalisierte Befriedigung der Bedürfnisse.[31] Der Privatautonomie kommt somit ein besonderer Stellenwert zu.[32] Im außerrechtsgeschäftlichen Bereich gilt das Gleiche – im Rahmen des Erlaubten kann das Individuum das Handeln an den individuellen Bedürfnissen ausrichten. Leitbild ist hier letztendlich der Unternehmer.[33]

bb) Individuelle Präferenzverwirklichung

Aus der Beschränkung des Rechts auf eine Rahmenordnung folgt außerdem, dass die kollektive Präferenzverwirklichung durch demokratische Partizipation an der Entstehung des Rechts von nur untergeordneter Bedeutung ist. Das Recht soll die Präferenzen der Individuen im Idealfall gar nicht berühren. Ihre Befriedigung erfolgt vielmehr *individuell* in der Privatrechtsgesellschaft. Die Ermittlung des Rechtsinhalts wird somit als jenseits der Präferenzen liegender und damit apolitischer, wissenschaftlicher Erkenntnisvorgang begriffen.[34] Gerade ein derartiges Verständnis spiegelt sich in den Methodenpositionen des 19. Jahrhunderts – man denke etwa an das historische Rechtsverständnis *Savignys*[35], die

---

[31] Budgetbeschränkungen werden dabei nicht als Freiheits-, sondern als Wohlstands- oder Machtproblem aufgefasst (*Hayek,* The Road to Serfdom, [6]2006, S. 26 f.). Bei einem das Überleben sichernden Minimalbudget und einem Markt ohne Monopol kann nämlich auch bei beschränktem Budget noch aus einem Spektrum an Optionen ausgewählt werden (*ders.,* in: ders. (Hrsg.), Collectivist Economic Planning, [6]1963, S. 1, 19).

[32] Prägnant *Flume,* Allgemeiner Teil des bürgerlichen Rechts, [3]1979, S. 45 (§ 1 4) („stat pro ratione voluntas"). Ferner *Schmidt-Aßmann,* in: Hoffmann-Riem/Schmidt-Aßmann (Hrsg.), Öffentliches Recht und Privatrecht als wechselseitige Auffangordnungen, 1996, S. 7, 16.

[33] In diesem Sinne lassen sich die auf S. 208 (Fn. 141) zitierten Beiträge deuten.

[34] Zur formellen Natur freiheitlicher Regeln etwa auch *Hayek,* The Road to Serfdom, [6]2006, S. 150.

[35] Besonders klar (unter Verweis auf historisches Wachsen und Volksgeist) *Savigny,* Vom Beruf unsrer Zeit für Gesetzgebung und Rechtswissenschaft, 1814; *ders.,* Zeitschrift für geschichtliche Rechtswissenschaft 1 (1815), 1, 6 f. Grundlegend ferner *ders.,* System des heutigen Römischen Rechts, 1840. Allg. darst. *Cziupka,* Dispositives Vertragsrecht, 2010, S. 68 m. w. N. (im Kontext des dispositiven Rechts).

nachfolgende Begriffsjurisprudenz[36] oder die formalistischen Pendants in den Vereinigten Staaten[37] oder in Frankreich[38].

Zwar gehörte es zum bürgerlich-revolutionären Anliegen der französischen Revolution, gerade auch an der Gesetzgebung zu partizipieren.[39] Diese Partizipation sollte jedoch in erster Linie gesetzliche Übergriffe in die Privatrechtsgesellschaft verhindern. War die autonome und individuelle Präferenzverwirklichung gewährleistet, konnte das Postulat der politischen Freiheit im 19. Jahrhundert weitgehend preisgegeben werden[40]: Gerade weil das Recht im Liberalismus I nur als Rahmenordnung gedacht wird, erscheint die Preisgabe der kollektiven Präferenzverwirklichung, also der demokratischen Partizipation, als tragbares Opfer.[41] Freiheit ist unternehmerische, nicht staatsbürgerliche Freiheit.[42] Entscheidend ist also nicht so sehr das Wahlrecht, sondern die privatrechtliche Rechts- und Geschäftsfähigkeit.

cc) Endogenität von Präferenzen

Die individuellen Präferenzen werden nach dem Verständnis des Liberalismus I zumeist nicht als exogen, sondern als endogen angesehen.[43] Gleichwohl werden sie nicht zum Objekt staatlicher Gestaltung im Sinne eines *taste-shaping*. Der Staat nämlich würde angesichts begrenzter Information notwendig irrational handeln und den unbewussten Beitrag des Einzelnen zur sinnvollen Entwicklung der gesellschaftlichen Ordnung insgesamt stören.[44]

---

[36] Der Begriff der Begriffsjurisprudenz wurde zuerst polemisch verwendet von *von Jhering,* Scherz und Ernst in der Jurisprudenz, 1884, S. 337, um die vorangegangenen Methodenpositionen zu kritisieren. Dazu *Haferkamp,* in: Depenheuer (Hrsg.), Reinheit des Rechts, 2010, S. 79, 80. Zur Rehabilitierung der Begriffsjurisprudenz allg. *ders.,* „Begriffsjurisprudenz", 2004, S. 26–28. Allg. darst. *ders.,* in: Anderheiden/Gutmann/Jakl u. a. (Hrsg.), Enzyklopädie der Rechtsphilosophie, 2011, S. 1, 3–5 (unter III).

[37] Darst. *Auer,* Materialisierung, 2005, S. 70; *Kennedy,* Classical Legal Thought, 1998, S. 7 ff.; *Posner,* Case W. Re. L. Rev. 37 (1986/1987), 179, 180 ff.; *ders.,* The Problems of Jurisprudence, 1990, S. 40; *Calabresi,* Stan. L. Rev. 55 (2003), 2113, 2114–2118. Für neoformalistische Beiträge vgl. § 5 (Fn. 244).

[38] Darst. zur *école de l'exégèse* etwa *Halpérin,* in: Encyclopedia Universalis, 2005, S. 227.

[39] Vgl. etwa *Böhm,* ORDO 17 (1966), 75, 120 (unter 2.).

[40] Zu diesem „Kompromiss" *Grimm,* Verfassung und Privatrecht, 2017, S. 10.

[41] Vgl. auch *Möllers,* Freiheitsgrade, ²2020, S. 31 f. (Rn. 11) (zum fehlenden notwendigen Zusammenhang zwischen Liberalismus und Demokratie), S. 39 (Rn. 29) (zur Opposition des Liberalismus des 19. Jahrhunderts gegen ein allgemeines Wahlrecht). Dazu auch *Grimm,* Verfassung und Privatrecht, 2017, S. 208 ff.

[42] Dazu bereits auf S. 208 (Fn. 141).

[43] Zur Präferenzendogenität vgl. *Hayek,* Law, Legislation and Liberty, ³1998, S. 5. Darst. *Mercuro,* in: ders. (Hrsg.), Law and Economics V, 2007, S. 1, 7. Allg. zur Begrifflichkeit bereits unter § 4 (S. 138).

[44] Zu den psychologischen Grundlagen *Hayek,* The Sensory Order, 1952; *Hayek,* Am.

c) Gleichheit: Formelles und individuelles Verständnis

Nach dem Gleichheitsverständnis des Liberalismus I steht der Gedanke, Gleiches gleich zu behandeln *(erste Komponente des Gleichheitssatzes)* im Vordergrund. Dass Ungleiches seiner Eigenart entsprechend zu behandeln ist *(zweite Komponente des Gleichheitssatzes),* spielt bei einem Verständnis des Rechts als Rahmenordnung[45], innerhalb der Präferenzen individuell und autonom befriedigt werden, nur eine untergeordnete Rolle.[46] Aus *rechtlicher* Sicht geht es also um formelle Gleichheit. Dies wird besonders deutlich bei der gegen feudale Privilegien gerichteten Stoßrichtung des klassisch-bürgerlichen Liberalismus.[47] Das Subjekt der Transaktion wird allein in der Eigenschaft wahrgenommen, die ihm diesen Subjektstatus zuschreibt, wobei der Subjektstatus idealerweise allein vom Menschsein abhängt. Dass der Subjektstatus zunächst nur einzelnen Gruppen zuerkannt wurde, insbesondere Weißen Männern[48], ändert nichts daran, dass die maßgebliche Gruppe der Transaktionssubjekte möglichst ohne Ansehung weiterer Merkmale wirtschaften können sollte. Gleichheit bezieht sich nach dem Verständnis des Liberalismus I also in erster Linie auf die formelle Rechtsgleichheit in der Privatrechtsgesellschaft. Ungleichheit bei der kollektiven Willensbildung ist weniger relevant. Solange die Eigentumsrechte nur klar definiert sind, ist nicht so sehr entscheidend, wer sie definiert. Es geht somit um Rechts- und Geschäftsfähigkeitsgleichheit, nicht um Gleichheit in staatsbürgerlichen Rechten.

2. Liberalismus II (law & economics)

Der zweite Ansatz ökonomischen Denkens wird hier als *law and economics* bezeichnet, um die besondere Bedeutung von *law* zu betonen. Er führt in politischer Hinsicht zur Form des Liberalismus II: Das Recht wird hier als Ausdruck einer Werteordnung verstanden (a), in der sich Präferenzen autonom und kollektiv verwirklichen und sodann auf individuelle Präferenzen gestaltend zurück-

---

Econ. Rev. 35 (1945), 519. Darst. *Horwitz,* Rev. Austrian Econ. 13 (2000), 23, passim, insb. 27. Gegen *taste-shaping* besonders klar *Hayek,* Law, Legislation and Liberty, ³1998, S. 3. Darst. zum rationalen individuellen Verhalten, das bei der Österreichischen Schule die Form von „tacit knowledge" annimmt, *Crespi,* Notre Dame L. Rev. 73 (1998), 315, 324.

45 Darst. insofern auch *Möllers,* Freiheitsgrade, ²2020, S. 33 (Rn. 12).

46 Ausf. zu den beiden Komponenten des Gleichheitssatzes bereits unter § 6 (S. 236).

47 Hierzu *Grimm,* Verfassung und Privatrecht, 2017, S. 52; *Böhm,* ORDO 17 (1966), 75, 117 f. In der Sache ähnlich *Möllers,* Freiheitsgrade, ²2020, S. 39 (Rn. 20) (diese Stoßrichtung allerdings als „präliberal" bezeichnend).

48 Vgl. etwa *Möllers,* Freiheitsgrade, ²2020, S. 39 f. (Rn. 20) (betonend, dass sich das Bürgertum des 19. Jahrhunderts gegen die Einführung des allgemeinen Wahlrechts gewehrt habe).

wirken (b). Dementsprechend wird auch die formelle Gleichheit bei der Ausübung kollektiver Freiheit bedeutsam, die individuelle Gleichheit hingegen für eine Materialisierung geöffnet (c).

a) Recht als Werteordnung

Nach dem Verständnis des Liberalismus II stellt das Recht nicht nur eine Rahmenordnung bereit, die das Funktionieren des Marktes gewährleistet. Vielmehr verkörpert sich im Recht eine Werteordnung. Der Markt ist danach nur *eine* Möglichkeit, Allokationsprobleme zu lösen.

Diese Position wird zunächst anhand des Denkens von *Calabresi* eingeführt.[49] Wie bei den Vertretern des Liberalismus I kommt in seinem Werk eine Skepsis gegenüber ökonomischer Kalkulation zum Ausdruck.[50] Der Begründungsschwerpunkt ändert sich aber. Es geht primär nicht mehr um Informationsdefizite (wie bei *Hayek*) oder um die Schwierigkeit, auf der Grundlage institutioneller Gegebenheiten gesamtgesellschaftliche Vorteile zu berechnen (wie bei *Coase*). Vielmehr wird der Verweis bei *Coase* auf „morals and aesthetics"[51] gewissermaßen ernst genommen und die Wertgebundenheit von Verteilungsfragen explizit in den Vordergrund gestellt. Schon in *The Costs of Accidents* betont *Calabresi*, dass die *costs* und *benefits* der *cost-benefit-analysis* von vornherein nicht der Berechnung zugänglich sind, weil jede Gesellschaft aufgrund ihrer Wertvorstellungen definiert, was *costs* und *benefits* sind.[52] Allokationsfragen werden nicht als Kalkulationsproblem, sondern als tragische Wertungskonflikte begriffen.[53]

---

[49] Grundlegend *Calabresi,* The Costs of Accidents, 1970. Bereits zuvor *ders.,* Yale L.J. 70 (1961), 499. Ferner danach *Calabresi/Melamed,* Harv. L. Rev. 85 (1972), 1089; *Calabresi/Bobbitt,* Tragic Choices, 1978; *Calabresi,* The Future of Law and Economics, 2016. Allg. die wertbasierte *New Haven School of Economics* darst. *Mercuro/Medema,* Economics and the Law, [2]2006, S. 284–290; *Mercuro,* in: ders. (Hrsg.), Law and Economics V, 2007, S. 1.

[50] Vgl. *Calabresi,* The Future of Law and Economics, 2016, S. 11 ff. (die Nähe zu *Coase* – im Gegensatz zu *Posner* – betonend).

[51] *Coase,* J.L. & Econ. 3 (1960), 1, 43.

[52] Besonders deutlich *Calabresi,* The Costs of Accidents, 1970, S. 18–20, insb. S. 18 („costs and benefits [are] concepts which are not self-defining and are in fact as narrow or as broad as any society cares to make them."), S. 22 (die vielen Handlungsmöglichkeiten der Verteilung von Unfallkosten als politische Frage darstellend), S. 24–26 (auf Gerechtigkeit als Korrektiv verweisend). Bereits davor *ders.,* Yale L.J. 70 (1961), 499, 517–519. Danach etwa *ders.,* U. Chi. L. Rev. 43 (1975), 69, 73 („Tort compensation goals may be described in rough terms as follows: since people not only value a lump sum of money differently, but place a different value on each subsequent dollar as well, the total impact of an injury may be diminished by an appropriate allocation of its burden."). Darst. *Priest,* Law and Economics, 2020, S. 54 f. Grundsätzlich ebenso *Hacker,* Verhaltensökonomik, 2017, S. 327 („deontologische Gewichtung innerhalb des konsequentialistischen Kalküls"), S. 921 ff.

[53] *Calabresi/Bobbitt,* Tragic Choices, 1978, insb. S. 23 f. Diese Wertgebundenheit des

Oft verkörpern vermeintlich ineffiziente Regelungen schlicht gewisse Wertungen, die sich über den Preismechanismus des Marktes nicht einfangen lassen.[54] Mit dem Verweis auf die Wertgebundenheit der *cost-benefit-analysis* eng verbunden ist *Calabresis* Fokus auf distributive Fragen. Jede Berechnung, die allein an der Vergrößerung des Kuchens orientiert ist, wird dadurch ebenfalls relativiert.[55] Die Zentralstellung der Wohlstandsdistribution wird beispielsweise in seinem deliktsrechtlichen Konzept der *secondary cost reduction* eingefangen[56]: Selbst wenn unter Zugrundelegung eines gesamtgesellschaftlichen Kalküls der Kostentransfer vom Geschädigten auf den Schädiger irrelevant ist (und es damit nur um Verhaltenssteuerung zu gehen scheint), ist eine Kompensation ökonomisch erstrebenswert, wenn eine Nichtkompensation zu *secondary costs* führt, die distributiven gesellschaftlichen Wertvorstellungen widersprechen. Die Zentralstellung der Wohlstandsdistribution kommt außerdem in seinen Ausführungen zur Bedeutung der ursprünglichen Güterverteilung zum Ausdruck: Ohne Transaktionskosten mag sich zwar entsprechend dem Coase-Theorem ein Pareto-effizientes Ergebnis unabhängig von der Ausgangsordnung einstellen. Allerdings sind bei unterschiedlicher Ausgangsordnung nicht alle Pareto-effizienten Zustände gleich, weil die ursprüngliche Verteilung von Handlungsrechten darüber entscheidet, wer zahlen muss. Die Zustände unterscheiden sich damit in ihren Wohlstandseffekten.[57] Abgesehen davon neigen Märkte zur Monopolbildung. Sie

---

ökonomischen Denkens im Recht steht auch bei *Calabresi,* The Future of Law and Economics, 2016, S. 22 (zur „actual – and unavoidable – existence of value judgments underlying much economic analysis“), S. 131 ff. (vertiefend) im Vordergrund.

[54] Vgl. etwa *Calabresi,* The Future of Law and Economics, 2016, S. 18 f. (deshalb den Juristen als institutionellen Ökonomen einen besonderen Platz zuweisend). Genau genommen geht es um zwei Probleme: die Schwierigkeit, Kosten über den Marktmechanismus einzufangen und die gesellschaftlichen Folgen, die daraus resultieren, dass etwas mit einem Preis belegt wird *(„costs of costing“),* vgl. dazu *Calabresi/Bobbitt,* Tragic Choices, 1978, S. 32.

[55] Besonders deutlich etwa *Calabresi,* Yale L.J. 100 (1991), 1211, 1227 (The pareto-optimal status quo „may be far from the best because we might want to make all sorts of changes if we were willing to make distributional judgments among winners and losers.“). Ferner *ders.,* Yale L.J. 100 (1991), 1211, 1223 („The problem with this approach [...] is that we can assume that the winners and losers are the same only if we discuss the issue abstractly, calling the winners *A* and the losers *B*. The moment we deal with a real situation, we know something more about who wins and who loses. Once we are no longer ignorant, any number of differences may cause us to belive that losses or gains to *some* matter more than losses or gains to *others*.“).

[56] *Calabresi,* The Costs of Accidents, 1970, S. 27 f., insb. S. 27 („The secondary cost reduction subgoal [of accident law] is concerned with reducing neither the number of accidents nor their degree of severity. It concentrates instead on reducing the societal costs resulting from accidents.“).

[57] Vgl. *Calabresi/Melamed,* Harv. L. Rev. 85 (1972), 1089, 1095 f.; *Calabresi/Bobbitt,* Tragic Choices, 1978, S. 32 („At least as important as a limitation of the market is its dependence on the existing distribution of wealth.“).

funktionieren also gerade nicht perfekt.[58] Vor diesem Hintergrund ist die Alternative zur ökonomischen Kalkulation bei *Calabresi* nicht der unberührte Marktmechanismus, sondern die *politisch legitimierte* staatliche Entscheidung.[59]

Auch *Calabresi* steht nicht alleine. In den wesentlichen, hier maßgeblichen Punkten weist sein Denken Parallelen zum liberalen Republikanismus auf.[60] *Cass Sunstein* etwa wendet die *cost-benefit-analysis* ebenfalls wertungsoffen an.[61] *Robert Post* unterstreicht die Bedeutung der Rechtsregeln als *rules of civility*, die ein spezifisches gesellschaftliches Wertverständnis zum Ausdruck bringen.[62]

---

58 Etwa *Calabresi,* Yale L.J. 70 (1961), 499, 507.

59 Zu diesem Ansatz *Calabresi/Bobbitt,* Tragic Choices, 1978, S. 34–41 („The Accountable Political Approach").

60 Grundlegend zum Republikanismus, der nichts mit der Partei der US-Republikaner zu tun hat, sondern an das Staatsverständnis der griechischen *polis*, der römischen *res publica*, der italienischen Stadtstaaten der Renaissance oder die Gründungsphase der Vereinigten Staaten anknüpft, vgl. etwa die grundlegenden historisch-philosophischen Arbeiten von *Pocock,* The Machiavellian Moment, ²2016; *Hartz,* The Liberal Tradition in America, ²1991; *Skinner,* The Foundations of Modern Political Thought, 1978. Aus dem rechtlichen Diskurs aus einer republikanisch-liberalen Perspektive *Ackerman,* We the People I, 1991, S. 26 ff. (die Vereinbarkeit von Liberalismus und Republikanismus als *Liberal Republicanism* betonend); *Sunstein,* Yale L.J. 97 (1988), 1539, 1566–1571, 1555 ff. *(citizenship* und *participation* als Charateristika von *Republicanism); ders.,* Chi.-Kent L. Rev. 66 (1990), 181 (im Kontext neuer Technologien: „[...] my basic claim is that we should evaluate communications technologies and social media by asking how they affect us as citizens, not only by asking how they affect us as consumers."); *Michelman,* Yale L.J. 97 (1988), 1493, insb. 1507 f. (gegen den neoklassischen Ansatz der Präferenzverwirklichung). Ferner *Post,* Cal. L. Rev. 77 (1989), 957, 963 ff.; *ders.,* Harv. L. Rev. 103 (1990), 601, 623 f. Darst. *Mercuro/Medema,* Economics and the Law, ²2006, S. 291–298. Aus dem europäischen Diskurs vgl. *Besson/Martí,* in: dies. (Hrsg.), Legal Republicanism, 2009, S. 3, 26 ff. In diesem Sinne republikanisch *Rüping,* Der mündige Bürger, 2017, S. 205 ff. (das Spannungsverhältnis zwischen dem Bürger als Souverän und dem Verbraucher als Privatrechtsleitbild aufzeigend), S. 208 ff. (auf den Zusammenhang von Lerneffekten und Mündigkeit hinweisend); *Damm,* in: Hart (Hrsg.), Privatrecht im „Risikostaat", 1997, S. 13, 39 ff. (krit. zur liberalen Privatrechtsgesellschaft, weil sie das republikanische Element vernachlässige). Ferner *Söllner/Stulpe/Schaal,* in: Mause/Müller/Schubert (Hrsg.), Politik und Wirtschaft, 2018, S. 21, 41–51 (das Charakteristikum des Republikanismus im Primat des Staates über die Wirtschaftsordnung sehend und den Republikanismus insofern dem Liberalismus – richtig: einer Form des Liberalismus – entgegenstellend). In wesentlichen Punkten liberal-republikanisch auch *Möllers,* Freiheitsgrade, ²2020, S. 115 (Rn. 111) („Die Zuordnung [von Gütern zu Personen] resultiert immer aus politischen Entscheidungen.").

61 Etwa *Sunstein,* J. Leg. Stud. 29 (2000), 1059, 1089 („[...] cost-benefit analysis is simply a form of open-ended consequentialism, an invitation to identify the advantages and disadvantages of regulation, without saying anything about appropriate weights."). Ferner *ders.,* Colum. L. Rev. 114 (2014), 167. Ebenso *Adler/Posner,* Yale L.J. 109 (1999), 165, 167 (*cost-benefit-analysis* als „decision procedure, not a moral standard" beschreibend).

62 Vgl. *Post,* Cal. L. Rev. 77 (1989), 957, 963 ff. (im Kontext von *privacy torts* argumentie-

Allgemein wird das Primat des Staates und seiner kollektiven Mechanismen über den Markt betont.[63] In der Offenheit für Wertungsfragen einerseits und in der Bezugnahme auf gesellschaftlich-kollektive Wertermittlungsinstrumente andererseits weist der Ansatz von *Calabresi* auch bedeutende Parallelen zur *legal process school* auf[64], deren Bezugnahme auf die Methode der wertbasierten, *reasoned elaboration* in der deutschen Wertungsjurisprudenz ein gewisses Pendant findet.[65] Dieses Rechtsverständnis dominiert auch bei der Begründung vieler dogmatischer Zusammenhänge innerhalb des positiven Rechts. Wenn sich etwa gem. § 307 II Nr. 1 BGB die Inhaltskontrolle von Verträgen an der Leitbildfunktion des dispositiven Rechts orientiert[66] oder in den Vereinigten Staaten vertragliche Abweichungen vom dispositiven Recht eng interpretiert werden, um dessen Fairnessdimension Rechnung zu tragen[67], dann entspricht das dem Denken des Liberalismus II.

---

rend, Individuen würden das Recht als „rules of civility" internalisieren und erst dadurch ihre „social personality" ausbilden); *ders.*, Harv. L. Rev. 103 (1990), 601, 623 f.

[63] Vgl. zu diesem (republikanischen) Charakteristikum *Söllner/Stulpe/Schaal,* in: Mause/Müller/Schubert (Hrsg.), Politik und Wirtschaft, 2018, S. 21, 42–46. Da auch der Ordoliberalismus um *Böhm* das Primat der Politik betonte (darst. *Brusis/Zweynert,* in: Mause/Müller/Schubert [Hrsg.], Politik und Wirtschaft, 2018, S. 89, 95 f.), ließe sich auch der Diskurs zur Privatrechtsgesellschaft republikanisch deuten. Nur wird aus diesem Primat keine interventionistisch-distributive Politikforderung abgeleitet.

[64] Vgl. *Calabresi,* Common Law, 1982, S. 87 ff. (die *legal process school* explizit als Vorläufer und Grundlage seiner Position zum Verhältnis von Gerichten und Gesetzgebung darstellend). Darst. *Eskridge, Jr./Frickey,* Harv. L. Rev. 107 (1994), 2031, 2052. Zur *legal processs school* vgl. die Materialsammlung von *Hart, Jr./Sacks,* The Legal Process, 1994. Darst. *Post,* Cal. L. Rev. 98 (2010), 1319, 1332 ff.; *Eskridge, Jr./Frickey,* Harv. L. Rev. 107 (1994), 2031.

[65] Zum Reasoned-Elaboration-Ansatz vgl. *Hart, Jr./Sacks,* The Legal Process, 1994, S. 145 ff; *Eskridge, Jr./Frickey,* Harv. L. Rev. 107 (1994), 2031, 2042 f. Zur Wertungsjurisprudenz vgl. *Larenz/Canaris,* Methodenlehre, 1995, S. 265. Besonders klar auch *Bydlinski,* Juristische Methodenlehre, 21991, S. 123–139. Krit. darst. *Unger,* The Critical Legal Studies Movement, 32015, S. 5 ff. (auf S. 13 die dominante Methodenposition in Deutschland als *reasoned elaboration* bezeichnend).

[66] Vgl. dazu BGH NJW 1964, 1123; MünchKomm – *Wurmnest,* BGB, 82019, § 307 Rn. 38; BeckOK – *H. Schmidt,* BGB, 652023, § 307 Rn. 54. Allg. zum dispositiven Recht aus einer normativen Sicht *Canaris,* iustitia distributiva, 1997, S. 54 (Gerechtigkeitsgehalt); *Hesselink,* ERCL 1 (2005), 44, 58 (Leitbildfunktion); *Tobisch,* Dispositives Recht und Grundgesetz, 2021, S. 118 f. (Leitbildfunktion); *Bender,* JjZRW 2020, S. 33, 38–44 (Normativitätsanspruch); ebenso *Grigoleit/Bender,* in: Busch/De Franceschi (Hrsg.), Personalized Law, 2021, S. 115, 126 f. (Rn. 39–42); *Bender,* ERCL 16 (2020), 366, 378–387 *(normative objectivism).*

[67] Vgl. *Hayward v. Postma,* 31 Mich. App. 720, 724, 188 N.W.2d 31, 33 (1971); *Goetz/Scott,* Cal. L. Rev. 73 (1985), 261, 263 (insb. Fn. 5) („For example, the courts' tendency to treat state-created rules as presumptively fair often leads to judicial disapproval of efforts to vary standard implied terms by agreement.").

b) Freiheit: Autonome und kollektive Verwirklichung endogener Präferenzen

Aus dem Verständnis des Rechts als Werteordnung folgt ein Freiheitsverständnis, das auf die autonome und kollektive Verwirklichung gestalteter Präferenzen gerichtet ist. Nach wie vor steht die Wahldimension der Freiheit im Vordergrund. Nur bezieht sie sich jetzt auf den kollektiven Freiheitsgebrauch. Es geht also um den klassischen, staatsbürgerlichen *status activus*.

aa) Autonome Präferenzverwirklichung

Das Recht ist nach dem Verständnis des Liberalismus II nicht nur eine Rahmenordnung für die autonome Verwirklichung von Präferenzen. Es ist vielmehr selbst das Ergebnis einer autonomen Präferenzverwirklichung. Es folgt den Werten, die von den Individuen einer Gesellschaft durch die Mechanismen gesetzt werden, die die jeweilige Gesellschaft für die Definition von Werten bereithält.[68] Idealerweise gehen die einzelnen Wertentscheidungen auf den autonomen Wahlakt oder die autonome Partizipation der Individuen zurück. Leitbild ist das Individuum als Bürger.[69] Es ist sozial eingebundenes *zoon politicon.*[70] Die Ausübung des staatsbürgerlichen Wahlrechts hat dabei einen Wert an und für sich *(Wahldimension der Freiheit),* auch wenn die Realisierung der Präferenzen oft daran scheitert, nicht zur Mehrheit zu gehören *(Realisierungsdimension der Freiheit).*

bb) Kollektive Präferenzverwirklichung

Der entscheidende Unterschied zum Liberalismus I besteht darin, dass die Präferenzverwirklichung hier nicht auf der individuellen Ebene, also über den Ver-

---

[68] Etwa *Calabresi,* The Costs of Accidents, 1970, S. 18–20; *Calabresi/Bobbitt,* Tragic Choices, 1978, S. 23 f.; *Calabresi,* The Future of Law and Economics, 2016, S. 22. Besonders klar gegen die Vorstellung, Recht solle einfach (nach Art des hier als Liberalismus III bezeichneten Ansatzes) Präferenzen spiegeln, auch *Michelman,* Yale L.J. 97 (1988), 1493, 1507 f.

[69] Allg. zum wertbasierten Bürgerbegriff und seinem Zusammenhang zu Selbstbestimmung vgl. *Panzer,* Bürgerlichkeit, 1989, passim, insb. S. 102 ff. Aus liberal-republikanischer Sicht *Michelman,* Yale L.J. 97 (1988), 1493, 1502 („private-regarding ‚men' become public-regarding citizens"), 1503 („citizenship – participation as an equal in public affairs, in pursuit of a common good"), sowie allg. 1517 f.

[70] Dazu *Aristoteles,* Politics, 1995, S. 10 (I 1, 1253a2–3). Vgl. auch BVerfGE 7, 198, 205 *(Lüth)* (zur „innerhalb der sozialen Gemeinschaft sich frei entfaltenden menschlichen Persönlichkeit und ihrer Würde"). Ferner etwa BVerfGE 4, 7, 15–16; 45, 187, 227. Krit. zum Menschenbild des Grundgesetzes *B. Schünemann,* in: B. Schünemann/Müller/Philipps (Hrsg.), Das Menschenbild im weltweiten Wandel der Grundrechte, 2002, S. 3, 6 (zum Gemeinschaftsbezug), S. 8 ff. (zur Betonung der Individualität).

tragsmechanismus, stattfindet, sondern *kollektiv* vollzogen wird. Nicht die spontan wachsende Privatrechtsgesellschaft, sondern kollektive deliberative Prozesse entscheiden, welche Werte sich durchsetzen.[71]

Der Bereich der individuellen Präferenzverwirklichung in der Privatrechtsgesellschaft kann auf der Grundlage einer kollektiven Entscheidung eingeschränkt werden. Insbesondere kann kollektiv durch aufgeklärte Bürger definiert werden, dass ebendiese Bürger in manchen Situationen (etwa als Verbraucher) des staatlichen Schutzes bedürfen.[72] Der Bereich der individuellen Präferenzverwirklichung kann aber auch (wie im Liberalismus I) aufgrund der dadurch entstehenden *transaction benefits* gebilligt werden.[73] Oder es kann der Marktmechanismus (wie im sogleich noch darzustellenden Liberalismus III) imitiert werden *(mimic the market)*.[74] Nur sind diese Entscheidungen im Rahmen des Liberalismus II immer abhängig von einer vorgelagerten, kollektiven Wertedefinition.

cc) Endogenität von Präferenzen

Wie im Falle des Liberalismus I werden Präferenzen grundsätzlich als endogen aufgefasst. Allerdings wird das Recht als ein zentraler Faktor gesehen, der die endogenen Präferenzen prägt.[75] Deliberativ gefilterte Präferenzen sind also nicht nur über kollektive Prozesse der Ausgangspunkt für den Inhalt des Rechts. Vielmehr werden auch die Auswirkungen, die rechtliche Entscheidungen auf die individuellen Werte und Präferenzen haben, hervorgehoben.

---

[71] Insb. *Sunstein,* Yale L.J. 97 (1988), 1539, 1548–1551.

[72] Dass der aufgeklärte Bürger in einem anderen Kontext schutzbedürftig ist, führt dabei nicht zu einem unauflöslichen Spannungsverhältnis (so aber *W. Schünemann,* ARSP 72 [1986], 502, 506; *ders.,* FS Brandner, 1996, S. 279, 290, 294 ff.). Abgesehen davon, dass man in einem anderen Kontext mit einem anderen Leitbild arbeiten kann, ist es durchaus denkbar, dass ein Individuum in gewissen Situationen, etwa bei der Ausübung kollektiver Freiheitsrechte, aufgeklärt und vernünftig auftritt, in anderen Alltagssituationen allerdings des paternalistischen Schutzes bedarf. Gerade diese Einsicht liegt der Formulierung eines situativen Anwendungsbereichs des Widerrufsrechts bei Außergeschäftsraum- (§ 312b BGB) und Fernabsatzverträgen (§ 312c BGB) zugrunde. Ein rein auf situative Schutzbedürfigkeit abstellendes Schutzsystem andenkend *Engel/Stark,* ZEuP 2015, 32, 51 („Verbraucherrecht ohne Verbraucher?").

[73] Dazu bereits unter § 4 (S. 168) sowie unter § 5 (S. 181, 197).

[74] Zum Mimic-the-Market-Ansatz bereits unter § 3 (S. 69 f.).

[75] *Sunstein,* Yale L.J. 97 (1988), 1539, 1549 („A central point here is that individual preferences should not be taken as exogenous to politics. They are a function of existing practice, including legal rules; such rules cannot, without circularity, be justified by reference to current preferences."). Allg. aus verhaltensökonomischer Sicht zur Endogenität von Präferenzen bereits unter § 4 (S. 138).

Diese Wechselwirkung von Recht und Werten spielt bereits bei *Calabresis* und *Bobbits Tragic Choices* eine entscheidende Rolle[76]: Die Inanspruchnahme des Marktmechanismus wird in machen Fällen beispielsweise gerade deshalb abgelehnt, weil sich aus ihr Folgen für das vorherrschende Werteverständnis ergeben und dadurch Annahmen wie die Unbezahlbarkeit von Leben zu verfallen drohen – ein Punkt, der als *costs of costing* beschrieben wird.[77] In dieser Tradition steht auch *Suntsteins* Konzept des *nudging*, also die für das Individuum oft unbewusste Beeinflussung seiner individuellen Präferenzen, um kollektive Wertvorstellungen durchzusetzen[78]: Das Recht wird dabei explizit als Mittel des *taste-shaping* eingesetzt, sodass Präferenzen der staatlichen Gestaltung unterliegen.[79] Es konstituiert als *rules of civility* erst die soziale Identität der Individuen.[80] Ihm kommt somit eine expressive oder kommunikative Dimension zu.[81] Rechtliche Normen können über dieses *nudging* auch den gegebenenfalls irrationalen Bürger (den *human*[82]) schützen.[83] Aus der Sicht des Liberalismus I rückt dieser paternalistische Ansatz natürlich in die Nähe sozialistischer Propaganda, die nicht nur die Autonomie des Individuums bedroht, sondern sich ebenfalls Erkenntnisdefiziten ausgesetzt sieht.[84]

---

76 Allg. *Calabresi/Bobbitt,* Tragic Choices, 1978. Ferner *Calabresi,* The Future of Law and Economics, 2016, S. 13 ff., insb. S. 17, 22 (unter e.), 131 ff.

77 *Calabresi/Bobbitt,* Tragic Choices, 1978, S. 32 (zu den *costs of costing*), S. 135 sowie bereits unter § 4 (S. 140).

78 Dazu bereits auf S. 166 (Fn. 167).

79 Außerhalb des verhaltensökonomischen Nudging-Diskurses bereits *Calabresi,* The Future of Law and Economics, 2016, S. 131 ff., 157 ff.; *Calabresi/Bobbitt,* Tragic Choices, 1978, S. 135 (zur Bedeutung, in Entscheidungen den besonderen Wert des Lebens zu bestätigen). Aus dem Personalisierungsdiskurs *Grigoleit/Bender,* in: Busch/De Franceschi (Hrsg.), Personalized Law, 2021, S. 115, 127 (Rn. 41); *Bender,* JjZRW 2020, S. 33, 42 f.; *ders.,* ERCL 16 (2020), 366, 383.

80 Grundlegend *Post,* Cal. L. Rev. 77 (1989), 957, 963 ff.; *ders.,* Harv. L. Rev. 103 (1990), 601, 623.

81 Dazu bereits auf S. 112 (Fn. 183).

82 Zur Unterscheidung von *econs* und *humans* darst. *Kahneman,* Thinking, Fast and Slow, 2011, S. 269 ff. Zu den verschiedenen Abweichungen der realen Welt vom klassischen ökonomischen Verhaltensmodell bereits unter § 4 (S. 136–140). Diese Erkenntnisse können letztendlich im Zusammenhang mit der Selbstreflexivität der sog. „Zweiten Moderne" gesehen werden, vgl. dazu *Auer,* Der privatrechtliche Diskurs der Moderne, 2014, S. 46 ff.

83 Insofern besteht eine gewisse Affinität zwischen der Verhaltensökonomik und dem liberalen Republikanismus (vgl. etwa *Sunstein,* Yale L.J. 97 [1988], 1539; *ders.,* Chi.-Kent L. Rev. 66 [1990], 181). Zur ebenfalls zu beobachtenden Nähe der Verhaltensökonomik zum Liberalismus III sogleich.

84 Zur Kritik des *nudging* aus Sicht der Österreichischen Schule vgl. *Devereaux,* Rev. Austrian Econ. 32 (2019), 139. Allg. zur Kritik an *nudging* aufgrund der Bedrohung der (Privat-)Autonomie des Individuums vgl. *Hacker,* Verhaltensökonomik, 2017, S. 220–287. Als

c) Gleichheit: Formelles und kollektives Verständnis

Wie im Falle des Liberalismus I ist auch für den Liberalismus II ein formelles Gleichheitsverständnis prägend. Allerdings bezieht sich dieses formelle Gleichheitsverständnis auf die Ausübung *kollektiver* Freiheit: Staatsbürgerliche Wahlrechte werden unter Betonung der *ersten Komponente* des Gleichheitssatzes (Gleiches gleich) verteilt. Potentielle Anknüpfungsfaktoren für die *zweite Komponente* (Ungleiches seiner Eigenart entsprechend), etwa die unterschiedliche Steuerlast[85], der Grad an Vernünftigkeit[86] oder die Anzahl der Kinder[87], werden bei der Ausübung der kollektiven Partizipationsrechte als irrelevant angesehen, weil es insofern idealtypisch nur auf das Menschsein derjenigen ankommt, die als Staatsbürger das Wahlvolk konstituieren. Sofern Begrenzungen als notwendig erachtet werden, sind ebenfalls formelle Kriterien maßgeblich: Es geht um die Staatsangehörigkeit[88] (und nicht etwa die Betroffenheit von Entscheidungen oder den Grad der Integration) oder das Mindestwahlalter[89] (und nicht etwa den Grad an Vernünftigkeit).

Je nach der getroffenen kollektiven Entscheidung kann das Recht bei der Ausgestaltung individueller Freiheit, also außerhalb des staatsbürgerlichen Kontexts, allerdings durchaus materielle Leitbilder verwirklichen. Es kann beispielsweise unterschiedliche Grade an Schutzbedürftigkeit definieren oder eine ausdifferenzierte Anreizstruktur über das Medium des dispositiven Rechts schaffen.[90] Die formelle Gleichheit der Privatrechtsgesellschaft ist aus Sicht des Liberalismus II somit angesichts des Primats der kollektiven Entscheidung nur eine Option.

---

eine Form des *nudging* kann das sozialistische Verständnis von Erziehung gesehen werden, vgl. etwa *Marx/Engels,* Manifest der Kommunistischen Partei, MEW 4, 459, 478 („Aber, sagt ihr, wir heben die trautesten Verhältnisse auf, indem wir an die Stelle der häuslichen Erziehung die gesellschaftliche setzen. [...] Die Kommunisten erfinden nicht die Einwirkung der Gesellschaft auf die Erziehung; sie verändern nur ihren Charakter, sie entreißen die Erziehung dem Einfluß der herrschenden Klasse.“).

[85] Zum Preußischen Dreiklassenwahlrecht *Rössel,* Soziale Mobilisierung und Demokratie, 2000, S. 136–139. Zum Liberalismus des 19. Jahrhunderts und seiner Opposition gegen ein allgemeines Wahlrecht vgl. *Möllers,* Freiheitsgrade, ^{2}2020, S. 39 (Rn. 20).

[86] Dementsprechend können in allen Angelegenheiten Betreute oder wegen Schuldunfähigkeit untergebrachte Straftäter nicht pauschal vom allgemeinen Wahlrecht ausgeschlossen werden, vgl. dazu BVerfGE 151, 1.

[87] Zu dem Vorschlag eines stellvertretenden Elternwahlrechts s. etwa *Otto,* JSE 2015, 245; *Braml/Fuest,* ifo Schnelldienst 72 (2019), 23–25.

[88] § 12 I BWahlG („Wahlberechtigt sind alle Deutschen [...]“).

[89] Art. 38 II, 1. Hs. GG („Wahlberechtigt ist, wer das achtzehnte Lebensjahr vollendet hat“). Wiederholt in § 12 I Nr. 1 BWahlG.

[90] Zum materiellen Gleichheitsverständnis des Liberalismus vgl. *Möllers,* Freiheitsgrade, ^{2}2020, S. 39 f. (Rn. 20).

3. Liberalismus III (economic analysis of law)

Der dritte Ansatz ökonomischen Denkens wird hier als *economic analysis of law* bezeichnet, um nicht nur die besondere Bedeutung von *economics* zu betonen, sondern auch zum Ausdruck zu bringen, dass gerade der Inhalt des Rechts an ökonomischen Maßstäben gemessen wird.[91] Dem entspricht in politischer Hinsicht die Form des Liberalismus III: Das Recht wird als Kalkulationsordnung verstanden (a), in der individuelle, exogene Präferenzen heteronom verwirklicht werden (b). Es wird ein materielles Gleichheitsverständnis auf individueller Ebene verwirklicht (c).

a) Recht als Kalkulationsordnung

Nach dem Verständnis des Liberalismus III ist der Inhalt des Rechts nach den Grundsätzen einer ökonomischen Kalkulation zu bestimmen. Rechtliche Probleme werden nach den Prämissen der Neoklassik *(Chicago School)* gelöst.[92] Für diesen Ansatz steht *Richard Posner.*[93]

Posner baut auf den Vorarbeiten von *Coase* und *Calabresi* auf.[94] Während jedoch bei *Coase* und *Calabresi* die Anwendung der *cost-benefit-analysis* extrem kompliziert ist, vereinfacht *Posner* ihre Anwendung radikal: Anders als *Coase* konzentriert er sich in der Regel auf marginale Wohlstandszuwächse bei statischem Verhalten der Individuen, wobei davon ausgegangen wird, dass deren Addition die gesamtgesellschaftlichen Gewinne widerspiegelt.[95] Anders als *Calabresi* sieht er *costs* und *benefits* nicht als Vehikel spezifischer gesellschaftlicher Wertvorstellungen, sondern eindimensional als monetär über den Marktmechanismus zu bestimmende Größen. Der individuelle Nutzen wird durch die marginale Zahlungsbereitschaft des Individuums ausgedrückt und so als Rechengröße aufgefasst.[96] Die *cost-benefit-analysis* wird damit in einen Grund-

---

[91] Zu dieser Verwendung des Begriffs auch *Calabresi,* The Future of Law and Economics, 2016, S. 1–23.

[92] Zum Begriff bereits auf S. 65 (Fn. 1).

[93] Grundlegend *Posner,* Economic Analysis of Law, [9]2014. Bereits zuvor *ders.,* J.L. & Econ. 14 (1971), 201; *ders.,* J. Leg. Stud. 1 (1972), 29. Zur Verbindung der ökonomischen Analyse des Rechts mit dem neoklassischen Ansatz vgl. darst. *Horwitz,* Rev. Austrian Econ. 13 (2000), 23, 36.

[94] Darst. *Priest,* Law and Economics, 2020, S. 76. Das Coase-Theorem (dazu unter § 3 [Fn. 17 f.]) oder der von *Calabresi* geprägte Ausdruck vom *cheapest cost avoider* (vgl. etwa *Calabresi,* The Costs of Accidents, 1970, S. 311) sind fester Bestandteil seiner Analyse.

[95] Vgl. *Priest,* Law and Economics, 2020, S. 49. Im Personalisierungsdiskurs vgl. *Denozza/ Maugeri,* in: Busch/De Franceschi (Hrsg.), Personalized Law, 2021, S. 172 (Rn. 5 f.).

[96] Zur marginalen Zahlungsbereitschaft bereits unter § 3 (S. 66). Angesichts dieser mone-

satz der Wohlstandsmaximierung *(wealth maximization)* umgewandelt[97] und als allein maßgebliche Konkretisierung der Gerechtigkeit verstanden.[98] Diese Vereinfachung der *cost-benefit-analysis* setzt allerdings die Generalisierung eines bestimmten Leitbilds vom Individuum voraus. Dieses muss nicht nur als *homo oeconomicus* verstanden werden[99] – ein *homo oeconomicus*, der egoistisch seine Interessen verfolgt, kann auch solche verfolgen, die sich dem Preismechanismus entziehen. Vielmehr muss das Individuum zudem als ein solches gedacht werden, das den kapitalistischen Geist vollkommen verinnerlicht hat[100] und nur solchen Nutzen maximieren will, der sich in marginaler Zahlungsbereitschaft ausdrücken lässt.[101]

Durch diese generalisierende Vereinfachung der Nutzenbestimmung über die marginale Zahlungsbereitschaft führt die *economic analysis of law* zwar zu Ergebnissen, die Störgefühle hervorrufen, weil entscheidende Wertungsgesichtspunkte nicht berücksichtigt werden. Insbesondere begünstigt sie die Reichen, weil die marginale Zahlungsbereitschaft durch das Budget beeinflusst wird[102] und der Grenznutzen bei zunehmendem Vermögen abnimmt.[103] Außerdem werden angesichts der Nutzenbewertung durch die marginale Zahlungsbereitschaft monetäre gegenüber ideellen Werten bevorzugt.[104] Sie wird jedoch in ihrer Eindimensionalität besonders leistungsfähig.[105] Das von *Coase* herausgearbeitete

---

tären Betrachtung liegt es nahe, auch Sanktionen lediglich als Preis zu betrachten *(law as price)*. Dazu bereits auf S. 89 (Fn. 96).

97 Zum Kriterium der *wealth maximization* bereits unter § 3 (S. 67 f.).

98 Zum ethischen Gehalt des Grundsatzes der *wealth maximization* etwa *Posner,* J. Leg. Stud. 8 (1979), 103, 119–127, insb. S. 124; *ders.,* The Problems of Jurisprudence, 1990, S. 24. Allg. zum „Reduktionismus" des so verstandenen ökonomischen Ansatzes vgl. auch *Engert,* in: Grundmann/Thiessen (Hrsg.), Von formaler zu materialer Gleichheit, 2021, S. 101, 101 f.

99 Zu diesem Leitbild ausf. unter § 4 (S. 134–136).

100 Dazu bereits unter § 4 (S. 135 f.).

101 Dazu auch auf S. 135 (Fn. 15).

102 *Varian,* Mikroökonomik, 92016, S. 21 ff.; *Bar-Gill,* U. Chi. L. Rev. 86 (2019), 217, 228 (insb. Fn. 39). Ferner *Adler/Posner,* Yale L.J. 109 (1999), 165, 168.

103 Zur *Expected Utility Theory* bereits auf S. 68 (Fn. 12).

104 Vgl. *von Mises,* ArchSozWiss 47 (1920), 86, 95 f., 120 (zu Tauschwert, objektivem und subjektivem Gebrauchswert); *ders.,* in: Hayek (Hrsg.), Collectivist Economic Planning, 61963, S. 87, 98 ff., 129 f. (englische Version); *Michelman,* U. Chi. L. Rev. 46 (1979), 307, 315; *Hacker,* Verhaltensökonomik, 2017, S. 326–328.

105 Vgl. auch *Priest,* Law and Economics, 2020, S. 67 („[...] Calabresi's analysis [...] allows for infinite variations in the definition of accident rules, depending upon what societal objective is desired. Posner, in contrast, claims that a single standard controls: efficiency."), S. 69 („Posner's unidimensional scientific theory"). In der Möglichkeit, klare Vorhersagen treffen zu können, sieht *Posner* im Übrigen auch einen Vorteil gegenüber dem klassischen utilitaristischen Kalkül, vgl. *Posner,* J. Leg. Stud. 8 (1979), 103, 113 f. („Even if attention is confined to the human population, there is no reliable technique for measuring a change in the

Postulat der Transaktionskostensenkung kann nun nicht mehr nur dadurch erfüllt werden, dass Handlungsrechte klar definiert und Formalismen abgebaut werden *(Transaktionskostensenkung I)*. Vielmehr wird es unter diesen vereinfachten Annahmen möglich, das Ergebnis der Transaktion durch ökonomische Kalkulation vorwegzunehmen und die Transaktion dadurch überflüssig zu machen *(Transaktionskostensenkung II)*. Dem Recht kommt so die Aufgabe zu, die Individuen zu entlasten und den Markt zu imitieren *(mimic the market)*.[106] Diese Marktimitation kann dabei nicht nur dann eingesetzt werden, wenn Transaktionskosten prohibitiv hoch sind[107], sondern ganz allgemein, um Transaktionskosten zu senken.[108] Nur die begrenzten Kognitions- und Informationsverarbeitungskapazitäten erhalten bisher die Relevanz autonomer Rechtssetzung. Gewissermaßen als zweitbeste Lösung hat das Recht die Rolle einer generellen Rahmenordnung einzunehmen.[109]

Dieses Verständnis des Rechts als Kalkulationsordnung unterscheidet sich von dem Verständnis des Liberalismus I: Dessen Zurückhaltung gegenüber staatlicher Intervention in spontane Ordnungen wird unter Verweis auf die potentielle Irrationalität gewohnheitsrechtlich gewachsener Institute und die Möglichkeit, den Markt in seiner hypothetischen, Externalitäten einfangenden Idealform zu imitieren, zurückgewiesen.[110] Das Verständnis des Rechts als Kalkulationsordnung unterscheidet sich jedoch auch vom Verständnis des Libera-

---

level of satisfaction of one individual relative to a change in the level of satisfaction of another."). Zum klassischen utilitaristischen Kalkül etwa *Bentham,* An introduction to the Principles of Morals and Legislation, ²1879, S. 2 („By the principle of utility is meant that principle which approves or disapproves of every action whatsoever, according to the tendency which it appears to have to augment or diminish the happiness of the party whose interest is in question: or, what is the same thing in other words, to promote or to oppose that happiness."); *Mill,* Utilitarianism, 2009, S. 14 („The creed which accepts as the foundation of morals, Utility, or the Greatest Happiness Principle, holds that actions are right in proportion as they tend to promote happiness, wrong as they tend to produce the reverse of happiness.").

[106] Zum Mimic-the-Market-Ansatz bereits unter § 3 (Fn. 21).

[107] Dazu *Eidenmüller,* Effizienz als Rechtsprinzip, ⁴2015, S. 65 f.; *Posner,* J. Leg. Stud. 8 (1979), 103, 125 f., 127 (Punkt 3).

[108] Dazu bereits unter § 3 (S. 69) und insb. *Coase,* J.L. & Econ. 3 (1960), 1, 19, der diesen Ansatz aber nur erwähnt und nicht weiterverfolgt.

[109] Für dispositives Recht *Schwartz/Scott,* Va. L. Rev. 102 (2016), 1523 ff., insb. 1556 f. (aufgrund des Erkenntnisdefizits für wenige *transcontextual default rules* argumentierend); *Ayres/Gertner,* Yale L.J. 99 (1989), 87, 91; *Goetz/Scott,* Cal. L. Rev. 73 (1985), 261 *dies.,* Va. L. Rev. 69 (1983), 967, 971. Für das Deliktsrecht *Posner,* Economic Analysis of Law, ⁹2014, S. 196; *Shavell,* Economic Analysis, 1987, S. 86 ff. Im Personalisierungskontext *Busch,* U. Chi. L. Rev. 86 (2019), 309, 314.

[110] Etwa *Posner,* N.Y.U. J.L. & Liberty 1 (2005), 147, 151; *ders.,* Economic Analysis of Law, ⁹2014, S. 309. Krit. zu diesem Ansatz aus Sicht des Liberalismus II etwa auch *Sunstein,* Infotopia, 2006, S. 124.

lismus II: Der Inhalt des Rechts ist nicht Ausfluss deliberativ bestimmter Werte, sondern das Ergebnis eines ökonomisch-wissenschaftlichen Erkenntnisprozesses, der bei den empirisch wahrnehmbaren, als rational verstandenen Präferenzen der Individuen seinen Ausgangspunkt nimmt.

Einen Vorläufer findet das Verständnis des Rechts als Kalkulationsordnung zum einen in der Interessenjurisprudenz[111], die die rechtsrealistischen Grundlagen der ökonomischen Analyse beeinflusst hat[112]: Statt um den empirisch wahrnehmbaren Interessenkonflikt geht es um empirisch messbare, generalisierte Präferenzen des kapitalistischen *homo oeconomicus*. Zum anderen lassen sich jedoch auch Parallelen zu den sozialistischen Überlegungen des frühen 20. Jahrhunderts ziehen, die von der Möglichkeit einer Imitation des Marktmechanismus im Wege staatlicher Planung ausgingen und die von der Österreichischen Schule bekämpft wurden.[113]

b) Freiheit: Heteronome und individuelle Verwirklichung exogener Präferenzen

Das Verständnis des Rechts als Kalkulationsordnung führt zu einem Freiheitsbegriff, der auf der heteronomen und individuellen Verwirklichung exogener Präferenzen aufbaut.

aa) Heteronome Präferenzverwirklichung

Anders als im Fall des Liberalismus I und II ist Präferenzverwirklichung hier nicht das Ergebnis eines autonomen Gestaltungsaktes – etwa des Vertrages (auf individueller Ebene) oder des Wahlaktes (auf kollektiver Ebene). Diesem autonomen Gestaltungsakt wird kein Eigenwert beigemessen, denn nach dem Maßstab der Wohlstandsmaximierung kommt nur der Realisierungsdimension der

---

[111] Insbesondere *Heck*, Das Problem der Rechtsgewinnung, ²1932; *ders.*, AcP 112 (1914), 1; *ders.*, AcP 142 (1936), 129ff. Darst. *Auer*, ZEuP 2008, 517. Die Interessenjurisprudenz wiederum war stark beeinflusst von dem Werk des späten *von Jhering*, vgl. insb. *von Jhering*, Der Kampf um's Recht, 1872; *ders.*, Der Zweck im Recht I, 1877; *ders.*, Der Zweck im Recht II, 1883.

[112] Vgl. *Grise/Gelter/Whitman*, Tulsa L. Rev. 48 (2013), 93, 95 (Fn. 7); *Bender*, ERCL 16 (2020), 366, 376–377.

[113] So *O'Driscoll, Jr.*, J. Leg. Stud. 9 (1980), 355, 359 („Though to my knowledge no one else has previously noted it, Posner is actually grappling with the socialist calculation problem."). Darst. *Crespi*, Notre Dame L. Rev. 73 (1998), 315, 340ff. Allg. zum sozialistischen Kalkulationsproblem *von Mises*, ArchSozWiss 47 (1920), 86; *ders.*, in: Hayek (Hrsg.), Collectivist Economic Planning, ⁶1963, S. 87; *Hayek*, in: ders. (Hrsg.), Collectivist Economic Planning, ⁶1963, S. 1. Emblematisch hingegen für die Vorstellung der Kalkulierbarkeit des Marktes *Lange*, in: Feinstein (Hrsg.), Socialism, Capitalism and Economic Growth, 1969, S. 158 („The market process with its cumbersome *tâtonnements*, appears old-fashioned. Indeed, it may be considered as a computing device of the pre-electronic age.").

Freiheit, nicht aber der Wahldimension der Freiheit, eigenständige Bedeutung zu. Die Selbstgesetzgebung wird daher als Störfaktor empfunden, die zu Kosten führt und damit – soweit möglich – durch *heteronome* Präferenzverwirklichung zu vermeiden ist. Ist doch einmal ein Vertrag notwendig, sind zumindest die Vertragsklauseln möglichst über passendes dispositives Recht vorwegzunehmen.[114] Das Leitbild ist hier nicht mehr der Unternehmer der Privatrechtsgesellschaft oder der Bürger im demokratischen Staatswesen, sondern der Verbraucher.[115] Der Begriff des Verbrauchers steht hier für den passiven Konsum, nicht für verhaltensökonomische Verzerrungseffekte. Er fängt also die Präferenzverwirklichung durch heteronome Rechtssetzung ein. In dieser Passivität ist das Verbraucherleitbild durchaus kompatibel mit dem Leitbild des *homo oeconomicus*.[116]

Auch im Liberalismus III bleibt allerdings ein Raum autonomer Rechtssetzung in den Fällen erhalten, in denen aufgrund begrenzter staatlicher Informationsverarbeitungskapazitäten die Befriedigung von Präferenzen durch Vertrag besser gelingt als durch heteronome Rechtssetzung.[117]

---

[114] Zum Mimic-the-Market-Ansatz bereits auf S. 69 (Fn. 21).

[115] Zum Verbraucher als zunehmend dominantem Leitbild, das dasjenige des Bürgers ablöst vgl. *Needham,* in: Römmele/Gibson/Ward (Hrsg.), Electronic Democracy? Mobilisation, Participation and Organisation via new ICTs, 2004, S. 43; *Soper,* Capital. Nat. Social. 15 (2004), 111; *Scammell,* Political Commun. 17 (2010), 351. Ferner *Cohen,* A Consumers' Republic, 2003, S. 18 ff., die *citizen consumers* und *purchaser consumers* als Leitbilder unterscheidet, wobei hier mit „Verbraucher" insb. der *purchaser consumer* gemeint ist. Aus dem deutschen Diskurs *Rüping,* Der mündige Bürger, 2017, insb. S. 91 f. (allg. das Leitbild des mündigen Bürgers und das des Verbrauchers kontrastierend). Im Personalisierungsdiskurs *Bender,* JjZRW 2020, S. 33, 60 f. („Vom Bürger zum Konsumenten"); *ders.,* ERCL 16 (2020), 366, 395–398. Zur Gefahr, dass liberale Theorien das Individuum als „gleichgeschaltete[n] Konsument" wahrnehmen, darst. *Möllers,* Freiheitsgrade, ²2020, S. 31 (Rn. 10).

[116] In der Tat ist das Leitbild vom flüchtigen Verbraucher (etwa BGH GRUR 1956, 187) nur eines der Verbraucherleitbilder. Es wird zunehmend abgelöst von dem modernen Leitbild des aufmerksamen, verständigen und durchschnittlich informierten Verbrauchers (etwa EuGH NJW 1998, 3181, Rn. 31; 1995, 3243, 3244, Rn. 24). Vgl. dazu *Weber,* VuR 2020, 9; *Segger-Piening,* ZfPW 2020, 358, 361; *Engel/Stark,* ZEuP 2015, 32.

[117] Ähnlich *Schmidt-Rimpler,* AcP 147 (1941), 130, 155 f. („Der Sinn des V.es [Vertrages] ist nicht, den einzelnen Rechtsgenossen die Gestaltung seiner Verhältnisse derart zu überlassen, daß er beliebig darüber bestimmen kann, auch nicht mit der Einschränkung, daß er sich dabei nur selbst an die Gemeinschaftsordnung zu binden habe; sein Sinn ist nicht Willensherrschaft, nicht Ermächtigung zur Selbstrechtsetzung […], sondern der V. [Vertrag] ist ein Mechanismus, um ohne hoheitliche Gestaltung in begrenztem Rahmen eine richtige Regelung auch gegen unrichtigen Willen herbeizuführen, weil immer der durch die Unrichtigkeit Betroffene zustimmen muß. Andererseits gestaltet bei der einseitigen We. [Willenserklärung] grundsätzlich der Wille nicht allein, sondern setzt schon anderweit begründete Gestaltung voraus."). Auf das funktionelle Freiheitsverständnis mancher liberaler Ansätze verweisend auch *Möllers,* Freiheitsgrade, ²2020, S. 31 (Rn. 10).

bb) Individuelle Präferenzverwirklichung

Wie im Fall des Liberalismus I, aber anders als im Fall des Liberalismus II, werden Präferenzen im Fall des Liberalismus III auf einer individuellen Ebene betrachtet.[118] Nicht die kollektive, sondern die *individuelle* Präferenzverwirklichung bildet den Ausgangspunkt für die heteronome Rechtssetzung. Nur muss diese individuelle Präferenzverwirklichung eben nicht mehr im Wege einer tatsächlich stattfindenden Transaktion autonom erfolgen. Vielmehr kann diese Transaktion imitiert werden. Aus dem Verständnis des Rechts als Kalkulationsordnung ergibt sich auch eine Marginalisierung demokratischer Legitimationsmechanismen. Da sich der Inhalt des Rechts durch empirische Beobachtung der Präferenzen konstruieren lässt[119], besteht gar kein politischer Spielraum, auf dem aufbauend kollektive Freiheit bedeutungsvoll ausgeübt werden könnte.

cc) Exogenität von Präferenzen

Eine Ähnlichkeit zum Liberalismus I besteht schließlich auch darin, dass Präferenzen nicht zum Objekt staatlicher Gestaltung gemacht werden. Dies folgt allerdings nicht aus der Beschränkung des Rechts auf die Bereitstellung einer Rahmenordnung. Vielmehr ergibt sich dies daraus, dass anders als im Falle des Liberalismus I Präferenzen grundsätzlich als *exogen* gedacht werden.[120] Es wird also im Wege der vereinfachenden ökonomischen Modellierung davon ausgegangen, dass Präferenzen Fixpunkte sind, die zwar zum Ausgangspunkt heteronomer Rechtssetzung gemacht werden können, die aber nicht selbst von dieser Rechtssetzung beeinflusst werden. Nach dem Verständnis des Liberalismus III werden also individuelle, exogene (und damit notwendig ungestaltete) Präferenzen heteronom verwirklicht.

---

[118] Allgemein zum methodologischen Individualismus, der die neoklassische Theorie (neben Grenzwertbetrachtung und Gleichgewichtsdenken) prägt, vgl. *Söllner/Stulpe/Schaal,* in: Mause/Müller/Schubert (Hrsg.), Politik und Wirtschaft, 2018, S. 21, 52. Für die individuelle Ausrichtung an Transaktionen im Personalisierungskontext vgl. auch *Denozza/Maugeri,* in: Busch/De Franceschi (Hrsg.), Personalized Law, 2021, S. 172 (Rn. 5).

[119] Zur Zentralstellung der individuellen Präferenzen vgl. *Mercuro/Medema,* Economics and the Law, ²2006, S. 102 f.; *Cooter/Ulen,* Law and Economics, ⁶2012, S. 18–20; *Eidenmüller,* Effizienz als Rechtsprinzip, ⁴2015, S. 326 ff. Prägnant krit. darst. *Sunstein,* Yale L.J. 97 (1988), 1539, 1543 („[…] the system is therefore one of aggregating citizen preferences.").

[120] Zur Präferenzexogenität als Grundannahme der neoklassischen ökonomischen Analyse vgl. nur *Cooter/Ulen,* Law and Economics, ⁶2012, S. 19. Für eine ausf. Darstellung der Präferenzautonomie des neoklassischen Ansatzes vgl. *Eidenmüller,* Effizienz als Rechtsprinzip, ⁴2015, S. 326 ff. Zur Präferenzendogenität aus der Sicht der Österreichischen Schule vgl. *Hayek,* Law, Legislation and Liberty, ³1998, S. 5. Darst. *Mercuro,* in: ders. (Hrsg.), Law and Economics V, 2007, S. 1, 7.

c) Gleichheit: Materielles Verständnis

Anders als für den Liberalismus I und II ist für den Liberalismus III ein materielles Gleichheitsverständnis prägend. Wird die Spiegelung individueller Präferenzen zum maßgeblichen Paradigma des Inhalts von Recht, so sind alle Unterschiede hinsichtlich dieser Präferenzen grundsätzlich relevant. Die formelle Gleichheit, die darauf abzielt, Gleiches gleich zu behandeln *(erste Komponente des Gleichheitssatzes),* verliert dadurch ihren Wert, weil sich die individuellen Präferenzen unterscheiden und damit alles seiner Eigenart entsprechend zu behandeln ist *(zweite Komponente des Gleichheitssatzes).* Formelle Gleichheit hat nach dem Verständnis des Liberalismus III keinen intrinsischen Wert. Vielmehr ist sie lediglich die Folge von *over-* oder *underinclusiveness*[121] und damit ein Faktor für Approximationsfehlerkosten.

Auch das Bedürfnis, im staatsbürgerlichen Kontext formelle Gleichheit herzustellen, ist von untergeordneter Bedeutung. Politische Gleichheit wird erst relevant, wenn es auch über kollektive Freiheit politische Gestaltungsspielräume zu beeinflussen gilt. Geht es aber bei der Rechtssetzung in erster Linie um die empirische Ermittlung von Präferenzen und die darauf aufbauende ökonomische Kalkulation, dann fehlt es von vornherein an dieser kollektiven Freiheit. Fehlt es aber an der kollektiven Freiheit, dann ist auch die Gleichheit bei Ausübung dieser kollektiven Freiheit nicht relevant.

II. Der Liberalismus III des Personalisierungsprojekts

Im Folgenden soll aufgezeigt werden, dass das Personalisierungsprojekt auf den Prämissen des Liberalismus III aufbaut (1.). Indem das Personalisierungsprojekt neue technische Möglichkeiten der Informationsverarbeitung für die Regulierung der Gesellschaft nutzen will, verändert es jedoch auch die konkrete Ausgestaltung des Liberalismus III. Durch den vermeintlichen Wegfall des staatlichen Informationsproblems verliert der Markt jegliche Bedeutung, sodass der Liberalismus III des Personalisierungsprojekts letztendlich zum Mikrosozialismus wird (2.).

1. Das Personalisierungsprojekt und Liberalismus III

Das Personalisierungsprojekt ist im Ausgangspunkt ein Projekt des Liberalismus III. Dies gilt sowohl für den neoklassischen als auch für den verhaltensökonomischen Ansatz.

---

[121] Zu *over-* und *underinclusiveness* bereits auf S. 2 (Fn. 6).

a) Liberalismus III und neoklassisches Personalisierungsprojekt

Ziel des neoklassischen Personalisierungsprojekts ist es, Wohlstandsgewinne (Effizienz) durch eine individualisierte *cost-benefit-analysis* zu erzielen, die die maßgeblichen Kosten und Werte über die individuellen Präferenzen der Rechtssubjekte empirisch bestimmt. Das Recht wird also als *Kalkulationsordnung* begriffen. *Individuelle*, als *exogen* verstandene Präferenzen werden durch *heteronomes* Recht gespiegelt. Gleichheit wird ausdrücklich als *materielle* Gleichheit verstanden.[122] Somit erscheint das neoklassische Personalisierungsprojekt als ein Projekt des Liberalismus III.[123]

b) Liberalismus III und verhaltensökonomisches Personalisierungsprojekt

Auch das verhaltensökonomische Personalisierungsprojekt lässt sich in wesentlichen Beziehungen als Projekt des Liberalismus III verstehen. Zwar wird die ökonomische Analyse hier um die Einsicht erweitert, dass Präferenzen endogen sind und Individuen verschiedenen verhaltenspsychologischen Verzerrungseffekten unterliegen. Es geht also nicht nur um Effizienz und Präferenzen, sondern auch um Schutz und Rationalitätsgrade. Allerdings werden diese Rationalitätsdefizite nach wie vor auf der Grundlage des neoklassischen *homo oeconomicus* bestimmt. Das Recht ist auch hier nicht offen für kollektive Gestaltung, sondern das Ergebnis einer datenbasierten Bestimmung von *Rationalitätsquotienten*. Es ist also auch insofern *Kalkulationsordnung*. Dabei steht die differenzierende Behandlung der Individuen, also die *materielle* Gleichheit, im Vordergrund. Dass Neoklassik, Verhaltensökonomik und Big Data nicht ohne Friktionen gleichzeitig verwirklicht werden können, ändert nichts daran, dass den Ansätzen jeweils für sich betrachtet ein dem Liberalismus III entsprechendes Denken zugrunde liegt.[124]

---

[122] Vgl. insb. *Ben-Shahar/Porat,* Personalized Law, 2021, S. 121. Allg. bereits unter § 6 (S. 236 f.).

[123] Nicht zufällig stammen die das neoklassische Personalisierungsprojekt prägenden Beiträge allesamt von Professoren, die an der *Chicago Law School* wirken, vgl. *Ben-Shahar/Porat,* N.Y.U. L. Rev. 91 (2016), 627 ff.; *dies.,* U. Chi. L. Rev. 86 (2019), 255; *dies.,* Personalized Law, 2021; *Porat/Strahilevitz,* Mich. L. Rev. 112 (2014), 1417; *Casey/Niblett,* Ind. L.J. 92 (2017), 1401; *dies.,* U. Chi. L. Rev. 86 (2019), 333.

[124] Natürlich können die verhaltensökonomischen Einsichten auch anders, etwa im Sinne des Liberalismus II, genutzt werden. Im Rahmen des verhaltensökonomischen Personalisierungsprojekts dominiert allerdings die Nähe zum Liberalismus III. Dazu ausf. unter § 4 (S. 141 f., 172–175).

2. Vom Liberalismus zum Mikrosozialismus

Durch den vermeintlichen Wegfall des staatlichen Informationsproblems, das durch neue Technologien (Big Data) gelöst werden soll, entwickelt sich der Liberalismus III allerdings zunehmend zu einem mikrosozialistischen Gesellschaftssystem.

a) Sozialismus

Sozialismus wird hier definiert als ein Gesellschaftssystem, das die gesellschaftlichen Verteilungsfragen nicht über den Markt, sondern durch *staatliche Kalkulation* löst[125] und so ein spezifisches Verständnis von Freiheit und Gleichheit verwirklicht[126]: Freiheit wird vestanden als *heteronome* Befriedigung *individueller, endogener* Präferenzen.[127] Gleichheit wird verstanden als *materielle* Gleichheit.[128] Bereits an dieser Definition wird zum einen die Nähe zum Liberalismus III deutlich: In beiden Fällen geht es um ökonomische Kalkulation,

[125] Zum (zentralen) Plan als entscheidendem Charakteristikum des Sozialismus darst. *Hayek,* in: ders. (Hrsg.), Collectivist Economic Planning, [6]1963, S. 1, 14. Dieses Merkmal und nicht der kollektive Besitz an den Produktionsmitteln steht hier im Rahmen der Begriffsbestimmung im Vordergrund, weil bei vollständiger Überplanung die Zuordnung der formalen Eigentumsposition irrelevant ist (ähnlich auch *ders.,* in: ders. [Hrsg.], Collectivist Economic Planning, [6]1963, S. 1, 15 sowie mit Blick auf die Relativität des Eigentumsbegriffs *Schumpeter,* Kapitalismus, Sozialismus und Demokratie, 1946, S. 228 f., 268).

[126] An diesem Bezug zur Freiheit und Gleichheit wird deutlich, dass der Sozialismus sein ideologisches Fundament weitgehend mit dem des Liberalismus teilt. Zu diesen Parallelen vgl. auch *Schumpeter,* Kapitalismus, Sozialismus und Demokratie, [10]2020, S. 394 („Die Ideologie des klassischen Sozialismus ist der Abkömmling der Bourgois-Ideologie."), S. 492 (von der „Chance des Liberalen Sozialismus" sprechend). Der Sozialismus könnte dementsprechend auch als Liberalismus IV bezeichnet werden. Ohne die Anerkennung dieses gemeinsamen Fundaments kann keine *positive* sozialistische Rechtstheorie entwickelt werden. In bisherigen sozialistischen Methodenansätzen geht es zumeist rein *negativ* (und im Einklang mit dem Postulat vom „Absterben" des Staates) um die Kritik des bürgerlich-liberalen Rechts, vgl. etwa *Paschukanis,* Allgemeine Rechtslehre und Marxismus, [3]1970 sowie aus den Beiträgen der Critical-Legal-Studies-Bewegung etwa *Kennedy,* Harv. L. Rev. 89 (1976), 1685. Ideologischer *ders.,* Classical Legal Thought, 1998; *ders.,* A Critique of Adjudication, 1997; *Unger,* The Critical Legal Studies Movement, [3]2015. Darst. ferner *Yablon,* Cardozo L. Rev. 6 (1985), 917.

[127] Zur geringen Bedeutung der autonomen Präferenzbefriedigung im Sozialismus auch *Flume,* Allgemeiner Teil des bürgerlichen Rechts, [3]1979, S. 1 (§ 1 1) 1 („In einer sozialistischen Ordnung ist allerdings die Privatautonomie auf einen engen Raum beschränkt. Denn soweit es keine privaten Rechtsverhältnisse gibt, besteht auch keine Möglichkeit der einzelnen zur Rechtsgestaltung in Selbstbestimmung.").

[128] Vgl. *Marx,* Kritik des Gothaer Programms, 1946, S. 20 („Dies [bürgerliche] *gleiche* Recht ist ungleiches Recht für ungleiche Arbeit. Es erkennt keine Klassenunterschiede an, weil jeder nur Arbeiter ist wie der andre; aber es erkennt stillschweigend die ungleiche individuelle Begabung und daher Leistungsfähigkeit als natürliche Privilegien an. *Es ist daher*

Freiheit in der Realisierungsdimension (heteronome Präferenzbefriedigung) und materielle Gleichheit. Beide Ansätze unterscheiden sich also weniger in den ideologischen Grundlagen als vielmehr in der Bewertung der Leistungsfähigkeit staatlicher Planung: Zumindest bisher ist nach dem Liberalismus III die Marktimitation auf Ausnahmesituationen zu beschränken, weil rein tatsächlich der Markt zumeist als leistungsfähiger beurteilt wird.[129]

Die wesentliche Abweichung zum Liberalismus III betrifft den Umgang mit Präferenzen, die im Sozialismus zum Objekt staatlicher Gestaltung werden. Dieser erzieherische Ansatz nähert den Sozialismus auf den ersten Blick dem Liberalismus II an.[130] Anders als im Falle des Liberalismus II werden die Werte, nach denen Präferenzen gestaltet werden, aber nicht zum Gegenstand eines deliberativen Prozesses gemacht. Vielmehr erfolgt die Gestaltung nach einer vorgegebenen Ideologie, der letztendlich auch ein ökonomisches Maximierungskalkül zugrunde liegt. Es besteht insofern also eine Parallele zu der verhaltensökonomischen Gestaltung von Präferenzen nach dem Leitbild des kapitalistischen *homo oeconomicus*.[131] Vor diesem Hintergrund kommt ein um verhaltensökonomische Einsichten ergänzter Liberalismus III (Aufgabe der Exogenität von Präferenzen) dem sozialistischen Ansatz näher als ein republikanischer Liberalismus II.

b) Der Mikrosozialismus des neoklassischen Personalisierungsprojekts

Liberalismus III und Sozialismus unterschieden sich bisher gerade in der Bewertung der Leistungsfähigkeit des Marktmechanismus und der zentralen staatlichen Planung. Neue Technologien können diesen tatsachenbezogenen Unterschied einebnen. Das neoklassische Personalisierungsprojekt beruht gerade auf der Prämisse, dass die algorithmische Auswertung großer Datensätze über empirisch wahrnehmbare Präferenzen (Big Data) bisher bestehende Informationsprobleme überwinden wird. Trifft diese Prämisse zu, wird in Zukunft der Frage praktische Relevanz zukommen, ob sich die Orientierung am Marktmechanismus nur funktionell als überlegener Allokationsmechanismus oder auch ideell

---

ein Recht der Ungleichheit, seinem Inhalt nach, wie alles Recht.") und S. 21 („Jeder nach seinen Fähigkeiten, jedem nach seinen Bedürfnissen!"). Dazu bereits auf S. 268 (Fn. 132).

129 Punktuelle Interventionen bringen allerdings immer die Gefahr mit sich, weitere Interventionen nach sich zu ziehen. Vgl hierzu *Hayek,* in: ders. (Hrsg.), Collectivist Economic Planning, [6]1963, S. 1, 21.

130 Zur Annäherung des Nudge-basierten Ansatzes an sozialistische Planung vgl. auch *Devereaux,* Rev. Austrian Econ. 32 (2019), 139 (die Erkenntnisdefizite betonend, die sowohl das *nudging* nach einem bestimmten staatlichen Leitbild als auch den sozialistischen Plan infrage stellen). Ferner bereits auf S. 320 (Fn. 84).

131 Zur Vereinbarkeit von Verhaltensökonomik und Neoklassik bereits unter § 4 (S. 141 f., 174).

mit Blick auf die individuelle Selbstgesetzgebung rechtfertigen lässt.[132] Der Liberalismus III, der der Wahldimension der Freiheit kein eigenständiges, normatives Gewicht beimisst, kann den Marktmechanismus jedenfalls nur funktionell rechtfertigen und muss ihn daher als Allokationsinstrument aufgeben, wenn es ein besseres Instrument der Güterverteilung gibt. In einer Gesellschaft, in der die heteronome Präferenzbefriedigung jenseits des Marktmechanismus perfektioniert wird, verliert der Vertrag seine systemprägende Stellung.[133] Die bereits erwähnte Entwicklung *from status to contract* lässt sich also fortschreiben als eine Entwicklung *from contract to contact:* Individuen begegnen sich nicht, um im Wege der Selbstgesetzgebung über den Gütertransfer zu entscheiden, sondern weil der Gütertransfer einem staatlichen Effizienzkalkül entspricht. Die Individuen verbindet also nicht mehr der Vertrag, sondern lediglich ein staatlich vermittelter und ausgestalteter Kontakt.[134]

Die Big-Data-basierten, algorithmischen Planungsentscheidungen des Liberalismus III ähneln allerdings ihrerseits einer spontanen Ordnung: Heteronomes Recht orieniert sich gerade an den Markttransaktionen *(mimic the market).* Die heteronome Präferenzbefriedigung folgt damit anders als im klassischen Sozialismus keinem *zentralen* Plan, sondern den Vorgaben einer *dezentralen* Meta-Spontaneität, deren Grundlage die algorithmische Auswertung großer Datensätze ist.[135] Verkäufer (V) und Käufer (K) kommen nach wie vor miteinander in

---

[132] Insofern vgl. *Pałka,* L. & Contemp. Probs. 83 (2020), 125, passim, insb. 134 ff.; *Bender,* ERCL 16 (2020), 366. Auswirkungen von Big Data auf das von *Hayek* beschriebene Informationsproblem zumindest erwähnend *Bowles/Kirman/Sethi,* JEP 31 (2017), 215, 217. Ferner zu neuen Technologien und dem Informationsproblem, allerdings außerhalb des Kontexts von Big Data, vgl. *Sunstein,* Democracy 34 (2014); *ders.,* Cost-Benefit Analysis and the Knowledge Problem, DASH 2014.

[133] Zur Gefahr des Verschwindens des „freie[n] Vertragsrecht[s]" infolge des stereotypen Massenvertrags bereits *Schumpeter,* Kapitalismus, Sozialismus und Demokratie, [10]2020, S. 185. Im Personalisierungskontext *Grigoleit/Bender,* in: Busch/De Franceschi (Hrsg.), Personalized Law, 2021, S. 115, 130 (Rn. 50); *Bender,* ERCL 16 (2020), 366, 407. Ferner *Eidenmüller,* U. Chi. L. Rev. Online 2022 (unter II. [Überschrift] von „Totalitarian Welfarism" sprechend und unter II.D. von einer Freiheitsbedrohung durch ein sich in staatlicher Hand befindliches „powerful ‚precision tool' to maximize societal welfare in a data- and technology-driven *planned economy*" sprechend).

[134] *Bender,* ERCL 16 (2020), 366, 372. Soll auch die Entwicklung von der Gemeinschaft zur Gesellschaft fortgesetzt werden, so ließe sich das auf Kontakt bestehende Modell als bloße Ansammlung (Gehäuf, *accumulation*) beschreiben (*ders.,* ERCL 16 (2020), 366, 372, 407) oder als eine „Gesellschaft der Singularitäten" (*Reckwitz,* Die Gesellschaft der Singularitäten, 2017. Speziell im Personalisierungskontext *Busch,* in: Busch/De Franceschi [Hrsg.], Personalized Law, 2021, S. 279, 280 Rn. 5).

[135] Anders insofern *Pałka,* L. & Contemp. Probs. 83 (2020), 125, allerdings auf S. 139 mit einer weiten Definition von *central planning,* die besser mit heteronomer Rechtssetzung umschrieben ist.

Kontakt, doch ersetzt die Präsenz eines Kollektivs bei jeder Transaktion die autonome Rechtssetzung. Die Unterschiede zwischen Sozialismus, Kapitalismus und Mikrosozialismus werden in folgendem Schaubild zusammengefasst[136]:

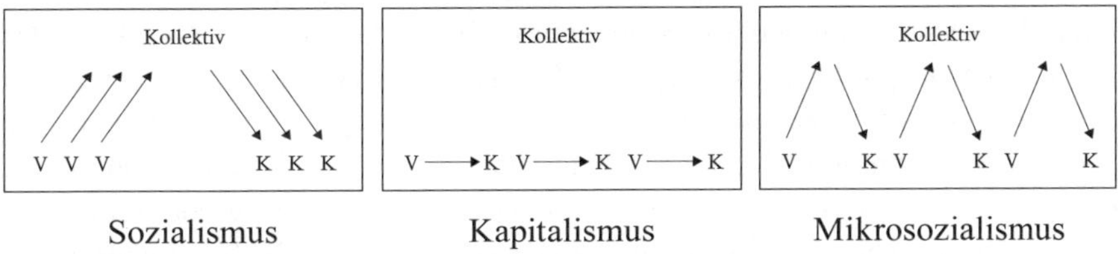

Abbildung 9: Mikrosozialismus

c) Der Mikrosozialismus des verhaltensökonomischen Personalisierungsprojekts

Auch das verhaltensökonomische Personalisierungsprojekt nähert sich dem Sozialismus an, indem Präferenzen als endogen verstanden und zum Ziel staatlicher Gestaltung gemacht werden. Anders als im Fall des Liberalismus II, aber wie im Sozialismus erfolgt die Gestaltung nach einem vorgegebenen Programm: Es geht um die Verwirklichung der Präferenzen des kapitalistisch denkenden *homo oeconomicus.*[137] Die diesem Programm entsprechenden Präferenzen werden mit einem hohen Rationalitätsgrad bewertet, von Rechts wegen akzeptiert und somit verstärkt. Da jede rechtliche Regelung wiederum auf die Präferenzen rückwirkt, kommt es zum *taste-shaping.*[138] Die diesem Programm widersprechenden Präferenzen werden mit einem niedrigen Rationalitätsgrad bewertet.

Anders als im klassischen Sozialismus geht es aber nicht um die Verwirklichung einer inhaltlich gleichen Ideologie für alle. Vielmehr kommt es zur Erziehung im Sinne der eigenen, in der Vergangenheit manifestierten Meinung. Die Individuen werden zu sich in *feedback loops*[139] bewegenden Solipsisten. Diese auf den Präferenzen der einzelnen Verbrauchersegmente aufbauende Ideologie des Mikrosozialismus lässt sich als konservativer Hedonismus und sektorieller Uniformismus beschreiben.[140]

---

[136] Bereits abgebildet in *Bender,* ERCL 16 (2020), 366, 393.

[137] Ausf. unter § 4 (S. 135 f.) sowie insb. *Hacker,* Eur. Rev. Priv. L. 25 (2017), 651, 660 f. (Rn. 14); *ders.,* in: Busch/De Franceschi (Hrsg.), Personalized Law, 2021, S. 241, 245–247 (Rn. 15–19).

[138] Zu *taste-shaping* bereits auf S. 166 (Fn. 167).

[139] Zu *feedback loops* bereits auf S. 175 (Fn. 210).

[140] Dazu bereits unter § 4 (S. 174 f.).

III. Der Liberalismus I und II des Grundgesetzes

Den Maßstab für die Zulässigkeit des auf dem Liberalismus III aufbauenden, zum Mikrosozialismus tendierenden Personalisierungsprojekts liefert für die deutsche Rechtsordnung der Liberalismus des Grundgesetzes.[141] Zwar kann der Verfassung *insgesamt* nicht ausschließlich *eine* der idealtypisch präsentierten Liberalismusformen zugewiesen werden. Das Grundgesetz ist vielmehr eine „gemischte Verfassung“[142], eine „Verfassung der Mitte“[143] oder „a bundle of compromises“[144]. Für *einzelne Vorschriften* ist das allerdings durchaus möglich. Diese verwirklichen Gedankengut des Liberalismus I und II. Nur insofern, als diese beiden Liberalismusformen dem einfachen Gesetzgeber keine Grenzen setzen, steht es ihm frei, den Liberalismus III des Personalisierungsprojekts zu verfolgen.

1. Liberalismus I (Rechtsstaat und Grundrechte)

Ideen des Liberalismus I (Recht als Rahmenordnung) verwirklicht das Grundgesetz zum einen durch ein rechtsstaatlich-relatives, zum anderen durch ein freiheitlich-absolutes Schutzkonzept.

a) Rechtsstaatlich-relatives Schutzkonzept

Das rechtsstaatlich-relative Schutzkonzept verbietet keinen konkreten Gesetzes*inhalt.* Vielmehr wird nur eine spezifische Art der *Veränderung* des *status quo* geschützt.[145] Der erste Grundpfeiler dieses Ansatzes ist der rechtsstaatliche

---

[141] Nur dann, wenn dem Grundgesetz gewisse Liberalismusvorstellungen zugewiesen werden, lassen sich ihm Leitbildaussagen für die Lösung von Wertungskonflikten entnehmen. Ähnlich *Böckenförde,* NJW 1974, 1529, 1537.

[142] *Schmitt,* Verfassungslehre, ¹¹2017, S. 200.

[143] *Voßkuhle,* Die Verfassung der Mitte, 2016.

[144] *Farrand,* The Framing of the Constitution of the United States, 1913, S. 201; *Manning,* Harv. L. Rev. 124 (2011), 1939, 1978 (zum Gewaltenteilungsprinzip in der US-amerikanischen Verfassung).

[145] Deutlich *Jellinek,* System der subjektiven öffentlichen Rechte, 1892, S. 102 (gerade rechtliche Differenzierungen, nicht sachbezogene Verbote problematisierend). Dem kommt die institutionelle Grundrechtstheorie (dazu *Häberle,* Wesensgehaltsgarantie, ³1983, insb. S. 70 ff.) nahe, die die gesamte Grundrechtsordnung als „normativ und institutionell gestaltete und geordnete Freiheit“ versteht, deren Zweck im Schutz des *status quo* liegt (darst. *Böckenförde,* NJW 1974, 1529, 1532 f.; explizit auch *Abel,* Einrichtungsgarantien, 1964, S. 74 f.; *Schmitt,* Verfassungsrechtliche Aufsätze, ⁴2003, S. 155 ff.; krit. Dreier – *Dreier,* GG, ³2013, Art. 19 I Rn. 2). Damit harmoniert die Idee des Freiheitsschutzes durch das an die

Grundsatz des Vertrauensschutzes (Art. 20 I GG)[146]: Der Staat muss den Individuen die Möglichkeit geben, sich auf Veränderungen des *status quo* einzustellen, damit Investitionen nicht frustriert werden. Der zweite Grundpfeiler ist derjenige der formellen Gleichheit, wie er für den Gesetzgeber im Allgemeinheitserfordernis des Art. 19 I 1 GG zum Ausdruck kommt[147]: Änderungen müssen für alle Individuen gelten, damit der freiheitliche Wettbewerb nicht verzerrt wird. Den Grundrechten kommt bei diesem rechtsstaatlich-relativen Schutzkonzept nur die Bedeutung zu, die gegen den Vertrauensgrundsatz und das Allgemeinheitserfordernis verstoßenden Veränderungen des *status quo* zu subjektivieren, also durch die Gewährung subjektiver Rechte angreifbar zu machen. Die Normprägung eines Grundrechts, etwa des Eigentumsgrundrechts[148], ist auf der Grundlage dieses Schutzkonzepts kein besonderes Problem.[149] Vielmehr sind bei diesem Ansatz in gewisser Weise alle Grundrechte normgeprägt.[150] Ideengeschichtlich verwirklicht sich im rechtsstaatlich-relativen Schutzkonzept das

---

Zustimmung der Bürgerschaft gebundene Gesetz, vgl. *Grimm,* Verfassung und Privatrecht, 2017, S. 201.

[146] Zum Grundsatz des Vertrauensschutzes prägnant Dürig/Herzog/Scholz – *Grzeszick,* GG, [99]2022, Art. 20 VII Rn. 69 („Kontinuität von Recht im Sinne individueller Erwartungssicherheit.").

[147] Zu dieser materiellen Deutung des Allgemeinheitserfordernisses bereits auf S. 278 (Fn. 33).

[148] Hier ist die Normgeprägtheit mit Blick auf Art. 14 I 2 GG im Grundsatz anerkannt. Grundlegend *Lübbe-Wolff,* Die Grundrechte als Eingriffsabwehrrechte, 1988, S. 150–153. Außerhalb des Kernbereichs auch *Gellermann,* Grundrechte in einfachgesetzlichem Gewand, 2000, S. 336ff. Zur Normgeprägtheit von Art. 14 I 2 GG *Epping,* Grundrechte, [9]2021, S. 248f. (Rn. 463–467) (auf S. 249 [Rn. 464] zur Operationalisierug der Normprägung als Schutz des *status quo*); *Kingreen/Poscher,* Grundrechte, [38]2022, Rn. 168 (in Rn. 175 allerdings gegen die Qualifizierung einer Verschlechterung des *status quo* als „Eingriff" mit der Folge einer speziellen Interessenausgleichsdogmatik; dazu bereits unter § 5 [Fn. 245]). Zur normativen Einbettung speziell der Privatautonomie etwa *Ruffert,* Vorrang der Verfassung und Eigenständigkeit des Privatrechts, 2001, S. 201; von Mangoldt/Klein/Starck – *Baer/Markard, GG,* [7]2018, Art. 3 II, III Rn. 417. Zu Art. 19 IV GG etwa BVerfGE 77, 275, 284.

[149] Insbesondere verfängt das Argument nicht, die Normprägung stelle den Schutzbereich jedenfalls bei erstmaliger Ausgestaltung zur Disposition des einfachen Gesetzgebers (so aber etwa *Hellgardt,* Regulierung, 2016, S. 275f., auf S. 276 [Fn. 70] allerdings relativierend), denn den hypothetischen *status quo* der nicht ausgestalteten Grundrechte gibt es so nicht. Dies gilt insbesondere auch für das Eigentumsgrundrecht, denn jedenfalls gab es beim Inkrafttreten des Grundgesetzes eine Eigentumsordnung, deren Grundzüge sich im BGB finden. Der normgeprägte *status quo* weist mithin stets einen konkreten historischen Gehalt auf, an dem der Gesetzgeber bei jeder Änderung gemessen werden kann (ähnlich *Lübbe-Wolff,* Die Grundrechte als Eingriffsabwehrrechte, 1988, S. 150–153; *Epping,* Grundrechte, [9]2021, S. 249 [Rn. 464]).

[150] Zu diesem Grundrechtsverständnis auch *Häberle,* Wesensgehaltsgarantie, [3]1983, insb. S. 98.

Gedankengut der deutschen Staatsrechtslehre des Kaiserreichs und der Weimarer Republik.[151] Im US-amerikanischen Rechtskreis ergeben sich Vertrauensschutz und Allgemeinheit über das *common law:* Die Gerichte entscheiden von vornherein nicht über Marktinterventionen, sondern nur über die konkrete Gestalt der Infrastruktur.[152] Die Bindung an Präzedenzfälle *(stare decisis)* führt dabei zu einer Verwirklichung des Vertrauensschutzes und des Allgemeinheitserfordernisses.[153]

b) Freiheitlich-absolutes Schutzkonzept

Die maßgeblichen Wertungen des Liberalismus I lassen sich auch über ein freiheitlich-absolutes Schutzkonzept verwirklichen. Danach ergibt sich die Beschränkung des Rechts auf eine Rahmenordnung durch ein *inhaltliches* Verbot bestimmter Gesetze. Die Kompetenz des Gesetzgebers wird danach entsprechend dem Alles-oder-nichts-Prinzip (regelförmig) begrenzt.[154] Grundrechte wirken dann als negative Kompetenznormen, die eine ohnehin bestehende, vorpositive, grundsätzlich unbegrenzte Freiheitssphäre positivieren.[155] Der Zusammenhang zwischen freiheitlich-absolutem Schutzansatz und marktwirtschaftlicher Ordnung im Sinne des Liberalismus I wird besonders deutlich in der Rechtsprechung des *US Supreme Court* der Lochner-Ära.[156] Das freiheitlich-

---

[151] Auf diese rechtsstaatliche Tradition der Freiheitssicherung anspielend *Jellinek,* Die Erklärung der Menschen- und Bürgerrechte, [4]1927, S. 4 („In Wahrheit ist aber im Deutschen Reiche das Maß öffentlicher Rechte des Individuums viel größer als in manchen Staaten mit verfassungsmäßig katalogisierten Grundrechten."). Besonders deutlich im Rahmen der Theoretisierung des *status negativus* auch *ders.,* System der subjektiven öffentlichen Rechte, 1892, S. 102.

[152] In diese Richtung *Calabresi,* Common Law, 1982, S. 97. Ähnlich auch *Hayek,* Law, Legislation and Liberty, [3]1998, S. 22.

[153] Zur Bindung an Präzedenzfälle bereits auf S. 24 (Fn. 132). Ferner *MacCormick,* JZ 1984, 65 (ohne Bezug zum *common law,* aber die Kongruenz von Rechtsstaat und *rule of law* herausarbeitend).

[154] Allg. zum kategorialen, nicht auf *balancing* aufbauenden Denken in der Verfassungsrechtsprechung der Vereinigten Staaten vor den 1930er Jahren vgl. *Aleinikoff,* Yale L.J. 96 (1987), 943, 949–952, insb. 949 („Supreme Court opinions generally recognized differences in kind, not degree [...].").

[155] Insb. *Schmitt,* Verfassungslehre, [11]2017, S. 126 f., 158 (Verteilungsprinzip); *Böckenförde,* NJW 1974, 1529, 1530 f. (liberale oder bürgerlich-rechtsstaatliche Grundrechtstheorie). Aus privatrechtlicher Sicht deckt sich diese Ansicht in gewisser Weise mit den Vertretern einer vorstaatlichen, autonomen Konzeption des Privatrechts, wie sie von manchen neoformalistischen Beiträgen vertreten wird, vgl. insb *Picker,* JZ 2002, 880, 881 („Die Privatautonomie umschreibt damit in ihren tradierten Bereichen eine Freiheitssphäre, die der Gesetzgeber zu beachten hat."). Dazu bereits auf S. 231 f. (Fn. 244).

[156] *Lochner v. New York,* 198 U.S. 45 (1905) (Arbeitnehmerschutzvorschriften wurden hier mit einem Verweis auf die Vertragsfreiheit und ihren Schutz durch die *substantive due process*

absolute Schutzkonzept ist jedoch auch dem Grundgesetz nicht fremd. Als dessen Ausprägung können insbesondere der Verweis auf Gott in der Präambel[157], die Existenz vorbehaltlos gewährleisteter Grundrechte[158] und der absolut wirkende Wesensgehaltsschutz des Art. 19 II GG angesehen werden, der über den unantastbaren Menschenwürdegehalt[159] der Grundrechte zu konkretisieren ist (Art. 1 I GG) und über Art. 79 III GG auch der Dispositionsbefugnis des verfassungsändernden Gesetzgebers entzogen wird.[160] Auf der Ebene der Grundrechtsinterpretation ist dieser Ansatz ebenfalls wirkmächtig, indem etwa auch dem Schutzbereich von normgeprägten Grundrechten ein absoluter Inhalt unabhängig vom normativen *status quo* beigemessen wird.[161]

---

clause für verfassungswidrig erklärt). Ähnlich lässt sich die damalige verfassungsrechtlich-freiheitliche Absicherung der Verschuldenshaftung verstehen (vgl. *Ives v. South Buffalo Railway Co.,* 201 N.Y. 271, 94 N.E. 431 [1911], insb. 301: „[...] for legislative assumption of the right to direct the channel into which the private energies of the citizen may flow, or legislative attempt to abridge or hamper the right of the citizen to pursue, unmolested and without unreasonable regulation, any lawful calling or avocation which he may choose, has always been condemned under our form of government.") und jetzt die auf die Meinungsfreiheit des *First Amendment* gestützte Argumentation gegen die Regulierung von Internetplattformen (vgl. dazu *Zuboff,* Surveillance Capitalism, 2019, S. 109; *Heyman,* West Va. L. Rev. 117 [2014], 231).

[157] Zum Gottesbezug in der Präambel als Ausdruck der dienenden Funktion staatlicher Ordnung Dürig/Herzog/Scholz – *Herdegen,* GG, 99 2022, Präambel Rn. 38. Mit diesem vorpositiven Freiheitsverständnis wird an die US-amerikanischen *Bills of Rights* und an die französische *Déclaration des droits de l'homme et du citoyen* von 1789 angeknüpft.

[158] Dies gilt insb. für die Glaubensfreiheit des Art. 4 GG. Zur zentralen Bedeutung der Religionsfreiheit für dieses vorstaatlich geprägte Grundrechtsverständnis *Jellinek,* Die Erklärung der Menschen- und Bürgerrechte, 4 1927, S. 42 ff. Darst. auch *Schmitt,* Verfassungslehre, 11 2017, S. 157 f. Zu ihrer vorbehaltlosen Gewährleistung (entgegen der Ansicht, die Art. 136 I WRV im Sinne des rechtsstaatlich-relativen Ansatzes heranzieht) etwa BVerfGE 32, 98, 107; 33, 23, 30 f. Bei vorbehaltslos gewährleisteten Grundrechten kann es unter Aufrechterhaltung des absoluten Schutzkonzeptes dann nur um die Abgrenzung von Schutzbereichen gehen (vgl. zu diesem dogmatischen Ansatz *Lenz,* Vorbehaltlose Freiheitsrechte, 2006, S. 119 ff.). Aus gleichheitsrechtlicher Sicht kann auch Art. 3 III GG in diesem absoluten Sinne interpretiert werden (ähnlich Dürig/Herzog/Scholz – *Langenfeld,* GG, 99 2022, Art. 3 III Rn. 72). Zur Einschränkbarkeit durch kollidierendes Verfassungsrecht und der damit einhergehenden Relativierung des freiheitlich-absoluten Schutzansatzes sogleich auf S. 340 (Fn. 176).

[159] Zum abwägungsfesten Charakter der Menschenwürde aus Sicht der absoluten Menschenwürdetheorie etwa BVerfGE 34, 239, 245; 75, 369, 380; 93, 266, 293. Aus der Lit. grundlegend *Quecke,* Unantastbare Menschenwürde, 2019; von Mangoldt/Klein/Starck – *Starck,* GG, 7 2018, Art. 1 Rn. 34. Dies entspricht auch dem Verständnis des Verfassungsgebers, vgl. *Hong,* Der Menschenwürdegehalt der Grundrechte, 2019, S. 402 f. Zu den theoretischen Grundlagen abwägungsfester Rechte vgl. *ders.,* Abwägungsfeste Rechte, 2019, S. 159 ff.

[160] Für die Deckung von Menschenwürde, Wesensgehalt, grundrechtlichem Verfassungskern und freiheitlich-demokratischer Grundordnung bereits unter § 5 (S. 215 f.).

[161] Vgl. etwa die Deutung des Eigentumsgrundrechts bei *Poscher,* Abwehrrechte, 2003, S. 137 ff.

2. Liberalismus II (Demokratie und Sozialstaat)

Das Grundgesetz verwirklicht jedoch auch Elemente des Liberalismus II. Zum Einen setzt das *Demokratieprinzip* aus Art. 20 I GG, das über Art. 38 I GG im Sinne eines an formeller Gleichheit[162] ausgerichteten Partizipationsrechts subjektiviert wird[163], einen gesetzgeberischen Gestaltungsspielraum voraus, der über die Ausgestaltung der Rahmenordnung hinausgeht[164]. Zum anderen zeigt das *Sozialstaatsprinzip* aus Art. 20 I GG, dass der Gesetzgeber den Markt als Allokationsinstrument auch begrenzen kann und sogar muss, wenn das Existenzminimum betroffen ist.[165] Demokratie- und Sozialstaatsprinzip gehen von einem Staatsverständnis aus, das nicht dem Nachtwächterstaat des 19. Jahrhunderts, sondern dem Interventionsstaat des 20. Jahrhunderts entspricht.[166]

---

162 Besonders deutlich BVerfGE 151, 1, 18 f.

163 Zur Subjektivierung vgl. BVerfGE 142, 123, 189 ff. *(OMT),* Rn. 123 ff.

164 Angesichts des Menschenwürdekerns des Demokratieprinzips (etwa BVerfGE 142, 123, 190 [Rn. 126]; *Unger,* The Critical Legal Studies Movement, ³2015, S. 258) ist das Demokratieprinzip also nicht nur dazu da, die Einhaltung der Rahmenordnung zu gewährleisten, sondern es ist als kollektive Freiheitsgewährleistung Selbstzweck (ähnlich *Christiano,* J. Political Philos. 12 [2004], 266).

165 Vgl. *Böckenförde,* NJW 1974, 1529, 1535–1537 (sozialstaatliche Grundrechtstheorie). Zum Menschenwürdebezug BVerfGE 40, 121, 133; 45, 187, 228; 82, 60, 85; 113, 88, 108 f.; 125, 175, 222–225. Grundlegend auch *Dürig,* AöR 81 (1956), 117, 131 f. Letztendlich geht es beim Sozialstaatsprinzip um eine vor die Klammer gezogene Schutzpflicht der Grundrechte, weil es die finanziellen Mittel für ein Mindestmaß ihrer Ausübung einfordert. Das Gesetz erscheint also als Regulierungs- und Interventionsinstrument. Insofern prägnant *Kappes,* Gleichheitssatz und Massnahmegesetz, 1965, S. 10 f. Auch Art. 14 I 2 GG (Sozialbindung des Eigentums), Art. 14 III GG (Enteignung) sowie Art. 3 II, III 2 GG (Gleichstellungsauftag) lassen sich in diesem sozialstaatlichen, den Marktmechanismus durchbrechenden Sinne verstehen. Dementsprechend wird Art. 14 III 2 GG als *lex specialis* zu Art. 19 I GG interpretiert (vgl. im Grundsatz BVerfGE 95, 1, 26; 24, 367, 396 ff.; von Mangoldt/Klein/Starck – *Huber,* GG, ⁷2018, Art. 19 Rn. 32; BeckOK – *Enders,* GG, ⁵⁴2023, Art. 19 Rn. 12). Die in Art. 3 II, III 2 GG zum Ausdruck kommende, materielle Betrachtung wird zum Teil auf Art. 3 III 1 GG insgesamt erstreckt (vgl. *Baer,* Würde oder Gleichheit?, 1995; von Mangoldt/Klein/Starck – *Baer/Markard,* GG, ⁷2018, Art. 3 II, III Rn. 355, 362, 418 f.; ferner *Sacksofsky,* Das Grundrecht auf Gleichberechtigung, ²1996, S. 305 ff., 349 ff.).

166 Das US-Verfassungsrecht hat sich in der New-Deal-Ära ebenfalls den Einflüssen des Liberalismus II geöffnet. Zum grundlegenden Wandel des US-amerikanischen Verfassungsverständnisses in der New-Deal-Ära vgl. *Ackerman,* We the People I, 1991, S. 105 (neue Verfassungsära); *Aleinikoff,* Yale L.J. 96 (1987), 943, 953 (Zunahme des verfassungsrechtlichen *balancing*). Speziell zur Zunahme der Gesetzgebung vgl. *Gilmore,* The Ages of American Law, ²2014, S. 86 („orgy of statute making"); *Calabresi,* Common Law, 1982, S. 1.

3. Ausgleich zwischen beiden Liberalismuskonzepten

Diese Elemente des Liberalismus II zwingen zunächst zu einer Relativierung der Elemente des Liberalismus I. Würden dem Rechtsstaatsprinzip und den Grundrechten ausnahmslos Verbote im Sinne eines Alles-oder-nichts-Prinzips entnommen, könnten sich weder demokratische Gestaltung noch sozialstaatliche Intervention flexibel entfalten.[167] In der Regel können dem Gesetzgeber somit nur bewegliche Grenzen im Sinne von gegenläufigen Wertungsgesichtspunkten gesetzt werden. Es geht dann grundsätzlich um *balancing*[168], also den schonenden Ausgleich widerstreitender Interessen im Wege der praktischen Konkordanz.[169] Die Angemessenheit des Grundrechtseingriffs wird somit zum entscheidenden Vehikel, um Liberalismus I und II miteinander in Einklang zu bringen[170]: Die Grundrechte schützen nicht mehr einen bestimmten, durch allgemeine Gesetze geprägten *status quo*[171] oder eine spezifische vorpositive Freiheitssphäre, sondern sie werden als Werteordnung[172] oder Optimierungsgebote[173] verstanden, die

---

[167] Zum Konflikt zwischen dem demokratischen und dem grundrechtlichen Prinzip vgl. *Ackerman,* We the People I, 1991, S. 11; *Moyn,* The Court Is Not Your Friend, Dissent 2020; *Huber,* in: Schroeder (Hrsg.), Strengthening the Rule of Law in Europe, 2016, S. 98, 110 f. Dass die Demokratie gleichzeitig auf gewisse Grundfreiheiten angewiesen ist, um zu funktionieren, was insb. von der „demokratisch-funktionalen Grundrechtstheorie" (*Böckenförde,* NJW 1974, 1529, 1534 f.) betont wird, ändert an ihrer den Gestaltungsspielraum des Gesetzgebers beschränkenden Wirkung nichts – so tendenziell aber *Pieroth,* JuS 2010, 473, 478; *Böckenförde,* NJW 1974, 1529, 1538; *Scharpf,* Governing in Europe, 1999, S. 6 ff.; *ders.,* Eur. L. J. 23 (2017), 315, 315 f.

[168] Zu *balancing* im US-Verfassungsrecht grundlegend *Aleinikoff,* Yale L.J. 96 (1987), 943 (insb. auf S. 948 f. darauf hinweisend, dass die Ursprünge in der Rechtsprechung in den 1930er und 1940er Jahren zu finden sind – was mit der Zeit des *New Deal* und damit dem Erstarken des Liberalismus II zusammenfällt).

[169] Dazu bereits auf S. 227 (Fn. 222). Zur Abwägungspflicht selbst des verfassungsändernden Gesetzgebers vgl. von Mangoldt/Klein/Starck – *Huber,* GG, [7]2018, Art. 19 Rn. 133; *ders.,* Maastricht – ein Staatsstreich?, 1993, S. 26 f.

[170] Zur kontinuierlichen Erweiterung des Anwendungsbereichs des Verhältnismäßigkeitsgrundsatzes *Huber,* in: Schroeder (Hrsg.), Strengthening the Rule of Law in Europe, 2016, S. 98, 101–104. Allg. zur Materialisierung des Verfassungs- und Grundrechtsverständnisses *Bumke,* AöR 144 (2019), 1, 15 ff.

[171] Diese Rekonzeptualisierung erklärt auch, warum Art. 19 I 1 GG in der Staatspraxis nur eine geringe Bedeutung zukommt, vgl. dazu etwa von Mangoldt/Klein/Starck – *Huber,* GG, [7]2018, Art. 19 Rn. 5–7.

[172] Grundlegend BVerfGE 7, 198, 205 *(Lüth).* Diese Werttheorie krit. darstellend *Böckenförde,* NJW 1974, 1529, 1533 f.; *Schmitt,* Die Tyrannei der Werte, [3]2011.

[173] Grundlegend *Alexy,* Theorie der Grundrechte, [1]1986, S. 75 ff. (Prinzipen als Optimierungsgebote), S. 100 ff. (Verhältnismäßigkeit als Prinzipienoptimierung), S. 117 ff. (Grundrechte zumindest auch als Prinzipien).

auch das Privatrecht prägen.[174] Die gesetzgeberische Intervention, die sich nicht auf die Ausgestaltung einer Rahmenordnung beschränkt, ist nicht mehr allgemein zu fassen, sondern gerade auf das erforderliche Maß zu beschränken.[175] Zudem werden jetzt auch vorbehaltlos gewährleistete Grundrechte der Abwägung mit kollidierendem Verfassungsrecht unterworfen.[176]

In gewissen dogmatischen Figuren bestehen allerdings die beiden Schutzkonzepte des Liberalismus I fort, sodass insofern die demokratische Gestaltung und sozialstaatliche Intervention des Liberalismus II jenseits der beschriebenen Abwägung relativiert werden muss. So behält das *rechtsstaatlich-relative* Schutzkonzept in der Staatspraxis insbesondere Bedeutung als Kohärenzkontrolle, die aus gleichheitsrechtlicher Sicht in Art. 3 I GG zu verankern ist.[177] Aus freiheitsrechtlicher Sicht übernehmen die der Angemessenheit vorgelagerten Prüfungsstufen des Verhältnismäßigkeitsgrundsatzes die Rolle der Kohärenzkontrolle[178], wobei der Gesichtspunkt der Kohärenz auch in der freiheitsrechtlichen Prüfung zum Teil explizit angesprochen wird.[179] Den Besonderheiten der Kohärenzkon-

[174] Der bürgerliche *status negativus* wird also in seiner Historizität erkannt und die „Naturalisierung“ (*Ladeur,* in: Depenheuer/Grabenwarter [Hrsg.], Verfassungstheorie, 2010, S. 599, 606–608) der bürgerlichen Gesellschaft des 19. Jahrhunderts infrage gestellt. Anders *Lindner,* Grundrechtsdogmatik, 2005, insb. S. 111 (einen ahistorischen „status libertatis naturalis fictivus“ zum Ausgangspunkt der Grundrechtstheorie erhebend).

[175] Besonders deutlich wird dies im Erfordernis des *narrow tailoring,* wie es sich im US-amerikanischen Verfassungsrecht findet. Dazu *Ayres,* UCLA L. Rev. 43 (1996), 1781.

[176] Vgl. BVerfGE 30, 173, 193 *(Mephisto);* 83, 130, 139 (für die Kunstfreiheit); BVerfGE 32, 98, 107 f.; 108, 282, 297; *Rupp,* NVwZ 1991, 1033, 1036 (für die Religionsfreiheit). Allg. BVerfGE 49, 24, 56; *Kingreen/Poscher,* Grundrechte, [38]2022, Rn. 396.

[177] Aus privatrechtsdogmatischer Sicht *Grigoleit,* FS Canaris II, 2017, S. 239, 241 (Rationalitätsgebot), 257 f.; *Canaris,* Lücken im Gesetz, [2]1983, S. 71 ff.; *ders.,* Systemdenken, [2]1983; *Bender,* in: Bauer/Köhler (Hrsg.), Proportionality in Private Law, 2023, S. 63, 70. Aus steuerrechtlicher Sicht BVerfGE 104, 74, 87. Vgl. auch Dürig/Herzog/Scholz – *Kirchhof,* GG, [99]2022, Art. 3 I Rn. 404 ff. (Prinzip der Folgerichtigkeit). Allg. darst. *Schuster,* Kohärenzprinzip, 2017, S. 88–91. Ferner *Jarass,* AöR 126 (2001), 588, 595 f. (Systemgerechtigkeit oder Folgerichtigkeit).

[178] Es geht dann um Evidenz- oder Vertretbarkeitskontrolle, die im Wesentlichen der Willkürkontrolle entspricht. Allg. zu diesen Parallelen zwischen freiheits- und gleichheitsrechtlicher Verhältnismäßigkeit und das im Rahmen der Verhältnismäßigkeit variierende Kontrollniveau vgl. *Huber,* in: Schroeder (Hrsg.), Strengthening the Rule of Law in Europe, 2016, S. 98, 110 f.

[179] Die dogmatische Verortung ist allerdings umstritten. Für Prüfung bei *legitimem Ziel* etwa *Degenhart,* Systemgerechtigkeit und Selbstbindung des Gesetzgebers als Verfassungspostulat, 1976, S. 199 f. Für Prüfung bei *Geeignetheit* der unionsrechtliche Ansatz im Kontext der Grundfreiheiten, vgl. EuGH Rs. C-46/08 *(Carmen Media),* Slg. 2010 I-8175 Rn. 64; EuGH Rs. C-243/01 *(Gambelli)* Slg. 2003 I-13076 Rn. 67; darst. *Philipp,* Systemgerechtigkeit bei den Marktfreiheiten der Europäischen Union, 2016, S. 231–260 mit Stellungnahme auf S. 257 („Verankerung gleichheitsrechtlicher Gewährleistungen innerhalb des Verhältnismä-

trolle als Kernstück des rechtsstaatlich-relativen Schutzkonzepts könnte im Übrigen dadurch Rechnung getragen werden, insofern – zumindest im privatrechtlichen Bereich[180] – vom Verwerfungsmonopol des Bundesverfassungsgerichts abzusehen: Kohärenz setzt die dogmatische Durchdringung des Rechtsstoffes voraussetzt. Sie wird durch Analogie und teleologische Reduktion gewährleistet[181] und kann somit von der Entwicklung des einfachen Rechts nicht sinnvoll getrennt werden.[182]

Das *freiheitlich-absolute* Schutzkonzept findet sich in der nach wie vor als abwägungsfest interpretierten Gewährleistung der Menschenwürde.[183] Außer-

---

ßigkeitsgrundsatzes."). Zur *Erforderlichkeit* als Prüfungspunkt krit. darst. *Schuster,* Kohärenzprinzip, 2017, S. 103 f.; *Brückner,* Folgerichtige Gesetzgebung, 2014, S. 222 f. Für Prüfung bei *Angemessenheit* BVerfGE 121, 317, 355 ff., insb. 365–368 *(Nichtraucherschutz);* 115, 276, 309 ff. *(Glücksspielrecht).*

[180] Jedenfalls hier gilt Art. 103 II GG nicht. Zu Art. 103 II GG als Rechtfortbildungsschranke etwa *Schön,* FS Canaris II, 2017, S. 145, 148. Zu den ideengeschichtlichen Ursprüngen vgl. insb. *Feuerbach,* Lehrbuch des gemeinen in Deutschland geltenden Peinlichen Rechts, 1801, S. 20 (§ 24, Grundsatz I).

[181] Insb. *Canaris,* Lücken im Gesetz, ^{2}1983, S. 71 ff.; *Grigoleit,* FS Canaris II, 2017, S. 239, 241, 257–258.

[182] Dazu ausf. *Bender,* in: Bauer/Köhler (Hrsg.), Proportionality in Private Law, 2023, S. 63, 74 ff. Diese Position ist letztendlich die Konsequenz einer als Teleologik verstandenen Dogmatik. Zu diesem Methodenverständnis allg. *Grigoleit,* FS Canaris II, 2017, S. 239, 248–256, insb. S. 248 („ergänzende Zweckwürdigungskompetenz"), S. 249 („Anerkennung eines normativen Relativitätsgrundsatzes"), S. 250 („Der positivrechtliche Relativitätsgrundsatz bedingt, dass die für normative Problemlösungen notwendige Zweckwürdigung zwischen rechtssetzender und rechtsanwendender Instanz aufgeteilt ist."), S. 251 („korrigierenden Zweckwürdigung"); *ders.,* ZNR 2008, 259, 266; *Hirsch,* JZ 2007, 853, 855. Für das US-amerikanische Recht insb. *Calabresi,* Common Law, 1982, S. 2 (Gesetze als Teil des *common law* mit der Folge einer umfassenden richterlichen Korrekturbefugnis); *Posner,* Cardozo L. Rev. 18 (1996), 1, 5 (begrenzte Bindungswirkung von Gesetzen).

[183] Zwar wird die absolute Geltung der Menschenwürde ebenfalls infrage gestellt, vgl. im Ansatz BVerfGE 45, 187, 242. Aus der Lit. insb. *Alexy,* Theorie der Grundrechte, ^{1}1986, S. 97; *ders.,* AöR 140 (2015), 497; *ders.,* AöR 140 (2015), 497, 512 („keine Alternative zur Abwägung", wenn Rechtsfindung rational bleiben soll); *Baldus,* AöR 136 (2011), 529; *ders.,* Kämpfe um die Menschenwürde, 2016; *Grigoleit,* FS Canaris II, 2017, S. 239, 249 f. Die Rspr. hält aber im Grundsatz an der absoluten Geltung der Menschenwürde fest, vgl. BVerfGE 34, 239, 245; 75, 369, 380; 93, 266, 293. Das ist allerdings nur möglich, weil das Menschenwürdeprinzip entweder lediglich als ein durch die anderen Grundrechte wirkendes Grundprinzip gedeutet wird, vgl. *Dürig,* AöR 81 (1956), 117, 119 („oberste[s] Konstitutionsprinzip"), 121 („in Einzelrechte aufgelöst"), insb. 122 („Dieses Wert- und Anspruchssystem erweist sich als so lückenlos, daß die Ausgestaltung des Art. 1 I zu einem subjektiven öffentlichen Recht auch entbehrlich erscheint. Es ist kein Fall denkbar, in dem ein staatlicher Angriff auf die Menschenwürde nicht bereits durch ein spezielles Grundrecht [und sei es auch nur die allgemeinen Rechte der Freiheit und Gleichheit] aufgefangen würde, wenn man nur Art. 1 I, wie es von Verfassungs wegen nötig ist, als Wertmaßstab in die Spezialinterpretation des jeweiligen

dem lässt sich die grundrechtliche Werteordnung durch den *status negativus* des Liberalismus I mit Inhalt füllen: Die Elemente des Liberalismus II verändern nicht die in den Grundrechten zum Ausdruck kommenden Werte, sondern sie öffnen sie für die Abwägung mit anderen Wertungsgesichtspunkten.[184] Das Grundgesetz ist insofern also auch bei Beachtung der Elemente des Liberalismus II nicht neutral gegenüber der Existenz eines Privatrechts und einer marktwirtschaftlichen Grundordnung.[185]

4. Die Notwendigkeit einer Entscheidung des pouvoir constituant

Zwar kann der Liberalismus III im Rahmen des gesetzgeberischen Spielraums punktuell verwirklicht werden. Werden dessen Prämissen allerdings auf der Grundlage neuer Informationstechnologien verallgemeinert, wird er zum Mikrosozialismus. Dieser Mikrosozialismus kollidiert zum einen mit der grundrechtlich geschützten Freiheitssphäre (Liberalismus I), weil die für die Gestaltung der individuellen Verhältnisse maßgeblichen Regelungen nicht autonom durch Rechtsgeschäft, sondern heteronom durch Mikrodirektive getroffen werden. Zum anderen kollidiert er mit dem Demokratieprinzip aus Art. 20 I GG (Liberalismus II), weil Rechtssetzung als wissenschaftlicher Erkenntnisakt und nicht als Ergebnis eines deliberativen Prozesses verstanden wird.

Grundrechts einbezieht."), oder etwaige Güterkollisionen auf der Ebene des Schutzbereichs gelöst werden, vgl. insb. *Alexy,* AöR 140 (2015), 497, 512; *Grigoleit,* FS Canaris II, 2017, S. 239, 249 f.

184 Die auf Inhaltsleere und *judicial activism* abzielende Kritik an der Werttheorie und *balancing* verfängt damit in ihrer Pauschalität nicht. Vgl. aber *Böckenförde,* NJW 1974, 1529, 1533 f.; *Schmitt,* Die Tyrannei der Werte, ³2011; *Aleinikoff,* Yale L.J. 96 (1987), 943, 984 („A common objection to balancing as a method of constitutional adjudication is that it appears to replicate the job that a democratic society demands of its legislature."). Die in Bezug genommenen Werte haben einen konkreten *historischen* Gehalt, vgl. etwa *Larenz,* Richtiges Recht, 1979, S. 31 f.; *Canaris,* Lücken im Gesetz, 1983, S. 57; darst. *Bender,* in: ders. (Hrsg.), Objectivity and Power, 2022, S. 19, 26–28. Vor diesem Hintergrund lassen sich auch Wertentscheidungen durchaus plausibilisieren (vgl. *Grigoleit,* FS Canaris II, 2017, S. 239, 268).

185 Vgl. etwa *Canaris,* FS Lerche, 1993, S. 873, 878 f. Überzeugend ferner *Grimm,* Verfassung und Privatrecht, 2017, S. 196 („Damit ist nicht behauptet, dass es außerhalb des Grundrechtsbereichs kein Privatrecht geben könne, sondern nur, dass staatsbegrenzende Grundrechte auch Privatrecht bedingen. Von den Grundrechtskatalogen ist also ein Rückschluss auf den Geltungsbereich eines bürgerlichen Privatrechts möglich."). Wenn es in BVerfGE 4, 7, 17 f. heißt, das Grundgesetz garantiere kein bestimmtes Wirtschaftssystem (vgl. BVerfGE 4, 7, 17 f.), dann ist das nicht dahin zu verstehen, dass das Grundgesetz gar keine Garantien für die Marktwirtschaft enthalte (in diese Richtung aber *Weber,* JZ 2018, 1022, 1023), sondern vielmehr als klassische Aussage des Liberalismus II: Das Recht ist gerade nicht auf neutrale Rahmengesetzgebung beschränkt.

Sowohl die privatautonome Regelung (Liberalismus I) als auch die demokratische Normsetzung (Liberalismus II) gehören zu der Verfassungsidentität des Grundgesetzes. Dies wird durch den Verweis der Ewigkeitsklausel des Art. 79 III GG auf Art. 1 GG und Art. 20 GG klargestellt.[186] Ein mikrosozialistisches Personalisierungsprojekt, das diesen spezifischen Liberalismuskompromiss des Grundgesetzes beseitigt, bedarf daher einer neuen Verfassungsordnung. Das deutsche Volk müsste sich als originäre verfassungsgebende Gewalt *(pouvoir constituant originaire)* durch *higher lawmaking* eine neue Verfassung geben (Art. 146 GG).[187] Eine entsprechende Systementscheidung ist also *bewusst* zu treffen. Dies gilt zwar insbesondere mit Blick auf das mikrosozialistische Gesellschaftssystem des Personalisierungsprojekts.[188] Letztendlich müssen sich jedoch alle gesellschaftlichen Entwicklungen am Liberalismuskompromiss des Grundgesetzes messen lassen.[189]

---

[186] Zur Ewigkeitsklausel und dem unwandelbaren Verfassungskern ausf. bereits auf S. 216 (Fn. 173).

[187] Zu den Begriffen des *pouvoir constituant originaire* und des *higher lawmaking* bereits auf S. 216 (Fn. 172).

[188] Ähnlich auch *Auer,* in: Busch/De Franceschi (Hrsg.), Personalized Law, 2021, S. 137, 145 („But we should then know just what we are doing.").

[189] Allg. mit Blick auf neue technologische Entwicklungen und die damit einhergehenden Veränderungen vgl. *Pałka,* L. & Contemp. Probs. 83 (2020), 125, 142–145.

§ 9

Schluss: Zusammenfassung in Thesenform

Die Ergebnisse dieser Arbeit werden im Folgenden in Thesenform zusammengefasst.

Einleitung

1. Individuen können durch Selbstgesetzgebung personalisiertes, *autonomes* Recht schaffen. Das Personalisierungsprojekt zielt hingegen auf die Personalisierung *heteronomen* Rechts unter Zuhilfenahme neuer Informationstechnologien (Big Data). Personalisierung heißt Zunahme der Faktoren, die für eine rechtliche Entscheidung notwendig sind. Diese Faktoren können sich auf den sachlichen Kontext beziehen *(sachbezogene Personalisierung)* oder auf Eigenschaften und Fähigkeiten der Individuen *(personenbezogene Personalisierung).* Das Personalisierungsprojekt ist im *historischen* Kontext der Auflösungstendenzen zu sehen, in denen sich das generelle Recht der Aufklärungszeit und des bürgerlichen 19. Jahrhunderts befindet. Es ist aus *rechtsvergleichender* Sicht nicht an eine bestimmte Rechtsordnung gebunden. Insbesondere ist das US-amerikanische Recht nicht *per se* offener für eine Personalisierung als das deutsche Recht. Umgekehrt beanspruchen auch die Argumente gegen eine Personalisierung im Grundsatz nicht nur in der deutschen Rechtsordnung Gültigkeit.

Rechtstheoretische Analyse

2. Das auf algorithmischer Rechtssetzung beruhende Personalisierungsprojekt lässt sich in rechtstheoretischen Kategorien erfassen. Für diese Einordnung sind zunächst – je nach dem Umgang mit Wertungskonflikten – Prinzipien, Regeln und Standards zu unterscheiden: *Prinzipien* sind besonders bedeutsame, eindimensionale Zwecke. *Regeln* sind abstrakt-generelle Regelungen, die einen mehrdimensionalen Wertungskonflikt auflösen. *Standards* sind abstrakt-generelle Regelungen, die die Auflösung des Wertungskonflikts auf einen späteren

Zeitpunkt verschieben. Außerdem sind die Begriffe der internen und externen Komplexität zu unterscheiden. *Interne Komplexität* bezieht sich auf die für die Anwendung einer Rechtsnorm vorausgesetzte Information. Zunahme interner Komplexität und Personalisierung meinen damit dasselbe. *Externe Komplexität* bezieht sich auf die Zugänglichkeit des Rechtssystems. Es geht also um Rechtsklarheit.

3. Neue Technologien versprechen, die interne Komplexität des Rechts erhöhen und gleichzeitig die externe Komplexität gering halten zu können. Möglich scheint dies zum einen deshalb, weil große Datensätze nunmehr nicht nur *expertenbasiert* ausgewertet werden müssen, sondern *fallbasiert* algorithmisch analysiert werden können *(Big Data)*. Die Entscheidung wird dabei auf der Grundlage von Korrelationen getroffen, die einer Maximierungsfunktion entsprechen. Interne Komplexität ist also nicht mehr durch den menschlichen Rechtssetzer limitiert. Zum anderen scheinen neue Kommunikationstechnologien *(Big Link)* für eine zielgenaue Bereitstellung der relevanten Information zu sorgen, sodass die externe Komplexität gering bleibt.

4. Diese durch neue Technologien gebildeten Korrelationen liefern jedoch nur statistisch relevante Aussagen, die im Einzelfall strukturell fehlerbehaftet sind. Das liegt erstens daran, dass das Recht oft die Kenntnis subjektiver Umstände (Präferenzen, Rationalitätsgrade) voraussetzt *(Subjektivität)*, Big Data aber nur bei manifestiertem Verhalten ansetzen kann. Außerdem widersprechen *(Inkonsistenz)* und wandeln *(Instabilität)* sich die Präferenzen der Individuen.

5. Konkret würde sich die Personalisierung des Rechts unter Nutzung dieser Technologien in fünf Schritten vollziehen: In einem *ersten Schritt* würden *pre-process* Prinzipien und andere Zwecke definiert, nach denen eine Regelung erfolgen soll. Die Auflösung der Wertungskonflikte erfolgt auf dieser Ebene aber gerade noch nicht: Es kommen lediglich Standards zum Einsatz. Die externe Komplexität ist auf dieser Ebene hoch, weil Standards vage sind und damit nur begrenzt Aussagekraft für die spätere Auflösung des Wertungskonflikts besitzen. In einem *zweiten Schritt* ist die Sammlung großer Datensätze notwendig, um erstens die Grundlage für die Regelsetzung zu liefern und zweitens den zu entscheidenden Sachverhalt in antizipierter Form abzubilden. Der *dritte Schritt* betrifft die Auflösung des Wertungskonfliktes *in-process* durch den Algorithmus. Bei einem *expertenbasierten* Entscheidungssystem werden die Zuordnungsmerkmale menschlich ausgewählt. Der Algorithmus ist in diesem Fall eine in formeller Sprache abgefasste Regel. Bei einem *fallbasierten* Entscheidungssystem werden die Inputvariablen durch eine Maximierungsfunktion entsprechend ihrer Aussagekraft für Korrelationsbildungen bewertet. Der menschliche Entscheider kann diese Auswahl zwar in der Regel nicht vorhersehen. Er bestimmt sie aber durch die Entscheidung über Maximierungsfunktion und

Datensatz. Auch in diesem Fall bilden die algorithmisch ausgewählten Zuordnungsmerkmale den materiell-rechtlichen Tatbestand einer Regel. Die externe Komplexität ist auf dieser Ebene nicht durch die Vagheit, sondern durch den algorithmischen Charakter der Regelung bedingt, die nur in formalisierter Sprache vorliegt *(Sprachproblem),* eine hohe interne Komplexität aufweist *(Differenzierungsproblem)* und die Zuordnungsmerkmale stets neu und nach einem unvorhersehbaren Muster definiert *(Black-Box-Problem).* In einem *vierten Schritt* kommt es dann zu der Erstellung einer Mikrodirektive, also einer konkret-individuellen, regelförmigen Anordnung. Wesentliche Wertungskonflikte werden auf dieser Ebene nicht mehr aufgelöst, weil sich dieser der Subsumtion entsprechende Schritt automatisch nach den Vorgaben des Algorithmus vollzieht. In einem *fünften Schritt* wird diese Mikrodirektive schließlich *post-process* dem einzelnen Individuum durch die Verwendung neuer Kommunikationstechnologien mitgeteilt. Diese individualisierte Kommunikation kann das Problem der externen Komplexität aber nicht lösen, weil allein die Notwendigkeit des stetigen Abrufs Zeit in Anspruch nimmt und die Zugänglichkeit erschwert *(Zeitproblem).*

6. In den Kategorien der deutschen Dogmatik können der Algorithmus und die durch ihn erzeugten Mikrodirektiven wie folgt eingeordnet werden: Erstens erscheint es möglich, Algorithmus und Mikrodirektiven getrennt zu betrachten. Danach wäre der Algorithmus eine abstrakt-generelle Regelung, die mangels Außenwirkung lediglich als Binnenvorschrift zu qualifizieren ist. Die konkret-individuellen Mikrodirektiven wären dann als Verwaltungsakte einzuordnen *(Verwaltungsaktsmodell).* Möglich ist es jedoch zweitens auch, Algorithmus und Mikrodirektiven als Einheit zu betrachten und die Mikrodirektiven als punktuelle, verwaltungsaktsähnliche Bekanntgabeakte einer algorithmischen Rechtsnorm zu verstehen *(Rechtsnormmodell).* Während im deliktischen Bereich aufgrund der Notwendigkeit der Vollstreckbarkeit bestandskräftiger Anordnungen das Verwaltungsaktsmodell nahe liegt, ist ein ähnliches Vollstreckungsbedürfnis im vertraglichen Bereich nicht ohne Weiteres zu erkennen. Drittens wäre es schließlich möglich, Mikrodirektiven erst als *ex post* an den Richter gerichtete Vorgaben zu verstehen, auf deren Grundlage das Urteil ergänzt wird *(Urteilsmodell).*

7. Vor dem Hintergrund der vorstehenden Überlegungen lassen sich drei Charakteristika des Personalisierungsprojekts herausarbeiten: Durch eine algorithmische Personalisierung des Rechts steigt erstens die interne und externe *Komplexität.* Zweitens kommt es dann, wenn die rechtliche Verhaltensaufforderung durch Mikrodirektive *ex ante* erfolgt (Verwalungsakts- oder Rechtsnormmodell), zu einem Heranrücken des rechtlichen Normbefehls an die konkrete Handlungssituation *(Proximität).* Dieses Phänomen lässt sich angesichts der Präsenz

staatlicher Handlungsanweisungen in der konkreten Handlungssituation auch als *Verwaltungsaktlichung* beschreiben. Drittens schließlich beruht die Auswahl der Zuordnungsmerkmale (Tatbestandsmerkmale) in wesentlichen Bereichen nicht mehr auf normativen Kausalzusammenhängen, sondern auf empirischen Korrelationen *(Approximation)*. Durch diesen empirischen Ausgangspunkt kommt es bei einer algorithmischen Personalisierung des Rechts notwendig zu *Approximationsfehlern*.

Neoklassische Analyse

8. Unter Zugrundelegung eines neoklassischen Ansatzes ist das Recht auf das Ziel der Effizienz (Wohlstandsmaximierung) hin auszurichten. Daraus ergibt sich das Postulat, Transaktionskosten zu senken. Das Recht kann diesem Postulat auf zwei Arten dienen: zum einen dadurch, dass Hindernisse autonomer Rechtssetzung abgebaut werden *(Transaktionskostensenkung I)*; zum anderen dadurch, dass autonome Rechtssetzungsakte überflüssig gemacht werden, indem das heteronome Recht ihr Ergebnis im Rahmen eines Mimic-the-Market-Ansatzes imitiert *(Transaktionskostensenkung II)*. Das Personalisierungsprojekt folgt grundsätzlich diesem zweiten Ansatz, indem es die rechtlichen Regelungen nach den Präferenzen der Individuen gestalten will.

9. Das präferenzbasierte Personalisierungsprojekt erfasst dabei zunächst das *Recht der Rechtsgeschäfte*. Insbesondere das dispositive Recht scheint für eine präferenzbasierte Personalisierung besonders gut geeignet zu sein, weil es grundsätzlich den hypothetischen Parteiwillen widerspiegeln soll. So könnten beispielsweise die Präferenzen des Erblassers für die Gestaltung des dispositiven Erbrechts und die Präferenzen der Käufer für die Gestaltung von Schadensersatzansprüchen maßgeblich sein *(eindimensionaler Ansatz)*. Bei näherer Betrachtung sind allerdings im Bereich der entgeltlichen Verträge auch die Präferenzen der Verkäuferseite beachtlich. Den hypothetischen Parteiwillen zu spiegeln heißt dann, im Wege einer *cost-benefit-analysis* zu ermitteln, welche rechtlichen Vorschriften den gemeinsamen Vertragsgewinn mehren. Die Präferenzen der Parteien dienen dann nur dazu, die in die *cost-benefit-analysis* einzusetzenden Werte zu bestimmen *(mehrdimensionaler Ansatz)*. Nach diesem Ansatz lassen sich auch zwingende Vorschriften analysieren, sodass auch diese vom Personalisierungsprojekt erfasst werden.

10. Das präferenzbasierte Personalisierungsprojekt geht davon aus, dass die Personalisierung des Rechts der Rechtsgeschäfte unter Zugrundelegung einer personalisierten *cost-benefit-analysis* zu Wohlstandsgewinnen führt. Dabei werden allerdings nur diejenigen Kosten beachtet, die daraus resultieren, dass

das Recht *over-* oder *underinclusive* ist, also bewusst von einer passgenauen Regelung absieht *(Approximationsfehlerkosten des Typs 1).* Alle weiteren Kostenfaktoren werden unter Verweis auf Big Data ausgeblendet. Dabei sprechen die *Approximationsfehlerkosten des Typs 2*, die dadurch entstehen, dass bei dem Versuch, eine passgenaue Regelung zu finden, unbeabsichtigte Fehler gemacht werden, genauso für generelle Regeln wie die *Regelproduktionskosten* und die *Informationskosten.* Unter Beachtung dieser Kostenfaktoren, die sich auch durch Big Data nicht eliminieren lassen, erscheint grundsätzlich ein mittleres Maß an Personalisierung und nicht das *hyper-tailoring* des Personalisierungsprojekts erstrebenswert.

11. Dieses Ergebnis ändert sich auch dann nicht, wenn die Möglichkeit eines *opt-out* in der Analyse beachtet wird, weil die *Opt-out-Kosten* den Approximationsfehlerkosten folgen. Die Beachtung der Möglichkeit der Rechtssetzung *ex post* durch die Gerichte, die einen Standard zur Anwendung bringen, führt hingegen zu einer leichten Modifikation der Analyse: Grundsätzlich verschieben Standards das Optimum in Richtung Personalisierung. Dies gilt jedoch nicht im Recht der entgeltlichen Transaktionen, weil hier die Parteien *ex post* nicht mehr durch die Preisgestaltung auf die richterliche Rechtssetzung reagieren können und sie dieses distributive Problem durch einen präventiven *opt-out* umgehen werden (Erhöhung der Opt-out-Kosten). In den Kategorien des positiven Rechts lässt sich daraus folgern: Das Recht der entgeltlichen Verträge ist grundsätzlich durch *generelles* dispositives und zwingendes Recht *ex ante* auszugestalten. Im Bereich des unentgeltlichen Transfers (also insbesondere im Erbrecht), in der ohnehin nur die Präferenzen *einer* Partei maßgeblich sind und der Preis keine Verteilungsfragen löst, ist das Recht unter Anwendung der ergänzenden (Testaments-)Auslegung *ex post* in größerem Umfang zu *personalisieren.*

12. Auch eine Personalisierung des deliktischen Sorgfaltsstandards scheint auf den ersten Blick Effizienzgewinne zu versprechen. Werden die persönlichen Eigenschaften und Fähigkeiten eines jeden Individuums berücksichtigt, kann die Höhe der Schadensvermeidungskosten *(skill-based personalization)* und das Risiko der Schadensentstehung *(risk-based personalization)* treffgenau ausgestaltet werden. Auch hier verkompliziert sich die Analyse aber unter Beachtung weiterer Kostenkategorien: Eine Personalisierung der *Sorgfaltspflichten* in der konkreten Situation verspricht nur dann Effizienzgewinne, wenn auch das *Aktivitätslevel* (Gesichtspunkt des Übernahmeverschuldens) und das *Vorsorgelevel* personalisiert festgesetzt werden, was wiederum die Approximationsfehlerkosten des Typs 2 und die Regelproduktionskosten in die Höhe treibt. Außerdem führt die Personalisierung der den potentiellen Schädiger treffenden Pflichten zu Schwierigkeiten mit Blick auf das *Geschädigtenverhalten:* Potentielle Geschädigte orientieren ihr Verhalten an den Handlungen, die potentiellen Schädi-

gern erlaubt sind, nicht hingegen an den von diesen ausgehenden Risiken oder einem umfassenden Kostenkalkül. Sie benötigen somit *Handlungs-*, nicht *Risiko-* oder *Kostengleichheit*. Das Personalisierungsprojekt würde allerdings gerade diese Handlungsgleichheit des generellen Rechts zugunsten einer Kostengleichheit aufgeben.

13. Das positive Recht vollzieht die Erkenntnisse der abstrakten Analyse weitgehend nach: Verkehrspflichten werden unter Beachtung der Umstände des Einzelfalles bestimmt, zu denen nicht nur der Handlungskontext, sondern auch die individuellen Eigenschaften und Fähigkeiten der Maßfigur des besonnenen Durchschnittsmenschen zählen. Die Objektivierung des besonnenen Durchschnittsmenschen liegt lediglich darin, (i) die Bewertung der *costs* und *benefits* nach einem einheitlichen Schema vorzunehmen, also etwa die besondere Freude am schnellen Fahren bei der *cost-benefit-analysis* auszuklammern, und (ii) die bei einer neoklassischen Analyse ohnehin unbeachtlichen Rationalitätsdefizite auf Verkehrspflichtenebene für unbeachtlich zu erklären. Der besonnene Durchschnittsmensch ist also eine besondere Form des (kapitalistisch denkenden) *homo oeconomicus*. Dass Rationalitätsdefizite bei der Bestimmung der Verkehrspflichten keine Beachtung finden, harmoniert dabei mit der abstrakten Kostenanalyse: Angesichts ihrer Flüchtigkeit ist sowohl das Aktivitäts- als auch das Vorsorgelevel durch den Staat schwer bestimmbar, sodass die Vorteile eines objektiven Standards zur Anwendung gebracht werden. Die mit Blick auf das Geschädigtenverhalten bestehenden Probleme bei einem weitgehend personalisierten Sorgfaltsstandard werden durch ergänzende generelle, administrative Mindestanforderungen (etwa Höchstgeschwindigkeiten) abgefedert, an denen sich die potentiellen Geschädigten orientieren können.

14. Das Sachenrecht enthält zunächst Regelungen, die das Recht der Rechtsgeschäfte ergänzen. Auch diese Regelungen des Sachenrecht lassen sich auf den ersten Blick personalisieren. Ein erster Ansatz hierfür liegt in der Erweiterung der Möglichkeiten *autonomer* Rechtssetzung durch Abschaffung des *numerus clausus*. Die autonomen Rechtssetzungsmöglichkeiten lassen sich jedoch nur dann durch Abschaffung des *numerus clausus* erweitern, wenn er im Einklang mit verschiedenen negativen Erklärungsansätzen *(Antifragmentations-*, *Delikts-*, *Drittinformations-*, *Rechtsnachfolgerinformations-*, *Kollektivismusmodell)* als Einschränkung der Privatautonomie verstanden wird. Tatsächlich aber ist der *numerus clausus* im Wege einer positiven Theorie als zusätzliche Serviceleistung des Staates anzusehen. Die Privatautonomie wird durch den *numerus clausus* nicht beschränkt. Vielmehr wird durch ihn ein Mechanismus zur Verfügung gestellt, über den eine Reihe ohne ihn notwendiger schuldrechtlicher Gestaltungen und privater Nachforschungen überflüssig werden, indem er die Grundlage für Publizität, Gutglaubensschutz und die Definition eines objektiven Bedeu-

tungsgehalts *(safe harbor)* legt: Eine sachenrechtliche Gestaltung außerhalb des *numerus clausus* ist nicht besser als eine ohnehin mögliche schuldrechtliche Gestaltung.

15. Wird der *numerus clausus* beibehalten, jedoch auf der Grundlage neuer Informationstechnologien durch die Schaffung neuer *heteronomer* Gestaltungstypen personalisiert, so lassen sich zwar die Approximationsfehlerkosten des Typs 1 verringern. Gleichzeitig steigen jedoch die Approximationsfehlerkosten des Typs 2, die Regelproduktionskosten, die Informationskosten und die Opt-out-Kosten. Das Optimum der Personalisierung sachenrechtlicher Typen entspricht somit dem Optimum der Personalisierung schuldrechtlicher Typen. Die besondere Serviceleistung, die mit der Wahl eines sachenrechtlichen Typs verbunden ist, hat also grundsätzlich keinen Einfluss auf die anzustrebende interne Komplexität der jeweiligen Normen.

16. Das Sachenrecht ergänzt außerdem das Deliktsrecht, indem es sachbezogene Handlungsrechte *(property rights)* definiert und dadurch die Freiheitssphären der Individuen abgrenzt. Sowohl die Ausschlussbefugnis des Eigentums *(negative Seite)* als auch die freie Verfügungsbefugnis *(positive Seite)* unterliegen in gewissen Fällen schon jetzt einer personalisierten Grenzziehung. § 906 BGB verbietet beispielsweise für Imponderabilien nur die Abwehr von *wesentlichen* Beeinträchtigungen (Personalisierung in Anwendung eines Standards *ex post*) und das Denkmalschutzrecht verbietet in gewissen Fällen die Befugnis des Eigentümers zur Sachzerstörung. Eine Verallgemeinerung dieses Ansatzes unter Zugrundelegung einer *cost-benefit-analysis* würde das Eigentum allerdings verflüchtigen, was gerade mit Blick auf das Konzept der Transaktionskostensenkung I problematisch ist.

Verhaltensökonomische Analyse

17. Verhaltensökonomische Erkenntnisse stellen die empirische Korrektheit des neoklassischen Leitbilds von Rationalität infrage. Die Neoklassik operiert überwiegend nicht nur auf der Grundlage minimaler Konsistenzannahmen *(Rationalität I* oder *Konsistenzrationalität),* sondern auf der Grundlage des *homo oeconomicus* als dem Idealtypus eines Individuums, das entsprechend seinen stabilen und exogenen Präferenzen, optimaler Information und richtig erkannten Fakten seinen Eigennutzen konsistent maximiert *(Rationalität II* oder *Nutzenrationalität).* Gerade im Bereich der Transaktionskostensenkung II wird zum Teil darüber hinaus vorausgesetzt, dass der *homo oeconomicus* die sein Handeln determinierenden *costs* und *benefits* unter Zugrundelegung von Markt-

werten definiert und damit den *weberschen* Geist des Kapitalismus verinnerlicht hat *(Rationalität III* oder *kapitalistische Rationalität).*

18. Die verhaltenspsychologischen Verzerrungseffekte, die Abweichungen von der Nutzenrationalität betreffen, lassen sich im Anschluss an *Thaler* als *bounded rationality, bounded willpower* und *bounded self-interest* bezeichnen. In Fortentwicklung dieser Trias bietet es sich an, unter *bounded willpower* alle Abweichungen von neoklassischen Präferenzannahmen (also insbesondere auch Präferenzendogenität) und unter *bounded self-interest* alle Abweichungen vom Maximierungsziel (also insbesondere auch *satisficing*) zu fassen. In Anlehnung an *Hacker* ist die Trias außerdem um Informationsdefizite zu ergänzen, die hier mit dem Begriff der *bounded information* beschrieben werden. Abweichungen von der kapitalistischen Rationalität können schließlich mit dem Begriff des *bounded spirit of capitalism* eingefangen werden.

19. Auf die *empirische* Infragestellung des neoklassischen Rationalitätsbegriffs lässt sich auf zwei Arten reagieren. Zum einen ist es möglich, den neoklassischen Rationalitätsbegriff als *normatives* Leitbild beizubehalten und auf empirische Abweichungen mit paternalistischen Schutzinstrumenten zu reagieren. Das *paternalistische* Personalisierungsprojekt geht diesen Weg, indem es Schutzinstrumente an die Rationalitätsgrade der Individuen anpassen will. Paternalismus kann dabei entweder *eindimensional* zum alleinigen Maßstab schützender Rechtsnormen gemacht werden oder er kann im Rahmen eines *mehrdimensionalen* Ansatzes die Erreichung des Effizienzziels modifizieren. Zum anderen können die verhaltensökonomischen Erkenntnisse zum Anlass genommen werden, den neoklassischen Rationalitätsbegriff aufzugeben und dafür die neoklassische Präferenzorientierung beizubehalten. Der neoklassische Ansatz wird dann zu einem *empirischen* Ansatz.

20. Die bei einem paternalistischen Ansatz möglichen Schutzinstrumente können entsprechend einer Typologie der Normen auf der Ebene der Handlungsnormen, der Sanktionsnormen und der Metanormen vorkommen: Schutz auf der Ebene der *Handlungsnormen* lässt sich durch Informationspflichten und durch eine Modifikation dispositiver Normen erreichen. Schutz auf der Ebene der *Sanktionsnormen* lässt sich durch ihre Suspendierung, also durch Haftungsprivilegien, erreichen. Schutz auf der Ebene der *Metanormen,* also derjenigen Normen, die die Abdingbarkeit ihrer Bezugsnormen regeln, ist durch zwingendes Recht, Formvorschriften und Widerrufsrechte möglich.

21. *Informationspflichten* werden oft als besonders marktkompatibel angesehen, weil sie lediglich Informationsdefizite ausgleichen, nicht aber den Inhalt des Vertrages determinieren. Die Personalisierung der Informationspflichten scheint hier die Probleme des *information overload* und des *information mismatch* zu lösen. Bei näherer Betrachtung überzeugt allerdings schon die These

der besonderen Marktkompatibilität nicht: Informationspflichten sind zwingendes Recht, das nicht *per se* weniger belastend wirkt als anderes zwingendes Recht auch, zumal es strukturell um die Indienstnahme Privater zur Verfolgung paternalistischer Schutzzwecke geht. Eine Personalisierungspflicht würde diese Belastung noch erhöhen. Die Entscheidung über Informationspflichten und ihre Personalisierung kann somit nur im Rahmen einer *cost-benefit-analysis* getroffen werden. Gerade vor dem Hintergrund, dass auch die relevante, passgenau gestaltete Information oft nicht zur Kenntnis genommen wird und damit das paternalistische Ziel nicht zu erreichen ist, wird diese *cost-benefit-analysis* oft gegen die Informationspflicht sprechen.

22. Der Inhalt *dispositiver Vorschriften* kann unter Beachtung der verhaltensökonomischen Verzerrungseffekte mit einer paternalistischen Zwecksetzung abweichend vom hypothetischen Parteiwillen gefasst werden *(will-deviating default rules)*. Diese *will-deviating default rules* sind zum einen als *pulling default rules* denkbar. Diese wollen die Parteien von einem (irrationalen) *opt-out* abhalten. Unter Effizienzgesichtspunkten sind *pulling default rules* als Schutzinstrumente allerdings nur dann sinnvoll, wenn die individuellen Opt-out-Kosten die individuellen, irrational geschätzten Approximationsfehlerkosten übersteigen und das Individuum von einem *opt-out* absieht. Übersteigen hingegen die irrational geschätzten Approximationsfehlerkosten die Opt-out-Kosten, würde die *pulling default rule* nur zur Erhöhung der Opt-out-Kosten führen. Zumindest unter Effizienzgesichtspunkten ist dann eine dispositive Vorschrift vorzuziehen, die gleich die irrationalen Präferenzen der Parteien spiegelt *(default rule paradox)*. Zum anderen kommen *will-deviating default rules* in Form der *pushing default rules (penalty default rules)* vor, die die Parteien von sich wegstoßen, um so eine Informationspreisgabe zu erreichen. Diese Kategorie eignet sich allerdings von vornherein grundsätzlich nicht für eine Personalisierung: Solange nur die individuellen Approximationsfehlerkosten hinreichend hoch sind und es zu einem *opt-out* kommt, spielt die Passgenauigkeit ihres Inhalts keine Rolle.

23. Ein weiteres Schutzinstrument liegt in der *Suspendierung von Sanktionsnormen* (Haftungsprivilegien) für irrationale Individuen. Das deutsche Haftungsrecht trägt den auf der Ebene der Verkehrspflichten grundsätzlich irrelevanten Abweichungen von Rationalität auf der Ebene der Zurechnungsfähigkeit Rechnung: Besonders krasse Abweichungen vom Leitbild des *homo oeconomicus* führen hier zur Freistellung von der deliktischen Haftung. Das System der §§ 827–829 BGB verfolgt dabei einen gemischten Ansatz, der sowohl personalisierende (§§ 827, 828 III, 829 BGB) als auch generalisierende (828 I, II BGB) Elemente enthält. Eine weitergehende Personalisierung anhand unterschiedlicher Rationalitätsgrade erscheint dabei aufgrund der Zwecke des Haftungspri-

vilegs fragwürdig: Unmittelbar relevant ist der Rationalitätsgrad nur bei Sanktionsnormen mit *Strafcharakter,* die im privaten Haftungsrecht nur eine untergeordnete Rolle spielen. Für den *Kompensationszweck* sind Abweichungen von Rationalität hingegen von vornherein unbeachtlich. Unter *Präventionsgesichtspunkten* ergibt sich ein differenziertes Bild: Zwar scheint auf den ersten Blick Irrationalität der Verhaltenssteuerung entgegenzustehen *(Ebene 1).* Auf den zweiten Blick gibt es aber eine Reihe gesellschaftlicher Steuerungsmechanismen, die auch bei Irrationalität greifen, weil das in der konkreten Handlungssituation irrationale Individuum im Vorfeld vom Verhaltensappell der Rechtsordnung erreicht oder von anderen Individuen überwacht oder ausgeschlossen wird *(Ebene 2).* Vor diesem Hintergrund können Haftungsprivilegien dazu dienen, die Partizipation irrationaler Individuen am gesellschaftlichen Leben zu ermöglichen *(Ebene 3).* Dieser Partizipationsgesichtspunkt ist aber abhängig von Wertungsfragen, die sich unabhängig vom Rationalitätsgrad des Individuums stellen, sodass die datenbasierte Personalisierung hierfür keine Impulse liefert.

24. Auch *Metanormen* können als Schutzinstrumente eingesetzt werden. Möglich ist es zum einen, eine Vorschrift, also die Bezugsnormen der Metanormen, für zwingend zu erklären und so irrationale *opt-outs* zu verhindern. Das Versagen der Geschäftsfähigkeit erklärt beispielsweise den ohne Transaktionen bestehenden Zustand für zwingend. Das *elterliche* Zustimmungserfordernis führt hier allerdings schon jetzt zu einer Personalisierung. Eine staatliche Personalisierung würde somit mit dem elterlichen Erziehungsrecht (Art. 6 GG) kollidieren. Daneben können auch einzelne Vorschriften für zwingend erklärt werden, die im Falle eines Vertragsschlusses zur Anwendung kommen, wie die halbseitig zwingenden Normen des Verbraucher-, Wohnraummiet- und Arbeitsrechts zeigen. Es ist aber auch möglich, den *opt-out* nicht zu verhindern, sondern durch *Formvorschriften* nur zu erschweren. Als ein derartiges Formerfordernis kann beispielsweise auch die Notwendigkeit der Individualvereinbarung in Bereichen gedeutet werden, in denen eine AGB-Klausel unwirksam ist. Drittens schließlich kann der *opt-out* aus einem neuen *status quo* – demjenigen der vertraglichen Regelung – aus Schutzgründen durch Gewährung eines *Widerrufsrechts* erleichtert werden. Gerade die *eindimensional* an Rationalitätsquotienten ausgerichtete Personalisierung des Widerrufsrechts erscheint allerdings weitgehend sinnlos, weil schon die Ausübung durch Gestaltungserklärung zu einer Autopersonalisierung führt: Rationale Verbraucher werden den Vertrag nicht widerrufen, brauchen also auch kein Widerrufsrecht. Irrationale Verbraucher werden den Vertrag widerrufen, hätten aber auch im Falle des personalisierten Rechts ein Widerrufsrecht. Angesichts dieser Struktur droht im Übrigen bei einem *mehrdimensionalen,* auch an Effizienz orientierten Schutzansatz, das Widerrufsrecht den Charakter eines Schutzinstrumentes zu verlieren, weil ge-

rade besonders irrationale und damit besonders schutzwürdige Verbraucher auf Unternehmerseite hohe Kosten verursachen, sodass unter Zugrundelegung einer *cost-benefit-analysis* gerade hier ein Widerrufsrecht versagt werden müsste.

25. Das paternalistische Personalisierungsprojekt ist grundsätzlich mit einem neoklassischen Ansatz kompatibel: Für rationale Individuen wird der Inhalt des Rechts nach ihren *Präferenzen* unter dem Gesichtspunkt der *Effizienz* gestaltet. Für irrationale Individuen kommen zusätzliche *paternalistische* Schutzinstrumente entsprechend ihren *Rationalitätsquotienten* zum Einsatz. Allerdings löst dann der auf empirischen Präferenzen aufbauende Big-Data-Ansatz nicht das bisher bestehende Informationsproblem, weil Präferenzen unter Beachtung der verhaltensökonomischen Erkenntnisse gerade nicht unbesehen gespiegelt werden können.

26. Zwar kann trotz der verhaltensökonomischen Verzerrungseffekte im Rahmen eines *empirischen* Ansatzes am Grundsatz der Präferenzspiegelung festgehalten werden. Allerdings muss dann auf Paternalismus verzichtet werden. Zudem sind die aus diesem Ansatz folgenden normativen Konsequenzen in Kauf zu nehmen: Angesichts der Spiegelung von in der Vergangenheit liegenden Präferenzen ist der Rechtsinhalt konservativ. Außerdem wird aufgrund der Bevorzugung kurzfristiger gegenüber langfristiger Präferenzen *(bounded will-power)* der Rechtsinhalt hedonistisch. Das Personalisierungsprojekt führt dann zu einem *konservativen Hedonismus*. Schließlich kommt es durch die innerhalb der Segmente einheitliche Präferenzbildung zu einem *sektoriellen Uniformismus*. Konservativer Hedonismus und sektorieller Uniformismus prägen ihrerseits wiederum angesichts der Endogenität von Präferenzen durch *taste-shaping* und *feedback loops* zukünftige Präferenzen.

Freiheitsrechtliche Analyse

27. Freiheit ist Präferenzbefriedigung *(Realisierungsdimension)* durch Selbstgesetzgebung *(Wahldimension)*. Nach dem neoklassischen Ansatz geht es nur um Präferenzbefriedigung (Wohlstandsmehrung). Auch die Wahldimension der Freiheit hat jedoch eigenständige normative Bedeutung. So finden sich durchaus ökonomische Teildiskurse, die der Wahldimension der Freiheit eigenständige Bedeutung beimessen: die ideelle (und nicht nur funktionelle) Rechtfertigung des Marktmechanismus oder Begriffe wie *freedom of choice, procedural aspect of freedom, agency* und *transaction benefits* weisen in diese Richtung. Aus dem philosophischen Diskurs lässt sich der Begriff der *exercise-freedom* entsprechend rekonzeptualisieren. Im politikwissenschaftlichen Kontext kann an prozedurale Ansätze der Legitimation von Herrschaft und im theologischen Kon-

text an das Theodizee-Problem und die Glaubensfreiheit angeknüpft werden. Im privatrechtlichen Kontext ist insbesondere der Diskurs zur Privatrechtsgesellschaft hervorzuheben, der die freiheitliche Bedeutung der Privatautonomie betont.

28. Die Unterscheidung zwischen der negativen (formellen) und der positiven (materiellen) Freiheit liegt hingegen quer zur Unterscheidung zwischen der Wahl- und der Realisierungsdimension der Freiheit: Die Frage der Positivierung (Materialisierung) betrifft die Anforderungen, die an einen anzuerkennenden Freiheitsgebrauch zu stellen sind. Sie besitzen als Qualifikationen des Freiheitsbegriffs Relevanz sowohl für die Wahldimension als auch für die Realisierungsdimension der Freiheit.

29. Im Rahmen der Grundrechtsdogmatik entspricht der *status activus* der Wahldimension der Freiheit. Der *status activus* der Grundrechte wird bisher nur auf die *kollektive* Freiheit, also staatsbürgerliche Teilhaberechte bezogen. Es geht insbesondere um das Wahlrecht und um Verfahrensanforderungen im Rahmen der Eingriffsverwaltung *(status activus processualis)*. Auch auf individueller Ebene hat er jedoch – genauso wie die ihm zuzuordnende Wahldimension der Freiheit – Bedeutung. Der *status activus* schützt insofern die Selbstgesetzgebung. Sein Pendant ist der *status effectus,* der die freiheitliche Dimension der Bedürfnisbefriedigung einfängt. Zwar betrifft ein Eingriff üblicherweise sowohl den *status activus* als auch den *status effectus*. Gerade im Bereich der Transaktionskostensenkung II kann es jedoch auch nur zu einem Eingriff in den *status activus* kommen, wenn der Staat im Rahmen einer Serviceleistung die Präferenzen der Individuen befriedigt.

30. Die präferenzbasierte Personalisierung des Rechts durch Mikrodirektiven führt zu einem Rückgang der Wahldimension der Freiheit, weil sie das Privatrechtsmodell durch ein Verwaltungsrechtsmodell ersetzt *(Verwaltungsaktlichung)*. Das Privatrechtsmodell beruht auf der generellen Regelung eines Sachverhalts *ex ante* durch Regeln und der personalisierten Regelung eines Sachverhalts *ex post* in Anwendung von Standards. Sowohl generelle Regeln als auch Standards weisen dabei eine liberale, die Wahldimension der Freiheit fördernde Dimension auf.

31. Generelle Regeln halten die externe Komplexität gering. Das Individuum kann so mit nur geringen Kosten Kenntnis vom Inhalt des Rechts nehmen und sich bewusst für oder gegen einen *opt-out* entscheiden. Ein durch Mikrodirektiven geprägtes Rechtssystem ist hingegen durch eine hohe externe Komplexität geprägt. Da gleichzeitig die Approximationsfehlerkosten – zumindest nach den Prämissen des Personalisierungsprojekts – zurückgehen, wird die effiziente Handlungsstrategie der Individuen regelmäßig sein, blind auf die Präferenzbefriedigung durch die personalisierten dispositiven Normen zu vertrauen.

32. Auch Standards weisen – entgegen ihrer bisherigen rechtstheoretischen Konzeptualisierung – eine liberale Dimension auf. Dies folgt erstens daraus, dass auch sie in begrenztem Umfang für eine Verringerung der externen Komplexität sorgen können, indem sie ein umfangreiches Regel-Ausnahme-Gefüge ersetzen und einen intuitiven Zugang zum Recht ermöglichen. Zweitens ergibt sich dies aus ihrer Eigenschaft als Transmissionsriemen für die jeweils dominante gesellschaftliche Ideologie, die zumindest theoretisch auch liberaler sein kann als die in Regeln festgeschriebene Ideologie. Drittens schließlich ermöglichen Standards dem Individuum, im Privatrechtsmodell als Erstkonkretisierer aufzutreten. Dieser Gesichtspunkt wird im Folgenden vertieft.

33. Der vom Gesetzgeber gesetzte Standard des Verwaltungsmodells wird durch die Verwaltung konkretisiert und die Gerichte kontrolliert. Im Privatrechtsmodell ersetzt das Individuum die Verwaltung als Erstkonkretisierer. Die Eigenschaft als Erstkonkretisierer hat trotz der nachfolgenden richterlichen Kontrolle Bedeutung für die Wahlfreiheit. Dies folgt erstens aus den *substantiellen* Grenzen richterlicher Kontrolle. Aufgrund von Ermessen und Beurteilungsspielräumen, aber auch der Maßgeblichkeit einer Ex-ante-Sicht ist das Individuum in vielen Fällen nicht nur Erst- sondern auch Letztkonkretisierer. Zweitens folgt dies aus den *institutionellen* Grenzen richterlicher Kontrolle: Die individuelle Konkretisierungsleistung wird nur dann überprüft, wenn es zu einem relevanten Verletzungserfolg kommt und sich der Geschädigte zu einer Klage entschließt. Auch in diesem Fall ist die individuelle Konkretisierung allerdings grundsätzlich bis zum Urteil verbindlich. Drittens kann der Akt individueller Erstkonkretisierung als *Partizipationsakt* an der staatlichen Normfindung verstanden werden, der viertens als *Performationsakt* auch intrinsischen Wert hat.

34. Während die Normkonkretisierung durch das Individuum *ex ante* und die Kontrolle durch den Richter *ex post* kompatibel sind, ist die Normkonkretisierung durch das Individuum *ex ante* mit der Normkonkretisierung durch die Verwaltung *ex ante* inkompatibel, weil sich Privatrechtsmodell und Verwaltungsrechtsmodell auf dieselbe Konkretisierungsleistung beziehen. Hiergegen gerichtete Einwände greifen nicht durch. Dies gilt zunächst für den Gedanken, verwaltungsrechtliche und privatrechtliche Pflichten könnten unabhängig voneinander definiert werden *(Dualismuseinwand),* denn die Rechtsordnung kann dem Individuum gegenüber nur einheitlich Handlungen ge- oder verbieten *(Einheit der primären Handlungspflichten).* Zweitens greift auch die Überlegung nicht durch, das Individuum behalte seine Rolle als Normkonkretisierer, weil es die verwaltungsrechtliche Pflicht auch ignorieren dürfe *(Law-as-Price-Einwand).* Unabhängig davon nämlich, dass regelmäßig die Sanktionsdrohung den Normverstoß unattraktiv macht, folgt jedenfalls das deutsche Recht einem *Law-*

as-Limit-Ansatz. Schon die Vollstreckbarkeit der verwaltungsrechtlichen Pflichten zeigt, dass auch bei Vorgaben in Verwaltungsakten *specific performance* erwartet wird und die Möglichkeit eines *efficient breach* ausgeschlossen sein soll. Drittens schließlich überzeugt der Gedanke nicht, es könne Wahlfreiheit dadurch erhalten werden, dass Mikrodirektiven nur einen Rahmen des Erlaubten vorgeben *(Rahmenordnugnseinwand)*. Zum einen muss die Kommunikation des Normbefehls in der konkreten Handlungssituation möglichst einfach erfolgen. Regelmäßig bieten sich hierfür Gebote eher an als Verbote. Zum anderen wirken auch Verbote gerade durch Verwaltungsakte oft wie Gebote, weil das individuelle Optimum, bei dessen Bestimmung Externalitäten nicht berücksichtigt werden, oft jenseits der Verbotsgrenze liegen wird *(Verwaltungsrechtsmodell als Gebotsregime)*.

35. Die Verdrängung des Privatrechtsmodells führt zu einem Eingriff in den *status activus* der Grundrechte. Dieser Eingriff lässt sich im Falle einer *vollständigen* Verdrängung des *status activus* nicht rechtfertigen: Auch wenn sich jede Maßnahme der Transaktionskostensenkung II für sich betrachtet rechtfertigen lassen mag, dürfen die Maßnahmen zusammen betrachtet das Freiheitsvolumen nicht unter ein bestimmtes Niveau fallen lassen. Der Wesensgehalt der Grundrechte, der gleichbedeutend mit ihrem Menschenwürdekern und der grundrechtlichen Verfassungsidentität des Grundgesetzes ist, verbietet also die einzelne Maßnahme dann nicht *statisch* aufgrund der spezifischen Art des Eingriffs, sondern *dynamisch* im Zusammenspiel mit anderen Maßnahmen *(dynamischer Wesensgehaltsschutz)*. Zwar können kumulative Grundrechtsbelastungen in der Regel bereits über den Verhältnismäßigkeitsgrundsatz eingefangen werden, der ein der Wesensgehaltsgarantie vorgelagertes Schutzinstrument darstellt. Bei Eingriffen alleine in den *status activus* der Grundrechte werden kumulative Beeinträchtigungen aber grundsätzlich erst dann relevant, wenn sie ein systemisch bedeutsames Ausmaß erreicht haben. Ist das der Fall, so ist aber auch der über die Menschenwürde zu konkretisierende dynamische Wesensgehaltsschutz betroffen.

36. Die Verdrängung des Privatrechtsmodells durch das Verwaltungsrechtsmodell im Rahmen des Personalisierungsprojekts führt zu einer Reihe von normativen Folgeproblemen, die ihrerseits Freiheitsrelevanz haben. Zum einen erfordert die flächendeckende Personalisierung *ex ante* die Erhebung von großen Datensätzen, die sich im Rahmen des Privatrechtsmodells vermeiden lässt *(Datenschutzproblem)*. Zum anderen kommt es durch die Kommunikation der personalisierten Verhaltensaufforderung in der konkreten Handlungssituation zu einer Sichtbarmachung der Unterschiede *(Entanonymisierung)*, die zu einer Ausgrenzung schwächerer Bevölkerungsgruppen führen kann *(Stigmatisierung)*. Drittens ermöglicht das Verwaltungsrechtsmodell, *jeden* Normverstoß zu sanktionieren *(Sanktionspräsenz)*. Zwar gibt es kein Recht zum Rechtsbruch.

Eine freiheitliche Gesellschaft setzt aber ein Recht zur *Möglichkeit* des Rechtsbruchs voraus. Die Sanktionspräsenz führt im Extremfall zur *Verhaltenssteuerung durch Architektur*, die ein dem Regulierungsziel widersprechendes Verhalten nicht nur sanktioniert, sondern von vornherein unmöglich macht.

37. Aus dem hier beschriebenen Privatrechtsmodell folgt die Eigenständigkeit des Privatrechts. Der Begründungsansatz stellt dabei allerdings nur auf die normativen Implikationen des privatrechtlichen *Normdesigns* und die daraus resultierenden Konsequenzen für die *Wahldimension* der Freiheit ab. Vorgaben zum *Inhalt* der privatrechtlichen Normen werden dadurch gerade nicht gemacht. Die freiheitliche Dimension des Privatrechts bleibt vielmehr auch dann erhalten, wenn in der Form des Privatrechts soziale und regulatorische Zwecke verfolgt werden. Auch in erkenntnistheoretischer Hinsicht folgt aus dem hier vorgestellten Privatrechtsmodell nichts.

Gleichheitsrechtliche Analyse

38. Gleichheit heißt, Gleiches gleich *(erstes Postulat)* und Ungleiches seiner Eigenart entsprechend *(zweites Postulat)* zu behandeln. Was gleich und was ungleich ist, hängt von dem spezifischen normativen Leitbild ab, auf dessen Grundlage ein Sachverhalt beurteilt wird. Leitbildaussagen sind dabei nicht nur den Gleichheitsrechten zu entnehmen, sondern auch den Freiheitsrechten *(reziproke Kausalität)*. Die Rechtsgleichheit ist dabei nur ein Teilbereich der gesellschaftlichen Gleichheit. Wird beispielsweise formelle Gleichheit im Recht verwirklicht, führt das zu einer materiellen gesellschaftlichen Gleichheit, weil über den Marktmechanismus den unterschiedlichen Präferenzen Rechnung getragen wird.

39. *Innerhalb des Rechts* sind verschiedene Permutationen von Freiheit und Gleichheit denkbar: Der Ansatz der Transaktionskostensenkung I, der der privatautonomen Rechtssetzung besondere Bedeutung einräumt, beruht auf *formeller* Freiheit und *formeller* Gleichheit. Der Ansatz der Transaktionskostensenkung II qualifiziert zwar die Präferenzen als Grundlage der Realisierungsdimension der Freiheit nicht (*formelle* Freiheit). Er muss aber die sonst über den Markt vorgenommenen Differenzierungen in den rechtlichen Bereich aufnehmen, sodass es zu einer *materiellen* Gleichheit kommt. Wird bei diesem Ansatz auch die Freiheit (etwa unter Rationalitätsgesichtspunkten) qualifiziert, ist ein *materielles* Freiheits- und ein *materielles* Gleichheitsverständnis die Folge. Im Falle eines besonders anspruchsvollen, für alle einheitlich geltenden Leitbildes (*materielle* Freiheit) kann zu einer *formellen* Gleichheitskonzeption zurückgekehrt werden.

40. Die Personalisierung nach dem unterschiedlichen Wert vertraglicher Rechte führt je nach Reaktion des Marktes zu unterschiedlichen Leitbildern von Gleichheit: Wird, wie in einem System des generellen Rechts, weder das Recht noch der Preis personalisiert, kommt es zu *formeller Gleichheit*, allerdings zu *materieller Ungleichheit*, weil diejenigen, die das Recht nicht wollen, diejenigen quersubventionieren, die das Recht wollen. Wird nur das Recht personalisiert, ohne den Preis ebenfalls zu personalisieren, so kommt es zu einer *formellen Ungleichheit*. Aber auch die *materielle Ungleichheit* besteht fort, nur subventionieren jetzt diejenigen ohne Recht diejenigen mit Recht. Wird hingegen nicht das Recht und nur der Preis personalisiert, so kommt es mit Blick auf den Preis zu einer *formellen Ungleichheit*, aber zu einer *materiellen Gleichheit*, weil jetzt jeder den Preis zahlt, den er durch den Erhalt des Rechts verursacht. Das führt allerdings dazu, dass ein Segment von Individuen aus dem Markt gedrängt wird, für die das Recht weniger wert ist als die durch das Recht verursachten Kosten. Wird sowohl das Recht als auch der Preis personalisiert, so kommt es zu einer *formellen Ungleichheit* und einer *materiellen Gleichheit*, bei der kein Segment von Individuen aus dem Markt gedrängt wird. Allen Leitbildern von formeller und materieller Gleichheit kann nicht genügt werden, sodass *jedes* staatliche Handeln unter Rechtfertigungsdruck steht. Auch der Wert der Gegenleistung, also des Preises, ließe sich in Abhängigkeit vom abnehmenden Grenznutzen großer Vermögen personalisieren und dadurch ein zweites Umverteilungssystem (neben der Steuer) einführen.

41. Im Bereich des Deliktsrechts können Sorgfaltspflichten am Gesichtspunkt der *Handlungsgleichheit* ausgerichtet werden *(formelle Gleichheit)*. Diese Gleichheit kann erstrebenswert sein, wenn es um die soziale Partizipation schwacher Individuen oder um die Optimierung des Geschädigtenverhaltens geht. Es ist aber auch möglich, den individuellen Eigenschaften und Fähigkeiten auf verschiedene Arten Rechnung zu tragen *(materielle Gleichheit)*. Dies ist zum einen der Fall, wenn *Risikogleichheit* angestrebt wird. Jedes Individuum darf nach diesem Konzept ein gewisses Risikoniveau nicht überschreiten. Diese Strategie kann bei besonders schützenswerten Rechtsgütern die Analyse unter Effizienzgesichtspunkten modifizieren. Zum anderen kann es um *Kostengleichheit* gehen: Jedes Individuum ist insofern gleich, als nur wohlstandsmehrendes Verhalten erlaubt ist. Den Maßstab der Gleichheit liefert insofern die *cost-benefit-analysis*. Das Personalisierungsprojekt verfolgt grundsätzlich das Leitbild der Kostengleichheit.

42. Das Personalisierungsprojekt lässt sich zunächst an den Leitbildaussagen des Art. 3 III GG messen, wonach eine Ungleichbehandlung nach den dort genannten Merkmalen (insbesondere Rasse) besonders hohen Rechtfertigungsanforderungen unterliegt. Ist beispielsweise eines der im Rahmen der Korrela-

tionsbildung durch die algorithmische Maximierungsfunktion herangezogenen Zuordnungsmerkmale die Rasse der Individuen, so werden die besonders hohen Rechtfertigungsanforderungen ausgelöst. Eine Rechtfertigung ist zwar ausnahmsweise auch dann durch kollidierendes Verfassungsrecht möglich. Im Rahmen der präferenzbasierten Personalisierung scheidet eine Rechtfertigung aber regelmäßig aus. Dies folgt zum einen aus dem empirischen, auf Korrelationsbildungen beruhenden Ansatz, für den Approximationsfehler ein besonderes Problem darstellen. Ist die Korrelationsbildung nämlich fehlerhaft, so erscheint sie willkürlich, was gerade bei den besonders problematischen Merkmalen des Art. 3 III GG zur Verfassungswidrigkeit der Unterscheidung führt. Zum anderen ergeben sich Rechtfertigungsschwierigkeiten auch aus dem Umstand, dass im Rahmen des präferenzbasierten Personalisierungsprojekts Effizienz das Ziel der Ungleichbehandlung ist, dieser rein ökonomische Belang den Eingriff in die Leitbildaussagen des Art. 3 III GG aber nicht zu rechtfertigen vermag.

43. Die verschiedenen Argumentationsansätze, die darauf abzielen, für algorithmische Regelbildungen eine Sonderbehandlung einzuführen und die erhöhten Rechtfertigungsanforderungen etwa bei dem Merkmal der Rasse nicht zur Anwendung zu bringen oder als überwunden zu erachten, überzeugen nicht. Dies gilt zunächst für das *Auflösungsargument,* nach dem die Multiplikation der Zuordnungsmerkmale dazu führe, dass Rasse als eines der genannten Merkmale an Gewicht verliere. Die stigmatisierende Wirkung tritt nämlich unabhängig davon ein, ob Individuen aufgrund ihrer Rasse gegenüber der Gesamtbevölkerung oder nur gegenüber einer Subgruppe ungleich behandelt werden. Auch das *Besserstellungsargument,* nach dem die Personalisierung aufgrund der Vermeidung von Quersubventionen gegebenenfalls zu einer Besserstellung führe, überzeugt nicht. Zum einen kommt auch bei einer Besserstellung die erhöhte Rechtfertigungslast zur Anwendung. Zum anderen führt die Personalisierung nicht zu einer Besserstellung, sondern allenfalls zu einem Zustand des *separate but equal.* Drittens kann das *Proxyargument,* nach dem die Ungleichbehandlung eigentlich um der Präferenzen willen und nicht „wegen" der Rasse erfolge, die Rechtfertigungslast nicht senken, weil Art. 3 III GG als Anknüpfungsverbot konzipiert ist. Schließlich greift auch das *Präferenzspiegelungsargument* nicht, nach dem nur Präferenzen gespiegelt würden, die auch durch privatautonome Rechtssetzung verwirklicht werden könnten, denn heteronomes Recht ist niemals nur Spiegelung privater Präferenzen, sondern immer auch Förderung und Verstärkung dieser Präferenzen im Sinne des *taste-shaping.*

44. Der Allgemeine Gleichheitssatz des Art. 3 I GG kann ebenfalls nicht nur im Sinne einer *Kohärenzkontrolle*, sondern auch im Sinne einer *Leitbildkontrolle* operationalisiert werden. Insbesondere die Nähe der Anknüpfungsmerkmale zu Art. 3 III GG löst diese Leitbildkontrolle aus. Eine besondere Nähe kann

erstens daraus resultieren, dass die Zuordnungsmerkmale den in Art. 3 III GG genannten Merkmalen ähnlich sind, was gerade für gewisse *personenbezogene Personalisierungen* anzunehmen ist, die im Rahmen des Personalisierungsprojekts im Vordergrund stehen. Zweitens kann sich eine besondere Nähe zu Art. 3 III GG auch in den Fällen der *mittelbaren Diskriminierung (disparate impact)* ergeben. Diese Ungleichbehandlungen können auch im Rahmen des Art. 3 I GG jedenfalls nicht unter bloßem Verweis auf die individuellen Präferenzen gerechtfertigt werden, weil rein empirische Präferenzen gerade keine normative Rechtfertigung liefern. Der Staat würde also seine Aufgabe, kollektiv über Werte zu entscheiden, an die einzelnen Individuen delegieren *(Delegationsproblem)* und den *Rationalitätsanspruch* der Rechtsordnung preisgeben.

45. Wird im Rahmen einer umfassenden Personalisierung des Rechts nur das zweite Postulat des Gleichheitssatzes (Ungleiches seiner Eigenart entsprechend), nicht aber das erste Postulat (Gleiches gleich) verwirklicht, kommt es letztendlich zu einer *Auflösung des Gleichheitssatzes.* Vor dieser Auflösung schützt die Wesensgehaltsgarantie des Art. 19 II GG, die auch auf den Gleichheitssatz anzuwenden ist und die in diesem Rahmen dynamisch ein Mindestmaß an formeller und materieller Gleichheit schützt *(dynamischer Wesensgehaltsschutz).*

Institutionelle Analyse

46. Individuelle Freiheit ist *unmittelbare* Präferenzverwirklichung durch Selbstgesetzgebung. Kollektive Freiheit ist *mittelbare* Präferenzverwirklichung durch einen Intermediär (ein Kollektiv), dessen Handeln den einzelnen Individuen zugerechnet werden kann. Hierfür bedarf es erstens eines allgemeinen Partizipationsakts, etwa in Form von Wahlen *(Ebene der allgemeinen Partizipation),* zweitens hinreichender Kompetenzen des durch den allgemeinen Partizpiationsakt legitimierten Organs *(Ebene der Organkompetenz),* drittens hinreichender Kompetenzen des Kollektivs *(Ebene der Verbandskompetenz)* und viertens besonderer Partizipationsrechte der von Entscheidungen des Kollektivs betroffenen Individuen *(Ebene der besonderen Partizipation).* Staatsorganisationsrechtlich lässt sich kollektive Freiheit durch das Demokratieprinzip konzeptualisieren. Kollektive Gleichheit ist Gleichheit auf den vier Stufen der kollektiven Freiheit. Mit Blick auf die Ebene der Organkompetenz lässt sich kollektive Gleichheit mit dem Gewaltenteilungsgrundsatz oder der Idee des institutionellen Gleichgewichts umschreiben.

47. Das algorithmische Personalisierungsprojekt führt zu einem Rückgang der kollektiven Freiheit, weil eine parlamentarische Entscheidung über den

Algorithmus als der den Wertungskonflikt auflösenden Regel („Algorithmusgesetz") bei einer materiellen Betrachtung keine legitimierende Kraft entfalten kann. Zum einen wird der allgemeine Partizipationsakt der Wahl dadurch entwertet, dass algorithmisch personalisiertes Recht angesichts des *Sprach-, Differenzierungs-* und *Black-Box-Problems* nicht zum Gegenstand eines öffentlichen Diskurses *(public transparency)* gemacht werden kann. Auch der juristische Fachdiskurs, der angesichts seines normativen Charakters nicht einfach durch einen informationstechnologischen Fachdiskurs ersetzt werden kann, verliert an Bedeutung *(Ebene der allgemeinen Partizipation).* Das Fehlen von Transparenz entwertet zum anderen auch die parlamentarische Abstimmung. Darüber hinaus bestehen bei einem „Algorithmusgesetz" auch Probleme mit Blick auf das Verbot des Einzelfallgesetzes aus Art. 19 I 1 GG, weil die Rechtssetzung auf der Grundlage des antizipiert ermittelten Sachverhalts, also in Ansehung des Einzelfalls, erfolgt und außerdem Rechtsschutzmöglichkeiten der Individuen verkürzt werden *(Ebene der Organkompetenz).* Sofern private Akteure mit der Personalisierung des Rechts betraut werden, kommt es auch zu einem Verlust der Entscheidungsbefugnisse des Kollektivs *(Ebene der Verbandskompetenz).* Schließlich läuft die Einbindung der von den Mikrodirektiven betroffenen Individuen systematisch leer, weil auf der Vollzugsebene angesichts der Automatisierung des Verfahrens keine Einflussnahmemöglichkeiten mehr bestehen *(Ebene der besonderen Partizipation).*

48. Neben der *Entparlamentarisierung* kommt es außerdem zu einem Bedeutungsverlust der Judikative *(Entjudikativierung),* sodass das vom Staat verwirklichte Personalisierungsprojekt als *Exekutivprojekt* erscheint. Der Bedeutungsverlust der *Verwaltungsgerichtsbarkeit,* die für den Schutz vor Mikrodirektiven primär zuständig ist, beruht zum einen auf dem Rückgang der Anzahl an Klagen gegen algorithmische Rechtssetzung. Dies wiederum hängt erstens mit dem *Sprach-, Differenzierungs* und *Black-Box-Problem* zusammen: Es fehlt an *individual transparency,* sodass die Individuen die Rechtswidrigkeit nur schwer erkennen können. Zweitens folgt der Klagerückgang aus dem regelmäßig flüchtigen Charakter der Mikrodirektiven, sodass dem Individuum nur wenig Zeit bleibt, um sich für eine Klage zu entscheiden *(Zeitproblem).* Drittens schließlich sind die für den Zeitpunkt nach Erledigung bzw. allgemein nach Relevanzverlust der öffentlich-rechtlichen Anordnung zur Verfügung stehenden Rechtsbehelfe angesichts ihrer rein ideellen Stoßrichtung weniger attraktiv *(Erledigungsproblem).* Zum anderen verliert die Verwaltungsgerichtsbarkeit aber auch aufgrund der Schwierigkeiten an Bedeutung, die mit der Überprüfung der Rechtmäßigkeit von Inputvariablen einhergehen.

49. Auch die Zivilgerichtsbarkeit verliert im Falle der Verwirklichung des Personalisierungsprojekts an Bedeutung. Dies folgt daraus, dass die staatliche

Pflichtendefinition im Verwaltungsrechtsmodell des Personalisierungsprojekts nicht mehr *ex post* durch die Zivilgerichte im Rahmen des Haftungsprozesses, sondern *ex ante* durch die Verwaltung erfolgt. Argumente, die darauf abzielen, die gerichtliche Entscheidungskompetenz trotz Pflichtendefinition durch die Verwaltung *ex ante* zu erhalten, überzeugen nicht: Sofern davon ausgegangen wird, die privatrechtlichen Pflichten könnten abweichend von den administrativen Pflichten definiert werden, so wird verkannt, dass das Zivilgericht die administrativen Pflichten nicht ignorieren darf, weil auch das Individuum sie angesichts der Einheit der primären Handlungspflichten nicht ignorieren kann *(Aspekt der umfassenden gerichtlichen Entscheidung)*. Die Maßgeblichkeit der administrativen Pflichten für die zivilrechtliche Haftung lässt sich auch unter Wertungsgesichtspunkten rechtfertigen: Zum einen kann durch die Übernahme der administrativen Pflichtendefinition die *Multiplikation* staatlicher Entscheider vermieden werden. Zum anderen können Dritte auf die Einhaltung der administrativen Pflichten *vertraut* haben, die somit auch unter Haftungsgesichtspunkten schutzwürdig sind.

50. In Betracht kommt somit allenfalls eine eigenständige zivilgerichtliche Entscheidungsbefugnis unter *Schutzzweckgesichtspunkten*. Auch dieser Ansatz versagt aber zumindest in Ansehung von Mikrodirektiven, deren erklärtes Ziel es gerade ist, deliktsrechtliche Pflichten zu definieren. Zudem besteht bei optimal personalisiertem Recht auch unter Effizienzgesichtspunkten kein Bedürfnis für die Feinsteuerung der zivilgerichtlichen Haftung über Schutzzweckerwägungen, weil bereits die Mikrodirektiven auf administrativer Ebene für eine entsprechende Feinsteuerung sorgen.

51. Die Personalisierung des Rechts kann auch unter Einbindung privater Rechtssubjekte vollzogen werden. Je nach der Art ihrer Beteiligung lassen sich vier Modelle unterscheiden: Die Personalisierung des Rechts kann erstens vollständig durch den Staat erfolgen *(reines Staatsmodell)*. Zweitens können private Rechtssubjekte zu Hilfstätigkeiten herangezogen werden *(Verwaltungshelfermodell)*. Ihnen kann drittens auch die Befugnis zur personalisierten Rechtssetzung im Außenverhältnis übertragen werden *(Beleihungsmodell)*. Viertens schließlich kann sich die personalisierte Rechtssetzung vollkommen in den Formen des Privatrechts vollziehen *(Vertragsmodell)*. Zwar ist die autonome Rechtssetzung durch Vertrag bei einer formellen Betrachtung stets insofern personalisiert, als die Vertragsparteien jeweils für sich passende Regelungen schaffen können. Bei einer materiellen Betrachtung wird allerdings auch privates Recht durch ein Rechtssubjekt oft für eine Vielzahl von Fällen, etwa in AGB, auf der Grundlage einer abstrakt-generellen Binnenvorschrift geprägt. Bei dieser Betrachtung wird deutlich, dass auch privates Recht für eine Personalisierung Raum lässt. Auch diese Form der Personalisierung ist daher normativ zu würdigen.

52. Im Falle des Vertragsmodells stellen sich eine Reihe zusätzlicher normativer Probleme. So kommt es, wenn staatliches durch privates Recht ersetzt wird, zu einer *materiellen Privatisierung,* die nur in begrenztem Umfang zulässig ist. Außerdem muss die Freiheitssphäre der privaten *Personalisierer* beachtet werden: Staatliche Verbote sind für personalisierungs*willige* Rechtssubjekte ein Problem *(Verbotsdimension),* staatliche Gebote für personalisierungs*unwillige* Rechtssubjekte *(Gebotsdimension).* Auf der Seite der Adressaten des personalisierten Rechts ergibt sich jedoch durch dessen privaten Ursprung keine Veränderung: Der Umstand, dass die Grundrechte *dogmatisch* in ihrer Schutzpflichtendimension zur Anwendung kommen, prädeterminiert nicht das *substantielle* Ergebnis des schonenden Ausgleichs der verschiedenen Grundrechtspositionen.

Systemische Analyse

53. Der Begriff des Liberalismus beschreibt eine auf Gleichheit und Freiheit ausgerichtete Gesellschaftsordnung, die dem Marktmechanismus eine gewisse Bedeutung beimisst. Je nach dem gewählten ökonomischen Ansatz lassen sich drei Arten des Liberalismus unterscheiden: Liberalismus I *(economics & law),* Liberalismus II *(law & economics)* und Liberalismus III *(economic analysis of law).* Von den „Gründungsvätern" der ökonomischen Analyse des Rechts kann dem Liberalismus I *Coase*, dem Liberalismus II *Calabresi* und dem Liberalismus III *Posner* zugeordnet werden.

54. Der *Liberalismus I* begreift das Recht als *Rahmenordnung*, dessen Ziel die Transaktionskostensenkung I ist. Es geht um die *autonome* Verwirklichung *individueller, endogener* und *ungestalteter* Präferenzen im Rahmen des Marktmechanismus. Die Wahldimension der Freiheit hat auf individueller Ebene eine besondere Bedeutung. Gleichheit ist *formelle* Rechtsgleichheit in der Privatrechtsgesellschaft. Da das Recht ohnehin nur auf eine Rahmenordnung beschränkt ist, spielt die kollektive Freiheit nur eine untergeordnete Rolle. Leitbild dieses Ansatzes ist der *Unternehmer.* Klassisch liberale Denker *(Smith),* die Österreichische Schule *(Hayek)* und der Diskurs zur Privatrechtsgesellschaft *(Böhm)* haben neben *Coase* den Liberalismus I geprägt.

55. Der *Liberalismus II* begreift das Recht als *Werteordnung*, die das Ergebnis deliberativer Prozesse ist und auf deren Grundlage in den Marktmechanismus – etwa zur Verwirklichung distributiver Gerechtigkeitsvorstellungen – eingegriffen werden kann. Es geht um die *autonome* Verwirklichung *kollektiver* Präferenzen. Individuelle Präferenzen werden unter Ausnutzung ihrer *Endogenität* gestaltet *(taste-shaping).* Der Markt ist ein möglicher, aber kein in allen

Bereichen zwingender Verteilungsmechanismus. Die Wahldimension der Freiheit hat auf kollektiver Ebene eine besondere Bedeutung, weil nunmehr der Inhalt des Rechts jenseits einer Rahmenordnung gestaltet werden muss. Gleichheit ist *formelle* Rechtsgleichheit im Rahmen der *kollektiven* Partizipationsrechte. Leitbild dieses Ansatzes ist der *Bürger*. Das Denken des liberalen Republikanismus ist neben dem Denken von *Calabresi* in diesem Kontext zu sehen.

56. Der *Liberalismus III* begreift das Recht als *Kalkulationsordnung*, dessen Ziel die Transaktionskostensenkung II ist *(mimic the market)*. Es geht um die *heteronome* Verwirklichung *individueller, exogener* und damit notwendig *ungestalteter* Präferenzen. Es geht also um Wohlstandsmaximierung. Der Wahldimension der Freiheit wird kein eigenständiger Wert zuerkannt. Auch kollektive Freiheit spielt eine nur untergeordnete Rolle, weil der Inhalt des Rechts nicht deliberativ, sondern auf der Grundlage ökonomischer Kalkulation bestimmt wird. Gleichheit ist *materielle* Gleichheit. Leitbild dieses Ansatzes ist der passive *Verbraucher* (Konsument). Repräsentativ für diesen Ansatz ist die neoklassische Analyse der *Chicago School,* für die im rechtsökonomischen Bereich insbesondere der Name *Posner* steht.

57. Das präferenzbasierte Personalisierungsprojekt ist dem Denken des Liberalismus III zuzuordnen. Bisher war auch das Denken des Liberalismus III angesichts des staatlichen Informationsproblems darauf angewiesen, wesentliche Allokationsentscheidungen dem Marktmechanismus und damit der autonomen Rechtssetzung zu überlassen. Fällt das Informationsproblem weg, wird die heteronome Präferenzbefriedigung verabsolutiert. Durch den Wegfall des Marktbezuges ändert sich der Charakter des Liberalismus III: Er gerät in eine besondere Nähe zum *Sozialismus*. Anders als im klassischen Sozialismus werden Allokationsfragen allerdings nicht durch einen *zentralen* Plan entschieden. Vielmehr kommt es zu einer algorithmischen Imitation der *dezentralen* Entscheidungen des Marktes. Dieser perfektionierte Metamarkt heteronomen Rechts lässt sich als *Mikrosozialismus* beschreiben.

58. Die Grenzen der Personalisierung des Rechts im Sinne des Mikrosozialismus sind dem Grundgesetz und dem diesem zugrunde liegenden Liberalismusverständnis zu entnehmen. Das Grundgesetz ist ein Kompromiss zwischen dem Gedankengut des Liberalismus I und dem Gedankengut des Liberalismus II. Der *Liberalismus I* wird durch zwei Schutzkonzepte verwirklicht. Zum einen findet sich ein *rechtsstaatlich-relatives Schutzkonzept:* Die Sphäre des Marktes wird hier nicht durch die Festschreibung eines bestimmten *Inhalts* verwirklicht, sondern durch gewisse *Rahmenmodalitäten*. Der Grundsatz des Vertrauensschutzes etwa verhindert unvorhergesehene Marktinterventionen, der Grundsatz der Allgemeinheit des Gesetzes wettbewerbswidrige Privilegierungen.

Dieses rechtsstaatlich-relative Schutzkonzept knüpft an das deutsche Rechtsstaatsverständnis des Kaiserreichs und der Weimarer Republik an. Zum anderen wird der Liberalismus I jedoch auch durch ein *freiheitlich-absolutes Schutzkonzept* verwirklicht. Danach wird ein gewisser, als vorstaatlich verstandener Freiheitsbereich dem inhaltlichen Zugriff des Gesetzgebers nach dem Alles-oder-nichts-Prinzip verwehrt. Neben dem Bezug auf Gott in der Präambel findet sich dieser Schutzansatz in der Wesensgehaltsgarantie des Art. 19 II GG, der sich über die als abwägungsfest verstandene Menschenwürde aus Art. 1 I GG konkretisieren lässt. Ideengeschichtlich kann dieses Liberalismusverständnis an die französische *Déclaration des droits de l'homme et du citoyen* von 1789 und die *US-amerikanischen Bills of Rights* anknüpfen. Gedankengut des *Liberalismus II* wird hingegen über das Demokratie- und Sozialstaatsprinzip verwirklicht. Das Demokratieprinzip verlangt Gestaltungsfreiheit des Kollektivs, das Sozialstaatsprinzip die Möglichkeit, interventionistisch in den Marktmechanismus einzugreifen.

59. Die Verwirklichung beider Liberalismusformen in der Verfassungsordnung des Grundgesetzes zwingt zunächst zu einer Reinterpretation der Schutzmechanismen des Liberalismus I: Die Grundrechte konstituieren im Ausgangspunkt keine absolute Freiheitssphäre, sondern eine *Werteordnung*, deren Leitbildaussagen entsprechend dem *Verhältnismäßigkeitsgrundsatz* einem schonenden Ausgleich zugeführt werden müssen. Auch das Allgemeinheitserfordernis wird vor diesem Hintergrund relativiert und grundsätzlich auf besonders gefährliche Einzelpersonen- oder gruppenbezogene Einzelfallgesetze beschränkt. In gewissen Bereichen verlangen die Schutzmechanismen des Liberalismus I allerdings unbedingten Vorrang: So lebt der rechtsstaatlich-relative Schutzansatz insbesondere im Rahmen der Kohärenzkontrolle des Art. 3 I GG und der der eigentlichen Abwägungsentscheidung vorgelagerten Prüfungsstufen des Verhältnismäßigkeitsgrundsatzes fort. Auch der freiheitlich-absolute Schutzansatz findet sich nach wie vor, etwa im Bereich des Wesensgehaltsgrundsatzes.

60. Der Mikrosozialismus des Personalisierungsprojekts konfligiert sowohl mit dem insbesondere im Grundrechtsteil verwirklichten Liberalismus I als auch mit dem insbesondere im Demokratie- und Sozialstaatsprinzip verwirklichten Liberalismus II des Grundgesetzes. Eine mikrosozialistische Staatsordnung, die von diesem Liberalismusverständnis nichts mehr übrig lässt und damit die Verfassungsidentität berührt (Art. 79 III GG), kann somit nur auf der Grundlage einer *neuen* Verfassung verwirklicht werden (Art. 146 GG). Es bedürfte also einer *bewussten* Entscheidung des Volkes als dem *pouvoir constituant originaire.*

Summary

Traditionally, the law treats everyone as equal. Due to this uniform application, the law is often over- or underinclusive. Up to now, this has been a necessary consequence of lawmakers' limited knowledge. However, modern technologies, such as Big Data, hold the potential to personalize legal commands and tailor the law to individual preferences and characteristics. If advertisements and prices are personalized in the business world to extract surplus, why should the law remain general? Given these considerations, it is not surprising that more and more economically motivated legal scholars argue in favor of personalizing legal commands. The purpose of this study is to underline the limits of personalizing the law from a variety of perspectives.

From a *technological perspective,* it is worth noting that data-driven technologies arrive at results based on statistical correlations that always bear the potential of false positives and negatives. This might not be problematic in the business world where adverts of no interest would simply be ignored. However, when rights and duties are distributed based on statistical correlations, even rare erroneous outcomes are of the utmost importance.

From a *neoclassical economic perspective,* avoiding over- and underinclusiveness might seemingly promise more efficient outcomes. Yet this analysis is too simplistic because it ignores a host of cost factors. Alongside the already mentioned costs of mistakenly identifying preferences and characteristics come the costs of rule-production, of either learning or abstaining from learning the content of the law, and the costs of opting out of legal default provisions. These costs suggest that even if technology allowed significant personalizing of legal commands, a middle ground would still be more efficient.

Behavioral economic insights reinforce this finding. Indeed, data-based personalization can only consider the preferences people manifest. However, these manifested preferences might not correspond to what people really want because preferences can change and because individuals are subject to a variety of biases. For instance, individuals systematically favor hedonistic short-term preferences over long-term preferences. The discrepancy between manifested and real preferences is a problem in and of itself because it leads to incorrect assumptions on preferences. Yet this problem is further aggravated when it is considered that preferences are endogenous and subject to taste-shaping by the law. A law that mimics preferences reinforces biases, exacerbates the segmentation of society, and fosters an ideology that could be called conservative hedonism – "conservative" because past preferences are reinforced and "hedonism" because short-term preferences are privileged.

Personalizing the law also comes with significant costs in terms of *freedom*. Freedom not only means getting what you want, but also choosing on your own. Classical private law fosters this procedural aspect of freedom because general laws *ex ante* and judicial intervention *ex post* allow for individuals to satisfy their preferences through autonomous choices in between – through contractual stipulations or by engaging in non-negligent behavior. Because government abstains from involvement at the time of acting, this private law model also reduces the amount of information available to lawmakers and therefore functions as a natural data protection regime. In a system of fully personalized law, micro-directives would guide the individual in the very moment of acting. Government-based, omnipresent commands would replace autonomous decisionmaking and extinguish the data-protecting side-effects of private law.

Equality not only requires treating like cases alike, but also different cases differently. And while data-based personalization appears to foster this second prong of the principle of equality, a closer look reveals three core problems. First, it is impossible to eliminate problematic criteria, such as race or gender, from the training data. Even if we fully understood how algorithms find correlations, it is hard to also ban any proxies of these discriminatory criteria without hampering the predictive power of the technology in use. Second, data-based personalization deepens societal inequality by merely mimicking it instead of fostering societal cohesion. Third, only looking at the differences between individuals leaves no room for treating like cases alike and hence dissolves the first prong of the principle of equality.

As to the *institutional setting,* the algorithmic personalization of the law leads to a concentration of power in the hands of the executive branch. Democracy is based on the idea that individuals can understand the law, discuss its implications, and vote in favor of or against it. However, if the making of law is left to a black box algorithm and if all the ramifications of law are too complex to be understood, public discourse would be eliminated and the legitimizing power of parliamentary decisions lost. The judiciary too would lose influence since judges could not perform their duty to control the government. Indeed, individuals would have a hard time realizing they were wronged and without their legal action, judges would have no power to decide. Moreover, even if a lawsuit allowed judges to exercise their power, they too would have difficulties understanding the making and content of personalized law.

The societal change triggered by personalizing the law can be summarized as a shift *from liberalism to micro-socialism:* Whereas classical liberalism is based on the idea that people satisfy their preferences in the marketplace (liberalism I), and republican liberalism on the idea that citizens collectively determine their destiny (liberalism II), neoclassical liberalism (liberalism III) is orientated towards wealth maximization. So far, the neoclassical approach also leaves room for the market because the amount of information available to lawmakers is limited. It is precisely that point that might change with Big Data. In that sense, the personalization project is a fruit of the symbiosis between neoclassical liberalism and new technologies. It leads to what can be called micro-socialism, where, as in classical socialism, the state aims to provide for each according to their abilities and needs, but, unlike classical socialism, there is no central plan. Instead, a multitude of decentralized algorithms will cater for personalized outcomes. Even though micro-socialism might be more efficient than classical socialism, many of the normative problems are the same. The aim of my study is to highlight these and thereby enable a conscious choice between classical liberalism and micro-socialism.

Literaturverzeichnis

Abbott, Ryan, The Reasonable Robot. Artificial Intelligence and the Law, Cambridge/New York/Port Melbourne u.a. 2020.

Abel, Gunther, Die Bedeutung der Lehre von den Einrichtungsgarantien für die Auslegung des Bonner Grundgesetzes, Berlin 1964 (zit. *Abel*, Einrichtungsgarantien).

Ackerman, Bruce, We the People. Volume I: Foundations, Cambridge/London 1991 (zit. *Ackerman,* We the People I).

Ackermann, Thomas, Sektorielles EU-Recht und allgemeine Privatrechtssystematik, ZEuP 2018, S. 741–781.

Adam, Jürgen/Schmidt, Karsten/Schumacher, Jörg, Nulla poena sine culpa – Was besagt das verfassungsrechtliche Schuldprinzip?, NStZ 2017, S. 7–13.

Adamopoulou, Eleni/Moussiades, Lefteris, An Overview of Chatbot Technology, in: Maglogiannis, Ilias/Iliachis, Lazaros/Pimenidis, Elias (Hrsg.), Artificial Intelligence Applications and Innovations. 16th IFIP WG 12.5 International Conference, AIAI 2020, Neos Marmaras, Greece, June 5–7, 2020, Proceedings, Part II, Band 584, Cham 2020, S. 373–383.

Adams, Michael, Ökonomische Analyse der Gefährdungs- und Verschuldenshaftung, Heidelberg 1985 (zit. *Adams*, Ökonomische Analyse).

Adler, Matthew D./Posner, Eric A., Rethinking Cost-Benefit Analysis, Yale Law Journal 109 (1999), S. 165–247.

Adomeit, Klaus, Gestaltungsrechte, Rechtsgeschäfte, Ansprüche. Zur Stellung der Privatautonomie im Rechtssystem, Berlin 1969.

Akerlof, George A., The Market for „Lemons“: Quality Uncertainty and the Market Mechanism, The Quarterly Journal of Economics 84 (1970), S. 488–500.

Akkermans, Bram, The Principle of Numerus Clausus in European Property Law, Antwerpen/Oxford/Portland 2008 (zit. *Akkermans,* Numerus Clausus).

Aleinikoff, T. Alexander, Constitutional Law in the Age of Balancing, Yale Law Journal 96 (1987), S. 943–1005.

Alexander, Cindy R./Arlen, Jennifer, Does conviction matter? The reputational and collateral effects of corporate crime, in: Arlen, Jennifer (Hrsg.), Research Handbook on Corporate Crime and Financial Misdealing, Cheltenham 2018, S. 87–147 (zit. *Alexander/Arlen,* in: Arlen [Hrsg.], Corporate Crime).

Alexy, Robert, Theorie der juristischen Argumentation. Die Theorie des rationalen Diskurses als Theorie der juristischen Begründung, Frankfurt a.M. 1978.

–, Rechtsregeln und Rechtsprinzipien, Archiv für Rechts- und Sozialphilosophie Beiheft 25 (1985), S. 13–29.

–, Theorie der Grundrechte, 1. Aufl., Frankfurt a.M. 1986.

–, On the Structure of Legal Principles, Ratio Juris 13 (2000), S. 294–304.

–, Menschenwürde und Verhältnismäßigkeit, AöR 140 (2015), S. 497–513.

Almlöf, Hanna/Bjuggren, Per-Olaf, A regulation and transaction cost perspective on the design of corporate law, European Journal of Law and Economics 47 (2019), S. 407–433.
Alpayadin, Ethem, Machine Learning. The New AI, Cambridge/London 2016.
Aman, Alfred C./Mayton, William T., Administrative Law, 3. Aufl., St. Paul 2014.
Ames, James Barr, Lectures on Legal History. And Miscellaneous Legal Essays, Cambridge 1913.
Amir, On/Levav, Jonathan, Choice Construction versus Preference Construction: The Instability of Preferences Learned in Context, Journal of Marketing Research 45 (2008), S. 145–158.
Anderson, Craig A., Belief Perseverance, in: Baumeister, Roy F./Vohs, Kathleen D. (Hrsg.), Encyclopedia of Social Psychology. Volume 1: A–I, Los Angeles/London/New Dehli u. a. 2007, S. 109 f.
Andrews, Leighton, Facebook, the Media and Democracy: Big Tech, Small State?, New York 2020.
Anschütz, Gerhard, Aussprache über die Berichte zum ersten Beratungsgegenstand, VVDStRL 4 (1928), S. 74–76.
Applin, Sally A./Fischer, Michael D., Watching Me, Watching You. Process surveillance and agency in the workplace, IEEE International Symposium on Technology and Society (ISTAS) 2013, S. 268–275.
Arato, Julian, Corporations as Lawmakers, Harvard International Law Journal 56 (2015), S. 229–295.
Aristoteles, Nikomachische Ethik. Übersetzt, eingeleitet und kommentiert von Dorothea Frede. Band 6. Erster Halbband: Übersetzung und Einleitung, Berlin/Boston 2020.
–, Politics. Herausgegeben von Ernest Barker und R. F. Stalley, Oxford 1995.
Arlen, Jennifer H., Economics of Tort Law, in: Parisi, Francesco (Hrsg.), The Oxford Handbook of Law and Economics. Volume 2: Private and Commercial Law, Oxford 2017, S. 41–95.
Arlen, Jennifer/Kornhauser, Levis A., Does the Law Change Preferences?, Theoretical Inquiries in Law 22 (2021), 175–213.
Arrow, Kenneth J., Economic Welfare and the Allocation of Resources for Invention, in: National Bureau of Economic Research (Hrsg.), The Rate and Direction of Inventive Activity: Economic and Social Factors. A Conference of the Universities – National Bureau Committee for Economic Research and the Committee on Economic Growth of the Social Science Research Council, Princeton 1962, S. 609–626.
–, Limited Knowledge and Economic Analysis, American Economic Review 64 (1974), S. 1–10.
Auer, Marietta, Materialisierung, Flexibilisierung, Richterfreiheit. Generalklauseln im Spiegel der Antinomien des Privatrechtsdenkens, Tübingen 2005 (zit. *Auer,* Materialisierung).
–, Methodenkritik und Interessenjurisprudenz. Philipp Heck zum 150. Geburtstag, ZEuP 2008, S. 517–533.
–, Der privatrechtliche Diskurs der Moderne, Tübingen 2014.
–, Zum Erkenntnisziel der Rechtstheorie. Philosophische Grundlagen multidisziplinärer Rechtswissenschaft, Baden-Baden 2018.
–, Richterbindung und Richterfreiheit in Regeln und Standards. Ein Klassiker der Methodenlehre reloaded, in: Schumann, Eva (Hrsg.), Gesetz und richterliche Macht. 18. Symposion der Kommission „Die Funktion des Gesetzes in Geschichte und Gegenwart", Berlin/Boston 2020, S. 119–154.
–, Granular Legal Norms and the Concept of Law: A Critique, in: Busch, Christoph/De Franceschi, Alberto (Hrsg.), Algorithmic Regulation and Personalized Law, München/Oxford/

Baden-Baden u. a. 2021, S. 137–154 (zit. *Auer,* in: Busch/De Franceschi [Hrsg.], Personalized Law).
–, Zwei Jahrhunderte Privatrechtstheorie zu formaler und materialer Gleichheit, in: Grundmann, Stefan/Thiessen, Jan (Hrsg.), Von formaler zu materialer Gleichheit. Vergleichende Perspektiven aus Geschichte, Kranz der Disziplinen und Theorie, Tübingen 2021, S. 67–87.
Augsberg, Steffen, Rechtsetzung zwischen Staat und Gesellschaft. Möglichkeiten differenzierter Steuerung des Kapitalmarktes, Berlin 2003.
Ayres, Ian, Preliminary Thoughts on Optimal Tailoring of Contractual Rules, Southern California Interdisciplinary Law Journal 3 (1993), S. 1–18.
–, Narrow Tailoring, UCLA Law Review 43 (1996), S. 1781–1838.
–, Empire or Residue: Competing Visions of the Contractual Canon, Florida State University Law Review 26 (1999), S. 897–912.
–, Regulating Opt-Out: An Economic Theory of Altering Rules, Yale Law Journal 121 (2012), S. 2032–2116.
Ayres, Ian/Gertner, Robert, Filling Gaps in Incomplete Contracts: An Economic Theory of Default Rules, Yale Law Journal 99 (1989), S. 87–130.
–, Strategic Contractual Inefficiency and the Optimal Choice of Legal Rules, Yale Law Journal 101 (1992), S. 729–773.
–, Majoritarian vs. Minoritarian Default Rules, Stanford Law Review 51 (1999), S. 1591–1613.
Bachmann, Gregor, Private Ordnung. Grundlagen ziviler Regelsetzung, Tübingen 2006.
Bachmann, Gregor/Schirmer, Jan-Erik, Leistungs- und Schutzpflichten in der Zivilrechtsdogmatik. Zum Erfüllungsanspruch aus Schutzpflichten, in: Auer, Marietta/Grigoleit, Hans Christoph/Hager, Johannes u. a. (Hrsg.), Privatrechtsdogmatik im 21. Jahrhundert. Festschrift für Claus-Wilhelm Canaris zum 80. Geburtstag, Berlin/Boston 2017, S. 369–399 (zit. *Bachmann/Schirmer,* FS Canaris II).
Bachof, Otto, Beurteilungsspielraum, Ermessen und unbestimmter Rechtsbegriff im Verwaltungsrecht, JZ 1955, S. 97–102.
Bachrach, Yoram/Kosinski, Michal/Graepel, Thore/Kohli, Pushmeet/Stillwell, David, Personality and Patterns of Facebook Usage, Proceedings of the 4th Annual ACM Web Science Conference 12 (2012), S. 24–32.
Back, Mitja D./Stopfer, Juliane M./Vazire, Simine/Gaddis, Sam/Schmukle, Stefan C./Egloff, Boris/Gosling, Samuel D., Facebook Profiles Reflect Actual Personality, Not Self-Idealization, Psychological Science 21 (2010), S. 372–374.
Bäcker, Carsten, Einleitende Bemerkungen, in: Bäcker, Carsten/Baufeld, Stefan (Hrsg.), Objektivität und Flexibilität im Recht, Stuttgart 2005, S. 11–14.
Bader, Johann/Ronellenfitsch, Michael (Hrsg.), BeckOK VwVfG mit VwVG und VwZG, 58. Edition, München 2023 (zit. BeckOK – *Bearbeiter,* VwVfG).
Baer, Susanne, Würde oder Gleichheit? Zur angemessenen grundrechtlichen Konzeption von Recht gegen Diskriminierung am Beispiel sexueller Belästigung am Arbeitsplatz in der Bundesrepublik Deutschland und den USA, Baden-Baden 1995.
Baker, Tom/Logue, Kyle D., Mandatory rules and default rules in insurance contracts, in: Schwarcz, Daniel/Siegelman, Peter (Hrsg.), Research Handbook on the Economics of Insurance Law, Cheltenham/Northampton 2015, S. 377–412.
Balakrishnan, Uttara/Haushofer, Johannes/Jakiela, Pamela, How Soon is Now? Evidence of Present Bias from Convex Time Budget Experiments, Cambridge 2017.

Baldus, Manfred, Menschenwürdegarantie und Absolutheitsthese. Zwischenbericht zu einer zukunftsweisenden Debatte, AöR 136 (2011), S. 529–552.

–, Kämpfe um die Menschenwürde. Die Debatte seit 1949, Berlin 2016.

Balkin, Jack M., Free Speech is a Triangle, Columbia Law Review 118 (2012), S. 2011–2055.

–, Information Fiduciaries and the First Amendment, U.C. Davis Law Review 49 (2016), S. 1183–1234.

–, Free Speech in the Algorithmic Society: Big Data, Private Governance, and New School Speech Regulation, U.C. Davis Law Review 51 (2018), S. 1149–1210.

Ballantine, Henry W., Title by Adverse Possession, Harvard Law Review 32 (1918), S. 135–159.

Ballantine, Henry Winthrop, Claim of Title in Adverse Possession, Yale Law Journal 28 (1918), S. 219–235.

Barak-Corren, Netta, Personalization and the Constitution, University of Chicago Law Review Online (Post vom 9.3.2022), https://lawreviewblog.uchicago.edu/2022/03/09/bp-barak-corren/ (geprüft am 31.3.2023) (zit. *Barak-Corren,* U. Chi. L. Rev. Online 2022).

Bar-Gill, Oren, Seduction by Contract. Law, Economics, and Psychology in Consumer Markets, Oxford 2012.

–, Algorithmic Price Discrimination: When Demand Is a Function of Both Preferences and (Mis)perceptions, Chicago Law Review 86 (2019), S. 217–254.

Bar-Gill, Oren/Ben-Shahar, Omri, Regulatory techniques in consumer protection: A critique of European consumer contract law, Common Market Law Review (Special Issue) 50 (2013), S. 109–125.

–, Rethinking Nudge: An Information-Costs Theory of Default Rules, University of Chicago Law Review 88 (2021), S. 531–604.

Bar-Gill, Oren/Board, Oliver, Product-Use Information and the Limits of Voluntary Disclosure, American Law and Economics Review 14 (2012), S. 235–270.

Bar-Gill, Oren/Ferrari, Franco, Informing Consumers About Themselves, Erasmus Law Review 3 (2010), S. 93–119.

Barnett, Randy E., The Sound of Silence: Default Rules and Contractual Consent, Virginia Law Review 78 (1992), S. 821–911.

Barocas, Solon/Selbst, Andrew D., Big Data's Disparate Impact, California Law Review 104 (2016), S. 671–732.

Barr, Michael S./Mullaianathan, Sendhil/Shafir, Eldar, Behaviorally Informed Financial Services Regulation, Asset Building Program Policy Paper (New America Foundation) 2008, https://repository.law.umich.edu/other/29/ (geprüft am 31.3.2023) (zit. *Barr/Mullaianathan/Shafir,* Behaviorally Informed Financial Services Regulation, Policy Paper 2008).

–, The Case of Behaviorally Informed Regulation, in: Moss, David A./Cisternino, John A. (Hrsg.), New Perspectives on Regulation, Cambridge 2009, S. 25–61.

Barry, Jordan M./Hatfield, John William/Kominers, Scott Duke, To Thine Own Self Be True? Incentive Problems in Personalized Law, William & Mary Law Review 62 (2021), 723–790.

Bartling, Björn/Fehr, Ernst/Herz, Holger, The Intrinsic Value of Decision Rights, Econometrica 82 (2014), S. 2005–2039.

Bartsch, Robert, Zur Geschichte der deutschen Rechtssprache, AcP 153 (1854), S. 412–424.

Battis, Ulrich/Grigoleit, Klaus Joachim, Neue Herausforderungen für das Versammlungsrecht?, NVwZ 2001, S. 121–129.

Bauer, Franz, Entscheidungsspielräume in Verwaltung und Rechtsprechung, Rescriptum 2014, S. 98–101.

–, Historical Arguments, Dynamic Interpretation, and Objectivity. Reconciling Three Conflicting Concepts in Legal Reasoning, in: Bender, Philip M. (Hrsg.), The Law between Objectivity and Power, Oxford/Baden-Baden 2022, S. 111–143 (zit. *Bauer*, in: Bender [Hrsg.], Objectivity and Power).

Bauer, Franz/Bender, Philip, Referendarsexamensklausur – Zivilrecht: Kauf- und Werkrecht – Das Gästehaus, JuS 2020, S. 585–592.

Bauer, Michal/Cahlíková, Jana/Katreniak, Dagmar Celik/Chytilová, Julie/Cingl, Lubomír/Želinský, Tomáš, Anti-social Behavior in Groups, Max Planck Institute for Tax Law and Public Finance Working Paper 2018-14, http://www.tax.mpg.de/RePEc/mpi/wpaper/TAX-MPG-RPS-2018-14.pdf (geprüft am 31.3.2023) (zit. *Bauer/Cahlíková/Katreniak* u. a., Anti-social Behavior, MPI Working Paper 2018).

Baur, Jürgen F./Stürner, Rolf, Sachenrecht, 18. Aufl., München 2009.

Bayer, Walter, Der Vertrag zugunsten Dritter. Neuere Dogmengeschichte – Anwendungsbereich – dogmatische Strukturen, Tübingen 1995.

Bayes, Thomas, An Essay towards solving a Problem in the Doctrine of Chances. Communicated by Mr. Price, in a Letter to John Canton, A.M.F.R.S., Philosophical Transaction of the Royal Society of London 53 (1764), S. 370–418.

Beales, Howard/Craswell, Richard/Salop, Steven C., The Efficient Regulation of Consumer Information, Journal of Law and Economics 24 (1981), S. 491–539.

Becher, Shmuel I./Zarsky, Tal Z., Seduction by Disclosure. Comments on Seduction by Contract, Jerusalem Review of Legal Studies 9 (2014), S. 72–86.

Bechtold, Stefan, Die Grenzen zwingenden Vertragsrechts. Ein rechtsökonomischer Beitrag zu einer Rechtsetzungslehre des Privatrechts, Tübingen 2010.

Beck, Ulrich/Beck-Gernsheimer, Elisabeth, Individualization. Institutionalized Individualism and its Social and Political Consequences, London/Thousand Oaks/New Delhi 2002.

Beetham, David, The Legitimation of Power, 2. Aufl., Hampshire/New York 2013.

Bell, Abraham/Parchomovsky, Gideon, Of Property and Federalism, Yale Law Journal 115 (2005), 72–115.

Bender, Philip M., Einzelfallfallbezogener, menschenwürderadizierter Grundrechtsschutz im Rahmen der Identitätskontrolle, ZJS 2016, S. 260.

–, Ambivalenz der Offensichtlichkeit. Zugleich Anmerkung zur Entscheidung des BVerfGs vom 5. Mai 2020, ZEuS 2020, S. 409–421.

–, Grenzen der Personalisierung des dispositiven Rechts, in: Bayer, Elena/Erler, Katharina u. a. (Hrsg.), Privatrecht 2050 – Blick in die digitale Zukunft. Jahrbuch Junge Zivilrechtswissenschaft, Baden-Baden 2020, S. 33–61 (zit. *Bender,* JjZRW).

–, Limits of Personalization of Default Rules – Towards a Normative Theory, European Review of Contract Law 16 (2020), S. 366–409.

–, Klausur Zivilrecht „Klagen über Corona“, JA 2021, 541–554.

–, Ways of Thinking About Objectivity, in: ders. (Hrsg.), The Law between Objectivity and Power, Oxford/Baden-Baden 2022, S. 19–97 (zit. *Bender*, in: ders. [Hrsg.], Objectivity and Power).

–, Private Law Adjudication Versus Constitutional Adjudication: Proportionality Between Coherence and Balancing, in: Bauer, Franz/Köhler, Ben (Hrsg.), Proportionality in Private Law, Tübingen 2023, S. 63–89.

–, Comparative Norm Design. Rules and Standards in Criminal Procedure of the United States and Germany, UCLA Journal of International Law & Foreign Affairs 27 (2023) (im Erscheinen).

Benedict, Ruth, Patterns of Culture, London 1971.

Benjamin, Daniel J./Choi, James J./Strickland, A. Joshua, Social identity and Preferences, American Economic Review 100 (2010), S. 1913–1928.

Ben-Shahar, Omri, A Bargaining Power Theory of Default Rules, Columbia Law Review 109 (2009), S. 396–430.

–, Fixing Unfair Contracts, Stanford Law Review 63 (2011), S. 869–906.

Ben-Shahar, Omri/Porat, Ariel, Personalizing Negligence Law, New York University Law Review 91 (2016), S. 627–688.

–, Personalizing Mandatory Rules in Contract Law, Chicago Law Review 86 (2019), S. 255–282.

–, Personalized Law. Different Rules for Different People, Oxford 2021.

Ben-Shahar, Omri/Schneider, Carl E., The Failure of Mandated Disclosure, University of Pennsylvania Law Review 159 (2011), S. 647–749.

Bentham, Jeremy, Of Laws in General [1782]. Herausgegeben von H.L.A. Hart, London 1970.

–, An introduction to the Principles of Morals and Legislation, 2. Aufl., Oxford 1879.

Berg, Joyce/Dickhaut, John/McCabe, Kevin, Risk preference instability across institutions: A dilemma, Proceedings of the National Academy of Sciences of the United States of America 102 (2005), S. 4209–4214.

Berlin, Isaiah, Two Concepts of Liberty [1958], in: Hardy, Henry (Hrsg.), Liberty. Incorporating Four Essays on Liberty, Oxford 2002, S. 166–217.

Bernardo, Antonio E./Schwartz, Alan/Welch, Ivo, Contracting Externalities and Mandatory Menus in the US Corporate Bankruptcy Code, Journal of Law, Economics, and Organization 32 (2016), S. 395–432.

Bernecker, Andreas, Essays in Empirical Political Economics, Mannheim 2014.

Bernheim, B. Douglas, How Strong Are Bequest Motives? Evidence Based on Estimates of the Demand for Life Insurance and Annuities, Journal of Political Economy 99 (1991), S. 899–927.

Bernoulli, Daniel, Exposition of a New Theory on the Measurement of Risk. Translated from Latin into English by Dr. Louise Sommer, Econometrica 22 (1954), S. 23–36.

Beshears, John/Choi, James/Laibson, David/Madrian, Brigitte, How are preferences revealed?, Journal of Public Economics 92 (2008), S. 1787–1794.

Besson, Samantha/Martí, José Luis, Law and Republicanism: Mapping the Issues, in: dies. (Hrsg.), Legal Republicanism. National and International Perspectives, New York 2009, S. 3–36.

Biehl, Björn, Grundsätze der Vertragsauslegung, JuS 2010, S. 195–200.

Bien, David D., Offices, Corps, and a System of State Credit: The Use of Privilege under the Ancien Régime, in: Baker, Keith Michael (Hrsg.), The French Revolution and the Creation of Modern Political Culture. Volume I: The Political Culture of the Old Regime, Oxford 1987, S. 89–114.

Bien Greaves, Bettina (Hrsg.), Human Action. A Treatise on Economics, Indianapolis 2007.

Bilali, Genci, Know Your Customer – Or Not, University of Toledo Law Review 43 (2012), S. 319–366.

Bissantz, Nicolas/Hagedorn, Jürgen, Data Mining (Datenmustererkennung), Wirtschaftsinformatik 2009, S. 139–144.

Böckenförde, Ernst-Wolfgang, Grundrechtstheorie und Grundrechtsinterpretation, NJW 1974, S. 1529–1538.

Boecken, Winfried, BGB – Allgemeiner Teil, 3. Aufl., Stuttgart 2019.

Boettke, Peter/Leeson, Peter, An „Austrian“ Perspective on Public Choice, in: Rowley, Charles K./Schneider, Friedrich (Hrsg.), The Encyclopedia of Public Choice. Volume II: Concepts, Dordrecht 2004, S. 351–356.

Böhm, Franz, Privatrechtsgesellschaft und Marktwirtschaft, ORDO 17 (1966), S. 75–151.

Bolt, Sophie/Eisinga, Rob/Venbrux, Eric/Kuks, Jan/Gerrits, Peter O., Personality and Motivation for Body Donation, Annals of Anatomy 132 (2011), S. 112–117.

Bonnard, Roger, Les actes constitutionnels de 1940, Paris 1942.

Boone, Tonya/Ganeshan, Ram/Jain, Aditya/Sanders, Nada R., Forecasting sales in the supply chain: Consumer analytics in the big data era, International Journal of Forecasting 35 (2019), S. 170–180.

Bornstein, Robert F., Exposure and affect: Overview and meta-analysis of research, 1968–1987, Psychological Bulletin 106 (1989), S. 265–289.

Borowski, Martin, Grundrechte als Prinzipien, 3. Aufl., Baden-Baden 2018.

Botta, Jonas, Der California Consumer Privacy Act und die DSGVO: Ein transatlantisches Zwillingspaar?, in: Taeger/Jürgen (Hrsg.), Tagungsband Herbstakademie 2019. Die Macht der Daten und der Algorithmen – Regulierung von IT, IoT und KI. Tagungsband Herbstakademie 2019, Edewecht 2019, S. 657–702 (zit. *Botta,* DSRITB).

Bowles, Samuel/Kirman, Alan/Sethi, Rajiv, Retrospectives. Friedrich Hayek and the Market Algorithm, The Journal of Economic Perspectives 31 (2017), S. 215–230.

Brackenbury, Shianne, The Influence of Personality on Organ Donation Attitudes and Behaviours, Brescia Psychology Undergraduate Honours Theses 22 (2019), http://ir.lib.uwo.ca/brescia_psych_uht/22 (geprüft am 31.3.2023) (zit. *Brackenbury*, Organ Donation).

Bradley, Richard, Comparing Evaluations, Proceedings of the Aristotelian Society 108 (2008), S. 85–100.

Braml, Martin T./Fuest, Clemens, Wahlrecht mit Kinderbonus für Eltern: Konsequenzen für Deutschland, ifo Schnelldienst 72 (2019), S. 23–28.

Brand, Oliver/Becker, Oliver, Deliktische Haftung bei einer Ansteckung mit SARS-CoV-2, NJW 2020, S. 2665–2671.

Braun, Wilfried, Offene Kompetenznormen – ein geeignetes und zulässiges Regulativ im Wirtschaftsverwaltungsrecht? Neues zur Rollenverteilung zwischen Exekutive, Legislative und Judikative im wirtschaftsgestaltenden Sozialstaat, VerwArch 76 (1985), S. 24–60.

Braun Binder, Nadja, Algorithmisch gesteuertes Risikomanagement in digitalisierten Besteuerungsverfahren, in: Unger, Sebastian/Ungern-Sternberg, Antje von (Hrsg.), Demokratie und künstliche Intelligenz, Tübingen 2019, S. 161–181.

Bremkamp, Till/Kindler, Martin/Winnen, Armin (Hrsg.), BeckOK BeurkG mit DONot und NotAktVV, 8. Edition, München 2023 (zit. BeckOK – *Bearbeiter,* BeurkG).

Brescia, Raymond H., Zoning Cyberspace: Protecting Privacy in the Digital Upside Down, Utah Law Review 2021, 1219–1276.

Breustedt, Sonja, Der unzumutbare Druck des Erblassers: Rechtsfolgen sittenwidriger Potestativbedingungen in letztwilligen Verfügungen, ZEV 2021, 670–676.

Briggs, Ray A., Normative Theories of Rational Choice: Expected Utility, in: Zalta, Edward N. (Hrsg.), The Stanford Encyclopedia of Philosophy, Fall 2019 Edition, https://plato.stanford.edu/archives/fall2019/entries/rationality-normative-utility/ (geprüft am 31.3.2023) (zit. *Briggs*, in: Zalta [Hrsg.], The Stanford Encyclopedia of Philosophy).

Britz, Gabriele, Der allgemeine Gleichheitssatz in der Rechtsprechung des BVerfG. Anforderungen an die Rechtfertigung von Ungleichbehandlungen durch Gesetz, NJW 2014, S. 346–351.

Brock, Karl, Legalitätsprinzip und Nützlichkeitserwägungen, Berlin 2017.

Brodi, Elisa, „Product-attribute information“ and „product-use information“. Smart disclosure and new policy implications for consumers’ protection (Stand: 4.9.2012), SSRN: https://ssrn.com/abstract=2142734 (geprüft am 31.3.2023) (zit. *Brodi*, „Product-attribute information“ and „product-use information“, SSRN 2012).

Brodmann, Erich, Über die Haftung für Fahrlässigkeit, insbesondere über die Haftung des Schiffers, AcP 99 (1906), S. 327–406.

Bronkars, Caroline, Kumulative Eigentumseingriffe, Hamburg 2007.

Brown, Jeffrey R./Kapteyn, Arie/Mitchell, Olivia S., Framing and Claming: How Information-Framing Affects Expected Social Security Claiming Behavior, The Journal of Risk and Insurance 83 (2016), S. 139–162.

Brückner, Joachim Daniel, Folgerichtige Gesetzgebung im Steuerrecht und Öffentlichen Wirtschaftsrecht. Verfassungsrechtliche Grundlagen der Forderungen nach Folgerichtigkeit in der Rechtsprechung des Bundesverfassungsgerichts, Baden-Baden 2014 (zit. *Brückner*, Folgerichtige Gesetzgebung).

Brüggemeier, Gert, Deliktsrecht. Ein Hand- und Lehrbuch, Baden-Baden 1986.

Brugger, Winfried, Demokratie, Freiheit, Gleichheit. Studien zum Verfassungsrecht der USA, Berlin 2002.

–, Zum Verhältnis von Menschenbild und Menschenrechten, in: Härle, Wilfried/Vogel, Bernhard (Hrsg.), Vom Recht, das mit uns geboren ist. Aktuelle Probleme des Naturrechts, Freiburg 2007, S. 216–247.

Brusis, Martin/Zweynert, Joachim, Wirtschafts- und Gesellschaftsordnungen, in: Mause, Karsten/Müller, Christian/Schubert, Klaus (Hrsg.), Politik und Wirtschaft. Ein integratives Kompendium, Wiesbaden 2018, S. 89–113.

Buchanan, James M., The Limits of Liberty. Between Anarchy and Leviathan, 2. Aufl., Chicago, London 1978.

–, Liberty, Market and State. Political Economy in the 1980s, Brighton/Sussex 1986.

–, Federalism and Individual Sovereignty, Cato Journal 15 (1995), S. 259–268.

Buchanan, James M./Tullock, Gordon, The Calculus of Consent. Logical Foundations of Constitutional Democracy, 3. Aufl., Indianapolis 1999.

Budzinski, Oliver/Eckert, Sandra, Wettbewerb und Regulierung, in: Mause, Karsten/Müller, Christian/Schubert, Klaus (Hrsg.), Politik und Wirtschaft. Ein integratives Kompendium, Wiesbaden 2018, S. 375–400.

Buhl, Hans Ulrich/Heidemann, Julia, Big Data. Ein (ir-)relevanter Modebegriff für Wissenschaft und Praxis?, Wirtschaftsinformatik 2013, S. 63–68.

Bull, Hans Peter, Verwaltung durch Maschinen. Rechtsprobleme der Technisierung der Verwaltung, 2. Aufl., Köln 1964.

–, Der „vollständig automatisiert erlassene“ Verwaltungsakt – Zur Begriffsbildung und rechtlichen Einhegung von „E-Government“, DVBl. 2017, S. 409–417.

Bullinger, Martin, Öffentliches Recht und Privatrecht. Studien über Sinn und Funktionen der Unterscheidung, Stuttgart/Berlin/Köln u. a. 1968.

Bumke, Christian, Ausgestaltung von Grundrechten. Grundlagen und Grundzüge einer Dogmatik der Grundrechtsausgestaltung unter besonderer Berücksichtigung der Vertragsfreiheit, Tübingen 2009.

–, Rechtsdogmatik. Überlegungen zur Entwicklung und zu den Formen einer Denk- und Arbeitsweise der deutschen Rechtswissenschaft, JZ 2014, S. 641–650.

–, Privatautonomie. Grundelement privatrechtlicher Ordnungsbildung im demokratischen Verfassungsstaat, in: Bumke, Christian/Röthel, Anne (Hrsg.), Autonomie im Recht. Gegenwartsdebatten über einen rechtlichen Grundbegriff, Tübingen 2017, S. 69–90.

–, Rechtsdogmatik. Eine Disziplin und ihre Arbeitsweise. Zugleich eine Studie über das rechtsdogmatische Arbeiten von Friedrich Carl von Savigny, Tübingen 2017.
–, Die Entwicklung der Grundrechtsdogmatik in der deutschen Staatsrechtslehre unter dem Grundgesetz, AöR 144 (2019), S. 1–80.
Bünau, Paul v., Künstliche Intelligenz im Recht. Möglichkeiten und Mythos, in: Breidenbach, Stephan/Glatz, Florian (Hrsg.), Rechtshandbuch Legal Tech, 2. Aufl., München 2021, S. 71–82.
Buresh, Donald L., A Comparison Between the European and the American Approaches to Privacy, Indonesian Journal of International & Comparative Law 6 (2019), S. 257–285.
Burgi, Martin, Funktionale Privatisierung und Verwaltungshilfe. Staatsaufgabendogmatik – Phänomenologie – Verfassungsrecht, Tübingen 1999 (zit. *Burgi*, Funktionale Privatisierung).
Burk, Dan L., Algorithmic Fair Use, Chicago Law Review 86 (2019), S. 283–307.
Burton, Steven J., Default Principles, Legitimacy, and the Authority of a Contract, Southern California Interdisciplinary Law Journal 3 (1993), S. 115–166.
Busch, Christoph, Implementing Personalize Law: Personalized Disclosures in Consumer Law and Data Privacy Law, Chicago Law Review 86 (2019), S. 309–331.
–, The future of pre-contractual information duties: from behavioral insights to big data, in: Twigg-Flesner, Christian (Hrsg.), Research Handbook on EU Consumer and Contract Law, Cheltenham (UK)/Northampton (MA) 2019, S. 221–240.
–, Algorithmic Regulation and (Im)Perfect Enforcement in the Personalized Economy, in: Busch, Christoph/De Franceschi, Alberto (Hrsg.), Algorithmic Regulation and Personalized Law, München/Oxford/Baden-Baden u. a. 2021, S. 279–292 (zit. *Busch,* in: Busch/De Franceschi [Hrsg.], Personalized Law).
Busche, Jan, Privatautonomie und Kontrahierungszwang, Tübingen 1999.
Bydlinski, Franz, Juristische Methodenlehre und Rechtsbegriff, 2. Aufl., Wien 1991 (zit. *Bydlinski,* Juristische Methodenlehre).
–, Das Privatrecht im Rechtssystem einer „Privatrechtsgesellschaft“, Wien/New York 1994.
–, Die Suche nach der Mitte als Daueraufgabe der Privatrechtswissenschaft, AcP 204 (2004), S. 309–395.
Cafaggi, Fabrizio, From a status to a transaction-based approach? Institutional design in European contract law, Common Market Law Review (Special Edition) 50 (2013), 311–329.
Calabresi, Guido, Some Thoughts on Risk Distribution and the Law of Torts, Yale Law Journal 70 (1961), S. 499–553.
–, The Costs of Accidents. A Legal and Economic Analysis, New Haven/London 1970.
–, Concerning Cause and the Law of Torts: An Essay for Harry Kalven, Jr., University of Chicago Law Review 43 (1975), S. 69–108.
–, A Common Law for the Age of Statutes, Cambridge/London 1982 (zit. *Calabresi,* Common Law).
–, The Pointlessness of Pareto: Carrying Coase Further, Yale Law Journal 100 (1991), S. 1211–1237.
–, An Introduction to Legal Thought: Four Approaches to Law and to the Allocation of Body Parts, Stanford Law Review 55 (2003), S. 2113–2151.
–, The Complexity of Torts – The Case of Punitive Damages, in: Madden, Stuart (Hrsg.), Exploring Tort Law, Cambridge 2005, S. 333–351.
–, The Future of Law and Economics. Essays in Reform and Recollection, New Haven/London 2016.
Calabresi, Guido/Bobbitt, Philip, Tragic Choices, New York 1978.

Calabresi, Guido/Melamed, A. Douglas, Property Rules, Liability Rules, and Inalienability: One View of the Cathedral, Harvard Law Review 85 (1972), S. 1089–1128.
Camerer, Colin/Thaler, Richard H., Anomalies: Ultimatums, Dictators and Manners, The Journal of Economic Perspectives 9 (1995), S. 209–219.
Canaris, Claus-Wilhelm, Ansprüche wegen positiver Forderungsverletzung und Schutzwirkung für Dritte bei nichtigen Verträgen. Zugleich ein Beitrag zur Vereinheitlichung der Regeln über die Schutzpflichtverletzungen, JZ 1965, S. 475–482.
–, Risikohaftung bei schadensgeneigter Tätigkeit in fremdem Interesse, RdA 1966, S. 41–51.
–, Die Vertrauenshaftung im deutschen Privatrecht, München 1971 (zit. *Canaris,* Vertrauenshaftung).
–, Die Verdinglichung obligatorischer Rechte, in: Jakobs, Horst Heinrich (Hrsg.), Festschrift für Werner Flume zum 70. Geburtstag. 12. September 1978, Köln 1978, S. 371–427 (zit. *Canaris,* FS Flume).
–, Die Feststellung von Lücken im Gesetz. Eine methodologische Studie über Voraussetzungen und Grenzen der richterlichen Rechtsfortbildung praeter legem, 2. Aufl., Berlin 1983 (zit. *Canaris,* Lücken im Gesetz).
–, Schutzgesetze – Verkehrspflichten – Schutzpflichten, in: Diederichsen, Uwe/Canaris, Claus-Wilhelm (Hrsg.), Festschrift für Karl Larenz zum 80. Geburtstag am 23. April 1983, München 1983, S. 27–110 (zit. *Canaris,* FS Larenz).
–, Systemdenken und Systembegriff in der Jurisprudenz entwickelt am Beispiel des deutschen Privatrechts, 2. Aufl., Berlin 1983 (zit. *Canaris,* Systemdenken).
–, Grundrechte und Privatrecht, AcP 184 (1984), S. 201–246.
–, Verstöße gegen das verfassungsrechtliche Übermaßverbot im Recht der Geschäftsfähigkeit und im Schadensersatzrecht, JZ 1987, S. 993–1004.
–, Das Informations- und das Inhaltsschrankenmodell beim Konsumentenkredit. Dargestellt an drei Grundproblemen, ÖBA 1990, S. 882–898.
–, Die Verfassungswidrigkeit von § 828 II BGB als Ausschnitt aus einem größeren Problemfeld. – Zugleich eine Besprechung des Vorlagebeschlusses des OLG Celle vom 26.5.1989 –, JZ 1990, S. 679–681.
–, Verfassungs- und europarechtliche Aspekte der Vertragsfreiheit in der Privatrechtsgesellschaft, in: Badura, Peter/Scholz, Rupert (Hrsg.), Festschrift für Peter Lerche zum 65. Geburtstag. Wege und Verfahren des Verfassungslebens, München 1993, S. 873–891 (zit. *Canaris,* FS Lerche).
–, Die Gefährdungshaftung im Lichte der neueren Rechtsentwicklung, öJBL 1995, S. 2–17.
–, Die Bedeutung der iustitia distributiva im deutschen Vertragsrecht. Aktualisierte und stark erweiterte Fassung des Vortrags vom 2. Juli 1993, München 1997 (zit. *Canaris,* iustitia distributiva).
–, Grundrechte und Privatrecht. Eine Zwischenbilanz, Berlin/Boston 1999.
–, Wandlungen des Schuldvertragsrechts – Tendenzen zu seiner „Materialisierung", AcP 200 (2000), S. 273–364.
–, Grundstrukturen des deutschen Deliktsrechts, VersR 2005, S. 577–584.
Carter, Ian, Choice, freedom, and freedom of choice, Social Choice and Welfare 22 (2002), S. 61–81.
Casey, Anthony J./Niblett, Anthony, The Death of Rules and Standards, Indiana Law Journal 92 (2017), S. 1401–1447.
–, A Framework for the New Personalization of Law, Chicago Law Review 86 (2019), S. 333–358.

Cassels, Jamie, (In)Equality and the Law of Torts. Gender, Race and the Assessment of Damages, Advocates' Quarterly 17 (1995), S. 158–198.
Caton, Simon/Haas, Christian, Fairness in Machine Learning: A Survery, arXiv:2010.04053v1 [cs.LG] (2020), S. 1–33.
Chamgardani, Darya Alikhani, Der Allgemeine Teil des iranischen Schuldvertragsrechts. Im Spannungsverhältnis zwischen rezipiertem französischen und traditionellem islamischen Recht, Frankfurt a. M. 2013.
Chander, Anupam/Kaminski, Margot E./McGeveran, William, Catalyzing Privacy Law, Minnesota Law Review 104 (2020), 1733–1802.
Chayes, Abram, The Role of the Judge in Public Law Litigation, Harvard Law Review 89 (1976), S. 1281–1316.
Chemerinsky, Erwin, In Defense of Equality: A Reply to Professor Westen, Michigan Law Review 81 (1983), S. 575–599.
Chesney, Michael N./Gallagher, Gerard T., State Action and the Peremptory Challenge. Evolution of the Court's Treatment and Implications for Georgia v. McCollum, Notre Dame Law Review 67 (1992), S. 1049–1078.
Chittaranjan, Gokul/Blom, Jan/Gatica-Perez, Daniel, Mining large-scale smartphone data for personality studies, Personal and Ubiquitous Computing 17 (2011), S. 433–450.
Christiano, Thomas, The Authority of Democracy, Journal of Political Philosophy 12 (2004), S. 266–290.
Christman, John, Saving Positive Freedom, Political Theory 33 (2005), S. 79–88.
Clark, David S., The Selection and Accountability of Judges in West Germany. Implementation of a Rechtsstaat, Southern California Law Review 61 (1988), S. 1795–1848.
Clark, Robert, Contracts, Elites, and Traditions in the Making of Corporate Law, Columbia Law Review 89 (1989), S. 1703–1747.
Clermont, Kevin M., Rules, Standards, and Such, Buffalo Law Review 68 (2020), S. 751–804.
Coale, David/Couture, Wendy, Loud Rules, Pepperdine Law Review 34 (2007), S. 715–741.
Coase, Roland H., The Problem of Social Cost, The Journal of Law and Economics 3 (1960), S. 1–44.
Coase, Ronald H., The Nature of the Firm, Economica 4 (1937), S. 386–405.
–, The Federal Communications Commission, Journal of Law & Economics 2 (1959), S. 1–40.
Coffee, John C., Jr., Litigation and Corporate Governance: An Essay on Steering Between Scylla and Charybdis, George Washington Law Review 52 (1984), S. 789–828.
Coglianese, Cary, Moving Toward Personalized Law, University of Chicago Law Review Online (Post vom 9.3.2022), https://lawreviewblog.uchicago.edu/2022/03/09/bp-coglianese/ (geprüft am 31.3.2023) (zit. *Coglianese,* U. Chi. L. Rev. Online 2022).
Cohen, G. A., Chapter Seven. Capitalism, Freedom, and the Proletariat, in: Otsuka, Michael (Hrsg.), On the Currency of Egalitarian Justice, and Other Essays in Political Philosophy, Princeton, Oxford 2011, S. 147–165 (zit. *Cohen*, Capitalism, in: Otsuka [Hrsg.], Egalitarian Justice).
Cohen, Julie E., Examined Lives: Informational Privacy and the Subject as Object, Stanford Law Review 52 (2000), S. 1373–1437.
–, What Privacy Is For, Harvard Law Review 126 (2013), S. 1904–1933.
Cohen, Lizabeth, A Consumers' Republic. The Politics of Mass Consumption in Postwar America, New York 2003.
Coleman, Jules/Ripstein, Arthur, Mischief and Misfortune. Annual McGill Lecture in Jurisprudence and Public Policy, McGill Law Journal 41 (1995/1996), S. 91–130.

Colón-Ríos, Joel I., Weak Constitutionalism. Democratic legitimacy and the question of constituent power, New York 2012.

Cooter, Robert, Prices and Sanctions, Columbia Law Review 84 (1984), S. 1523–1560.

Cooter, Robert/Ulen, Thomas, Law and Economics, 6. Aufl., Boston/San Francisco/New York u.a. 2012.

Cornils, Matthias, Die Ausgestaltung der Grundrechte. Untersuchungen zur Grundrechtsbindung des Ausgestaltungsgesetzgebers, Tübingen 2005.

Corrado, Michael L., Egalitarianism and the Problem of Tort Liability, Philosophical Issues 11 (2001), S. 388–419.

Craswell, Richard, Contract Law: General Theories, in: Bouckaert, Boudewijn/De Geest, Gerrit (Hrsg.), Encyclopedia of Law and Economics. Volume III: The Regulation of Contracts, Cheltenham 2000, S. 1–24.

Crawford, Bridget J./Infanti, Anthony C., A Critical Research Agenda for Wills, Trusts, and Estates, Real Property, Trust & Estate Law Journal 49 (2014), S. 317–347.

Crespi, Gregory Scott, Exploring the Complicationist Gambit: An Austrian Approach to the Economic Analysis of Law, Notre Dame Law Review 73 (1998), S. 315–383.

Cserne, Péter, Making Sense of Nudge-Scepticism: Three Challenges to EU Law's Learning from Behavioural Sciences, in: Alemanno, Alberto/Sibony, Anne-Lise (Hrsg.), Nudge and the Law. A European Perspective, Oxford/Portland (Oregon) 2017, S. 279–299.

Cutler, Claire, International Commercial Arbitration, Transnational Governance, and the New Constitutionalism, in: Mattli, Walter/Dietz, Thomas (Hrsg.), International Arbitration and Global Governance. Contending Theories and Evidence, Oxford 2014, S. 140–167.

Cziupka, Johannes, Die ergänzende Vertragsauslegung, JuS 2009, S. 103–106.

–, Dispositives Vertragsrecht. Funktionsweise und Qualitätsmerkmale gesetzlicher Regelungsmuster, Tübingen 2010.

Dagan, Hanoch, The Distributive Foundation of Corrective Justice, Michigan Law Review 98 (1999), 138–166.

–, The Craft of Property, California Law Review 91 (2003), S. 1517–1571.

Damaška, Mirjan, Structures of Authority and Comparative Criminal Procedure, Yale Law Journal 84 (1975), S. 480–544.

Damm, Reinhard, Risikosteuerung im Zivilrecht, in: Hoffmann-Riem, Wolfgang/Schmidt-Aßmann, Eberhard (Hrsg.), Öffentliches Recht und Privatrecht als wechselseitige Auffangordnungen, Baden-Baden 1996, S. 85–142.

–, Risikosteuerung im Privatrecht – Rechtsgüterschutz und Regelungsinstrumente, in: Hart, Dieter (Hrsg.), Privatrecht im „Risikostaat", Baden-Baden 1997, S. 13–42.

Dankert, Kevin, Normative Technologie in sozialen Netzwerken – Neue Marktstrukturen als Anreiz für einen Paradigmenwechsel der Kommunikationsregulierung?, KritV 98 (2015), S. 49–73.

Dari-Mattiacci, Giuseppe, Negative Liability, The Journal of Legal Studies 38 (2009), S. 21–60.

Darroch, Gordon, The slow lane: Dutch app allows elderly to „hack" traffic light, The Guardian (12.7.2017), https://www.theguardian.com/cities/2017/jul/12/dutch-app-elderly-hack-pedestrian-crossings (geprüft am 31.3.2023) (zit. *Darroch*, The Guardian 2017).

Daston, Lorraine/Galison, Peter, Objectivity, New York 2010.

Dauner-Lieb, Barbara, Verbraucherschutz durch Ausbildung eines Sonderprivatrechts für Verbraucher. Systemkonforme Weiterentwicklung oder Schrittmacher der Systemveränderung?, Berlin 1983 (zit. *Dauner-Lieb*, Verbraucherschutz).

Davidson, Adam, Personalized Law, Political Power, and the Dangerous Few, University of Chicago Law Review Online (Post vom 9.3.2022) (geprüft am 31.3.2023) (zit. *Davidson,* U. Chi. L. Rev. Online 2022).

Davidson, Nestor M., Standardization and Pluralism in Property Law, Vanderbilt Law Review 61 (2008), S. 1597–1666.

Degenhart, Christoph, Systemgerechtigkeit und Selbstbindung des Gesetzgebers als Verfassungspostulat, München 1976.

–, Staatsrecht I. Staatsorganisationsrecht, 38. Aufl., Heidelberg 2022.

Deleuze, Gilles, A quoi reconnaît-on le structuralisme ?, in: Châtelet, François (Hrsg.), Histoire de la philosophie, Paris 1972, S. 299–335.

–, Postscript on the Societies of Control, October 59 (1992), S. 3–7.

Delfanti, Alessandro/Frey, Bronwyn, Humanly Extended Automation or the Future of Work Seen through Amazon Patents, Science, Technology, & Human Values 46 (2021), S. 655–682.

Demir, Başar/Kumkale, G. Tarcan, Individual Differences in Willingness to Become an Organ Donor: A Decision Tree Approach to Reasoned Action, Personality & Individual Differences 63 (2013), S. 63–69.

Demsetz, Harold, Towards a Theory of Property Rights, The American Economic Review 57 (1967), S. 347–359.

Denno, Deborah W., Neuroscience and the Personalization of Criminal Law, Chicago Law Review 86 (2019), S. 539–401.

Denozza, Francesco/Maugeri, Marisaria, „Granularization" and Cross-Subsidies: Liberal, Neoliberal and Socialist Perspectives, in: Busch, Christoph/De Franceschi, Alberto (Hrsg.), Algorithmic Regulation and Personalized Law, München/Oxford/Baden-Baden u. a. 2021, S. 172–184 (zit. *Denozza/Maugeri,* in: Busch/De Franceschi [Hrsg.], Personalized Law).

Determann, Lothar, No One Owns Data, Hastings Law Journal 70 (2019), 1–44.

Detterbeck, Steffen, Allgemeines Verwaltungsrecht mit Verwaltungsprozessrecht, 18. Aufl., München 2020 (zit. *Detterbeck,* Allgemeines Verwaltungsrecht).

Deutsch, Erwin, Fahrlässigkeit und erforderliche Sorgfalt. Eine privatrechtliche Untersuchung, 2. Aufl., Köln 1995.

–, Die Fahrlässigkeit im neuen Schuldrecht, AcP 202 (2002), S. 889–911.

Deutsch, Harry/Garbacz, Pawel, Relative Identity, in: Zalta, Edward N. (Hrsg.), The Stanford Encyclopedia of Philosophy, Winter 2022 Edition, http://plato.stanford.edu/archives/fall2018/entries/identity-relative/ (geprüft am 31.3.2023) (zit. *Deutsch/Garbacz*, in: Zalta [Hrsg.], The Stanford Encyclopedia of Philosophy).

Deutscher Bundestag/Wissenschaftlicher Dienst, Einschätzungsspielraum, Begründungspflicht und Beobachtungspflicht bei grundrechtsbeschränkenden Maßnahmen. Sachstand, Az. WD 3 – 3000 – 096/20 (20.4.2020), http://www.bundestag.de/resource/blob/701834/3ded447af97bd019d6ca2f80c4a50899/WD-3-096-20-pdf-data.pdf (geprüft am 31.3.2023) (zit. *Deutscher Bundestag/WD*, Einschätzungsspielraum, Begründungspflicht und Beobachtungspflicht, 2020).

Devereaux, Abigail N., The nudge wars: A modern socialist calculation debate, Review of Austrian Economics 32 (2019), S. 139–158.

Dewey, John, Force and Coercion, International Journal of Ethics 26 (1916), S. 359–367.

Dieckmann, Andreas/Sorge, Christoph, Der *homo oeconomicus*. Ein Modellmensch für das Recht par excellence?, in: dies. (Hrsg.), Der *homo economicus* in der Rechtsanwendung, Tübingen 2016, S. 1–37.

Di Fabio, Udo, Privatisierung und Staatsvorbehalt. Zum dogmatischen Schlüsselbegriff der öffentlichen Aufgabe, JZ 1999, S. 585–592.

–, Grundrechtsgeltung in digitalen Systemen. Selbstbestimmung und Wettbewerb im Netz, München 2016.

Diamond, Peter A., Single Activity Accidents, The Journal of Legal Studies 3 (1974), S. 107–164.

Diamond, Arthur M., Jr., F. A. Hayek on Constructivism and Ethics, The Journal of Libertarian Studies 4 (1980), S. 353–365.

Dürig, Günter/Herzog, Roman/Scholz, Rupert (Hrsg.), Grundgesetz. Kommentar, Band I: Art. 1–5, 99. Ergänzungslieferung, München 2022 (zit. Dürig/Herzog/Scholz – *Bearbeiter,* GG).

–, Grundgesetz. Kommentar, Band II: Art. 6–16a, 99. Ergänzungslieferung, München 2022 (zit. Dürig/Herzog/Scholz – *Bearbeiter,* GG).

–, Grundgesetz. Kommentar, Band III: Art. 17–28, 99. Ergänzungslieferung, München 2022 (zit. Dürig/Herzog/Scholz – *Bearbeiter,* GG).

Dimova-Cookson, Maria, A New Scheme of Positive and Negative Freedom. Reconstructing T. H. Green on Freedom, Political Theory 31 (2003), S. 508–532.

Diver, Colin S., The Optimal Precision of Administrative Rules, Yale Law Journal 93 (1983), S. 65–109.

Downs, Anthony, An Economic Theory of Democracy, New York 1957.

Dreier, Horst (Hrsg.), Grundgesetz-Kommentar. Band 1, 3. Aufl., Tübingen 2013 (zit. Dreier – *Bearbeiter,* GG).

Drews, Claudia, Die Wesensgehaltsgarantie des Art. 19 II GG, Baden-Baden 2005.

Drüen, Klaus-Dieter, Die Indienstnahme Privater für den Vollzug von Steuergesetzen, Tübingen 2012 (zit. *Drüen*, Indienstnahme Privater).

Dudenredaktion, Duden. Band 7: Das Herkunftswörterbuch. Etymologie der deutschen Sprache, 6. Aufl., Berlin 2020 (zit. Begriff, in: Dudenredaktion [Hrsg.], Herkunftswörterbuch).

Dürig, Günter, Der Grundrechtssatz von der Menschenwürde. Entwurf eines praktikablen Wertsystems der Grundrechte aus Art. 1 Abs I in Verbindung mit Art. 19 Abs. II des Grundgesetzes, AöR 81 (1956), S. 117–157.

Dworkin, Ronald, The Model of Rules, Chicago Law Review 35 (1967), S. 14–46.

–, Hard Cases, Harvard Law Review 88 (1975), S. 1057–1109.

–, Taking Rights Seriously, London/New Delhi/New York u. a. 2013 (zit. *Dworkin,* Taking Rights Seriously).

Easterbrook, Frank H./Fischel, Daniel R., Antitrust Suits by Targets of Tender Offers, Michigan Law Review 80 (1982), S. 1155–1178.

Ebner, Alexander, Hayek on entrepreneurship: competition, market process and cultural evolution, in: Backhaus, Jürgen G. (Hrsg.), Entrepreneurship, Money and Coordination. Hayek's Theory of Cultural Evolution, Cheltenham/Northampton 2005, S. 131–149.

Eckstein, Felix, Die Frage des anzuwendenden Kollisionsrechts, RabelsZ 8 (1934), S. 121–147.

Ehlers, Dirk, § 2 General Principles, in: ders. (Hrsg.), European Fundamental Rights and Freedoms, Berlin 2007, S. 25–66.

Ehmke, Horst, Ermessen und unbestimmter Rechtsbegriff, Tübingen 1960.

Ehrlich, Eugen, Das zwingende und nichtzwingende Recht im Bürgerlichen Gesetzbuch für das Deutsche Reich, Jena 1899.

Ehrlich, Isaac/Posner, Richard A., An Economic Analysis of Legal Rulemaking, The Journal of Legal Studies 3 (1974), S. 257–286.

Eidenmüller, Horst, Der homo oeconomicus und das Schuldrecht: Herausforderungen durch Behavioral Law and Economics, JZ 2005, S. 216–224.

–, Effizienz als Rechtsprinzip. Möglichkeiten und Grenzen der ökonomischen Analyse des Rechts, 4. Aufl., Tübingen 2015.

–, Why Personalized Law? University of Chicago Law Review Online (Post vom 9.3.2022), https://lawreviewblog.uchicago.edu/2022/03/09/bp-eidenmuller/ (geprüft am 31.3.2023) (zit. *Eidenmüller,* U. Chi. L. Rev. Online 2022).

Elford, Gideon, Reclaiming two concepts of liberty, Politics, Philosophy & Economics 12 (2012), S. 228–246.

Elkin-Koren, Niva/Gal, Michael S., The Chilling Effect of Governance-by-Data on Data Markets, Chicago Law Review 86 (2019), S. 403–431.

Ellsberg, Daniel, Risk, Ambiguity, and the Savage Axioms, The Quarterly Journal of Economics 75 (1961), S. 643–669.

Ely Jr., James W., The Contract Clause. A Constitutional History, Lawrence (Kansas) 2016.

Enders, Christoph, Der Verwaltungsakt als Titel für die Anforderung der Kosten seiner Vollstreckung. Selbstverständlicher Rechtsgrundsatz oder grundsätzliches Missverständnis?, NVwZ 2009, S. 958–962.

Engel, Christoph, Das Internet und der Nationalstaat, in: Dicke, Klaus/Hummer, Waldemar/Girsberger, Daniel u. a. (Hrsg.), Völkerrecht und internationales Privatrecht in einem sich globalisierenden internationalen System – Auswirkungen der Entstaatlichung transnationaler Rechtsbeziehungen, Heidelberg 2000, S. 353–425 (zit. *Engel*, in: Dicke/Hummer/Girsberger u. a. [Hrsg.], Auswirkungen der Entstaatlichung).

Engel, Martin/Stark, Johanna, Verbraucherrecht ohne Verbraucher?, ZEuP 2015, S. 32–51.

Engert, Andreas, Gleichheit zwischen Effizienz und Verteilung – rechtsökonomische Rekonstruktion eines Gerechtigkeitspostulats, in: Grundmann, Stefan/Thiessen, Jan (Hrsg.), Von formaler zu materialer Gleichheit. Vergleichende Perspektiven aus Geschichte, Kranz der Disziplinen und Theorie, Tübingen 2021, S. 101–123.

Engler, Carolin Marie, Private Regelsetzung, Berlin 2017.

Epping, Volker, Grundrechte, 9. Aufl., Berlin 2021.

Epping, Volker/Hillgruber, Christian (Hrsg.), BeckOK Grundgesetz, 54. Edition, München 2023 (zit. BeckOK – *Bearbeiter,* GG).

Epstein, Richard A., Notice and Freedom of Contract in the Law of Servitudes, California Law Review 55 (1982), S. 1353–1368.

Erevelles, Sunil/Fukawa, Nobuyuki/Swayne, Linda, Big Data consumer analytics and the transformation of marketing, Journal of Business Research 69 (2016), S. 897–904.

Eskridge, William N., Jr./Frickey, Philip P., The Making of the Legal Process. Commentary, Harvard Law Review 107 (1994), S. 2031–2055.

Ettinger, Patrik, Öffentlichkeitsverlust des Parlaments?, in: Meier, Werner A./Bonfadelli, Heinz/Trappel, Josef (Hrsg.), Gehen in den Leuchttürmen die Lichter aus? Was aus den Schweizer Leitmedien wird, Zürich, Berlin 2012, S. 109–128.

Ezrachi, Ariel/Stucke, Maurice E., The rise of behavioural discrimination, European Competition Law Review 37 (2016), S. 485–492.

Fagan, Frank/Levmore, Saul, The Impact of Artificial Intelligence on Rules, Standards, and Judicial Discretion, Southern California Law Review 93 (2019), S. 1–35.

Farrand, Max, The Framing of the Constitution of the United States, New Haven 1913.

Fasse, Markus/Hubik, Franz/Krolle, Hannah/Menzel, Stefan/Tyborski, Roman, Wer beim Wettlauf um das beste Auto-Betriebssystem vorn liegt, Handelsblatt (3.5.2021), http://www.handelsblatt.com/unternehmen/innovationweek/industrie-gegen-techkonzerne-wer-beim-wettlauf-um-das-beste-auto-betriebssystem-vorn-liegt/27151616.html? (geprüft am 31.3.2023) (zit. *Fasse/Hubik/Krolle* u. a., Handelsblatt 2021).

Faust, Florian, Bürgerliches Gesetzbuch. Allgemeiner Teil, 7. Aufl., Baden-Baden 2021.

Faust, Florian/Grigoleit, Hans Christoph, Informationspflichten: Grundlegende Weichenstellungen, in: Eidenmüller, Horst/Faust, Florian/Grigoleit, Hans Christoph u. a. (Hrsg.), Revision des Verbraucher-acquis, Tübingen 2011, S. 193.

Feiler, Sebastian, Kollisionsrecht der Vertragsübernahme, Baden-Baden 2019.

Felix, Dagmar, Einheit der Rechtsordnung. Zur verfassungsrechtlichen Relevanz einer juristischen Argumentationsfigur, Tübingen 1998.

Fennell, Lee Anne, Personalizing Precommitment, Chicago Law Review 86 (2019), S. 433–457.

Feuerbach, Paul Johann Anselm von, Lehrbuch des gemeinen in Deutschland geltenden Peinlichen Rechts, Giessen 1801.

Fidell, Eugene R., The Constitution of 1787: What's Essential?, Syracuse Law Review 67 (2017), S. 605–611.

Fikentscher, Wolfgang, Eine Theorie der Fallnorm als Grundlage von Kodex- und Fallrecht (code law and case law), ZfRV 21 (1980), S. 161–174.

–, Modes of thought. A study in the anthropology of law and religion, 2. Aufl., Tübingen 2004.

Fischel, Daniel R., The Corporate Governance Movement, Vanderbilt Law Review 35 (1982), S. 1259–1292.

Fischer, James M., The Puzzle of the Actual Injury Requirement for Damages, Loyola of Los Angeles Law Review 42 (2008), S. 197–235.

Fischer, Reinfrid/Schulte-Mattler, Hermann (Hrsg.), KWG, CRR-VO. Kommentar zu Kreditwesengesetz, VO (EU) Nr. 575/2013 (CRR) und Ausführungsvorschriften. Band 1, 6. Aufl., München 2023 (zit. Fischer/Schulte-Mattler – *Bearbeiter,* KWG).

Fisher, Irving, The Theory of Interest. As Determined by Impatience To Spend Income and Opportunity To Invest It, New York 1930.

Fiss, Owen, The Accumulation of Disadvantages, California Law Review 106 (2018), S. 1945–1976.

Fiss, Owen M., Groups and the Equal Protection Clause, Philosophy & Public Affairs 5 (1976), S. 107–177.

Fleischer, Holger, Aktienrechtliche Legalitätspflicht und „nützliche" Pflichtverletzungen von Vorstandsmitgliedern, ZIP 2005, S. 141–152.

–, Der numerus clausus der Sachenrechte im Spiegel der Rechtsökonomie, in: Eger, Thomas/Bigus, Jochen/Ott, Claus u. a. (Hrsg.), Internationalisierung des Rechts und seine ökonomische Analyse. Internationalization of the Law and its Economic Analysis. Festschrift für Hans-Bernd Schäfer zum 65. Geburtstag, Wiesbaden 2008, S. 125–138 (zit. *Fleischer,* FS Schäfer).

Flume, Werner, Steuerwesen und Rechtsordnung, in: Rechts- und staatswissenschaftliche Fakultät der Universität Göttingen (Hrsg.), Rechtsprobleme in Staat und Kirche. Festschrift für Rudolf Smend zum 70. Geburtstag, 15. Januar 1952, dargebracht von Freunden und Schülern, Göttingen 1952, S. 59–102 (zit. *Flume,* FS Smend).

–, Allgemeiner Teil des bürgerlichen Rechts. Zweiter Band: Das Rechtsgeschäft, 3. Aufl., Berlin/Heidelberg/New York (NY) 1979.

Foucault, Michel, Surveiller et punir. Naissance de la prison, Paris 1975.

Frawley, William J./Patetsky-Shapiro, Gregory/Matheus, Christopher J., Knowledge Discovery in Databases: An Overview, AI Magazine 13 (1992), S. 57–70.

Friedman, Milton, Neo-Liberalism and its Prospects, Farmand (17.2.1951), S. 89–93, http://miltonfriedman.hoover.org/internal/media/dispatcher/214957/full (geprüft am 31.3.2023) (zit. *Friedman*, Farmand 1951).

–, Capitalism and Freedom, 40. Aufl., Chicago/London 2002.

Friedman, Milton/Friedman, Rose, Free to Choose. A Personal Statement, Orlando/Austin/New York u. a. 1990.

Fries, Martin, Schadensersatz ex machina, NJW 2019, S. 901–905.

Fromholzer, Ferdinand, Consideration. US-amerikanisches Recht im Vergleich zum deutschen, Tübingen 1997.

Fröschle, Tobias, Die Entwicklung der gesetzlichen Rechte des überlebenden Ehegatten, Tübingen 1996.

Fuller, Lon L., Consideration and Form, Columbia Law Review 41 (1941), S. 799–824.

Füller, Jens Thomas, Eigenständiges Sachenrecht?, Tübingen 2006.

Gaillard, Emmanuel, The Role of the Arbitrator in Determining the Applicable Law, in: Newman, Lawrence W./Hill, Richard D. (Hrsg.), The Leading Arbitrators' Guide to International Arbitration, 3. Aufl., Huntington/New York 2014, S. 437–468.

Gans, Oskar/Marggraf, Rainer, Kosten-Nutzen-Analyse und ökonomische Politikbewertung 1. Wohlfahrtsmessung und betriebswirtschaftliche Investitionskriterien, Berlin/Heidelberg 1997 (zit. *Gans/Marggraf*, Kosten-Nutzen-Analyse).

Gartz, Henrik, Begründungspflicht des Gesetzgebers. Das verfassungsrechtliche Verhandlungsgebot, Baden-Baden 2015.

Gaus, Gerald/Courtland, Shane D./Schmidtz, David, Liberalism, in: Zalta, Edward N. (Hrsg.), The Stanford Encyclopedia of Philosophy, Spring 2022 Edition, http://plato.stanford.edu/archives/fall2020/entries/liberalism/ (geprüft am 31.3.2023) (zit. *Gaus/Courtland/Schmidtz*, in: Zalta [Hrsg.], The Stanford Encyclopedia of Philosophy).

Geiger, Theodor, Die Legende von der Massengesellschaft, Archiv für Rechts- und Sozialphilosophie 39 (1951), S. 305–323.

Geiger, Willi, Gegenwartsprobleme der Verfassungsgerichtsbarkeit aus deutscher Sicht, in: Berberich, Thomas/Holl, Wolfgang/Maaß, Kurt-Jürgen (Hrsg.), Neue Entwicklungen im öffentlichen Recht. Beiträge zum Verhältnis von Bürger und Staat aus Völkerrecht, Verfassungsrecht und Verwaltungsrecht, Stuttgart 1979, S. 131–142.

Geis, George S., An Experiment in the Optimal Precision of Contract Default Rules, Tulane Law Review 80 (2006), S. 1109–1161.

Gellermann, Martin, Grundrechte in einfachgesetzlichem Gewand. Untersuchung zur normativen Ausgestaltung der Freiheitsrechte, Tübingen 2000.

Gierke, Otto v., Deutsches Privatrecht. Zweiter Band: Sachenrecht, Berlin 1905.

Gigerenzer, Gerd/Brighton, Henry, Homo heuristicus. Why Biased Minds Make Better Inferences, in: Gigerenzer, Gerd/Hertwig, Ralph/Pachur, Thorsten (Hrsg.), Heuristics. The Foundations of Adaptive Behavior, Oxford 2011, S. 2–30.

Gigerenzer, Gerd/Goldstein, Daniel G., Reasoning the Fast and Frugal Way: Models of Bounded Rationality, Psychological Review 103 (1996), S. 650–669.

Giliker, Paula, Regulating Contracting Behaviour: The Duty to Disclose in English and French Law, European Review of Private Law 13 (2005), S. 621–640.

Gilmore, Grant, The Ages of American Law, 2. Aufl., New Haven, London 2014.

Glannon, Joseph W., The Law of Torts, 4. Aufl., New York 2010.

Goanta, Catalina, The Ancient Alien: Good Faith as the Facilitator of Personalized Law, University of Chicago Law Review Online (Post vom 9.3.2022), https://lawreviewblog.uchicago.edu/2022/03/09/bp-goanta/ (geprüft am 31.3.2023) (zit. *Goanta,* U. Chi. L. Rev. Online 2022).

Goecke, Klaus, Unbegrenzte Haftung Minderjähriger?, NJW 1999, S. 2305–2310.

Goette, Wulf/Habersack, Mathias/Kalss, Susanne (Hrsg.), Münchener Kommentar zum Aktiengesetz. Band 2, 5. Aufl., München 2019 (zit. MünchKomm – *Bearbeiter,* AktG).

Goetz, Charles J./Scott, Robert E., The Mitigation Principle: Towards a General Theory of Contractual Obligation, Virginia Law Review 69 (1983), S. 967–1024.

–, The Limits of Expanded Choice: An Analysis of the Interaction Between Express and Implied Contract Terms, California Law Review 73 (1985), S. 261–322.

Goldstein, Daniel G./Johnson, Eric J./Herrmann, Andreas/Heitmann, Mark, Nudge Your Customers Toward Better Choices, Harvard Business Review 86 (2008), S. 99–106.

Gordon, Deborah S., Engendering Trust, Wisconsin Law Review 2019, S. 213–238.

Gordon, Jeffrey N., The Mandatory Structure of Corporate Law, Columbia Law Review 89 (1989), S. 1549–1598.

Greco, Luís, Das Subjektive an der objektiven Zurechnung: Zum „Problem“ des Sonderwissens, ZStW 117 (2005), S. 519–554.

Green, T. H., Lecture on „Liberal Legislation and Freedom of Contract“, in: Harris, Paul/Morrow, John (Hrsg.), Lectures on the Principles of Political Obligation and other Writings, Cambridge 1986, S. 194–212 (zit. *Green*, Liberal Legislation, in: Harris/Morrow [Hrsg.], Lectures).

Greenawalt, Kent, Judicial Scrutiny of „Benign“ Racial Preference in Law School Admissions, Columbia Law Review 75 (1975), S. 559–602.

Greene, Jamal, The Rule of Law as a Law of Standards, Georgetown Law Journal 99 (2011), S. 1289–1299.

Grigoleit, Hans Christoph, Vorvertragliche Informationshaftung. Vorsatzdogma, Rechtsfolgen, Schranken, München 1997.

–, Abstraktion und Willensmängel – Die Anfechtbarkeit des Verfügungsgeschäfts, AcP 199 (1999), S. 379–420.

–, Gesellschafterhaftung für interne Einflussnahme im Recht der GmbH. Dezentrale Gewinnverfolgung als Leitprinzip des dynamischen Gläubigerschutzes, München 2006 (zit. *Grigoleit*, Gesellschafterhaftung).

–, Leistungspflichten und Schutzpflichten, in: Heldrich, Andreas/Prölss, Jürgen/Koller, Ingo u. a. (Hrsg.), Festschrift für Claus-Wilhelm Canaris zum 70. Geburtstag. Band I, München 2007, S. 275–306 (zit. *Grigoleit,* FS Canaris I).

–, Anforderungen des Privatrechts an die Rechtstheorie, in: Jaestaedt, Matthias/Lepsius, Oliver (Hrsg.), Rechtswissenschaftstheorie, Tübingen 2008, S. 51–78.

–, Anforderungen des Privatrechts an die Rechtstheorie, in: Jestaedt, Matthias/Lepsius, Oliver (Hrsg.), Rechtswissenschaftstheorie, Tübingen 2008, S. 51–78.

–, Das historische Argument in der geltendrechtlichen Privatrechtsdogmatik, ZNR 2008, S. 259–271.

–, Die Aufklärungsplichten des acquis, in: Eidenmüller, Horst/Faust, Florian/Grigoleit, Hans Christoph u. a. (Hrsg.), Revision des Verbraucher-acquis, Tübingen 2011, S. 223–266.

–, Mandatory Law: Fundamental Regulatory Principles, in: Basedow, Jürgen/Hopt, Klaus J./Zimmermann, Reinhard u. a. (Hrsg.), The Max Planck Encyclopedia of European Private Law, Oxford 2012, S. 1126 = SSRN: https://ssrn.com/abstract=1950670 (geprüft am 31.3.2023), S. 1–11 (zit. *Grigoleit*, Mandatory Law, SSRN 2011).

–, Dogmatik – Methodik – Teleologik, in: Auer, Marietta/Grigoleit, Hans Christoph/Hager, Johannes u. a. (Hrsg.), Privatrechtsdogmatik im 21. Jahrhundert. Festschrift für Claus-Wilhelm Canaris zum 80. Geburtstag, Berlin/Boston 2017, S. 239–277 (zit. *Grigoleit,* FS Canaris II).

–, Unentgeltliche Verträge und Gefälligkeitsverhältnisse – Die Perspektive des Haftungsrechts, VersR 2018, S. 769–789.

–, Begründungslinien der Legalitätsverantwortung im Kapitalgesellschaftsrecht, in: Boele-Woelki, Katharina/Faust, Florian/Jacobs, Matthias u. a. (Hrsg.), Festschrift für Karsten Schmidt zum 80. Geburtstag. Band I, München 2019, S. 367–390 (zit. *Grigoleit,* FS K. Schmidt).

– (Hrsg.), Aktiengesetz. Kommentar, 2. Aufl., München 2020 (zit. Grigoleit – *Bearbeiter,* AktG).

–, Personalized Law: Distinctions and Procedural Observations, University of Chicago Law Review Online (Post vom 9.3.2022), https://lawreviewblog.uchicago.edu/2022/03/09/bp-grigoleit/ (geprüft am 31.3.2023) (zit. *Grigoleit,* U. Chi. L. Rev. Online 2022).

Grigoleit, Hans Christoph/Bender, Philip, Der Diskurs über die Kategorien des Schadensersatzes im Leistungsstörungsrecht – Teleologische Dogmatisierung auf dem Prüfstand, ZfPW 6 (2019), S. 1–65.

–, The Law between Generality and Particularity. Chances and Limits of Personalized Law, in: Busch, Christoph/De Franceschi, Alberto (Hrsg.), Algorithmic Regulation and Personalized Law, München/Oxford/Baden-Baden u. a. 2021, S. 115–136 (zit. *Grigoleit/Bender,* in: Busch/De Franceschi [Hrsg.], Personalized Law).

Grigoleit, Hans Christoph/Herresthal, Carsten, Die Schuldübernahme, Jura 2002, S. 393–401.

Grigoleit, Hans Christoph/Riehm, Thomas, Die Kategorien des Schadensersatzes im Leistungsstörungsrecht, AcP 203 (2003), S. 727–762.

Grimm, Dieter, Verfassung und Privatrecht im 19. Jahrhundert. Die Formationsphase, Tübingen 2017 (zit. *Grimm*, Verfassung und Privatrecht).

Grinzinger, Julia, Der Einsatz künstlicher Intelligenz in Vertragsverhältnissen, in: Bayer, Elena/Erler, Katharina u. a. (Hrsg.), Privatrecht 2050 – Blick in die digitale Zukunft. Jahrbuch Junge Zivilrechtswissenschaft, Baden-Baden 2020, S. 151–179 (zit. *Grinzinger,* JjZRW).

Grise, Julie E./Gelter, Martin/Whitman, Robert, Rudolf von Jhering's Influence on Karl Llewellyn, Tulsa Law Review 48 (2013), S. 93–116.

Grubb, Michael D./Osborne, Matthew, Cellular Service Demand: Biased Beliefs, Learning, and Bill Shock, American Economic Review 105 (2015), S. 234–271.

Grünberger, Michael, Personale Gleichheit. Der Grundsatz der Gleichbehandlung im Zivilrecht, Baden-Baden 2013.

–, Responsive Rechtsdogmatik – Eine Skizze. Erwiderung auf Karl Riesenhuber, AcP 219 (2019), 892 ff., AcP 219 (2019), S. 924–942.

Grundmann, Stefan, Information und ihre Grenzen im Europäischen und neuen englischen Gesellschaftsrecht, in: Schneider, Uwe H. (Hrsg.), Festschrift für Marcus Lutter zum 70. Geburtstag. Deutsches und europäisches Gesellschafts-, Konzern- und Kapitalmarktrecht, Köln 2000, S. 61–82 (zit. *Grundmann,* FS Lutter).

–, Von formaler zu materialer Gleichheit. Kernlinien historisch und multidisziplinär, in: Grundmann, Stefan/Thiessen, Jan (Hrsg.), Von formaler zu materialer Gleichheit. Vergleichende Perspektiven aus Geschichte, Kranz der Disziplinen und Theorie, Tübingen 2021, S. 1–29.

Gsell, Beate, Verbraucherschutz, in: von Staudinger, Julius (Begr.), Eckpfeiler des Zivilrechts. Kommentar zum Bürgerlichen Gesetzbuch mit Einführungsgesetz und Nebengesetzen. Ergänzungsband, 8. Aufl., Berlin 2022, S. 641–778 (zit. Eckpfeiler – *Gsell*, Verbraucherschutz).

Gsell, Beate/Krüger, Wolfgang/Lorenz, Stephan/Reymann, Christoph (Hrsg.), beck-online. GROSSKOMMENTAR zum Zivilrecht. Bürgerliches Gesetzbuch, München 2022/2023 (zit. BeckOGK – *Bearbeiter,* BGB, Stand).

Gunther, Gerald, Foreword: In Search of Evolving Doctrine on a Changing Court: A Model for a Newer Equal Protection, Harvard Law Review 86 (1972), S. 1–48.

Häberle, Peter, Grundrechte im Leistungsstaat. 2. Mitbericht, VVDStRL 30 (1971), S. 43–131.

–, Die Wesensgehaltsgarantie des Art. 19 Abs. 2 Grundgesetz. Zugleich ein Beitrag zum institutionellen Verständnis der Grundrechte und zur Lehre vom Gesetzesvorbehalt, 3. Aufl., Heidelberg 1983 (zit. *Häberle*, Wesensgehaltsgarantie).

Habermas, Jürgen, Legitimationsprobleme im modernen Staat, Politische Vierteljahresschrift Sonderhefte 7 (1976), S. 39–61.

–, Faktizität und Geltung. Beiträge zur Diskurstheorie des Rechts und des demokratischen Rechtsstaats, Frankfurt a. M. 1992 (zit. *Habermas,* Faktizität und Geltung).

Habersack, Mathias, Richtigkeitsgewähr notariell beurkundeter Verträge, AcP 189 (1989), S. 403–424.

–, Die Legalitätspflicht des Vorstands der AG, in: Burgard, Ulrich/Hadding, Walther u. a. (Hrsg.), Festschrift für Uwe H. Schneider, Köln 2012, S. 429–442 (zit. *Habersack,* FS Schneider).

Habersack, Mathias/Schneider, Patrick, Haftungsbeschränkung zugunsten Minderjähriger – aber wie?, FamRZ 1997, S. 649–656.

Hacker, Daphna, The Gendered Dimension of Inheritance: Empirical Food for Legal Thought, Journal of Empirical Legal Studies 7 (2010), S. 322 –354.

Hacker, Philipp, Nudge 2.0: The Future of Behavioural Analysis of Law in Europe and Beyond. A Review of „Nudge and the Law. A European Perspective“, edited by Alberto Alemanno and Anne-Lise Sibony, European Review of Private Law 2 (2016), S. 297–322.

–, Personalizing EU Private Law: From Disclosure to Nudges and Mandates, European Review of Private Law 25 (2017), S. 651–678.

–, Verhaltensökonomik und Normativität. Die Grenzen des Informationsmodells im Privatrecht und seine Alternativen, Tübingen 2017 (zit. *Hacker*, Verhaltensökonomik).

–, The Ambivalence of Algorithms. Gauging the Legitimacy of Personalized Law, in: Bakhoum, Mor/Conde Gallego, Beatriz/Mackenrodt, Mark-Oliver u. a. (Hrsg.), Personal Data in Competition, Consumer Protection and Intellectual Property Law. Towards a Holistic Approach?, Berlin/Heidelberg 2018, S. 85–117 (zit. *Hacker*, in: Bakhoum/Conde, Personal Data).

–, Datenprivatrecht. Neue Technologien im Spannungsfeld von Datenschutzrecht und BGB, Tübingen 2020.

–, Personalized Law and the Behavioral Sciences, in: Busch, Christoph/De Franceschi, Alberto (Hrsg.), Algorithmic Regulation and Personalized Law, München/Oxford/Baden-Baden u. a. 2021, S. 241–263 (zit. *Hacker,* in: Busch/De Franceschi [Hrsg.], Personalized Law).

Hacker, Philipp/Petkova, Bilyana, Reining in the Big Promise of Big Data: Transparency, Inequality, and New Regulatory Frontiers, Northwestern Journal of Technology and Intellectual Property 15 (2017), S. 1–42.

Haferkamp, Hans-Peter, Georg Friedrich Puchta und die „Begriffsjurisprudenz“, Frankfurt a. M. 2004 (zit. *Haferkamp*, „Begriffsjurisprudenz“).

–, The Science of Private Law and the State in Nineteenth Century Germany, American Journal of Comparative Law 56 (2008), S. 667–689.

–, Die sogenannte Begriffsjurisprudenz im 19. Jahrhundert – „reines“ Recht?, in: Depenheuer, Otto (Hrsg.), Reinheit des Rechts. Kategorisches Prinzip oder regulative Idee?, Wiesbaden 2010, S. 79–99.

–, Begriffsjurisprudenz, in: Anderheiden, Michael/Gutmann, Thomas/Jakl, Bernhard u. a. (Hrsg.), Enzyklopädie der Rechtsphilosophie, 2011, S. 1–7, https://inp.jura.uni-koeln.de/sites/inp/user_upload/Art._Begriffsjurisprudenz__in_Enzyplopa__die_der_Rechtsphilosophie.pdf (geprüft am 31.3.2023).

Haissiner, Martin D., Innocence: A Presumption, a Principle, and a Status, in: Bender, Philip M. (Hrsg.), The Law between Objectivity and Power, Oxford/Baden-Baden 2022, S. 297–313 (zit. *Haissiner*, in: Bender [Hrsg.], Objectivity and Power).

Hales, Alexander v., Glossa in quatuor libros sententiarum Petri Lombardi, Band 3, in: PP. Collegii S. Bonaventurae (Hrsg.), Bibliotheca Franciscana Scholastica Medii Aevi, Quaracchi/Florenz 1954 (zit. *Hales*, Glossa).

Halpérin, Jean-Louis, École de l'Exégèse, in : Encyclopedia Universalis 2005, S. 227–230, http://www.universalis.fr/encyclopedie/ecole-de-l-exegese/ (geprüft am 31.3.2023) (zit. *Halpérin*, in: Encyclopedia Universalis).

–, Histoire du droit privé français depuis 1804, Paris 2012.

Handorn, Boris, Das Sonderkollisionsrecht der deutschen internationalen Schiedsgerichtsbarkeit. Zur Bestimmung des anwendbaren materiellen Rechts gemäß § 1051 Abs. 1 und 2 Zivilprozessordnung, Tübingen 2005.

Hannak, Aniko/Soeller, Gary/Lazer, David/Mislove, Alan/Wilson, Christo, Measuring Price Discrimination and Steering on E-commerce Web Sites, Proceedings of the 14th ACM/USENIX Internet Measurement Conference (IMC'14) 2014, S. 305–318.

Hannich, Rolf (Hrsg.), Karlsruher Kommentar zur Strafprozessordnung mit GVG, EGGVG und EMRK, 9. Aufl., München 2023 (zit. KarlsKomm – *Bearbeiter,* StPO).

Harcourt, Bernard E., Risk as a Proxy for Race: The Dangers of Risk Assessment, Federal Sentencing Reporter 27 (2015), S. 237–243.

Harris, Ron, The Use of History in Law and Economics, Theoretical Inquiries in Law 4 (2003), S. 659–696.

Hart, Henry M., Jr./Sacks, Albert M., The Legal Process. Basic Problems in the Making and Application of Law. Edition William N. Eskridge, Jr./Frickey, Philip P., Westbury 1994.

Hart, H. L. A., The Concept of Law. With an Introduction by Leslie Green, 3. Aufl., Oxford 2012.

Hastie, Trevor/Tibshirani, Robert/Friedman, Jerome, The Elements of Statistical Learning. Data Mining, Inference, and Prediction, 2. Aufl., New York 2017 (zit. *Hastie/Tibsirani/Friedman*, Statistical Learning).

Hansmann, Henry/Kraakman, Reinier, Property, Contract, and Verification: The Numerus Clausus Problem and the Divisibility of Rights, The Journal of Legal Studies 31 (2002), 373–420.

Hart, Herbert Lionel Adolphus, Positivism and the Separation of Law and Morals, Harvard Law Review 71 (1958), S. 593–629.

Hartz, Louis, The Liberal Tradition in America. An Interpretation of American Political Thought Since the Revolution, 2. Aufl., Orlando/Austin/New York u. a. 1991.

Hasnas, John, The Myth of the Rule of Law, Wisconsin Law Review 1995, S. 199–233.

–, Hayek, the Common Law, and Fluid Drive, N.Y.U. Journal of Law & Liberty 1 (2005), S. 79–110.

Hattenhauer, Christian, „Der Mensch als solcher rechtsfähig" – Von der Person zur Rechtsperson, in: Klein, Eckart/Menke, Christoph (Hrsg.), Der Mensch als Person und Rechtsperson. Grundlage der Freiheit, Berlin 2011, S. 39–66.

Hau, Wolfgang/Poseck, Roman (Hrsg.), BeckOK BGB, 65. Edition, München 2022/2023 (zit. BeckOK – *Bearbeiter,* BGB).

Häublein, Martin Günther, Sondernutzungsrechte und ihre Begründung im Wohnungseigentumsrecht, München 2003.

Hayek, Friedrich A., Individualism and Economic Order, Chicago 1948.

–, The Sensory Order. An Inquiry into the Foundations of Theoretical Psychology, Chicago 1952.

–, The Nature and History of the Problem, in: ders. (Hrsg.), Collectivist Economic Planning. Critical Studies on the Possibilities of Socialism, 6. Aufl., London 1963, S. 1–40.

–, New Studies in Philosophy, Politics, Economics and the History of Ideas, Chicago 1978 (zit. *Hayek*, New Studies).

–, The Fatal Conceit. The Errors of Socialism, London 1988.

–, Law, Legislation and Liberty. A new statement of the liberal principle of justice and political economy, 3. Aufl., London 1998.

–, The Road to Serfdom, 6. Aufl., London/New York 2006.

–, The Constitution of Liberty, 3. Aufl., London/New York 2009.

Hayek, Friedrich A. v., Economics and Knowledge, Economica 4 (1937), S. 33–54.

–, The Use of Knowledge in Society, The American Economic Review 35 (1945), S. 519–530.

–, The Constitution of Liberty, Chicago 1960.

Hebeler, Timo, Ist der Gesetzgeber verfassungsrechtlich verpflichtet, Gesetze zu begründen? Grundsätzliche Überlegungen anlässlich des Bundesverfassungsgerichtsurteil zur Leistungsgestaltung im SGB II, DÖV 2010, S. 754–762.

Heck, Philipp, Wie ist den Missbräuchen, welche sich bei den Abzahlungsgeschäften herausgebildet haben, entgegen zu wirken?, in: Schriftführeramt der ständigen Deputation (Hrs.), Verhandlungen des Einundzwanzigsten Deutschen Juristentages, Zweiter Band, 1891, S. 131–195 (zit. *Heck*, Deutscher Juristentag 21 II)

–, Gesetzesauslegung und Interessenjurisprudenz, AcP 112 (1914), S. 1–313.

–, Grundriß des Schuldrechts, Tübingen 1929.

–, Begriffsbildung und Interessenjurisprudenz, Tübingen 1932.

–, Das Problem der Rechtsgewinnung, 2. Aufl., Tübingen 1932.

–, Die Interessenjurisprudenz und ihre neuen Gegner, AcP 142 (1936), S. 129–202.

Hedemann, Justus Wilhelm, Das bürgerliche Recht und die neue Zeit. Rede gehalten bei Gelegenheit der akademischen Preisverteilung in Jena am 21. Juni 1919, Jena 1919.

–, Die Flucht in die Generalklauseln. Eine Gefahr für Recht und Staat, Tübingen 1933.

Heidari, Hoda/Gummadi, Krishna P./Loi, Michele/Krause, Andreas, A Moral Framework for Understanding Fair ML through Economic Models of Equality and Opportunity, Proceedings of the Conference on Fairness, Accountability, and Transparency 2019, S. 181–190.

Heller, Michael A., The Boundaries of Private Property, Yale Law Journal 108 (1999), S. 1163–1223.

Helleringer, Geneviève/Sibony, Anne-Lise, European Consumer Protection Through the Behavioral Lens, Columbia Journal of European Law 23 (2017), S. 607–646.

Hellgardt, Alexander, Regulierung und Privatrecht. Staatliche Verhaltensteuerung mittels Privatrecht und ihre Bedeutung für Rechtswissenschaft, Gesetzgebung und Rechtsanwendung, Tübingen 2016 (zit. *Hellgardt*, Regulierung).

–, Wider die Legalitätspflicht im Kapitalgesellschaftsrecht, in: Grundmann, Stefan/Merkt, Hanno/Mülbert, Peter O. u. a. (Hrsg.), Festschrift für Klaus J. Hopt zum 80. Geburtstag am 24. August 2020, Berlin/Boston 2020, S. 403–423 (zit. *Hellgardt,* FS Hopt).

Henssler, Martin/Spindler, Gerald/Stilz, Eberhard (Hrsg.), beck-online.GROSSKOMMENTAR AktG, München 2023 (zit. BeckOGK – *Bearbeiter,* AktG, Stand).

Herdegen, Matthias, Informalisierung und Entparlamentarisierung politischer Entscheidungen als Gefährdung der Verfassung?, VVDStRL 61 (2003), S. 9–116.

Hermann, Donald H. J., A Structuralist Approach to Legal Reasoning, Southern California Law Review 48 (1975), S. 1131–1195.

Hermstrüwer, Yoan, Die Regulierung der prädiktiven Analytik: eine juristisch-verhaltenswissenschaftliche Skizze, in: Hoffmann-Riem, Wolfgang (Hrsg.), Big Data –Regulative Herausforderungen, Baden-Baden 2018, S. 99–116.

–, Fairnessprinzipien der algorithmischen Verwaltung. Diskriminierungsprävention beim staatlichen Einsatz von Machine Learning, AöR 145 (2020), S. 479–521.

Herold, Viktoria, Demokratische Legitimation automatisiert erlassener Verwaltungsakte, Berlin 2020 (zit. *Herold,* Automatisiert erlassene Verwaltungsakte).

Herresthal, Carsten/Riehm, Thomas, Die eigenmächtige Selbstvornahme im allgemeinen und besonderen Leistungsstörungsrecht, NJW 2005, S. 1457–1461.

Herz, John H., Legitimacy. Can We Retrieve It?, Comparative Politics 10 (1978), S. 317–343.

Hesse, Konrad, Grundzüge des Verfassungsrechts der Bundesrepublik Deutschland, 20. Aufl., Heidelberg 1999.

Hesselink, Martijn W., Non-Mandatory Rules in European Contract Law, European Review of Contract Law 1 (2005), S. 44–84.

–, Democratic Contract Law, European Review of Contract Law 11 (2015), S. 81–126.

Heu, Johannes Christoph, Kulminierende Grundrechtseingriffe. Vom Umgang mit Belastungskumulationen am Beispiel des beendeten Bestandsmarktaufrufs, Berlin 2018.

Heyman, Steven J., The Third Annual C. Edwin Baker Lecture for Liberty, Equality, and Democracy: The Conservative-Libertarian Turn in First Amendment Jurisprudence, West Virginia Law Review 117 (2014), S. 231–343.

Hicks, John R., The Foundations of Welfare Economics, The Economic Journal 49 (1939), S. 696–712.

Hirsch, Adam J., Default Rules in Inheritance Law: A Problem in Search of its Context, Fordham Law Review 73 (2004), S. 1031–1101.

Hirsch, Günter, Auf dem Weg zum Richterstaat? Vom Verhältnis des Richters zum Gesetzgeber in unserer Zeit, JZ 2007, S. 853–858.

Hoeren, Thomas/Pinelli, Stefan, Das neue kalifornische Datenschutzrecht am Maßstab der DS-GVO. Auswirkungen der CCPA auf gobal agierende europäische Unternehmen, MMR 2018, S. 711–716.

Hoffmann, Hans-Joachim, Die Abstufung der Fahrlässigkeit in der Rechtsgeschichte. Unter besonderer Berücksichtigung der culpa levissima, Berlin 1968 (zit. *Hoffmann,* Abstufungen der Fahrlässigkeit).

Hoffmann-Riem, Wolfgang, § 10 Eigenständigkeit der Verwaltung, in: Hoffmann-Riem, Wolfgang/Schmidt-Aßmann, Eberhard/Voßkuhle, Andreas (Hrsg.), Grundlagen des Verwaltungsrechts. Band I: Methoden. Maßstäbe. Aufgaben. Organisation, 2. Aufl., München 2012, S. 677–776.

–, Recht im Sog der digitalen Transformation. Herausforderungen, Tübingen 2022 (zit. *Hoffmann-Riem*, Transformation).
–, Verhaltenssteuerung durch Algorithmen – Eine Herausforderung für das Recht, AöR 142 (2017), S. 1–42.
Hohfeld, Wesley Newcomb, Some Fundamental Legal Conceptions as Applied in Judicial Reasoning, Yale Law Journal 23 (1913), S. 16–59.
–, Fundamental Legal Conceptions as Applied in Judicial Reasoning, Yale Law Journal 26 (1917), S. 710–770.
Holmes, Oliver Wendell, Jr., The Path of the Law, Harvard Law Review 10 (1897), S. 457–478.
Hong, Mathias, Abwägungsfeste Rechte. Von Alexys Prinzipien zum Modell der Grundsatznormen, Tübingen 2019.
–, Der Menschenwürdegehalt der Grundrechte. Grundfragen, Entstehung und Rechtsprechung, Tübingen 2019.
Honsell, Heinrich, Die Erosion des Privatrechts durch das Europarecht, ZIP 2008, S. 621–630.
Hörstmann, Jürgen, Der echte Vertrag zugunsten Dritter als Rechtsgeschäft zur Übertragung einer Forderung. Ein Beitrag zur Dogmatik des echten Vertrages zugunsten Dritter, Münster 1982 (zit. *Hörstmann*, Der echte Vertrag zugunsten Dritter).
Horwitz, Steven, From The Sensory Order to the Liberal Order: Hayek's Non-rationalist Liberalism, Review of Austrian Economics 13 (2000), S. 23–40.
Howe, Mark DeWolfe (Hrsg.), The Common Law, London, Melbourne 1968.
Huber, Peter M., Maastricht – ein Staatsstreich?, Stuttgart 1993.
–, Das Kooperationsverhältnis zwischen BVerfG und EuGH in Grundrechtsfragen, EuZW 1997, S. 517–521.
–, Die Demontage des Öffentlichen Rechts, in: Kluth, Winfried/Müller, Martin/Peilert, Andreas (Hrsg.), Wirtschaft – Verwaltung – Recht: Festschrift für Rolf Stober zum 65. Geburtstag am 11. Juni 2008, Köln/München 2008, 547–558 (zit. *Huber,* FS Stober).
–, The Principle of Proportionality, in: Schroeder, Werner (Hrsg.), Strengthening the Rule of Law in Europe. From a Common Concept to Mechanisms of Implementation, Oxford 2016, S. 98–112.
Huber, Ulrich, Zivilrechtliche Fahrlässigkeit, in: Forsthoff, Ernst (Hrsg.), Festschrift für Ernst Rudolf Huber zum 70. Geburtstag am 8. Juni 1973, Göttingen 1973, S. 253–289 (zit. *Huber,* FS Huber).
Hume, David, A Treatise of Human Nature, Electronic Book Company (Hrsg.), London 2019.
Huq, Aziz Z., Racial Equity in Algorithmic Criminal Justice, Duke Law Journal 68 (2019), S. 1043–1134.
Hurley, Mikella/Adebayo, Julius, Credit Scoring in the Era of Big Data, Yale Journal of Law and Technology 18 (2017), S. 148–216.
Husserl, Gerhart, Rechtskraft und Geltung. Erster Band: Genesis und Grenzen der Rechtsgeltung, Berlin 1925.
Hyde, Dominic/Raffman, Diana, Sorites Paradox, in: Zalta, Edward N. (Hrsg.), The Stanford Encyclopedia of Philosophy, Summer 2018 Edition, http://plato.stanford.edu/archives/sum2018/entries/sorites-paradox/ (geprüft am 31.3.2023) (zit. *Hyde/Raffman*, in: Zalta [Hrsg.], The Stanford Encyclopedia of Philosophy).
Ibler, Martin, Rechtspflegender Rechtsschutz im Verwaltungsrecht. Zur Kontrolldichte bei wertenden Behördenentscheidungen – vom Preussischen Oberverwaltungsgericht bis zum modernen Gerichtsschutz im Prüfungsrecht, Tübingen 1999.

Ingold, Albert, Die verfassungsrechtliche Identität der Bundesrepublik Deutschland. Karriere – Konzept – Kritik, AöR 140 (2015), S. 1–30.

–, Digitalisierung demokratischer Öffentlichkeit, Der Staat 56 (2017), S. 491–533.

Ipsen, Hans Peter, Gesetzliche Indienstnahme Privater für Verwaltungsaufgaben, in: Jahrreiß, Hermann/Jellinek, Walter/Laun, Rudolf u. a. (Hrsg.), Um Recht und Gerechtigkeit. Festgabe für Erich Kaufmann, Stuttgart/Köln 1950, S. 141–161.

Ipsen, Jörn, Staatsrecht II. Grundrechte, 24. Aufl., München 2021.

Jakl, Bernhard, Handlungshoheit. Die normative Struktur der bestehenden Dogmatik und ihrer Materialisierung im deutschen und europäischen Schuldvertragsrecht, Tübingen 2019.

Jann, Werner, Ministerien und verselbstständigte Behörden in Deutschland: Lehren aus der internationalen Diskussion über „Agencification", in: Reichard, Christoph/Schröter, Eckhard (Hrsg.), Zur Organisation öffentlicher Aufgaben. Effizienz, Effektivität und Legitimität, Opladen/Berlin/Toronto 2013, S. 78–99.

Jansen, Nils, Die Struktur des Haftungsrechts. Geschichte, Theorie und Dogmatik außervertraglicher Ansprüche auf Schadensersatz, Tübingen 2003.

Jarass, Hans D., Die Widerspruchsfreiheit der Rechtsordnung als verfassungsrechtliche Vorgabe, AöR 126 (2001), S. 588–607.

– (Hrsg.), Charta der Grundrechte der Europäischen Union. unter Einbeziehung der vom EuGH entwickelten Grundrechte, der Grundrechtsregelungen der Verträge und der EMRK. Kommentar, 4. Aufl., München 2021 (zit. Jarass – *Bearbeiter,* GRCh).

Jarass, Hans D./Pieroth, Bodo (Hrsg.), Grundgesetz für die Bundesrepublik Deutschland. Kommentar, 17. Aufl., München 2022 (zit. Jarass/Pieroth – *Bearbeiter,* GG).

Jellinek, Georg, Die Lehre von den Staatenverbindungen, Wien 1882.

–, System der subjektiven öffentlichen Rechte, Freiburg im Breisgau 1892.

–, Die Erklärung der Menschen- und Bürgerrechte, 4. Aufl., München, Leipzig 1927.

Jesch, Dietrich, Unbestimmter Rechtsbegriff und Ermessen in rechtstheoretischer und verfassungsrechtlicher Sicht, AöR 82 (1957), S. 163–249.

–, Gesetz und Verwaltung. Eine Problemstudie zum Wandel des Gesetzmäßigkeitsprinzips, 2. Aufl., Tübingen 1968.

Johnson, Eric J./Goldstein, Daniel G., Decisions by Default, in: Shafir, Eldar (Hrsg.), The Behavioral Foundations of Public Policy, Princeton, Oxford 2013, S. 417–427.

Johnson, Justin P., Targeted advertising and advertising avoidance, RAND Journal of Economics 44 (2013), S. 128–144.

Jolls, Christine, Behavioral Law and Economics, in: Diamond, Peter/Vartiainen, Hannu (Hrsg.), Behavioral Economics and Its Applications, Princeton 2007, S. 115–144.

Jolls, Christine/Sunstein, Cass R., Debiasing through Law, The Journal of Legal Studies 35 (2006), S. 199–242.

Jolls, Christine/Sunstein, Cass R./Thaler, Richard, A Behavioral Approach to Law and Economics, Stanford Law Review 50 (1998), S. 1471–1550.

Jordan, M. I./Mitchell, T. M., Machine learning: Trends, perspectives, and prospects, Science 349 (2015), S. 255–260.

Judge, Debra S., American legacies and the variable life histories of women and men, Human Nature 6 (1995), S. 291–323.

Kagan, Robert A., Adversarial Legalism. The American Way of Law, Cambridge/London 2001.

Kähler, Lorenz, Begriff und Rechtfertigung abdingbaren Rechts, Tübingen 2012 (zit. *Kähler,* Begriff und Rechtfertigung).

–, Pluralismus und Monismus in der normativen Rekonstruktion des Privatrechts. Zu Florian Rödls „Gerechtigkeit unter freien Gleichen", in: Grünberger, Michael/Jansen, Nils (Hrsg.), Privatrechtstheorie heute. Perspektiven deutscher Privatrechtstheorie, Tübingen 2017, S. 118–136.

–, Regelformulierung und Regulierung durch abdingbares Recht, in: Möslein, Florian (Hrsg.), Regelsetzung im Privatrecht, Tübingen 2019, S. 185–204.

Kahneman, Daniel, Thinking, Fast and Slow, New York 2011.

Kahneman, Daniel/Knetsch, Jack L./Thaler, Richard H., Anomalies: The Endowment Effect, Loss Aversion, and Status Quo Bias, The Journal of Economic Perspectives 5 (1991), S. 193–206.

Kahneman, Daniel/Tversky, Amos, Prospect Theory: An Analysis of Decisions under Risk, Econometrica 47 (1979), S. 263–292.

Kahn-Freund, Otto, On Uses and Misuses of Comparative Law, The Modern Law Review 37 (1974), S. 1–27.

Kaldor, Nicholas, Welfare Propositions of Economics and Interpersonal Comparison of Utility, The Economic Journal 49 (1939), S. 549–552.

Kalman, Laura, Some Thoughts on Yale and Guido, Law and Contemporary Problems 77 (2014), S. 15–43.

Kamenica, Emir/Mullaianathan, Sendhil/Thaler, Richard, Helping Consumers Know Themselves, American Economic Review 101 (2011), S. 417–422.

Kämmerer, Jörg Axel, Privatisierung. Typologie – Determinanten – Rechtspraxis – Folgen, Tübingen 2001.

Kant, Immanuel, Die Metaphysik der Sitten [1797], in: Königlich preussische Akademie der Wissenschaften (Hrsg.), Kant's gesammelte Schriften. Band 6, Berlin 1900ff., S. 203–493 (zit. *Kant,* MS, AA 6).

–, Grundlegung zur Metaphysik der Sitten [1785], in: Königlich preussische Akademie der Wissenschaften (Hrsg.), Kant's gesammelte Schriften. Band 4, Berlin 1900ff., S. 385–463 (zit. *Kant,* GMS, AA 4).

Kanzleiter, Rainer, Das Berliner Testament: immer aktuell und fast immer ergänzungsbedürftig, ZEV 2014, S. 225–232.

Kaplow, Louis, Rules versus Standards: An Economic Analysis, Duke Law Journal 42 (1992), S. 557–629.

–, A Model of the Optimal Complexity of Legal Rules, Journal of Law, Economics, and Organization 11 (1995), S. 150–163.

–, On the Design of Legal Rules: Balancing versus Structured Decision Procedures, Harvard Law Review 132 (2019), S. 992–1065.

Kappes, Franz-Hermann, Gleichheitssatz und Massnahmegesetz. Zum allgemeinen Gleichheitssatz des Artikels 3 Absatz 1 Grundgesetz und dessen Bedeutung für die Problematik des Maßnahmegesetzes, München 1965.

Karollus, Martin, Funktion und Dogmatik der Haftung aus Schutzgesetzverletzung. Zugleich ein Beitrag zum Deliktssystem des ABGB und zur Haftung für casus mixtus, Wien/New York 1992 (zit. *Karollus,* Schutzgesetzverletzung).

Karpen, Ulrich, Giving Effect to European Fundamental Rights Through Evaluation of Legislation, Statute Law Review 23 (2002), S. 191–202.

Kelman, Mark, A Guide to Critical Legal Studies, Cambridge 1987.

Kelsen, Hans, Reine Rechtslehre, 2. Aufl., Wien 1960.

–, Allgemeine Theorie der Normen, Wien 1979.

Kempen, Otto Ernst, Historische und aktuelle Bedeutung der „Ewigkeitsklausel“ des Art. 79 Abs. 3 GG. Überlegungen zur begrenzten Verfassungsautonomie der Bundesrepublik, Zeitschrift für Parlamentsfragen 21 (1990), S. 354–366.

Kennedy, Duncan, The Rise & Fall of Classical Legal Thought, Cambridge 1998 (zit. *Kennedy,* Classical Legal Thought).

–, Form and Substance in Private Law Adjudication, Harvard Law Review 89 (1976), S. 1685–1778.

–, A Critique of Adjudication. {fin de siècle}, Cambdridge, London 1997 (zit. *Kennedy,* A Critique of Adjudication).

Kern, Christoph Alexander, Typizität als Strukturprinzip des Privatrechts. Ein Beitrag zur Standardisierung übertragbarer Güter, Tübingen 2013.

Kersten, Jens, Georg Jellineks System – Eine Einleitung, in: Jellinek, Georg, System der subjektiven öffentlichen Rechte. 2. durchgesehene und vermehrte Auflage von 1905. Herausgegeben und eingeleitet von Jens Kersten, Tübingen 2011, S. 7–51.

–, Schwarmdemokratie. Veränderungen des Demokratieverständnisses durch Soziale Medien, JuS 2014, S. 673–681.

–, Anonymität in der liberalen Demokratie, JuS 2017, S. 193–203.

–, Schwarmdemokratie. Der digitale Wandel des liberalen Verfassungsstaats, Tübingen 2017.

Kirchgässner, Gebhard, Homo Oeconomicus. Das ökonomische Modell individuellen Verhaltens und seine Anwendung in den Wirtschafts- und Sozialwissenschaften, 4. Aufl., Tübingen 2013.

Kirchhof, Ferdinand, Private Rechtsetzung, Berlin 1987.

Kirchhof, Gregor, Kumulative Belastung durch unterschiedliche staatliche Maßnahmen, NJW 2006, S. 732–736.

–, Die Erfüllungspflichten des Arbeitgebers im Lohnsteuerverfahren. Freiheit von Arbeitszwang und Berufsfreiheit als Grenzen der Quellenbesteuerung, der Indienstnahme, der Privatisierung – zugleich ein Beitrag zur Grundrechtsdogmatik und zur Deregulierung, Berlin 2005 (zit. *Kirchhof,* Lohsteuerverfahren).

–, Die Allgemeinheit des Gesetzes. Über einen notwendigen Garanten der Freiheit, der Gleichheit und der Demokratie, Tübingen 2009.

–, Nudging – zu den rechtlichen Grenzen informalen Verwaltens, ZRP 2015, S. 136–137.

Kirchhof, Paul, Allgemeiner Gleichheitssatz, in: Isensee, Josef/Kirchhof, Paul (Hrsg.), Handbuch des Staatsrechts der Bundesrepublik Deutschland. Band VIII. Grundrechte: Wirtschaft, Verfahren, Gleichheit, 3. Aufl., Heidelberg 2010, S. 697–837.

Kirkpatrick, David, The Facebook Effect: The Real Inside Story of Mark Zuckerberg and the Worlds's Fastest Growing Company, Croydon 2010.

Kirsch, Florian Alexander, Zur Geltung des Gesetzlichkeitsprinzips im Allgemeinen Teil des Strafgesetzbuchs, 1. Aufl., Berlin 2014.

Kischel, Uwe, Delegation of Legislative Power to Agencies: A Comparative Analysis of United States and German Law, Administrative Law Review 46 (1994), S. 213–256.

–, Systembindung des Gesetzgebers und Gleichheitssatz, AöR 124 (1999), S. 174–211.

Klass, Gregory, Tailoring ex Machina: Perspectives on Personalized Law, University of Chicago Law Review Online (Post vom 9.3.2022), https://lawreviewblog.uchicago.edu/2022/03/09/bp-klass/ (geprüft am 31.3.2023) (zit. *Klass,* U. Chi. L. Rev. Online 2022).

Klein, Hans Hugo, Stellung und Aufgaben des Bundestages, in: Isensee, Josef/Kirchhof, Paul (Hrsg.), Handbuch des Staatsrechts der Bundesrepublik Deutschland. Band III. Demokratie – Bundesorgane, 3. Aufl., Heidelberg 2005, S. 711–740.

Klement, Jan Hendrik, Vom Nutzen einer Theorie, die alles erklärt. Robert Alexys Prinzipientheorie aus der Sicht der Grundrechtsdogmatik, JZ 2008, S. 756–763.

Klement, Jan Henrik, Die Kumulation von Grundrechtseingriffen im Umweltrecht, AöR 134 (2009), S. 35–82.

Klever, Lukas, „Smart Enforcement" und die Grenzen erlaubter Selbsthilfe, in: Bayer, Elena/Erler, Katharina u. a. (Hrsg.), Privatrecht 2050 – Blick in die digitale Zukunft. Jahrbuch Junge Zivilrechtswissenschaft, Baden-Baden 2020, S. 379–406 (zit. *Klever,* JjZRW).

Klimke, Dominik, Die Vertragsübernahme, Tübingen 2010.

Klingbeil, Stefan, Der Begriff der Rechtsperson, AcP 217 (2017), S. 848–885.

Kloepfer, Michael, Belastungskumulationen durch Normenüberlagerungen im Abwasserrecht. Zum Nebeneinander von Abwasserabgaben, Wasserverbandsbeiträgen und wasserrechtlichen Einleitungsbegrenzungen, VerwArch 74 (1983), S. 201–224.

–, Umweltschutz als Aufgabe des Zivilrechts – aus öffentlich-rechtlicher Sicht, NuR 1990, S. 337–349.

Klöhn, Lars, Kapitalmarkt, Spekulation und Behavioral Finance. Eine interdisziplinäre und vergleichende Analyse zum Fluch und Segen der Spekulation und ihrer Regulierung durch Recht und Markt, Berlin 2006.

Klonick, Kate, The New Governors: The People, Rules, and Processes Governing Online Speech, Harvard Law Review 131 (2018), S. 1598–1670.

Knight, Frank H., Risk, Uncertainty and Profit, Boston/New York 1921.

Köhler, Helmut, BGB Allgemeiner Teil. Ein Studienbuch, 46. Aufl., München 2022.

Kokott, Juliane, Souveräne Gleichheit und Demokratie im Völkerrecht, ZaöRV 64 (2004), S. 517–533.

Kordi, H. Javier, Personalized Enfranchisement, University of Chicago Law Review Online (Post vom 9.3.2022), https://lawreviewblog.uchicago.edu/2022/03/09/bp-kordi/ (geprüft am 31.3.2023) (zit. *Kordi,* U. Chi. L. Rev. Online 2022).

Kaspar, Johannes, Sentencing Guidelines vs. Free Judicial Discretion – Is German Sentencing Law in Need of Reform?, in: Ambos, Kai (Hrsg.), Strafzumessung/Sentencing. Angloamerikanische und deutsche Einblicke/Anglo-American and German Insights, Göttingen 2020 (zit. *Kaspar,* in: Ambos [Hrsg.], Strafzumessung/Sentencing).

Karpoff, Jonathan M./Lott, John R., Jr., The Reputational Penalty Firms Bear from Committing Criminal Fraud, Journal of Law & Economics 36 (1993), 757–802.

Kelly, Mary/Nielson, Norma, Age as a Variable in Insurance Pricing and Risk Classification, The Geneva Papers 31 (2006), S. 212–232.

Khan, Lina/Pozen, David E., A Skeptical View of Information Fiduciaries, Harvard Law Review 113 (2019), S. 497–541.

Kingreen, Thorsten/Poscher, Ralf, Grundrechte. Staatsrecht II, 35. Aufl., Heidelberg 2019.

–, Grundrechte. Staatsrecht II, 38. Aufl., Heidelberg 2022.

Kleinberg, Jon/Lakkaraju, Himabindu/Leskovec, Jure/Ludwig, Jens/Mullaianathan, Sendhil, Human Decisions and Machine Predictions, The Quarterly Journal of Economics 133 (2017), S. 237–293.

Kobayashi, Bruce H./Ribstein, Larry E., Law as Product and Byproduct, Journal of Law, Economics & Policy 9 (2013), S. 521–568.

Koops, Bert-Jaap, Criteria for Normative Technology. The Acceptability of „Code is law" in Light of Democratic and Constitutional Values, in: Brownsword, Roger/Yeung, Karen (Hrsg.), Regulating Technologies. Legal Futures, Regulatory Frames and Technological Fixes, Oxford 2008, S. 157–174.

Korch, Stefan, Leistungs- und Schutzpflichten – Ein Beitrag zur dogmatischen Erfassung des § 241 Abs. 2 BGB, ZfPW 2020, S. 189–219.
Korobkin, Russell, The Status Quo Bias and Contract Default Rules, Cornell Law Review 83 (1998), S. 608–687.
–, Behavioral Analysis and Legal Form: Rules vs. Standards Revisited, Oregon Law Review 79 (2000), S. 23–60.
–, Behavioral Economics, Contract Formation, and Contract Law, in: Sunstein, Cass R. (Hrsg.), Behavioral Law and Economics, Cambridge 2000, S. 116–143.
Korobkin, Russell B./Ulen, Thomas S., Law and Behavioral Science: Removing the Rationality Assumption from Law and Economics, California Law Review 88 (2000), S. 1051–1144.
Kosinski, Michal/Matz, Sandra/Gosling, Samuel D./Popov, Vesselin/Stillwell, David, Facebook as a Research Tool for the Social Sciences, American Psychologist 70 (2015), S. 543–556.
Kötz, Hein, Dispositives Recht und ergänzende Vertragsauslegung, JuS 2013, S. 289–296.
Kötz, Hein/Wagner, Gerhard, Deliktsrecht, München 2016.
Koziol, Helmut, Objektivierung des Fahrlässigkeitsmaßstabes im Schadensersatzrecht?, AcP 196 (1996), S. 593–610.
Kramer, Ernst A., Die „Krise" des liberalen Vertragsdenkens. Eine Standortbestimmung, München/Salzburg 1974.
Krause, Florian, Der *homo oeconomicus* im Kontext der Wirtschaftswissenschaften, in: Dieckmann, Andreas/Sorge, Christoph, (Hrsg.), Der *homo economicus* in der Rechtsanwendung, Tübingen 2016, S. 123–135.
Kreßner, Maximilian, Gesteuerte Gesundheit. Grund und Grenzen verhaltenswissenschaftlich informierter Gesundheitsförderung und Krankheitsprävention, Baden-Baden 2019.
Kroll, Joshua A./Huey, Joanna/Barocas, Solon/Felten, Edward W/Reidenberg, Joel R./Robinson, David G./Yu, Harlan, Accountable Algorithms, University of Pennsylvania Law Review 165 (2017), S. 633–706.
Kromrey, Ilka, Belastungskumulation. Ein Beitrag zur Erweiterung des grundrechtlichen Eingriffsbegriffs, Tübingen 2018.
Kronman, Anthony T., Specific Performance, University of Chicago Law Review 45 (1978), S. 351–382.
Krüger, Hildegard, Die Verfassungswidrigkeit der lex Schörner, DVBl. 1955, S. 758–763.
Kugler, Matthew B./Strahilevitz, Lior K., Assessing the Empirical Upside of Personalized Criminal Procedure, Chicago Law Review 86 (2019), S. 489–526.
Kunig, Philip, Einzelfallentscheidungen durch Gesetz, Jura 1993, S. 308–314.
Laband, Paul, Das Staatsrecht des Deutschen Reiches. Erster Band, Tübingen 1876.
Ladeur, Karl-Heinz, Staat und Gesellschaft. Von der liberalen zur postmodernen Gesellschaft, in: Depenheuer, Otto/Grabenwarter, Christoph (Hrsg.), Verfassungstheorie, Tübingen 2010, S. 599–633.
Laibson, David, Golden Eggs and Hyperbolic Discounting, The Quarterly Journal of Economics 112 (1997), S. 443–447.
Landes, William M./Posner, Richard A., The Economic Structure of Tort Law, Cambridge/London 1987.
Landis, James M., A Note on „Statutory Interpretation", Harvard Law Review 43 (1930), S. 886–893.
Lando, Ole, The Lex Mercatoria in International Commercial Arbitration, The International and Comparative Law Quarterly 34 (1985), S. 747–768.

Langbein, John H., Torture and Plea Bargaining, University of Chicago Law Review 46 (1978), S. 3–22.
–, Land Without Plea Bargaining. How the Germans Do It, Michigan Law Review 78 (1979), S. 204–225.
Lange, Hermann, Schadensersatz und Privatstrafe in der mittelalterlichen Rechtstheorie, Münster 1955.
Lange, Oskar, The Computer and the Market, in: Feinstein, C.F. (Hrsg.), Socialism, Capitalism and Economic Growth. Essays Presented to Maurice Dobb, Cambdrige 1969, S. 158–161.
Langer, Máximo, From Legal Transplants to Legal Translations. The Globalization of Plea Bargaining and the Americanization Thesis in Criminal Procedure, Harvard International Law Journal 45 (2004), S. 1–64.
Larenz, Karl, Die Methode der Auslegung des Rechtsgeschäfts. Zugleich ein Beitrag zur Theorie der Willenserklärung, Leipzig 1930.
–, Über Fahrlässigkeit im Zivilrecht, in: Baltl, Hermann (Hrsg.), Festschrift zum 60. Geburtstag von Walter Wilburg, Graz 1965, S. 119–128 (zit. *Larenz,* FS Wilburg).
–, Richtiges Recht. Grundzüge einer Rechtsethik, München 1979 (zit. *Larenz,* Richtiges Recht).
–, Lehrbuch des Schuldrechts. Band I: Allgemeiner Teil, 14. Aufl., München 1987 (zit. *Larenz,* Lehrbuch des Schuldrechts I).
Larenz, Karl/Canaris, Claus-Wilhelm, Lehrbuch des Schuldrechts. Band II/2: Besonderer Teil/2. Halbband, 13. Aufl., München 1994 (zit. *Larenz/Canaris*, Lehrbuch des Schuldrechts II/2).
–, Methodenlehre der Rechtswissenschaft, Berlin/Heidelberg/New York 1995 (zit. *Larenz/Canaris,* Methodenlehre).
Larose, Daniel T./Larose, Chantal D., Data Mining and Predictive Analytics, 2. Aufl., Hoboken (New Jersey) 2015.
Lash, Scott, Foreword. Individualization in a Non-Linear Mode, in: Beck, Ulrich/Beck-Gernsheim, Elisabeth, Individualization. Institutionalized Individualism and its Social and Political Consequences, London/Thousand Oaks/New Delhi 2002, S. vii–xiii.
Lassahn, Philipp, Rechtsprechung und Parlamentsgesetz. Überlegungen zu Anliegen und Reichweite eines allgemeinen Vorbehalts des Gesetzes, Tübingen 2017.
Latzel, Clemens, Verhaltenssteuerung, Recht und Privatautonomie, Berlin 2020.
Leese, Matthias, The new profiling: Algorithms, black boxes, and the failure of anti-discriminatory safeguards in the European Union, Security Dialogue 45 (2014), S. 494–511.
Legrand, Pierre, Comparative Legal Studies and Commitment to Theory, The Modern Law Review 58 (1995), S. 262–273.
–, The Impossibility of „Legal Transplants“, Maastricht Journal of European and Comparative Law 1997, S. 111–124.
Leibnitz, Gottfried Wilhelm v., Theodicee, das ist, Versuch von der Güte Gottes, Freyheit des Menschen, und vom Ursprunge des Bösen, Hannover 1744.
Leisner-Egensperger, Anna, Die Wesensgehaltsgarantie des Art. 19 Abs. 2 GG, in: Mertens, Detlef/Papier, Hans-Jürgen (Hrsg.), Grundfragen der Grundrechtsdogmatik, Heidelberg 2007, S. 57–80.
Leiter, Brian, Law and Objectivity, in: Coleman, Jules/Shapiro, Scott (Hrsg.), The Oxford Handbook of Jurisprudence & Philosophy of Law, Oxford 2002, S. 969–989.
Lenz, Sebastian, Vorbehaltlose Freiheitsrechte. Stellung und Funktion vorbehaltloser Freiheitsrechte in der Verfassungsordnung, Tübingen 2006.

Lepsius, Oliver, Kritik der Dogmatik, in: Kirchhof, Gregor/Magen, Stefan/Schneider, Karsten (Hrsg.), Was weiß Dogmatik? Was leistet und wie steuert die Dogmatik das Öffentliche Recht?, Tübingen 2012, S. 39–62.

Lerche, Peter, Übermaß und Verfassungsrecht. Zur Bindung des Gesetzgebers an die Grundsätze der Verhältnismäßigkeit und der Erforderlichkeit, 2. Aufl., Goldbach 1999.

–, Grundrechtsschranken, in: Isensee, Josef/Kirchhof, Paul (Hrsg.), Handbuch des Staatsrechts der Bundesrepublik Deutschland. Band V. Allgemeine Grundrechtslehren, 2. Aufl., Heidelberg 2000, S. 775–804.

Lessig, Lawrence, The New Chicago School, The Journal of Legal Studies 27 (1998), S. 661–691.

–, Code and Other Laws of Cyberspace, New York 1999.

–, The Law of the Horse: What Cyberlaw Might Teach, Harvard Law Review 113 (1999), S. 501–549.

–, Code version 2.0, New York 2006.

Leßmann, Ortrud, Freedom of Choice and Poverty Alleviation, Review of Social Economy 69 (2011), S. 439–463.

Lev-Aretz, Yafit, Personalized Choice Architecture, MR-Int 15 (2018), S. 68–71.

Lévi-Strauss, Claude, Anthropologie structurale, Paris 1958 (zit. *Lévi-Strauss,* Anthropologie structurale).

–, The Savage Mind, 4. Aufl., Chicago 1968 (zit. *Lévi-Strauss,* The Savage Mind).

Levmore, Saul/Fagan, Frank, Competing Algorithms for Law: Sentencing, Admissions, and Employment, Chicago Law Review 88 (2021), S. 367–412.

Lewinsohn-Zamir, Daphna, The Objectivity of Well-Being and the Objectives of Property Law, New York University Law Review 78 (2003), S. 1669–1754.

Libson, Adi/Parchomovsky, Gideon, Towards the Personalization of Copyright Law, Chicago Law Review 86 (2019), 527–550.

Liebs, Rüdiger, Die unbeschränkte Verfügungsbefugnis, AcP 175 (1975), S. 1–43.

Lindner, Franz Josef, Theorie der Grundrechtsdogmatik, Tübingen 2005 (zit. *Lindner,* Grundrechtsdogmatik).

Lindstädt, Hagen, Beschränkte Rationalität. Entscheidungsverhalten und Organisationsgestaltung bei beschränkter Informationsverarbeitungskapazität, München/Mering 2006.

Lingemann, Stefan/Gotham, Meike, Doppelte Schriftformklausel – gar nicht einfach!, NJW 2009, S. 268–272.

List, Christian, Are Interpersonal Comparisons of Utility Indeterminate?, Erkenntnis 58 (2003), S. 229–260.

Litman, Jessica, Information Privacy/Information Property, Stanford Law Review 52 (2000), S. 1283–1313.

Litowitz, Douglas E., Internal versus External Perspectives on Law: Toward Mediation, Florida State University Law Review 26 (1998), S. 127–150.

Lobinger, Thomas, Perspektiven der Privatrechtsdogmatik am Beispiel des allgemeinen Gleichbehandlungsrechts, AcP 216 (2016), S. 28–106.

Lomfeld, Bertram, Der Mythos vom unpolitischen Privatrecht, in: Grünberger, Michael/Jansen, Nils (Hrsg.), Privatrechtstheorie heute. Perspektiven deutscher Privatrechtstheorie, Tübingen 2017, S. 151–169.

Loomes, Graham/Sugden, Robert, Regret Theory: An Alternative Theory of Rational Choice Under Uncertainty, The Economic Journal 92 (1982), S. 805–824.

Looschelders, Dirk, Das Verhältnis von Rechtswidrigkeit, Pflichtverletzung und Verschulden bei der vertraglichen und der deliktischen Haftung, in: Omlor, Sebastian (Hrsg.), Welt-

bürgerliches Recht. Festschrift für Michael Martinek zum 70. Geburtstag, München 2020, S. 405–416 (zit. *Looschelders*, FS Martinek).
–, Schuldrecht Besonderer Teil, 17. Aufl., München 2022.
Lorenz, Stephan, Der Schutz vor dem unerwünschten Vertrag. Eine Untersuchung von Möglichkeiten und Grenzen der Abschlusskontrolle im geltenden Recht, München 1997.
Lovink, Geert, Im Bann der Plattformen. Die nächste Runde der Netzkritik, Bielefeld 2017.
Lowndes, Charles L. B., Civil Liability Created by Criminal Legislation, Minnesota Law Review 16 (1932), S. 361–377.
Lübbe-Wolff, Gertrude, Die Grundrechte als Eingriffsabwehrrechte. Struktur und Reichweite der Eingriffsdogmatik im Bereich staatlicher Leistungen, Baden-Baden 1988.
Lucas, Garry M., Jr./Tasić, Slaviša, Behavioral Public Choice and the Law, West Virginia Law Review 118 (2015), S. 199–266.
Lücke, Jörg, Der additive Grundrechtseingriff sowie das Verbot der übermäßigen Gesamtbelastung des Bürgers, DVBl. 2001, S. 1469–1478.
Ludwig, Jan, Branchenspezifische Wirtschaftsaufsicht und Corporate Governance. Auswirkungen der Banken- und Versicherungsaufsicht auf den gesellschafts- und kapitalmarktrechtlichen Ordnungsrahmen, Berlin 2012 (zit. *Ludwig*, Wirtschaftsaufsicht).
Luhmann, Niklas, Die Form „Person“, Soziale Welt 42 (1991), S. 166–175.
–, Das Recht der Gesellschaft, 1. Aufl., Frankfurt a. M. 1993.
–, Politische Planung. Aufsätze zur Soziologie von Politik und Verwaltung, 4. Aufl., Wiesbaden 1994.
–, Funktion und Folgen formaler Organisation. Mit einem Epilog 1994, 4. Aufl., Berlin 1995.
–, Recht und Automation in der öffentlichen Verwaltung. Eine verwaltungswissenschaftliche Untersuchung, Berlin 1997 (zit. *Luhmann*, Recht und Automation).
–, Legitimation durch Verfahren, 9. Aufl., Frankfurt a. M. 2013.
Lutz-Bachmann, Matthias, Der Mensch als Person. Überlegungen zur Geschichte des Begriffs der „moralischen Person“ und der Rechtsperson, in: Klein, Eckart/Menke, Christoph (Hrsg.), Der Mensch als Person und Rechtsperson. Grundlage der Freiheit, Berlin 2011, S. 109–120.
MacCallum, Gerald C., Jr., Legislative Intent, Yale Law Journal 75 (1966), S. 754–787.
–, Negative and Positive Freedom, The Philosophical Review 76 (1967), S. 312–334.
MacCormick, D. Neil, Der Rechtsstaat und die rule of law, JZ 1984, S. 65–70.
Machina, Mark J./Siniscalchi, Marciano, Ambiguity and Ambiguity Aversion, in: Machina, Mark/Viscusi, Kip (Hrsg.), Handbook of the Economics of Risk and Uncertainty. Volume 1, Oxford/Amsterdam 2014, S. 729.
Maine, Henry S., Acient Law. Its Connection with the Early History of Society, and its Realtion to Modern Ideas, 4. Aufl., New York 1906.
Mandel, Michael, Dworkin, Hart, and the Problem of Theoretical Perspectives, Law & Society Review 14 (1979), S. 57–82.
Mangoldt, Hermann von/Huber, Peter M./Voßkuhle, Andreas (Hrsg.), Grundgesetz. Kommentar. Band 1, 7. Aufl., München 2018 (zit. von Mangoldt/Klein/Starck – *Bearbeiter,* GG).
Mankowski, Peter, Widerrufsrecht, in: Basedow, Jürgen/Hopt, Klaus J./Zimmermann, Reinhard (Hrsg.), Handwörterbuch des Europäischen Privatrechts. Band II: Kauf – Zwingendes Recht, Tübingen 2009, S. 1791–1795.
Manning, John F., Separation of Powers as Ordinary Interpretation, Harvard Law Review 124 (2011), S. 1939–2040.

Marciano, Alain/Ramello, Giovanni B., Consent, Choice, and Guido Calabresi's Heterodox Economic Analysis of Law, Law and Contemporary Problems 77 (2014), S. 97–116.

Marcic, René, Vom Gesetzesstaat zum Richterstaat. Recht als Maß der Macht. Gedanken über den demokratischen Rechts- und Sozialstaat, Wien 1957.

Markovits, Daniel, Contract, in: Tasioulas, John (Hrsg.), The Cambridge Companion to the Philosophy of Law, Cambridge 2020, S. 331–351.

Markovits, Daniel/Schwartz, Alan, The Myth of Efficient Breach: New Defenses of the Expectation Interest, Virginia Law Review 97 (2011), S. 1939–2008.

Marmor, Andrei, Positive Law and Objective Values, Oxford 2001.

Mart, Susan Nevelow, The Algorithm as a Human Artifact: Implications for Legal [Re] Search, Law Library Journal 109 (2017), S. 387–422.

Martens, Sebastian A. E., Die Werte des Stare Decisis, JZ 2011, S. 348–356.

Martini, Mario, Black Box Algorithmus – Grundfragen einer Regulierung Künstlicher Intelligenz, Berlin 2019 (zit. *Martini*, Black Box Algorithms).

Martini, Mario/Botta, Jonas, Der Algorithmus als universitärer Pfortenwächter? Zur rechtlichen Zulässigkeit einer Studienplatzvergabe durch Algorithmen, in: Bertelsmann Stiftung (Hrsg.), Automatisch erlaubt? Fünf Anwendungsfälle algorithmischer Systeme auf dem juristischen Prüfstand, Gütersloh 2020, S. 12–21.

Martini, Mario/Nink, David, Mit der algorithmischen Kristallkugel auf Tätersuche? Predictive Policing auf dem Prüfstand des deutschen Rechts, in: Bertelsmann Stiftung (Hrsg.), Automatisch erlaubt? Fünf Anwendungsfälle algorithmischer Systeme auf dem juristischen Prüfstand, Gütersloh 2020, S. 32–43.

–, Strafjustiz ex machina? Zu den Grenzen algorithmenbasierter Assistenzsysteme bei Haftentscheidungen, in: Bertelsmann Stiftung (Hrsg.), Automatisch erlaubt? Fünf Anwendungsfälle algorithmischer Systeme auf dem juristischen Prüfstand, Gütersloh 2020, S. 44–62.

Martini, Peter, Art. 3 Abs. 1 GG als Prinzip absoluter Rechtsgleichheit, Köln/Berlin/Bonn u. a. 1997.

Marx, Karl/Engels, Friedrich, Manifest der Kommunistischen Partei [1847/1848], in: Institut für Marxismus-Leninismus beim Zentralkomitee der SED (Hrsg.), Marx-Engels-Werke, Band 4, Berlin 1977, S. 459–493 (zit. *Marx/Engels*, Manifest der Kommunistischen Partei, MEW 4, 459).

–, Kritik des Gothaer Programms, Berlin 1946.

Maurer, Hartmut/Waldhoff, Christian, Allgemeines Verwaltungsrecht, 20. Aufl., München 2020.

Max-Planck-Institut für ausländisches und internationales Privatrecht, Die Frühehe im Rechtsvergleich: Praxis, Sachrecht, Kollisionsrecht, RabelsZ 84 (2020), S. 705–785 (zit. *MPI*, RabelsZ).

Mayer, Jared I., Implementing Persoanlized Negligence Law, University of Chicago Law Review Online (Post vom 9.3.2022), https://lawreviewblog.uchicago.edu/2022/03/09/bp-mayer/ (geprüft am 31.3.2023) (zit. *Mayer,* U. Chi. L. Rev. Online 2022).

Mayer, Otto, Deutsches Verwaltungsrecht. Erster Band, Leipzig 1895.

Mayson, Sandra G., But What Is Personalized Law?, University of Chicago Law Review Online (Post vom 9.3.2022), https://lawreviewblog.uchicago.edu/2022/03/09/bp-mayson/ (geprüft am 31.3.2023) (zit. *Mayson,* U. Chi. L. Rev. Online 2022).

McColgan, Peter, Abschied vom Informationsmodell im Recht allgemeiner Geschäftsbedingungen, Tübingen 2020.

McCrae, Robert R./John, Oliver P., An Introduction to the Five-Factor Model and Its Applications, Journal of Personality 60 (1992), S. 175–215.
McDonnell, Brett H., Sticky Defaults and Altering Rules in Corporate Law, Southern Methodist University Law Review 60 (2007), S. 383–439.
Medicus, Dieter/Petersen, Jens, Allgemeiner Teil des BGB, 11. Aufl., Heidelberg 2016.
–, Bürgerliches Recht. Eine nach Anspruchsgrundlagen geordnete Darstellung zur Examensvorbereitung, 28. Aufl., München 2021.
Meesen, Karl Matthias, Maßnahmegesetze, Individualgesetze und Vollziehungsgesetze, DÖV 26 (1970), S. 314–321.
Meier, Stephan/Sprenger, Charles, Present-Biased Preferences and Credit Card Borrowing, American Economic Journal: Applied Economics 2 (2010), S. 193–210.
Meinel, Florian, Die Grundrechtstheorie Carl Schmitts. Systematik, Wirkung und Bedeutung, StudZR 2007, S. 237–262.
Menger, Carl, Grundsätze der Volkswirtschaftslehre, 2. Aufl., Wien/Leipzig 1923.
Mercuro, Nicholas, Introduction, in: ders. (Hrsg.), Law and Economics – Critical Concepts in Law, Volume I. Chicago Law and Economics, London/New York 2007, S. 1–5 (zit. *Mercuro*, Law and Economics I).
–, Introduction, in: ders. (Hrsg.), Law and Economics – Critical Concepts in Law, Volume II. Public Choice, London/New York 2007, S. 1–5 (zit. *Mercuro*, Law and Economics II).
–, Introduction, in: ders. (Hrsg.), Law and Economics – Critical Concepts in Law, Volume III. Institutional Law and Economics and New Institutional Economics, London/New York 2007, S. 1–8 (zit. *Mercuro*, Law and Economics III).
–, Introduction, in: ders. (Hrsg.), Law and Economics – Critical Concepts in Law, Volume V. New Haven School of Economics, Modern Civic Republicanism, Austrian Law and Economics, London/New York 2007, S. 1–11 (zit. *Mercuro*, Law and Economics V).
Mercuro, Nicholas/Medema, Steven G., Economics and the Law. From Posner to Postmodernism and Beyond, 2. Aufl., Princeton/Oxford 2006.
Merrill, Thomas W., Property Rules, Liability Rules, and Adverse Possession, Northwestern University Law Review 79 (1984–1985), S. 1122–1154.
–, The Mead Doctrine: Rules and Standards, Meta-Rules and Meta-Standards, Administrative Law Review 54 (2000), S. 807–834.
Merrill, Thomas W./Smith, Henry E., Optimal Standardization in the Law of Property: The Numerus Clausus Principle, Yale Law Journal 110 (2000), S. 1–70.
Mestmäcker, Ernst-Joachim, Bausteine zu einer Wirtschaftsverfassung. Franz Böhm in Jena, Jena 1996 (zit. *Mestmäcker*, Wirtschaftsverfassung).
–, Über das Verhältnis des Rechts der Wettbewerbsbeschränkungen zum Privatrecht, AcP 168 (1968), S. 235–262.
–, Wirtschaftsordnung und Staatsverfassung, in: Sauermann, Heinz/Mestmäcker, Ernst-Joachim (Hrsg.), Wirtschaftsordnung und Staatsverfassung. Festschrift für Franz Böhm zum 80. Geburtstag, Tübingen 1975, S. 383–419 (zit. *Mestmäcker,* FS Böhm).
–, A Legal Theory without Law. Posner v. Hayek on Economic Analysis of Law, 1. Aufl., Tübingen 2007.
–, Wettbewerb in der Privatrechtsgesellschaft. Erweiterte Fassung der 1. Franz-Böhm-Vorlesung am 19. September 2017 in Freiburg, Tübingen 2019.
Metzger, Axel, Dienst gegen Daten: Ein synallagmatischer Vertrag, AcP 216 (2016), S. 817–865.
Meyer, Klaus, Zur Problematik der unbestimmten Rechtsbegriffe in der Rechtsprechung des Verwaltungsgerichts, DÖV 1954, S. 368–370.

Meyer, Robert/Kunreuther, Howard, The Ostrich Paradox. Why We Underprepare for Disasters, Philadelphia 2017.

Michael, Lothar, Die drei Argumentationsstrukturen des Grundsatzes der Verhältnismäßigkeit – Zur Dogmatik des Über- und Untermaßverbotes und der Gleichheitssätze, JuS 2001, S. 148–155.

Michaels, Ralf, On liberalism and legal pluralism, in: Maduro, Miguel/Tuori, Kaarlo/Sankari, Suvi (Hrsg.), Transnational Law. Rethinking European Law and Legal Thinking, Cambridge 2014, S. 122–142.

Michalski, Lutz, Anwendungsbereich, Funktion und dogmatische Einordnung des Eigentümer-Besitzer-Verhältnisses, in: Heinze, Meinhard/Schmitt, Jochem (Hrsg.), Festschrift für Wolfgang Gitter. zum 65. Geburtstag am 30. Mai 1995, Wiesbaden 1995, S. 577–646 (zit. *Michalski,* FS Gitter).

Michalski, Lutz/Heidinger, Andreas/Leible, Stefan/Schmidt, Jessica (Hrsg.), Kommentar zum Gesetz betreffend die Gesellschaften mit beschränkter Haftung (GmbH-Gesetz). Band II, 3. Aufl., München 2017 (zit. Michalski/Heidinger/Leible/Schmidt – *Bearbeiter,* GmbHG).

Michelman, Frank, Law's Republic, Yale Law Journal 97 (1988), S. 1493–1537.

Michelman, Frank I., A Comment on Some Uses and Abuses of Economics in Law, University of Chicago Law Review 46 (1979), S. 307–315.

Micklitz, Hans-W., Brauchen Konsumenten und Unternehmen eine neue Architektur des Verbraucherrechts? Plädoyer für ein bewegliches System, NJW-Beilage 2012, S. 77–81.

–, The future of consumer law – plea for a movable system, EUVR 2013, S. 5–12.

Mikians, Jakub/Gyarmati, László/Erramilli, Vijay/Laoutaris, Nikolaos, Detecting price and search discrimination on the Internet, Proceedings of the 11th Association for Computing Machinery Workshop on Hot Topics in Networks 2012, S. 79–84.

Miles, Morgan P./Covin, Jeffrey G., Environmental Marketing: A Source of Reputational, Competitive, and Financial Advantage, Journal of Business Ethics 23 (2000), S. 299–311.

Mill, John Stuart, Utilitarianism [1879], Auckland 2009.

Miller, Akiva A., What Do We Worry About When We Worry About Price Discrimination? The Law and Ethics of Using Personal Information for Pricing 19 (2014), S. 41–104.

Miller, George A., The Magical Number Seven, Plus or Minus Two. Some Limits on Our Capacity for Procesing Information, The Psychological Review 63 (1956), S. 81–97.

Misostishkhov, Tembot Z., Personalized Law and Fundamental Rights, Digital Law Journal 1 (2020), S. 56–73.

Mitchell, Gregory, Why Law and Economics' Perfect Rationality Should Not Be Traded for Behavioral Law and Economics' Equal Incompetence, The Georgetown Law Journal 67 (2002), S. 67–168.

Mitchell, Shira/Potash, Eric/Barocas, Solon/D'Amour, Alexander/Lum, Kristian, Algorithmic Fairness: Choices, Assumption, and Definitions, Annual Review of Statistics and Its Application 8 (2021), S. 141–163.

Mittelstadt, Brent Daniel/Allo, Patrick/Taddeo, Mariarosaria/Wachter, Sandra/Floridi, Luciano, The ethics of algorithms: Mapping the debate, Data & Society 2016, S. 1–21.

Mohnhaupt, Heinz, Privileg, Gesetz, Vertrag, Konzession. Subjektives Recht und Formen der Rechtserteilung zwischen Gnade und Anspruch, in: Chiusi, Tiziana J./Gergen, Thomas/Jung, Heike (Hrsg.), Das Recht und seine historischen Grundlagen. Festschrift für Elmar Wadle zum 70. Geburtstag, Berlin 2008, S. 627–641 (zit. *Mohnhaupt,* FS Wadle).

Mohr, Georg, Person, Recht und Menschenrecht bei Kant, in: Klein, Eckart/Menke, Christoph (Hrsg.), Der Mensch als Person und Rechtsperson. Grundlage der Freiheit, Berlin 2011, S. 17–37.

Möller, Thor/Dörrenberg, Florian, Projektmanagement, München/Wien 2003.

Möllers, Christoph, Gewaltengliederung. Legitimation und Dogmatik im nationalen und internationalen Rechtsvergleich, Tübingen 2005.

–, Die Möglichkeit der Normen. Über eine Praxis jenseits von Moralität und Kausalität, 1. Aufl., Berlin 2015.

–, Freiheitsgrade. Elemente einer liberalen politischen Mechanik, 2. Aufl., Berlin 2020.

Montesquieu, Charles de, De l'esprit des lois. Livre premier. Des loix en général, London 1772.

Moore, George Edward, Principia Ethica, Cambridge 1903.

Morgenstern, Oskar, Some Reflections on Utility, in: Allais, Maurice/Hagen, Ole (Hrsg.), Expected Utility Hypotheses and the Allais Paradox. Contemporary Discussions of the Decision Under Uncertainty with Allais' Rejoinder, Dordrecht 1979, S. 175–183.

Möschel, Wernhard, Wettbewerb zwischen Privatautonomie und ökonomischer Effizienz, AcP 216 (2016), S. 13–22.

Möslein, Florian, Dispositives Recht. Zwecke, Strukturen und Methoden, Tübingen 2011.

Möstl, Markus/Schwabenbauer, Thomas (Hrsg.), BeckOK Polizei- und Sicherheitsrecht Bayern, 21. Edition, München 2023 (zit. BeckOK – *Bearbeiter,* PolR).

Moyn, Samuel, The Court Is Not Your Friend, Dissent Magazine (Winter 2020), http://www.dissentmagazine.org/article/the-court-is-not-your-friend (geprüft am 31.3.2023) (zit. *Moyn*, The Court Is Not Your Friend, Dissent 2020).

Mueller, Dennis C., Public Choice III, Cambridge 2003.

Mugdan, Benno, Die gesammten Materialien zum Bürgerlichen Gesetzbuch für das Deutsche Reich. II. Band. Recht der Schuldverhältnisse, Berlin 1899 (zit. *Mugdan*, Materialien).

Müller-Glöge, Rudi/Preis, Ulrich/Schmidt, Ingrid (Hrsg.), Erfurter Kommentar zum Arbeitsrecht, 23. Aufl., München 2023 (zit. ErfKomm – *Bearbeiter,* ArbR).

Münch, Ingo von/Kunig, Philip (Hrsg.), Grundgesetz Kommentar. Band 1: Präambel bis Art. 69, 7. Aufl., München 2021 (zit. von Münch/Kunig – *Bearbeiter,* GG).

Münkler, Herfried/Straßenberger, Grit, Politische Theorie und Ideengeschichte. Eine Einführung, 1. Aufl., München 2016.

Nalebuff, Barry J./Ayres, Ian, Why Not? How to Use Everyday Ingenuity to Solve Problems Big and Small, Boston 2003.

Nance, Dale A., Rules, Standards, and the Internal Point of View, Fordham Law Review 75 (2006), S. 1287–1316.

Nawiasky, Hans, Die Gleichheit vor dem Gesetz im Sinne des Art 109 der Reichsverfassung. Mitbericht, VVDStRL 3 (1927), S. 25–42.

Needham, Catherine, The citizen as consumer. E-government in the United Kingdom and the United States, in: Römmele, Andrea/Gibson, Rachel K./Ward, Stephen J. (Hrsg.), Electronic Democracy. Mobilisation, Participation and Organisation via new ICTs, London 2004, S. 43–69.

Negenborn, David, Bankgesellschaftsrecht und Sonderkonzernrecht. Der Einfluss des Aufsichtsrechts auf die interne Corporate Governance von Banken- und Versicherungsgruppen, Tübingen 2019 (zit. *Negenborn*, Bankgesellschaftsrecht).

Nelson, Eric, Liberty: One Concept Too Many?, Political Theory 33 (2005), S. 58–78.

Neslin, Scott A./Gupta, Sunil/Kamakura, Wagner/Lu, Junxiang/Mason, Charlotte H., Defection Detection: Measuring and Understanding the Predictive Accuracy of Customer Churn Models, Journal of Marketing Research 43 (2006), S. 204–211.

Neumann, Ulfrid, Wahrheit im Recht. Zu Problematik und Legitimität einer fragwürdigen Denkform, Baden-Baden 2004.

Neuner, Jörg, Privatrecht und Sozialstaat, München 1998.

–, Die Kontrolle zivilrechtlicher Entscheidungen durch das Bundesverfassungsgericht, JZ 2016, S. 435–441.

–, Allgemeiner Teil des Bürgerlichen Rechts, 12. Aufl., München 2020.

Nicklisch, Fritz, Die Bindung der Gerichte an gestaltende Gerichtsentscheidungen und Verwaltungsakte, Bielefeld 1965 (zit. *Nicklisch,* Bindung der Gerichte).

Nielsen, Kirby/Rehbeck, John, When Choices are Mistakes, American Economic Review 112 (2022), 2237–2268.

Nipperdey, Hans Carl, Rechtswidrigkeit, Sozialadäquanz, Fahrlässigkeit, Schuld im Zivilrecht, NJW 1957, S. 1777–1782.

Nissani, Moti, A Cognitive Reinterpretation of Stanley Milgram's Observations on Obedience to Authority, American Psychologist 45 (1990), S. 1384–1385.

O'Driscoll, Gerald P., Jr., Justice, Efficiency, and the Economic Analysis of Law: A Comment on Fried, The Journal of Legal Studies 9 (1980), S. 355–366.

Oetken, J. Paul, Form and Substance in Critical Legal Studies, Yale Law Journal 100 (1991), S. 2209–2228.

Ogorek, Regina, Richterkönig oder Subsumtionsautomat? Zur Justiztheorie im 19. Jahrhundert, Frankfurt a. M. 1986.

Oleson, J. C., Risk in Sentencing: Constitutionally Suspect Variables and Evidence-Based Sentencing, S.M.U. Law Review 64 (2011), S. 1329–1404.

Oman, Nathan B., Specific Performance and the Thirteenth Amendment, Minnesota Law Review 93 (2009), S. 2020–2099.

Omlor, Sebastian, Der neue Verbraucherbauvertrag. Mitgliedstatliche Konzeption in unionsrechtlichem Rahmen, NJW 2018, S. 817–822.

O'Neil, Cathy, Weapons of Math Destruction. How Big Data Increases Inequality and Threatens Democracy, New York 2016.

Ossenbühl, Fritz, Tendenzen und Gefahren der neueren Ermessenslehre, DÖV 1968, S. 618–627.

–, Zur Renaissance der administrativen Beurteilungsermächtigung. Rezension zum Urteil des BVerwG v. 16.12.1971 – I C 21.68 (DÖV 1972, 419), DÖV 1972, S. 401–405.

–, Der Gesetzgeber als Exekutive, in: Erbguth, Wilfried (Hrsg.), Planung. Festschrift für Werner Hoppe zum 70. Geburtstag, München 2000, S. 183 (zit. *Ossenbühl,* FS Hoppe).

Otto, Patrick Christian, Einfachgesetzliche und verfassungsrechtliche Grenzen der Einführung eines Familienwahlrechts, Jura, Studium & Examen 2015, S. 245–248.

Pache, Eckhard, Tatbestandliche Abwägung und Beurteilungsspielraum. Zur Einheitlichkeit administrativer Entscheidungsfreiräume und zu deren Konsequenzen im verwaltungsgerichtlichen Verfahren – Versuch einer Modernisierung, Tübingen 2001.

Palermo, Giulio, The Convergence of Austrian Economics and New Institutional Economics: Methodological Inconsistency and Political Motivations, Journal of Economic Issues 33 (1999), S. 277–286.

Pałka, Przemysław, Algorithmic Central Planning: Between Efficiency and Freedom, Law and Contemporary Problems 83 (2020), 125–149.

–, Data Management Law for the 2020s: The Lost Origins and the New Needs, Buffalo Law Review 68 (2020), S. 559–640.

Panzer, Maria Roswitha, Bürgerlichkeit. Fehldeutungen des Bürgerbegriffs in der politischen Moderne, München 1989.

Pareto, Vilfredo, Manuale di economia politica con una introduzione alla scienza sociale, Mailand 1919 (zit. *Pareto*, economia politica).

Pargendler, Mariana, The Role of the State in Contract Law: The Common-Civil Law Divide, Yale Journal of International Law 43 (2018), S. 143–189.

Pariser, Eli, Filter Bubble. Wie wir im Internet entmündigt werden, 2. Aufl., München 2017.

Paschukanis, Eugen, Allgemeine Rechtslehre und Marxismus. Versuche einer Kritik der juristischen Grundbegriffe, 3. Aufl., Frankfurt a. M. 1970.

Pasquale, Frank, The Blackbox Society. The Secret Algorithms that Control Money and Information, Cambridge 2015.

Pattanaik, Prasanta K./Yu, Youngsheng, On Ranking Opportunity Sets in Terms of Freedom of Choice, Recherches Économiques de Louvain 56 (1990), S. 383–390.

Patterson, Dennis, The Pseudo-Debate over Default Rules in Contract Law, Southern California Interdisciplinary Law Journal 3 (1993), S. 235–288.

Paulus, David/Matzke, Robin, Smart Contracts und das BGB – Viel Lärm um nichts? –, ZfPW 2018, S. 431–465.

Penner, James E., The „Bundle of Rights" Picture of Property, UCLA Law Review 43 (1996), S. 711–820.

Pepper, Stephen L., Counseling at the Limits of the Law: An Exercise in the Jurisprudence and Ethics of Lawyering, Yale Law Journal 104 (1995), S. 1545–1610.

Peppet, Scott R., Freedom of Contract in an Augmented Reality: The Case of Consumer Contracts, UCLA Law Review 59 (2012), S. 676–745.

Pessach, Dana/Shmueli, Erez, Algorithmic Fairness, arXiv:2001.09784v1 [cs.CY] (2020), S. 1–31.

Peters, Christopher J., Foolish Consistency: On Equality, Integrity, and Justice in Stare Decisis, Yale Law Journal 105 (1996), S. 2031–2115.

Petersohn, Helge, Data Mining. Verfahren, Prozesse, Anwendungsarchitektur, München/Wien 2005.

Pettit, Philip, Freedom as Antipower, Ethics 106 (1996), S. 576–604.

Pfefferl, Jörg, Die Dichotomie konditionaler und finaler Normen. Kritische Analyse der Dichotomie als Modell der Verwaltungssteuerung und Entwicklung eines materiellen Modells rechtlicher Determination, Baden-Baden 2014.

Pfeifer, Wolfgang (Hrsg.), Etymologisches Wörterbuch des Deutschen (1993). Digitalisierte und von Wolfgang Preifer überarbeitete Version im Digitalen Wörterbuch der deutschen Sprache (DWDS), http://www.dwds.de/wb/etymwb/Begriff (geprüft am 31.3.2023) (zit. Begriff, in: Pfeifer [Hrsg.], DWDS).

Pflug, Hans-Joachim, Kontrakt und Status im Recht der allgemeinen Geschäftsbedingungen, München 1986 (zit. *Pflug*, Kontrakt und Status).

Philipp, Maximilian, Systemgerechtigkeit bei den Marktfreiheiten der Europäischen Union. Die gebotene Kohärenz nationaler Gesetzgebung, Berlin 2016.

Picker, Eduard, Antidiskriminierungsgesetz – Der Anfang vom Ende der Privatautonomie?, JZ 2002, S. 880–882.

Pieroth, Bodo, Das Demokratieprinzip des Grundgesetzes, JuS 2010, S. 473–481.

Pigou, A. C., The Economics of Welfare, 4. Aufl., London 1932.

Pillouer, Arnaud, Pouvoir constituant originaire et pouvoir constituant dérivé: à propos de l'émergence d'une distinction conceptuelle, Revue d'histoire des Facultés de droit et de la science juridique 25/26 (2005/2006), S. 123–141.

Plane, Angelisa C./Redmiles, Elissa M./Mazurek, Michelle L./Tschantz, Michael Carl, Exploring User Perceptions of Discrimination in Online Targeted Advertising, USENIX Security Symposium 26 (2017), S. 935–951.

Pocock, John G. A., The Machiavellian Moment. Florentine Political Thought and the Atlantic Republican Tradition, 2. Aufl., Princeton/Oxford 2016.

Poczter, Sharon L./Jankovic, Luka M., The Google Car: Driving Toward A Better Future, Journal of Business Case Studies 10 (2014), S. 7–14.

Poelzig, Dörte, Die Dogmatik der unbenannten unentgeltlichen Zuwendungen im Zivilrecht, JZ 2012, S. 425–434.

Polanyi, Karl, The Great Transformation. The Political and Economic Origins of Our Time, 2. Aufl., Boston 2001.

Polomski, Ralf-Michael, Der automatisierte Verwaltungsakt. Die Verwaltung an der Schwelle von der Automation zur Informations- und Kommunikationstechnik, Berlin 1993.

Południak-Gierz, Katarzyna, Dangers and Benefits of Personalisation in Contract Law: Big Data Approach, Queen Mary Law Journal 2017, S. 25–36.

–, Consequences of the Use of Personalization Algorithms in Shaping an Offer – A Private Law Perspective, Masaryk University Journal of Law and Technology 13 (2019), S. 161–188

Polzin, Monika, Verfassungsidentität. Ein normatives Konzept des Grundgesetzes?, Tübingen 2018.

Porat, Ariel/Strahilevitz, Lior Jacob, Personalizing Default Rules and Disclosure with Big Data, Michigan Law Review 112 (2014), S. 1417–1478.

Poscher, Ralf, Grundrechte als Abwehrrechte. Reflexive Regelung rechtlich geordneter Freiheit, Tübingen 2003 (zit. *Poscher*, Abwehrrechte).

–, Theorie eines Phantoms – Die erfolglose Suche der Prinzipientheorie nach ihrem Gegenstand, RW 2010, S. 349–372.

Posner, Eric A., Standards, Rules, and Social Norms, Harvard Journal of Law & Public Policy 21 (1997), S. 101–117.

–, There are no Penalty Default Rules in Contract Law, Florida State University Law Review 33 (2006), S. 563–587.

Posner, Richard A., Natural Monopoly and Its Regulation, Stanford Law Review 21 (1968), S. 548–643.

–, Killing or Wounding to Protect a Property Interest, Journal of Law & Economics 14 (1971), S. 201–232.

–, A Theory of Negligence, Journal of Legal Studies 1 (1972), S. 29–96.

–, Utilitarianism, Economics, and Legal Theory, The Journal of Legal Studies 8 (1979), S. 103–140.

–, Wealth Maximization Revisited, Notre Dame Journal of Law, Ethics and Public Policy 2 (1985), S. 85–105.

–, Legal Formalism, Legal Realism, and the Interpretation of Statutes and the Constitution, Case Western Reserve Law Review 37 (1986/1987), S. 179–217.

–, The Problems of Jurisprudence, Cambridge/London 1990 (zit. *Posner,* The Problems of Jurisprudence).

–, Nobel Laureate. Ronald Coase and Methodology, Journal of Economic Perspectives 7 (1993), S. 195–210.

–, The New Institutional Economics Meets Law and Economics, Journal of Institutional and Theoretical Economics (JITE)/Zeitschrift für die gesamte Staatswissenschaft 149 (1993), S. 73–87.

–, Pragmatic Adjudication, Cardozo Law Review 18 (1996), S. 1–20.

–, Rational Choice, Behavioral Economics, and the Law, Stanford Law Review 50 (1998), S. 1551–1575.

–, Law, Pragmatism, and Democracy, Cambridge 2003 (zit. *Posner,* Law, Pragmatism, and Democracy).

–, Legal Pragmatism Defended, University of Chicago Law Review 71 (2004), S. 683–690.

–, Hayek, Law, and Cognition, New York University Journal of Law & Liberty 1 (2005), S. 147–165.

–, Economic Analysis of Law, 9. Aufl., New York 2014.

Posser, Herbert/Wolff, Heinrich Amadeus (Hrsg.), BeckOK VwGO, 64. Edition, München 2022/2023 (zit. BeckOK – *Bearbeiter,* VwGO).

Post, Robert C., The Constitutional Concept of Public Discourse: Outrageous Opinion, Democratic Deliberation, and Hustler Magazine v. Falwell, Harvard Law Review 103 (1990), S. 601–686.

–, The Social Foundations of Privacy: Community and Self in the Common Law Tort, California Law Review 77 (1989), S. 957–1010.

–, Theorizing Disagreement: Reconceiving the Relationship Between Law and Politics, California Law Review 98 (2010), S. 1319–1350.

Priest, George L., The Rise of Law and Economics. An Intellectual History, London/New York 2020 (zit. *Priest*, Law and Economics).

Primus, Richard A., Equal Protection and Disparate Impact: Round Three, Harvard Law Review 117 (2003), S. 494–587.

Przeworski, Adam, Freedom to Choose and Democracy, Economics and Philosophy 19 (2003), S. 265–279.

Puhl, Thomas, Entparlamentarisierung und Auslagerung staatlicher Entscheidungsverantwortung, in: Isensee, Josef/Kirchhof, Paul (Hrsg.), Handbuch des Staatsrechts der Bundesrepublik Deutschland. Band III. Demokratie – Bundesorgane, 3. Aufl., Heidelberg 2005, S. 639–682.

Quabeck, Christian, Dienende Funktion des Verwaltungsverfahrens und Prozeduralisierung, Tübingen 2010 (zit. *Quabeck*, Dienende Funktion).

Quante, Michael, Die Bedeutung des Personenbegriffs für den moralischen Status der Person, in: Klein, Eckart/Menke, Christoph (Hrsg.), Der Mensch als Person und Rechtsperson. Grundlage der Freiheit, Berlin 2011, S. 69–87.

Quecke, Justus, Unantastbare Menschenwürde. Zur Dogmatik des Art. 1 Abs. 1 GG zwischen Absolutheitsanspruch und Abwägungsdenken, Baden-Baden 2019.

Raban, Ofer, The Fallacy of Legal Certainty: Why Vague Legal Standards May Be Better for Capitalism and Liberalism, Boston University Public Interest Law Journal 19 (2010), S. 175–192.

Rabel, Ernst, Private Laws of Western Civilization, Louisiana Law Review 10 (1949), S. 1–14.

–, Private Laws of Western Civilization: Part IV. Civil Law and Common Law, Louisiana Law Review 10 (1950), S. 431–460.

Rabin, Matthew, Risk Aversion and Expected-Utility Theory: A Calibration Theorem, Econometrica 68 (2000), S. 1281–1292.

Rachlinski, Jeffrey J., The „New“ Law and Psychology: A Reply to Critics, Skeptics, and Catious Supporters, Cornell Law Review 85 (2000), S. 739–766.

Quercia, Daniele/Kosinski, Michal/Stillwell, David/Crowcroft, Jon, Our Twitter Profiles, Our Selves: Predicting Personality with Twitter, Proceedings of the 2011 IEEE International Conference on Privacy, Security, Risk, and Trust, and IEEE International Conference on Social Computing 2011, S. 180–185 (zit. *Quercia/Kosinski/Still* u.a., Proceedings of the IEEE International Conference).

Rademacher, Timo, Predictive Policing im deutschen Polizeirecht, AöR 142 (2017), S. 366–416.

Raiser, Ludwig, Das Recht der allgemeinen Geschäftsbedingungen, 2. Aufl., Bad Homburg v.d.H. 1961.

Rauscher, Thomas, Internationales Privatrecht. Mit internationalem Verfahrensrecht, 5. Aufl., Heidelberg 2017.

Rauscher, Thomas/Krüger, Wolfgang (Hrsg.), Münchener Kommentar zur Zivilprozessordnung mit Gerichtsverfassungsgesetz und Nebengesetzen. Band 1, 6. Aufl., München 2020 (zit. MünchKomm – *Bearbeiter,* ZPO).

– (Hrsg.), Münchener Kommentar zur Zivilprozessordnung mit Gerichtsverfassungsgesetz und Nebengesetzen. Band 2, 6. Aufl., München 2020 (zit. MünchKomm – *Bearbeiter,* ZPO).

Rawls, John, A Theory of Justice, 2. Aufl., Cambridge 1999.

Reckwitz, Andreas, Die Gesellschaft der Singularitäten. Zum Strukturwandel der Moderne, Berlin 2017.

Reichman, Uriel, Toward a Unified Concept of Servitudes, California Law Review 55 (1982), S. 1177–1260.

Reinhart, Florian, Die Legalitätspflicht des Vorstands einer kapitalmarktorientierten Aktiengesellschaft, Baden-Baden 2019 (zit. *Reinhart,* Legalitätspflicht).

Rennert, Klaus, Beleihung zur Rechtsetzung?, JZ 2009, S. 976–984.

Repgen, Tilman, Die gleiche Menschennatur. Einige Annäherungen an die Gleichheit im Recht, in: Grundmann, Stefan/Thiessen, Jan (Hrsg.), Von formaler zu materialer Gleichheit. Vergleichende Perspektiven aus Geschichte, Kranz der Disziplinen und Theorie, Tübingen 2021, S. 31–66.

Reuter, Dieter, Rechtsfähigkeit und Rechtspersönlichkeit. Rechtstheoretische und rechtspraktische Anmerkungen zu einem großen Thema, AcP 207 (2007), S. 673–717.

Rich, Michael L., Machine Learning, Automated Suspicion Algorithms, and the Fourth Amendment, University of Pennsylvania Law Review 164 (2016), S. 871–930.

Ricken, Oliver, Arbeitskampfrecht: Grundlegung, in: Kiel, Heinrich/Lunk, Stefan/Oetker, Hartmut (Hrsg.), Münchener Handbuch zum Arbeitsrecht. Band 3: Kollektives Arbeitsrecht I, 4. Aufl., München 2019.

Riehm, Thomas, Der Grundsatz der Naturalerfüllung, Tübingen 2015.

Riha, Michael, Ökonomische Analyse des Sachmängelgewährleistungsrechts des BGB, München 2007 (zit. *Riha,* Ökonomische Analyse).

Ritter, Jeffrey/Mayer, Anna, Regulating Data as Property: A New Construct for Moving Forward, Duke Law & Technology Review 16 (2018), S. 220–377.

Robinson, Timothy D., A Normative Evaluation of Algorithmic Law, Auckland University Law Review 23 (2017), S. 293–323.

Rödl, Florian, Gerechtigkeit unter freien Gleichen. Eine normative Rekonstruktion von Delikt, Eigentum und Vertrag, Baden-Baden 2015.

Roese, Neal J./Vohs, Kathleen D., Hindsight Bias, Perspectives on Psychological Science 7 (2012), S. 411–426.

Rolfs, Christian/Giesen, Richard/Kreikebohm, Ralf/Udsching, Peter (Hrsg.), BeckOK Arbeitsrecht, 66. Edition, München 2022 (zit. BeckOK – *Bearbeiter,* ArbR).

Rosenbaum, Eckehard F., Interpersonal Comparisons of Utility: Positive, Normative or Value-Laden?, Journal of Economic Methodology 2 (1995), S. 239–258.

Rössel, Jörg, Soziale Mobilisierung und Demokratie. Die preußischen Wahlrechtskonflikte 1900 bis 1918, Wiesbaden 2000.

Rossi, Mauro, Transcendental Arguments and Interpersonal Utility Comparison, Economics and Philosophy 27 (2011), S. 273–295.

Röthel, Anne, Normkonkretisierung im Privatrecht, Tübingen 2004.

–, Privatautonomie im Spiegel der Privatrechtsentwicklung: ein mystifizierendes Leuchtfeuer, in: Bumke, Christian/Röthel, Anne (Hrsg.), Autonomie im Recht. Gegenwartsdebatten über einen rechtlichen Grundbegriff, Tübingen 2017, S. 91–115.

Rothenbücher, Karl, Das Recht der freien Meinungsäußerung, VVDStRL 4 (1928), S. 6–43.

Rott, Peter/Strycharz, Joanna/Alleweldt, Frank, Personalised Pricing. Study Requested by the IMCO committee (2022), http://www.europa.eu/RegData/etudes/STUD/2022/734008/IPOL_STU(2022)734008_EN.pdf (geprüft am 31.3.2023) (zit. *Rott/Strycharz/Alleweldt,* Personalised Pricing, 2022).

Roxin, Claus/Greco, Luís, Strafrecht Allgemeiner Teil. Band I: Grundlagen. Der Aufbau der Verbrechenslehre, 5. Aufl., München 2020.

Rudden, Bernard, Economic Theory v. Property Law: The Numerus Clausus Problem, in: Eekelaar, John/Bell, John (Hrsg.), Oxford Essays in Jurisprudence. Third Series, Oxford 1987, S. 239–263.

Ruffert, Matthias, Vorrang der Verfassung und Eigenständigkeit des Privatrechts. Eine verfassungsrechtliche Untersuchung zur Privatrechtsentwicklung des Grundgesetzes, Tübingen 2001.

Rüping, Matthias, Der mündige Bürger. Leitbild der Privatrechtsordnung?, Berlin 2017.

Rupp, Verfassungsprobleme der Gewissensfreiheit, NVwZ 1991, 1033–1038.

Ruschemeier, Hannah, Der additive Grundrechtseingriff, Berlin 2019.

Rüthers, Bernd, Die unbegrenzte Auslegung. Zum Wandel der Privatrechtsordnung im Nationalsozialismus, 9. Aufl., Tübingen 2022.

Rüthers, Bernd/Fischer, Christian/Birk, Axel, Rechtstheorie und Juristische Methodenlehre, 12. Aufl., München 2022 (zit. *Rüthers/Fischer/Birk,* Rechtstheorie).

Sachs, Michael, Verfassungsrecht II – Grundrechte, Berlin, Heidelberg 2017.

– (Hrsg.), Grundgesetz. Kommentar, 9. Aufl., München 2021 (zit. Sachs – *Bearbeiter,* GG).

Säcker, Franz Jürgen/Rixecker, Roland/Oetker, Hartmut/Limperg, Bettina (Hrsg.), Münchener Kommentar zum BGB. Band 1, 9. Aufl., München 2021 (zit. MünchKomm – *Bearbeiter,* BGB).

– (Hrsg.), Münchener Kommentar zum BGB. Band 2, 9. Aufl., München 2022 (zit. MünchKomm – *Bearbeiter,* BGB).

– (Hrsg.), Münchener Kommentar zum BGB. Band 3, 9. Aufl., München 2022 (zit. MünchKomm – *Bearbeiter,* BGB).

– (Hrsg.), Münchener Kommentar zum BGB. Band 5, 9. Aufl., München 2023 (zit. MünchKomm – *Bearbeiter,* BGB).

– (Hrsg.), Münchener Kommentar zum BGB. Band 6, 9. Aufl., München 2023 (zit. MünchKomm – *Bearbeiter,* BGB).

– (Hrsg.), Münchener Kommentar zum BGB. Band 7, 8. Aufl., München 2020 (zit. MünchKomm – *Bearbeiter,* BGB).

– (Hrsg.), Münchener Kommentar zum BGB. Band 8, 9. Aufl., München 2023 (zit. MünchKomm – *Bearbeiter,* BGB).
– (Hrsg.), Münchener Kommentar zum BGB. Band 11, 9. Aufl., München 2022 (zit. MünchKomm – *Bearbeiter,* BGB).
Säcker, Franz-Jürgen, „Vernunft statt Freiheit!“ – Die Tugendrepublik der neuen Jakobiner, ZRP 35 (2002), S. 286–290.
Sacksofsky, Ute, Das Grundrecht auf Gleichberechtigung. Eine rechtsdogmatische Untersuchung zu Artikel 3 Absatz 2 des Grundgesetzes, 2. Aufl., Baden-Baden 1996.
Salib, Peter N., Complex Algorithmic Law, University of Chicago Law Review Online (Post vom 9.3.2022), https://lawreviewblog.uchicago.edu/2022/03/09/bp-salib/ (geprüft am 31.3.2023) (zit. *Salib,* U. Chi. L. Rev. Online 2022).
Samuelson, William/Zeckhauser, Richard, Status Quo Bias in Decision Making, Journal of Risk and Uncertainty 1 (1988), S. 7–59.
Savigny, Friedrich Carl v., Vom Beruf unsrer Zeit für Gesetzgebung und Rechtswissenschaft, Heidelberg 1814.
–, Über den Zweck dieser Zeitschrift, Zeitschrift für geschichtliche Rechtswissenschaft 1 (1815), S. 1–17.
–, System des heutigen Römischen Rechts. Erster Band, Berlin 1840.
Sawicki, Nadia N., Judging Doctors. The Person and the Professional, American Medical Association Journal of Ethics 13 (2011), S. 718–722.
Scalia, Antonin, The Rule of Law as a Law of Rules, Chicago Law Review 56 (1989), S. 1175–1188.
Scammell, Margaret, The Internet and Civic Engagement: The Age of the Citizen-Consumer, Political Communication 17 (2010), S. 351–355.
Schäfer, Hans-Bernd, Rules versus Standards in Developing Countries. The Case for Clear and Precise Legal Norms on Eminent Domain Power, Law and Development Review 12 (2019), S. 425–455.
Schäfer, Hans-Bernd/Ott, Claus, Lehrbuch der ökonomischen Analyse des Zivilrechts, 6. Aufl., Berlin/Heidelberg 2020 (zit. *Schäfer/Ott,* Ökonomische Analyse).
Scharpf, Fritz W., Governing in Europe. Effective and Democratic?, Oxford 1999.
–, De-constitutionalisation and majority rule. A democratic vision for Europe, European Law Journal 23 (2017), 315–334.
Schauer, Frederick, Playing by the Rules. A Philosophical Examination of Rule-Based Decision-Making in Law and in Life, Oxford 1991.
–, Rules and the Rule of Law, Harvard Journal of Law & Public Policy 14 (1991), S. 645–694.
–, On Treating Unlike Cases Alike (reviewing Randy J. Kozel, Settled versus Right: A Theory of Precedent, Cambridge 2017), Constitutional Commentary 33 (2018), S. 437–450.
Schilling, Erik, Authentizität. Karriere einer Sehnsucht, 2. Aufl., München 2021.
Schirmer, Jan-Erik, Nachhaltigkeit in den Privatrechten Europas, ZEuP 2021, S. 35–63.
–, Das Private ist politisch. Warum das Mietendeckelurteil eine gute Nachricht für ein progessives Privatrecht ist, Verfassungsblog (Post vom 15.4.2021), http://verfassungsblog.de/das-private-ist-politisch/ (geprüft am 31.3.2023) (zit. *Schirmer,* VerfBlog 2021).
–, Nachhaltiges Privatrecht, Tübingen 2023.
Schlag, Pierre, Rules and Standards, UCLA Law Review 33 (1985), S. 379–430.
Schlink, Bernhard, Die Bewältigung der wirtschaftlichen und technischen Entwicklungen durch das Verwaltungsrecht, VVDStRL 48 (1990), S. 235–261.
Schmahl, Stefanie, Anonymität im Recht: Freiheitsverbürgung oder Freiheitsgefährdung?, JZ 2018, S. 581–590.

Schmidt, Karsten, Kartellverfahrensrecht – Kartellverwaltungsrecht – Bürgerliches Recht. Kartellrechtspflege nach deutschem Recht gegen Wettbewerbsbeschränkungen, Köln/Berlin/Bonn u. a. 1977 (zit. *Schmidt*, Kartellverfahrensrecht).

–, Deliktsschutz durch Verwaltungshandeln – Praxis und Dogmatik der „Schutzverwaltungsakte" im Rahmen von § 823 Abs. 2 BGB, in: Bettermann, Karl August/Löwisch, Manfred u. a. (Hrsg.), Festschrift für Abrecht Zeuner zum siebzigsten Geburtstag, Tübingen 1994, S. 25–277 (zit. *Schmidt,* FS Zeuner).

–, Wirtschaftsrecht: Nagelprobe des Zivilrechts – Das Kartellrecht als Beispiel, AcP 206 (2006), S. 169–204.

Schmidt-Aßmann, Eberhard, Öffentliches Recht und Privatrecht: Ihre Funktionen als wechselseitige Auffangordnungen. Einleitende Problemskizze, in: Hoffmann-Riem, Wolfgang/Schmidt-Aßmann, Eberhard (Hrsg.), Öffentliches Recht und Privatrecht als wechselseitige Auffangordnungen, Baden-Baden 1996, S. 7–40.

Schmidt-Bleibtreu, Bruno/Klein, Franz/Bethge, Herbert (Hrsg.), Bundesverfassungsgerichtsgesetz. Kommentar. Band 1, 62. Ergänzunglieferung, München 2022 (zit. Schmidt-Bleibtreu/Klein/Bethge – *Bearbeiter,* BVerfGG).

Schmidt-Eichstaedt, Gerd, Der Konkretisierungsauftrag der Verwaltung beim Vollzug öffentlich-rechtlicher Normen, DVBl. 1985, S. 645–651.

Schmidt-Kessel, Martin, Europäisches Vertragsrecht, in: Riesenhuber, Karl (Hrsg.), Europäische Methodenlehre. Handbuch für Ausbildung und Praxis, 3. Aufl., Berlin/New York 2015, 373–392.

–, Wandlungen des Privatrechts – Erwartungen an ein Privatrecht 2050 –, in: Bayer, Elena/Erler, Katharina u. a. (Hrsg.), Privatrecht 2050 – Blick in die digitale Zukunft. Jahrbuch Junge Zivilrechtswissenschaft, Baden-Baden 2020, S. 9–31 (zit. *Schmidt-Kessel,* JjZRW).

Schmidt-Rimpler, Walter, Grundfragen einer Erneuerung des Vertragsrechts, AcP 147 (1941), S. 130–197.

Schmiedeberg, Armin/Voeller, Joachim, Formale und inhaltliche Gleichheit – Zur Antinomie verfassungsrechtlicher Grundprinzipien, in: Opitz, Otto/Rauhut, Burkhard (Hrsg.), Ökonomie und Mathematik. Rudolf Henn zum 65. Geburtstag, Berlin/Heidelberg/New York u. a. 1987, S. 618–634.

Schmitt, Carl, Verfassungsrechtliche Aufsätze aus den Jahren 1924–1954. Materialien zu einer Verfassungslehre, 4. Aufl., Berlin 2003 (zit. *Schmitt*, Verfassungsrechtliche Aufsätze).

–, Der Nomos der Erde. im Völkerrecht des Jus Publicum Europaeum, 5. Aufl., Berlin 2011 (zit. *Schmitt,* Nomos).

–, Die Tyrannei der Werte, 3. Aufl., Berlin 2011.

–, Die geistesgeschichtliche Lage des heutigen Parlamentarismus, Berlin 2017.

–, Verfassungslehre, 11. Aufl., Berlin 2017.

Schmoeckel, Mathias, Einleitung: Die industrielle Revolution als Produkt einer neuen Rechtsordnung, in: Maetschke, Matthias/Mayenburg, David von/Schmoeckel, Mathias (Hrsg.), Das Recht der Industriellen Revolution, Tübingen 2013, S. 1–15.

Schmolke, Klaus Ulrich, Das Servitutenrecht des BGB aus rechtsökonomischer Sicht, WM 2010, S. 740–748.

Schoch, Friedrich, Das verwaltungsbehördliche Ermessen, Jura 2004, S. 462–469.

–, Die Allgemeinverfügung (§ 35 Satz 2 VwVfG), Jura 2012, S. 26–32.

Schoch, Friedrich/Schneider, Jens-Peter (Hrsg.), Verwaltungsrecht. Band III: VwVfG. Kommentar, 3. Ergänzungslieferung, München 2022 (zit. Schoch/Schneider – *Bearbeiter,* VwVfG).

Scholz, Lauren Henry, Two Cheers for Cyborgs, University of Chicago Law Review Online (Post vom 9.3.2022), https://lawreviewblog.uchicago.edu/2022/03/09/bp-scholz/ (geprüft am 31.3.2023) (zit. *Scholz,* U. Chi. L. Rev. Online 2022).

Schön, Wolfgang, Der Nießbrauch an Sachen. Gesetzliche Struktur und rechtsgeschäftliche Gestaltung, Köln 1992.

–, Zwingendes Recht oder informierte Entscheidung – zu einer (neuen) Grundlage unserer Zivilrechtsordnung, in: Heldrich, Andreas/Prölss, Jürgen u. a. (Hrsg.), Festschrift für Claus-Wilhelm Canaris zum 70. Geburtstag. Band I, München 2007, S. 1191–1211 (zit. *Schön,* FS Canaris I).

–, Die Analogie im Europäischen (Privat-)Recht, in: Auer, Marietta/Grigoleit, Hans Christoph u. a. (Hrsg.), Privatrechtsdogmatik im 21. Jahrhundert. Festschrift für Claus-Wilhelm Canaris zum 80. Geburtstag, Berlin/Boston 2017, S. 145–178 (zit. *Schön,* FS Canaris II).

Schout, Adriaan/Pereyra, Fabian, The Institutionalization of EU Agencies: Agencies as „Mini Commissions", Public Administration 89 (2011), S. 418–432.

Schrägle, Hannes, Das begehungsgleiche Unterlassungsdelikt. Eine rechtsgeschlichtliche, rechtsdogmatische und rechtsvergleichende Untersuchung und die Entwicklung eines Systems der Garantietypen, Berlin 2017.

Schulte-Nölke, Hans, Kundenschutz statt Verbraucherschutz, EUVR 2013, S. 1–2.

Schumpeter, Joseph A., Kapitalismus, Sozialismus und Demokratie. Mit einer Einführung von Heinz D. Kurz. Übersetzt von Susanne Preiswerk (Teil I–IV) und Theresa Hager, Philipp Kohlgruber und Patrick Mellacher (Teil V), 10. Aufl., Tübingen 2020.

Schünemann, Bernd, Das „Menschenbild des Grundgesetzes" in der Falle der Postmoderne und seine überfällige Ersetzung durch den „homo oecologicus", in: Schünemann, Bernd/Müller, Jörg Paul/Philipps, Lothar (Hrsg.), Das Menschenbild im weltweiten Wandel der Grundrechte, Berlin 2002, S. 3–21.

–, Gesammelte Werke Band I: Rechtsfindung im Rechtsstaat und Dogmatik als ihr Fundament, Berlin/Boston 2020 (zit. *B. Schünemann*, Gesammelte Werke I).

Schünemann, Wolfgang B., Der Homo Oeconomicus im Rechtsleben. Bemerkungen zur juristischen Bedeutung des Rationalitätsprinzips, ARSP 72 (1986), S. 502–513.

–, Mündigkeit versus Schutzbedürftigkeit: Legitimationsprobleme des Verbraucher-Leitbildes, in: Pfeiffer, Gerd (Hrsg.), Festschrift für Hans Erich Brandner zum 70. Geburtstag, Köln 1996, S. 279–298 (zit. *W. Schünemann,* FS Brandner).

Schuster, Ulrike, Das Kohärenzprinzip in der Europäischen Union, Baden-Baden 2017 (zit. *Schuster*, Kohärenzprinzip).

Schwartz, Alan, The Case for Specific Performance, Yale Law Journal 89 (1979), S. 271–306.

–, Proposals for Products Liability Reform: A Theoretical Synthesis, Yale Law Journal 97 (1988), S. 353–419.

–, Regulating for Rationality, Stanford Law Review 67 (2016), S. 1373–1410.

Schwartz, Alan/Scott, Robert E., The Common Law of Contract and the Default Rule Project, Virginia Law Review 102 (2016), S. 1523–1588.

Schwartz, Paul M./Pfeifer, Karl-Nikolaus, Transatlantic Data Privacy Law, Georgetown Law Journal 106 (2017), S. 115–179.

Schwartz, Warren F., Objective and Subjective Standards of Negligence: Defining the Reasonable Person to Induce Optimal Care and Optimal Populations of Injurers and Victims, Georgetown Law Journal 78 (1989), S. 241–280.

Schwarz, Kyrill-A./Bravidor, Christoph, Kunst der Gesetzgebung und Begründungspflichten des Gesetzgebers, JZ 2011, S. 653–659.

Schwerdtfeger, Angela, Der deutsche Verwaltungsrechtsschutz unter dem Einfluss der Aarhus-Konvention. Zugleich ein Beitrag zur Fortentwicklung der subjektiven öffentlichen Rechte unter besonderer Berücksichtigung des Gemeinschaftsrechts, Tübingen 2010 (zit. *Schwerdtfeger*, Verwaltungsrechtsschutz).

Scott, John, Rational choice theory, in: Browning, Gary/Halcli, Abigail/Webster, Frank (Hrsg.), Understanding Contemporary Society. Theories of the Present, Thousand Oaks 2000, S. 126–141.

Scott, Robert E., A Relational Theory of Default Rules for Commercial Contracts, Journal of Legal Studies 19 (1990), S. 597–616.

Segger-Piening, Sören, Duales Schutzkonzept vorvertraglicher Informationspflichten im Spiegel von Verbraucheracquis und Verhaltensökonomik, ZfPW 2020, S. 358–384.

–, Gewährleistung und Haftung im Internet der Dinge – Zugleich eine Analyse der neuen Warenkaufrichtlinie, in: Bayer, Elena/Erler, Katharina u. a. (Hrsg.), Privatrecht 2050 – Blick in die digitale Zukunft. Jahrbuch Junge Zivilrechtswissenschaft, Baden-Baden 2020, S. 87–115 (zit. *Segger-Piening,* JjZRW).

Selmer, Peter, Gedanken zur polizeirechtlichen Verhaltensverantwortlichkeit. Zugleich ein Beitrag zur angeblichen Dichotomie Störer/Nichtstörer, in: Selmer, Peter/Münch, Ingo von (Hrsg.), Gedächtnisschrift für Wolfgang Martens, Berlin/New York 1987, S. 483–504 (zit. *Selmer*, GS Martens).

Selten, Reinhard, Bounded Rationality, Journal of Institutional and Theoretical Economics (JITE)/Zeitschrift für die gesamte Staatswissenschaft 146 (1990), S. 649–658.

Sen, Amartya, Freedom of Choice. Concept and Content, European Economic Review 32 (1988), S. 269–294.

–, Welfare, preference and freedom, Journal of Econometrics 50 (1991), S. 15–29.

–, Development as Freedom, New York 1999/2000.

–, Rationality and Freedom, Cambdrige/London 2002/2004.

–, Rational Behaviour, in: Durlauf, Steven N./Blume, Lawrence E. (Hrsg.), The New Palgrave Dictionary of Economics. Volume 6, 2. Aufl., New York 2008, S. 856–866.

–, Collective Choice and Social Welfare, 3. Aufl., London 2017.

–, Rational Fools: A Critique of the Behavioral Foundations of Economic Theory, Philosophy & Public Affairs 6 (1977), S. 317–344.

Send, Jonas, Conflict between non-exclusive groups, Journal of Economic Behavior & Organization 177 (2020), S. 858–874.

Sharkey, Catherine M., Personalized Damages, University of Chicago Law Review Online (Post vom 9.3.2022), https://lawreviewblog.uchicago.edu/2022/03/09/bp-sharkey/ (geprüft am 31.3.2023) (zit. *Sharkey,* U. Chi. L. Rev. Online 2022).

Shavell, Steven, Damage Measures for Breach of Contract, Bell Journal of Economics 11 (1980), S. 466–490.

–, Strict Liability versus Negligence, The Journal of Legal Studies 9 (1980), S. 1–25.

–, Liability for Harm versus Regulation of Safety, The Journal of Legal Studies 13 (1984), S. 357–374.

–, Economic Analysis of Accident Law, Cambridge/London 1987 (zit. *Shavell*, Economic Analysis).

–, Foundations of Economic Analysis of Law, Cambridge/London 2004.

Sher, Byron D., The „Cooling-Off" Period in Door-to-Door Sales, UCLA Law Review 15 (1967), S. 717–786.

Shipchandler, Shamoil, The Wild Wild Web: Non-Regulation as the Answer of the Regulatory Question, Cornell International Law Journal 33 (2000), S. 435–463.

Sidhu, Dawinder S., Moneyball Sentencing, Boston College Law Review 56 (2015), S. 671–732.

Sieckmann, Jan-Reinhard, Regelmodelle und Prinzipienmodelle des Rechtssystems, Baden-Baden 1990 (zit. *Sieckmann*, Regelmodelle und Prinzipienmodelle).

–, Recht als normatives System. Die Prinzipientheorie des Rechts, Baden-Baden 2009.

Siegal, Gil/Bonnie, Richard J./Appelbaum, Paul S., Personalized Disclosure by Information-on-Demand: Attending to Patients' Needs in the Informed Consent Process, Journal of Law, Medicine & Ethics 40 (2012), S. 359–367.

Siegel, Reva B., The Constitutionalization of Disparate Impact – Court-Centered and Popular Pathways: A Comment on Owen Fiss's Brennan Lecture, California Law Review 106 (2018), S. 2001–2022.

Sieyès, Emmanuel Joseph, Qu'est-ce que le Tiers état?, Paris 2002.

Simitis, Spiros, Automation in der Rechtsordnung. Möglichkeiten und Grenzen, Karlsruhe 1967.

Simon, Herbert A., A Behavioral Model of Rational Choice, The Quarterly Journal of Economics 69 (1955), S. 99–118.

–, Theories of Bounded Rationality, in: McGuire, C. B./Radner, Roy (Hrsg.), Decision and Organization. A Volume in Honor of Jacob Marschak, Amsterdam/London 1972, S. 161–176.

–, Administrative Behavior. A Study of Decision-Making Processes in Administrative Organizations, 4. Aufl., New York 1997.

Skinner, Quentin, The Foundations of Modern Political Thought, Cambridge 1978.

–, A Third Concept of Liberty. Isaiah Berlin Lecture, Proceedings of the British Academy 117 (2001), S. 237–268.

Skouris, Panagiotis, Die Begründung von Rechtsnormen, Baden-Baden 2002.

Smend, Rudolf, Das Recht der freien Meinungsäußerung, VVDStRL 4 (1928), S. 44–74.

Smith, Adam, An Inquiry into the Nature and Causes of the Wealth of Nations. Edited and with an Introduction, Notes, Marginal Summary, and Index by Edwin Cannan, Chicago 1976 (zit. *Smith*, Wealth of Nations).

Söllner, Fritz/Stulpe, Alexander/Schaal, Gary S., Politische und ökonomische Theorie- und Ideengeschichte, in: Mause, Karsten/Müller, Christian/Schubert, Klaus (Hrsg.), Politik und Wirtschaft. Ein integratives Kompendium, Wiesbaden 2018, S. 21–88.

Solove, Daniel J., The Digital Person. Technology and Privacy in the Information Age, New York/London 2004.

Sombart, Werner, Die Zukunft des Kapitalismus, Düsseldorf 2019.

Sommerer, Lucia M., Personenbezogenes Predictive Policing. Kriminalwissenschaftliche Untersuchung über die Automatisierung der Kriminalprognose, Baden-Baden 2020 (zit. *Sommerer*, Predictive Policing).

Soper, Kate, Rethinking the „Good Life": the Consumer as Citizen, Capitalism Nature Socialism 15 (2004), S. 111–116.

Spannowsky, Willy/Uetritz, Michael (Hrsg.), BeckOK BauGB, 57. Edition, München 2021 (zit. BeckOK – *Bearbeiter,* BauGB).

Spanogle, John, The Arrival of Private Law, George Washington Journal of International Law and Economics 25 (1991), S. 477–522.

Spector, Horacio, Four Conceptions of Freedom, Political Theory 38 (2010), S. 780–808.

Spence, Michael, Job Market Signaling, The Quarterly Journal of Economics 87 (1973), S. 355–374.

Spickhoff, Andreas, Gesetzesverstoß und Haftung, Köln/Berlin/München u. a. 1998.

Stadler, Astrid, Gestaltungsfreiheit und Verkehrsschutz durch Abstraktion. Eine rechtsvergleichende Studie zur abstrakten und kausalen Gestaltung rechtsgeschäftlicher Zuwendungen anhand des deutschen, schweizerischen, österreichischen, französischen und US-amerikanischen Rechts, Tübingen 1996.

Stadler, Gerrit, Die Beleihung in der neueren Bundesgesetzgebung, Hamburg 2002.

Stanovich, Keith E./West, Richard F./Toplak, Maggie E., The Rationality Quotient. Toward A Test of Rational Thinking, Cambridge, London 2016.

Starck, Christian, Woher kommt das Recht?, Tübingen 2015.

Starr, Sonja B., Evidence-Based Sentencing and the Scientific Rationalization of Discrimination, Stanford Law Review 66 (2014), S. 803–872.

Staudinger, Julius v. (Begr.), Kommentar zum Bürgerlichen Gesetzbuch mit Einführungsgesetzen und Nebengesetzen. §§ 255–304 (Leistungsstörungsrecht 1), Berlin 2019 (zit. Staudinger – *Bearbeiter,* BGB).

–, Kommentar zum Bürgerlichen Gesetzbuch mit Einführungsgesetzen und Nebengesetzen. §§ 826–829; ProdHG (Vorsätzliche sittenwidrige Schädigung, Unzurechnungsfähigkeit und Produkthaftung), Berlin 2021 (zit. Staudinger – *Bearbeiter,* BGB).

–, Kommentar zum Bürgerlichen Gesetzbuch mit Einführungsgesetzen und Nebengesetzen. Einleitung zum Erbrecht; §§ 1922–1966 (Erbfolge), Berlin 2017 (zit. Staudinger – *Bearbeiter,* BGB).

–, Kommentar zum Bürgerlichen Gesetzbuch mit Einführungsgesetzen und Nebengesetzen. §§ 2265–2302 (Gemeinschaftliches Testament, Erbvertrag), Berlin 2022 (zit. Staudinger – *Bearbeiter,* BGB).

Steinhardt, Ralph, The Privatization of Public International Law, George Washington Journal of International Law and Economics 25 (1991), S. 523–553.

Stigler, George J., The Economics of Information, The Journal of Political Economy 69 (1961), S. 213–225.

–, Smith's Travels on the Ship of State, History of Political Economy 3 (1971), S. 265–277.

–, The Theory of Price, 3. Aufl., New York 1966.

Stiglitz, Joseph E., The Theory of „Screening," Education, and the Distribution of Income, The American Economic Review 65 (1975), S. 283–300.

Stolleis, Michael, Öffentliches Recht und Privatrecht im Prozeß der Entstehung des modernen Staates, in: Hoffmann-Riem, Wolfgang/Schmidt-Aßmann, Eberhard (Hrsg.), Öffentliches Recht und Privatrecht als wechselseitige Auffangordnungen, Baden-Baden 1996, S. 41–61.

Störring, Lars Peter, Das Untermaßverbot in der Diskussion. Untersuchung einer umstrittenen Rechtsfigur, Berlin 2009.

Strahilevitz, Lior Jacob, Toward a Positive Theory of Privacy Law, Harvard Law Review 126 (2013), S. 2010–2042.

Strauss, David A., „Group Rights" and the Problem of Statistical Discrimination, Issues in Legal Scholarship 2003, S. 1–7.

Strobel, Benedikt, Der Vorbehalt beschränkter dinglicher Rechte, ZfPW 2021, S. 42–72.

Stüer, Bernhard, Die gerichtliche Kontrolle von Prüfungsentscheidungen, DÖV 1974, S. 257–264.

Stürner, Rolf, Die Zivilrechtswissenschaft und ihre Methodik – zu rechtsanwendungsbezogen und zu wenig grundlagenorientiert?, AcP 214 (2014), S. 7–54.

Sturrock, John, Structuralism, 2. Aufl., Malden/Oxford/Carlton South u. a. 2003.

Sullivan, Kathleen M., The Supreme Court 1991 Term – Foreword: The Justices of Rules and Standards, Harvard Law Review 106 (1992), S. 22–123.

Sunstein, Cass R., Beyond the Republican Revival, Yale Law Journal 97 (1988), S. 1539–1590.

–, Republicanism and the Preference Problem, Chicago-Kent Law Review 66 (1990), S. 181–203.

–, Problems with Rules, California Law Review 83 (1995), S. 953–1026.

–, On the Expressive Function of Law, University of Pennsylvania Law Review 144 (1996), S. 2021–2053.

–, Cognition and Cost-Benefit Analysis, The Journal of Legal Studies 29 (2000), S. 1059–1103.

–, Infotopia. How Many Minds Produce Knowledge, New York 2006.

–, Informing Consumers through Smart Disclosure, Memorandum for the Heads of Executive Departments and Agencies (8.9.2011), http://obamawhitehouse.archives.gov/sites/default/files/omb/inforeg/for-agencies/informing-consumers-through-smart-disclosure.pdf (geprüft am 31.3.2023) (zit. *Sunstein,* Informing Consumers through Smart Disclosure, Memorandum 2011).

–, Deciding by Default, University of Pennsylvania Law Review 162 (2013), S. 1–57.

–, Democratizing Regulation, Digitally, Democracy: A Journal of Ideas 34 (2014), http://democracyjournal.org/magazine/34/democratizing-regulation-digitally/ (geprüft am 31.3.2023) (zit. *Sunstein,* Democracy 34 [2014]).

–, The Real World Cost-Benefit Analysis: Thirty-Six Questions (and Almost as Many Answers), Columbia Law Review 114 (2014), S. 167–211.

–, Why Nudge? The Politics of Libertarian Paternalism, New Haven 2014.

–, Cost-Benefit Analysis and the Knowledge Problem (Stand: 12.10.2014), Digital Access to Scholarship at Harvard (DASH): http://nrs.harvard.edu/urn-3:HUL.InstRepos:16152306 (geprüft am 31.3.2023), S. 1–17 (zit. *Sunstein,* Cost-Benefit Analysis and the Knowledge Problem, DASH 2014).

–, Foreword, in: Alemanno, Alberto/Sibony, Anne-Lise (Hrsg.), Nudge and the Law. A European Perspective, Oxford/Portland 2017, v–xx.

–, #republic. Divided Democracy in the Age of Social Media, Princeton/Oxford 2018.

Sunstein, Cass R./Thaler, Richard H., Libertarian Paternalism Is Not an Oxymoron, Chicago Law Review 70 (2003), S. 1159–1202.

Swire, Peter P., Safe Harbors and a Proposal to Improve the Community Reinvestment Act, Virginia Law Review 79 (1993), S. 349–382.

Taylor, Charles, What's Wrong with Negative Liberty, in: Ryan, Alan (Hrsg.), The Idea of Freedom. Essays in Honor of Isaiah Berlin, Oxford 1979, S. 175–194.

Teubner, Gunther, Legal Irritants: Good Faith in British Law or How Unifying Law Ends up in New Divergences, The Modern Law Review 61 (1998), S. 11–32.

–, Breaking Frames: Economic Globalization and the Emergence of Lex Mercatoria, European Journal of Social Theory 5 (2002), S. 199–217.

Thaler, Richard H., Doing Economics Without Homo Economicus, in: Medema, Steven G./Samuels, Warren J. (Hrsg.), Foundations of Research in Economics: How do Economists do Economics, Cheltenham (UK), Northampton (MA) 1996, S. 227–237 (zit. *Thaler,* in: Medema/Samuels (Hrsg.), Foundations of Research in Economics).

Thaler, Richard H./Sunstein, Cass R., Libertarian Paternalism, The American Economic Review 93 (2003), S. 175–179.

–, Nudge. Improving Decisions About Health, Wealth, and Happiness, 2. Aufl., New York 2009.

Thaler, Richard H./Tucker, Will, Smarter Information, Smarter Consumers, Harvard Business Review 91 (2013), 44–54.

Thayer, Ezra Ripley, Public Wrong and Private Action, Harvard Law Review 27 (1914), S. 317–343.

Tobisch, Antonia Elisabeth, Dispositives Recht und Grundgesetz. Ein Beitrag zum Verständnis dispositiven Rechts im Kontext des grundrechtlichen Eingriffsbegriffs, Tübingen 2021.

Tönnies, Ferdinand, Gemeinschaft und Gesellschaft. Abhandlung des Communismus und des Socialismus als Empirischer Culturformen, Leipzig 1887.

Tönsmeyer-Uzuner, Sabine, Expertensysteme in der öffentlichen Verwaltung. Rechtliche Anforderungen an den Einsatz eines neuen behördlichen Handlungsinstrumentes, Berlin 2000.

Tupes, Ernest C./Christal, Raymond E., Recurrent Personality Factors Based on Trait Ratings, Journal of Personality 60 (1992), S. 225–251.

Turner, Bryan S., Status, Minneapolis/Milton Keynes 1988.

Tussman, Joseph/tenBroek, Jacobus, The Equal Protection of the Laws, California Law Review 37 (1949), S. 341–381.

Tversky, Amos/Kahneman, Daniel, Judgment under Uncertainty: Heuristics and Biases, Science 185 (1974), S. 1124–1131.

–, Judgment under uncertainty: Heuristics and biases, in: Kahneman, Daniel/Slovic, Paul/Tversky, Amos (Hrsg.), Judgment under uncertainty: Heuristics and biases, Cambridge 1982, S. 3–20.

Twigg-Flesner, Christian, Comment on „The future of consumer law – plea for a movable system", EUVR 2013, S. 12–15.

Tyler, Tom R., Why People Obey the Law, New Haven/London 1990.

–, Psychological Perspectives on Legitimacy and Legitimation, Annual Review of Psychology 57 (2006), S. 375–400.

Tyler, Tom R./Jackson, Jonathan, Popular Legitimacy and the Exercise of Legal Authority: Motivating Compliance, Cooperation, and Engagement, Psychology, Public Policy and Law 20 (2013), S. 78–95.

Uibeleisen, Maximilian, Die verfassungsrechtlichen Grenzen der Inpflichtnahme Privater. Dargestellt am Beispiel des Kontenresearchers gemäß § 25a Abs. 1 Nr. 6 KWG, Frankfurt a. M. 2006 (*Uibeleisen*, Inpflichtnahme Privater).

Ule, Carl Hermann, Verwaltungsgerichte überstaatlicher und internationaler Organisationen, DVBl. 1953, S. 491–497.

–, Zur Anwendung unbestimmter Rechtsbegriffe im Verwaltungsrecht, in: Bachof, Otto (Hrsg.), Gedächtnisschrift für Walter Jellinek, 12. Juli 1855 – 9. Juni 1955. Forschungen und Berichte aus dem öffentlichen Recht, München 1955, S. 309 (zit. *Ule*, GS Jellinek).

–, Rechtsstaat und Verwaltung, VerwArch 76 (1985), S. 1–23.

Unberath, Hannes/Cziupka, Johannes, Dispositives Recht welchen Inhalts? Antworten der ökonomischen Analyse des Rechts, AcP 209 (2009), S. 37–83.

Unger, Roberto Mangabeira, The Critical Legal Studies Movement. Another Time, A Greater Task, 3. Aufl., London, New York 2015.

Van Dülmen, Richard, Die Entdeckung des Individuums. 1500–1800, Frankfurt a. M. 1997.

Varian, Hal R., Computer Mediated Transactions, American Economic Review 100 (2010), S. 1–10.

–, Beyond Big Data, Business Economics 49 (2014), S. 27–31.

–, Big Data: New Tricks for Econometrics, Journal of Economic Perspectives 28 (2014), S. 3–28.

–, Grundzüge der Mikroökonomik, 9. Aufl., München 2016 (zit. *Varian*, Mikroökonomik).
Veil, Winfried, 21 Thesen zum Irrweg der DS-GVO, CRonline. Portal zum IT-Recht (Stand: 23.5.2018), http://www.cr-online.de/blog/2018/05/23/21-thesen-zum-irrweg-der-ds-gvo/#anker21 (geprüft am 31.3.2023) (zit. *Veil*, CRonline 2018).
–, Die Datenschutz-Grundverordnung: des Kaisers neue Kleider. Der gefährliche Irrweg des alten wie des neuen Datenschutzrechts, NVwZ 2018, S. 686–696.
Verstein, Andrew, Privatizing Personalized Law, Chicago Law Review 86 (2019), S. 551–580.
Villasenor, John/Foggo, Virginia, Artificial Intelligence, Due Process and Criminal Sentencing, Michigan State Law Review 2020, S. 295–354.
Volkmar, Dieter, Allgemeiner Rechtssatz und Einzelakt. Versuch einer begrifflichen Abgrenzung, Berlin 1962.
von Jhering, Rudolf, Der Kampf um's Recht, Wien 1872.
–, Der Zweck im Recht. Erster Band, Leipzig 1877 (zit. *von Jhering*, Der Zweck im Recht I).
–, Der Zweck im Recht. Zweiter Band, Leipzig 1883 (zit. *von Jhering*, Der Zweck im Recht II).
–, Scherz und Ernst in der Jurisprudenz. Eine Weihnachtsgabe für das juristische Publikum, Leipzig 1884.
von Mises, Ludwig, Die Wirtschaftsrechnung im sozialistischen Gemeinwesen, Archiv für Sozialwissenschaft und Sozialpolitik 47 (1920), S. 86–121.
–, Economic Calculation in the Socialist Commonwealth. Translated from the German by S. Adler, in: Hayek, Friedrich A. (Hrsg.), Collectivist Economic Planning. Critical Studies on the Possibilities of Socialism, 6. Aufl., London 1963, S. 87–130.
von Neumann, John/Morgenstern, Oskar, Theory of Games and Economic Behavior [1944]. Sixtieth-Anniversary Edition. With an introduction by Harold W. Kuhn and an afterword by Ariel Rubinstein, 4. Aufl., Princeton 2007.
von Olshausen, Eberhard, Gesetzliches Ehegattenerbrecht neben Großeltern und deren Abkömmlingen im Güterstand der Zugewinngemeinschaft, FamRZ 1981, S. 633–635.
Voßkuhle, Andreas, Die Verfassung der Mitte, München 2016.
Voßkuhle, Andreas/Wischmeyer, Thomas, Grundwissen – Öffentliches Recht: Verwaltungsvollstreckung, JuS 2016, S. 698–701.
Wachter, Sandra, Affinity Profiling and Discrimination by Association in Online Behavioral Advertising, Berkeley Technology Law Journal 35 (2020), S. 367–430.
Wachter, Sandra/Mittelstadt, Brent/Russel, Chris, Why Fairness Cannot Be Automated: Bridging the Gap Between EU Non-Discrimination Law and AI, Computer Law & Security Review 41 (2021), Nr. 105567 (zit. nach draft: arXiv:2005.05906 [cs.AI] (2020), S. 1–72).
Wachter, Sandra/Mittelstadt, Brent/Russell, Chris, Bias Preservation in Machine Learning: The Legality of Fairness Metrics under EU Non-Discrimination Law, West Virginia Law Review 123 (2021), S. 735–790.
Wagner, Gerhard, Öffentlich-rechtliche Genehmigung und zivilrechtliche Rechtswidrigkeit, Köln/Berlin/Bonn u. a. 1989 (zit. *Wagner*, Rechtswidrigkeit).
–, Prävention und Verhaltenssteuerung durch Privatrecht – Anmaßung oder legitime Aufgabe?, AcP 206 (2006), S. 352–476.
–, Zwingendes Privatrecht – Eine Analyse anhand des Vorschlags einer Richtlinie über Rechte der Verbraucher –, ZEuP 2010, S. 243–278.
–, Zwingendes Vertragsrecht. – Korreferat –, ZEuP 2018, S. 821–837.
–, Deliktsrecht, 14. Aufl., München 2021.

Wagner, Gerhard/Eidenmüller, Horst, Down by Algorithms? Siphoning Rents, Exploiting Biases, and Shaping Preferences: Regulating the Dark Side of Personalized Transactions, Chicago Law Review 86 (2019), S. 581–609.

Waldman, Ari Ezra, Power, Process, and Automated Decision-Making, Fordham Law Review 88 (2019), S. 613–632.

Waldner, Ilmar, The Empirical Meaningfulness of Interpersonal Utility Comparison, Journal of Philosophy 69 (1972), S. 87–103.

Waldron, Jeremy, A Right to Do Wrong, Ethics 92 (1981), S. 21–39.

Ward, Jonathan Stuart/Baker, Adam, Undefined By Data: A Survey of Big Data Definitions, arXiv:1309.5821v1 [cs.DB] (2013), S. 1–2.

Warter, Johannes, Vertragsrechtliche Fragen plattformbasierter Wirtschaft, in: Bayer, Elena/Erler, Katharina u. a. (Hrsg.), Privatrecht 2050 – Blick in die digitale Zukunft. Jahrbuch Junge Zivilrechtswissenschaft, Baden-Baden 2020, S. 117–150 (zit. *Warter,* JjZRW).

Watson, Alan, The Evolution of Law: Continued, Law and History Review 5 (1987), S. 537–570.

–, Legal Transplants. An Approach to Comparative Law, 2. Aufl., Athen/London 1993.

–, Aspects of Reception of Law, The American Journal of Comparative Law 44 (1996), S. 335–351.

–, Legal Transplants and European Private Law. Ius Commune Lectures on European Private Law 2, Maastricht 2000.

Weber, Franziska, Das Verbraucherleitbild des Verbrauchervertragsrechts – im Wandel?, VuR 2020, S. 9–15.

Max Weber, Wirtschaft und Gesellschaft. Teilband 1: Die Wirtschaft und die gesellschaftlichen Ordnungen und Mächte [Nachlass], in: Mommsen, Wolfgang J. (Hrsg), Max Weber Gesamtausgabe, Band I/22–1, Tübingen 2001 (zit. *Weber*, MWG I/22-1).

–, Die protestantische Ethik und der Geist des Kapitalismus. Die protestantischen Sekten und der Geist des Kapitalismus [Schriften 1904–1920], in: Schluchter, Wolfgang (Hrsg), Max Weber Gesamtausgabe, Band I/18, Tübingen 2016 (zit. *Weber*, MWG I/16).

Weber, Peter, Mittel und Wege landesrechtlichen Mietpreisrechts in angespannten Wohnungsmärkten, JZ 2018, S. 1022–1029.

Wechsler, Herbert, Towards Neutral Principles of Constitutional Law, Harvard Law Review 73 (1959), S. 1–35.

Weigend, Thomas, Continental Cures for American Ailments. European Criminal Procedure as a Model for Law Reform, Crime & Justice 2 (1980), S. 381–428.

Weinberger, Ota, Einige Betrachtungen über die Rechtsnorm vom Standpunkt der Logik und der Semantik, Logique et Analyse 7 (1964), S. 212–232.

Weinrib, Ernest J., Legal Formalism. On the Immanent Rationality of Law, Yale Law Journal 97 (1988), S. 949–1016.

–, The Idea of Private Law, 2. Aufl., Oxford 2012.

Wendel, Saskia, Göttliche Offenbarung und menschliche Freiheit – (wie) geht das zusammen?, in: Stosch, Klaus von/Wendel, Saskia/Langenfeld, Aaron u. a. (Hrsg.), Streit um die Freiheit. Philosophische und theologische Perspektiven, Paderborn 2019, S. 225–251.

Wernecke, Frauke, Abwehr und Ausgleich „aufgedrängter Bereicherungen" im Bürgerlichen Recht. Eine Untersuchung auf systematischer und rechtsvergleichender Grundlage über den Konflikt zwischen Dispositionsfreiheit und Vorteilsabschöpfung, Berlin 2004.

Werner, Götz W., Einkommen für alle. Bedingungsloses Grundeinkommen – die Zeit ist reif, 2. Aufl., Köln 2018.

Whitford, William C., The Functions of Disclosure Regulation in Consumer Transactions, Wisconsin Law Review 1973, S. 400–470.

Whitman, James Q., The Two Western Cultures of Privacy: Dignity versus Liberty, Yale Law Journal 113 (2004), S. 1151–1221.

–, Consumerism Versus Producerism: A Study in Comparative Law, Yale Law Journal 117 (2007), S. 340–406.

Wiegand, Wolfgang, Numerus Clausus der dinglichen Rechte. Zur Entstehung und Bedeutung eines zentralen zivilrechtlichen Dogmas, in: Köbler, Gerhard (Hrsg.), Wege europäischer Rechtsgeschichte. Karl Kroeschell zum 60. Geburtstag, dargelegt von Freunden, Schülern und Kollegen, Frankuft am Main/Bern/New York u. a. 1987, S. 623–643.

–, Die Entwicklung des Sachenrechts im Verhältnis zum Schuldrecht, AcP 190 (1990), S. 112–138.

Wiemer, Hans-Ulrich, Akklamation im spätrömischen Reich. Zur Typologie und Funktion eines Kommunikationsrituals, Archiv für Kulturgeschichte 86 (2004), S. 27–74.

Wilhelmsson, Thomas/Twigg-Flesner, Christian, Pre-contractual information duties in the acquis communautaire, European Review of Contract Law 2 (2006), S. 441–470.

Williams, A. F., Young driver risk factors: successful and unsuccessful approaches for dealing with them and an agenda for the future, Injury Prevention 12 (2006), S. i4–i8.

Williams, Cynthia A., Corporate Compliance with the Law in the Era of Efficiency, North Carolina Law Review 76 (1998), S. 1265–1385.

Williamson, Oliver E., Transaction-Cost Economics: The Governance of Contractual Relations, The Journal of Law and Economics 22 (1979), S. 233–261.

–, The Economic Institutions of Capitalism. Firms, Markets, Relational Contracting, New York/London 1985.

–, Transaction Cost Economics Meets Posnerian Law and Economics, Journal of Institutional and Theoretical Economics (JITE)/Zeitschrift für die gesamte Staatswissenschaft 149 (1993), S. 99–118.

–, The New Institutional Economics: Taking Stock, Looking Ahead, Journal of Economic Literature 38 (2000), S. 595–613.

Winkelmann, Thomas, Der Anspruch. Funktion, Entstehung, Anknüpfungen, Tübingen 2021.

Wittgenstein, Ludwig, Tractatus Logico-Philosophicus, London 1922.

Wortmann, Felix/Flüchter, Kristina, Internet of Things. Technology and Value Added, Business & Information Systems Engineering 57 (2015), S. 221–224.

Wundenberg, Malte, Compliance und die prinzipiengeleitete Aufsicht über Bankengruppen, Tübingen 2012 (zit. *Wundenberg*, Prinzipiengeleitete Aufsicht).

Yablon, Charles M., The Indeterminacy of the Law: Critical Legal Studies and the Problem of Legal Explanation, Cardozo Law Review 6 (1985), S. 917–945.

Yang, Crystal S./Dobbie, Will, Equal Protection under Algorithms: A New Statistical and Legal Framework, Michigan Law Review 119 (2020), S. 291–396.

Yeung, Karen, Algorithmic regulation: A critical interrogation, Regulation & Governance 12 (2018), S. 505–523.

Youyou, WU/Kosinski, Michal/Stillwell, David, Computer-based personality judgments are more accurate than those made by humans, Proceedings of the National Academy of Sciences of the United States 112 (2015), S. 1036–1040.

Zafar, Muhammad Bilal/Valera, Isabel/Rodriguez, Manuel Gomez/Gummadi, Krishna P., Fairness Beyond Disparate Treatment & Disparate Impact: Learning Classification without Disparate Mistreatment, Proceedings of the 26th International Conference on World Wide Web 2017, S. 1171–1180.

–, Fairness Constraints: Mechanisms for Fair Classification, Proceedings of the 20th International Conference on Artificial Intelligence and Statistics, Proceedings of Machine Learning Research 54 (2017), S. 692–970.

Zajonc, Robert B., Attitudinal Effects of Mere Exposure, Journal of Personality and Social Psychology Monograph Supplement 9 (1968), S. 1–27.

Zamir, Eyal, The Efficiency of Paternalism, Virginia Law Review 84 (1998), S. 229–286.

Zech, Herbert, Künstliche Intelligenz und Haftungsfragen, ZfPW 2019, S. 198–219.

Zeidler, Karl, Über die Technisierung der Verwaltung. Eine Einführung in die juristische Beurteilung der modernen Verwaltung, Karlsruhe 1959.

Zeno-Zencovich, Vincenzo, „Smart Contracts", „Granular Norms" and Non-Discrimination, in: Busch, Christoph/De Franceschi, Alberto (Hrsg.), Algorithmic Regulation and Personalized Law, München/Oxford/Baden-Baden u.a. 2021, S. 264–278 (zit. *Zeno-Zencovich,* in: Busch/De Franceschi [Hrsg.], Personalized Law).

Zimmermann, Reinhard, The Law of Obligations. Roman Foundations of the Civilian Tradition, Oxford 1996.

Zuboff, Shoshana, The Age of Surveillance Capitalism. The Fight for a Human Future at the New Frontier of Power, London 2019 (zit. *Zuboff,* Surveillance Capitalism).

Sachverzeichnis

Die Zahlen verweisen auf die Seiten dieses Buches. Sofern sich die maßgebliche Textstelle in einer Fußnote befindet, ist diese in Klammern hinter der Seitenzahl angegeben.